历史全书

7

吕思勉 ◎ 著

阳知行 ◎ 主编

隋唐五代史

中

中国华侨出版社

·北京·

目录

第十章　唐室乱亡上

第一节　懿僖荒淫

《旧书·帝纪》赞，谓唐之亡决于懿宗，以其时云南侵寇不息，调兵运饷，骚动甚巨。加以庞勋起义，"徐寇虽殄，河南几空"。《旧书·懿宗纪》。又引起黄巢起义也。然以唐中叶后藩镇之跋扈，不能戢其士卒，而恣意暴虐人民，终必至怯于公战，勇于私斗而后已。云南、徐方之变，安得不作？而中枢政令，悉为宦寺所把持，又断不能大振纪纲，削平藩镇也。故唐自德宗、宪宗，志平藩镇而未成，顺宗、文宗，欲除宦寺而不克，而其势已不可为，败坏决裂，特待时焉而已。懿宗之骄洪，僖宗之童昏，夫固不能为讳，亦如木焉，本实先拨，疾风甚雨，特促其倾仆而已，谓其倾仆之即由于是，固不然也。

继嗣之不以正，自肃、代来久然，然未有若懿宗之尤可疑者。新、旧《书·本纪》皆云：懿宗为宣宗长子，封郓王。其《诸子传》则云：宣宗子十一人。然合懿宗数之，实得十二。《旧书·诸子传》，例皆著其长幼。其叙宣宗诸子：曰靖怀太子汉，曰第二子雅王泾，曰卫王灌，曰第三子夔王滋，曰第四子庆王沂，曰第五子濮王泽，曰第六子鄂王润，曰第七子怀王洽，曰第八子昭王汭，曰康王汶，曰广王澭，靖怀及卫、康、广三王之次阙焉。《新传》于诸子，例不著其长幼。其叙次，卫王次广王下，又夔王作通王，云会昌六年（846）封，懿宗立乃徙王，余与《旧传》同。《宗室表》：鄂王次怀王下，其余亦同《旧传》。诸子封年：新、旧《传》皆云：靖怀以会昌六年封雍王，夔、庆二王同封，雅王封于大中元年（847），濮王封于二年，鄂王封于五年，怀、昭、康三王封于八年，卫、广二王封于十一年。封爵常例，合依长幼之次。雅王既长于夔、庆二王，何以受封反在其后？卫王既与广王同封，何以《旧传》列诸雅、夔之间？其事皆有可疑。考诸《本纪》：则《旧书》会昌六年四月制：

皇长男温可封郓王，二男泾可封雅王，第三男滋可封蕲王，第四男沂可封庆王。大中元年二月制：第五子泽为濮王，第六子润为鄂王。五年正月制：第七子洽封怀王，第八子汭为昭王，第九子汶为康王。十一年六月制：皇第三男灌封卫王，十一男濰封广王。封年与新、旧《传》乖违。《旧纪》既据制书，似当以之为准。夔王究封于夔，抑初封蕲后乃徙王，无可参证，亦不足深论。鄂、怀、康、广，次第皆有明文，既可补《旧传》之阙，亦足证《新表》之误。卫王不应云第三，《廿二史考异》谓为第十之误，其说极确。惟雍王之封阙焉。谓其人为子虚，则并懿宗数之，宣宗之子，恰得十一，与新、旧《传》都数可谓巧合，然于理终未安也。更考诸《新纪》：则卫王之封在十年，而会昌六年之封，多一雍王渼。卫王封年之异，盖夺一一字，无足惑。靖怀之名，《通鉴》亦作渼，疑与汉因相似而误，亦不足深论，其必为一人，似无可疑。然则《旧纪》独阙靖怀之疑释，然宣宗之子，仍得十二人矣。此究何说邪？案，宣宗未尝立后，故其子无嫡庶之殊，惟有长幼之异。《新书·后妃传》云：宣宗元昭皇后晁氏，懿宗追册。少入邸，最见宠答。及即位，以为美人。大中中薨。赠昭容。诏翰林学士萧寊铭其窆，具载生郓王、万寿公主。后夔、昭等五王居内院，而郓独出阁，及即位，是为懿宗，外颇疑帝非长，寊出铭辞以示外廷，乃解。皇子诞生，耳目昭著，何至疑其长幼？志铭通例，虽著所生子女，未必详其生年。《传》云具载郓王及万寿公主之生，不云著其生于何岁，亦隐见所证明者，乃懿宗之为谁子，而非在其次第。盖懿宗实非宣宗子？宣宗长子，实为靖怀？武宗以弟继兄，宣宗以叔父继犹子，固非承嗣之正，究为先君遗体。懿宗盖族属已疏，无可立之理，宦官既拥立之，乃强名之为宣宗长子，使萧寊伪造铭辞，以著其为宣宗之体，又改国史，或去靖怀而以郓王代之，又或增一郓王而忘其都数之不合。新、旧《纪》之文，亦各有所本也。

《新书·崔慎由传》曰：宣宗饵长年之药，病渴，且中躁，而国嗣未立。帝对宰相欲肆赦，患无其端。慎由曰："太子，天下本，若立之，赦为有名。"帝恶之，不答。盖虽攖疾，实未自知其将死也，然变遂起于仓卒之间。《新书·懿宗纪》曰：宣宗爱夔王滋，欲立为皇太子，而郓王长，久不决。大中十三年（859）八月，宣宗疾大渐。以夔王属内枢密使王归长、马公儒，宣徽南院使王居方等。而左神策护军中尉王宗实、副使亓元实矫诏立郓王为皇太子。癸巳，即皇帝位于枢前。王宗实杀王归长、马公儒、王居方。《通鉴》云：上饵医官李玄伯、道士虞紫芝、山人王乐药，懿宗立后，三人皆伏诛。疽发于背。八月，疽甚。宰相及朝士皆不得见。上密以夔王属归长、公儒、居方使立之。三人及右军中尉王茂元，皆上平日所厚也，独左军中尉王宗实，素不同心。三人相与谋，出宗实为淮南监军。宗实受敕将出，亓元实谓曰："圣人不豫逾月，中尉止隔门起居，今日除改，未可辨也，何不见圣人而出？"宗实感寤复入。诸门已踵故事，增人守捉矣。元实翼导宗实，直至寝殿，则上已崩，东首环泣矣。宗实叱归长等，责以矫诏，皆捧足乞命。乃遣宣徽北院使齐元简迎郓王。壬辰，下诏立郓王为皇太子，权句当军国政事，仍更名漼。此事盖因宦官相争，危及国本。宗实之入，恐不免凭借兵力，必非徒一亓元实翼道之也。不然，王归长等安肯束手受缚邪？

《通鉴》云：上长子郓王温无宠，居十六宅，余子皆居禁中，而《新书·后妃传》言夔、昭等五王居内院，而郓独出阁。其《通王滋传》云：帝初诏郓王居十六宅，余五王处大明宫内院，以谏议大夫郑漳、兵部郎中李邺为侍读，五日一谒乾符门，为王授经。《新书》所据材料，盖但就受经者言之，故不数康、卫、广三王。自夔至昭凡六王而云五者？或其中一王已没，又或别夔王于自庆至昭五王也。靖怀薨于大中六年（852），雅王史亡其薨年，若此时亦已薨，则宣宗之欲立夔王，正合长幼之序，诬为欲废长立爱，其说殊不雠矣。《新书·令狐绹传》：懿宗嗣位后，左拾遗刘蜕、起居郎张云劾绹大臣，当调护国本，而大中时引谏议大夫豆卢籍、刑部侍郎李邺为夔王侍读，乱长幼序，使先帝诏厥之谋，几不及陛下。又《杜悰传》：宣宗大渐，王归长、马公儒等以遗诏立夔王，而王宗实等入殿中，以为归长等矫诏，乃迎郓王立之，是为懿宗。久之，遣枢密使杨庆诣中书，独揖悰，他宰相毕諴、杜审权、蒋伸不敢进。乃授悰中人请帝监国奏，因谕悰劾大臣名不在者抵罪。悰遽封授使者复命。谓庆曰："上践祚未久，君等秉权，以爱憎杀大臣，祸无日矣。"庆色沮去，帝怒亦释，大臣遂安。《廿二史考异》云：《懿宗纪》及《宰相表》，悰以咸通二年（861）二月相，距懿宗践祚之始，已两年矣。使帝衔怒诸大臣，欲置之死地，当不俟此日，《传》所云未可深信。《通鉴》载此事，与《新书》辞异意同。胡三省谓其辞旨抑扬，疑出悰家传。又引《容斋随笔》，谓懿宗即位之日，宰相四人：曰令狐绹，曰萧邺，曰夏侯孜，曰蒋伸，此时惟伸在。毕諴、杜审权乃懿宗自用，不当有此事。二说所疑诚当，然或悰实有此事，特不在其为相之时。要之懿宗之立，殆全出中人，而宰相绝未与闻其事，则隐然可见。此则视王守澄之立文宗，尚奉一裴度以行之者，又不大同矣。事变之亟，可谓降而愈烈也。

夔王，《旧书》本传云：咸通四年（863）薨。《新书·传》云：懿宗立，徙王通。昭宗时，与诸王分统安圣、奉、宸、保宁、安化诸军，为韩建所杀。而其《本纪》于咸通四年，亦书夔王滋薨。《通鉴》亦同。则其人非特未至昭宗时，并无徙王通之事，昭宗时之通王，《旧史》不著其名，《通鉴》亦名滋。《廿二史考异》谓《新书》妄合之，德宗子有通王谌，韩建所杀者，殆谌之后嗣王也。参看第十一章第二节。

懿宗为荒淫之主。好音乐、燕游。殿前供奉乐工，常近五百人。每月宴设，不减十余，水陆皆备。听乐、观优，不知厌倦。赐与动及千缗。曲江、昆明、灞、浐、南宫、北苑、昭应、咸阳，所欲游幸即行，不待供置。曲江见第七章第一节。昆明见第九章第一节。昭应见第七章第三节。有司常具音乐、饮食、幄帟，诸王立马，以备陪从。每行幸，内外诸司扈从十余万人，所费不可胜纪。《通鉴》咸通七年（866）。《新书·宦者·杨复恭传》：昭宗言：《我见故事，尚衣上御服日一袭，太常新曲日一解，今可禁止。"复恭顿首称善。帝遂问游幸费。对曰："闻懿宗以来，每行幸，无虑用钱十万，金帛五车，十部乐工五百，犊车、红网朱网画香车百乘，诸卫士三千。凡曲江、温汤若畋猎曰大行从，宫中、苑中曰小行从。"帝乃诏类减半。又佞佛。于禁中设讲席，自唱经，手录梵夹。于咸泰殿筑坛，为内寺尼受戒。《通鉴》咸通三年。胡《注》曰：盖宫人舍俗者，就禁中为寺以处之。数幸诸寺，施与无度。咸通十二年五月，幸安国寺，赐讲经僧沈香高坐，见《旧书·本纪》。又于两街、四寺各置戒坛、度人，凡三七日。亦见《通鉴》咸通三年。三七二十一日。遣使诣凤翔法门寺迎佛骨，其所费远甚于元和时。事在咸通十四年三月。《通鉴》云：广造浮图宝帐、香舆、幡花、幢盖以近之，皆饰以金玉、锦绣、珠翠。自京城至寺三百里间，道路车马，昼夜不绝。四月，至京师，导以禁军兵仗，公私音乐，沸天烛地，绵亘数十里。元和之时，不及远矣。富室夹道为采楼及无遮会，竞为侈靡。上御安福门，降楼膜拜，流涕沾臆。赐僧及京城耆老尝见元和事者金帛。迎佛骨入禁中。三日，出置安国崇化寺。宰相以下，竞施金帛，不可胜纪。宠郭淑妃。生同昌公主，下嫁韦保衡，倾宫中珍玩，以为资送。事在咸通十年。《通鉴》云：赐第于广化里。窗户皆饰以杂宝。井阑、药臼、槽匮，亦以金、银为之。编金缕以为箕筐。十一年八月，主薨。十二年正月葬。韦氏之人，争取庭祭之灰，汰其金银。凡服玩，每物皆百二十舆。以锦绣珠玉为仪卫。明器辉焕，三十余里。赐酒百斛，饼饔四十橐驼，以饲体夫。主薨，帝杀翰林医官二十余人。悉收捕其亲族三百余人系京兆狱。宰相刘瞻、京兆尹温璋谏，皆遭贬斥。璋仰药死。伶官李可及，善为新声，帝以为威卫将军，宰相曹确执奏，不听。事在咸通八年。主除丧后，帝与淑妃思念不已，可及乃为叹百年舞曲，舞人珠翠盛饰者数百人，画鱼龙地衣，用官绫五千匹，曲终乐阕，珠玑覆地焉。《旧唐书·曹确传》。《通鉴》云：以绫八百匹为地衣。纵恣残虐如此，岂似奉佛者？岂亦如刘总及吾所疑之代宗，继嗣之际，有大不可以告人者，不慊于心，乃思奉佛以求解免，而其姿性庸下，又不知纵恣残虐之大悖于佛道邪？然国脉之为所斵丧者则多矣。

懿宗之立，令狐绹既未与闻其事，而其当国久，威权足忌，故即加罢斥，而相白敏中。咸通元年（860）二月。未几，以入朝坠陛伤要卧家，久之复罢。事在是年九月。此后诸相多碌碌。惟杨收，于南蛮用兵时，建议于豫章募兵，且试行海运，于边事颇有裨益，见下节。而后为韦保衡所构，流死。收以四年五月相，七年十月罢。《旧传》云：其相也，以与中尉杨玄玠相结，其罢也，以玄玠屡有请托，收不能尽从倾之，未知信否。又云：韦保衡作相，发收阴事。明年八月，贬为端州司马。寻尽削官爵，长流驩州，赐死。《通鉴考异》云：是时保衡未作相，不之取。然云保衡作相误，云其构之未必误也。刘瞻，史亦云为保衡及路岩所排。瞻贬驩州司户参军。岩等将遂杀之，幽州节度使张公素上疏申、解，岩等乃不敢害。案，观温璋之自杀，则知瞻之势亦甚危也。岩以咸通五年十一月相，持权颇久，史极诋为奸邪，然初未见实迹。于琮者，尚宣宗女广德公主。以八年七月相。韦保衡者，本为左拾遗，既尚同昌公主，进为左谏议大夫，充翰林学士，十一年三月亦为相。是年八月，主薨。《旧书·传》云：自此恩礼渐薄，《新书》则云：主薨而宠遇不衰，观其持权如故，《新书》之说殆信。十二年四月，路岩出为西川。《新书·岩传》云：岩与韦保衡同当国，二人势动夫下，权侔则争，故还相怨，此说殆不足信，见下。十三年二月，于琮罢为山南东道节度使。五月，国子司业韦殷裕于阁门进状，论郭淑妃弟敬述阴事。上怒甚，即日下京兆府决杀，籍没其家。其季父及妻之父兄皆远贬。阁门使司，以受殷裕文状亦获罪。殷裕之死，决非由论郭敬述，而阁门使司以此获罪者，所以掩人耳目，使若以论敬述获罪然也。其明日，于琮罢为普王傅，分司，亲党坐贬逐者十四人。琮旋贬韶州刺史。史言广德公主与之偕行，行则肩舆门相对，坐则执琮之带，琮由是获全。《通鉴》。《通鉴考异》引《续宝运录》，谓韦殷裕拟倾皇祚，别立太子，说虽不详，以当时置君如弈棋及懿宗之荒淫残虐言之，疑若可信。盖有阴谋内禅者，而琮以贵戚遭忌邪？观此，知杨收、刘瞻等之获罪，与韦保衡之见信，亦必别有其由。盖懿宗之立，实大悖于正，加以荒淫残虐，故仍有欲覆之者也。虽慝未克作，然其势则甚危矣。

懿宗以咸通十四年（873）七月崩。大渐之际，立第五子普王俨为太子，改名儇。帝崩，儇立，是为僖宗。时年十二。左军中尉刘行深、右军中尉韩文约居中执政，并封国公。《旧书·本纪》。《通鉴考异》曰：范质《五代通录》：《梁李振谓陕州护军韩彝范曰：'懿皇初升遐，韩中尉杀长立幼，以利其权，遂乱天下，今将军复欲尔邪？'彝范即文约孙也。"按懿宗八子，僖宗第五。余子新、旧《书》不载长幼，又不言所终，不言所杀者果何王也。今案《旧传》，懿宗八子：曰僖宗，曰昭宗，曰魏王佾，曰凉王侹，曰蜀王佶，曰威王侃，曰吉王保，曰睦王倚。昭宗，《新书·本纪》言其次为第七，其封寿王，在咸通十三年。魏、凉、蜀三王之封在三年。威王初封郢王在六年，十年改封。吉、睦二王之封，皆在十三年。《昭宗纪》云：僖宗大渐之夕，群臣以吉王最贤，又在寿王之上，将立之。惟杨复恭请以寿王监国。然则懿宗诸子，魏王为长，凉王次之，蜀王、威王又次之，其次为僖宗，又其次为吉王，又其次为昭宗，睦王最幼。凉王，《新传》云：乾符六年（879）薨，凉王尚获善终，蜀、威二王，未必强死。文约所杀，殆魏王邪？帝虽为行深、文约所立，然始为王时，与小马坊使田令孜同卧起，及立，政事一委之，呼为父。《新书·令孜传》。故行深、文约之权渐落。《旧书·本纪》：乾符元年冬，右军中尉韩文约以疾乞休致，从之。四年三月，以开府、行内侍监致仕刘行深为内侍省、观军容、守内侍监致仕。《新书·田令孜传》曰：僖宗即位，擢令孜左神策军中尉。是时西门匡范位右中尉，世号东军、西军，盖兵权移而政柄随之矣。僖宗未必能自减行深、文约，必令孜之阴计也。

僖宗既立，韦保衡贬贺州，贺州，今广西贺县。崖州见第四章第二节。再贬崖州，赐自尽。于琮自岳州刺史复为山南东道，岳州见第二章第七节。缘琮贬逐者并放还。朝局一变矣。《新书·路岩传》云：岩之为西川，承蛮盗边后，力拊循。置定边军于邛州，扼大度治故关。取坛丁子弟教击刺，使补屯籍。由是西山八国来朝。以劳迁兼中书令，封魏国公。始为相时，委事亲吏边咸。会至德令陈蟠叟奏书，愿请间言财利。至德，今安徽至德县。陈蟠叟乃议行海运，为杨收所用者，事见下节。其攻路岩，盖亦朋党相攻也。帝召见，则曰："臣愿破边咸家，可佐军兴。"帝问：《咸何人？"对曰："宰相岩亲吏也。"帝怒，斥蟠叟，自是人无敢言。咸乃与郭筹者相依倚为奸，岩不甚制，军中惟边将军、郭司马耳，妄给与以结士心。尝阅武都场，咸、筹莅之，其议事以书相示则焚之。军中惊以有异图，恟恟，遂闻京师。岩坐是徙荆南节度使。事在咸通十四年（873）十月。至江陵，免官流儋州，籍入其家。捕诛咸、筹等。岩至新州，今广东新兴县。诏赐死，剔取喉，上有司。或言岩尝密请三品已上得罪诛殛，剔取喉验其已死，俄而自及。观此，知岩之出帅西川，实为倚畀之深，非与韦保衡相挤。观是时朝廷忌岩之甚，弥可见其局势之危也。参看下节。

《新书·田令孜传》云：僖宗冲骔，喜斗鹅、走马。数幸六王宅、兴庆池，与诸王斗鹅。一鹅至五十万钱。《通鉴》云：好蹴鞠、斗鸡。与诸王赌鹅，鹅一头至五十缗。《考异》云：鹅非可斗之物，至直五十万钱，亦恐失实，《新传》误也，今从《续宝运录》。见广明元年（880）。与内园小儿尤昵狎，倚宠暴横。荒酗无检，发左藏、齐天诸库金币赐伎子、歌儿者日巨万，国用耗尽。

令孜与内园小儿尹希复、王士成等劝帝籍京师两市蕃旅、华商宝货，举送内库，使者监阅柜坊、茶阁。有来诉者，皆杖死京兆府。《通鉴》云：度支以用度不足，奏借富户及胡商货财。敕借其半。盐铁转运使高骈上言："天下盗贼蜂起，皆出于饥寒，独富户，胡商未耳。"乃止。亦见广明元年。令孜知帝不足惮，则贩鬻官爵，除拜不待旨，假赐绯紫不以闻。荒淫无异懿宗，而大权旁落过之，而寰内驿骚，民穷无告，土崩瓦解之期遂至矣。

第二节　中叶后南蛮之患

《新书·南蛮传》赞曰："唐北禽颉利，西灭高昌、焉耆，东破高丽、百济，威制夷狄，方策所未有也。交州，汉之故封，其外濒海，诸蛮无广土坚城，可以居守，故中国兵未尝至。及唐稍弱，西原、黄洞，继为边害，垂百余年。及其亡也，以南诏。《诗》曰：'惠此中国，以绥四方。'不以夷狄先诸夏也。"此言唐之亡，与南方之驿骚，深有关系也。南蛮贪小利，不为大患，韩愈语，见下。而能敝唐者？以其调兵转饷，所牵动者大也。此则政理之不臧，亦未可尽咎蛮夷矣。

南诏异牟寻，以元和三年（808）卒，子寻阁劝立。明年卒，子劝龙晟立。《新书》《通鉴》同。《旧书》：寻阁劝作苴蒙阁劝，劝龙晟作龙蒙盛。淫虐不道。十一年，弄栋节度使王嵯巅弑之。《通鉴注》：南诏置弄栋节度使于嵯巅，唐姚州之地。《旧纪》大和三年（829）及《杜元颖传》皆作篡巅。立其弟劝利。劝利德嵯巅，赐姓蒙氏，谓之大容。容，蛮言兄也。蛮患肇于此矣。长庆三年（823），劝利卒，弟丰祐立。勇敢善用其众。始慕中国，不与父连名。大和三年，西川节度使杜元颖治无状，嵯巅袭陷嶲、戎二州，遂陷邛州，《通鉴》云：元颖专务蓄积，减削士卒衣粮。戍卒衣食不足，皆入蛮境钞盗自给。蛮反以衣食资之。由是蜀中虚实，蛮皆知之。嵯巅以蜀卒为乡导，袭陷嶲、戎二州。元颖遣兵与战于邛州南，大败。邛州遂陷。邛州，今四川邛崃县。径抵成都，陷其外郭。诏发诸镇兵往救。时先发东川、兴元、荆南兵，继以鄂、岳、襄、邓、陈、许，又以董重质为神策诸道西川行营节度使，又发太原、凤翔兵赴之。以东川节度使郭钊为西川。南诏寇东川。钊兵寡弱不能战，以书责嵯巅。嵯巅修好而退。蛮留成都西郭十日，大掠子女、百工数万人及珍货而去。蜀人恐惧，往往赴江，流尸塞江而下。嵯巅自为军殿。及大度水，谓蜀人曰："此南吾境也，听汝哭别乡国。"众皆恸哭，赴水死者以千计。此据《通鉴》。《新书》云：赴水死者什二三。《鉴》云：自是南诏工巧，埒于蜀中。《新书》云：南诏自是工文织，与中国埒。盖于诸工尤重织也。《旧书·李德裕传》：德裕帅西川，遣人入南诏求其所俘工匠，得僧、道、工巧四千余人，盖所俘什之一耳。有文事而无武备者，亦可哀矣。诏诸道兵皆还。郭钊至成都，与南诏立约，不相侵扰。诏遣中使以国信赐嵯巅。四年十月，钊求代，以李德裕为西川。练士卒，葺堡鄣，积粮储，蜀人稍安。是岁，嵯巅以表自陈，兼疏杜元颖过失。《旧书》本传。比年使者来朝。开成、会昌间再至。《新书》本传。盖蛮志仅在虏掠。故所欲既遂，旋即戢兵也。蛮人最利俘掠，盖所以益其众也。观第七章第五节所述吐蕃事可见。《新书·元结传》：西原蛮入道州，掠居人数万去，遗户裁四千，亦其一证。然安南之地，慢藏海盗，复启戎心。

唐初定南海，于交趾之地置交州。高宗时，又立安南都护府。《旧纪》在永隆二年（681）即开耀元年八月。《新旧·志》皆在调露元年（679）。《志》又云：至德二年（757），改为镇南都护。《新志》云：大历三年（768），复为安南。《旧志》则在永泰二年（766）。其地为利薮，而居官者多贪暴，故数有不安。垂拱三年（687），有李思慎等之乱，见新、旧《书·文苑·刘延祐传》。开元十年（722），有梅叔鸾之乱，见《旧纪》及新、旧《书·宦者·杨思勖传》。《旧传》作梅玄成。《通鉴》又作梅叔焉。《考异》云从《旧纪》，然今《旧纪》作叔鸾。贞元七年（791），有杜英辅之叛，见新、旧《纪》及《李复传》。十九年，经略使裴泰为州将王季元所逐，见新、旧《纪》。时占婆稍强，颇与安南相攻，梅叔鸾之乱，《旧书》即云其与林邑、真腊通谋，见《杨思勖传》。《旧纪》：元和四年八月，安南都护张舟奏破环王三万余人，获战象、兵械，并王子五十九人。《新纪》云：环王寇安南，都护张舟败之。其《环王传》云：元和初，不朝献。安南都护张舟执其伪骥、爱州都统，斩三万级，虏王子五十九，获战象、舢、铠。合观三文，知当时环王既陷骥、爱，又进犯安南，张舟特御敌之师也。《新书·裴行立传》：迁安南经略使。环王国叛人李乐山谋废其君，来乞兵。行立不受，命部将杜英策讨斩之。行立乃好战之徒，而不乘环王内衅，盖力有所不及也。而黄洞蛮为患尤烈。黄洞者，西原蛮之属黄氏者也。据《通鉴》元和十四（819）年《注》。《新书·裴行立传》称为"黄家洞贼"。西原蛮者，居广、容之南，邕、桂之西。广州见第二章第七节。容州见第六章第三节。邕州见第三章第七节。桂州见第二章第二节。有甯氏者，相承为豪。又有黄氏，居黄橙洞，其隶也。其地西接南诏。天宝初，黄氏强，与韦氏、周氏、侬氏相唇齿，为寇害，据十余州。韦氏、周氏耻不肯附，黄氏攻之，逐于海滨。至德初，首领黄乾曜、真崇郁与陆州武阳、朱兰洞蛮皆叛。陆州，在今广东钦县西南。推武承斐、韦敬简为帅，僭号中越王。廖殿为桂南王，莫淳为拓南王，相支为南越王，梁奉为镇南王，罗诚为戎成王，莫浔为南海王，合众二十万，绵地数千里，署置官吏，攻桂管十八州，所至焚庐舍，掠士女。更四岁不能平。乾元初，遣中使慰晓诸首领，赐诏书赦其罪，约降。于是西原、环、古等州西原州见第六章第三节。环州在今广西境内。古州在今越南谅山东北。首领五百余人请出兵讨承斐等，岁中战二百，斩黄乾曜、真崇郁、廖殿、莫淳、梁奉、罗诚、莫浔七人。承斐等以余众面缚诣桂州降。尽释其缚，差赐布帛纵之。其种落张侯、夏永与夷僚梁崇牵、覃问及西原酋长吴功曹复合兵内寇，陷道州，据城五十余日。桂管经略使邢济击平之，执吴功曹等。余众复围道州，刺使元结固守不能下。进攻永州，陷邵州，邵州，今湖南宝庆县。留数日而去。贞元十年（794），黄洞首领黄少卿攻邕管。经略使孙公器请发岭南兵穷讨之。德宗不许，命中人招谕。不从。俄陷钦、横、浔、贵四州。钦州见第二章第二节。横州，今广西横县。浔州见第五章第一节。贵州见第四章第三节。少卿子昌沔遹勇，前后陷十三州，气益振。乃以唐州刺史阳旻为容管招讨经略使。引师掩贼，一日六七战，皆破之，侵地悉复。元和初，邕州擒其别帅黄承庆。明年，少卿等归款。拜归顺州刺史。未几复叛。又有黄少度、黄昌灌二部，陷宾、峦二州，宾州，今广西宾阳县。峦州，在今广西永淳县北。据之。十一年（816），攻钦、横二州。邕管经略使韦悦破走之，取宾、峦。是岁，复屠岩州。当在广西境。桂管观察使裴行立轻其军弱，首请发兵尽诛叛者。宪宗许之。兵出击更二岁，妄奏斩获二万罔天子为解。自是邕、容两道，杀伤疾疫，死者十八以上。十四年十月，安南都护李象古贪纵不法，使衙门将蛮酋杨清讨黄洞蛮，清还袭安南，杀象古。诏赦清，以为琼州刺史。琼州见第四章第二节。以唐州刺史桂仲武为都护。清拒命。而其刑戮惨虐，人不聊生。仲武使人谕其酋豪。数月间，归附继至，得兵七千余人。朝廷以为逗留。十五年二月，时穆宗已即位。以裴行立代之。三月，安南将士开城纳仲武，执清斩之，夷其族。行立至海门而卒。《通鉴》。《注》：海门镇，在白州博白县东南。案，博白县，今属广西。复以仲武为都护。杨清之平，《新纪》在三月，《通鉴》同。《旧纪》书于六月。八月，乃奏报到及献清首之日也。长庆初，以容管经略使留后严公素为经略使。复上表请讨黄氏。兵部侍郎韩愈建言："黄贼皆洞僚，无城郭，依山险，各治生业，急则畏死屯聚。前日邕管经略使，德不能绥怀，威不能临制，侵诈系缚，以致憾恨。夷性易动而难安，然劫州县，复私仇，贪小利，不为大患。自行立、阳旻建征讨，生事诡赏，邕、容两管，日以凋敝。今公素复寻往谬，诚恐岭南未有宁时，愿因改元，普赦其罪，为选材用威信者，委以经略。"不纳。后侵寇仍不绝。长庆二年（822）五月，邕州刺史李元宗叛，奔黄洞蛮。三年七月，黄洞蛮陷钦州。寇邕州，破左江镇。十月，寇安南。四年八月，又寇安南。十一月，与环王合势陷陆州，杀刺史葛维。见新、旧《书·本纪》及

《通鉴》。左、右江二镇，皆在今南宁县境。宝历元年（825），安南李元喜奏移都护府于江北岸，《旧纪》。交州本治交趾。《新志》云：宝历元年，徙治宋平。可见其侵轶之甚矣。

大中时，安南都护李涿，《通鉴》。《考异》曰：《实录》或作琢，或作涿，《蛮书》亦作涿。《实录》及《新书》皆有《李琢传》，听之子也。不云曾为安南都护，疑作都护者别一李涿，非听子。为政贪暴，又杀蛮首杜存诚，据《考异》引《实录》，存诚为爱州刺史，兼土军兵马使。群蛮怨怒，导南诏侵盗边境。峰州有林西原，旧有防冬兵六千。胡三省曰：峰州在安南西北，林西原当又在峰州西南。南方炎瘴，至冬瘴轻，蛮乘此时为寇，故置防冬兵。其旁七绾洞蛮，酋长曰李由独，常助中国戍守，输租赋，《新书》云：安南桃林人，居林西原七绾洞，首领李由独主之。《通鉴考异》引《蛮书》称为桃花蛮，云属由独管辖，亦为界上戍卒。知峰州者言于涿，请罢戍兵，专委由独防遏，蛮书事在大中八年（854）。于是由独势孤，南诏拓东节度使诱之，以甥妻其子，补拓东押衙，胡三省曰：南诏于东境置拓东节度，言将开拓东境也。《新志》：自戎州开边县七十里至曲州，又一千九百七十五里至拓东城。拓从木。案，曲州见第三章第七节。拓东城见第五章第六节。由独遂臣南诏，安南始有蛮患。《通鉴》系大中十二年。然朝贡犹岁至。《新书·南诏传》。初韦皋在西川，开青溪道以通群蛮，胡三省曰：即清溪关路。案，清溪关见第五章第六节。使由蜀入贡。又选群蛮子弟，聚之成都，教以书数，欲以慰悦羁縻之。业成则去，复以他子弟继之。如是五十年。群蛮子弟，学于成都者，殆以千数。军府颇厌于禀给。又蛮使入贡，利于赐与，所从傔人浸多。杜悰为西川节度使，奏请节减其数。诏从之。丰祐怒。其贺冬使者留表付嶲州而还。又索习学子弟，移牒不逊。自是入贡不时，颇扰边境。会宣宗崩，遣中使告哀，丰祐适卒，子酋龙立，置使者于外馆，礼遇甚薄。上以酋龙不告丧，又名近玄宗讳，遂不行册礼。酋龙乃自称皇帝，国号大礼，遣兵陷播州。见第五章第一节。咸通元年（860）十月，安南都护李鄂复之。鄂之至，杀杜存诚之子守澄，十二月，其宗党诱导群蛮及南诏乘虚陷交趾。鄂奔武州。在今安南境。二年六月，集土军复之。朝廷以杜氏宗强，家兵多，务在姑息，赠杜存诚金吾将军，流鄂崖州。见第四章第二节。初广、桂、容三道共发兵三千人戍邕州，三年一代。邕管经略使段文楚请以其衣粮募土军以代之，才得五百许人。继者李蒙，利其阙额衣粮以自入，遽罢遣戍卒。七月，蛮乘虚入寇。时蒙已卒。经略使李弘源至镇才十日，无兵以御之，奔峦州，二十余日，蛮去，乃还。坐贬，复以文楚为经略使。至镇，城邑居人，什不存一，复坐变更旧制左迁。谓募土军以代戍卒。时杜悰为相，上言西川兵食单寡，请遣使吊祭，晓谕清平官等以新王名犯庙讳，待其更名谢恩，然后遣使册命。上从之。使未发，而南诏寇嶲州，攻邛崃关，在今四川荣经县西邛崃山西麓。遂不行。三年二月，南诏复寇安南。经略使王宽，数来告急。以前湖南观察使蔡袭代之。仍发许、渭、徐、汴、荆、襄、潭、鄂等道兵合三万人授袭。蛮引去。左庶子蔡京，制置岭南，还奏事称旨，复充荆襄以南宣慰安抚使。京请分岭南为两道。乃以广州为东道，以岭南节度使韦宙为节度使，邕州为西道，以京为节度使。岭南旧分五管：广、桂、邕、容、安南，皆隶岭南节度使，京之为此，盖以重邕管之权也。《新书·孔巢父传》：从子戣，拜岭南节度使。自贞元中，黄洞诸蛮叛，久不平，容、桂二管利房掠，幸有功，请合兵讨之，戣固言不可。宪宗不听。大发江湖兵合二管入讨，士被瘴毒，死者不胜计。安南乘之，杀都护李象古。桂管裴行立、邕管阳旻，皆无功忧死。独戣不邀一旦功，交、广晏然，当时邕、桂用兵，广州应接甚少，自主安静者言之为有功，自主征讨者言之，则憾其坐视矣。蔡袭将诸道兵在安南，京奏武夫邀功，妄占戍兵，虚费馈运，请各罢还本道。袭乞留五千人，不听。作十必死状申中书，不省。京为政苛惨，设炮烙之刑，为军士所逐。代以桂管观察使郑愚。十一月，南诏率群蛮寇安南。蔡袭告急。敕发荆南、湖南兵二千，桂管义征子弟三千诣邕州，受郑愚节度。十二月，又发山南东道弩手千人赴之。四年正月，交趾陷，蔡袭死之。诸道兵赴安南者悉召还，分保岭南西道。南蛮寇左、右江，浸逼邕州。郑愚自陈儒臣，无将略，请任武臣。四月，代以义成节度使康承训。发荆、襄、洪、鄂兵万人与俱。六月，废安南都护府，置行交州于海门镇，以右监门将军宋戎为刺史，承训兼领安南及诸军行营。七月，复置安南都护府于行交州，以宋戎为经略使。发山东兵万人镇之。时诸道兵援安南者屯聚岭南，江西、湖南馈运者，皆溯湘江入澪渠、漓水，劳费艰涩，诸军乏食。润州人陈磻石，请造千斛大舟，自福建运米泛海，不一月至广州，军食以足。然有司以和雇为名，夺商人舟，委其货于岸侧；舟入海，或遇风涛没溺，则囚系纲吏、舟人，使偿其米；人颇苦之。五年正月，南诏寇嶲州。诏发右神策兵五千及诸道兵戍之。以容管经略使张茵兼句当交州事。益海门镇兵满二万五千人，令茵进取安南。三月，康承训至邕州，蛮寇益炽，诏发许、滑、青、汴、兖、郓、宣、润八道兵以授之。承训不设斥候，南诏率群蛮近六万寇邕州，将入境，承训乃遣六道兵万人拒之。五道兵八千人皆没，惟天平军后一日至得免。有天平小校，将勇士三百，夜缒而出，散烧蛮营。蛮惊，间一月，解围去。承训乃遣诸军数千追之。所杀虏不满三百，皆溪僚胁从者。承训遽腾奏告捷。奏功受赏者，又皆子弟亲昵，烧营将校，不迁一级。军中怨怒，声流道路。韦宙具知所为，以书白宰相。七月，乃以张茵为岭南西道节度使，而以骁卫将军高骈为安南都护，骈崇文孙。以茵所将兵授之。六年，杨收建议：两河兵戍岭南，冒瘴雾物故者十六七。请于江西积粟，募强弩三万人，以应接岭南，仍建节以重其权。从之。五月，置镇南军于洪州。洪州见第二章第三节。《新书·收传》曰：悉教蹋张，战必注满，蛮不能支。高骈治兵海门。监军李维周恶骈，趣使进军。骈以五千人先济。维周拥余众，不发一卒以继之。九月，骈掩击峰州蛮之收获者，大破之，收所获以食军。监陈敕使韦仲宰将七千人至，骈乃得益其军，进击南诏，屡破之。维周匿其捷奏，而奏骈玩寇不进。上怒，以右武卫将军王晏权代骈。晏权，智兴从子。七年六月，骈大破南诏蛮，围交趾。十余日，得晏权牒，即以军事授仲宰北归。而先与仲宰所遣告捷之使得达。上复以骈镇安南。骈遂破交趾。《旧纪》于六年秋书高骈自海门进军，破蛮军，收复安南府，盖因其进军终言之，其平定实在七年，故又于七年十月书骈奏蛮寇悉平。此为奏报到日，《新纪》书于八月，则其收复之时也。十一月，置静海军于安南，以骈为节度使。至九年八月乃归。骈从孙浐，常为骈军先锋，冒矢石，骈荐以自代焉。

唐自有蛮患以来，西川兵备，始终未能整饬，安南尤为鞭长莫及，故于南诏，常怀和意。咸通七年（866）三月，刘潼为西川节度使。初南诏遣清平官董成等诣成都。故事，南诏使见节度使，拜伏于庭。成等以酋龙已称帝，欲与节度使抗礼。传言往返，自旦至日中不决。节度使李福怒，捽而殴之，械系于狱。福以五年二月节度西川。潼至，释之，奏遣还国。诏召至京师，见于别殿，厚赐劳而遣之。而贬福为蕲王傅。其欲和之心，可谓切矣。及高骈克交趾，遂诏安南、邕州、西川诸军，各保疆域，勿复进攻。委刘潼晓谕：如能更修旧好，一切不问。然南诏殊无和意。九年六月，凤翔少尹李师望上言：嶲州控扼南诏，为其要冲，成都道远，难以节制，请建定边军，屯重兵于嶲州，以邛州为理所。时析邛、蜀、嘉、眉、黎、雅、嶲七州为定边军。史云：师望利于专制方面，故建此策，其实邛距成都才百六十里，嶲距邛千里，其欺罔如此。案，此无可以欺罔之理，疑屯驻邛州，实非本意，初计当治嶲州，故朝廷亦以师望为嶲州刺史也。嘉州，今四川乐山县。眉州见第四章第二节。黎州见第三章第四节。雅州见第二章第四节。朝廷以为然。以师望为嶲州刺史，充定边军节度。南诏使杨酋庆来谢释董成之因，师望杀之，而贪残，聚私货以百万计。戍卒怨怒，欲生食之。师望以计免。征还，以太府少卿窦滂代之。贪残又甚于师望。西川大将恨师望分裂巡属，阴使人致意南诏使入寇。十年十月，酋龙倾国入。十二月，陷嘉州。进陷黎、雅。滂奔导江。唐县，在今四川灌县东。西川之民，闻蛮寇将至，争走入成都。人所占地，不过一席许。雨则戴箕盎以自庇。井竭，即共饮摩诃池，隋蜀王秀所凿。至争捽溺死。或取泥汁澄而饮之。死不能具棺，即共瘗埋。节度使卢耽，召彭州刺史吴行鲁，使摄参谋，与前泸州刺史杨庆复共修守备。彭州，今四川彭县。泸州见第三章第七节。先是西川将士，多虚职名，亦无禀给，至是，揭榜募骁勇之士，补以实职，厚给粮赐，庆复选三千人，号曰突将，皆愤郁求奋。卢耽遣使见南诏用事之臣杜元忠，与之约和。又使告急于朝，请遣使与和，以纾一时之急。朝命知四方馆事太仆卿支详为宣谕通和使。先是命左神武将军颜庆复赴援。十一年，以为东川节度使。援蜀诸军，皆受节制。窦滂自以失地，欲西川相继陷没，以分其责。每援师自北至，辄说之曰："蛮众多于官军数十倍，官军远来疲弊，未易遽前。"诸将信之，皆狐疑不进。蛮攻成都，不克。庆复破蛮于新都。今四川新都县。宋威以忠武二千人至，又大败之。蛮急攻成都，不克，乃烧攻具遁去。初朝廷使颜庆复救成都，宋威屯绵、汉为后继，绵、汉州皆见第六章第三节。而威乘胜先至成都城下，破蛮军功居多，庆复疾之，威饭士欲追蛮军，城中战士，亦欲合势俱进，而庆复牒威夺其军，勒归汉州。蛮至双流，今四川双流县。阻新穿水，狼狈失度，三日桥成乃得过，断桥而去，蜀人甚恨之。时已废定边军，蛮军既去，以吴行鲁为西川留后，旋以为节度。明年四月，以路岩代之，其治绩已见上节。十四年五月，南诏寇西川。又寇黔南。黔中经略使秦匡谋奔荆南。敕斩之，籍没其家货，亲族应缘坐者，令有司搜捕以闻。盖颇欲以威刑，整饬边事矣。是岁七月，懿宗崩，僖宗立。十一月，路岩徙荆南。牛丛代为西川。乾符元年（874）十一月，南诏来寇。黎州刺史黄景复御诸大度河，先胜后败。蛮陷黎州，入邛崃关，遂攻雅州。大度河溃卒入邛州，成都惊扰。民争入城。蛮兵及新津而还。今四川新津县。诏发河东、山南西道、东川兵救之。高骈时镇天平，使诣西川制置蛮事。二年正月，复以为西川节度。骈停突将职名禀给，突将作乱，骈初榜谢还之，已而遣人掩捕，并老幼杀之。修复邛崃关、大度河诸城栅，又筑城于戎州马湖镇及沐源川，各置兵戍之。马湖镇，今四川屏山县。沐源川，胡三省曰：在嘉州罗目县界。麟德二年（665），开生僚，置罗目县及沐州。后废沐州，以罗目属嘉州。宋朝又废罗目为镇，属峨眉县。又今嘉州犍为县有沐川镇。案，峨眉、犍为二县，今皆属四川。沐州，在今四川峨边县境。《新书》云：骈结吐蕃尚延心、嗢末樀目等为间，筑戎州马湖、沐源川、大度河三城，列屯拒险，料壮卒为平夷军，南诏气夺。案，时吐蕃虽衰乱，其残部犹多。《通鉴》：大和四年（830），李德裕镇西川，奏言闻南诏以所掠蜀人二千及金帛赂遗吐蕃，若使二虏知蜀虚实，连兵入寇，诚可深忧。又《新书》载咸通十四年，西川节度使牛丛以书责酋龙曰：《尔祖尝奴事西蕃，为尔仇家，今顾臣之，何恩仇之戾邪？"则时南诏与吐蕃，仍有交结。故骈抚用之而南诏为之气夺也。自是蛮不复入寇。案，南诏之志，仅在剽掠，其兵力亦无足畏，故唐边备少饬，即不复来。然唐之力，亦终不足以惩创之，其局遂复归于和矣。

先是南诏督爽,《新书·南蛮传》:爽,犹言省也。督爽,主三省也。屡牒中书,辞语怨望,中书不答,卢携奏称如此则蛮益骄。宜数其十代受恩以责之。然自中书发牒,嫌于体敌。请赐高骈及岭南节度使辛谠诏,使录诏白牒与之。胡三省曰:录诏白,今谓之录白。从之。此隐开其交涉之路也。三年(876),南诏遣使者诣高骈求和,而盗边不息。骈斩其使。蛮之陷交趾也,虏安南经略判官杜骧妻李瑶。瑶,宗室之疏属也。蛮遣瑶还,递木夹以遗骈。胡三省曰:递牒以木夹之,故曰木夹。范成大《桂海虞衡志》曰:绍兴元年(1131),安南与广西帅司及邕通信问,用两漆板夹系文书,刻字其上,谓之木夹。按宋白《续通典》:诸道州府巡院传递敕书,皆有木夹。是中国亦用木夹也。骈送瑶京师,复牒南诏,数其罪,暨安南、大度覆败之状折辱之。此等皆无可质证,不知其书中措辞究如何也。八月,骈筑成都罗城,恐南诏扬声入寇,役者惊扰,乃奏遣僧景仙托游行入南诏,说谕骠信,夷语君也。使归附中国,仍许妻以公主,因与议二国礼仪。先是西川将吏入南诏,骠信皆坐受其拜,骈以其俗尚浮屠,故遣景仙往,骠信果率其大臣迎拜,信用其言。据《通鉴》。《新书》云:自南诏叛,天子数遣使至其境,酋龙不肯拜使者,遂绝。骈以其俗尚浮屠法,故遣景仙摄使往。酋龙与其下迎谒,且拜,乃定盟而还。案,《通鉴》云托为游行,则非以使人往,酋龙迎拜,乃拜僧,非拜使者也。《鉴》亦无定盟而还之说。《新书》措辞恐不审。此实先遣使入蛮议和耳。事虽若出于骈,岂能不得朝旨而为之?观此,愈见唐望和之切也。乾符四年(877),酋龙卒,伪谥景庄皇帝,子法立。《新书》云:酋龙年少嗜杀戮,亲戚异己者皆斩。兵出无宁岁,诸国更仇忿,屡覆众,国耗虚。蜀之役,男子十五以下悉发,妇耕以饷军。法年少,好畋猎,酣逸,国事颛决大臣。其国亦浸衰矣。是岁,闰二月,辛谠奏南诏遣陁西段瑳宝等来请和。《新传》:陁西若判官。且言诸道兵戍邕州岁久,馈饷之费,疲弊中国,请许其和。许之。谨遣大将杜弘赍书币送瑳宝还。但留荆南、宣歙请军戍邕州,自余诸道兵,什减六七。五年,遣其酋望赵宗政来请和亲。无表,但令督爽牒中书。请为弟而不称臣。诏百寮议之。礼部侍郎崔澹等以为"南诏骄僭无礼,高骈不识大体,反因一僧,呫嗫卑辞,诱致其使,若从其请,恐垂笑后代。"骈闻之,上表与澹争辩。诏谕解之。是岁正月,骈移帅荆南。时相卢携欲与和亲,郑畋不可。《实录》云:畋、携因此忿争,俱罢相,其说恐不足信,见第五节。宗政还,中书不答督爽牒,但作西川节度使崔安潜书意,使安全答之。时同崔澹议者,尚有谏议大夫柳韬。安潜亦上言:《安可以贱隶尚贵主?》故至陈敬瑄代安潜,和议乃成。杜弘逾年还,辛谠复遣摄巡官贾宏、大将左瑜、曹朗往使,相继卒于道。六年正月,谠复遣摄巡官徐云虔往见骠信。骠信不肯称臣奉表,而欲与唐约为兄弟若舅甥。时骠信见大使抗礼,受副使巳下拜。云虔还，骠信授以二木夹：一上中书、门下，一牒岭南西道。是岁十二月，卢携再相。广明元年（880）三月，陈敬瑄代崔安潜为西川，乃作诏赐敬瑄，许其和亲，不称臣。令录诏白并移书与之。以嗣曹王龟年为宗正少卿，充使。中和二年（882），南诏上书，请早降公主。诏报以方议礼仪。三年七月，南诏遣布燮杨奇肱来迎公主。诏陈敬瑄与书，辞以銮舆巡幸，仪物未备，俟还京邑，然后出降。奇肱不从，直前至成都。十月，以宗女为安化长公主，妻南诏。布燮，亦清平官。《新传》云：帝以宗室女为安化长公主，许婚。法遣宰相赵隆眉、杨奇混、段义宗朝行在，迎公主。高骈自扬州上言：三人者，南诏心腹也。宜止而鸩之，蛮可图也。帝从之。隆眉等皆死。自是谋臣尽矣。蛮益衰。中和元年，复遣使者来迎主。帝以方议公主车服为解。后二年，又遣布燮杨奇肱来迎。诏检校国子祭酒张谦为礼会五礼使，徐云虔副之，宗正少卿嗣虢王约为婚使。未行而黄巢平，帝东还，乃归其使。杨奇混即杨奇肱。鸩杀三人之说，显系东野人言，传误采之耳，当时虽许以公主下降，然婚实未成也。法死，伪谥圣明文武皇帝，子舜化立。遣使款黎州修好。昭宗不答。后中国乱，不复通。《新书》本传。唐之于南蛮，失之于专用兵力，不能简良吏抚绥，又不能用土兵，而专恃北兵屯戍，于是调发、转输，骚动全国矣。治南方者，首在清廉有恩，次则能抚用其人，不烦客兵远戍，若马总、马植、郑从谠等其选也。可参看《旧书》本传。杨思勖之讨梅叔鸾，至于尽诛其党，积尸为京观，如此残虐，安能服人？而兵力亦岂可终穷邪？《旧书·四夷传》脱略殊甚，《新书·南诏传》亦多舛误，故此节多用《通鉴》。其订正新、旧《书》处，具见《考异》。

西原蛮：当敬宗时，黄氏、侬氏据州十八。经略使至遣一人诣治所。少不得意，辄侵掠诸州。横州当邕江官道，岭南节度使常以兵五百戍守，不能制。大和中，经略使董昌龄遣子兰讨平峒穴，夷其种党，诸蛮畏服。有违命者，必严罚之。十八州岁输贡赋，道路清平。其后侬洞最强。结南诏为助。懿宗与南诏约和，二洞数构败之。辛谠以从事徐云虔使南诏结和，赍美货啖二洞首领，与之通欢云。《新书》本传。

第三节 懿僖时之内乱上

论者每谓内重之世，草泽之雄，易于崛起，外重之世则不然，以汉、唐已事为证，其实非也。汉世州郡之权，不可谓不重，然赤眉、黄巾何尝不轰轰烈烈？即唐之亡，亦岂非黄巢为之邪？要之剥削残酷，民穷无告，则必皆奋起，徒陈兵而谁何，必无用也。况乎兵之屯聚久者，又必骄横而怯战，镇压起事不足，而促成起事则有余邪？

为黄巢之乱之先声者，仇甫也。仇甫，新、旧《书》同。《通鉴》依《平剿录》作裘甫。据《考异》，《实录》亦作仇甫。甫以咸通元年（860）正月，起于浙东，陷明州，见第三章第四节。攻越州。见第二章第七节。明越观察使郑祗德不能御，以安南经略使王式为浙东观察使，八月，起事失败，是役式闻甫用骑兵，乃阅所部，得吐蕃、回鹘迁隶数百用之，此又启用沙陀以攻黄巢之先声矣。式之受命，左右宦要，皆惮兵众而馈饷多，式曰："不亟决，东南征赋阙矣。"乃益以许、滑、淮南兵。盖唐自肃、代来，久恃江淮财赋以为命，故其重之如此也。仇甫虽失败。然黄巢以后，卒至两河、江淮，赋不上供，而唐遂瓦解矣。见第六节。

民乱将作，乃藉兵变为前驱。初王智兴得徐州，召募强壮之卒二千人，号曰银刀、雕旗、门枪、挟马等军，《旧书》本传云凡七军。《通鉴》同。番宿衙城。自后浸骄，节度使姑息不暇。田牟镇徐日，每与衙卒杂坐，酒酣抚背，时把板为之唱歌。其徒日费万计，每有宾宴，必先厌食饫酒，祁寒暑雨，卮酒盈前，然犹喧噪邀求，动谋逐帅。咸通二年（861），温璋为节度使。衙卒知其严酷，深负忧疑。璋开怀抚谕，终为猜贰，给与酒食，未尝沥口。三年七月，遂逐璋。乃移王式于武宁。诏率忠武、义成之师往。三日，犒劳令还。既摆甲执兵，即命环衙卒杀之。三千余人，是日尽杀。《通鉴考异》曰：《旧传》曰。璋咸通末为徐泗节度使。徐州衙卒曰银刀军者，颇骄横。璋至，诛其凶恶者五百人。自是军中畏法。按诛银刀军者王式也，《旧传》误。今案璋初至时，或曾诛其最激烈者，而思更抚其余，故其卒终忌之也。《旧传》不必定误，惟咸通末之末字，则必误耳。于是罢武宁军节度使，改置团练。《旧书·本纪》：咸通四年四月，敕徐州罢防御使，为文都，隶兖州。文都，盖当时俗语，指不置军之州郡。武宁军时领徐、泗、濠、宿四州。《新书·方镇表》：咸通三年，罢武宁军节度，置徐州团练防御使，隶兖海。又置宿泗等州都团练观察处置使，治宿州。四年，罢徐州防御使，以濠州隶淮南节度。五年，置徐泗团练观察处置使，治徐州。徐卒逃亡者众，诏赦之。五年五月，又募其人赴邕管防戍。《旧纪》：咸通四年七月，制曰：徐州银刀官健，先有逃窜者，累降敕旨，不令捕逐。其今年四月十八日草贼头首，已抵极法，其余徒党，各自奔逃，所在更勿捕逐。五年五月，制曰：比因罢节之日，或有被罪奔逃。虽朝廷频下诏书，并令一切不问，犹恐尚怀疑惧，未委招携，结聚山林，终成诖误；况边方未静，深藉人才；宜令徐泗团练使选拣召募官健三千人，赴邕管防戍。待岭外事宁之后，即与替代归还。仍令每召满五百人，即差军将押送。盖徐州士卒，逃匿山林者多，思以是靖之也。然既以虐杀除之矣，则宜别筹安抚之策，而不宜再招使为兵，此诏实铸一大错也。仍成养痈之局矣。

时则徐将孟球，召募二千人往。据《旧书·崔彦曾传》。《传》云球为节度使，是时无节度使，必误。分其八百人戍桂州。初约三年而代。至咸通九年（868），已六年矣。戍卒求代。时徐泗观察使为崔彦曾，性严刻。都押衙尹戡、教练使杜璋、兵马使徐行俭用事，军中怨之。戡以军帑匮乏，难以发兵，请戍桂之卒，更留一年。戍卒闻之，怒。都虞候许佶，军校赵可立、姚周、张行实起事。杀都将王仲甫。推粮料判官庞勋为主，劫库兵北还。声势甚盛。时七月也。朝廷闻之，遣使赦其罪，部送归徐州。阴谋镇压。九月，勋等至湖南。监军以计诱之，使悉输其甲兵。山南东道节度使崔铉，严兵以守要害，戍卒不能入境。泛舟沿江东下。许佶等各以私财造甲兵旗帜。过浙西，入淮南。时令狐绹为节度使，都押衙李湘请伏兵高邮击之，弗听。高邮见第二章第七节。至泗州，刺史杜慆惊弟。有备，勋等申状于崔彦曾：乞停尹戡、杜璋、徐行俭职。戍还将士，别置二营，共为一将。彦曾命都虞候元密以三千人讨之。十月，勋等占宿州。获大船，欲入江湖。元密追之，败死。勋等遂占徐州。囚彦曾，杀尹戡、杜璋、徐行俭，灭其族。勋使求节钺。又遣其将刘行及占濠州，李圆围泗州。辛云京之孙谠，寓居广陵，与杜慆有旧，入泗州，与之共守。诏以康承训为义成节度使、徐州行营都招讨使，王晏权为徐州北面行营招讨使，戴可师为徐州南面行营招讨使。承训奏乞沙陀朱邪赤心及吐谷浑、达靼、契苾酋长，各率其众以自随。庞勋以李圆攻泗州久不克，遣吴迥代之。又遣刘佶往助。刘行及亦自濠州遣王弘立助之。镇海节度使杜审权遣将翟行约以兵四千救泗州，败死。救使郭厚本以淮南兵千五百救泗州，至洪泽，今洪泽本一小湖，在未成大湖时，其地名洪泽镇。不敢进。辛谠往求救，厚本分兵五百与之。令狐绹遣李湘以数千人与厚本合。又为所败，及厚本皆被执。庞勋军据淮口，泗水入淮之口。漕驿路绝。又南攻舒、庐，北攻沂、海，破沭阳、今江苏沭阳县。下蔡、今安徽凤台县。乌江、今安徽和县。巢县，今安徽巢县。占滁州。攻和州。戴可师以兵三万渡淮，为王弘立所败，可师死，时汴路既绝，江淮往来，皆出寿州，今安徽寿县。庞勋军破可师，遂乘胜围之，其道复绝。惟泗州藉辛谠屡出城护淮、浙、兵、粮以入，得不破。康承训驻宋州，诸道兵渐集。十年二月，承训以七万余人南。使朱邪赤心以三千骑为前锋。王弘立击之，大败。仍请取泗州以补过。三月，承训又败姚周兵。周走宿州，庞勋守将梁丕杀之。先是朝以王晏权数退衄。代以泰宁节度使曹翔。出兵围滕县。今山东滕县。魏博节度使何全皞，亦屡出兵攻丰县。今山东丰县。四月，庞勋杀崔彦曾，断郭厚本、李湘手足，勋前此犹向朝廷求节钺，至此乃不复犹豫。自出兵解丰县之围。曹翔兵亦退。朝又以马举代令狐绹。举将精兵三万救泗州，王弘立死。吴迥走，泗州围解。六月，举进攻濠州。庞勋遣迥助刘行及守。朝以宋威为徐州西北面招讨使。将兵三万屯丰、萧间。萧，今萧县。曹翔复引兵会之。七月，拔滕县。进攻丰、沛。沛，今江苏沛县。康承训亦进抵宿州之西。初庞勋怒梁丕专杀，黜之。使徐州旧将张玄稔代治州事。以其将张儒、张实等将城中兵数万拒守。据《通鉴》。《新书·康承训传》张实作张行实。承训围之。实潜以书白勋："令出不意掠宋、毫之郊。彼必解围而西，将军设伏要害击其前，实等出城中兵蹙其后。"勋从之。留其父举直与许佶共守徐州，身率兵而西。九月，张玄稔斩张儒等降。因请诈为城陷，引兵趋符离及徐州。唐符离县，今安徽宿县北符离集。许佶闻之，婴城守。玄稔攻克之。斩举直及佶。悉捕戍桂州卒亲族杀之，死者数千人。庞勋袭宿州，陷其南城。康承训追之。勋走渡汴，南走毫州，今安徽毫县。为沙陀所及，勋死。十月，吴迥突围走死。事败。勋之初据徐，徐人谓旌节之至，不过旬月，愿效力献策者，远近辐凑，光、蔡、淮、浙、兖、郓、沂、密群雄，皆倍道归之，圜溢郛郭，旬月间，米斗值钱二百，《通鉴》咸通九年（868）。而仓库素无贮蓄，乃令群雄四出，于扬、楚、庐、寿、滁、和、兖、海、沂、密、曹、濮等州界，以牛马挽运粮糗，以夜继昼。招致亡命，有众二十万。男女十五已上，皆令执兵。《旧书·本纪》咸通十年。东南之民，归如流水。当其募兵也，人争赴之，至父遣其子，妻勉其夫，皆断钼首而锐之，执以应募，《通鉴》咸通九年。盖舍此实无生路也。朝以王晏权智兴犹子，授之节以冀招怀，数月，卒无应招者，盖知应招乃是绝路也。《旧纪》咸通十年。《纪》云由徐人怨王式之诛。夫怨王式之诛者，虽衔卒之党，民亦同怨也。戍卒初擅归时，人民皆争归之，一时声势甚盛，诸将莫敢击。其攻和州也，刺史崔雍登城楼谓吴迥曰："城中玉帛子女不敢惜，只勿取天子城池。"许之。遂剽城中居民。杀判官张琢，以琢治城壕故也。《旧纪》咸通九年。雍与庞勋将吴约于鼓角楼上饮酒。认军事判官李谯为亲弟，表状驱使官张立为男，只乞二人并身，其余将士，一任处置，至束手就戮者，八百余人。同上十年。其后勋益自骄，与勋同举兵于桂州者尤骄，军纪废弛，事遂失败。事既平，复改徐州都团练使为感化军节度使，盖以重其地也。康承训以功授河东节度使。明年，路岩、韦保衡劾其"讨贼逗桡，贪赇获，不时上功"，贬蜀王傅，分司东都，再贬恩州司马。恩州见第九章第一节。可见勋之平，实其自败。以用兵论，则有同儿戏矣。

咸通四年（863）十二月，昭义节度使沈询奴归秦与询侍婢通，询欲杀之，未果，归秦结衙将起事，杀询。五年正月，以京兆尹李蠙为昭义节度使，取归秦心肝以祭询。据《通鉴》。《新书·本纪》亦云：咸通四年十二月，昭义军乱，杀其节度使沈询。殿本考证云：《旧书》，是年正月，河东节度使卢简求致仕，以昭义节度刘潼代，三月，以李蠙为昭义节度，是潼之后蠙，蠙之后询矣，而《新书·沈传师传》乃云：询遇害，潼代为节度，诛害询者，岂潼本在询后邪？当是年月《传》误耳。今案《旧纪》纪事，疑误前一年，潼诛"乱"者不尽，而蠙又继之也。八年七月，怀州民诉旱，刺史刘仁规揭榜禁之，民怒，逐仁规，久之乃定。十年六月，陕州民诉旱。观察使崔荛指亭树曰："此尚有叶，何旱之有？"民怒，逐之。荛，宁弟密之曾孙，新、旧《书》皆附《宁传》，云为军人所逐。其《杨嗣复传》云：嗣复子损，继荛为使，诛乱者。据《通鉴》，则损所诛乃僖宗时逐崔碣者，恐《旧传》误而《新传》又误承之也。参看第五节。此等皆人民起事之较小者也。逮僖宗立而一发不可收拾矣。

第四节　懿僖时之内乱中

僖宗乾符元年（874）正月，翰林学士卢携上言：关东去年旱灾，自虢至海，虢州见第四章第五节。海州见第二章第七节。麦才半收。秋稼既无，冬菜至少。贫者硙蓬实为面，蓄槐叶为齑。或更衰羸，亦难收拾。常年不稔，则散之邻境，今所在皆饥，无所投依，坐守乡间，待尽沟壑。其蠲免余税，实无可征，而州县以有上供及三司钱，三司，谓户部、度支、盐铁。督促甚急。虽彻屋伐木，雇妻鬻子，止可供所由酒食之费，未得至于府库也。或租税之外，更有他徭。朝廷傥不抚存，百姓实无生计，乞敕州县，应所欠残税，并一切停征，以俟蚕麦。仍发所在义仓，亟加振给，至深春之后，有菜叶、木芽，继以桑椹，渐有可食。在今数月之间，尤为窘急，行之不可稽缓。民至望菜叶、木芽以续命，而官司之苛求尚如此，乱安得不作哉？

是岁，十二月，感化军奏"群盗寇掠，州县不能禁"，敕兖、郓等道出兵讨之，盖徐方承大战之后，民益无以为生也。而关东又遭水旱。于是濮州人王仙芝，聚众起于长垣，今河南长垣县。仙芝之起，《通鉴》系乾符元年（874）末。《考异》曰："仙芝之反，《实录》在二年五月。"《续宝运录》：仙芝传檄诸道，末称乾符二年正月三日，则其起必在二年前，因系元年岁末。明年，冤句人黄巢亦起兵应之。冤句，今山东菏泽县。宋威时为平卢节度，朝廷以为宿将，倚以为诸道行营招讨草贼使。三年七月，威败仙芝于沂州，见第七章第二节。奏仙芝已死，纵遣诸道兵，身还青州，而仙芝实未死，行动如故。九月，仙芝西破汝州，执刺史王镣，宰相铎之从父昆弟也。敕赦仙芝及其党尚君长罪，除官以招谕之。十月，仙芝南攻唐、见第五章第二节。邓，见第二章第七节。陷郢。见第六章第三节。复进及淮南。蕲州刺史裴偓，王铎知举时所擢进士也，王镣以书为仙芝说偓，偓与约，敛兵不战，为之奏官。诸宰相多言不可。王铎固请许之。乃以仙芝为左神策军押衙兼监察御史，遣中使以告身授之。黄巢闻仙芝欲降，大怒曰："始者共立大誓，横行天下，今独取官赴左军，使此五千余众安归乎？"因殴仙芝伤首。其众反对不已。仙芝畏众怒，遂不受命。乃分其军三千余人从仙芝、君长，二千余人从巢，分道而去。已而复合于查牙山。《旧纪》在四年七月。《通鉴考异》引《实录》：三年十二月，招讨副都监杨复光奏尚让据查牙山，官军退保邓州。四年四月，黄巢引其众保查牙山。案，查牙山，在今河南遂平县西。四年七月，围宋威于宋州。忠武节度使崔安潜，使将张自勉以七千人解其围。先是宰相郑畋，以威衰老多病，招讨副使曾元裕奉命守东都，而拥兵蕲、黄，黄州见第二章第七节。欲以安潜为行营都统，李琢为招讨使代威，琢，晟孙。自勉为副使代元裕。及是，卢携亦为相，与王铎俱欲使自勉受威节度，畋以威与自勉，已有疑忿，在其麾下，必为所杀，不肯署奏，各求罢，皆不许。畋复请罢黜威，不听。十一月，招讨副都监杨复光遣人说诱仙芝，仙芝遣尚君长等请降。宋威遣兵于道劫取，奏称战于颍州西南所擒。颍州见第六章第三节。复光奏辩。命侍御史与中人即讯，不能明，乃斩之。五年正月，仙芝攻荆南，节度使崔知温不能御，山南东道李福悉众救却之。曾元裕又破仙芝于申州东。申州见第四章第二节。乃以元裕为招讨使代宋威，威还青州，九月卒。张自勉副之，而移西川高骈于荆南。二月，元裕破仙芝于黄梅，追斩之。《旧纪》、新旧《传》皆云宋威斩仙芝，此据《通鉴》。《考异》曰从《实录》。黄梅，今湖北黄梅县。黄巢方攻亳州，见第二章第七节。尚君长之弟让，以仙芝余众归之。巢袭破沂、濮。濮州见第四章第六节。遗天平节度使张裼书，请奏之。诏以为武卫将军，令就郓州解甲。郓州见第二章第七节。巢距不至。三月，自滑州略宋、汴，攻卫南，县名，在今河南滑县东。遂攻叶、今河南叶县。阳翟。今河南禹县。诏发河阳、宣武兵卫宫阙，东都宫阙。又诏曾元裕还东都，且发义成兵守辕辕、在今河南偃师县南。伊阙、见第四章第二节。河阴、见第七章第六节。武牢，见第二章第六节。大为巢所致。已王仙芝旧部王重隐占饶州，见第二章第六节。转略湖南。重隐死后，其将徐唐莒据洪州。四月，饶州将彭令璋复饶州，唐莒伏诛。见《新纪》。别将曹师雄略宣、润。诏曾元裕、杨复光救宣、见第六章第三节。润。见第四章第二节。其众复入浙西，乃又移高骈于镇海，黄巢亦南渡江，占虔、见第二章第七节。吉、今江西吉安县。饶、信。今江西上饶县。七月，攻宣州，不克。入浙东，开山路七百里入福建。十二月，占福州。今福建闽侯县。高骈遣将张璘、梁缵分道击之。巢趋广南。

王铎自请击之，诏以为荆南节度使、南面行营招讨都统。《旧纪》《传》在五年，云为诸道行营都统。《通鉴》从《实录》及《新纪》《表》。铎奏李係为副，係，晟曾孙。兼湖南观察使，将精兵五万并土团屯潭州。见第四章第二节。巢与浙东观察使崔璆、岭南节度使李迢书，求天平节钺。二人为奏闻，朝廷不许。巢复上表求广州，亦不许。而除巢率府率。《新传》云：巢求为天平，郑畋欲许之，卢携、田令孜不可，乞广州，仆射于琮以为广州市舶宝货所聚，乃拜巢率府率。《旧传》云：郑畋与枢密使杨复恭请授同正员将军，卢携驳其议。乃授率府率。《实录》但载于琮议，又云：或云以正员将军縻之，宰相亦沮其议，乃除率府率。见《通鉴考异》。时六年六月也。巢怒，攻入广州。未几，士卒罹疫。乃自桂州编大筏，乘暴水沿湘而下。历衡、见第九章第二节。永，见第二章第二节。占潭州。李係奔朗州。见第二章第三节。尚让乘胜逼江陵。王铎留其将刘汉宏守，自率众欲会山南东道刘巨容之师。汉宏大掠江陵，率其众北归为群盗。巢遂趋襄阳，巨容与江西招讨使曹全晸淄州刺史，见下。破之荆门。今湖北荆门县。巢复渡江，攻鄂州，见第七章第四节。转入饶、信、池、见第七章第四节。宣、歙、见第二章第七节。杭见第六章第三节。等州。诏罢王铎，以高骈为诸道行营都统。《旧·卢携传》。《本纪》系广明元年（880）三月。明年，为广明元年，高骈遣张璘击之。巢复请降。骈许为求节钺。时昭义、感化、义武等军皆至，骈奏巢不日当平，请悉遣归。许之。巢告绝于骈。骈怒，使张璘击之，败死。巢遂占宣州。七月，自采石渡江。骈上表告急。诏责其散遣诸道兵。骈遂称风痹，不复出战。唐四易统率，悉皆败北，巢遂长驱北上矣。高骈之散遣诸道兵，深为后世士人訾议。其实即留之，亦无济于事。巢专避实击虚，力不敌则走山险，官军追击则非其敌，围困力又不足，即能战亦不足用，况是时之兵，多不能战，诸镇杂集，又不易指挥邪？此时之事势，已了如指掌。骈岂不知巢之策略，盖亦出势不得已。至巢渡江而北，则已气完力厚，而骈大将新折于外，即欲迎战，亦不可得矣。骈后来诚偃蹇，盖正由此时遣散兵卒，负大衅于朝廷，欲自赎而无其路，日莫途远，乃倒行而逆施之。谓其在此时已畜异志，欲坐观成败，则未必然也。

巢既渡江，诏诸道发兵屯溵水。见第七章第四节。泰宁节度使齐克让屯汝州。乾符二年（875），兖海军赐号泰宁。先是张裼卒，乾符六年三月。衙将崔君裕自知州事，淄州刺史曹全晸讨诛之。参看第十一章第三节。及是，以全晸为天平节度使、东面副都统。全晸以众寡不敌，退屯泗上。徐州兵三千赴溵水，过许昌，谓供备疏阔，大噪。忠武将周岌亦赴溵水，闻之，夜还，袭杀徐卒，遂杀节度使薛能，自称留后。克让恐为所袭，引兵还兖州。诸道兵屯溵水者皆散。巢遂悉众渡淮。克让退保潼关。

僖宗朝，诸相纷纭，意见不一，而田令孜实阴握大权。是岁三月，以其兄陈敬瑄为西川节度使。令孜本陈氏。旋又以杨师立为东川，牛勖为山南西道，皆令孜腹心，左神策将也。及是，令孜阴怀幸蜀之计，而阳请率神策军守潼关。乃以为左右神策内外八镇及诸道兵马都指挥制置招讨等使，以飞龙使杨复恭为副。复恭本林氏子。宦者杨志廉，贞元末为中尉，子钦义，大中朝为中尉。钦义子三人：玄翼，咸通中掌枢密。玄寔，乾符中为右军中尉。玄价，河阳监军。复恭玄翼子，复光玄价子也。神策军士，皆长安富族，世籍两军，自少迄长，不知战陈，闻科集，父子聚哭，各于两市出直万计，雇负贩、屠沽及病坊穷人代行。令选弩手，仅得二千八百人。令左军将张承范率以赴之。齐克让之卒，亦仅万人，且皆饥疲。而巢众有六十万。十二月，克让及承范之师先后溃，潼关失守。令孜以神策兵五百奉帝走兴元。明年为中和元年（881）七月，至成都。黄巢入长安，称帝，国号齐。

第五节　懿僖时之内乱下

僖宗时，不徒内有黄巢之乱也，外又有沙陀之事。沙陀以残部依唐朝，本非大敌，而唐养兵百万而不能战，每倚其军为选锋，于内战用之尤亟，卒使之入据中原，亦可哀矣。

沙陀酋长朱邪赤心，嗣其父为阴山都督、代北行营招抚使。回鹘为黠戛斯所破，犯塞，刘沔尝以其众击之于杀胡山。伐潞，隶石雄。潞平，迁朔州刺史，仍为代北军使。大中初，吐蕃合党项及回鹘之众入河西，太原王宰统代北诸军进讨，沙陀常深入冠诸军。宣宗复三州、七关，征西戍皆罢，乃迁赤心蔚州刺史、云州守捉使。平庞勋，进大同军节度使。赐氏李，名国昌。回鹘叩榆林，入灵、盐，诏国昌为鄜延节度使。又入天德，乃徙节振武。以上据《新书·沙陀传》。咸通十三年（872），以恃功恣横，专杀长吏，徙为大同军防御使。国昌称疾不赴。是岁，卢龙节度使张允伸卒，子简会，为平州刺史张公素所逐，朝廷因而授之。幽州与吐浑、契苾共攻沙陀，不利。朝以前河东节度使李业能安集代北部落，以其子钧为灵武节度使，使宣慰沙陀及六州蕃、浑。时乾符元年（874）也。《旧书·本纪》。二年，张公素为其将李茂勋所逐，茂勋，回鹘阿布思之族，降张仲武，仲武使戍边，屡有功，赐姓名。朝廷又因而授之。三年，茂勋请致仕，以子可举知留后。五年二月，云州沙陀兵马使李尽忠执大同防御使段文楚，召国昌子沙陀副兵马使克用于蔚州。克用至，杀文楚。《通鉴考异》曰：后唐张昭远《庄宗功臣列传》及《旧纪》，克用杀文楚，在咸通十三年十二月，欧阳《五代史记》取之。赵凤《后唐太祖纪年录》在乾符三年，薛居正《五代史》《新·沙陀传》取之。不著撰人姓名之《唐末三朝见闻录》在乾符五年二月，《新纪》取之。惟《实录》在乾符元年，不知所据何书。克用既杀文楚，岂肯晏然安处，必更侵扰边垂，朝廷亦须发兵征讨，而自乾符四年以前，皆不见其事。《唐末见闻录》叙月日，今从之。案，沙陀若绝无违犯，幽州何事与吐浑、契苾攻之？《新书·沙陀传》曰：王仙芝占荆、襄，朝廷发诸州兵讨捕，国昌遣刘迁统云中突骑击之，数有功。《旧书·本纪》：李福之援江陵，实用沙陀军五百骑，盖即此军？然则自乾符四年以前，沙陀不特未尝犯顺，且仍听驱使也。岂时朝廷姑息，文楚虽死，幽州一讨之不克，即使李钧抚安之，而沙陀亦遂听命欤？《考异》之说，虽亦有见，《实录》《旧纪》所记年月，终当存疑。朝以太仆卿卢简方代文楚。《旧纪》在咸通十三年十二月，《实录》在乾符元年十二月。旋以为振武节度使，移国昌于大同。国昌欲父子并据两镇，不受代。与克用合兵，陷遮虏军，在今五寨县西北。进击宁武军及岢岚军。皆山西今县。简方行至岚州而卒。岚州见第三章第二节。河东节度使窦澣，以都押衙康传圭为代州刺史。又发土团千人至代州。至城北，娅队不发，求优赏。时府库空竭，澣遣马步都虞候邓虔往慰谕之。土团囚虔，床舆其尸入府。澣与监军自出慰谕，人给钱三百，布一端，《通鉴》。《旧纪》云：借率富户钱五万贯以赏之。众乃定。押衙田公锷给乱军钱布，众遂劫之为都将，赴代州。六月，以前昭义节度使曹翔为河东节度使。七月，翔至晋阳。捕土团杀邓虔者十三人杀之。义武兵至晋阳，不解甲，欢噪求优赏。翔斩其十将一人，乃定。于是发忠武、昭义、河阳之兵，会于晋阳，以御沙陀。九月，翔自率军赴忻州，中风而卒。诸军皆退。昭义兵掠晋阳坊市，民自共击之，杀千余人，乃溃。十月，诏昭义节度使李钧及李可举与吐谷浑酋长赫连铎、白义诚，安庆、萨葛酋长米海万合兵讨国昌父子于蔚州。据《通鉴》。《新纪》同。《旧纪》系四年十月，盖误前一年。安庆、萨葛，旧纪作沙陀安庆、薛葛。《新五代史·唐纪》：僖宗以李钧为灵武节度使，宣慰沙陀六州三部落使。注云：六州三部落，皆不见其名处，据《唐书》除使有此语耳。疑安庆、萨葛与朱邪，即所谓三部落也。后降李琢时，安庆都督为史敬存，《通鉴》《旧纪》同。此处安庆下疑夺"酋长史敬存"五字。十一月，岢岚军翻城应沙陀。是月，以河东宣慰使崔季康为河东节度、代北行营招讨使。十二月，季康、李钧与克用战于洪谷，地属岢岚军，见《旧纪》。败绩。钧死。昭义兵还至代州，士卒剽掠。代州民杀之殆尽。《通鉴》从《旧纪》，《实录》略同，见《考异》。《新五代史》在六年冬，以情事核之，恐误。《旧纪》及《新史》皆云钧中流矢卒，《通鉴》云战死，盖依《实录》。《实录》又载广明元年（880）八月，河东奏钧为猛虎军所杀。又曰："与贼战败，归而其下杀之。"《唐末见闻录》云：代州军变时，为百姓捉到，而不云如何处之。并见《通鉴考异》。六年二月，河东军回至静乐，今山西静乐县。作乱，崔季康逃归。都头张锴、郭崿率行营兵攻杀季康。以陕虢观察使高浔为昭义节度使，邠宁节度使李侃为河东节度使。五月，河东衙将贺公雅所部士卒作乱。焚掠三城。北都城左汾右晋，汾东曰东城，两城之间有中城。执孔目官王敬送马步司。侃与监军自出慰谕，为之斩敬于衙门，乃定。都虞候每夜密捕公雅士卒，族灭之。余党近百人，称报冤将，大掠三城。焚马步都虞候张锴、府城都虞候郭崿家。侃曲顺军情，令收锴、崿斩于衙门，并逐其家，以公雅为马步都虞候。锴、崿临刑，泣言于众曰："所杀皆捕盗司密申，今日冤死，独无义士相救乎？"军士复大噪，篡锴、崿归都虞候司。寻下令复其旧职，并召还其家。收捕盗司元义宗等三十余家诛灭之。以马步都教练使朱玫等为三城斩斫使，将兵分捕报冤将，悉斩之，军城始定。侃称疾。敕以康传圭为河东行军司马，征侃诣京师。八月，以东都留守李蔚充河东节度使。闰十月，蔚有疾。以供军副使李邵权观察留后，监军李奉皋权兵马留后。蔚薨，都虞候张锴、郭崿署状绌邵。胡三省曰：状，奏状。以少尹丁球知观察留后。十一月，以康传圭为河东节度使。传圭自代州赴晋阳，张锴、郭崿出迎。乱刀斫杀之。至府，又族其家。十二月，以朱玫为代州刺史。广明元年正月，沙陀入雁门关，寇忻、代，二月，逼晋阳，陷太谷。今山西太谷县。遣汝州防御使诸葛爽率东都防御兵救河东。康传圭遣前遮虏军使苏弘轸击沙陀，不利。传圭怒，斩之。沙陀还代北。传圭又遣都教练使张彦球将兵三千追之。至百井，镇名，在阳曲。军变，还杀传圭。三月，以宰相郑从谠为河东节度使。从谠知张彦球有方略，百井之变，非其本心，独推首乱者杀之，召彦球慰谕，悉以兵柄委之，军中由是遂安。可见治骄兵者当用文臣，不当用武夫之好杀者矣。四月，以太仆卿李琢为蔚、朔等州招讨都统、行营节度使。琢，听子，晟之孙。旋以为蔚朔节度使。仍充都统。以诸葛爽为北面行营副招讨。五月，又以为振武节度使。未之镇移夏绥，见下。琢与李可举、赦连铎共讨沙陀。李克用遣大将高文集守朔州，自将拒可举。铎遣人说文集。七月，文集与克用族父李友金、萨葛都督米海万、安庆都督史敬存皆降于琢。克用还击文集，李可举遣兵邀败之。李琢、赫连铎进攻蔚州。李国昌战败，部众皆溃，独与克用及宗族入达旦。《旧纪》云：克用使傅文达守蔚州，至是文达降，不云国昌战败。于是以赫连铎为云州刺史、大同军防御使，白义成为蔚州刺史，米海万为朔州刺史。以上据《通鉴》，参用新、旧《书·本纪》。此时朱邪部落，已迫溃亡，非唐更召之，实不易复振也。

　　僖宗时，宰相中之露头角者，为郑畋、王铎及卢携。黄巢起义，畋颇主抚，铎与携皆主剿。铎自出师而败，携倚高骈而亦败，此盖事势使然，非一二人所能挽回者。史谓携之败抚议，由其倚高骈，欲其立功；又初荐宋威而王铎代之，携疾铎，欲激怒巢；乃好党争者私见测度之辞，未可据为信史也。畋、携尝以忿争同日罢相。《旧纪》《传》在乾符六年（879）五月，云由争黄巢剿抚。《新纪》《表》及《实录》在五年五月。《新传》与《旧书》同。《实录》云：由携欲降主和南蛮，畋不可。《通鉴》亦系其事于五年五月。然恐当以《旧书》为是。争南蛮尚主事，未必如此激烈也。巢入京师，斫携棺，磔尸于市，足见其恨携之深。巢之将渡淮也，宰相豆卢瑑计救师未至，请假巢天平节，使无得西，而以精兵戍宣武，塞汝、郑路。携请召诸道兵壁泗上，以宣武节度统之，巢且还攻东南，徘徊山浙，救死而已。此时之巢，岂能为彼等所骗？然高骈不能扼巢使无渡江，诸道乌合之众，又能守泗乎？且召之可皆至乎？齐克让战实颇力，然不能守汝、郑，并不能守潼关，他军其能守泗乎？此时巢势正盛，锐不可当，长驱直入，无可抵御者。潼关既破，携罢相，即饮药死。携死，王徽、裴澈相，更软弱无力。时郑畋为凤翔节度使。谒上道次，请留，不许，乃密约邻道讨之。邻道皆遣兵往会，禁兵分镇关中者数万，亦皆往从，军势略振。中和元年（881）三月，诏以畋为京城四面诸军都统，泾原节度使程宗楚副之，前朔方节度使唐弘夫为司马，隐然系恢复之重矣。

　　关辅而外，诸军之抗巢者亦多。代北之平也，诏郑从谠以本道兵授诸葛爽及朱玫，使南讨巢。又以李琢为河阳节度使。旋以神策将罗元杲代之。爽以代北行营兵屯栎阳。在今陕西临潼县北。黄巢将朱温屯东渭桥，巢使说劝爽，爽降巢，巢以为河阳节度使，罗元杲奔行在。已而爽复来降，诏仍以为河阳节度。河中都虞候王重荣作乱，逐其帅李都，朝即以为留后。据《通鉴》。事在广明元年（880）十一月。《旧书·重荣》及《王处存传》，均谓李都降贼，而重荣逐之，《新传》则李都之后，尚有一窦潏，亦为重荣所逐，说出《北梦琐言》，皆不足信。见《通鉴考异》。黄巢破潼关，重荣降之，旋又降唐，与义武节度使王处存合兵，营于渭北。党项拓跋思恭起兵，思恭，《新五代史》作思敬。《通鉴考异》曰：欧公意谓薛《史》避国讳耳，思敬别是一人，欧公误。与鄜延节度使李孝昌会。诏使权知夏绥。周岌既杀薛能，朝即以为忠武节度。长安失守，岌亦降巢。监军杨复光屯邓州，巢使朱温攻之。复光走许州，说岌归降。岌从之。岌之乱许，薛能将秦宗权在蔡州，托辞赴难，选募蔡兵，逐刺史据其地，岌为节度，即以为刺史。宗权不从岌命，复光又往说之，宗权乃遣将以兵三千从复光。逗留不进。复光杀之，并其兵。遂以忠武之师复邓州。于是唐弘夫屯渭北，王重荣屯沙苑，在今大荔县西南。王处存屯渭桥，拓跋思恭屯武功，见第三章第二节。而郑畋屯鳌屋。见第四章第二节。巢四面皆敌矣。

然乌合之众之不易用久矣。是岁四月，巢使尚让、王播攻凤翔。唐弘夫败之。乘胜进迫长安。巢走。弘夫与程宗楚、王处存入城，不整，且诸军不相继。巢侦知之，还袭。弘夫、宗楚皆死。巢复入长安。巢以王玫为邠宁节度使，邠宁将朱玫杀之。让节度于别将李重古，而自率兵讨巢。六月，屯于兴平。见第五章第四节。忠武兵三千屯武功。巢使王播围兴平，玫走。李孝昌与拓跋思恭移屯东渭桥，巢使朱温拒之。八月，孝昌、思恭战不利，亦引去。王重荣先与高浔合兵，克华州，是月，巢将李详亦复占之。盖郑畋之于诸军，实不能统率，故心力不齐，无由进取也。十月，凤翔行军司马李昌言作乱，畋以留务委之，身赴行在。京西遂成瓦解之势。十二月，王铎率荆襄之师至。二年正月，代畋为都统，而畋人相。铎之将，亦与畋无异。诸将环伺京城而不能进。然巢亦不能进取。使朱温占同州。九月，温降于王重荣。李详闻之，亦欲降。巢知，杀之，以弟思邺守华州。十一月，为详旧卒所逐，亦降于重荣。巢兵势稍蹙矣。然诸军之不能进取如故。而沙陀遂入。

先是代北监军陈景思率李友金及萨葛、安庆、吐谷浑诸部入援。至绛州，刺史瞿稹，亦沙陀也，谓景思曰："贼势方盛，未可轻进，不若且还代北募兵。"景思从之，与还雁门。募兵得三万人。皆北方杂胡。屯于崞西。今山西崞县。犷悍暴横，稹与友金不能制。友金乃说景思，请赦李国昌、克用，召以为帅。诏许之。中和元年（881）三月，景思赍诏入达旦，召克用军屯蔚州。克用因大掠雁门以北。五月，率蕃汉兵万人南出石岭关。在阳曲东北。郑从谠塞其道，不得前。克用儳道至太原，营城下，纵兵大掠。从谠求援于振武。振武节度使契苾璋自将赴之。克用乃北还。陷忻、代，因留居代州。蔚州刺史苏祐会赫连铎欲攻之。二年，克用先袭陷蔚州。铎与李可举攻之。克用燔府库，弃而去。祐投镇州，为节度使王景崇所杀。成德王绍懿，咸通七年（866）卒，传兄绍鼎之子景崇。国昌亦自达旦归代州。契苾璋奏与天德、大同共讨克用。诏郑从谠与相知应接。初朝廷以庞勋降将汤群为岚州刺史。群潜通沙陀。朝廷疑之，徙之怀州。十月，群据城叛附沙陀。郑从谠遣张彦球讨斩之。时李克用据忻、代，数侵掠并、汾，争楼烦监。王处存与克用，世为婚姻。诏处存谕克用："若诚心款附，宜且归朔州俟朝命。若暴横如故，当与河东、大同军共讨之。"此时朝廷之于克用，尚未必倚其力也。而杨复光养父玄价，见上节。与国昌善，亦欲召之，言于王重荣。王徽为东面宣慰使，亦以为然。时王铎在河中，乃以墨敕召克用，谕郑从谠。十一月，克用将沙陀万七千，自岚、石路趋河中。不敢入太原境，独与数百骑过太原城下，与从谠别。从谠以名马、器币赠之。

《新书·沙陀传》云：从谠不肯假道，案，从谠不肯假道，而克用兵遂不敢入境，可见从谠之能拒克用也。十二月，乃以克用为雁门节度使。《旧纪》在元年四月，《旧五代史》同。《通鉴考异》曰：此际盖止赦其罪，复为大同防御使，及陷忻、代，自称留后，朝廷再召之，始除雁门。《新表》：中和二年，以忻、代二州隶雁门节度，更大同节度为雁门节度其证也。以上兼据《旧纪》《新·沙陀传》及《通鉴》。沙陀本非强大，前此河东数内乱，故任其鸱张，此时郑从谠之力，已足以御之，乃唐反抑从谠而必召克用，可谓放虎自卫矣。

克用既至河中，自夏阳渡河，军于同州。夏阳，在今陕西郃阳县东。三年正月，进屯沙苑。王铎承制，以克用为东北面行营都统，杨复光、陈景思为监军。复光东面，景思北面。制以铎为义成节度使，令赴镇。于是非以主军用客军，反以客将为元帅矣。二月，克用合河中、易定、忠武之兵败尚让。黄巢弟揆与黄璠袭据华州，克用围之。三月，巢使尚让救之，不克。四月，克用与河中、忠武之兵进取长安。义成、义武之兵继。巢弃长安，自蓝田东出。使其将孟楷以万人为先锋，攻蔡州。秦宗权与战，不胜，遂降之。楷进攻陈州，刺史赵犨擒斩之。楷，巢爱将也，巢怒，与宗权合兵围之，时六月也。七月，李克用自长安引兵还雁门。寻有诏，以为河东节度使，召郑从谠赴行在，而以李国昌为代北节度使，镇代州。《旧书》《旧五代史》。《唐末见闻录》，国昌死于中和三年（883）。《新书·沙陀传》《太祖纪年录》《实录》死于光启三年（887），见《通鉴考异》。此时克用虽有功，实无遽授以河东之理。以从谠守北门，纵不能慑服沙陀，亦必不遽至陷没，且安知不可合契苾、吐浑等徐图之乎？而遽自撤藩篱，开门揖盗，可谓失计之甚矣。朱温之降也，诏赐名为全忠。黄巢既败，以为宣武节度使。时溥者，感化将，迫走其节度使支详，朝廷遂以代之。事在中和元年十二月。全忠、溥、周岌共救赵犨，黄巢兵势尚盛，不能敌，共求救于李克用。四年二月，克用出天井关。诸葛爽以河桥不完为辞拒之，乃更自蒲、陕济。四月，会许、汴、徐、兖之师于陈州。陈州之围始解。五月，巢趋汴州。克用追破之于中牟北。见第九章第一节。巢将多降于全忠，尚让降于时溥。巢奔兖州。克用追至冤句，以粮尽而还。六月，时溥将李师悦追败巢于瑕丘。在今山东滋阳县西。巢众殆尽。至狼虎谷，在泰山东南，莱芜县界。自刎，以首畀其甥林言，使将诣时溥。遇沙陀博野军，夺之。并斩言以献于溥。巢亡，始末凡十年。

黄巢之用兵，可谓极飘忽之致，此固自古已来所谓"流寇"者皆然，然未有若巢之尤甚者也。或者谓"流寇"之兵力，实不足畏，特以其到处裹胁，如水之流，使官军无从措手，终至不可收拾耳。其实不然。有随从之众，必有为中坚者，使为中坚者而亦散亡，所谓"流寇"即遭已矣。然则"流寇"初起时，看似所至皆遭击散，实则其众初未尝坏，此即向来史籍所谓真贼者也。此其所以终能强大也。于此，可见向来史籍所传官军克捷之说皆不实。何则？不能溃其中坚，即击散其随从，亦不可云克捷，况所谓击散其随从者，亦什九为夸张之辞也。财富萃于城市，其原实在乡村。苟无乡村，城市安能自立？故用兵者恒以困守孤城为非计。据乡村以困城市，确为革命军之良策。《新书·巢传》言：巢之起，关以东大抵畏巢婴城守，而巢得放兵四出，此唐败绩失据之由也。革命军之起也，既无政柄可以号令，又无资粮械器，其徒众尚少，非借裹胁何以自强？王仙芝之起，"无少壮虏之"，黄巢渡淮，不剽财货，犹驱丁壮以为兵，由此。欲裹胁，则劫之以威，且破坏其闾井，以绝其顾望不可，故恒不免于残酷。黄巢之攻潼关，至于驱民填堑者以此。然非特此也，贵贱、贫富，其当平均，为人心之所同然。故世所谓空想社会主义者，其由来实甚旧。人人知其当平均，而所目击身受者，其不平均乃特甚，则怨恨之心生，怨恨深而残杀随之矣。王仙芝之起也，其檄文自称天补平均大将军，《通鉴考异》引《续宝运录》。黄巢渡江时，犹以天补大将军为号，广明元年（880）十一月齐克让奏，亦见《通鉴》。其怀挟空想社会主义可知。史言巢众尤憎官吏，得者皆杀之。其在长安，有书尚书省门为诗以嘲革命军者。尚让怒。应在省官员及门卒，悉抉目倒悬之。大索城中，能为诗者尽杀，识字者给贱役，凡杀三千余人。即藏怒蓄怨之已久，有以致之也。夫欲革命，必借众力，今若此，宁非驱民以资敌？为之魁者，宁不知之？故初起时广泛流动，发动群众，忙于战斗，组织不严，至其声势已盛，则亦必思立纪律。黄巢渡淮，即整众而行，不剽财货，入东都，坊市晏然，《旧纪》。即由于此。夫欲立纪律，循空想必不如修旧法之易行也。为之魁者，亦宁不知之？故其徒众虽疾官吏与士人，而其魁又恒思抚用之。黄巢之入闽。俘民给称儒者皆释；入福州，焚室庐，大杀官吏，过崇文馆校书郎黄璞家，令曰"此儒者，灭炬弗焚"，又求处士周朴；得之。朴不肯从，巢怒，斩之。此为巢之不能自克，然不害其本意之欲求士人也。其事也。不特此也，《旧书·巢传》言：其起也，士人从而附之。其驰檄四方，章奏论列，皆指目朝政之弊，盖士不逞者之辞？则巢之用士人旧矣。夫欲修旧法，固莫如用旧吏与士人，然其法卒不能立者，何也？曰：其所由来者远矣。言中国人之分职者，曰士、农、工、商。士不能执兵，抑士、工、商人数皆少，又非受暴政最酷者。暴政恒施诸为数最多之农民，故非至农民皆思乱，乱必不作，作亦不烈。故农民者，革命军之本也。然农民之所知者，身受之苦耳。其所愤恨欲斩刈之者，被此苦于其身之官吏豪强耳。官吏豪强，非能毒我也，必有阴相之者。故欲革命，非颠覆王室不可。此非农民所尽知也。且其足迹不出里闬，邻境之事，即非所知。故虽思乱者众，亦不能相结合。故农民者，大乱之资，而身不能为大乱者也。合从讨伐，轶于三代，必非辍耕陇畔者之所能为也。然则为之者谁也？曰：士、农、工、商，国之石民耳。世之不士、不农、不工、不商者则多矣，其有以武断用为食，其徒必相结合，且其声气所通颇广者，则世所谓江湖上人，言其不土著也，此等人古称之曰亡命、曰恶少年，今称之曰无赖、棍徒等，上海人称之曰流氓，其结合则曰帮、曰会、曰党。其魁则古所谓豪杰也。刘邦不事家人生产作业，刘秀藏匿死亡，吏不敢到门郭，解七国乱时，隐然若一敌国，以至窦建德、刘黑闼之徒皆是也。黄巢世鬻盐，富于赀，喜养亡命，亦其伦也。大乱之起也，为之徒众者必农民，为之率将者多豪杰。江湖上人，亦喜言平均。此等人或无家室，或虽有而不之顾；身亦不如恒人倚家室以为生，而多借朋辈周给；故其好言平均，较各色人为甚。农民则正相反。然本以武断耽佚，乐习纵恣，故其所谓纪律者，特存于其徒党之间，而不能推诸全社会。此理易明。彼以其纪律结合其徒党，劫夺人以为食，则必有为其劫夺者而后其纪律存焉。若推诸全社会，则无可以劫夺之人，其徒无以自存，其党亦将离散矣。故此等人可以为盗，不可以为兵，以军纪必禁劫夺也，为政立法更无论矣。帝王亦起于群雄，其能否成功，正视其能否自制御其徒党，废弃其党中旧有之纪律，而改用全社会共认之法耳。巢众入长安，遇穷民于路，争行施遗，甫数日，即大掠，缚箠居人索财，号淘物，巢之将官且有阅甲第以处，争取人妻女乱之者。巢既称号，下令军中禁妄杀，悉输兵于官，史言其下皆盗贼，不能从也。即巢亦不能自守法。召王官无至者，即大索里闾。张直方者，素豪杰，士多依之，或告巢："直方谋反，纳亡命者。"巢攻之，夷其家，大臣死者百余人。史言自是遂酷虐居人。其再入长安也，怒坊市百姓迎唐师，乃下令洗城，丈夫丁壮，杀戮殆尽，流血成渠。《旧书·黄巢传》：其《王处存传》云：召集两市丁壮七八万并杀之，血流成渠。《新书·巢传》云：纵击杀八万人，血流于路可涉也，语亦本于《旧书》，然"纵击"二字已失实，"血流成渠"，人人知为形容之语，不责其实，改为叙述之辞，则不成语矣。岂以血流成渠为信然邪？此何为者邪？社会之演进必有其定律，陈义虽高，非至其时则不能行。故空想终为空想，不如复旧之易循。历代革命，只能倾覆旧朝，不能革易帝制者以此。此社会演进定律使然，不能全以自私无识等责之也。黄巢、王仙芝，屡欲受抚。或曰：此非其本心，特蓄力以俟时耳。然仙芝之降，至于遣尚君长，谓非真欲降唐得乎？即君长亦必有降意，不然，仙芝不能遣之也。巢入长安，遽称尊号，且陈符命。《旧书·巢传》：巢僭位，御楼宣赦，且陈符命，曰：唐帝知朕起义，改元广明，以文字言之，唐已无天分矣。唐去丑口而著黄，天意令黄在唐下，乃黄家日月也。土德生金。予以金王，宜改年为金统。

其为本怀，尤显而易见。此固不足，然空想既不能行，则复旧不能亟，而欲复旧，亦其难如此，然则群雄之中，获成功而为帝王者，亦自有其由，而非尽由于徼幸也。

谓豪杰之起，徒徇私欲者非也，其目的固在拯民于水火之心，此陈龙川之论不诬也。然始焉非借广结群众，不足以自立，既足以自立矣，又不能永保纪律；至于官军，则本与盗贼无异，非旧朝官吏将卒皆与盗贼无异，天下原不至于大乱也。史称：黄巢之据长安也，京畿百姓，皆窜于山谷，累年废耕耘。巢坐空城，赋输无入。谷食腾踊，米斗三十千。巢军食树皮，以金玉买人于行营之师。官军皆执山寨百姓鬻于巢军，人获数十万。其走关东也，地仍岁无耕稼，人饿倚墙壁间。巢军俘人而食，日杀数千，有舂磨寨，为巨碓数百，生纳人于臼，碎之，合骨而食，周余黎民，靡有孑遗，岂虚语哉？此皆全社会所造之恶业，待时而发，亦不能专为一二人咎也。

是时之草寇，尚非独黄巢也。乾符三年（876）正月，尝敕福建、江西、湖南诸道观察、刺史，皆训练士卒。又令天下乡村，各置弓刀鼓板，以备群盗。先是浙西狼山镇遏使王郢等六十九人有战功，狼山，在今江苏南通县南。节度使赵隐，赏以职名，而不给衣粮。郢等论诉不获，遂劫库兵起事。行收徒众，近万人。攻陷苏、常，乘舟往来，泛江入海，转攻二浙，南及福建，其势甚强。是岁七月，以前岩州刺史高杰充缘海水军都知兵马使讨之。郢因温州刺史鲁实请降。温州，今浙江永嘉县。实屡为之论奏。敕郢诣阙。郢拥兵迁延，半年不至，固求望海镇使。今浙江镇海县。朝廷不许，以郢为右率府率，仍令左神策军补以重职。其先所掠之财，并令给与。四年正月，郢诱鲁实入舟中，执之。乃以右龙武大将军宋皓为江南诸道招讨使。先征诸道兵外，更发忠武、宣武、感化三道，宣、泗二州兵，新旧合万五千余人，并受皓节度。二月，郢攻破望海镇。入明州。又攻台州，临海郡见第四章第二节。陷之。诏二浙、福建各出舟师以讨之。镇海节度使裴璩，严兵设备不与战，而密招其党朱实降之。散其徒六七千人，输器械二十余万，舟航粟帛称是。于是郢党离散。郢收余众，东至明州甬桥。镇遏使以筒箭射杀之。余党皆平。以上据《通鉴》。案，王郢，《新书·本纪》称为突陈将，《通鉴考异》引《实录》及程匡柔《唐补记》同，而《旧纪》称为海贼。是年三月，以草贼大举进攻河南、山南，下诏招抚，历述投降受官爵者以歆动之，中有朱实之名，盖即郢党之降者。郢虽身为军官，为之徒党者，实皆海贼也。多陷缘海缘江郡县，至发数道之兵以讨之，亦可云东南之剧贼矣。时又有柳彦璋剽掠江西。乾符四年六月，攻入江州，执刺史陶祥。使祥为之上表。彦璋亦自附降状。敕以为右监门将军，令散众赴京师。以左武卫将军刘秉仁为江州刺史。彦璋不从，以战舰百余固溢江为水寨，剽掠如故。十二月，秉仁单舟入其寨，彦璋出不意迎拜。秉仁斩彦璋，散其众。亦据《通鉴》。广明元年（880），有江华人蔡结攻入道州，江华，今湖南江华县。道州见第七章第一节。宿州人鲁景仁攻入连州。宿州，今安徽宿县。连州，今广东连县。景仁本从黄巢，巢北上时，以病留连州，遂据其地。后与蔡结皆为马殷所破，见第十一章第五节。中和元年（881），有鄞人钟季文攻入明州，鄞县，今浙江鄞县。临海人杜雄攻入台州，永嘉人朱褒攻入温州，温州永嘉郡，今浙江永嘉县。遂昌人卢约攻入处州。遂昌，今浙江遂昌县。处州见第六章第四节。约后为钱镠所平，见第十一章第五节。以上皆据《新书·本纪》。此等皆其较大者，其较小而名不著于史传者，则不知凡几矣，可谓群盗如毛矣。

非徒草寇也，藩镇奸命者亦不绝。乾符元年（874），感化军发兵诣灵武防秋。会南诏寇西川，敕往救援。蛮退，遣还。二年三月，至凤翔。欲擅归徐州。内养王裕本、都将刘逢搜唱率者八人斩之。众然后定。此事若不能遏止，又一场大战也。十月，昭义军乱，大将刘广逐其节度使高湜。据《通鉴》。《通鉴》系据《实录》，见中和元年（881）《考异》。《新纪》误系乾符四年二月。《旧纪》：中和元年八月，昭义节度使高浔与贼将李详战于石桥，败，归河中。九月，衙将刘广擅还据潞州。是月，天井关戍将孟方立攻广，杀之，方立遂自称留后。误。高浔败后，杀之而据潞州者，乃成麟也。见第十一章第一节。《新书·王徽传》《新五代史·孟方立传》，误皆与《旧纪》同。十二月，王仙芝攻沂州，天平军奏遣将士张晏等救之。三年正月，还至义桥，闻北境复有盗，留使捍御。晏等不从，喧噪趣郓州。都将张思泰、李承祐走马出城，裂袖与盟，以俸钱备酒肴慰谕，众然后定。诏本军宣慰，一切无得穷诘。四月，原州刺史史怀操贪暴，军乱，逐之。十二月，青、沧军士戍安南者还至桂州，逐观察使李瓒。《新纪》在四年十二月，《通鉴》依《实录》系三年。以右谏议大夫张禹谟为桂州观察使。桂管监军李维周骄横，预于逐帅之谋，诏禹谟并按之。四月，陕州军乱，逐其观察使崔碣。贬碣怀州司马。五月，以给事中杨损为观察使。损至，诛首乱者。忠武都将李可封戍边，还至邠州，迫胁主帅，索旧欠盐粮，留止四日，阖境震惊。七月，还至许州，节度使崔安潜悉按诛之。八月，盐州军乱，逐刺史王承颜。据《通鉴》。《新纪》在九月。诏高品牛从珪往慰谕之。贬承颜象州司户。象州见第四章第一节。承颜及崔碣，素有政声，以严肃为骄卒所逐，朝廷与贪暴致乱者同贬，时人惜之。军中请以大将王宗诚为刺史。诏宗诚诣阙，将士皆释罪，仍加优给。十月，邠宁节度使李侃奏遣兵讨宗诚，斩之，余党悉平。四年十月，河中军乱，逐其节度使刘侔。五年三月，湖南军乱，都将高杰逐其观察使崔瑾。广明元年（880）三月，安南军乱，节度使曾衮出城避之。诸道兵戍邕管者，往往自归。九月，东都奏汝州所募军李光庭等五百人自代州还，过东都，烧安喜门，焚掠市肆，由长夏门去。十月，先是征振武节度使吴师泰为左金吾大将军，代以诸葛爽，师泰使军民上表留己，乃复以为振武，而以爽为夏绥。中和元年（881）二月，清平镇使陈晟执睦州刺史韦诸，自为刺史。睦州见第八章第二节。二年九月，桂州军乱，逐其节度使张从训。以上兼据《通鉴》及《新纪》。此等皆旋即平定，或不甚关系大局者，其推波助澜，与于割据之局者，别叙于后。要之唐至此时，已成不可收拾之势矣。

第六节　僖宗再播迁

僖宗入蜀，既由田令孜扈从，是时为西川者又系陈敬瑄，政权自仍在令孜之手。史言令孜，容有溢恶，其人亦匪无才，然局量太狭，与南北司皆如水火，宦官秉政，本为人情所不与，尽力协和，犹惧不济，而更专以钩心斗角为务。一人之智，安能胜天下之力邪？

高骈之去西川也，崔安潜代之。安潜谓蜀兵怯弱，乃募陈、许壮士，与蜀人相杂训练。得三千人，分为三军。忠武故有黄头军，是军亦戴黄帽，遂袭其号。《通鉴》系乾符六年（879）。僖宗入蜀，田令孜为行在都指挥处置使。四方贡金帛，辄赐从驾诸军，而不及蜀军。中和元年（881）七月，黄头军使郭琪作乱。陈敬瑄讨平之。先是左拾遗侯昌业上疏，言令孜专权，召至内侍省赐死。事在广明元年（880）二月。及是，上与令孜保东城，群臣皆不得见。左拾遗孟昭图又上疏极言之。疏言："君与臣一体相成，安则同宁，危则共难。昔日西幸，不告南司，故宰相、御史中丞、京兆尹悉碎于贼，惟两军中尉以扈乘舆得全。昨昔黄头乱，火照前殿，陛下惟与令孜闭城自守，不召宰相，不谋群臣，欲入不得，求对不许。天下者高祖、太宗之天下，非北司之天下，陛下者九州之天子，非北司之天子，安有天子播越，而宰相无所豫，群司百官，弃若路人"。云云。令孜匿不奏，而矫诏贬昌图嘉州司马，使人沈诸蟆颐津。在今四川眉山县东。其毒害士大夫如此。三年，京城之平，就加杨复光同、华等州制置使。六月，复光卒于河中。令孜闻之，甚悦。遽罢其兄复恭枢密使。复恭称疾归蓝田。于是北司之中，复相水火矣。复光之以忠武兵击邓州，分其八千人以为八都，使衙将鹿晏弘、晋晖、王建、韩建、张造、李师泰、庞从等八人将之。据《通鉴考异》云：刘恕十国纪年上云八都，而下只有七人姓名，诸书不可考故也。复光死，晏弘等去河中，逐牛勖，据兴元。朝廷不得已，四年正月，以为留后。晏弘猜忌，众心不附。令孜密遣人以利诱之。十一月，王建、韩建、张造、晋晖、李师泰率众数千，逃奔行在。令孜皆养为子，使各将其众，号为随驾五都。不隶神策。而遣兵讨晏弘。晏弘走。先是陈敬瑄多遣人历县、镇诇事，谓之寻事人。所至多所求取。有二人过资阳镇，胡三省曰：时盖置镇于资阳县。案，唐资阳，今四川资中县。独无所求，镇将谢弘让邀之，不至，自疑有罪，夜亡入群盗中。捕盗使杨迁诱使出首，而执以送使，节度使。云讨击擒获，敬瑄不问，杖弘让脊二十，钉于西城二七日。十四日。煎油泼之，又以胶麻掣其创，备极惨酷。邛州衙官阡能，邛州见第三章第五节。因事违期，避杖亡命为盗。迁复诱之。能方出首，闻弘让之冤，乃大骂迁，发愤为盗。驱掠良民，不从者举家杀之。逾月，众至万人。横行邛、雅间。攻陷城邑，所过涂地。蜀中先少盗贼，自是纷纷竞起，州县不能制。据《通鉴》。又有涪州刺史韩彦昇，涪州，今四川涪陵县。彦昇为涪州刺史，见《新书·高仁厚传》。作乱峡中，致道路梗绝，百官乏俸，民亦阙盐。案，敬瑄所司察者，盖尚重于有位，故叛者以军人为多。然其为祸已如此，可见司察之不足以为治矣。敬瑄遣兵讨阡能，多败。后遣衙将高仁厚，乃讨平之。以仁厚为眉州刺史。眉州见第四章第二节。又许以为东川节度，令讨平韩彦昇。事在中和二年（882）。杨师立闻之怒。是年，征师立为右仆射，师立遂反，以讨敬瑄为名。又遣仁厚讨平之。即以为东川节度。两川暂归于令孜、敬瑄矣。然北归后变故旋作。

中和四年（884），黄巢平。明年，改元曰光启。正月，僖宗自蜀还京。三月至。时国命所制者，河西、山南、剑南、岭南西道数十州，余皆自擅兵赋，迭相吞噬。江淮转运路绝。两河、江淮，赋不上供，但岁时供奉而已。《旧书·本纪》。田令孜在蜀，招募新军，以千人为一都，凡五十四都。分隶左右神策，各二十七都，为五军。令孜为左右十军使。军旅既众，南衙北司，官属万余，三司转运，无调发之所，度支惟以关畿税赋，支给不充，赏劳不时，军情咨怨。《旧纪》。乃不得不为救急之计。安邑、解县两池安邑见第三章第七节。解，今为县，属山西。榷盐税课，本盐铁使特置盐官，以总其事。黄巢乱离，王重荣兼领榷务。岁出课盐三千车，以献朝廷。令孜举广明前旧事，请以两池榷务归盐铁使，以赡禁军，而自兼两池榷盐使。重荣上章论诉，不省。徙诸泰宁，以泰宁节度使齐克让为义武，而徙王处存于河中。五月。盖以处存、重荣，皆李克用之党，为此处置，以免其有违言也。亦可谓煞费苦心矣。然仍无济于事。处存亦不欲徙，上章为重荣申理，言其有大功，不宜轻有除改。不听。至晋州，见第四章第一节。刺史不纳，遂还。八月。初李昌言卒，弟昌符代为凤翔。令孜使与静难节度使朱玫时赐邠宁军号静难。共讨重荣。李克用救之。玫、昌符与战，大败，各走归本镇。时十二月也。克用进逼京城。令孜以帝夜如宝鸡。见第四章第二节。群臣无知者。惟翰林学士承旨杜让能，太子少傅孔纬等数人追至。上以纬为御史大夫，使还召百官。宰相萧遘、裴澈，皆疾令孜不肯行。

而朱玫、李昌符亦耻为令孜用，且惮蒲、晋之强，更与之合，遣、澈诒玫书，令迎车驾。令孜再以帝走兴元。时杨复恭已复为枢密使，令孜乃荐以自代，用为左神策中尉、观军容使，而自除西川监军，往依陈敬瑄。

令孜虽去，仍不足以回人心。朱玫之迎驾也，嗣襄王煴襄王僙，肃宗子，煴僙之曾孙。以疾不能行，为所得。以之归凤翔，欲立之。萧遘不可。玫不听。遂以煴监国，还长安。遘称疾，往依弟永乐令蘧。唐永乐县，在今山西永济县东南。玫以兵部侍郎郑昌图代之，十月，以煴称帝。从《新纪》及《通鉴》。《旧书》在五月朔误。藩镇多受其伪署。而李昌符与玫不合，更通表兴元。时杜让能为相，请使杨复恭谕王重荣。重荣即请讨玫，李克用将盖寓，亦说克用讨玫以自湔洗。见《通鉴》。据《考异》，说出《后唐太祖纪年录》。六月，乃命扈跸都将杨守亮出金州，扈跸都，五十四都之一。守亮，本姓訾，名亮，与弟信俱从王仙芝，仙芝死，从徐唐莒，复恭平江西，俱养为子，更名守亮、守信。金州见第六章第三节。与重荣、克用共讨之。玫使其将王行瑜追帝，复恭复使说之。十二月，行瑜还长安，杀玫。裴澈、郑昌图以襄王煴走河中。王重荣杀煴，囚澈、昌图。诏杀之。亦杀萧遘于永乐。朱玫诚为悖戾，然士夫亦或与之合，可以见人心之离矣。皆宦竖专权之祸也。

朱玫既平，以王行瑜为静难节度使，杨守亮为山南西道节度使。三年三月，车驾还京师。至凤翔，李昌符以宫室未完，请驻跸府舍。从之。六月，天威都头杨守立天威，亦五十四都之一。守立亦复恭假子。本姓名曰胡弘立。与昌符争道，麾下相殴。昌符拥兵烧行宫。守立击败之。昌符走陇州。见第三章第六节。李茂贞者，本姓名曰宋文通。为博野军卒。此博野军属镇州。军戍京师，屯奉天。黄巢起义时，郑畋使败尚让。以功为神策指挥使。朱玫乱，从驾山南，拜武定节度使，时以洋州为武定军。详州见第四章第一节。赐姓名。及是，使讨昌符。八月，破斩之，以为凤翔节度使。骄将阉党，遍布畿甸，乱源又潜伏矣。

第十一章　唐室乱亡下

第一节　昭宗征河东

光启四年（888）二月，僖宗不豫，自凤翔还京。既至，改元曰文德。三月，崩。群臣欲立吉王保。杨复恭请立寿王杰。更名敏，又更名晔，是为昭宗。昭宗亦唐室贤主。史称其意在恢复旧业，号令天下，观其所为，信为不诬，而惜乎其时之不可为也。

时势之最逼者，为关内诸将及河东。然关内诸将，逆迹未显，河东则外族也；且自乾符已来，久肆悖惊；苟有机会，图先除之固宜。然朝廷实无其力，其不得不有赖于藩镇者又势也。

李克用之追黄巢也，还至汴州，朱全忠犒之。克用乘醉任气，全忠不平，使将围驿火之。克用缒城得脱。归河东，求讨全忠。诏和解之。然汴、晋自此遂为深仇矣。沙陀兵力，于一时为最强，材武能制之者，盖舍全忠莫属，然全忠是时，尚为秦宗权所困，力未足与河东敌也。

黄巢之乱，实非巢死而即平，其继之者，则秦宗权也。宗权遣其将秦彦攻江淮，秦贤攻江南，秦诰占襄阳，孙儒占孟洛、陕虢，至于长安，张晊占汝郑，卢塘攻汴州。《旧书·宗权传》，《通鉴》同。此乃总叙之辞，非一时事。《新传》又益遣弟宗言寇荆南，宗衡乱鄂岳二语。皆慓锐惨毒，所至屠残人物，燔烧郡邑。西至关内，东及青齐，南出江淮，北至卫滑，鱼烂鸟散，人烟断绝，荆榛蔽野。宗权既乏食，啖人为储。军士四出，则盐尸而从。时河南惟朱全忠及赵犨，足以自守，而天平亦与为犄角。

曹全晸既帅天平，与贼战死。军中立其兄子存实。中和元年（881）十月。朝亦以节度使授之。二年五月。魏博何弘敬，传子全皞。咸通七年（866）。年少好杀戮，为其下所杀。十一年。立大将韩君雄。僖宗立，赐名允中。卒，子简继之。乾符元年（874）。中和二年八月，简攻河阳。诸葛爽弃城走。简留兵戍之，而攻郓州。曹存实逆战，败死。都将朱瑄，收余众拒守，简不能下。三年正月，朝以瑄为节度使。二月，诸葛爽复取河阳。简释瑄，引兵还击。李罕之者，初随黄巢，渡江后降于高骈。骈表知光州事。为秦宗权所迫，收余众依诸葛爽。爽署为怀州刺史。及是，爽使罕之拒简。时简欲引魏人入关，三军屡谏不从。偏将乐行逢，因众心摇，说激之。衙军奔归魏州。爽军乘之。简乡兵八万大败。行达先归，众共立为留后。简为其下所杀。四年正月，朝以行达为留后，赐名彦祯。以上皆据《通鉴》。新、旧《唐书》及《五代史》，记天平事舛误殊甚。《旧书·本纪》：张裼之为天平，在乾符二年七月。裼传则在三年冬，以四年卒于镇。《本纪》：四年三月，黄巢占郓州，逐节度使薛崇。《新纪》则云：巢占郓、沂二州，节度使薛崇死之，而五年又书天平节度使张裼卒，衙将崔君裕自知州事。疑张裼死后，薛崇尝继其任，而后君裕代之，以阅时不久，故诸书或不之及，而径以君裕承裼，致《新纪》有五年之误笔，一若裼反承崇之后也。全晸之杀君裕，《新书·本纪》系年与《通鉴》同。《旧书·朱瑄传》云：宋州人。父庆，盗盐抵法。瑄逃于青州，为王敬武衙卒。中和初，黄巢据长安，诏征天下兵。敬武遣衙将曹全晸率兵三千赴关西，以瑄为军候。会青州警急，敬武召全晸还，路由郓州，时郓帅薛崇，为王仙芝所杀，郓将崔君裕权知州事。全晸知其兵寡，袭杀君裕，据有郓州，自称留后。以瑄有功，署为濮州刺史，《新书》同。《旧五代史》则云：中和二年，谏议大夫张濬征兵青州，敬武遣将曹全晸率军赴之。巢败出关，全晸以本军还镇。会郓帅薛崇卒，部将崔君预据城叛，全晸攻之，杀君预，自为留后。《新史》全晸作全晟，薛崇作薛宗，余与《旧史》同。敬武之据青州，事在中和元年，张濬之征兵青州，则事在二年，说见第三节。巢败出关而后东还，其事必在四年三月以后，此时存实且已死，安得更有全晸，其误不待更辩，然王仙芝之死在乾符五年，而《旧书》云薛崇为其所杀，实隐见《新纪》谓崇死在四年之确。新、旧《史》知其不合，乃改为仙芝所杀为卒，虽善弥缝，恐非实录也。《新书·纪》云：中和二年十月，韩简寇郓州，天平节度使曹全晸死之，部将崔用自称留后。《旧书·韩简传》云：简攻郓，郓帅曹全晸败死，郓将崔君裕，收合残众保郓州。用与君裕，盖即一人？用其名，君裕其字。此皆未知存实、全晸相继之事，乃误以韩简所杀者为全晸，而又误以全晸所承之君裕为在全晸之后。《新书·本纪》，于中和三年书曹存实克郓州，四年书濮州刺史朱宣逐天平节度使曹存实，自称留后，其误盖又因此而来。《旧五代史·朱瑄传》，并谓光启中韩允中攻郓，全晸为其所害，其支离蔓衍，真乃不可究诘矣。今故概以《通鉴》为据。朱瑄，《新唐书》《新五代史》皆作宣。《新五代史》注云：流俗以宣瑾兄，于名加玉者非也。《通鉴》亦作瑄。《考异》云：从《旧传》《薛史》《实录》。韩允中，《旧传》作允忠。《通鉴》依《实录》《新传》作中。简之死，新、旧《传》皆云疽发背卒。《旧纪》云为部下所杀。《诸葛爽传》云为衙军所杀。《新纪》与《旧纪》同。《通鉴》亦同《旧纪》。《考异》云从《实录》也。朱瑄弟瑾，为天平衙将。求婚于泰宁节度使齐克让。亲迎之夕，衷甲窃发，逐克让而代之。朝亦以为泰宁节度使。时光启二年（886）也。先是僖宗还跸，惮秦宗权之强，下诏招抚之。宗权顾称帝。乃以时溥为蔡州四面行营都统讨之，而以赵犨为蔡州节度使。宗权攻汴之兵，屡为朱全忠所破。三年五月，自将精兵会之。全忠求救于兖、郓，朱瑄、朱瑾皆来赴。先是义成节度使安师儒，委政于两厢都虞候夏侯晏、杜标。二人骄恣，军中忿之。小校张骁潜出，聚众二千攻州城。师儒斩晏、标首谕之，军中稍息。朱瑄谋取滑州，遣濮州刺史朱裕诱杀骁。而全忠先遣其将朱珍、李唐宾袭滑州，克之，虏师儒以归。以衙将胡真知留后。据《通鉴》。事在光启二年十一月。《旧纪》系十二月，云：滑州军乱，逐其帅安师儒，推衙将张骁主留后。师儒奔汴州，朱全忠杀之。遂以兵攻滑，斩张骁。以告行在。朝廷以全忠兼领义成军节度使。《通鉴考异》谓命全忠兼领义成之文，出于《实录》。大顺元年（890），始以全忠兼宣义，全忠犹辞，以授胡真，《实录》误也。参看第三节。及是，其兵亦至。全忠以四镇兵攻宗权，大破之。宗权宵遁。蔡人之守东都、河阳、许、汝、怀、郑、陕、虢者皆弃去。宗权之势，自是稍衰。然全忠先以朱珍为淄州刺史，募兵东道，至是，谓瑄招诱宣武军士，移书消让，瑄复书不逊，全忠遣珍与葛从周攻曹、濮，遂与兖、郓启衅矣。杨行密与孙儒争淮南，见第五节。使来求援。全忠为奏于朝。制授全忠兼淮南节度使行营兵马都统。《旧纪》在闰十一月。全忠以行密为副使，宣武行军司马李璠为留后，使衙将郭言将千人送之。假道于时溥。溥自以于全忠为先进，顾不得领淮南，意甚恨望，不许。璠至泗州，以兵袭之。郭言力战，乃免而还。文德元年（888）正月，朝廷又以全忠为蔡州四面行营都统代溥，徐、汴之怨益深。

曹全晸之定江陵也，朝以泰宁都将段彦谟代为江西招讨使。全晸北还，荆南监军杨复光以忠武都将宋浩权知府事。复光父尝监忠武军，浩已为大将，见复光，少之，遂有隙。彦谟亦耻居浩下。复光曰：胡不杀之，彦谟遂引悍士击杀浩。复光奏浩罪，荐彦谟为朗州刺史。朝以工部侍郎郑绍业节度荆南，以复光监忠武军。绍业惮彦谟，逾半岁乃至。僖宗入蜀，召绍业还行在。复光更引彦谟代为节度。与监军朱敬玫不协。敬玫别选壮士三千人，号忠勇军，自将之。彦谟谋攻敬玫，敬玫先攻杀之。时中和二年六月也。朝复以郑绍业为荆南。绍业逗留不进。敬玫署押衙陈儒领府事。明年，朝即以为节度。四年九月，鹿晏弘弃兴元东出。秦宗权遣其将秦诰、赵德諲会之，共陷襄州。刘巨容走成都。宗权署德諲为山南东道留后。晏弘转掠，复还许州。周岌闻其至，弃镇走。据《通鉴》。《旧纪》云：晏弘杀岌。朝不能讨，即以为忠武节度。后为秦宗权所杀。事在光启二年七月。忠勇军暴横，陈儒不能制。郑绍业尝遣大将申屠琮率兵五千援京师，光启元年正月，军还，儒告使除之，琮复专军政。雷满据朗州，见第五节。三以兵薄城，厚赂以利乃去。淮南将张瑰、韩师德叛高骈，据复、岳二州，自署刺史。儒请瑰摄行军司马，师德摄节度副使，共击满、师德引兵上峡，大掠，归于岳州。瑰还逐儒。儒将奔行在，瑰又劫还囚之。荆南故将，夷戮殆尽。朱敬玫数杀大将、富商，取其财。朝使杨玄晦代之。敬玫留居荆南。瑰遣卒贼之，尽取其财。郭禹者，本成氏，青州人。乘醉杀人，为仇家所捕，落发为僧。后入蔡贼中，为贼帅假子，更姓名为郭禹。当戍江陵，亡为盗。后诣陈儒降。瑰欲杀之。禹率千人袭据归州。今湖北秭归县。是岁九月，秦宗权弟宗言来寇，马步使赵匡欲奉儒出，瑰觉之，杀匡，而绝儒食，七日死。三年十二月，赵德諲陷荆南。瑰留其将王建肇守城而去。据《通鉴》。《新书》云：瑰死。文德元年（888），四月，郭禹击荆南。建肇奔黔州。诏以禹为荆南留后。禹复故姓，更名沕。赵德諲既失荆南，又度秦宗权必败，五月，举地附朱全忠。全忠方为蔡州四面行营都统，举以自副。制以山南东道为忠义军，以德諲为节度使。全忠之势弥盛矣。

是月，全忠遂大发兵击秦宗权，围之蔡州。八月，拔其南城。留大将胡元琮围之，而身还汴。宗权闻许州无备，袭取之。元琮引兵复收许。十二月，宗权为其将申丛所囚，折其一足，降于全忠。蔡将郭璠复杀丛，送宗权于汴。明年，为龙纪元年（889）二月，全忠送诸京师，斩之。三月，以赵犨为忠武节度使，以陈州为理所。忠武军本治许州。犨弟昶、珝，本与犨同在行间。及是，犨有疾，以事授昶。诏即以为节度。犨德全忠之援，委输调发，常先他镇，昶亦能继之，全忠更得近助。然兖郓、徐泗未平，仍未能悉力北向也。

河东之声势，则是时颇盛。沙陀之起也，甚之最甚者为幽州，为之内主者，为河中及易定，及其得太原，则当其东出之道者为镇州，东南出之道者为泽潞，而居河南北之间，举足重轻者，则魏博也。王景崇尝以兵附王处存入关。中和三年（883），卒，子镕继之。光启元年（885），与李可举约，灭王处存而分其地。镕时尚幼，镕立年十岁。主之者盖可举也。可举遣将李全忠攻入易州，处存复取之。镕遣兵攻无极，今河北无极县。亦为李克用所败。全忠惧罪，收余众还袭幽州。可举自焚死。众推全忠为留后。乐彦祯骄汰，子从训，又召亡命之徒五百余辈，出入卧内，号为子将。军人藉藉。从训闻而忌之，易服遁出。彦祯命为六州都指挥使。未几，又使兼相州刺史。军府疑贰。彦祯危愤而卒。

《旧传》。《新传》云：囚之，迫为桑门，寻见杀。众推都将赵文玠知留后。《旧纪》作罗宗弁，盖误以罗弘信之姓冠文玠，而又讹其名。从训领兵三万至城下，文玠按兵不出，众疑惧，复害之。推罗弘信为帅。出战，败从训。又遣将讨击杀之。时文德元年也。是役也，从训求救于朱全忠。全忠为之出兵攻内黄，今河南内黄县。然不能救也。

高浔之败于李详也，十将成麟杀浔，入于潞州。戍将孟方立又杀麟，自称留后。《新书·本纪》。中和元年（881）。成麟，《孟方立传》作成邻。《王徽传》误以为刘广，已见上章第五节。方立引还邢州。潞人请监军吴全勖知留后。王铎墨制假方立知邢州事。方立不受，而囚全勖。以书请铎，愿得儒臣守潞。铎使其参谋中书舍人郑昌图知昭义。军中多附方立，昌图不能制。宰相请以重臣镇之。乃用旧相王徽，徽固让于昌图，而昌图不三月辄去。方立遂称留后于邢州，而表其将李殷锐为潞州刺史。于是大将家及富室，皆徙山东。潞人不悦。监军祁审海，因人心不安，使乞师于李克用，请复军府于潞。中和三年十月，克用遣弟克脩取潞州，杀李殷锐。克脩，《五代史·唐家人传》云克用弟，《唐书·孟方立传》则云从父弟，参看第十二章第一节。四年八月，奏以克脩为昭义节度使，许之。自是泽、潞与邢、洺、磁，分为两镇矣。皆以昭义为名。而泽州实入于河阳。张全义者，濮州临濮人。今濮县南之临濮集。少以田家子役于县，为县令所辱，亡入黄巢军。巢入长安，以为吏部尚书水运使。巢亡，依诸葛爽。及是，爽表为泽州刺史。初，爽奏李罕之为河南尹、东都留守，使捍蔡。光启元年（885），孙儒攻之。罕之走保渑池。东都陷。儒焚宫阙、剽居民去。爽遣将收东都，罕之逐出之，爽不能制。二年十月，爽卒。大将刘经与张全义共立其子仲方。经自引兵镇洛阳。袭罕之于渑池，为所败。弃洛阳，走归河阳。罕之军于巩，将渡河。经遣全义拒之。全义反与罕之合。攻河阳，不胜，走保怀州。而河阳为孙儒所陷，诸葛仲方奔大梁。《旧纪》误为爽。全义据怀州，罕之据泽州以拒之。三年，宗权为朱全忠所败，孙儒亦弃河阳。罕之据河阳，全义据东都，共求援于李克用。克用以其将安金俊为泽州刺史助之，而表罕之为河阳节度使，全义为河南尹东都留守。罕之性猜暴，部卒日剽人以食。全义善积聚，劝民力耕，储庤稍集。罕之食乏，求之无涯，全义不能厌。是岁六月，王重荣为衙将常行儒所杀。重荣兄重盈，时为陕虢节度使，诏以其子珙知留后，而移诸河中。重盈至，执行儒杀之。罕之陷绛州，又攻晋州。重盈密结全义，文德元年（888），全义袭取河阳，俘罕之家。罕之奔泽州，求救于李克用。克用遣康君立攻河阳。朱全忠使丁会、葛从周、牛存节救却之。表会为河阳留后。复以全义为河南尹。自昭义之分，孟方立倚朱全忠为助。李克用击之无虚岁。龙纪元年（889），克用复大发兵，遣李存孝与李罕之攻之。拔磁、洺，进攻邢州。方立猜忌，诸将多怨，不为用，自杀。众奉其从弟迁。据《新书·方立传》。《旧书·昭宗纪》《新五代史·唐庄宗纪》云迁方立弟，盖浑言之。《旧五代史·唐武皇纪》云方立侄，恐误。朱全忠救之。假道于魏博，罗弘信不许。乃遣大将王虔裕将精甲数百入邢州。大顺元年（890）正月，迁食尽，执虔裕以降。克用表安金俊为邢、洺、磁团练使。于是昭义全入河东，魏博又不与汴，朱全忠虽得河阳，亦不易争衡河北矣。

李全忠得卢龙，旋卒，子匡威嗣。匡威颇有才气。大顺元年（890）二月，李克用攻赫连铎。铎求救于匡威。匡威自将兵三万赴之，大败其兵。是役：《旧纪》云：克用遣大将安金俊攻云州，为燕军所执。《实录》同，见《通鉴考异》。《通鉴》从《太祖纪年录》《唐末见闻录》，云金俊战死。又云：此役克用自将。《旧书·张濬传》：濬败后克用上书论诉，云：臣昨遇燕军，以礼退舍，匡威浅昧，厚自矜夸，乃言臣中矢石，覆士卒。致内外吠声一发，短谋竞陈，误陛下君臣之分，可见其为甚败矣。遂与铎共上表请讨克用。朱全忠亦请率汴、滑、河阳之兵，与河北三镇共举。乞命大臣为统帅。下三省、御史台四品以上官议。宰相张濬、孔纬主之，杜让能、刘崇望以为不可。上从濬、纬议。五月，以濬为河东行营都招讨制置宣慰使，京兆尹孙揆副之。朱全忠为南面招讨使。李匡威为北面招讨使，赫连铎副之。先是克用巡潞州，怒供具不厚，笞克脩，克脩惭愤成疾死。克用表其弟克恭代之。为潞人所杀，附于朱全忠。全忠使河阳留后朱崇节入之，权知留后。克用使康君立、李存孝围之。六月，诏削李罕之官爵，以孙揆为昭义节度使。七月，全忠使葛从周犯围入潞州，李谠、李重胤、邓季筠攻泽州，请揆赴镇。于是张濬合宣武、镇国、静难、凤翔、保大、定难诸军于晋州。保大，鄜坊军名。八月，分兵三千，命揆赴镇。李存孝伏兵擒之，送诸克用。克用诱以为河东副使，不屈，锯杀之。存孝又救泽州。擒邓季筠。李谠、李重胤遁去。后全忠诛之。朱崇节、葛从周亦弃潞州。于是宣武之兵败，而幽、云师亦无功。《旧纪》云幽、云攻雁门，《通鉴》据《实录》，云李匡威攻蔚州，赫连铎攻遮虏军，盖数处有战事。可见兵虽不利，战非不力。克用遣薛志勤、李存孝两道攻晋、绛。诸军惟镇国韩建力战，而为存孝所败。静难、凤翔、保大、定难之军，皆不战而归。张濬独与禁军及镇国、宣武之师合万余人守晋州。十一月，亦弃之去。王师全局瓦解。明年正月，遂贬濬及孔纬，而复李克用、李罕之官爵矣。此役之败，盖由朱全忠连兵徐、郓，身未能至行营，求兵粮于镇、魏，镇、魏又皆不之助。说本《旧书·昭宗纪》。盖时人议论如此，自与情事相合。全忠视克用，似失之太轻。然亦由官军之败太速，其不能战太甚，使全忠无所用力。此则合诸镇之兵以成军，心力不齐，不易统率之故。郭子仪尚以此致败，况张濬素文臣乎？然以征河东为失策固不可。濬之言曰："先朝再幸山南，实沙陀之罪。比虑河北诸侯，与之胶固。今两河大藩，皆欲诛讨，不因其离而除之，是当断失断也。"其说果有以易乎？无以易乎？镇、魏不能同心，宣武末由陈力，燕、云师出无功，岂事先所能逆睹哉？濬初以杨复恭荐，自处士为太常博士，而力主声讨河东，与复恭立异，正见其一心君国，卓然不党。史顾诬以依附田令孜。《旧书·濬传》曰：濬初发迹依复恭，复恭失势，乃依田令孜，以至重位，而反薄复恭。及再幸山南，复恭代令孜为中尉，罢濬知政事。昭宗初在藩邸，深疾宦官。复恭有援立大勋，恃恩任事，上心不平之。当时趋向者，多言濬有方略，能画大计。复用为宰相，判度支。此说述昭宗心事是也，谓濬依附田令孜，则绝无证据。且濬以光启三年（887）相，至此亦未尝罢相也。且云：朝议之际，上本然复恭之言，而朱全忠密遣濬之亲党赂濬，濬恃全忠之援，论奏不已，天子黾勉从之。昭宗英断，或失之愎，岂劫于宰相者乎？只见其时之人，惟党争贿赂之知也。

第二节　河东与邠岐华之争

讨河东之兵，虽挫于外，然仍能裁抑杨复恭，可见昭宗之英断矣。复恭自辅立昭宗后，专典禁兵，颇擅朝政。昭宗稍裁抑之。复恭诚非正人，然史言其罪状，亦有近诬者。如昭宗之舅王瓌，史云复恭奏为黔南节度使，至吉柏江，覆舟而没。《旧书》但云物议归咎复恭而已，《新书》则云：守亮阴勒利州刺史为之，显以揣测之辞为事实。然则谓孔纬出守，复恭使人劫之，斩其旌节，赀贮皆尽者，亦显系归恶之谈也。《新传》又云：复恭养子六百人，监诸道军，恐其数亦太多。《旧传》云：僖宗再幸山南，复用复恭为枢密使。寻代田令孜为右军中尉。车驾还京，授观军容使。僖宗晏驾，迎寿王践阼。文德元年（888），加开府金吾上将军，专典禁军。既军权在手，颇擅朝政。昭宗恶之，政事多访于宰臣。故韦昭度、张濬、杜让能，每有陈奏，即举大中故事，稍抑宦者之权。此是当时真相。复恭承田令孜之后，袭当时宦者积习，自不甘于退让，于是干戈之衅生矣。复恭本与河东交关，然张濬之讨河东，复恭虽持异议，竟不能沮，即可见其权力，去田令孜甚远也。利州见第六章第三节。吉柏江在州境。其假子守立，勇武冠军，上抚而用之，赐姓名曰李顺节。大顺二年（890）九月，罢复恭兵，出为凤翔监军，不肯行，因丐致仕。诏许之。复恭遁居商山。俄入居昭化坊第。第近玉山营，其假子守信为军使。或告其父子且谋乱。此事《旧传》亦云系诬告。《新传》云：许其致仕，赐几杖，使者还，遣腹心杀之于道，至是诏治杀使者罪，盖加讨时之口实也。乃使李顺节与神策军使李守节讨之。守信拥其众，以复恭走兴元。十二月，两军中尉刘景宣、西门君遂传诏召李顺节入，令部将斫杀之。贾德晟者，与顺节俱掌天威军。明年为景福元年（892）四月，又为君遂所杀。内官之祸稍澹，然畿辅骄将，乘之而起。

杨守亮之为兴元也，复恭又以其假子守贞为龙剑节度使。领龙、剑、利、阆四州。龙、剑州见第四章第五节。阆州，今四川阆中县。守忠为武定节度使，领洋、果、阶、扶四州。洋州见第四章第一节。果州，今四川南充县。阶州见第六章第二节。扶州见第七章第一节。守厚为绵州刺史。僖宗之走宝鸡，置感义军于兴、凤二州，以杨晟为节度使，守散关，在宝鸡西南。王行瑜追乘舆，晟与战，败绩，弃关走。虢州刺史满存，以兵赴阙，收复二州，即以为防御使，昭宗又擢为节度使，亦复恭之党也。复恭既走兴元，守亮等同举兵，以讨李顺节为名，景福元年（892）正月，凤翔李茂贞、静难王行瑜、镇国韩建、匡国王行约、匡国，同州军名。行约，行瑜弟。天雄李茂庄天雄，秦州军名。秦州见第二章第三节。请讨守亮。乞加茂贞山南西道招讨使。朝议不可。乃诏两解之。《旧纪》云：内臣皆不可其奏。昭宗亦以茂贞得山南之后，有问鼎之志，久之不下。《新书·杨复恭传》云：宦者惜类执不可。帝亦谓茂贞得山南必难制，诏两解之。二月，茂贞、行瑜擅兴兵。茂贞表求招讨使不已，朝廷不得已与之。《旧书·牛徽传》：茂贞恃强，章疏不已。昭宗延英召谏官、宰相议可否。以邠凤皆有中人内应，不敢极言，相顾辞逊。上情不悦。徽奏曰："两朝多难，茂贞实有翼卫之功，恶诸杨阻兵，意在嫉恶，所造次者，不俟命而出师也。近闻两镇兵入界，多有杀伤，陛下若不处分，梁汉之民尽矣。须授以使名，明行约束，则军中争不畏法。"帝曰："此言极是。"乃以招讨之命授之。盖当时已势不可已，欲谋整饬，惟有徐图讨伐矣。七月，茂贞克凤州，满存走兴元。八月，又拔之。复恭与守亮、守信及存共奔阆州。《通鉴》：出奔者尚有守贞、守忠，恐非是。守贞、守忠抗命后，未闻其至兴元也。参看第六节。茂贞求帅兴元。二年正月，诏以为山南西道兼武定节度使，以果、阆二州隶武定，而以宰相徐彦若帅凤翔。茂贞欲兼据凤翔，不奉诏。上表不逊。与宰相杜让能书，辞又悖戾。上与让能谋讨之。八月，以嗣覃王嗣周见下。为京西招讨使，神策将李鐬副之，送徐彦若赴镇。《旧书·杜让能传》：京师百姓，闻茂贞聚兵甲，群情恟恟。数千百人守阙门，俟中尉西门重遂出，拥马论列，曰："乞不分割山南，请姑息凤翔，与百姓为主。"重遂曰："此非吾事，出于宰相也。"昭宗怒，诏让能只在中书调发画计，不归第月余。宰相崔昭纬阴结邠、岐为城社，凡让能出一言，即日达于茂贞。行瑜、茂贞令健儿数百人杂市人于街，崔昭纬、郑延昌归第，市人拥肩舆诉曰："岐帅无罪，幸相公不加讨伐，致都邑不宁。"二相舆中谕之曰："大政圣上委杜太尉，吾等不与。"市豪褰帘熟视，又不之识。因投瓦石击二相之舆。崔、郑下舆散走，匿身获免。是日丧堂印、公服。天子怒，捕魁首诛之。由是用兵之意愈坚。京师之人，相与藏窜，严刑不能已。让能奏曰："陛下初临大宝，国步未安。自艰难已来，且行贞元故事，姑息藩镇。茂贞迩在国门，不宜起怨。臣料此时未可行也。"帝曰："政刑削弱，诏令不出城门，此贾生恸哭之际也。书不云乎？药不瞑眩，厥疾弗瘳。朕不能屑屑度日，坐观凌弱，卿为我主张调发，用兵吾委诸王。"让能对曰："陛下愤藩臣之倔强，必欲强干弱枝，以隆王室，此则中外大臣，所宜戮力以成陛下之志，不宜独任微臣。"帝曰："卿位居元辅，与朕同休共戚，无宜避事。"让能泣辞曰："臣待罪台司，未乞骸骨者，思有以报国恩耳。安敢爱身避事？况陛下之心，宪祖之志也。但时有所不便，势有所必然，他日臣虽受鼂错之诛，但不足以殄七国之患，敢不奉诏，继之以死。"一似征讨之意，全出昭宗，让能始终以为不可者，此诬辞也。茂贞求兼领山南，《旧纪》书于七月，乃因征伐之计决于是时而追书之。茂贞急于得山南，无至此时始求之理，其移镇而以徐彦若代之之命，《新纪》书于正月是也。《旧纪》：是岁三月，以捧日等五都头为节度使，并加特进同平章事，各令赴镇，并落军权，时朝议以茂贞傲侮王命，武臣难制，欲用杜让能及亲王典禁兵，故罢五将之权，兼以平章事悦其心。可见其调度业已早定。《牛徽传》：师出，上召徽谓之曰："卿能斟酌时事。岐军乌合，朕料必平，卿以为捷在何日？"虽所亿不中，然亦可见岐军无足深畏。茂贞使兵士杂市人，布讹言以耸动京师之人，盖亦欲沮败其事？惟畏之，乃欲沮败之也。覃王何以败绩，史乘阙焉。然昭宗非赏罚不明之主，后仍任以军事，则知败非其罪。兵之胜败，原有难于逆料者，要不得谓败绩为必然之势，昭宗而外，杜让能辈皆能豫烛也。不独史所传让能之事不足信，即崔昭纬，史谓其阴结邠、岐，以害让能，《新书》至入之《奸臣传》，亦毫无实迹。昭纬与让能，同处相位，若党邠、岐，让能岂有全无所知之理，而犹对之漏泄机密乎？百姓拥诉，中尉曰："此非吾事，出于宰相可也。"昭纬、延昌，身亦为相，而曰："大政圣上委杜太尉，吾等不与，则势所不可。"唐人史料，可笑往往如此，实则昭纬特不附太原，因受恶名耳。九月，茂贞、行瑜遣兵逆战，官军溃。茂贞乘胜逼京师。上为杀观容军使西门君遂、内枢密使李周潼、段诩，令收兵归。茂贞仍陈兵临皋驿，在长安西。迫上杀杜让能，而以骆全瓘、刘景宣为左右军中尉。茂贞遂以凤翔兼山南，行瑜赐号尚父，赐铁券。朝廷动息，皆为两镇所制矣。

时则韦昭度、崔胤并相。胤亦唐末忠臣，然此时尚未大显头角。昭宗求治心切，乾宁元年（894），复相郑綮二月。及李谿。六月。《旧书·綮传》曰：

时议以昭宗命台臣，张濬、朱朴、綮三人尤谬，季末之妖也。唐人舆论，直是豪无是非，非背公之党论，则无知之谰言耳。传言綮为庐州，黄巢自岭表还，经淮南，綮移巢文牒，请不犯郡界，巢笑而从之。天子嘉之，赐绯鱼袋。罢郡，有钱千缗寄州帑。后郡数度失守，郑使君寄库钱未失，至杨行密为刺史，送所寄于京师还綮。度其政绩必有大过人者。《新书·杨行密传》云：合肥人。年二十，亡入盗中，刺史郑綮捕得，异其貌，曰："而且富贵，何为作贼。"纵之。僖宗在蜀，刺史遣通章行在，日走三百里，如约而还。此文盖采自两书，故不言遣其通章者为何人。《北梦琐言》谓郑綮尝以杨行密为本州步奏官，则此刺史亦即綮也。可见其知人之明矣。《传》又云：僖宗自山南还，以宰相杜让能弟弘徽为中书舍人。綮时为给事中，以弘徽兄在中书，弟不宜同居禁近，封还制书。天子不报。綮即移病休官。无几，以左散骑常侍征还，朝政有阙，无不上章论列，事虽不行，喧传都下。执政恶之，改国子祭酒。物议以綮匡谏而置之散地不可。执政惧，复用为常侍。此可见其风节。又云：綮善为诗，多侮剧刺时，故落格调，时号郑五歇后体，此长庆讽谏之伦也。又云：光化初，昭宗还宫，庶政未惬，綮每形于诗什而嘲之。中人或诵其语于上前。昭宗见其激讦，谓有蕴蓄，就常奏班薄侧注云：郑綮可礼部侍郎平章事，昭宗之用綮，必非如此轻率，此乃委巷之言耳。既入视事，侃然守道，无复恢谐，得视为东方朔之流乎？三月余移疾乞骸，尤明哲保身之君子也。谿之相也，知制诰刘崇鲁出班掠麻恸哭，言其依附杨复恭、西门君遂，竟罢之。此事《旧书·崇鲁》及《韦昭度传》均谓为崔昭纬所使，并谓李茂贞等之称兵，乃昭纬所召，亦莫须有之辞也。崇鲁则自非正士。綮亦不久退。七月。二年二月，上终相李谿。行瑜、茂贞攻之，并及韦昭度。三月，谿复罢。四月，昭度亦致仕。此时之邠、岐，可谓志得意满，然黄雀复随其后矣。

　　昭宗讨太原之无功，实缘镇、魏之未能协力，而魏当南北之冲，所系尤巨。故朱全忠于其年大顺元年（890）。十月，即出兵攻之。及明年正月而罗弘信服。然幽、镇顾为晋弱。安金俊之丧也，克用代以安知建。潜通于朱全忠。克用知之，又代以李存孝。事在大顺二年三月。知建奔青州，朝廷以为神武统军，将诣京师，过郓州，朱瑄与克用方睦，伏兵河上杀之。存孝负擒孙揆功，自谓当得昭义，而克用以康君立为之，怨。又与克用假子存信不睦。存孝亦克用假子。其本姓名曰安敬思，其先盖西胡？存信，回鹘张君政子。景福元年（892）十月，以邢、洺、磁三州自归于朝廷。《旧纪》在大顺元年十月，误。今从《通鉴》。且结王镕、朱全忠之援。二年二月，克用攻镇州，李匡威救却之。匡威之出兵也，家人会别，酒酣，报其弟匡筹之妻。匡筹怒，据城拒匡威。匡威部下多亡归。王镕德其援己，迎而馆之。匡威顾利其幼弱，谋夺其位。为镇军所杀。匡筹以此为名攻镕。其将刘仁恭又叛于其后。不克，奔河东。七月，克用再攻镇州。王镕既失援，请助攻邢州以乞和。克用许之。是岁，十二月，克用纳刘仁恭于幽州。李匡筹奔京师，道为沧州节度使卢彦威所杀。彦威，沧州衙将，光启元年（885），逐其节度使杨全玫。制以保銮都将曹诚为义昌节度使，未之任。大顺元年，讨河东，王镕、罗弘信为论请，乃以为义昌节度。保銮，亦五十四都之一。义昌，沧州军名。乾宁元年（894）三月，克用遂取邢州，杀李存孝。先是已下云州，赫连铎奔吐谷浑。据《通鉴》。事在大顺二年七月。是岁六月，又破吐谷浑，杀铎。于是自河以北，无与克用抗者，遂有余力以问鼎于关中矣。

　　乾宁二年（895）正月，王重盈卒，军中立重荣养子珂。史云：重荣兄重简子。王珙等则云本其家苍头。重盈子保义节度使珙、保义，陕虢军名。绛州刺史瑶攻之，言其非王氏子。与朱全忠、王行瑜、李茂贞、韩建相结。珂急，使请婚于李克用。克用许之。王行瑜平后，克用以女妻之。荐之天子，许嗣镇，而以崔胤尸节度使之名。行瑜、茂贞、建为珙请，不得。五月，行瑜使其弟行约攻河中，而与茂贞、建各将兵数千人入朝。杀韦昭度、李谿及枢密使康尚弼。迫上以王珙为河中，移王行约于陕虢，而以王珂代镇同州。行瑜、茂贞各留兵二千宿卫京师，乃归镇。《旧纪》云：或云，三帅本谋废上立吉王保，闻太原兵起，乃止。克用大发兵声讨三人。攻绛州，杀王瑶。七月，至河中。王行约弃同州走京师，行约弟行实为左军指挥使，谋劫上幸邠州。李茂贞假子继鹏本姓名阎圭。为右军指挥使，谋劫上幸凤翔。两军合噪承天门街。上登楼欲谕止之。捧日都头李筠，《旧五代史·李茂贞传》作李云。将本军于楼前侍卫。继鹏攻筠，矢及楼扉。上惧，下楼，时盐州六都兵屯京师，素为两军所惮，上急召以自卫，两军乃退走，各归本镇。此所谓左右军，即行瑜、茂贞所留，至此各走归本镇，非故禁卫之左右军也。《新书·本纪》，以同州节度使为王行约，左军指挥使为王行实。《王重荣传》同，《通鉴》亦同，而其《兵志》及《王行瑜传》《宦者传》，均以帅同州者为行实，留宿卫者为行约，恐误。讨杨守亮时，帅同州者即行约也。又《王重荣传》，谓是役骆全瓘与王行实谋劫天子幸邠州，刘景宣与李继鹏欲劫全瓘请幸凤翔。《宦者传》则谓全瓘与继鹏欲劫上狩岐，又谓继鹏与刘景宣子继晟纵火剽东市。《通鉴》与《宦者传》同。全瓘苟本欲幸岐，则与继鹏意合，继鹏无庸以兵劫之，恐当以《重荣传》为是。《旧纪》云：景宣附凤翔，明全瓘不附也。两军合噪承天门街，语本《新书·重荣传》。《通鉴》云：继鹏连奏请车驾出幸，行约引左军攻右军，盖与继鹏争劫驾，而继鹏又因劫驾不得而攻李筠也。或传行瑜、茂贞将自来迎驾，帝虑为所迫，时扈跸都头李居实继至，乃以李筠及居实之兵自卫，幸石门，镇名，在南山中。

诏李克用、王珂讨行瑜，彰义张璘扼凤翔。彰义，泾原军名。克用入同州，遣兵攻华州，闻行瑜、茂贞将迎驾，乃舍之，移兵渭桥。李茂贞惧，杀李继鹏及骆全瓘、刘景宣，上表请罪。乃舍茂贞，专讨行瑜。十一月，行瑜弃州走，为其下所杀。克用请遂讨茂贞。或曰："茂贞复灭，则沙陀不可制矣。"乃弗许。克用亦还河东。此固事势使然，然茂贞及韩建，实未受惩创，武夫岂知自戢？故不转瞬而播迁之祸复作矣。

上夙有用诸王练兵以自强之意，《通鉴》乾宁二年（895）云：上以郊畿多盗，欲令宗室诸王将兵巡警，又欲使之四方抚慰藩镇。南北司用事之臣，恐其不利于己，交章论谏。上不得已，四月，下诏悉罢之。诸王奉使将兵，于北司诚有不利，南司何与焉？盖恐其激变，不欲操之过急也。然及石门还后，上卒行其志。于神策两军之外，更置安圣、捧宸、保宁、宣化等军，选补数万人，使诸王将之。嗣延王戒丕、见下。嗣覃王嗣周又自募麾下数千人。李茂贞以为欲图己，勒兵扬言欲诣阙讼冤。士民争亡匿山谷。上命通王滋及嗣周、戒丕分将诸军，以卫近畿。茂贞引兵逼京畿。嗣周与战于娄馆，胡三省曰：盖在兴平西？案，兴平见第五章第四节。败绩。七月，茂贞逼京师。戒丕请自鄜州济河幸太原，而身先往告之。上出至渭北，韩建遣其子奉表请幸华州。上不许。而建奉表相继，至富平，建自来见，乃许之。盖至河东亦非善地，或尚不如韩建之易与也。河东足以慑华州，华州不足以慑河东。于是上居华州者二年。

上之在华州，仍不忘自强。初韦昭度李谿死，上起孔纬为相。又以张濬为兵部尚书、租庸使，欲复用之。而李克用上言：若朝相濬，暮请以兵见，乃止。纬已老，一从上至石门，还京师遽卒。时则崔胤为相。至华州，罢胤而相陆扆。扆盖处事较和平者也。覃王送徐彦若赴凤翔，扆尝言其不可，后天复元年（901），驾自凤翔还京，敕后诸道皆降诏书，独不及凤翔，扆亦谏正，可以见其宗旨。当时诸臣，处置藩镇，有主激烈者，亦有较和平者。如扆及牛徽、韩偓是也。昭宗所用，乃其较激烈者。史家颇不谓然，然和平亦于事无济，缓进之措施，且势不及待，亦不得责昭宗及其所任诸臣为鲁莽也。八月，帝又以朱朴为相。朴亦负大志，且有才能者。《旧书·朴传》云：乾宁中为国子博士。腐儒木强，无他才技。道士许岩士，出入禁中，尝依朴为奸利，从容上前荐朴有经济才，昭宗召见。对以经义，甚悦。即日拜谏议大夫平章事，在中书，与名公齿，笔札议论，动为笑端。数月，岩士事败，俱为韩建所杀。谓许岩士依朴为奸利，乃韩建语耳。岩士为奸利待依朴，安能荐朴？若谓在朴为相之后，又岂得曰岩士因倚朴为奸利而荐之也？何其自比于逆乱，设淫辞而助之攻，而又理不可通也？《新书》载朴议迁都南阳，似迂而实切于务，说见下节。又云：帝益治兵，所处可一委朴。朴移檄四方，令近者出甲士，资馈饷，远者以羡余上。此岂腐儒所能为乎？而讥其无他才技，笔札议论，动为笑端，此乃浮薄之士轻视经生之论。其实唐代经生，学以致用，风节凛然，如刘赟及朴者，岂浮薄之进士，所能望其万一邪？《新传》云：朴三贬郴州司户参军卒，不云为韩建所杀，《旧传》亦恐误。郴州见第七章第六节。九月，朱全忠与河南尹张全义及关东诸侯表请迁都洛阳。全忠又言崔胤不宜出外，乃复相胤而贬陆扆。此等举动，虽足以慑岐、华，究不能遽戢其悖逆也。时李茂贞方与王建相攻，见第六节。诏以建为凤翔西面行营招讨使。八月。旋又以宰相孙偓为凤翔四面行营都统，前定难节度使李思谏为静难节度使副之，以讨茂贞。茂贞上表请罪。请献钱十五万，助修宫室，上出幸后，茂贞入长安，燔宫室、市肆。韩建复左右之，师遂不行。明年正月，罢偓，思谏正副都统。盖时茂贞逆状太昭著，不声讨之，无以自解于天下，为此以缓诸侯问罪之师也，然建之悖戾，亦不减于茂贞。四年正月，建奏防城将告睦、济、韶、通、彭、韩、仪、陈八王谋杀臣，劫车驾幸河中，请勒归十六宅。所领军士，并纵归田里。八王依《旧纪》。《诸子传》同。《新书》仪王作沂王，恐误，说见下。遂罢殿后四军。此依《通鉴》。《注》云：即安圣、奉宸、保宁、宣化也。《旧书·纪》云：殿后侍卫四军二万余人皆放散，说与之同。《新书·李巨川传》云：帝在石门，数遣嗣延王。通王将亲军。大选安圣、奉宸、保宁、宣化四军，又置殿后军，合士二万，建恶卫兵强不利己，与巨川谋，即上飞变，告八王欲胁帝幸河中，因请囚十六宅，选严师傅督教。尽散麾下兵。书再上，帝不得已，诏可，又废殿后军，且言无示天下不广。诏留三十人为控鹤排马官，隶飞龙坊。自是天子爪牙尽矣。则殿后军在四军之外。《旧书·诸子传》云：三都军士，放还本道，殿后都亦与三都元绕行官扈跸，至是并急诏散之，则又似安圣等四军时阙其一，故合殿后军为四。天子卫士尽矣。建复胁上杀李筠。召还诸王之衔命四方者。禁止诸方士出入禁廷。请立上长子德王祐为太子，更名裕，盖为废立万一之备也。太子詹事马道殷以天文，将作监许岩士以医得幸于上。二月，建诬以罪，杀之。且言孙偓、朱朴与二人交通，罢其相。天子真若赘旒然矣。六月，李茂贞表王建攻东川，连兵累岁，不听诏命。贬建为南州刺史。南州，在今四川綦江县南。以茂贞为西川，覃王嗣周为凤翔。茂贞不受代，围覃王于奉天。韩建为之移书，乃解。七月，徙天雄、李继徽于静难，继徽，茂贞养子，本姓名曰杨崇本。反并邠宁亦为其所有矣。八月，延王戒丕还自晋阳。建与知枢密刘季述矫制发兵围十六宅。杀通、沂、睦、济、韶、彭、韩、陈、覃、延、丹十一王。《新书·十一宗诸子传》：通王滋，会昌六年（846）始王夔，懿宗立，徙王。昭宗乾宁三年（896），领侍卫诸军，是时诛王行瑜，而李茂贞怨，以兵入觐。诏滋与诸王分统安圣、奉宸、保宁、安化军卫京师。与睦王、济王、韶王、彭王、韩王、沂王、陈王、嗣延王戒丕、嗣丹王允、嗣覃王并为韩建所杀。济、韶、彭、韩、沂、陈、延、覃、丹九王，史逸其胄系云。《本纪》：四年八月，韩建杀通王滋、沂王禋、韶王、彭王、嗣韩王、嗣陈王、嗣覃王嗣周、嗣延王戒丕、嗣丹王允。以通王为宣宗子误，已见第九章第一节。《廿二史考异》云：彭王惕宪宗子，沂王禋昭宗子，吴缜已纠之矣。然昭宗子冲孺，未握兵柄，何至为韩建所忌。且禋在昆弟中次居第四，使建欲害诸皇子，又不应舍长而及幼。旧史《昭宗纪》有仪王无沂王，疑沂乃仪之讹。《新纪》作沂王禋，又史家妄益之也。《通鉴考异》云：顺宗子经封郯王，会昌后避武宗讳改郯作覃，则嗣覃王嗣周，当是经之后，予谓嗣丹王允，当是代宗子丹王逾之后。嗣延王戒丕，当是玄宗子延王玢之后。嗣韩王当是高祖子韩王元嘉之后。元嘉后改封郓，懿宗以郓王即位，复其故名。玄宗子有济王环，代宗子有韶王暹，敬宗子有陈王成美，济、韶、陈三王，疑亦嗣王也。九月，以彰义节度使张琏为凤翔、西川行营招讨使，以讨李茂贞。琏璠子。复以王建为西川。削茂贞官爵，复姓名曰宋文通。十二月，匡国节度使李继瑭奔凤翔。以韩建兼匡国节度使。建遂兼有同、华。光化元年（898）正月，下诏罪己息兵。二月，复李茂贞姓名、官爵，复以为凤翔节度使。盖仍所以掩饰天下之耳目也。此时朱全忠之势，已日益强大，非复空言涂饰，所能戢其雄心。李茂贞既无以自解，韩建劫制乘舆，亦将来天下之兵，乃俱致书于李克用请修好，而于八月奉上归长安。盖又思结河东以抗汴梁也。然无及矣。

第三节　岐汴之争

乾宁、光化之间，李茂贞、韩建，所以能横行无忌者，以朱全忠、李克用方剧争，莫能过问关中之事也。克用日弱，而全忠骤强，形势遂一变矣。

全忠最切近之敌，为时溥及朱瑄、朱瑾。全忠之取之，皆用持久徼极之策。《新书·宣传》语。自光启至大顺六七年间，汴军四集，徐、泗、濠三州之民，不得耕稼，又频岁水灾，人丧什六七。时溥窘蹙求和，全忠要以移镇。溥许之。全忠奏闻。景福元年（892）二月，以宰相刘崇鲁为感化节度使。溥虑出城见害，不受代。是岁十一月，濠、泗皆附于全忠。全忠初使子友裕，继使将庞师古攻徐州。二年四月，拔之。溥自焚死。兵力萃于兖、郓，全忠先遣兵春秋入其境剽掠，人不得耕织，为俘者什五六，如是者数年，瑄、瑾势亦日蹙。乾宁二年（894）四月，朱友恭围兖州。友恭，全忠养子，本姓名曰李彦威。瑾求救于河东。河东将史俨、李承嗣入郓，友恭乃退。十月，全忠，复使葛从周往攻，而自以大军继之。李克用又使俨、承嗣往。三年，续遣李存信以万骑往救。假道于魏，存信御军无法，侵其刍牧。罗弘信怒，袭败之。全忠乘机，深结弘信，弘信遂归心焉，汴、晋强弱之势一变矣。三月，全忠又使庞师古伐郓。旋令葛从周守之。全忠之攻瑄，凡十兴师，四败绩，而瑄才将俱尽，气益沮，乃专为守御计。四月，克用攻魏以救郓。全忠又使庞师古守郓，而召葛从周还拒克用。六月，大败其兵。擒其子落落。《新五代史·唐家人传》：克用八子，庄宗其长，而《旧史·武皇纪》，落落为克用长子，见擒时为铁林指挥使。又《梁太祖纪》：天复二年（902），尝擒克用子廷鸾，见下。沙陀史皆不著，盖讳之也。送罗弘信杀之。所以坚魏、晋之衅也。从周复还攻郓。克用兵之往援者，皆阻于魏，不得前。十一月，再自将以攻魏。全忠又使从周往救，自以大军继之。克用度不敌，引还。从周再攻郓。四年正月，瑄出走，为野人所执，献诸全忠，杀之。朱瑾出城求食，留其将康怀贞守。后避末帝讳，改名怀英。从周至，怀贞降。瑾无所归，与史俨、李承嗣奔淮南。初平卢将王敬武逐其节度使安师儒，自为留后。朝廷因而授之。敬武之逐安师儒，《新纪》在中和二年（882）九月。《通鉴》同。《旧纪》在元年十月。《新书·敬武传》云：隶平卢军为偏校，事节度使安师儒。中和中，盗发齐、棣间，遣敬武击定。已还，即逐师儒，自为留后。时王铎方督诸道行营军复京师，因承制授敬武平卢节度使，趣其兵使西。《旧书·张濬传》云：拜谏议大夫。其年冬，王铎至滑台，兼充天下行营都统。方征兵诸侯，奏用濬为都统判官。时王敬武初破弘霸郎，军威大振。累诏征平卢兵，敬武独不赴援。铎遣濬往说之。敬武已受伪命，复怙强不迎诏使。濬责之。并召将佐集于鞠场谕之。诸将改容引过。谓敬武曰："谏议之言是也。"即时出军，从濬入援京师。《新书》略同。王铎之为都统及义成节度使，事在中和二年正月。《旧书·张濬传》所谓其年冬者，必不得为元年。然若敬武之逐安师儒在二年九月，则似不得遽受伪命，而其间亦不容有累诏征兵，则《旧纪》谓在元年十月者，似足信也。《五代史·王师范传》云：父敬武，初为平卢衙将。广明元年（880），无棣人洪霸郎合群盗于齐、棣间，安师儒遣敬武讨平之。其事已在一年前，似不得云初破。《旧书·僖宗纪》：乾符四年（877）三月，下诏招降草贼，述投降受赏者，有弘霸郎受职禁营之语，则其事更在前矣。弘霸郎之事，疑其平实在乾符四年以前，敬武有功焉，广明元年，乃其迁衙将之岁，叙其破弘霸郎，盖原其所自起，已为追溯之辞，距张濬之征兵，则益远矣。《旧书·濬传》述此，不合加一时字，遂至滋疑也。无棣，在今山东无棣县北。卒，子师范自称留后。龙纪元年（889）。师范时年十六。棣州刺史张蟾不从。诏以崔安潜充平卢节度使。蟾迎安潜至州，与共讨师范。师范遣都指挥使卢弘击蟾。弘还攻师范。师范以重赂迎之，而使小校刘鄩伏甲杀之。自将攻棣州，杀张蟾。崔安潜逃归。朝遂以师范为平卢节度使，大顺二年（891）。全忠已并兖、郓，遣兵攻师范。师范下之。讨李克用也，更命义成军曰宣义，以朱全忠为节度。全忠请以胡真为之。然制于全忠，一如巡属。竟以全忠兼镇。于是郓、齐、曹、棣，天平。兖、沂、密，泰宁。徐、宿，感化。陈、许，忠武。郑、滑、濮，宣义。皆入于全忠，淄、青亦纳款，河以南无与全忠抗者已。河北刘仁恭，姿颇桀惊。李克用兴其兵攻魏州，救朱瑄，皆不答。以书让之，又嫚骂，执其使。尽囚太原兵之在燕者。《新五代史·高行周传》云：妫州人。世为怀戎戍将，父思继，兄弟皆以武勇雄于北边。为李匡威戍将。匡威为弟匡筹所篡，晋王将讨其乱，遗人招之。思继兄弟从之。为晋兵前锋。克用以刘仁恭守幽州，以其兄某为先锋都指挥使，思继为中军都指挥使，弟某为后军都指挥使。高氏兄弟，分掌燕兵。克用临诀，谓仁恭曰："思继兄弟，势倾一方，为燕患者，必高氏也，宜善为防。"克用留晋兵千人为仁恭卫。多犯法，思继等数诛杀之。克用贡仁恭，仁恭以高氏为诉，由是晋尽诛思继兄弟。仁恭以其兄某子行珪为衙将，思继子行周，年十余岁，亦收之帐下，稍长，补以军职。盖当时与晋龃龉最甚者为幽州，克用思弱之，乃先以顺己之高氏兄弟统其众，又授意刘仁恭使除之，而不意仁恭转借己力以除高氏，而抚用燕兵也。仁恭之不顺克用，自不得谓为非计。然既如此，则宜袭李匡威之遗策，与镇、魏、汴梁交好，共拒河东。而乃恃其兵力，到处启衅，是则为狂妄、不度德、不量力也已。妫州见第八章第四节。怀戎见第二章第七节。是岁，克用击之，败绩。卢彦威残虐。光化元年（898）三月，仁恭使子守文袭取之。兵势益盛。全忠与之修好。是岁四月，全忠使葛从周攻洺州，拔之。五月，又取邢、磁。即以从周为昭义留后守之。十月，克用使李嗣昭攻之，不克。十二月，河东所奏昭义节度使薛志勤卒。李罕之屡求方镇于克用，克用不与。及是，自以兵据潞州。请于克用，克用又不许。罕之降于全忠。克用使李嗣昭伐之，取泽州。先是罗弘信卒，子绍威立。九月。二年，刘仁恭攻之。三月，全忠救之，大败其兵。所丧失者孔多，仁恭由是不振。全忠使丁会取泽州。五月，克用使李君庆攻潞州，全忠使丁会往救，大破之。克用杀君庆，代以李嗣昭。李罕之疾亟，全忠表为河阳节度，罕之旋卒。以丁会代之，而使张归霸守邢州。七月，召葛从周还，代以贺德伦。八月，李嗣昭陷泽、潞。九月，克用表孟迁为留后。先是克用使李嗣昭助王珂攻王珙。珙战频败，性又惨刻，为衙将李璠所杀。十一月，军校朱简又杀璠，附于全忠。全忠录以为子，更名友谦。三年四月，葛从周击刘仁恭。五月，拔德州，围沧州。守文求救于克用。克用使周德威攻邢、洺。又继之以李嗣昭。八月，陷洺州。九月，全忠复之。以王镕与克用交通，移兵伐之。镕服。全忠又遣张存敬会魏博兵击刘仁恭，下二十城。自瓦桥趋幽州。瓦桥关，在今河北雄县南。道沔不得进，乃还。王处存子郜，处存以乾宁二年（895）卒，郜袭。厚于守光，使处存弟处直以兵扰其后。存敬败之。遂围定州。郜奔晋阳。军中立处直请和。天复元年（901）正月，全忠使存敬攻河中，取晋、绛，克用救之，不得进。珂又使求救于李茂贞及韩建，皆不能应。二月，存敬围河中。珂降。迁于大梁。后全忠使入朝，杀诸幽州传舍。先是全忠乘破幽州之势，已使葛从周自土门攻河东。光化二年三月。土门关，即井陉关，在今河北井陉县东北。及河中服，克用请成，全忠不许。三月，使氏叔琮、葛从周等讨之。合兖郓、成德、义武之师，数道并下。降潞州，逼晋阳。克用登城备御，不遑饮食。五月，以刍粮不给，又久雨士卒疟利，乃还。以丁会守昭义，己兼帅河中，而表孟迁为河阳，后见杀。丁会帅昭义，落邢、洺、磁，但以泽州为属郡，孟迁帅河阳，但以怀州为属郡，见《旧纪》。

　　昭宗之还长安也，崔胤罢而陆扆相。一年之间，朝局安静。三年二月，出胤为广州节度。朱全忠表论之。至湖南，召还。六月，复相。宰相王抟，劝上勿急除宦官，罢，旋赐死。骆全瓘、刘敬宣之死，景务脩、宋道弼代为左右中尉，亦见杀。朝局复不安矣。宦官知汴梁不可力抗，乃图与之交结。时则刘季述、王仲先为左右中尉。疾崔胤尤甚。季述乃外约朱全忠为兄弟。遣从子希正与汴邸官程岩谋废帝。会全忠遣天平节度副使李振上计京师。岩因曰："主上严急，内外憷恐，左军中尉欲废昏立明，若何？"振曰："百岁奴事三岁主，常也。乱国不义，废君不祥，非吾敢闻。"希正大沮。先是皇子病，季述引内医工车让、谢筼，久不出。季述等共白帝："宫中不可妄处人。"帝不纳。诏著籍不禁。由是疑帝与有谋。帝夜猎苑中，醉，杀侍女三人。明日，午漏上，门不启。季述见胤曰："宫中殆不测。"与仲先率王彦范、薛齐偓、李师虔、徐彦回总卫士千人毁关入。谋所立未决。是夜，宫监窃取太子以入。季述等因矫皇后令曰："车让、谢筼，劝上杀人，襄塞灾咎，皆大不道，两军军容知之。今立皇太子以主社稷。"黎明，陈兵廷中，谓宰相曰："上所为如此，非社稷主，今当以太子见群臣。"即召百官署奏。胤不得对。季述卫皇太子至紫廷院。左右军及十道邸官俞潭、程岩等诣思玄门请对。士皆呼万岁。入思政殿，遇者辄杀。季述出百官奏。宫监披帝出思政殿，入囚少阳院。十一月六日。太子即位于武德殿。更名缜，帝复位后，复还东宫。降为德王，复名裕。崔胤告难于朱全忠，使以兵除君侧。全忠封胤书与季述，曰："彼翻覆，宜图之。"季述以责胤。胤曰："奸人伪书，从古有之。必以为罪，请诛不及族。"季述易之，乃与盟。胤谢全忠曰："左军与胤盟，不相害，然仆归心于公。并送二侍儿。"全忠得书。恚曰："季述使我为两面人。"自是始离。季述子希度至汴言废立本计。又遣李奉本赍示太上皇诰。全忠狐疑不决。李振入见曰："竖刁、伊戾之乱，以资霸者。今阉奴幽劫天子，公不讨，无以令诸侯。"乃因希度、奉本，遣振至京师与胤谋。都将孙德昭、董从实盗没钱五千缗，仲先众辱之，督其偿，株连甚众。胤间其不逞，曰："能杀两中尉迎太上皇而立大功，何小罪足羞?"又遣客密告德昭，割带纳蜜丸通意。德昭邀别将周承诲。期十二月晦伏士安福门待旦。仲先乘肩舆造朝。德昭等劫之，斩东宫门外，叩少阳院呼曰："逆贼斩矣。"帝疑未信。皇后曰："可献贼首。"德昭掷仲先头以进。宫人毁扉出。御长乐门。群臣称贺。承诲驰入左军，执季述、彦范至楼前。胤先戒京兆尹郑元规集万人持大梃，帝诘季述未已，万梃皆进，二人同死梃下。遂尸之。两军支党，死者数十人。中官奉太子遁入左军。齐倨死井中，出其尸斩之。全忠槛送岩京师，斩于市。季述等夷三族。初延英宰相奏事，帝平可否，枢密使立侍，得与闻。及出，或矫上旨谓未然，数改易，桡权。至是诏如大中故事：对延英，两中尉先降，枢密使候旨殿西。宰相奏事已毕，案前受事。师虔请于屏风后录宰相所奏。帝以侵官不许。下诏与徐彦回同诛。史所言刘季述废立事如此。据《新书·宦者传》。朱全忠与崔胤久有谋，岂有是时狐疑，反卖胤于季述之理? 盖季述等日暮途穷，挺而走险，明知全忠不己与，亦不暇顾? 程岩小人，季述盖饵之以利? 岩不知利害，遂与通谋耳。《旧五代史·李振传》谓季述遣养子希度以唐之社稷，输于太祖，此时唐之社稷，岂季述等所能输邪? 不以兵力，安能得之? 若用兵力，何待宦竖? 《通鉴考异》谓此说出于敬翔所撰之《大唐编遗录》，殊不足信也。薛《史》又谓张濬谓太祖：同中官则事易济，且得所欲，据《考异》，说出梁贞明中所撰《太祖实录》。盖谓濬亦同此，欲自掩其惭德耳，其不足信更甚矣。

帝既反正，赐孙德昭姓名曰李继昭，周承诲曰李继诲，董从实曰李彦弼。并同平章事，遥领节度使，留宿卫。崔胤请主神策左军，以陆扆主右。时李茂贞来朝，语人曰："崔胤志灭藩镇矣。"帝召李继昭等问。对曰："臣世世在军。不闻书生主卫兵。且罪人已得，持军还北司便。"盖德昭等本宦官党，特以盗官钱谋自救，非有匡辅王室之心，故欲仍旧贯也。乃以韩全诲为左神策中尉，张彦弘为右。袁易简、周敬容为枢密使。全诲、彦弘，并曾监凤翔军，盖皆茂贞之党也。崔胤怒，约郑元规遣人狙杀之，不克。全诲等讽茂贞留选士四千宿卫，以养子李继筠、继徽总之。朝权仍为凤翔所把持矣。《新书·韩全诲传》。《传》又云：胤亦讽朱全忠内兵三千，居南司，以娄敬恩领之。韩倨闻岐、汴交戍，数谏止胤。胤曰："兵不肯去耳。"倨曰："初何为召邪?"胤不对。《倨传》则云：初李继昭等以功进同中书门下平章事，时谓三使相。后稍稍更附韩全诲、周敬容，皆忌胤，胤闻，召李茂贞入朝，使留族子继筠宿卫。倨闻，以为不可，胤不纳。《通鉴》同。据《考异》：谓胤请朱全忠纳兵，说出《唐补记》。谓其召李茂贞使留兵，则出韩偓《金銮密记》。《考异》曰：《旧纪》《梁实录》《编遗录》薛居正《五代史·梁纪》诸书，皆不言全忠尝遣兵宿卫京师，若如《唐补记》所言，岐、汴各遣兵数千人戍京师，则昭宗欲西幸时，两道兵必先斗于阙下，不则汴兵皆为宦官所诛，不则先遁去。今皆无此事，盖程匡柔得于传闻，又党于宦官，深疾崔胤，未足信也。然胤所以欲留茂贞兵为己援者，盖以茂贞自以诛刘季述为己功，必能与己同心，仇疾宦官，以利诱之，遂复与宦官为一耳。今从《金銮记》。知《唐补记》之不足信，卓矣，以《金銮记》为可信，犹未免千虑一失。是时茂贞之兵，岂犹胤所能召邪？全诲、彦弘及彦弼合势恣暴，中官倚以自骄，帝不平。有斥逐者，皆不肯行。胤固请尽诛之。始张濬判度支，杨复恭以军赀乏，奏假盐曲一岁入，以济用度，遂不复还。至胤，乃白度支财尽，无以禀百官，请如旧制。全诲擿李继筠诉军中匮甚，请割三司隶神策。帝不能却，罢胤盐铁使。全诲等与继海、彦弼、继筠交通谋乱。《通鉴》曰：继昭独不肯从。帝问令狐涣。涣请召胤及全诲等宴内殿和解之。韩偓谓不如显斥一二柄臣，许余人自新，妄谋必息。不然，皆自疑，祸且速。虽和解之，凶焰益肆。帝乃止。涣中书舍人，偓给事中，时并为翰林学士。《偓传》曰：帝疾宦人骄横，欲尽去之。偓曰："陛下诛季述时，余皆赦不问。今又诛之，谁不惧死？天子威柄，今散在方面，上下同心，摄领权纲，犹冀天下可治。宦人忠厚可任者，假以恩幸，使自剪其党，蔑有不济。今食度支者乃八千人，公私牵属，不减二万，虽诛六七巨魁，未见有益，适固其逆心耳。"此说亦不可信。为梗者正在巨魁，苟能去之，即权纲振矣。然取以干戈，犹且不克，岂假小竖以恩宠，即可剪除邪？是时全忠并河中，胤为急诏令入朝。全忠得诏，还汴，悉师讨全诲，而祸不可道矣。

昭宗复位，改元天复。元年（901）十月，全忠发大梁。至河中，表请幸东都。十一月，趋同州。韩建幕僚司马邺知留后，迎降。韩全诲等遂劫帝如凤翔。全忠至华州，韩建降。署为忠武节度使，以兵援送之。建入梁，拜司徒。后镇许州，太祖崩，军乱，见杀。全忠入长安，遂至凤翔。诏令还镇。乃移兵北攻邠州。盖虑急攻或生内变，负迫胁之名也。李继徽时守邠州，降。复姓名曰杨崇本。质其妻于河中，仍令守邠州。韩全诲遣中使征江淮兵屯金州，以胁全忠。金州见第六章第三节。金州刺史冯行袭，均州人也。均州见第四章第五节。逐刺史据州。刘巨容表为刺史。中和四年（884）。杨守忠为武定，表为行军司马，使领兵扼谷口，以通秦、蜀。李继鹏据金州，行袭攻拔之，昭宗即授金州防御使。后又立昭信军，以为节度使。光化元年（898），天祐二年（905），改曰戎昭军。至是，行袭尽杀中使，收其诏敕送全忠。全诲又以诏命征兵河东。李克用使李嗣昭以骑五千趣晋州。二年正月，陷慈、隰，皆见第七章第一节。逼晋、绛。全忠还河中。使兄子友宁与晋州刺史氏叔琮御之。三月，大败其兵，禽克用子廷鸾。乘胜攻河东，围晋阳。克用议走云州。未果，而汴军疾疫，乃还。《旧五代史·武皇纪》《李嗣昭传》皆谓克用与嗣昭、周德威谋奔云州。李存信等坚请入北蕃。嗣昭争之，克用妻刘氏亦以为言，乃止。《新书·沙陀传》《新五代史·唐家人传》《嗣昭传》略同，惟《沙陀传》误以刘氏为李国昌妻，《嗣昭传》云：存信等劝奔契丹。四月，崔胤如河中，告全忠：茂贞将劫天子入蜀，劝速迎驾。全忠从之。六月，复至凤翔，然仍不急攻。十一月，保大节度使李茂勋来援。茂勋，茂贞从弟。全忠遣兵袭取鄜坊，茂勋遁去。旋来降，更名曰周彝。茂贞出战屡北，城中食又尽，乃密谋诛宦官，遗全忠书，许其迎驾。三年正月，遂杀韩全海、张彦弘、袁易简、周敬容，及李继筠、李继诲、李彦弼等，而奉车驾诣全忠营。遂归长安，大诛宦官。《旧书·本纪》云：第五可范以下七百人。《新书·宦官传》云八百余人。内诸司一切罢之。诸道监军使以下，及管内经过并居停内使，仰随处诛夷。准故事，量留三十人，各赐黄绢衫一领，以备宫内指使。仍不得辄有养男。左右神策军，并令停废。宣传诏命，即令官人出入。三百年来之狐兔，一朝俱尽，而城社亦随之崩摧矣。

东诸侯中，王师范雅好儒术，故其志趣，究与寻常武夫不同。是月，师范乘关东兵多在凤翔，分遣诸将，诈为贡献及商贩，以入汴、徐、兖、郓、齐、沂、河南、孟、滑、河中、陕、虢、华等州，期以同日俱发。适诸州者多事泄被擒，独行军司马刘鄩取兖州。时泰宁节度使葛从周屯邢州。青州衙将张居厚，亦杀华州刺史娄敬思而旋败。留守大梁节度判官裴迪闻变，使朱友宁东巡。友宁召葛从周，与共攻师范。全忠闻变，亦分兵先归，使友宁并将之。三月，从周围兖州，友宁攻青州。全忠引四镇及魏博兵十万继之。六月，师范与淮南将王茂章击杀友宁，全忠自将兵二十万兼行赴之。茂章度众寡不敌，引还。全忠使杨师厚守青州。九月，师范降。《旧书·本纪》。《旧五代史·刘鄩传》皆在十一月。《通鉴》从《旧史·梁纪》。《梁太祖实录》《唐实录》在此月。仍使权淄青留后。刘鄩得师范命乃降。天祐二年（905）正月，命李振代师范。二月，师范举族西迁。既受唐禅，友宁妻诉仇人于朝，乃族师范于洛阳。

第四节　梁太祖代唐

昭宗自凤翔回京，运祚之迁移，已成必然之势，然唐室仍能再三与梁相抗者，则昭宗能用人之效也。

是时在凤翔所命相苏检、卢光启皆见杀，韦贻范前卒。处事和平如陆扆，虽参机密而不肯为相如韩偓者，亦遭贬斥，大权尽归崔胤矣。时则神策两军及内外镇兵，悉属六军，胤兼判六军、十二卫事。《新书·胤传》云：胤自凤翔还，揣全忠将篡夺，顾己宰相，恐一日及祸，欲握兵自固。谬谓全忠曰："京师迫茂贞，不可无备，须募兵以守。"今左右龙武、羽林、神策，播幸之余无见兵，请军置四步将。将二百五十人，一骑将，将百人，使番休递侍。以京兆尹郑元规为六军诸卫副使，陈班为威远军使，募卒于市。全忠知其意，阳相然许。胤乃毁浮图取铜铁为兵仗。全忠阴令汴人数百应募。以其子友伦入宿卫。案，友伦为全忠次兄存之子。会为球戏，坠马死。全忠疑胤阴计，大怒。时传胤将挟帝幸荆襄，而全忠方谋胁乘舆都洛，惧其异议，密表胤专权乱国，请诛之。即罢为太子少傅。全忠令其子友谅案，友谅为全忠长兄全昱之子，友伦死后，全忠使典宿卫。以兵围开化坊第，杀胤。汴士皆突出，市人争投瓦砾击其尸。元规、班等皆死。实天复四年（904）正月。胤罢凡三日死，死十日，全忠胁帝迁洛。《本纪》：胤罢在天复四年正月乙巳，己酉见杀，戊午，全忠迁唐都于洛阳，则三日当作五日。《通鉴》胤见杀在戊申，与三日之说合。《旧纪》：胤死在三年十二月，必误。发长安，居人悉东，彻屋木自渭循河下。老幼系路，啼号不绝。皆大骂曰："国贼崔胤，导全忠，卖社稷，使我及此。"先是全忠虽据河南，顾强诸侯相持，未敢决移国，及胤闲内隙与相结，得梯其祸取朝权，以成强大，终亡天下。案，唐祚果移，胤一人握兵，安能自固？此不待辩。此时即练兵，岂能与全忠为敌？《宦者传》言：李茂贞请杀韩全诲等，帝既恶宦人胁迁，而茂贞又其党，全忠虽外示顺，终悖逆，皆不可倚，欲狩襄汉依赵匡凝，然不得去，乃定计归全忠，以纾近祸。匡凝者，德諲子，以景福元年（892）继其父。其《传》亦言昭宗有意都襄阳，依凝以自全。又言天祐元年（904），封匡凝为楚王，时诸道不上供，惟匡凝岁贡赋天子。则匡凝之忠于唐实笃，其与唐有成谋且旧。时传胤将挟帝幸荆襄，盖非虚语？全忠阴令汴卒应募，说出《唐太祖纪年录》，殊不足信。见《通鉴考异》。胤是时，决无与汴为敌之理。欲敌汴，杀友伦亦何益？《旧纪》云：友伦卒，全忠怒，杀同鞠将校数人，可知全忠亦未疑胤。不然，此时当图胤，何止杀同鞠将校。其练兵，盖欲以为适荆襄之卫也。帝如凤翔时罢胤诏，已云始将京兆府官钱，委元规召卒，后用度支使权利，令陈班聚兵，《旧书·胤传》。则二人之为胤爪牙已旧，用之未必启全忠之疑。《新书·韩偓传》：偓侍宴，与元规、班并席。辞曰："学士不与外班接。"主席者固请，乃坐。既元规、班至，终绝席。后朱全忠欲召偓杀之，元规曰："偓位侍郎学士承旨，公无遽。"全忠乃止。此虽小节，亦可见元规之贤。全忠之诛胤，盖实以其幸荆襄之谋，其如何泄露，则不可知耳。唐之不能自立，此时势已显然。即微全忠，茂贞、克用，亦岂不足亡唐？全忠欲亡唐，亦何待胤之召？以唐之亡，由胤导全忠卖社稷，盖长安惮迁者之辞，于朝事实无所知，而史遂据为实录，入胤于《奸臣传》，世尚有真是非哉？

胤既得罪，崔远与柳璨并相。璨时为左拾遗。《旧书·柳璨传》曰：昭宗好文。初宠待李谿颇厚。洎谿不得其死，心常惜之。求文士似谿者，或荐璨高才，召见，试以诗，甚喜。无几，召为翰林学士。崔胤得罪前一日，召璨入内殿草制敕。胤死之日，既夕，璨自内出，前驱传呼相公来。人未见制敕，莫测所以。《通鉴》：崔胤以乙巳得罪，璨以丙午相，则此事即在召入内殿草制之日，云胤死之日误也。《新传》误同。翼日，对学士，上谓之曰：“朕以柳璨奇特，似可奖任，若令与政事，宜授何官？”承旨张文蔚曰：“陛下拔用贤能，固不拘资级。若循两省迁转，拾遗超等入起居郎，临大位非宜也。”帝曰：“超至谏议大夫可乎？”文蔚曰：“此命甚惬。”即以谏议大夫平章事，改中书侍郎。任人之速，古无兹例。《新传》云：璨起布衣，至是不四岁。昭宗之任李谿，岂真以其能文？盖亦如其任马道殷、许岩士，特以是为名耳。其任璨亦犹是也。《旧书·本纪》：帝以天祐元年（904）正月发京师。次陕州，全忠迎谒于路。二月，辞赴洛阳亲督工作。四月，帝遣晋国夫人可证传诏谕全忠，言中宫诞蓐未安，取十月入洛阳宫。全忠意上迟留俟变，怒甚。谓衙将寇彦卿曰：“亟往陕州，到日便促官家发来。”闰四月，车驾发陕州，次谷水行宫。时崔胤所募六军兵士，胤死后散亡并尽，从上东迁者，惟诸王小黄门十数，打球供奉内园小儿共二百余人。全忠在陕，仍虑此辈为变，欲尽去之，以汴卒为侍卫。至谷水顿，全忠令医官许昭远告内园等谋变，因会设幄，酒食次并坑之。乃以谋逆闻。由是帝左右前后侍卫职掌，皆汴人也。既至东都，又杀医官阎祐之，国子博士欧阳诗，云言星谶也。此可见帝左右前后，志存匡辅者之多，柳璨为帝所特擢，其为人亦可想见矣。《通鉴》云：全忠令医官许昭远告医官使阎祐之，司天监王墀，内都知韦周，晋国夫人可证等谋害全忠，悉收杀之。时杨崇本复叛，全忠使子友裕击之。六月，全忠至洛阳。七月，如河中。八月，昭宗遇弑。《旧纪》云：全忠令左龙武统军朱友恭、右龙武统军氏叔琮、枢密使蒋玄晖为之。又云：自帝迁洛，李克用、李茂贞、王建、赵匡凝连盟举义，以兴复为辞。全忠方事西讨，虑变起于中，故害帝以绝人望。《新书·蒋玄晖传》云：帝驻陕州，命卫官高璟持帛诏赐王建，告以胁迁。且言全忠以兵二万治洛阳，将尽去我左右。君宜与茂贞、克用、行密同盟，传檄襄、魏、幽、镇，使各以军迎我还京师。令判官李振自河中至洛阳，与友恭等图之。玄晖选龙武衙官史太等百人入弑帝，复执何皇后。后求哀于玄晖，玄晖以全忠止令害帝，释后而去。十月，全忠还洛。杀友恭、叔琮。复友恭本姓名曰李彦威。《纪》言河南尹张廷范收彦威等，临刑大呼曰：“卖我性命，欲塞天下之谤，其如神理何？操心若此，欲望子孙长世，得乎？"呼廷范谓曰："公行当及此，勉自图之。"此等语未必实。玄晖、廷范，后皆效忠唐室，此时未必肯与弑逆之谋。玄晖，史固谓其事全忠为腹心，《新书》本传。然友恭、叔琮，亦皆战将也，虽欲弭谤，肯轻弃乎？然则玄晖是时，必未与弑逆之谋，特身为内枢密，龙武入宫不能拒，人遂亿为与谋，且谓史太等由其选用耳。抑谓玄晖与弑昭宗不实，而谓其救全何后则真，故后来后与之有谋；亦或玄晖此时，早与唐有密谋，后乃从而哀之；亦或后未尝哀之，而玄晖特全后以为后图也。一时之忠臣义士，可谓多矣。然亦可见昭宗之能得人心也。

既弑昭宗，立其子辉王祚，更名祝，是为哀帝。时年十三。哀帝与德王，并何后所生，见《旧书》本传。《旧纪》：天祐二年（904）二月，社日，枢密使蒋玄晖宴德王裕以下九王于九曲池，既醉，皆绞杀之，竟不知其瘗所。《诸子传》昭宗十子，哀帝外为德王裕、棣王祤、虔王禊、沂王禋、遂王祎、景王祕、祁王祺、雅王禛、琼王祥，盖即所谓九王，《新书》别有端王祯、丰王祁、和王福、登王禧、嘉王祜、颍王禔、蔡王祐，则其幼未见杀者也。《旧纪》云莫知瘗所，而《诸子传》云投尸九曲池，则其事亦传闻不审。是时昭宗新丧，诸王可否燕集，事亦可疑。欲杀之，其道多矣，何必邀燕，行之于众见之地？此事真相，恐已不传，为玄晖所为以否，更无以言之矣。

《旧书·张濬传》云：濬虽退居山墅，朝廷或有得失，必章疏上言，德王废立之际，濬致书诸藩，请图匡复。然则岂有効全忠同宦官之理？《梁太祖实录》之说，其不足信明矣。王师范青州起兵，欲取濬为谋主。事虽不果，其迹颇泄。朱全忠将图篡代，惧濬构乱四方，不欲显诛，密讽张全义令图之。乃令衙将杨麟率健卒五十人，有如劫盗，围其墅而杀之，天复三年（903）十二月晦夜也。此虑唐臣之害己而为之，犹可曰：革易之际，不得不然也，天祐二年（905）三月，罢宰相独孤损、裴枢、崔远，五月，与陆扆、吏部尚书。王溥、工部尚书。赵崇、守太保致仕。王赞兵部侍郎。同贬，六月，令所在赐自尽。时七人已至滑州，皆并命于白马驿。全忠令投尸于河。《旧纪》。《通鉴》云：全忠聚枢等及朝士贬官者三十余人于白马驿，一夕尽杀之，投尸于河，与《柳璨传》云璨疏三十余人者相合，见下。此事则殊无谓。盖汴人之倾险者所为，全忠虽狡谲，究武夫寡虑，为其所误。然唐士大夫好党争，务进趣，相贼害，不恤竞毫毛之利，快睚眦之怨，而纵滔天之祸，亦不得辞其责也。《旧五代史·苏循传》云：迁洛之后，唐室旧臣，阴怀主辱之愤，名族之胄，往往有违祸不仕者，此盖全忠蓄憾之由。《新五代史·唐六臣传》云：梁王欲以婪吏张廷范为太常卿，裴枢以为太常卿唐常以清流为之，廷范乃梁客将，不可，梁王由此大怒，曰："吾常谓裴枢纯厚，不陷浮薄，今亦尔邪？"则其所以激之使发者也。《旧史·李振传》云：昭宗迁都之后，王室微弱，朝廷班行，备员而已，振皆颐指气使，旁若无人。朋附者奖升，私恶者沈弃。每自汴入洛，朝中必有贬窜，唐朝人士，目为鸱鸮。柳璨潜杀裴枢等，振自以咸通中尝应进士举，累上不第，尤愤愤。乃谓太祖曰："此辈自谓清流，宜投于黄河，永为浊流。"太祖笑而从之。唐之亡，为册礼等使者，张文蔚、苏循、杨涉、张策、薛贻矩、赵光逢六人。《新史·唐六臣传》。文蔚等五人，全身免祸而已。惟循子楷，乾宁二年（895）登进士第遭覆落，怀愤，乃驳昭宗之谥，献媚新朝。清流之祸，盖皆此等人所为，于当路之人无与。《旧书·柳璨传》云：裴枢、独孤损、崔远，皆宿素名德，与璨同列，意微轻之，璨深蓄怨。昭宗迁洛，诸司内使，宿卫将佐，皆朱全忠腹心也。璨皆将迎，接之以恩，厚相交结，故当时权任皆归之。天祐二年五月，西北长星竟天，扫太微文昌帝坐诸宿。占者云：君臣俱灾，宜刑杀以应天变。蒋玄晖、张廷范谋杀衣冠宿望难制者。璨即首疏素所不快者三十余人，相次诛杀。班行为之一空。此说不独厚诬璨，并恐诬玄晖、廷范，特以玄晖、廷范为汴人，而璨与汴人相交结，遂亿度以为如此耳。璨名族，若谓骤进，则当时不次拔擢者甚多，裴枢等何事轻之哉？或曰：既如是，璨何以坐视其祸而不救。并不引退？此则势无可为，欲就大谋，固不得不忍人之所不能忍。然遂以此蒙谤于天下后世矣。此则其遇可哀，而其心亦愈苦矣，而可以成败论之哉？

此时欲图篡夺，仍非先耀兵威不可，全忠固深知之，故迁唐无几，即复出兵。初成汭之败，赵匡凝取江陵，表其弟匡明为留后。是岁八月，全忠使杨师厚攻匡凝，而自将大兵继之。匡凝战败，奔扬州。匡明走成都。全忠遂有荆南。十月，乘胜攻淮南。十一月，至寿州。寿人坚壁清野以拒之，乃还。而洛中之变复作。《旧书·本纪》：全忠以十一月丁卯十三日。至大梁。时哀帝以此月十九日亲祠圜丘。戊辰，裴迪自大梁回，言全忠怒蒋玄晖、张廷范、柳璨等谋延唐祚，而欲郊天改元，玄晖、璨大惧。庚午，敕南郊改取来年正月上辛。辛巳，授全忠相国，总百揆，进封魏王，全忠先已封梁王。备九锡。先是北院宣徽使王殷使寿州行营，构蒋玄晖于全忠。全忠怒，急归大梁。上令刑部尚书裴迪赍诏慰劳全忠。全忠忿恨，语极不逊。故行相国百揆之命，以悦其心，蒋玄晖自至大梁陈诉，怒犹不解。十二月甲午，十日。上召三宰相议事。柳璨曰："人望归元帅，陛下揖让释负，今其时也。"乃赐璨茶药，便令进发。乙未，敕枢密使蒋玄晖宜削在身官爵，送河南府处斩。丰德库使应顼，尚食使朱建武，送河南府决杀。庚子，敕枢密使及宣徽南北院并停。枢密公事，令王殷权知。《通鉴》云：省枢密使及宣徽南院使，独置宣徽使一员，以王殷为之，赵殷衡为副使。两院人吏，并勒归中书。诸司、诸道人，并不得到宣徽院。凡有公事，并于中书论请。延义、千秋两门，只小黄门三人句当，其官健勒归本军。辛丑，敕每月只许一、五、九日开延英，计九度。又敕每遇延英坐朝日，只令小黄门只候引从，宫人不得擅出内门。《旧纪》：昭宗迁洛后，敕除留宣徽两院、小马坊、丰德库、御厨、客省、阁门、飞龙、庄宅九使外，其余并停，仍不差内夫人传宣。此次之敕则云：宫嫔女职，本备内任。近年已来，稍失仪制。宫人出内宣命，采御参随视朝，乃失旧规，须为永制。今后每遇延英坐朝日，只令小黄门只候引入，宫人不得擅出内门。庶循典仪，免至纷杂。《通鉴》记昭宗至洛后事曰：敕内诸司惟留宣徽等九使，余皆停废，仍不以内夫人充使。《考异》曰：初诛宦官后，内诸司使皆以内夫人领之，至此始用外人。《实录》改充使为宣事，误也。记此事曰：敕罢宫人宣传诏命及参随视朝。胡三省《注》曰：既宣传诏命，则《实录》云宣事，亦未为误，但天祐三年（906）方罢宫人宣传诏命，故以为误。观《旧书》之文，则宫人宣事，实罢于迁洛之初。此时所罢，只是参随视朝。敕云出内宣命，特连及前事，与参随视朝，并指为有失旧规耳。非谓至此始罢。《实录》不误，《通鉴》自误也。乙巳，汴州别驾蒋仲伸决杀，玄晖季父也。又敕蒋玄晖追削为凶逆百姓，仍委河南府揭尸于都门外聚众焚烧。玄晖死后，王殷、赵殷衡又谮于全忠云：内人相传，玄晖私侍积善宫，何太后所居。与柳璨、张廷范为盟誓，求兴唐祚。戊申，全忠令王殷害皇太后。又杀宫人阿秋、阿虔，言通导蒋玄晖。己酉，追废皇太后为庶人。庚戌，敕以宫闱内乱，播于丑声。难以惭恶之容，入于祖宗之庙。其明年上辛亲谒郊庙宜停。癸丑，柳璨责授朝议郎，守登州刺史。登州见第五章第一节。太常卿张廷范责授莱州司户。莱州见第二章第七节。少卿裴�青州北海尉。北海见第五章第一节。温蒟临淄尉。临淄，今山东临淄县。祠部郎中知制诰张茂枢博昌尉。博昌，在今山东博兴县南。并员外置。甲寅，柳璨贬密州司户，再贬长流崖州百姓，密州见第八章第二节。崖州见第四章第二节。委御史台赐自尽。是日，斩于上东门外，张廷范除名，委河南府于都市集众以五车分裂。温蒟、裴green、张茂枢并除名，委御史台于所在赐自尽。柳璨弟瑀、瑊，送河南府决杀。三年正月戊午，敕右拾遗柳瑷贬洺州鸡泽尉，璨疏属也。鸡泽，今河北鸡泽县。郊天何以能延祚？说殊可疑。《新五代史·蒋殷传》云：待诸侯助祭者，以谋兴复，盖为近之。是年三月，敕贬西都留守判官左谏议大夫郑赛崖州司户，寻赐死，亦见《旧纪》。疑亦与于是谋者也。哀帝尚幼，此谋必何太后主之。蒋玄晖、张廷范皆全忠腹心。观全忠怨毒之深，则知谓其谋延唐祚，必非虚语。玄晖，《新书·传》云：少贱不得其系，廷范且故优人，然其所为，乃皎然为全躯保妻子之士大夫所不及，人岂可以类限哉？抑廷范、全忠欲以为太常卿，虽出私意，然亦可见其人足与于士大夫之列，不徒非优伶，并非武夫也。此真所谓小人而有士君子之行者矣。以视王殷、赵殷衡何如哉？而皆获罪以死，而殷、殷衡是用，以是可知梁祚之不长矣。岂沙陀之能亡梁哉？诚百世之龟鉴也。王殷，本姓蒋。幼为王重盈养子。梁祖取河中，以王氏旧恩，录其子孙，表为衙将。末帝时叛梁。事见后。赵殷衡，不知其家世。少孤，流落汴州。富人李让得之，养为子。梁祖镇宣武，以让为养子，乃冒姓朱氏。稍长，给事太祖帐下。太祖诸儿乳母有爱之者，养为子。乳母夫姓赵，又冒姓赵氏。入梁后改姓名曰孔循。又事唐。权知汴州，明宗叛，自魏而南，庄宗东出汜水，循持两端，遣迎明宗于北门，庄宗于西门，供帐牲饩如一，戒其人曰："先至者入之。"此等人乃真嬖幸耳。或曰：玄晖、廷范既君子，始何以事梁？此则其境遇为之，不足责也。或又曰：昔所谓君，皆民贼耳，助梁篡唐亡谓，拒朱存李，又何取焉？此则时代为之，不能以今日之义责古人也。抑有功德于民者，当处帝王之位，此在昔日，理势皆然。故丁丧乱之世，真能戡定群雄，抚宁黎庶者，正人自亦与之。若梁祖，则所戡定者实止河南，其民且未苏息，此外更无论矣。遽以暴戾求大位，安怪助之者皆小人？国于天地，必有与立，盈朝皆小人，谁与立哉？再世而亡，非不幸也。昭宗之见弑也，夫人裴贞一，昭仪李渐荣死之。《旧纪》：蒋玄晖选龙武衙官史太等百人叩内门，言军前有急奏，面见上。至椒殿院，贞一夫人启关，谓玄晖曰："急奏不应以卒来。"史太执贞一杀之。急趣殿下。玄晖曰："至尊何在？"昭仪李渐荣临轩谓玄晖曰："院使莫伤官家，宁杀我辈。"帝方醉，闻之，遽起。史太持剑入椒殿。帝单衣旋柱而走。太追而弑之。渐荣以身护帝，亦为太所杀。观此，知玄晖当日，实无弑逆之心，故贞一、渐荣，皆与之有言，而何后亦向之求哀也。及是，阿秋、阿虔，又以身殉国。据《通鉴》，则尚有晋国夫人可证。是知妇人之不与政事，特其处境使然，苟或与之，其才智义烈，固无殊于男子也。柳璨临刑呼曰："负国贼柳璨，死其宜矣。"《旧书》本传。此盖自憾所谋之未成，忠臣义士无穷之心也，而史又以此语，定其爱书，犹为有目人乎？

内难既夷，全忠复用兵于外。初田承嗣召募军中子弟，置之部下，是为魏之衙军。年代寝远，父子相袭，亲党胶固。其凶戾者，强买豪夺，逾法犯禁，长吏不能禁。变易主帅，有同儿戏，小不如意，则举族被害。罗绍威惩其往弊，心衔之。天祐二年（905）七月，衙军裨校李公佺作乱，奔沧州。绍威愈惧，使求援于全忠。全忠遣李思安会魏博军攻沧州。全忠女妻威子廷规，先是卒。全忠遣长直军校马嗣勋选兵千人，密于舆中实兵甲入魏，言助女葬事。三年正月五日至。全忠亲率大军济河，言视行营于沧、景。威欲因而出迎，假全忠帐下锐卒，入而夹攻之。衙军颇疑，坚请不出。威恐泄其事，慰纳之。是月十四夜，率厮养百十辈，与嗣勋合攻之。时宿于衙城者千人。迟明，杀之殆尽。凡八千家。皆夷其族。《新书》云：绍威遣人潜入库，断弦解甲。军趋库，得兵不可战，因夷灭。嗣勋重伤，旬日而卒，见《旧五代史》本传。魏军攻沧州者闻之，作乱。累月乃平之。八月，全忠攻沧州，刘仁恭自将救之。不敢进。使求救于李克用。克用使李嗣昭与共攻潞州。十二月，丁会降敌，全忠乃还。四年正月，至大梁。三月，遂受唐禅，国号梁，更名晃，是为梁太祖。奉唐帝为济阴王，迁于曹州。明年二月，害之，谥曰哀皇帝。后唐自以为继唐室，明宗时，改谥曰昭宣光烈孝皇帝，庙号景宗。中书覆奏："少帝行事不合称宗，存谥而已。"《旧书》仍称为哀帝，曰："知礼者亦以宣、景之谥非宜，今只取本谥。"《新书》及《通鉴》，皆取后唐所定谥。《新书》目录，仍作哀皇帝。《纲目》则简称为昭宣帝。唐系出何族不可知，然自隋世去西魏赐姓以来，久自侪于华夏矣。神不歆非类，似不应用异族所定之谥。自汉以下，庙号、谥法皆一字，惟东晋、萧梁、北魏、北齐有两字，唐始累数字为谥，佶屈不可诵，读史者于诸帝乃多称其庙号。哀帝无庙号可称，截取首两字称之，虽合简易之理，究非完具之辞，自不如仍称之为哀帝之得也。《旧书·哀帝纪》云：全忠自弑昭宗之后，岐、蜀、太原，连兵牵制，关西日削。幸罗绍威杀衙军，全获魏博六州。将行篡代，欲威临河朔，乃再兴师临幽、沧，冀仁恭父子乞盟，则与之相结，以固王镕、绍威之心。而自秋迄冬，攻沧州无功，及丁会失守，烧营遽还。盖讦其师出之无成绩。《通鉴》谓其威望大沮，恐中外因此离心，欲速受禅以镇之。此皆太过。梁祖在当日，已席莫强之势，潞州小挫，何至遂沮人心？然河东未平，遽谋禅代，要不免易盈欲速之诮也。又百代之龟鉴矣。

第五节　唐末割据上

唐自肃、代以来，藩镇遍布，久成分裂之势，然中枢名分犹存，藩镇所擅之地，亦究不甚大，故自河北而外，迄未有能久据土自专者也。逮黄巢起而情势一变矣。

高骈之罢都统及盐铁转运使也，史称其既失兵柄，又落利权，攘袂大诟，累上章论列，语辞不逊。由是贡赋遂绝。骈好神仙，信方士吕用之。用之又引其党张守一、诸葛殷，共相蛊惑。间骈旧将。又说以绝俗累，宾客、将吏，皆不得见。又请置使巡察，骈即以用之领之。用之乃擢废吏百余，号为察子，令居衢哄间，诛所恶者数百族。募卒二万，为左右莫邪都，与守一分将之。于是太阿倒持矣。毕师铎者，黄巢将，降骈。骈使以骑三百戍高邮。见第二章第七节。高邮戍将张神剑，师铎为子娶其女，亦恶用之。两人谋自安之计。用之伺知之，亟请召师铎还。师铎母在广陵，遣信令师铎遁去。郑汉璋者，师铎归顺时副使，时为淮宁军使，《新书·骈传》：骈置淮宁军于淮口。师铎潜往见之，又与俱至高邮见神剑。乃发兵，以诛用之、守一、殷为名。神剑留高邮，而师铎、汉璋，以兵三千至广陵城下。用之自督战。令曰："斩一级，赏金一饼。"士多山东人，坚悍颇用命。师铎惧，退舍自固。秦彦者，亦黄巢将，降骈。骈以为和州刺史。和州见第四章第三节。彦袭宣州据之。宣州见第六章第三节。师铎使乞师焉。彦遣衙将秦稠以三千人助之。城陷。用之亡走。骈撤备与师铎相见。署为节度副使。汉璋、神剑，亦皆署职事。时光启三年（887）四月也。秦稠阅府库监守之，密召彦，或谓师铎，还政高公，自典兵马，阻彦渡江。师铎犹豫未决而彦至。乃自为节度使，而署师铎行军司马。师铎不悦。初秦宗权寇庐、寿间，庐州刺史募杀贼，差首级为赏。杨行密以功补队长。行密杀都将，自为八营都知兵马使。刺史走淮南。高骈因表行密为庐州刺史。吕用之恐其难制，遣俞公楚以兵五千屯合肥阴图之。行密击杀公楚。毕师铎兵起，用之以骈命署行密行军司马，督其兵进援。至天长而扬州陷。天长，今安徽天长县。行密薄城而屯，用之引兵归之。张神剑亦运高邮粮以给。海陵镇遏使高霸，亦以兵属焉。海陵见第二章第七节。众至万七千人。秦彦出击之，大败。彦遂杀高骈。十月，广陵食尽。彦与师铎皆出走。行密遂入广陵，自称淮南留后。而秦宗权之兵至。

是时江东之地，亦甚纷扰。高骈之移淮南也，泾原周宝继之帅镇海。宝与骈同隶右神策军，骈以兄事宝。后骈先贵，意轻之，遂有隙。居邻镇，交恶殊甚。刘汉宏之降，朝以为宿州刺史。汉宏恨赏薄，有望言，会浙东观察使得罪，遂使代之。事在广明元年（880）。宿州见第十章第五节。浙东观察使，治越州，见第二章第七节。初王郢之乱，临安人董昌，临安，今浙江临安县。以土团讨贼有功，补石镜镇将。石镜镇，在临安南。《新五代史》作石鉴。《旧五代史》云：昌为於潜镇将，盖唐时其地属於潜。曹师雄寇两浙，杭州募诸县乡兵各千人以讨之，号杭州八都，昌为之长。钱镠者，亦临安人。初贩盐为盗。后为昌偏将，以功为石镜都知兵马使。中和元年（881），昌引兵入杭州。杭州刺史路审中将之官，俱而还。周宝不能制，即表为杭州刺史。僖宗之在蜀也，刘汉宏贡输踵驿而西。三年，升浙东为义胜军，以汉宏为节度使。汉宏谋并浙西，与董昌构兵，屡为钱镠所败。光启二年（886）五月，镇海衙将张郁作乱，陷常州。见第四章第二节。六月，周宝使衙将丁从实击之。郁奔海陵依高霸。十一月，钱镠克越州，刘汉宏奔台州。见第四章第二节。杜雄执送昌，杀之。雄据台州，见第十章第五节。诏即以为观察使，而以钱镠知杭州。周宝募亲军千人，号后楼兵，禀给倍于镇海。三年二月，镇海将刘浩作乱。后楼兵亦叛。宝奔常州依丁从实。浩迎度支催戡使薛朗，推为留后。初感化偏将张雄、冯弘铎见疑于时溥，合兵三百，渡江袭据苏州。见第六章第三节。雄自称刺史。稍聚兵至五万，战舰千余，自号天成军。徐约者，亦黄巢将，降高骈。骈使为六合镇遏使。今江苏六合县。四月，宝诱约使击雄，雄逃入海。五月，钱镠遣兵讨薛朗。十月，陷常州。丁从实奔海陵。镠以周宝归杭州，旋卒。《新五代史》云病卒。《新唐书·本纪》云镠杀之。镠遂克润州。刘浩走。擒薛朗以归，杀之。

　　秦宗权遣弟宗衡渡淮，孙儒为副，刘建锋为前锋。光启三年（887），十一月，至广陵，营于杨行密故寨。张雄之败也，匿其众海中，而使别将赵晖入据上元。见第七章第四节。行密围扬州，毕师铎厚赉宝币，啖雄连和。雄率军浮海屯东塘。城中乌粮尽，相约交市，金一斤，通犀带一，得米五升。此据《旧书》。《新书》云：以银二斤易斗米。雄军得货，不战而去。扬州陷，秦彦、毕师铎投雄，雄不纳。将趋宣州。秦宗衡召之，乃还，与宗衡合。未几，宗权召宗衡还蔡拒朱全忠。孙儒称疾不往。宗衡屡促之。儒怒，与饮酒，手刃之，传首于全忠。盖儒知宗权非全忠敌，故绝之而结好于全忠，冀专力于淮南也。儒时有骑七千。分兵掠邻州，不淹旬，众至数万。以城下乏食，与秦彦、毕师铎袭高邮。张神剑奔扬州。杨行密杀之。又令高霸率兵民归府城。霸与丁从实俱往，行密又皆杀之。旋又杀张守一。孙儒亦杀秦彦、毕师铎、郑汉璋。于是扰乱淮南者皆尽，惟儒与行密剧争矣。行密亦求援于朱全忠。制以全忠兼淮南节度使、行营兵马都统。《旧纪》在十一月，《旧史》在八月，《通鉴》从《实录》在闰十一月。全忠遣张廷范致朝命，以行密为副使，而以宣武行军司马李瑶为留后。遣裨将郭言将千人送之，为时溥所拒，乃还。文德元年（888）二月，全忠奏以行密为淮南留后。此时全忠隔于时溥，力亦不能及淮南也。

　　孙儒兵锋甚锐，是岁四月，陷扬州。行密走归庐州。儒又与时溥连和。秦彦之去宣州也，以池州刺史赵锽自代。池州见第七章第四节。行密南攻之。明年，为龙纪元年（889）六月，克之。诏以行密为宣歙观察使。歙州见第二章第七节。大顺元年（890），赐宣歙军号曰宁国，以行密为节度。而庐州为孙儒所陷，兵锋又转向江南。

　　先是钱镠遣将攻徐约，约败死，镠遂有苏州。是岁十月，行密将田頵攻常州。十一月，取之。十二月，孙儒又渡江攻陷之，使刘建锋守。建锋又攻取润州。朱全忠之帅淮南，以刘瓒为楚州刺史，楚州见第二章第一节。使朱珍以五千人送之。为时溥所拒。珍拔萧县，见第十章第三节。与徐兵相拒。珍与同列李唐宾交恶，杀之。全忠至萧，诛珍，代以庞师古。是月，全忠使师古击孙儒。明年，为大顺元年（890），正月，下天长、高邮。二月，战于陵亭，在兴化县境。为儒所败，乃还。行密乘虚取润州。进攻常州。儒使以卑辞厚币求好于全忠。全忠表为淮南节度使。未几，全忠杀儒使者，复为仇敌。八月，行密取苏州。闰九月，刘建锋取常州，遂围苏州。十二月，拔之。行密将守润州者亦遁去。二年二月，儒悉众济江。行密城戍望风奔溃。儒军于黄池。镇名，在今安徽当涂县境。五月，大水，诸营皆没，乃还。留兵据滁、和州。滁州见第六章第三节。行密击取之。七月，全忠使于行密，约共攻儒。儒乃悉众再济江。尽焚扬州庐舍，杀老弱以充食。行密将张训、李德诚入扬州。十二月，儒焚掠苏、常，引兵逼宣州。行密坚守，而分兵断其粮道。儒军食尽，又大疫，使刘建锋及裨将马殷分兵掠诸县。行密知其兵少，纵击，大破之。儒疕作不能战，为行密所擒。斩之。时景福元年（892）六月也。刘建锋、马殷收余众南走。行密归扬州。八月，朝以为淮南节度使。行密与田頵，少同里闾，相善，其得庐州，多頵之力。安仁义者，沙陀将，归行密。行密宠异之，使将骑兵，居頵右。卒借二人之力，以破孙儒。于是以頵为宣州留后，使仁义守润州。先是徐兵南侵，至楚州，张训、李德诚败之。遂取楚州，执刘瓒。二年六月，克庐州。八月，克歙州。乾宁元年（894），泗州来降。二年，拔濠州。遂取寿州，使妻弟朱延寿守之。又遣兵袭取涟水。在今江苏涟水县北。三年五月，朱延寿取蕲、光州。蕲州见第五章第八节，光州见第八章第二节。行密遂全有淮南矣。

孙儒之去苏、常也，钱镠遣兵复取苏州，而润州入于杨行密，彼此争常州。景福二年（892）九月，朝以镠为镇海节度使。镇海军治润，镠此时居杭为之。至光化元年（898），遂徙军额于杭。董昌姿狂妄，好托神以诡众。初为治廉平。时天下贡输不入，昌独赋外献常三倍，得封陇西郡王。昌求为越王，不许。客倪德儒此据《新唐书》。《新五代史》云衙将。曰："咸通末，《越中秘记》言有罗平鸟，主越祸福。中和时，鸟见吴越，四目而三足，其鸣曰罗平天册，民祀以禳难。今大王署名，文与鸟类。"即图以示昌。昌大喜。乾宁二年（895），昌僭号。国曰大越罗平，建元天册。镠讨之。昌求救于杨行密。行密遣兵攻苏、杭、嘉兴以救之，不克。嘉兴，今浙江嘉兴县。为请于朝。诏赦昌罪。镠不从。三年四月，行密陷苏州。镠将顾全武围越，镠使召之，全武不肯。卒克越，禽昌杀之。据《新唐书》。《新五代史·吴越世家》云：昌投水死。《旧五代史·镠传》云：擒昌以献。于是改威胜军曰镇东，以镠兼镇海、镇东两节度。镠遂兼有浙东西。镠遣顾全武攻苏州。四年九月，取之。湖州刺史李师悦，湖州见第二章第七节。与董昌连和，亦结好于杨行密。卒，子继徽代。及是，亦奔扬州。其将沈攸，以州归镠。

王仙芝之攻江西也，高安人钟传，高安，今江西高安县。鸠夷僚依山险为壁，众至万人。柳彦璋略抚州而不能守，传入据之。诏即以为刺史。中和元年（881），江西将闵勖，从《新传》。《实录》同。《通鉴》依程匡柔唐补纪作勖。

防秋安南，还过潭州，见第四章第二节。逐观察使，自为留后。钟传逐江西观察使，据洪州。见第二章第三节。二年五月，诏复置镇南军，初置镇南军见第十章第二节。以项为节度使，欲借其力以讨传。项知其意，辞不行。七月，从高骈请，以传为江西观察使。传既去抚州，南城人危全讽复据之。南城，今江西南城县。又使其弟仔倡据信州。见第十章第四节。三年八月，升湖南为钦化军，以闵项为节度使。初高骈镇荆南，补武陵人雷满为裨将，领蛮军。从骈至淮南，满文身断发。凿深池于府中，客有过者，召宴池上，酒酣，取坐上器掷水中，因裸而入取器，久之乃出，盖古之越族也。《旧史》称为武陵洞蛮。《新史》云：聚诸蛮为土团军，骈召隶麾下。逃归，聚众千人，袭朗州，杀刺史。诏即以为兵马留后。后昭宗以澧朗为武贞军，拜满为节度使。陬溪人周岳，胡三省曰：陬溪，当在武陵界。武陵郡朗州见第六章第三节。亦聚众据衡州。见第九章第二节。石门洞酋向瓌，石门县，属澧州，今湖南石门县。亦集夷僚陷澧州。以上三事，《通鉴》皆系中和元年末。四年，鄂州刺史崔绍卒，鄂州见第七章第四节。路审中时客居黄州，见第二章第七节。募兵三千入据之。鄂州将杜洪，亦据岳州，见第二章第七节。逐刺史。光启元年（885），南康人南康，今江西南康县。卢光稠占虔州，虔州见第二章第七节。自称刺史。以其里人谭全播为谋主。秦宗权使其弟宗言寇荆南。围江陵，不能克。二年六月，周岳攻潭州。闵项招黄皓入城共守。皓杀项。岳攻拔州城，擒皓杀之。七月，更命钦化军曰武安，以岳为节度使。十二月，安陆人周通攻鄂州，安陆郡安州见第八章第二节。路审中亡去。杜洪乘虚入鄂。湘阴人湘阴，今湖南湘阴县。邓进思又乘虚陷岳州。三年，赵德諲陷荆南。张瓌留其将王建肇守城而去。文德元年（888），成汭攻之。建肇奔黔州，汭据江陵。已见第一节。邓处讷者，与闵项俱防秋安南，同归过潭州。项既帅潭，署为邵州刺史。见第十章第二节。项死，处讷誓为报仇，与雷满相结。景福二年（893），攻潭州，克之。杀周岳。朝即以为武安节度使。此僖、昭时江西、湖南纷乱之情形也。

孙儒之亡也，刘建锋、马殷收余众七千南走。推建锋为主，殷为先锋，以张佶为谋主。略虔、吉等州，有众数万。吉州见第十章第四节。乾宁元年（894），入湖南。邓处讷使邵州土豪蒋勋防之。殷使说勋，勋即夜去。殷以邵军旗帜袭入潭州，杀处讷。勋求邵州，建锋不许。即起兵据州。建锋使殷攻之，未克，而建锋私御者陈赡妻，为赡所梃杀。时三年四月也。诸将共杀赡，推佶为留后。佶让于殷，而代之攻邵州。四年二月，克之。时杨师远据衡州，唐世旻据永州，见第二章第六节。《九国志》云：皆以郡人起兵据郡。蔡结据道州，《新书》：据道州者又有何庚，云与结皆蛮酋。陈彦谦据郴州，见第七章第六节。彦谦，亦郴人。鲁景仁据连州，见第十章第五节。殷所有者，潭、邵而已。光化元

（898）、二两年，殷遣将出征，悉平之。又下桂州，有桂管。《通鉴》：乾宁二年十二月，安州防御使家晟，与朱全忠亲吏蒋玄晖有隙，恐及祸，与指挥使刘士政、兵马监押陈可璠将兵三千袭桂州，杀经略使周元静而代之。晟醉侮可璠，可璠手刃之。推士政知军府事，可璠自为副使。诏即以士政为经略使。光化三年，殷遣兵击士政，擒可璠，士政降，桂、宜、岩、柳、象五州，皆降于湖南。《新唐书·本纪》：乾宁二年，安州防御使宣晟陷桂州，静江军节度周元静，部将刘士政死之。然光化三年，亦书马殷陷桂、宜、岩、柳、象五州，《刘建锋传》亦云：殷攻桂管，执士政，则乾宁二年之记事必误。惟家晟与宣晟，未知孰为误字耳。又殷取桂管，《五代史·楚世家》云在乾宁三年，亦非。宜州，今广西宜山县。岩州见第十章第二节。柳州见第四章第二节。象州见第四章第一节。割据之势成矣。

刘瓒为朱全忠所署，而张训、李德诚执之，扬、汴似应因此启衅，然是年十一月，舒、庐二州求援于全忠，舒州，今安徽怀宁县。庐州刺史蔡俦，本行密使守庐州者，后叛降孙儒。及是，与舒州刺史倪章相结，共拒行密。全忠尚牒报行密。盖楚州实为时溥所逼，行密不啻取之于徐也。逮泗州降而扬、汴始隙。乾宁元年（894），永兴土团帅吴讨，骆殷据黄州，降于行密，永兴，今湖北阳新县。黄州时隶鄂岳，杜洪讨之，行密遣朱延寿救之。洪引还。讨畏逼请代，行密使翟章知州事。骆殷弃永兴走。后归杜洪，仍守永兴。时钱镠亦畏淮南之逼。三年，与钟传、杜洪俱求援于朱全忠。全忠使朱友恭以万人渡淮。四年，朝以杜洪绝东南贡献之路，命行密讨之。五月，朱友恭陷黄州，执翟章。九月，全忠大举击行密。使庞师古自清口趋扬州，葛从周自安丰趋寿州，安丰县，在今寿县西南。而自将屯宿州，行密与朱瑾拒师古。十一月，大败之。师古死。从周亦为朱延寿所败。全忠引还。光化二年（899）正月，行密与朱瑾攻徐州，军于吕梁。在徐州东南。全忠自将救之，行密还。七月，行密取海州。见第二章第七节。初赵晖据上元，数钞江道，张雄击杀之，自屯上元。大顺初，以上元为升州，授雄刺史。卒，《通鉴》在景福二年（893）七月。冯弘铎代之。倚其兵舰完利，欲求润州。行密不许。而田頵阴图之。天复二年（902），弘铎悉军南向，声讨钟传，实袭頵。为頵所败。收残众欲入海。行密惧其复振，使迎犒于东塘，劫与俱归，而使李神福刺升州。是岁，行密自将攻全忠。至宿州，以粮运不继，引还。明年正月，使李神福、刘存击杜洪。取永兴，骆殷走。遂围鄂州。洪求救于全忠。初成汭据江陵，得秦宗权故将许存，任之。与俱下夔州。见第二章第七节。时在文德元年（888），夔州为宗权别将常厚所据。又溯江西上，逐王建肇，取渝、涪二州。渝州见第三章第七节。涪州见第七章第四节。以存为万州刺史。今四川万县。旋遣兵袭之。存与王建肇俱降于王建。建以存为养子，名宗播。汭声势颇振。时马殷新得湖南，附于全忠。全忠乃使人说殷、汭及雷满子彦威共救洪，满以天复元年（901）卒，彦威继之。而使韩勍屯澨口。在今湖北黄陂县南。汭以巨舰下，马殷遣将许德勋会彦威将袭江陵，掠其人及货财而去。汭将士闻之，皆无斗志。五月，神福败之君山。在今岳阳县西南洞庭湖中。汭赴水死。韩勍亦引去。于是杜洪束手待毙矣，而淮南之内变起。

田頵与杨行密故等夷，安仁义则异族也，狼子野心，其无足怪。孙儒平后，钱镠仍与行密岁相攻，胜负略相当。天复元年（901）八月，或告行密：镠为盗所杀。行密使李仁福攻杭州。镠使顾全武拒之。轻神福。神福伪退，全武追之，为所擒。遂攻临安。城坚，久不拔，而知镠定不死，乃于要路多张旗帜，为虚寨。镠谓淮南兵大至，请和。神福受其犒赂而还。镠之兵势一挫。孙儒之死也，士卒多奔浙西。镠爱其骁悍，以为中军，号武勇都。镠起临安，既贵，唐名其所居曰衣锦营，后又升为衣锦城，镠常游之，宴故老。二年八月，武勇都左右指挥使许再思、徐绾乘镠往游叛，逼衙城。镠夜微服逾城入。再思、绾召田頵。时顾全武已复归，乾宁四年（897）全武之攻苏州，淮南将周本救之。秦裴以三千人据昆山。苏州既下，援师亦退，裴久之乃降，行密既获全武，归之以易裴。建策求救于行密。镠使与子传璙往。行密以女妻传璙，而使召頵，曰："不还，吾且使人代镇宣州矣。"镠又以子传瓘为质于頵。十二月，頵乃以再思、绾归宣州。是役也，非行密召頵，杭州其殆矣。三年八月，頵与安仁义俱叛行密，且与朱延寿通谋。行密召延寿杀之，《旧五代史》云：頵使进士杜荀鹤于延寿，且自间道至大梁。事微泄，行密先以公牒征延寿，次悉兵攻宣城。延寿飞骑赴命。迄扬州一舍，行密使人杀之。其说最近事情。《新唐书·延寿传》云：行密绐病目，行触柱僵，妻掖之。行密泣曰："吾丧明，诸子幼，得舅代我，无忧矣。"遣辩士召之。延寿疑不肯赴。姊遣婢报，故延寿疾走扬州。拜未讫，士擒杀之，而废其妻。《新五代史·吴世家》及《通鉴》略同。《五代史补》且谓行密诈称失明仅三年，又谓奋袖中铁椎击杀延寿。东野人之言也。而召李仁福于鄂，使攻頵。仁福败頵水军。行密又使台濛助之。十一月，頵率死士出战，败，死。濛克宣州。王茂章攻润州，至天祐二年（905）正月，乃克之，斩仁义。

田頵既败李仁福，以天祐元年（904）三月，再击杜洪。八月，以疾病还，刘存代之。十月，光州叛行密，行密遣兵围之，与鄂州皆告急于朱全忠。十一月，全忠自将兵五万渡淮，军于霍丘，今安徽霍丘县。分兵救鄂州。淮南兵释光州之围，而汴兵之救鄂州者不克。明年二月，州陷。执杜洪送广陵，杀之。全忠屡与行密争无功，实因北方多故，不克专力于南故也。

杨行密与钱镠，虽因内患暂息干戈，且相救助，然及内患既平，即兵争复起。田頵之攻临安，筑垒以绝往来之道。镠患之，募能夺其地者，赏之以州。衢州制置使陈璋，将卒三百，出城奋击，遂得其地。镠即以为衢州刺史。衢州，今浙江衢县。胡三省曰："观此，则当时制置使在刺史之下。"頵退，越州客军指挥使张洪，以徐绾之党自疑，率部兵三百奔衢州。胡三省曰："客军，亦孙儒散卒。"璋纳之。初朱褒与兄敖，俱为温州衙校。褒逐刺史而代之。见第十章第五节。及卒，敖继其任。事在天复二年（902）。至是，又为其将丁章所逐。田頵遣使招之，道出衢州，璋听其往。镠由是恨之。天祐元年（904），镠使衢州罗城使叶让杀璋，事泄，璋杀让，降于行密。二年正月，镠遣兵围之，行密使将陶雅救之。败其兵，擒镠从弟镒及将王球。陈询者，兄晟，初为余杭镇使，余杭见第二章第五节。逐睦州刺史而代之。睦州见第八章第二节。事在中和四年（884）。朝即以为刺史。卒，询继其任。事在光化三年（900）。武勇都之乱，询与田頵通，亦叛镠。四月，陶雅合衢、睦之兵攻婺州。今浙江金华县。九月，取之。行密以雅为江南都招讨使，歙、婺、衢、睦观察使。陈璋为衢、婺副招讨使。璋攻暨阳，今浙江诸暨县。两浙将方习败之。进攻婺州，十一月，行密卒，子渥立。十二月，陈询不能守睦州。奔广陵。陶雅入据之，渥之入立，行密使王茂章代为宣州观察使。三年，渥遣兵袭之。茂章奔两浙。钱镠以为镇东节度副使，更其名曰景仁。雅俱茂章断其归路，引兵还歙。陈璋闻之，自婺州退保衢州。两浙兵攻之。杨渥遣周本迎璋，璋归于本。婺、衢、睦三州，皆入于钱氏。天复三年（903），丁章为木工李彦所杀。其将张惠代之。天祐二年（905），卢约使弟佶陷温州，惠奔福州。开平元年（907），镠遣子传璙、传瓘讨佶。佶悉众拒之。两浙兵袭陷温州，斩佶。移兵攻处州，约降。约据处州，见第十章第五节。湖州刺史高澧残忍，镠欲诛之。澧附于淮南。镠遣兵讨之。四年二月，澧率麾下奔广陵。两浙之疆域遂定。自天复以来，钱氏颇为淮南弱，终能巩固两浙者，则行密死后，渥不能用其众，为之驱除难也。

然杨渥在两浙，虽不克与钱氏争，其在上流，则仍颇得势。初邓进思卒，弟进忠继之。天复二年（902）。许德勋袭江陵，还过岳，劫之，举族迁于长沙。马殷遂有岳州，以德勋为刺史。天祐三年（906），杨渥使陈知新攻岳州，取之。是岁，钟传卒，子匡时立，传初以养子延规从《通鉴》。《新五代史》同。《新唐书》作次子匡范。为江州刺史，江州见第二章第七节。恨不得立，降淮南。渥使秦裴击匡时，虏之。吉州刺史彭玕，赤石洞蛮，而传之健将也，降湖南。开平元年（907），渥使刘存等将水军三万攻湖南。殷使秦彦晖破之。遂取岳州。又遣兵会彭玕攻洪州，不克。雷彦威弟彦恭，逐彦威而代之。自其父满，即以杀掠为事，荆湖间岁被其患。朱全忠取荆南，以贺瓌为留后。瓌闭门自守。全忠以为怯，以高季昌代之。季昌，汴州富人李让家僮。梁祖镇宣武，让以入赀得幸，养为子，易姓名曰朱友让。季昌以友让故得进见，太祖奇其材，命友让以子畜之，因冒姓朱氏。后乃复姓为高。是岁九月，诏削彦恭官爵，命季昌、殷讨之，杨渥救之，不克。二年五月，朗州陷。彦恭奔淮南。向瓌亦降于殷。殷遂有澧、朗。季昌遣兵屯汉口，绝殷朝贡之路。殷使许德勋以水军击之。季昌惧，请和。殷又遣兵击岭南，取昭、贺、梧、蒙、龚、富六州，昭州见第四章第六节。贺州见第十章第一节。梧州见第六章第三节。蒙州，在今广西蒙山县南。龚州，今广西平南县。富州，今广西昭平县。疆域益恢廓矣。三年，危全讽自称镇南节度使，率抚、信、袁、吉之兵，号十万，攻洪州。袁州见第九章第一节。抚、信、袁、吉，皆镇南军巡属。又请兵于殷。袁州刺史彭彦章，玕之兄也。殷遣将会之围高安，以助全讽。淮南将周本败全讽，擒之。乘胜克袁州，执彦章。进攻吉州，玕奔湖南。歙州刺史陶雅遣兵袭饶、信，饶州见第二章第六节。危仔倡请降，已而奔两浙。饶州刺史唐宝亦弃城走。卢光稠亦以虔州来附。初光稠攻岭南，取韶州，见第四章第五节。事在天复二年（902）。使子延昌守之。四年十二月，光稠疾病。欲以位授谭全播。全播不受，而立延昌。渥使拜为虔州刺史。延昌受之。亦因马殷通表于梁。曰："我受淮南官，以缓其谋耳。必为朝廷经略江西。"梁以延昌为镇南留后。延昌表其将廖爽为韶州刺史。乾化元年十二月，延昌以游猎无度，为百胜军指挥使黎球所杀。梁以球为虔州防御使。旋死。衙将李彦图代知州事。刘岩攻韶州，取之。廖爽奔湖南。二年十二月，李彦图卒。州人奉谭全播知州事。遣使内附。梁以为百胜防御使、虔韶二州节度开通使。以上皆据《通鉴》。与《新五代史·光稠全播传》合。惟《传》光稠之卒，在开平五年（911），黎球作黎求耳。《新唐书·昭宗纪》：光稠之卒，在天祐元年（904），云衙将李图自称知州事，《刘知谦传》亦谓光稠卒在天祐初，又云：子延昌自称刺史，为其下所杀，推李图总州事，恐皆误。《五代史·光稠全播传》云：梁初，江南、岭表，悉为吴与南汉分据，而光稠独以虔、韶二州请命于京师，愿通道路，输贡赋。太祖为置百胜军，以光稠为防御使，兼五岭开通使。又建镇南军，以为留后。据《通鉴》，则开通之命，始于全播。然是时，韶州已失矣，使名岂得虚加？疑其名实始光稠时，因循以授全播也。贞明四年（918）正月，淮南将王祺以洪、抚、袁、吉之兵击全播。久不下。军中大疫。祺亦病，代以刘信。全播求援于两浙、闽、楚。诸国救之，皆不克。而虔仍不下。九月，信取质纳赂而还。时徐温执吴政，以兵三千授信子英彦，使往白其父曰："全播守卒皆农夫，重围解，相贺而去，闻大兵再往，必逃。"十一月，信引兵还击，虔人果溃。执全播归广陵。卒，年八十五矣。江西皆入于吴。

第六节　唐末割据下

陈敬瑄之平东川，实借高仁厚之力。光启二年（886），仁厚复据梓州绝敬瑄。梓州见第六章第三节。杨师立降将郑君雄，时为遂州刺史，亦陷汉州，攻成都。汉州见第六章第三节。敬瑄使部将李顺之逆战，君雄死。又发维、茂州羌军击仁厚，斩之。维、茂州皆见第三章第四节。东川复归掌握矣。未几，王重荣叛，田令孜自除西川监军，往依敬瑄，杨复恭复为观军容使，而形势又一变。

复恭斥令孜之党，出王建为利州刺史。依《通鉴》。新、旧《史》皆作璧州。利州见第六章第三节。璧州见第九章第三节。时又出晋晖为集州，张造为万州，李师泰为忠州。见第四章第七节。万州见上节。忠州见第七章第一节。三年（887），又以右卫大将军顾彦朗为东川。至剑门，敬瑄使吏夺其节。彦朗不得入，保利州。敬瑄诬劾其擅兴兵略西境。僖宗下诏申晓讲和，乃得到军。杨守亮为山南，忌王建，屡召之。建不安其郡，袭据阆州。见第二节。守亮不能制。田令孜以其故养子，以书召之。建与顾彦朗雅旧，乃留其家于梓州，而自以兵二千西。至鹿头关。见第七章第四节。敬瑄中悔，遣人止之。建怒，破关而进。拔汉州。彦朗以其弟彦晖为汉州刺史，发兵助建攻成都。盖时彦朗亦有觊觎西川之志也。文德元年（888）三月，昭宗立。建疏敬瑄罪，请讨之。因求邛州。见第三章第五节。彦朗亦为之请。六月，以韦昭度为西川节度使，兼两川招抚制置等使，而征敬瑄为龙武统军。敬瑄不受代。十二月，诏削官爵，以昭度为行营招讨使，杨守亮副之，顾彦朗为行军司马，割邛、蜀、见第五章第一节。黎、见第三章第四节。雅见第六章第四节。置永平军。治邛州。四州本属西川。以王建为节度使，充行营都指挥使以讨之。敬瑄坚守成都，不能克，而属州多降于建。大顺元年（890）九月，建克邛州。二年三月，朝议欲息兵，乃复敬瑄官爵，令建、彦朗各率兵归镇。建不听，而谓韦昭度曰："京洛以东，群侯相噬，腹心之疾也，相公宜亟还京师。敬瑄小丑，责建可办。"昭度未决。建阴令东川将擒其亲吏，于行府门前脔食之。谓其盗军粮。昭度惧。称疾，以印节授建东还。建即绝栈道，而急攻敬瑄。成都城中，饿殍狼籍，军民强弱相陵，将吏斩之不能禁。更为酷法，死者相继，而为者不止。初杨晟弃散关，袭文州，见第七章第一节。逐其刺史，并据成、龙、茂等州。成州，今甘肃成县。龙州见第四章第五节。王建攻成都，田令孜以晟故将，与连和，使守彭州。晟时馈敬瑄食。建以兵据新都，见第十章第二节。其道又绝。令孜不得已，携西川印节诣建营授之。明旦，敬瑄启关迎建。时八月也。十月，朝以建为西川节度使，而罢永平军。建表敬瑄子陶为雅州刺史，使敬瑄随之之官。明年，乃罢之，寓居新津。后及令孜皆为建所杀。

　　成都降之翼月，顾彦朗卒，彦晖自称留后。十月，昭宗讨杨复恭。复恭与其假子守信走兴元。于是守亮、守贞、守忠、守厚等同起兵，以讨李顺节为名。见第二节。十二月，朝以顾彦晖为东川节度使，遣中人送之节，守亮使守厚夺之，而发兵攻梓州。彦晖求救于王建。建使其养子宗侃等救之，宗侃本姓名为田师侃。密戒之曰："兵退，彦晖必犒师，尔等于行营报晏，因执之，无烦再举矣。"宗侃以告彦晖，彦晖不出。景福元年（892），杨晟与杨守亮等约攻王建，又使其将吕尧以兵二千会守厚攻梓州。建遣将击斩尧。别遣兵围晟。晟遗守贞、守忠、守厚书，使攻东川，以解彭州之围。时神策督将窦行实戍梓州，守厚密诱之为内应。未至。谋泄，行实见杀，守厚遁去。守贞、守忠军至，无所归，盘桓绵、剑间，绵州见第六章第三节。剑州见第四章第五节。及守厚皆为建所破。八月，李茂贞拔兴元，复恭与守亮、守信、满存皆奔阆州。茂贞欲抚用彦晖，二年正月，奏请更赐之节。诏以为东川节度使。茂贞又遣兵救梓州。建遣兵败之于利州。彦晖求和，请与茂贞绝，许之。乾宁元年（894）五月，建克彭州，杨晟见杀。七月，李茂贞遣兵攻阆州，拔之。杨复恭、守亮、守信奔河东，道为韩建兵所获，献之，皆伏诛。从《通鉴》。《旧纪》云：韩建杀复恭、守亮，传首阙下。《宦者传》云：执送京师，枭首于市，皆不及守信。盖略之也。《新传》云：建斩复恭、守信，槛车送守亮京师，枭首长安市。《守亮传》同。复恭固非纯臣，然谓其欲专权则可，谓其有叛志则不可。《旧传》云：李茂贞收兴元，进复恭前后与守亮私书六十纸。内诉致仕之由云：承天是隋家旧业，大侄但积粟训兵，不要进奉。吾于荆榛中援立寿王，有如此负心，门生天子，既得尊位，乃废定策国老，必茂贞诬之也。守厚适卒，其将以城降王建。亦据《通鉴》。《新书·守亮传》云：守厚死巴州。又云：满存奔京师，为左武卫大将军。巴州见第四章第二节。二年，李克用讨李茂贞，建乘之，使王宗侃取利州。凤翔将之守阆、蓬、渠、通等州者，皆降于建。蓬州，在今四川仪陇县东南。渠州，今四川渠县。是岁十二月，建攻东川。三年七月，李茂贞逼京师，上走华州。八月，以建为凤翔西面行营招讨使。四年正月，赦茂贞。二月，建使假子宗涤、本姓名曰华洪。宗祐以兵五万攻东川。又使宗侃取渝州，见第三章第七节。宗阮取泸州，宗阮，本姓名曰文武坚。泸州见第三章第七节。峡路始通。五月，建自将攻东川。六月，茂贞表建攻东川，连兵累岁，不听诏命。诏贬建为南州刺史。以茂贞为西川，覃王嗣周为凤翔，茂贞不受代。已见第二节。九月，建围梓州。是月，讨李茂贞，复以建为西川。亦见第二节。十二月，建入梓州，顾彦晖自杀。建以王宗涤为东川留后。朝廷初以刘崇望为东川，闻建已用宗涤，即以授之，而召崇望还。宗涤以东川封疆五千里，文移往返，动逾数月，请分遂、合、泸、渝、昌五州，别为一镇。合州见第五章第六节。昌州见第八章第二节。建表言之。光化二年（899），置武信军于遂州，以五州隶之。以建养子宗佶为节度使。宗佶本姓甘。三年七月，以建兼东川、武信都指挥制置等使。

天复元年（901）十一月，韩全诲劫帝如凤翔，征兵于建。朱全忠亦使来乞师。建外修好于全忠，罪状李茂贞，而阴劝茂贞坚守，许之救援。以王宗佶、宗涤为扈驾指挥使，将兵五万，声言迎驾，实袭山南诸州。二年八月，拔兴元。九月，武定节度使拓跋思敬以洋州降于建。洋州见第四章第一节。十月，建拔兴州。今陕西略阳县。三年，四月，出兵攻秦、陇。八月，建养子宗本本姓名曰谢从本。请取荆南，从之。使将兵下峡。十月，定夔、施、忠、万四州。夔州见第二章第七节。施州见第四章第二节。以宗本为武泰留后。武泰军旧治黔州，宗本以其多瘴疠，请徙治涪州，见第七章第四节。许之。或劝建攻取凤翔。建曰："茂贞虽常才，然名望风素，与朱公力争不足，守境有余，韩生所谓入为捍蔽，出为席藉者也。适宜援而固之，为吾盾卤耳。"据《旧五代史》。《通鉴》以为建判官冯涓之谋。乃与茂贞修好。以女妻其侄天雄军节度使继勋。天祐二年（905），建遣将击冯行袭。行袭奔均州。其将全师朗以城降。建更其姓名曰王宗朗，据《通鉴》。全师朗，《新书·行袭传》作金行全。补金州观察使，以渠、开、巴三州隶之。开州见第八章第一节。宗朗不能守，焚城邑奔成都。行袭复取金州。奏金州荒残，乞徙理均州，从之。更以行袭领武定军。明年，废戎昭军，并均、房隶山南东道，以行袭为匡国节度使。三年（906），唐封建为蜀王。是年，建取归州，见第一节。尽有三峡。明年，唐亡。建驰檄四方，合兵讨梁。四方知其非诚，皆不应。《新五代史·世家》。建又遣使于李克用，请各王一方，俟破贼之后，访唐宗室嗣帝位，然后各归藩守。《旧五代史·唐武皇纪》。克用时方失势，亦不敢从也。建遂自称帝，国号蜀。

王建之初起也，其兵实合溪、峒酋豪而成。《新书·顾彦朗传》。《传》又曰：韦昭度为招讨使，彦晖、建皆为大校，彦晖详缓有儒者风，建左右髡发黥面若鬼，见者皆笑。及彦晖败，录笑者皆杀之。髡发黥面，则越人之饰也。是处剽掠，与盗贼无异。建取阆、利二州时，即所至杀掠。及攻成都，又大剽蜀土，十一州皆罹其毒，民不聊生。皆见《旧五代史》本传。《通鉴》：陈敬瑄恶顾彦朗与建相亲，谋于田令孜。令孜曰："建吾子也，不为杨兴元所容，故作贼耳。"及建为敬瑄所拒，令孜登城慰谕，建与诸将，于清远桥上髡发罗拜，曰："今既无归，且辞阿父作贼矣。"当时视建皆如贼，建亦以贼自居，敬瑄之拒之，盖亦以此？用此等兵以除敬瑄，转使川局不可收拾，实失策之大者。此杨复恭不顾大局，徒快私忿之罪也。《新书·陈敬瑄传》：建好谓军中曰："成都号花锦城，玉帛子女，诸儿可自取。"谓栗将韩武等："城破，吾与公递为节度使一日。"其所以用其众者如此。其后城破，虽以张勍为斩砍使，禁杀掠，然前此巴蜀之民，为所杀掠者，已不知凡几矣。且是时建之众恐皆已富裕，故可禁其杀掠。陈敬瑄守成都凡三年，兵力不可谓弱，杨晟、杨守亮等，疾建亦不可谓不甚，然竟不能与之一决，而皆束手坐待围歼，所谓藩镇者，其御侮之力，可以想见。御侮不足，然戕贼人民则有余。敲骨吸髓，继以非刑，而生人几于尽矣！哀哉！《新书·陈敬瑄传》：敬瑄之拒建，使富人自占赀多少，布钜梃榜不实者，不三日，输钱如市。有谋降者，田令孜支解之以怖众。城中粮尽，以筒量米，率寸鬻钱二百。人至相暴以相啖。敬瑄不能止。乃行斩、劈二法，亦不为戢。坐困如此，竟不能背城一决，可谓有人气乎？而于斩刈其民，何其决哉？

　　王潮者，光州固始人。光州见第八章第二节。固始，今河南固始县。为县佐史。王潮先世，新、旧《五代史》皆云农民。《旧史》又谓审知起自陇亩，故能以节俭自处。《新唐书》谓其五世祖为固始县令，因家焉，乃误采天祐三年（906）闽中所立审知德政碑，见《十七史商榷》，惟《新书》谓其世以訾显，说当不诬，故王绪署为军正，使主廪庾。潮盖农民之豪也。中和元年（881），寿州屠者王绪，与其妹夫刘行全聚众据本州。复陷光州。秦宗权表为刺史。绪以潮为军正。光启元年（885），宗权责租赋于绪，绪不能给，宗权发兵击之。据《通鉴》。《新史·闽世家》云：召其兵会击黄巢，绪迟留不行，宗权发兵攻绪。案，绪之南走，事在光启元年，黄巢已先一年死，宗权更先降巢矣。绪悉二州兵五千，驱吏民渡江，自江西入福建，陷汀、漳，汀州，今福建长汀县。漳州见第九章第一节。然不能守也。绪性猜忌好杀，潮执之。《通鉴》云：刘行全亦死，五潮说前锋将，伏壮士箦竹中擒之。说本路振《九国志》，见《注》。《新书·潮传》，则执绪者即刘行全。绪后自杀。攻陷泉州。今福建晋江县。事在光启二年八月。《新书》及新、旧《史》皆云：泉州刺史廖彦若贪暴，州人迎潮，此亦饰辞。《十七史商榷》云：果尔，则潮为民除害，碑当夸美，何乃讳而不言？潮攻杀范晖，碑乃言陈岩病不能视事，军士等惧无所统御，皆愿有所依从，潮遂以泉郡委仲弟审邽，而与审知偕赴，则于攻杀晖亦讳之，其诬明矣。初建州人陈岩，建州，今福建建瓯县。聚众保乡里，号九龙军。福建观察使郑镒奏为团练副使。黄巢将据福州，官军不能下，岩率众拔之。《新书·潮传》。镒畏逼，举岩自代。《通鉴》系中和四年。潮遣使降于岩。岩表潮为泉州刺史。大顺二年（891），岩卒。妻弟都将范晖自为留后。《通鉴考异》云：《十国纪年》在大顺二年。《昭宗实录》在明年三月，恐约奏到。又云：薛《史》《闽中录》《闽书》皆云晖岩婿，余书皆云妻弟。林仁志《王氏启运录》载监军程克谕表云妻弟，此最得实，今从之。景福元年（892）二月，潮使弟审知与从弟彦复攻之。

至二年五月乃克。晖走死。昭宗假潮福建等州团练使，俄迁观察使。乾宁中，以福州为威武军，即拜节度使。四年十二月，卒。舍其子延兴、延虹、延丰、延休而命审知。审知让于兄审邽，审邽不受，审知遂主闽事。

刘隐，其先上蔡人。今河南上蔡县。祖仁安，始徙岭表。《旧史》云：仕唐为潮州长史，因家岭表。《新史》作安仁，云徙闽中，商贾南海，因家焉。父知谦，从《新书》。新、旧《史》《通鉴》皆但作谦。《新书·循吏·韦宙传》亦作谦。《廿二史考异》云：疑后人避汉祖讳去之。为岭南小校。节度使韦宙以兄子妻之。击群盗，屡有功。黄巢攻破广州，入湖、湘间，广州表谦为封州刺史、贺江镇遏使，以御梧、桂以西。封州见第二章第二节。梧州见第六章第三节。岁余，有兵万人，战舰百余艘。乾宁元年（894）卒。岭南节度使刘崇龟表其子隐刺封州。二年，赐岭南军额曰清海，以薛王知柔为节度使。仍权知京兆，俟反正日赴镇。时驾在石门。三年十二月，知柔行至湖南，广州衙将卢琚、谭弘玘拒之。使弘玘守端州。见第八章第五节。弘玘欲结隐，许妻以女。隐伪许之。托亲迎，伏甲斩弘玘。遂袭广州，斩琚。而迎知柔。知柔表隐为行军司马。据《通鉴》；《新史·世家》谭弘玘作单玘。光化元年（898），韶州刺史曾衮举兵攻广州，广州将王瓌率战舰应之。隐击破之。韶州将刘潼据浈浛，隐讨斩之。胡三省曰：浈浛，当在韶州浈昌县界。或曰：据浈阳、浛洭二县间。案，唐浈昌县，故城在今南雄县西南。浈阳，在英德县东。浛洭，今英德县西之浛光镇。三年，宰相徐彦若出为清海，代知柔。天复元年十二月，彦若薨。遗表荐隐权留后。朝以兵部尚书崔远为节度使。远至江陵，闻岭南多盗，且恐隐不受代，不敢前。天祐元年（904），朝廷召远还。隐使以重赂结朱全忠，全忠乃奏以隐为清海节度使。据《通鉴》。《新书》同。《新史》：隐拜节度在天复二年（902），恐误。

以上吴、吴越、楚、前蜀、闽、南汉六国，当唐末虽未称尊，实已自立为国；河东梁之深仇，幽州僭称尊号，凤翔亦开府称王，李茂贞之封岐王，《旧五代史》本传在光化中，《新史》在昭宗居华州后，《通鉴》在天复元年（901）。《旧书·昭宗纪》：景福元年（892），即云以岐王李茂贞为兴元尹山南西道节度使。二年十一月，又云：制以凤翔节度使李茂贞守中书令，进封秦王，则其封岐王且进封为秦已旧。然新、旧《史·茂贞传》，皆云梁祖建号后，茂贞开岐王府。《新史》云：庄宗已破梁，茂贞称岐王上笺，以季父行自处。及闻入洛，乃上表称臣，遣其子从曮来朝。庄宗以其耆老，甚尊礼之，改封秦王。《旧史》虽无称岐王上笺之事，亦有进封秦王之文。其事，《通鉴》系同光二年二月。《考异》云：《实录》：同光元年（923）十一月，已称秦王茂贞遣使贺收复。自后皆称秦王。至二年，制秦王李茂贞可封秦王。岂有秦王封秦王之理？必是时始自岐王封秦王也。案，此说未谛。梁初之岐王，盖茂贞所自称，非用唐封爵，故初与庄宗抗礼时犹称之，及称臣则去之耳。自称之岐王既去，唐所封之秦王，亦废弃已久，则茂贞是时无爵。后唐自以为继唐之后，乃稽唐旧封而称之，继又下制复之。故《考异》所引《实录》之文，除可封秦王外，余秦王之上，皆当增一故字，则不致启后人之疑，而亦不致来不辞之诮矣。而未计及此，则执笔者之疏也。封号虽循《唐旧》，据其自称岐王而言，自亦可云改封。欧《史》措语多疏，此处却不误也。茂贞虽仅称王，而妻称皇后，视朝出入拟天子，其不以人臣自居亦明矣，故既称臣于后唐，其岐王之号，即不得不去也。若用唐封爵，岂有释进封之秦，而用初封之岐之理哉？皆非梁所能臣也。《职方考》云：西有岐、蜀，北有燕、晋，乃据其实言之。纷纷之局，起自黄巢。巢身虽丧败乎，然秦宗权固继其后者。马殷，孙儒将。儒，宗权将。王潮所用者，王绪之众，绪亦尝隶宗权；其有所成就，犹巢有所成就也，而梁祖亲巢将，遂霸有中原，尤不必论矣。抑且不仅此。杨行密以抗孙儒起，然其所用之黑云都，实儒之众也。钱镠亦以抗巢起，然其所用之武勇都，亦儒之众也。此外强兵悍将，出自巢军者，尚未易悉数。巢之用兵，所长在飘忽，在勇悍，在坚凝。马殷、王绪，间关千里，莫之能遏，巢飘忽之遗风也。黑云都，武勇都之勇悍，盖巢众之中坚。有此勇悍之众，而不坚守一地者，兵权谋形势则然，非不能也。梁祖之至汴州也，连年阻饥，公私俱困。外为强敌所攻，内则骄军难制，人皆危之，而帝锐气益振，《旧五代史·本纪》。此则极坚凝之长，盖巢因处境有异，而未能发挥之以尽其用者。然则巢之旋转大局者，岂特陈胜、吴广之于嬴秦而已。而谓有州郡藩镇之兵，即足遏闾巷阡陌方张之焰，不愈疏乎？

第十二章　五代十国始末上

第一节　梁唐盛衰

梁太祖既即位，升汴州为开封府，建为东都，以唐东都为西都，改西都为雍州大安府。开平三年（909）正月，迁于西都。以养子博王友文为东都留守。

唐末，梁祖已席莫强之势，然即位之后，兵威转挫者，则丁会之降敌实为之。盖其时欲逼晋阳，莫捷于泽潞一路也。故梁祖于开平元年（907）五月，即使康怀英以兵八万，合魏博之兵攻潞。晋将李嗣昭坚守，晋亦以倾国之师援之，怀英久攻不克，帝代以李思安。七月。于潞州城下，更筑重城，内以防奔突，外以拒援兵，谓之夹寨。二年正月，李克用死，子存勖嗣。克用假子甚多，齿皆长于存勖，存勖时年二十四。各绾强兵，不服。北狄真子假子，区别不严。《新五代史·唐家人传》：太祖四弟，曰克让、克脩、克恭、克宁，皆不知其父母名号。夫苟亲太祖弟，安得不知父名？《唐书·宰相世系表》：国昌子凡四人，曰克恭、克俭、克用、克柔，无克让、克脩、克宁之名，而《孟方立传》云：克脩、克用从父弟，则《世系表》所举，又不足信也。《义儿传》云：太祖养子多矣，其可纪者九人：其一是为明宗，其次曰嗣昭、嗣本、嗣恩、存信、存孝、存选、存璋、存贤，然《传》中嗣昭为克柔养子，《旧史》亦同。克用弟克宁，时为管内蕃汉马步都知兵马使，克用假子李存颢说之。诸假子又各使其妻，入说克宁妻孟氏。张承业者，故河东监军，昭宗诛宦官，克用匿之，唐亡，乃复请为监军，颇与政事。李存璋者，亦克用养子，为义儿军使。与承业同受克用遗顾立存勖。存颢与克宁谋杀之，执存勖子母送汴。此语不知存勖辈诬之，抑系实录？事泄，存勖伏甲杀克宁及存颢。时梁围潞州久不克，梁祖欲召兵还，恐为晋人所蹑，乃自至泽州应接。且召匡国节度使刘知俊至泽州，时匡国军名移于许州，见下。以为潞州行营招讨使。代李思安。诸将以上党孤城无援，请更留旬月，知俊亦请留攻之。帝以关中空虚，虑岐人乘衅，命知俊退屯晋州。四月，帝自泽州还。时存勖亦召援潞之将周德威还晋阳，梁师益怠。而存勖遽自将赴援。五月，攻夹寨，破之。乘胜攻泽州。刘知俊救之，乃退。此时晋之兵力，绝非梁敌，又有内衅，而梁既不能乘机大举，并不能增兵攻潞，顿兵坚城，坐致败衄，盖不徒诸将莫肯展力，即梁祖亦不免暮气矣。潞州围解，城中土民饿死者业已大半，增兵猛攻，必克可知。若能大举以攻晋阳，则潞州更可不攻而下矣。难得之机，失之实深可惜也。

当时所以不能乘机者，邠、岐之牵制，实其一因。唐僖宗光启三年（887），尝置佑国军于洛阳。昭宗迁洛，移诸长安，以韩建为节度，而以刘知俊为匡国节度使代建。知俊本时溥将。天祐三年（906），徙建于淄青，以淄青王重师为佑国。重师本秦宗权将，后归梁祖。自王师范平后守青州。是岁九月，李继徽寇夏州。刘知俊赴救，败之。乘胜取鄜州。闰十二月，废镇国军，以隶匡国，割金、商隶佑国军，盖欲厚其力以捍邠、岐也。开平二年（908）五月，更忠武军曰匡国，匡国军曰忠武，保义军曰镇国。攻潞之兵既败，岐、蜀乘之攻雍州，张承业亦以兵会之，刘知俊击岐兵，破之，晋、蜀之兵乃还。初李茂贞以其将胡敬璋为保塞节度使。中和二年（882），于延州置保塞军。是岁卒，李继徽以其将刘万子代之。万子凶虐，失士心，且谋贰于梁。三年二月，继徽使延州衙将李延实杀之。骑将高万兴、万金兄弟来降。梁人乘之，取鄜、坊、丹、延。梁祖因命刘知俊乘胜取邠州。知俊辞以阙食，乃召还。时又召王重师，代以左龙虎统军刘捍。捍谮重师于梁祖，谓其通于邠、岐。梁祖杀重师，夷其族。知俊惧。先是以山南东道节度使杨师厚兼潞州四面行营招讨使，及是，又征知俊还，欲伐河东。知俊叛降岐，执刘捍送岐，杀之，又袭取华州。命师厚率刘鄩讨之。知俊奔岐，以鄩权佑国留后，改军名曰永平。李茂贞使知俊攻灵、夏，又约河东攻晋、绛。杨师厚救晋州，河东兵还。康怀英攻邠宁，知俊亦还。四年七月，岐、晋围夏州。九月，梁兵救却之。邠、岐是时，初不能为梁患，然梁兵力为其所分，遂不克专力河东矣。而河北之变复起。

开平四年（910）五月，魏博罗绍威卒，子周翰袭。梁祖乘机，欲除移镇、定。会燕兵屯涞水，今河北涞水县。欲侵定州，乃命供奉官杜廷隐、丁延徽监魏博兵三千，分屯深、冀，声言助定守御。旋杀其兵，乘城拒守。王镕求援于燕、晋，燕人不许，而晋使周德威屯赵州，梁祖先使王景仁屯魏州，以伐潞为名，而实图镕，及是，命景仁击之。李存勖自至赵州，王处直亦遣兵从之。乾化元年（911）正月，败梁兵于柏乡。今河北柏乡县。杜廷隐等闻之，亦弃深、冀而还。晋攻邢，遂攻魏。梁以杨师厚为北面都招讨使，救却之，进屯邢州。

九月，梁祖闻晋、赵谋入寇，自将拒之。至魏县，晋、赵之兵不出，乃还。而幽州复告警。初，梁祖之将代唐也，先使李思安伐幽州。刘仁恭从方士学长年，筑馆于大安山，在今河北房山县西北。掠子女充之。又以董土为钱，敛真钱，穴山藏之，而杀匠以灭口。思安至城下，仁恭犹在山中，子守光率兵出战，思安去。守光回兵攻山，执仁恭幽之。梁即以为节度使。其兄守文攻之。开平三年五月，为守光所擒。后杀之。遂攻沧州。四年正月，取之。梁、晋知其狂妄，乾化元年六月，李存勖与王镕、王处直等共推为尚书令。尚父，梁亦以为河北道采访使。守光使僚属草尚父、采访使受册仪。曰："何得无郊天、改元事？"僚属曰："尚父虽贵，人臣也，安有郊天、改元者乎？"守光怒，投之于地。八月，遽称帝。国号燕。十一月，守光攻易、定。晋使周德威伐之。二年正月，至幽州。守光求救于梁。二月，梁祖自将伐镇、定。疾作还。五月，至洛阳，疾遂殂。

梁祖八子：长郴王友裕，早卒，次博王友文，次郢王友珪，次福王友璋，次均王友贞，次贺王友雍，次建王友徽，次康王友孜。新、旧《史》同，《通鉴》及《五代会要》皆作友敬。博王，养子也。本姓康，名勤。幼美风姿，好学，善谈论，颇能为诗。梁祖之为四镇，兵车、赋税、诸色课利，置建昌院以总之。及即位，以友文为开封尹，判院事。旋以东京旧宅为建昌宫，改称建昌宫使。友珪弑逆，废建昌宫，以张宗奭为国计使，主其事。宗奭，即全义改名。及迁都，又使之留守东都。友文盖于诸子为最才，帝之爱之，颇见其大公也。友珪为左右控鹤都指挥使。友贞为东都马步都指挥使。帝疾殂，使召友文，而出友珪为莱州刺史。六月，友珪与左龙虎统军韩勍谋，以其兵杂控鹤士入弑帝。《新史·梁家人传》曰：友文多材艺，太祖爱之，而年又长，太子即世，适嗣未立，心尝属友文。太祖自张皇后崩，无继室，诸子在镇，皆邀其妇入侍。友文妻王氏有色，尤宠之。太祖病久，王氏与友珪妻张氏尝专房侍疾。太祖病少间，谓王氏曰："吾知终不起，汝之东都召友文来，吾与之诀。"盖心欲以后事属之？乃谓敬翔曰："友珪可与一郡，趣使之任。"乃以友珪为莱州刺史。太祖素刚暴，既病而喜怒难测，是时左降者必有后命，友珪大惧。其妻张氏曰："官家以传国宝与王氏，使如东都召友文，君今受祸矣。"夫妇相对而泣。左右劝友珪曰："事急计生，何不早自为图？"友珪乃与勍谋弑逆。案，太祖固多色过，此事则莫须有。太祖欲见友文，岂不可发使召之，而必使其妻亲往邪？乃驰使东都，命友珪杀友文，而矫太祖诏：称其谋逆，友珪诛之，疾因震惊，以致沉笃。友珪遂即位。于是杨师厚入魏州，制即以为节度使，而徙罗周翰于宣义。朱友谦叛附于晋。三年（913），末帝即位，仍称乾化。正月，驸马都尉赵岩鞞子，尚太祖女长乐公主。奉使东都，与友贞谋诛友珪。岩曰："得杨令公一言，事必济。"友贞乃使人说师厚。袁象先者，太祖之甥，象先父敬初，尚太祖妹万安大长公主。时为左龙虎统军、侍卫亲军都指挥使，师厚使至洛阳与谋。先是龙骧军戍怀州者溃乱剽掠，友珪搜捕其党，获则族之，经年不已。其军有成大梁者，友贞伪作诏召之，激使趋洛。袁象先率兵突入宫中。友珪自杀。象先遣赵岩迎友贞。友贞曰："夷门创业之地，何必洛阳？"乃即位于大梁。改名锽。后又改名瑱。是为末帝。新、旧《史》同，《五代会要》称为少帝。

第二节　梁室之亡

末帝之迁汴，盖以其于梁祖旧臣，多有疑忌，而汴则为其素守之地也。然汴地平夷无险，异时唐兵来袭之祸，伏于此矣。梁祖之起也，参帷幄之谋最密者为敬翔，次则李振。及即位，以翔知崇政院事，即唐枢密使之职也。实较宰相为尤亲。《通鉴》：梁太祖即位，以翔知崇政院事，以备顾问。参谋议于禁中，承上旨宣于宰相而行之。宰相非奏对时有所奏请，及已受旨应复请者，皆具记事因崇政院以闻，得旨则复宣于宰相。五月，诏废枢密院，其职事皆入于崇政院。以知院事敬翔为使。末帝以李振代之。然所信任者，为赵岩及张德妃之兄弟汉鼎、汉杰等。德妃，张归霸女。归霸与弟归厚，皆黄巢将，降太祖。末帝为均王时，娶其女为妃。即位，欲立为后，以帝未南郊辞。贞明元年（915），疾甚，册为德妃。是日卒。振每称疾不与事。功臣宿将，本非嗣主所易驾驭，末帝不能推心置腹，歆之以赏，威之以刑，而徒与二三矜小智、无远略者谋之，上下相猜，纲纪不饬，国势之陵夷，固其宜矣。

末帝既立，朱友谦复称藩，然实阴贰于晋。王殷素与友珪善，友珪篡立，使守徐州，及是叛，与淮南连结，讨平之。事在乾化三年（913）秋。时以福王友璋镇徐州，殷不受代。华州刺史王缵惧连坐，上言殷本姓蒋。乃下诏削夺官爵，令却还本姓。命牛存节、刘鄩等讨之。殷求救于淮南。杨溥遣朱瑾往援。存节等击败之。贞明元年（915）春，攻下徐州，殷举族自燔死。而幽州为晋所克，晋攻幽州，自乾化三年四月至十一月，乃克之。以刘仁恭、守光归晋阳。明年正月，皆杀之。梁以内乱不能救。以周德威守之，河北局势益急矣。乾化三年四月，梁以邢、洺、磁三州为保义军，使戴师远镇之。四月，杨师厚攻镇州。初刘守光下沧州，使子继威主留务，裨将张万进辅之。继威凶虐类其父，淫于万进之家，万进杀之，来降，又使降于晋。及是，师厚击之。万进降。师厚表为青州节度使。旋移诸兖州。赐名守进。后叛。制削官爵，复其本名。四年七月，晋寇邢州。师厚救却之。贞明元年三月，师厚卒。师厚之镇魏，专割财赋，置银枪效节军数千人，纵恣豢养，复故时衙军之态。末帝借师厚而立，封为邺王，下诏不名，以官呼之，事无巨细，必先谋焉，师厚益骄。及卒，帝于私庭受贺。赵岩请分魏为两镇。乃以贺德伦为天雄军节度使，而别置昭德军于相州，以澶、卫二州隶之，以宣徽使张筠为节度使。分魏州府库、将士之半于相州。使刘鄩将兵六万，以讨镇定为名，自白马渡河以胁之。白马津见第八章第四节。魏兵不欲徙。四月，军校张彦作乱，劫贺德伦降晋。李存勖自往受之。德伦密使告以彦凶狡之状。彦入见，存勖杀之。六月，存勖入魏。徙德伦为大同军节度使。至太原，张承业留之。王檀攻太原，德伦麾下多奔檀。承业恐德伦为变，杀之。贝州刺史张源德不从。晋袭取德州，又陷澶州以迫之。梁兵在河北者，惟刘鄩一军。锐气既挫，自难与晋争锋。鄩乃自黄泽在今山西辽县东南。西袭晋阳。行二日，晋人觉，发骑兵追之。黄泽道险，会阴雨积旬，士卒皆腹疾足肿，死者什二三。晋将李嗣恩倍道先入晋阳。城中知之，勒兵为备。鄩至乐平，今山西昔阳县。糗粮且尽，闻晋有备，追兵在后，众惧将溃。鄩谕之曰："今去家千里，腹背有兵，山谷高深，如坠井中，去将何之？惟力战庶几可免，不则以死报君亲耳。"众泣而止。周德威闻鄩西上，自幽州引千骑救晋阳。至土门，见第十一章第三节。鄩已整众下山，自邢州逾漳而东。时晋军乏食，鄩知临清有蓄积，欲据之以绝晋粮道，而军往还，马死殆半，德威急迫，遂先入之。鄩乃军于莘，今山东莘县。末帝让鄩不速战。鄩具奏其状。且言敌兵多，便习骑射，未可轻。帝复问鄩决胜之策。鄩曰："臣无奇术，但人给粮十斛，尽则敌可破矣。"帝怒，遣中使督战。鄩乃将万余人薄镇、定营。果不利。先是梁遣天平节度使牛存节屯杨刘，在今山东东阿县北。为鄩声援。存节卒，代以匡国节度使王檀。檀与宣义留后贺瓌攻澶州，拔之，然不能救贝州，为晋李存审所围。二年二月，李存勖劳军贝州，刘鄩奏请袭魏。存审以兵蹑之，李嗣源以城中兵出战，存勖亦自贝州至。鄩战，不利。晋兵追之，至河，步卒七万，杀溺殆尽。鄩收散卒，自黎阳渡河保滑州。王檀密疏请发河中、陕、同、华诸镇兵合三万袭晋阳。晋阳无备，发诸司丁匠、驱市人以守，几陷者数四。昭义衙将石君立《旧史》本传：一名家财。《王檀传》作家才，《庄宗纪》作嘉才。以骑五百来救，檀乃大掠而还。晋陷卫、磁、三月。洺、四月。相、邢、八月。沧，遂陷贝州。九月。《五代史·死事传》：贝人闻晋已尽有河北，城中食且尽，劝张源德出降。源德不从，遂见杀。源德已死，贝人谋曰："晋围吾久，穷而后降，惧不免也。"乃告于晋曰："吾欲被甲执兵而降，得赦而后释之，如何？"晋军许诺。贝人三千出降。已释甲，晋兵四面围而尽杀之。屈志于异族以求全者，可以鉴矣。末帝屡召刘鄩不至，即以为宣义节度使，将兵屯黎阳。事在三月。河北惟余此一孤据矣。晋是时倾国以争胜于前，后路实空虚无备，与之相持，而发兵以袭其后，确为良策。刘郡之师，以天时、地利之不谐而无成，王檀之师，又遇五百骑之救兵而遽退，实为可惜。然亦由于梁朝之不能赴机。梁之兵多于晋，是时河北已失大半，亟宜以倾国之力应之，分兵挠之于旁，出奇以袭其后，晋必应接不暇，正面之兵，不攻而自破矣。而惟使刘郡一军与之相持，实庙算之大失。盖末帝与宿将之间，猜忌甚深，不敢放手用之？而不悟以此，遂使敌焰如火之然也。

魏州既丧，攻战乃在缘河。三年（917）九月，刘郡入朝。朝以失守河北责之，左迁亳州团练使。十二月，李存勖乘冰合渡河，陷阳刘。敬翔见末帝，乞于边垂自试。赵、张辈言翔怨望，遂不听。此实梁之又一失策。盖时兵力尚非不足，特苦朝廷不能用，敬翔久参帷幄，为诸将所夙知，使之调度，必能胜于赵、张辈也。时梁以贺瓌为北面招讨，河阳节度谢彦章为排陈使，以御晋兵。四年二月，彦章攻阳刘，不克。八月，晋合幽、沧、镇、定、邢、洺、麟、胜、云、朔十镇之师，及奚、契丹、室韦、吐谷浑之众十余万，大阅于魏州。瓌、彦章与之相持于濮州。十二月，瓌伏甲杀彦章，以谋叛闻。《旧史》本传曰：时谓瓌能将步军，彦章能领骑士，既名声相轧，故瓌心忌之。又瓌欲速战，彦章欲持重，瓌疑其与晋人通。又为行营马步都虞候朱珪所诬。瓌遂与珪协谋，因享士，伏甲以杀彦章。存勖乘之，起师趋汴。瓌蹑之。至胡柳陂，在濮州西。战，晋兵大败，周德威死。存勖收兵再战，瓌复为所败。晋军至德胜渡。五年，筑南北两城而守之。北城即今河南濮阳县。南城在其东南五里。瓌攻南城，不克。八月，瓌卒。代以王瓒。十二月，又代以戴思远。张万进送款于晋，遣刘郡平之。《旧史·本纪》：贞明五年（919）三月，削夺张守进官爵，以其叛故也，命刘郡领兵攻之。《万进传》云：贞明四年冬，据城叛命，遣使送款于晋王。遣刘郡讨之。五年冬，拔其城。万进族诛。《刘郡传》亦云：五年，万进反，北结晋人为援，遣郡攻之，是冬拔其城。《通鉴考异》引《庄宗实录》云：天祐十五年（918）八月，万进归于我。疑其叛在四年冬，讨之在五年三月，其归晋在是年八月，平之在是年冬也。《新史·本纪》四年书守进叛附晋，恐非。六年四月，朱友谦袭取同州，降于晋。使刘郡攻之。晋救之，郡退。以疾请解兵柄。诏许于西都就医。明年，卒。或曰："朝令留守张宗奭酖之也。"郡之用兵，时称其一步十计，梁用之实不尽其才。此后所恃者，遂惟王彦章等一勇之夫矣。

梁是时，已但能凭河以为固，而河北之机会复来。张文礼者，刘仁恭衙将，从守文镇沧州，守文省其父于幽州，文礼据城作乱，不克，奔镇州，王镕养为子，名德明，使将兵从李存勖，后使都指挥使符习代之，还，以为防城使。镕晚年好事仙佛，盛饰馆宇于西山，每径游焉，将佐士卒陪从者不下万人，军民皆苦之。贞明六年（920）十二月，镕自西山还，臣者李弘规，遣亲事军将苏汉衡杀宦者石希豪。镕还府，杀弘规、汉衡，穷治党与。亲军大恐。明年，为龙德元年（921）。二月，文礼激之使杀镕，而灭王氏之族。复姓名，自为留后。晋方与梁争，不欲多树敌，亦即以留后授之，而文礼不自安。初契丹久附回鹘，回鹘亡后，其酋屈戌，始复内附，然蚕食达靼、奚、室韦，语见《旧史》本传。稍以盛强。唐末，其酋耶律阿保机并诸部为一，其势愈盛。契丹兴起之事，于《宋辽金元史》中详述之。开平四年（910），与李克用会于云中，约为兄弟。克用乞其精骑二万，同收汴、洛。而阿保机又使求封册于梁。梁亦约其共灭晋，行封册，为甥舅之国。克用死，存勖使告哀，赂以金缯，求骑军以救潞州。阿保机许之。会潞州下而止。贞明二年（916），契丹自麟、胜陷振武，麟州，在今陕西神木县北。长驱云、朔，北边大扰。存勖自赴援于代，契丹乃退。是岁，阿保机称帝，是为契丹太祖。存勖以叔父事之，以叔母事其妻述律氏。通鉴。案，外夷无君臣之分，其视父子、兄弟、伯叔父侄之称，即为尊卑之判，存勖以叔父事契丹，实已甘为之下，沙陀本附塞小部，宜其不以是为耻也。刘仁恭之亡也，晋使周德威守幽州。德威弃渝关之险，今山海关。契丹遂得刍牧营、平间。《通鉴》贞明三年。北方之大患，实肇于此。卢文进者，本刘守光骑将，降晋，仁勖与刘郡相拒于莘，使其弟新州刺史存矩募兵南下。新州，今涿鹿县。兵不乐行，杀仁矩，推文进为主，叛入契丹，引其众陷新州。周德威攻之，大败。契丹乘胜攻幽州，号三十万。存勖使李嗣源、符存审、阎宝援之。苦众寡不敌，并山而行。契丹不意其猝至，不整，为所败，乃还。时贞明三年也。及是，文礼因文进以求援于契丹。又遣使于梁，请发兵自德、棣渡河。敬翔曰："陛下不乘此衅以复河北，则晋人不可复破矣。宜徇其请，不可失也。"赵、张辈沮之，乃止。晋以符习为成德留后，讨文礼。文礼适卒，子处瑾秘丧拒之。戴思远乘之攻德胜，不克。王处直养子都，本姓刘，小字云郎，为妖人李应之养子。处直有疾，应之以左道治之得愈。处直神之，假以幕职，渐以为行军司马，军府之事，咸取决焉。应之以都遗处直，处直复养为子。应之为将士所杀，又逼衙帐求都。处直坚靳之。而阴疏甲士姓名，藏于别籍，因事诛之，凡二十年，略无孑遗。处直孽子郁，与郜俱奔晋，李克用以女妻之。存勖讨文礼，处直曰："镇，定之蔽也。镇亡，定不独存。"使请存勖无发兵。存勖不听。乃使郁招契丹入塞，以牵制晋兵，许召为嗣。都作乱，囚处直。明年，龙德二年（922）。正月，杀之。而阿保机攻围幽州，长驱陷涿郡，进攻易、定。存勖自将赴之。会大雪，野无所掠，马无刍草，冻死者相望，契丹乃还。戴思远乘之攻魏州及德胜，亦不克。晋阎宝攻镇州，败绩。李嗣昭继之，中矢死。李存进继之，又战殁。更继以符存审，乃克之。杀处瑾，以符习为节度使。旋由存勖兼领，而移习于天平。是役也，镇、定抗晋之志皆坚，力亦甚强，加以契丹入扰，梁若以大兵渡河，形势必可一变，然特循常应之，得一卫州而已，殊无补于大局也。主弱臣庸，将骄卒惰，危亡迫于眉睫而不能自奋，追忆梁祖之居夷门，四面皆敌，而勇气弥厉，真不胜盛衰今昔之感已。然机会之来，犹未已也。

《新五代史·任圜传》云：李嗣昭节度昭义，辟圜观察支使。梁兵筑夹城，围潞州逾年，而晋王薨，晋兵救潞者皆解去，嗣昭危甚，问圜去就之计。圜劝嗣昭坚守以待，不可有二心。已而庄宗攻破梁夹城。闻圜为嗣昭画守计，甚嘉之。其后嗣昭与庄宗有隙，圜数奉使往来，辩释谗构。嗣昭卒免于祸，圜之力也。观此，知嗣昭当日，实未尝无二心，此弥见梁不力攻之可惜。而庄宗亦未尝不疑之，特其叛谋不果，外观之有坚守之功，不可动，且当时军心易变，亦不敢动耳。及嗣昭死，则更易之机至矣。于是命其诸子护丧归葬晋阳。其第五子继能不听，率徇兵数千，拥丧归潞。次子继韬，囚其兄继俦，自为留后。晋人不得已，许之。龙德三年（923），后唐庄宗同光元年（923）。三月，继韬降梁。梁以为节度使。是时晋更昭义之名曰安义，梁更曰匡义，皆以避嗣昭讳也。泽州将裴约不听。梁遣将董璋攻之。此时梁若能大举出泽、潞以胁晋阳，仍可牵制晋在河北之兵，然亦不过以偏师应之而已，其失机可谓甚矣。

是岁四月，李存勖僭号于魏州。自以为继唐后，国号唐。是为后唐庄宗。后唐所谓七庙者，唐高祖、太宗、懿宗、昭宗、沙陀献祖国昌，太祖克用，庄宗存勖，见《文献通考》。所以存懿宗者？以国昌赐姓在此时也。上辛祈谷以高祖配，孟夏雩祀以太宗配，见《旧史·庄宗纪》同光元年。其时奏议，多自称中兴，称唐为本朝。刘昫修《旧唐书》，亦沿是称。此尚是晋、南北朝来外夷攀附中国之旧，辽以后则无是矣。时戴思远守郓州，屯德胜，留其将卢顺密守。顺密睹北军日盛，亡降之。备言郓空虚状。存勖使李嗣源袭取之。于是濒河又失一重镇，其势益危。乃罢思远，代以王彦章，以段凝为副。《新史·彦章传》云：晋取郓州，敬翔顾事急，以绳内靴中，入见末帝。泣曰："先帝取天下，不以臣为不肖，所谋无不用。今强敌未灭，陛下弃忽臣言，臣身不用，不如死。"乃引绳将自经。末帝使人止之，问所欲言。翔曰："事急矣，非彦章不可。"乃召彦章为招讨使，以段凝为副。此近东野人之言。彦章仅一战将，岂能恃之挽回危局？翔若有所规画，必不止于此也。彦章既受命，三日，破德胜南城。存勖命并弃北城，并力守阳刘。彦章沿河下攻之。时五月也。六月，存勖自救之。梁堑垒严，不能入。乃使郭崇韬筑垒于博州，以通郓州之路。彦章攻之。存勖趋救。七月，彦章复趋阳刘。存勖又趋救之。彦章战败，退保杨村。在德胜上游。唐兵复守德胜。梁征彦章还，使与董璋攻泽州，八月克之。而以段凝为招讨使。自酸枣决河，东注郓，以隔绝唐兵，谓之护驾水。《新史·段凝传》。此即郭崇韬所谓汴人决河，自滑至郓者也，见下。酸枣，今延津县。彦章之罢，史以为段凝与赵、张比而倾之，此不必然。彦章仅一战将，攻战虽猛，所谓强弩之末，不能穿鲁缟，夫固不可专任。然段凝确非正人，又出彦章之下。恃以御敌，宜其亡也。泽州既下，复使彦章将保銮骑士及他兵万人屯兖、郓境，谋复郓州，以张汉杰监其军。然兵力实薄，不能进取也。《新史·段凝传》：事太祖为军巡使，又以其妹纳太祖。妹有色，后为美人。凝为人憸巧，善窥迎人意，又以妹故，太祖渐亲信之。常使监诸军。为怀州刺史，太祖北征过怀州，凝献馈甚丰，太祖大悦。过相州，刺史李思安献馈如常礼。太祖怒，思安因此得罪死。迁凝郑州刺史，使监兵于河上。李振亟请罢之。太祖曰："凝未有罪。"振曰："待其有罪，则社稷亡矣。"然终不罢也。庄宗已下魏博，与梁相距河上。梁以王彦章为招讨使，凝为副。是时末帝昏乱，小人赵岩、张汉杰等用事。凝依附岩等为奸。彦章为招讨使三日，用奇计破唐德胜南城。而凝与彦章，各自上其功。岩等从中匿彦章功状，悉归其功于凝。凝因纳金岩等，求代彦章。末帝惑岩等言，卒以凝为招讨使。《彦章传》云：是时段凝已有异志，与赵岩、张汉杰交通。彦章素刚，愤梁日削，而嫉岩等所为，尝谓人曰："俟吾破贼，还诛奸人，以谢天下。"岩等闻之，惧，与凝协力倾之。其破南城也，彦章与凝各为捷书以闻。凝遣人告岩等，匿彦章书而上己书。末帝初疑其事。已而使者至军，独赐劳凝而不及彦章。军士皆失色。及杨刘败，凝乃上书，言彦章使酒轻敌而至于败。赵岩等从中日夜毁之。乃罢彦章，以凝为招讨使。此所言恐不尽实。破敌上状，岂容使副各自为之？是时将帅骄蹇，朝廷御之，惟恐失其意，安得独赐劳凝而不及彦章邪？然凝之为人，大体可见，要之憸巧善事人，非正士也。彦章诚勇将，然徒勇亦足偾事，以张汉杰监其军盖为此，亦非尽出于猜忌也。

梁虽挫衄，唐力亦罢。《旧五代史·庄宗纪》云：梁先锋使康延孝来奔，延孝，本塞北部落人。初隶太原。因得罪，亡命于汴。自队长积劳至部校。时隶段凝，为右先锋指挥使。梁亡后，唐赐姓名为李绍琛。帝引见，屏人问之。对曰："段凝、王彦章献谋，欲数道并举。令董璋以陕虢、泽潞之众趋石会关，在今山西榆社县西。以寇太原。霍彦威统关西、汝、洛之众，自相、卫以寇镇、定。彦威，存养子，时为陕州留后。降唐后，赐姓名曰李绍真。段凝、杜晏球领大军以当陛下。晏球本姓王，为汴州富人杜氏养子，冒姓杜。太祖镇宣武，选富家子材武者，置之帐下，号厅子都，晏球为指挥使。此时为行营马步军都指挥使。令王彦章、张汉杰统禁军以攻郓州。决取十月内大举。又自滑州南决破河堤，使水东注曹、濮之间，至于汶阳，以陷北军。臣惟汴人兵力，聚则不少，分则无余。陛下但待其分兵，领铁骑五千，自郓州兼程，直抵于汴。不旬日，天下事定矣。"时泽潞叛，卫州、黎阳为梁人所据。州以西，相以南，寇钞日至，编户流亡。计其军赋，不支半年。又王郁、庐文进召契丹南侵瀛、涿。闻梁人将图大举，帝深忧之。召将吏谋大计。或曰："自我得汶阳以来，须大将固守，城门之外，元是贼疆，细而料之，得不如失。今若驰檄，告谕梁人，却卫州、黎阳以易郓州，指河为界，约且休兵。我国力稍集，则议改图。"《郭崇韬传》以此为宣徽使李绍宏之谋。绍宏阉官，本姓马。庄宗宠之，赐姓李，以为中门使，事见下节。帝曰："嘻，行此谋，则无葬地矣。"《郭崇韬传》云：庄宗不悦，独卧帐中，召崇韬问之。崇韬言："闻汴人决河，自滑至郓，非舟楫莫济。又闻精兵独在段凝麾下。王彦章日寇郓境。彼既以大军临我南鄙，又凭恃决河，谓我不能南渡，志在收复汶阳。此汴人之谋也。臣谓段凝保据河壖，苟欲持我。请留兵守郓，保固阳刘，陛下亲御六军，长驱倍道，直指大梁。汴城无兵，望风自溃。若使伪主授首，贼将自然倒戈。半月之间，天下必定。今岁秋稼不登，军粮才支数月，决则成败未知，不决则坐见不济。臣闻作舍道边，三年不成，帝王应运，必有天命，成败天也，在陛下独断。"庄宗蹶然而兴曰："正合我意。丈夫得则为王，失则为虏，行计决矣。"即日下令：军中家口，并还魏州。庄宗送刘皇后与子继岌至城西野亭，泣别曰："事势危蹙，今须一决。苟不济，无复相见。"乃留李绍宏及租庸使张宪守魏州。大军自阳刘济河。延孝之言，不知信否。梁人是时，似未必有意于大举。若能大举，岂待此日？然延孝之意，犹待梁人分兵而后乘之，若崇韬则只量段凝之不易赴救，而徼幸于一决耳。汴州固无重兵，然攻者不足，守者有余，轻骑掩袭，为数有几？设使梁人凭城坚守，又或迁都以拒，唐人岂能旦夕戡定？四方藩镇，必有闻风来赴者。即段凝亦岂终不能至？杜晏球已追唐兵矣，见下。阳刘即使可守，孤军岂能北渡乎？则崇韬之计，冒昧殊甚，真乃行险徼幸之小人也。存勖遽听用之，亦可见事势之危矣。十月，存勖至郓。以李嗣源为先锋。王彦章战败，与张汉杰俱见擒。存勖使嗣源诱之，不屈死。嗣源率前军倍道趋大梁，存勖继之。末帝无所为计。或劝幸洛阳，收集诸军。晋虽得都城，不能久留。或又劝幸段凝军。赵岩曰："一下此楼，谁心可保？"乃使控鹤都指挥使皇甫麟进刃于己。麟亦自杀。嗣源兵至，开封尹王瓒以城降。敬翔自杀。张宗奭、李振皆降。其后宗奭以谄事庄宗刘皇后获全，赵在礼叛，宗奭亦主遣李嗣源讨之，嗣源叛，宗奭忧惧不食卒。而振旋见杀。温昭图者，本名韬。事岐，为李茂贞养子，易姓名曰李彦韬。降梁，复姓温，名昭图。为匡国节度使。许州。赵岩待之厚。及是奔之。昭图杀之，献其首。张汉鼎前死。汉杰与从父兄弟汉伦、汉融同见杀。袁象先镇宋州，率先入觐。赍珍币数十万，遍赂权贵及刘皇后、伶官、巷伯，复居元职，赐姓名曰李绍安。梁主兄弟皆死。末帝兄弟：康王友孜，贞明元年（915），张德妃将葬时谋叛，使腹心数人匿寝殿，为末帝所觉，诛之。福王友璋、贺王友雍、建王友徽，《新史·传》云不知所终。太祖二兄：长广王全昱，三子：曰衡王友谅，后嗣为广王。曰惠王友能，曰邵王友诲，次兄存。二子：曰友宁，曰友伦。友宁与王师范战死，友伦在长安，以击鞠坠马死，事皆见前。友能为陈州刺史。龙德元年（921）反，败降，降封房陵侯。友诲时为陕州节度，亦欲以州兵为乱。召还京师。坐废，与友谅、友能皆见幽。李存勖入汴，皆见杀。杜晏球以兵追李存勖。至封丘，今河南封丘县。闻末帝已崩，即解甲降。赐姓名曰李绍虔。段凝以精兵五万降，赐姓名曰李绍钦。梁诸藩镇，亦皆释甲，梁遂亡已。此全非力之不敌，而竟不祀忽诸者？则"一下此楼，谁心可保"八字实为之；而郭崇韬徼幸之计之获成，其关键，亦只在"伪主若使授首，贼将自然倒戈"二语耳，此内溃之所以为酷也。岂一朝一夕之故哉？其所由来者渐矣。

梁祖之为人，不惟韬略，即以政事论，亦远胜于李克用。试观梁祖所用者：赵犨、张全义，皆颇能恤民，而克用则庇一李罕之，任其纵兵剽掠，至于河内之地，烟火断绝可知。秦宗权灭后，赵犨即休兵课农。陈、许流亡之民，襁负归业，犨皆设法招抚。张全义在河南，初穷民不满百户，数年后编户五六万。罕之在泽州，日以兵钞怀、孟、晋、绛、河内。百姓相结屯寨，或出樵汲，即为俘馘。甚至奇峰绝磴，梯危架险，亦为其部众所攻取。数州之民，屠啖殆尽。荆棘蔽野，烟火断绝者十余年。皆见新、旧《史》本传。梁祖固亦不免淫暴，然《旧史·陈元传》：言克用性刚暴，乐杀人，无敢言者。康君立，初起时疏附之臣也，以一言不合而赐酖；其残忍为何如？李克脩以供帐不丰而遭笞辱，事已见前。《盖寓传》：言寓家珍膳，穷极海陆，精于府馔，武皇非寓家所献不食，每幸寓第，其往如归。寓之侈如此，克用可知。《传》又言寓自武皇镇抚太原，最推亲信。中外将吏，无不景附。朝廷藩邻，信使结托，先及武皇，次入寓门，此盖其致富之由？然其人实无所建白，不过嬖幸之流。或拟诸敬翔、李振，非其伦矣。《宋史·张永德传》言：克用镇太原，急于用度。严选富家子掌帑库，或调度不给，即坐诛，没入赀财，其剥民以自奉如此。《旧史·武皇纪》云：亲军万众，皆边部人，动违纪律，人甚苦之。左右或以为言。武皇曰："比年以来，国藏空竭。诸军之家，卖马自给。今四方诸侯，皆悬重赏以募勇士。吾若束之以法，急则弃吾，吾安能独保此乎？"天复三年（903）。此等语史家以为美谈，实则皆无耻之臣，为之文饰。核其实，则纵兵虐民耳。存勖立后，存璋为河东马步都虞候。《传》云：初，武皇稍宠军士，藩部人多干扰廛市，肆其豪夺，法司不能禁。庄宗嗣位，锐于求理，存璋得行其志，抑强扶弱，诛其豪首。期月之间，纪纲大振。存勖岂真能求治者？而史犹云如此，克用之纵兵虐民，不愈可见哉？梁、晋之成败，实缘存勖年少敢行险，而其部下起自北方，群思南下，颇有剽锐之气。而梁则末帝柔弱，将帅又多偃蹇不用命，上下乖迕，遂至日蹙百里，坐待危亡耳，综观兵事始末可知。然其原，亦未尝不自梁祖开之。盖梁祖之篡唐也太速。使其大诛宦官之后，身入长安，挟天子以令诸侯，则邠、岐旦夕可平，专力河东，不虞牵制，蒲津、上党，两路会师，沙陀真将无穴矣。《旧史·李存孝传》：昭宗讨河东之役，汴人攻泽州，呼李罕之曰："相公常恃太原，轻绝大国。今张相公围太原，葛司空已入潞府，旬日之内，沙陀无穴自处，相公何路求生邪？"存孝闻其言不逊，选精骑五百，绕汴营呼曰："我沙陀求穴者，俟尔肉馈军，可令肥者出斗。"乌乎！一时则志得意满矣！他日坐困孤城，卒遭维絷，车裂以徇者，不知沙陀之披其穴邪？抑汉儿为之也。不此之图，而急于谋篡，遂至两面牵制，不得大举扫荡，抑且备多力分，盛衰转烛之机，伏于此矣。尝谓梁祖之入关而不能留，与宋武帝之平姚秦而急于南归绝相似，皆所谓一日纵敌，数世之患者也。孟子论浩然之气曰："是集义所生者，非义袭而取之也。"岂特圣贤之学？虽豪杰之建树，亦何独不然？人之功业，必如其所豫期，所期者远，而格于事势，志不克就者，则有之矣。所求者小，而所就者大，未之前闻。宋、梁二祖之所求，惟止于身登九五，故及其可取而代。遂乃志得意满，而于后事不暇深虑矣。岂独其身然？其后先奔走之士，盖亦莫不然？故其帷幄之臣，止于刘穆之、敬翔辈，真自任以天下之重者无有也。其将率亦然。愿止于攀龙鳞、附凤翼，所愿既遂，则不可复用矣。当其盛时，兵力可谓横绝一世，逮于胡马饮江，夹河而战，南朝诸将，遂五合六聚而不能救，职此之由。即以政事论，其纪纲之废弛，或亦不如"夷狄之有君"。凡一新朝或一军阀之兴，其初纲纪必颇整饬，而后或纵恣淫泆，则必至于败亡，因果相寻，从无幸免。《旧史·袁象先传》云：梁祖领四镇，拥兵十万，威震天下，关东藩守，皆其将吏。方面补授，由其保荐。四方舆金辇璧，骏奔结辙，纳赂于其庭，如是者十余年。藩侯牧守，下逮群吏，罕有廉白者，率皆掊敛剥下，以事权门。象先恃甥舅之势，所至藩府，侵刻诛求尤甚。以此家财巨万。其后赂唐以求免，事已见前。《郭崇韬传》云：初收汴、洛，稍通赂遗。亲友或规之。崇韬曰："伪梁之日，赂遗成风，今方面藩侯，多梁之旧将，皆吾君射钩、斩祛之人也。一旦革面，化为吾人，坚拒其请，得无惧乎？藏予私室，无异公帑。"及郊禋，崇韬悉献家财，以助赏给。比而观之，非所谓借寇兵赍盗粮者乎？《张承业传》云：庄宗在魏州垂十年，太原军国政事，一委承业。积聚库帑，收市兵马，招怀流散，劝课农桑，成是霸基者，承业之忠力也。时贞简太后、韩德妃、伊淑纪、诸宅王之贵，洎王之介弟在晋阳宫，或不以其道，干于承业，悉不听，逾法禁者必惩，由是贵戚敛手。或有中伤承业于庄宗者，言专弄威柄，广纳赂遗。庄宗岁时还晋阳宫省太后，须钱蒲博，给伶官。尝置酒于泉府。庄宗酣饮。命继岌为承业起舞既竟，承业出宝带币马奉之。庄宗指钱积谓承业曰："和哥无钱使，七哥与此一积，宝马非殊惠也。"承业谢曰："郎君哥劳，承业自出己俸钱。此钱是大王库物，准拟支赡三军，不敢以公物为私礼也。"庄宗不悦，使酒侵承业。承业曰："臣老敕使，非为子孙之谋，惜钱为大王基业。王若自要散施，何妨老夫？不过财尽兵散，一事无成。"庄宗怒，顾元行钦曰："取剑来。"承业引庄宗衣泣曰："仆荷先王遗顾，誓为本朝诛汴贼，为王惜库物。斩承业首，死亦无愧于先王。今日请死。"阎宝解承业手令退。承业诟宝曰："党朱温逆贼。未尝有一言效忠，而敢谄附？"挥拳踏之。太后闻庄宗酒失，急召入。庄宗性至孝，闻太后召，叩头谢承业曰："吾杯酒之间，迕于七哥，太后必怪吾。七哥为吾痛饮两卮，分谤可乎？"庄宗连饮四钟，劝承业，竟不饮。庄宗归宫，太后使人谓承业曰："小儿连特进，已答矣，可归第。"翼日，太后与庄宗俱幸其第慰劳之。自是私谒几绝。《张瓘传》云：同州车渡村人。承业之犹子也。承业佐唐武皇、庄宗，甚见委遇。瓘闻之，与昆仲五人，自故里奔于太原。庄宗皆任用之。瓘，天祐十三年（916），补麟州刺史。承业治家严毅，小过无所容恕。一佽为磁州副使，以其杀河西卖羊客，立捕斩之。尝诚瓘等曰："汝车渡村百姓，刘开道下贼，惯作非为。今须改行。若故态不除，死无日矣。"故瓘所至不敢诛求。承业小人，犹有小人之道焉，若梁则并此而无之矣。国必自伐，而后人伐之，不亦信乎？以不仁遇不仁，固将剽悍者胜。此则沙陀入据之祸，所以终不可弭也。

　　汴州既下，李继韬亦降。继韬母杨氏，善积聚。居积、行贩，赀至百万。赍重赂与之入朝。厚赂宦官、伶人及刘后。在京月余，屡从畋游，宠待如故。继韬求还镇，庄宗不许。使遗弟继远书，令起变于军中，冀遣己安缉之。事泄，见杀。并其二子。本质于梁。遣人斩继远，以继俦知潞州事，继达充军城巡检。已而召继俦还京师。继俦据继韬之室，料选算校，不时上路。继达怒，杀之。将奔契丹，从骑皆散，乃自刭。嗣昭七子，继俦、继韬、继达、继忠、继能、继袭、继远。继达外皆杨氏所生。至明宗时，继能坐笞杀其母主藏婢，婢家告变，言其反，与弟继袭皆见杀，惟继忠仅免，可谓凶德参会矣。杨立者，潞州小校，事嗣昭及继韬，皆畜养甚厚。继韬诛，愤愤失志。同光二年（924）四月，有诏以潞兵三万人戍涿州以东。其众叛。命李嗣源攻讨，一月拔之。生擒立及其同恶十余人，送于阙下，并磔于市。潞州城峻而隍深，命刬平之。因诏诸方镇撤防城之备焉。《旧史·本纪》书于六月丙子，乃立等到阙之日也。然五月己酉，已书诏天下收拆防城之具，不得修浚城隍，则令实发于五月中。记杨立事者追书之，修史者又并采之耳。

第三节　后唐庄宗乱政

　　后唐庄宗为人，颇似唐太宗，其用兵之剽悍，或且过之。初立时之救潞州胡柳之战，战败而复振，以及后来之决策袭汴，不必皆合于兵法，而不能谓其无勇气。太宗之用兵，亦不过剽悍善乘机而已，其所遇皆非大敌，尚不如梁兵之坚凝也。攻辽一役竟蹈隋炀帝之覆辙，尤可见其不知兵法。然政事之材则远落其后，此天之降材尔殊，盖民族之文化为之。唐先世虽出夷狄，至隋末渐渍于中国者已久，若李存勖则仍是北狄中人物也。

　　后唐庄宗同光元年（923），即梁末帝龙德三年（923）也。十二月，迁于洛阳。存勖之僭位，以魏州为东京，太原为西京，镇州为北都。灭梁后，以太原为北都，永平为西都，废梁东京，仍称汴州。三年三月，复以洛阳为东都，改魏州曰邺都。古邺邑，汉为邺县，晋避怀帝讳，改为临漳，魏武帝称魏王居之，其后石虎、慕容儁、东魏、北齐相继居之，今平原之临漳县是也。唐相州称邺郡，然实治安阳，今平原安阳县。魏州治元城，后唐此时改为兴唐府，置兴唐县，乃今河北之大名县，非古邺地也。明宗天成四年（929）六月，复以邺都为魏州。唐是时虽灭梁，然梁故藩镇，皆未移易，中原情势，实未有变，不过以空名加于其上而已。

　　庄宗正室曰魏国夫人韩氏，其次燕国夫人伊氏，其次魏国夫人刘氏。刘氏，攻魏时裨将掠得，纳之晋宫。庄宗所生母曹氏，以赐庄宗。战河上十余年，常从。已僭位，宰相豆卢革、枢密使郭崇韬希旨，请立为皇后。同光二年（924）四月。后自以出于贱微，逾次得立，以为佛力。又好聚敛，分遣人为商贾，至于市肆之间，薪刍果茹，皆称中宫所卖。《旧史·张廷蕴传》：同光初，充魏博三城巡检使。时皇后刘氏在邺，每纵其下扰人，廷蕴多斩之，闻者壮焉，盖即此类商贾也。四方贡献，必分为二：一以上天子，一以入中宫。宫中货贿山积，惟写佛书、馈僧尼而已。克用正室刘氏，无子。曹氏封晋国夫人。庄宗僭位，册尊曹氏为皇太后，刘氏为皇太妃。太后及皇后，交通藩镇，太后称诰令，皇后称教令，两宫使者，旁午于道。梁降臣如张全义、段凝等，皆厚赂后以自托。同光三年，秋，大水。两河之民，流徙道路。京师赋调不充。六军之士，往往孚踣。乃豫借明年夏秋租税。百姓愁苦，号泣于路。庄宗方与后畋于白沙，在洛阳东。皇子、后宫毕从。时大雪，军士寒冻。金枪卫兵万骑，所至责民供给，坏什器、彻庐舍而焚之。县吏畏恐，亡窜山谷。明年三月，占星者言御前当有急兵，宜散积聚以禳之。宰相请出库物以给军。庄宗许之。后不肯。宰相论于延英，后于屏间耳属之，因取妆奁及皇幼子满喜置帝前，曰："诸侯所贡，给赐已尽，宫中所有惟此耳，请鬻以给军。"宰相皇恐而退。《通鉴》此事系开成元年（836）三月，时李嗣源已入邺矣。《旧纪》同。及赵在礼作乱，出兵讨魏，始出物以赍军。军士负而诟曰："吾妻子已饿死，得此何为？"《新史·唐家人传》。剥民以奉军，已非立国之道，况又不能奉军乎？《通鉴》：同光二年二月，上祀南郊。先是宦官劝帝分天下财赋为内外府。州县上供者入外府，充经费，方镇贡献者入内府，充宴游及给赐左右。外府常虚竭无余，而内府山积。及有司办郊祀，乏劳军钱。郭崇韬请出内府之财。上默然久之，曰："吾晋阳自有储积，可令租庸辇取以相助。"于是取李继韬私第金帛数十万以益之。军士皆不满望，始怨恨，有离心矣。庄宗初入洛，居唐故宫室，而嫔御未备。阉宦希旨，多言宫中夜见鬼物，相惊恐。庄宗问所以禳之者。因曰："故唐时后宫万人，今空宫多怪，当实以人乃息。"庄宗欣然。其后幸邺，乃遣伶人景进等采邺美女千人，以充后宫。而进等缘以为奸。军士妻女，因而逃逸者数千人。庄宗还洛，载邺女千人以从。《新史·伶官传》：案，事在同光三年，见《旧史·本纪》。《纪》云：东京副留守张宪奏诸营家口一千二百人逃亡，以艰食故也。《通鉴》云：远至太原、幽镇，所采者不啻三千人。张宪奏诸营妇女亡逸者千余人，虑扈从诸军挟匿以行，其实皆入宫矣。盖又有夺自军人者也。自唐末丧乱，后妃之制不备。至庄宗时，后宫之数尤多。有昭仪、昭容、昭媛、出使、御正、侍真、懿才、咸一、瑶芳、懿德、宣一等。其余名号，不可胜记云。《新史·唐家人传》。

庄宗之好游畋，盖亦夷人积习。《旧史·本纪》：同光三年（925），正月，车驾至邺。命青州刺史符习修酸枣河堤。三月，习奏毕功。帝召郭崇韬谓曰："朕思在德胜寨时，霍彦威、段凝，皆予之劲敌，终日格斗，战声相闻，安知二年之间，在吾虎下？朕有时梦寝，如在戚城。在濮阳北。思念曩时，挑战鏖兵，劳则劳矣，然而扬旌伐鼓，差慰人心。残垒荒沟，依然在目。予欲按德胜故寨，与卿再陈旧事。"于是至德胜城，渡河，南观废栅旧址，至杨村寨，沿河至戚城，置酒作乐而罢。《郭崇韬传》云：是岁夏雨，河大水，坏天津桥。是时酷暑尤甚。庄宗常择高楼避暑，皆不称旨。宦官曰："今大内楼观，不及旧时卿相之家。"庄宗即令宫苑使经营。虑崇韬谏止，使谓曰："朕顷在河上，五六月中，与贼对垒，行宫卑湿，介马战贼，恒若清凉，今晏然深宫，不耐暑毒，何也？"崇韬奏："愿陛下思艰难创业之际，则今日之暑，坐变清凉。"庄宗默然。王允平等竟加营造。彼其不乐安居宫殿，亦犹元恂、杨勇、李承乾之不乐安居东宫也。《新史·伶官传》云：庄宗好田猎。猎于中牟，践民田。县令当马切谏，庄宗怒，将杀之。伶人敬新磨知其不可。乃率诸伶走追县令，擒至马前，责之曰："汝为县令，独不知吾天子好猎邪？奈何纵民稼穑，以供税赋？何不饥汝民而空此地？汝罪当死。"因前请亟行刑。诸伶共唱和之。庄宗大笑。县令乃得免去。此等事传者或以为美谈，而不知民间受蹂躏之酷也。《旧史·李周传》：王彦章之攻杨刘，周守，使人驰告庄宗，请百里趋程，以纾其难。庄宗曰："李周在内，朕何忧也？"遂日行二舍，不废畋猎。此等事，读者或又以为美谈，所谓成败论人也。杨刘战时如此，况入汴之后乎？世岂有小器而难盈者哉？

庄宗既好徘优，又知音，能度曲，自其为王，至于为天子，尝身与徘优杂戏于庭，伶人由此用事。其败政乱国者，有景进、史彦琼、郭门高三人为最。门高名从谦，门高其优名也。诸伶人出入宫掖，侮弄搢绅。群臣愤嫉，莫敢出气，或反相附托，以希恩幸。四方藩镇，货赂交行。而景进最居中用事。庄宗遣进等出访民间事，无大小皆以闻。每奏事，殿中左右皆屏退。军机、国政，皆与参决。三司使孔谦兄事之，呼为八哥云。其战于胡柳也，婴伶周匝，为梁人所得。其后灭梁入汴，匝谒于马前。庄宗喜甚，赐以金帛，劳其良苦。匝对曰："身陷仇人，而得不死以生者，教坊使陈俊、内园栽接使储德源之力也。愿乞二州，以报此两人。"庄宗皆许以为刺史。郭崇韬格其命逾年，而伶人屡以为言。庄宗谓崇韬曰："吾已许周匝矣。使吾惭见此二人。公言虽正，当为我屈意行之？"卒以俊为景州、德源为宪州刺史。《新史·伶官传》。亦见《旧史·庄宗纪》同光二年（924）。宪州，今山西静乐县。其不知理体如此，此所谓沐猴而冠者非邪？

唐昭宗诛宦者，多为诸镇所藏匿。是时方镇僭拟，悉以宦官给事，而吴越最多。李克用匿张承业，事已见前。又有张居翰者，本幽州监军，刘仁恭匿之。天祐三年（906），使率兵随晋攻潞州。丁会降，克用使李嗣昭守之，居翰遂留监其军。庄宗同光二年（924）正月，敕前朝内官及诸道监军并私家先所畜者，不以贵贱，并送诣阙。时在左右者已五百人，至是殆及千人。皆给赡优厚，委之事任，以为腹心。内诸司使，自天祐已来，以士人代之，至是复用宦者，浸干政事。既而复置诸道监军。节度使出征或留阙下，军府之政，皆监军决之。陵忽主帅，怙势争权，由是藩镇皆愤怨云。

庄宗僭位，以门第故，相豆卢革、韦说及卢程，皆伴食而已。郭崇韬者，本李克脩帐下亲信，克用以为教练使。贞明三年（917），以为中门副使，与孟知祥、李绍宏俱参机要。知祥者，迁犹子。迁以泽潞降梁，知祥父道，独留事晋。知祥壮，克用以弟克让之女妻之。俄而绍宏出典幽州留事。先是中门使吴洪、张虔厚获罪，知祥求为外任。庄宗曰："公欲避路，当自举其代。"知祥因举崇韬。自是专典机务。庄宗僭位，守兵部尚书，充枢密使。至汴，豆卢革在魏，令权行中书事。俄拜侍中，兼枢密使。初崇韬与李绍宏同为内职，及庄宗即位，崇韬以绍宏素在己上，旧人难制，即奏泽潞监军张居翰同掌枢密，以绍宏为宣徽使。绍宏失望，涕泣愤郁。崇韬乃置内句使，应三司财赋，皆令句覆，令绍宏领之，冀塞其心。绍宏终不悦。于是奏请立魏国夫人为皇后，冀得其助，而祸机反潜伏矣。孔谦者，本魏州孔目官，魏博入晋，庄宗以为度支使。设法箕敛，七八年中，军储获济。庄宗僭号，谦自谓当为租庸使，而物议以其人地尚卑，崇韬乃奏用魏博观察判官张宪。谦怏怏。庄宗灭梁，谦从入汴，谓崇韬："邺北都也，宜得重人镇之，非张宪不可。"崇韬以为然，以宪留守北都，而以豆卢革判租庸。谦弥失望。乃阴求革过失。革惧，求解职。崇韬奏复用张宪。谦谓革曰："租庸钱谷，悉在目前，委一小吏可办。邺都天下之重，不可轻以任人。"革以语崇韬。崇韬罢宪不召，以兴唐尹王正言为租庸使。谦益愤。因求解职。庄宗怒其避事，欲寘之法。景进救解之，乃止。已而正言病风不任事。景进数以为言。乃罢正言，以谦为租庸使。事在同光二年（924）八月。唐时，户部、度支、盐铁各为一司。梁置租庸使，专天下泉货。同光二年正月，诏盐铁、度支、户部，并委租庸使管理。见《旧史·本纪》。庄宗初即位，除百姓田租，放诸场务课利欠负，谦悉违诏督理。故事，观察使所治属州，事皆不得专达，上所赋调，亦下观察使行之，而谦直以租庸帖调发诸州。观察使交章论奏，以为制敕不下支郡，刺史不专奏事，唐制也，租庸直帖，伪梁之弊，不可为法。诏从其请。而谦不奉诏。又请减百官俸钱。省罢节度、观察判官、推官等员数。鄣塞山谷径路，禁止行人，以收商旅征算。遣大程官放猪羊柴炭。占庇人户。更制括田竿尺。尽率州使公廨钱。由是天下皆怨苦之。谦敢于显违诏旨而多敛怨者，必庄宗意在聚敛，故纵之，且阴使之然也。《旧书·食货志》曰："梁祖之开国也，属黄巢大乱之后，以夷门一镇，外严烽堠，内辟污莱，厉以耕桑，薄以租赋。士虽苦战，民则乐输。二纪之间，俄成霸业。及末帝与庄宗对垒于河上，河南之民，虽困于辇运，亦未至流亡。其义无他，盖赋敛轻而丘园可恋故也。及庄宗平定梁室，任吏人孔谦为租庸使，峻法以剥下，厚敛以奉上。民产虽竭，军食尚亏。加之以兵革，因之以饥馑。不三四年，以致颠陨。其义无他，盖赋役重而寰区失望故也。"梁、唐之优劣可见矣。

第四节　唐灭前蜀

王建盗贼，乘时窃据全蜀，已为非分，然其贪欲颇甚。梁、唐嬗代之际，初思连岐以取关中，已而兵出不利，则又乘岐之削弱而思兼并，而二国之兵衅启焉。《通鉴》云：蜀主女普慈公主，嫁岐王从子秦州节度使继崇。公主遣宦者宋光嗣以绢书遗蜀主，言继崇骄矜嗜酒，求归成都。蜀主召主归宁，留之。岐王怒，与蜀绝，聚兵临蜀东鄙。乾化元年（911）。《新五代史·前蜀世家》云：茂贞自山南入蜀，地狭势孤。遂与建和，以其子娶建女，因求山南故地。建怒，不与。二书所言，自以《新史》为近实。狨焉思启，何国蔑有？未必因一女而启衅也。乾化元年三月，建以王宗侃为都统，宗祐、宗贺、唐道袭为招讨使，率步骑十二万伐岐。岐使刘知俊与继崇击之。战于青泥岭，在今陕西略阳县西北。蜀兵败绩。道袭奔兴元。宗侃、宗贺保安远军。前蜀置于西县，在今陕西沔县西。知俊、继崇追围之。建如兴元，使王宗弼本许人魏弘夫。救安远，败岐兵。岐兵乃还。茂贞左右石简颙谗刘知俊，茂贞夺知俊兵。继崇言于茂贞，茂贞乃诛简颙以安之。继崇召知俊，举族居于秦州。二年十二月，蜀王宗汾攻岐，取文州。四年二月，梁以岐人数为寇，徙感化陕州。康怀英于永平。十二月，李继徽为其假子彦鲁毒杀。明年，为贞明元年（915），四月，继徽假子保衡杀彦鲁，以邠、宁二州降梁。梁以为感化节度使，而移霍彦威镇静难。茂贞使刘知俊围邠州，彦威固守拒之。八月，蜀使王宗绾、本姓名曰李绾。宗播即许存。攻秦州，宗瑶、本姓名曰姜郅，燕人。宗翰攻凤州。见第七章第一节。十一月，兴州刺史王宗铎克阶州。兴州见第十一章第六节。阶州见第六章第二节。宗绾克成州。见第二章第二节。李继崇降蜀。刘知俊妻子皆迁于成都。知俊闻之，解围还凤翔。旋奔蜀。宗绾亦会宗瑶克凤州。李彦韬者，本华原贼帅，华原，今陕西耀县。茂贞以为养子，以华原为耀州，美原为鼎州，今陕西富平县美原堡。置义胜军，以彦韬为节度使。十二月，彦韬降梁。梁以华原为崇州，置静胜军，美原为裕州，为其属郡，以彦韬为节度使。复姓温，名之曰昭图。蜀于凤州置武胜军，割文、兴二州隶之。二年八月，遣王宗绾及集王宗翰、本姓孟，建姊子。嘉王宗寿许州人，本亦姓王。将兵十万出凤州，王宗播、刘知俊、王宗俦、唐文裔将兵十二万出秦州以伐岐。十月，宗绾等取宝鸡。今陕西宝鸡县。宗播等至陇州，见第二章第六节。岐保胜军节度使李继岌岐人置保胜军于陇州。畏茂贞猜忌，弃军来降。复姓名曰桑弘志。刘知俊会宗绾等围凤翔，大雪，建召之还。三年七月，建使桑弘志、王宗宏、宗侃、刘知俊等伐岐。诸将皆旧功臣，不用命，无功而还。宦者唐文扆数毁知俊，建亦阴忌之，师还，诬以谋叛，收斩之。四年二月，建复以王宗侃为都统。四月，岐使求好于蜀。六月，建死，岐、蜀之干戈始息。

　　王建本不知政治。《新史·世家》云：蜀恃险而富，当唐之末，人士多欲依建以避乱。建虽起盗贼，而为人多智诈，善待士，故其僭号所用，皆唐名臣世族，此亦沐猴而冠耳。僭号之初，以韦庄为左散骑常侍，判中书、门下事。

明年，复相张格，格者，濬之子，濬之见杀，永宁县吏叶彦素与之厚，豫告之。濬使格去之，以存宗祀，遂自荆南入蜀。永宁见第九章第二节。庄，唐宰相见素之孙也。然纪纲实不立，诸将多跋扈。建患之，乃与嬖幸谋之，又多内宠，任宦寺，政事遂大紊矣。建多假子，至百二十人。宗佶最长，建僭号时为中书令，与韦庄同判中书、门下事。唐道袭者，始以舞童事建，后浸与谋画，为亲随马步军都指挥使，及僭号，以为枢密使，嬖幸中最握权者也。建十一子，卫王宗仁最长，幼以疾废。其次曰简王宗懿。开平二年（908）二月，以宗佶为太师，罢政事。宗佶上表，以为："臣官预大臣，亲则长子，国家之事，休戚是同。今储贰未定，必生厉阶。陛下若以宗懿才堪继承，宜早行册礼，以臣为元帅，兼总六军。傥以时方艰难，宗懿冲幼，臣安敢持谦，不当重事？陛下既正位南面，军旅之事，宜委之臣下。臣请开元帅府，铸六军印，征戍征发，臣悉专行。太子视膳于晨昏，微臣握兵于环卫，万世基业，惟陛下裁之。"此表不知果出宗佶，抑造作之以成其罪也。建于其入见时，命卫士扑杀之，盖出其不意也。六月，立宗懿为太子。后更名元坦，又更曰元膺。元膺与唐道袭不协。四年七月，出道袭为山南西道节度使。乾化三年（913）三月，复入为枢密使。元膺疏其过恶，乃复以为太子太保。七月，元膺以兵攻道袭，杀之。建召王宗侃等，使发兵讨乱者，元膺亦死。十月，立幼子郑王宗衍为太子。史云：建本以雅王宗辂类己，信王宗杰才敏，欲择一人立之，而衍母徐贤妃，使唐文扆讽张格，格夜以表示王宗侃等，云受密旨，众皆署名，建以为众人实欲立宗衍，不得已许之，其后宗杰暴卒，事在贞明四年（918）二月。建犹深疑之焉。张格虽云憸邪，然建之昏耄而牵于内宠，亦大可见矣。贞明二年十二月，建改国号曰汉。四年，复曰蜀。是岁五月，疾革。王宗弼时为北面行营招讨使，召还，以为马步都指挥使。王宗宸遣人守宫门。宗弼等排闼入，言其罪，流贬之。太子即位后杀之。以宋光嗣为内枢密使，与宗弼、宗瑶、宗绾、宗夔并受遗诏辅政。建初虽因唐制置枢密使，专用士人，至此始用宦者矣。六月，建卒，衍立。张格亦遭贬斥。内外迁除，皆出宗弼。宋光嗣亦以判六军事让之。

衍颇知学问，能为浮艳之辞。建正室周氏，后建数日卒。衍因尊其母徐氏为太后，后妹淑妃为太妃。太后、太妃，以教令卖官，自刺史以下，每一官阙，必数人并争，而入钱多者得之。通都大邑，起邸店以夺民利。衍年少荒淫，委政于宦者宋光嗣、光葆、景润澄、王承休、欧阳晃、田鲁俦等。《新史·世家》。《通鉴》云：蜀主以内给事王廷绍、欧阳晃、李周辂、朱光葆、宋承蕴、田鲁俦等为将军及军使，皆干与政事，骄纵贪暴，大为蜀患。光葆，光嗣之从弟也。《注》云：朱光葆，当作宋光葆。《鉴》又云：仗内教坊使严旭，强取士民女子内宫中，或得厚赂而免之，以是累迁至蓬州刺史。皆见贞明四年（918）。蓬州见第十一章第六节。而以韩昭、潘在迎、顾在珣、彦朗子。严旭等为狎客。起宣华苑，与诸狎客、妇人，日夜酣饮其中。每微服出游民间。尝与太后、太妃游青城山，在今四川灌县西南。宫人衣服，皆画云霞，飘然望之若仙。衍自作《甘州曲》述其状，上下山谷，常自歌而使宫人皆和之。贞明六年，衍下诏北巡。八月，发成都。旌旗兵甲，亘百余里。至安远。十一月，使王宗俦等伐岐，以食尽引还。十二月，衍至利州。见第六章第三节。阆州团练使林思谔来朝。阆州，今四川阆中县。请幸所治。从之。泛江而下，龙舟画舸，辉映江渚。所在供亿，人不堪命。内外乖连，上下酣嬉，敌兵一临，遂如摧枯拉朽矣。

　　唐庄宗同光二年（924），使客省使李严使蜀。严乃行险徼幸之徒，还言蜀可取，于是二国之兵机潜伏。旋复使李彦稠往。蜀亦使欧阳彬报聘，用敌国礼。李严之至，臣下言唐有侵犯之心，颇置兵于边以为备。已而以为既通好，复罢之。明年九月，唐以魏王继岌为西川四面行营都统，郭崇韬为东北面行营招讨，高季兴为东南面行营招讨，李绍琛为马步军都指挥使，李严为招抚使，伐蜀。先是，李茂贞卒，子从曮袭。同光二年四月。及是，以为都供军转运应接等使。初，蜀置驾下左右龙武军，兵械给赐，皆优于他军，以王承休为都指挥使。安重霸者，云州人。与李嗣源俱事李克用，以罪奔梁，复以罪奔蜀。蜀以其蕃人善骑射，用为亲将，谄事承休，乃用为副。旧将无不愧耻。旋又以承休为天雄军节度使，以龙武军为其衙兵。承休绳秦州之美，请衍往游焉。十月，唐李绍琛与李严以骁骑三千、步兵万人为先锋，降威武城，当在凤州东。又降凤州。时李继曮竭凤翔蓄积以馈军，不能充。军入大散关，在宝鸡西南。无十日之粮。《新史·继岌传》。至是，得军储四十万，遂无饥乏之虞。衍之出游也，凤州告唐兵西上。衍以为群臣同谋沮己，不之省。及至利州，威武城败卒奔还，始信唐兵之至。以王宗勋、宗俨、宗昱为招讨，将兵三万，逆战于三泉，今陕西宁羌县。败绩。乃命王宗弼守利州，倍道而还。蜀诸节度、刺史，纷纷迎降。王承休以赂买道于羌人，自扶、文而南。扶州见第七章第一节。为所钞，士卒冻馁。众万二千，比至茂州，二千而已。高季兴攻施州，为蜀峡路招讨使张武所败。武闻北路陷败，亦使诣继岌降。《旧史·庄宗纪》：高季兴奏收复归、夔、忠等州，恐误。天成元年（926）《通鉴考异》引《明宗实录》：六月，季兴奏去冬先朝诏命攻取峡内属郡，寻有施州官吏，知臣上峡，率先归投，忠、万、夔三州，旦夕期于收复，被郭崇韬专将文字，约臣回归云云，可见诸州之未下也。王宗弼引兵西归，劫迁蜀主于西宫，自称权西川兵马留后。李绍琛入利州。至绵州，见第六章第三节。蜀人断绵江浮梁。绍琛与李严乘马浮度。从兵得济者几千人，步兵溺死者，亦千余人。入鹿头关。见第七章第四节。进据汉州。见第六章第三节。三日，后军始至。宗弼以蜀主书遗李严，曰："公来，吾即降。"严欣然，驰入成都。宗弼称蜀君臣久欲归命，内枢密使宋光嗣、景润澄、宣徽使李周辂、欧阳晃营惑蜀主，皆斩之，函首送继岌。又枭韩昭于坊门。继岌至，衍遂降。自出师至此，凡七十日而已。《通鉴考异》云：《实录》：自兴师出洛至定蜀城，计七十五日。薛《史》同，按唐军九月戊申离洛城，十一月丁巳，已入成都，止七十日耳。王宗弼求为西川节度使，郭崇韬阳许之。宗弼久不得命，乃率蜀人列状见继岌，请留崇韬为帅。师之出也，庄宗使宦者李从袭监中军，李廷安、吕知柔为典谒。崇韬故为宦寺所嫉，及是，从袭等皆言其志难测，详见下节。崇韬欲自明，乃白继岌，收宗弼诛之，籍没其家。又明年，同光四年，明宗天成元年。正月，继岌遣李从暕、李严部送王衍及其宗族、百官数千人诣洛阳。四月，至秦川驿。时邺都叛，景进等劝庄宗除之。乃遣中使向延嗣赍敕至长安诛之。敕曰：王衍一行，并从杀戮。枢密使张居翰就殿柱揩去行字，改为家字，由是蜀百官及衍仆从获免者千余人。

第五节　后唐庄宗之亡

庄宗之伐蜀，其用意果何在乎？《旧五代史·本纪》云：帝令李严往市蜀中珍玩，蜀法严峻，不许奇货东出，其许市者谓之入草物，严不获珍货，归而奏之。帝怒曰："王衍宁免为入草之人邪？"由是伐蜀之意锐矣。《新史·后蜀世家》云：庄宗以孟知祥为西川，知祥驰至京师，知祥时留守太原，见下。庄宗戒有司盛供帐，多出内府珍奇诸物以宴劳之。酒酣，语及平昔，以为笑乐。叹曰："继岌前日乳臭儿耳，乃能为吾平定两川，吾徒老矣，孺子可喜，然益令人悲耳。吾忆先帝弃世时，疆土侵削，仅保一隅，岂知今日奄有天下，九州四海，奇珍异产，充牣吾府？"因指以示知祥曰："吾闻蜀土之富，无异于此，以卿亲贤，故以相付。"合此二事，及闻宦者言郭崇韬私蜀财贿而怒见下。观之，其意之所在，昭然可见。李严盖明知其然而逢其恶？谓其急于功名，尚视之太高也。使其君臣果有拓疆土一天下之志，岂有不先事吴、楚，并荆南亦任其离遂，顾勤兵于蜀者乎？

北夷天泽之分，本不甚严，用兵之际，真子与假子，尤相去无几，庄宗所以能君临晋土，过于十年，卒以灭梁者，以是时太原贫窭，睨梁之广土众民而思夺之也。一朝遂志，则争攘之鹄，在此不在彼矣，所谓外宁必有内忧也。

《旧史·郭崇韬传》云：庄宗与崇韬议伐蜀，择大将。时明宗为诸道兵马总管，本符存审职。存审卒，嗣源代之，见下。当行。崇韬自以宦者相倾，欲立大功以别之，乃奏曰："契丹犯边，全倚总管镇御。继岌德望日隆，大功未著，宜依故事，以亲王为元帅，成其威望。"庄宗曰："小儿幼稚，安能独行？卿当择其副。"崇韬未奏，庄宗曰："无逾于卿。"乃以继岌为都统，崇韬为招讨使。将发，奏曰："若西川平定，陛下择帅，如信厚善谋，事君有节，则孟知祥有焉。如宰辅阙人，张宪有披榛之劳，为人谨重而多识；其次李琪、崔居俭，中朝士族，富有文学；可择而任之。"军发，招怀制置，官吏补置，师行筹划，军书告谕，皆出于崇韬，继岌承命而已。庄宗令内官李廷安、李从袭、吕知柔为都统府纪纲。见崇韬幕府繁重，将吏辐凑，降人争先赂遗，都统惟大将省谒，衙门索然，大为诟耻。及王宗弼归款，行赂先招讨府。王衍以成都降，崇韬居宗弼之第，宗弼选衍伎妾、珍玩，以奉崇韬，求为蜀帅，崇韬许之。又与崇韬子廷诲谋，令蜀人列状见魏王，请奏崇韬为蜀帅。李从袭等谓继岌曰："郭公收蜀部人情，意在难测，王宜自备。"由是两相猜察。庄宗令中官向延嗣赍诏至蜀促班师。崇袭谓之曰："魏王，贵太子也，主上万福，郭公专弄威柄，旁若无人。昨令蜀人请己为帅。郭廷诲拥徒出入，贵拟王者。所与狎游，无非军中骁果，蜀中凶豪，昼夜伎乐欢宴，指天画地。父子如此，可见其心。今诸军将校，无非郭氏之党，魏王悬军孤弱，一朝班师，必恐纷乱，吾属莫知暴骨之所矣。"因相向垂涕。延嗣使还具奏。皇后泣告庄宗，乞保全继岌。庄宗复阅蜀簿，曰："人言蜀中珠玉金银，不知其数，何如是之微也？"延嗣奏曰："臣问蜀人，知蜀中宝货，皆入崇韬之门。言崇韬得金万两，银四十万，名马千匹，王衍爱妓六十，乐工百，犀玉带百；廷诲自有金银十万两，犀玉带五十，艺色绝妓七十，乐工七十，他财称是；魏王府蜀人赂遗，不过匹马而已。"《旧史·庄宗纪》：同光四年（926）三月甲子，西川辇运金银四十万至阙，分给将士有差，其数与延嗣所奏崇韬所有金银数相合。不云四十一万者，举成数也。岂崇韬死后，金银尽入魏王哉？即谓然，当日蜀人何由知其的数？疑此所言金银之数，实后来辇运而东之数，传述者因而附会之也。《纪》又载庄宗自汜水还师，过罂子谷，道路险狭，每遇卫士执兵仗者，皆善言抚之，曰：适报魏王又进纳西川金银五十万，到京当尽给尔等。此时未必敢为虚言。《新史·南平世家》云：继岌得蜀金银四十余万，自峡而下。庄宗难作，继兴悉邀留之，而杀其使者韩珙等十余人。然则继岌所括西川货财，实不少也。王衍、王宗弼等，取之尽锱铢以遗敌，而李存勖等又以身殉之，岂不哀哉？罂子谷，在郑州。庄宗初闻崇韬欲留蜀，心已不平。又闻全有蜀之妓乐、珍玩，怒见颜色。即令中官马彦珪驰入蜀视崇韬去就。如班师则已，如实迟留，则与继岌图之。《通鉴》：孟知祥将行，帝语之曰："闻郭崇韬有异志，卿到为朕诛之。"知祥曰："崇韬国之勋旧，不宜有此。俟臣至蜀察之。苟无他志则遣还。"帝许之。寻复遣彦珪驰诣成都，观崇韬去就。庄宗当日，似不得使知祥径诛崇韬，盖亦使之观其去就耳，已又恐其不足信，乃更遣彦珪也。彦珪见皇后曰："祸机之发，间不容发，何能数千里外，复禀圣旨哉？"皇后再言之。庄宗曰："未知事之实否，讵可便令果决？"皇后乃自为教与继岌，令杀崇韬。时蜀土初平，山林多盗，孟知祥未至，崇韬令任圜、张筠分道招抚，圜时参继岌军事，筠以京兆尹从征，见下。虑师还后部曲不宁，故归期稍缓。四年正月六日，马彦珪至军，决取十二日发。令任圜权知留事，以俟知祥。以事体论，本应俟知祥至蜀，然后还师，崇韬之不遽言还，盖亦以待知祥也。使俟知祥至而后发，祸必不作。不信大臣而任近习，其招祸如此。诸军部署已定，彦珪出皇后教以示继岌。继岌曰："大军将发，他无衅端，安得为此？"从袭等泣曰："圣上既有口敕，王若不行，苟中途事泄，为患转深。"继岌曰："上无诏书，徒以皇后教令，安得杀招讨使？"从袭等巧造事端以间之。继岌既无英断，俛偭从之。诘旦，从袭以继岌之命召崇韬计事。继岌登楼避之。崇韬入，左右挝杀之。崇韬有子五人：廷信、廷诲，随父死于蜀。廷说，诛于洛阳。廷让，诛于魏州。廷议，诛于太原。家产籍没。夷夏冤之。是时之情势，与后来孟知祥据蜀时大异，决无可作刘备之理。《传》言崇韬诸子，骄纵不法，既定蜀川，辇运珍货，实于洛阳之第，籍没之日，泥封尚湿，果有异谋，安得如此？崇韬献家财以助郊祀赏给，已见上节，崇韬固非正士，然决非贪财之人。在蜀稍受货赂，殆亦与其受梁旧将之赂遗同意也。使其父子与军中骁果，蜀中凶豪，果有交结，一朝骈戮，归军岂得晏然？此可见宦官之多疑而寡虑也。然亦不必皆出于私意。彼其所谓忠谋，固不过如此，此小人之所以不可用也。刘后教不必令继岌必杀崇韬，度不过云：崇韬如叛，为自全计，不可拘泥耳。从袭等谓庄宗有口敕，未知信否，即有之，度亦不过如此。不然，继岌中军之力，岂足以杀崇韬哉？庄宗久亲军旅，纵昏愦不应至此。故知杀崇韬之谋，必决于宦竖也。崇韬之意，盖诚不过欲立大功，以间执谗慝之口；或并欲弭成继岌，以献媚于刘后耳，而转为其所贼，岂不哀哉？夸者死权，况乃失身外族？亦百世之龟鉴矣，庄宗弟存义，崇韬之女夫也，宦官构，并杀之。

孟子曰："得道者多助，失道者寡助。寡助之至，亲戚叛之。"非虚言也。失道则自觉其寡助，自觉其寡助，则猜疑甚而欲狀贼人，猜疑甚而欲狀贼人，则人人与之为敌矣，一国谋之，何以不亡？庄宗之信嬖幸而务诛戮是也。庄宗之灭梁也，朱友谦觐于洛阳。庄宗置宴享劳，宠锡无算。郊礼毕，以友谦为守太师尚书令。同光三年（925），赐姓，名继麟，编入属籍。赐之铁券，恕死罪。以其子令德为遂州节度使，遂州见第九章第一节。令锡为许州节度使。诸子为刺史者六七人。将校剖竹者又五六人。恩宠之盛，时无与比。巷伯、伶官，干与国事，方面诸侯，皆行赂遗，或求赂于继麟，虽俛偭应奉，不满其请，由是群小咸怨，遂加诬构。郭崇韬讨蜀，征师于河中，继麟使令德赴之。景进与其党构曰："昨王师初起，继麟以为讨己，颇有拒命之意。若不除移，如国家有急，必为后患。"崇韬既诛，宦官愈盛，遂构成其罪。曰："崇韬强项于蜀，盖与河中响应？"继麟闻之惧。四年正月，入觐。景进谓庄宗曰："河中人有告变者，言继麟与崇韬谋叛。闻崇韬死，又与李存乂构逆。当断不断，祸不旋踵。"群阉异口同辞。庄宗眩惑不能决。是月二十三日，授继麟滑州节度使。是夜，令朱守殷以兵围其第，擒之，诛于徽安门外。诏继岌诛令德于遂州，王思同诛令锡于许州，命夏鲁奇诛其族于河中。思同，刘仁恭外孙。仁恭为守光所囚，归晋。时为郑州刺史。夏鲁奇，本梁军校，与主将不协，奔晋，庄宗赐姓名曰李绍奇，时为河阳节度使。友谦旧将史武等七人，时皆为刺史，并以无罪族诛，籍没家产。昼移镇而夜行诛，可见其举措之乱。是时崇韬已死，友谦且离河中，复何所惧而仓黄如此？盖实疑其与存乂有谋，虑变起于肘腋之间也。亦可见其情势之危矣。朱守殷者，小字会儿。庄宗就学，以厮养之役，给事左右。及即位，为长直军使。虽列戎行，不闻战功。每构人之短长，中于庄宗。渐以心腹受委。河上对垒，稍迁蕃汉马步都虞候。守德胜寨，为王彦章所攻，无备，南寨遂陷。庄宗闻之，曰："弩才大误予事。"因彻北寨，往固杨刘。明宗在郓州，密请以覆军之罪罪之。庄宗私于腹心，忍而不问。同光三年，为振武节度使。不之任，仍兼领蕃汉马步军。与景进互相表里。此等人是任，安得不亡国败家哉？

　　庄宗之克灭梁，肇于魏师之叛，而其亡也亦由之。魏之叛梁也，效节军入于晋。庄宗自将之。与梁战河上数有功。许以灭梁厚赏。及梁亡，虽数赐与，而骄纵无厌，常怀怨望。《新史·房知温传》。庄宗固吝赏，然即使不吝，亦不能满骄军之欲壑也。郭崇韬之平蜀也，表董璋为东川节度使，璋本梁将，与高继兴同事李让。得隶太祖帐下。梁末，李季韬降，末主使取泽州，因守之。梁亡降唐。为郭崇韬所信，使守邠州。征蜀时为右厢马步都虞候。而庄宗以孟知祥为西川。知祥时知北都留守事，选代者。枢密承旨段徊盖亦宦者？不欲张宪在朝廷，荐之，乃授宪北都留守，而以王正言代宪知邺都事。正言病风，多忽忘，则以史彦琼监其军。邺都失重臣而益一宵小，危机遂潜伏矣。初庄宗令魏博指挥使杨仁晸戍瓦桥，见第十一章第三节。同光四年（926）代归，有诏令驻于贝州。时郭崇韬诛，人未测其祸始，皆云崇韬已杀继岌，自王西川，故尽诛郭氏。先是有密诏令史彦琼杀朱友谦之子澶州刺史建徽。彦琼夜半出城，不言所往。盖欲秘其事也。讹言云：刘皇后以继岌死于蜀，已行弑逆，帝已晏驾，故急征彦琼。其言播于邺都。贝州军士，有私亲宁于都下者，掠此言传于贝州。军士皇甫晖等作乱。劫杨仁晸。仁晸不从，杀之，而劫裨将赵在礼趋临清。见第三节。在礼少事刘仁恭为军校，仁恭遣佐守文袭取沧州，守文死，奔晋。二月五日晚，有自贝州至邺者，言乱兵将犯都城，都巡检使孙铎等趋史彦琼第，请给铠仗，彦琼疑铎等有他志，拒之。是夜三更，贼果攻北门。彦琼时以部众在北门楼。闻贼呼噪，即时惊溃。彦琼单骑奔京师。孙铎巷战不胜，携其母自水门出。王正言迎贼。众推在礼为兵马留后，草奏以闻。帝怒，命宋州节度使元行钦率骑三千赴邺都招抚。诏征诸道之师进讨。行钦者，本刘守光将。守光之夺父位，使攻大安山。又令杀诸兄弟。周德威攻幽州，守光令于山北募兵，与李嗣源剧战，后乃降。嗣源养以为子。庄宗东定赵、魏，选骁健置之麾下。因索行钦，嗣源不得已遣之。赐姓，名绍荣。宠冠诸将。由是颇为庄宗尽力。时邺都众知庄宗不赦，皆死守。行钦再攻不克。邢州兵士赵太作乱，霍彦威平之。以兵五千至城下，亦无功。而河朔州县，告乱者相继，乃不得不用李嗣源矣。

周德威之死也，庄宗使符承审守幽州。时缘边险要既失，幽州实不足控制，故契丹仍岁入寇。每使李嗣源御之。同光二年（924），承审以老病求去，代以李存贤。克用养子，本姓王，名贤，许州人。旋卒，又代以李绍斌。本姓赵，名行实，幽州人。事刘守文。守文死，事守光。庄宗伐幽州，归晋。赐姓名。明宗立，复本姓，改名德钧。先是郭崇韬兼领镇州，及是辞。三年二月，乃以嗣源为之，为绍斌声援。是岁十二月，朝于洛阳。《旧史·明宗纪》云：是时庄宗失政，四方饥馑，军士匮乏，有卖儿贴妇者，道路怨咨，帝在京师，颇为谣言所属。洎朱友谦、郭崇韬无名被戮，中外大臣，皆怀忧慑。朱守殷奉密旨伺帝起居。阴谓帝曰："德业振主者身危，公可谓振主矣，宜自图之，无与祸会。"初帝善遇枢密使李绍宏，郭崇韬死，绍宏为枢密使。及帝在洛阳，群小多以飞语谤毁，绍宏每为庇护。会元行钦兵退，河南尹张全义密奏请委帝北伐，绍宏赞成之，遂遣帝将兵渡河。《新史·宦者传》云：明宗自镇州入觐，奉朝请于京师。庄宗颇疑其有异志，阴遣绍宏伺其动静。绍宏反以情告明宗。绍宏、守殷，未必欲叛庄宗，知嗣源势大，不易动摇，乃为两面人，佞人之常态，固如此也。并举其赴邺者，以其在河北威名较著，冀燎原之势，易于收拾耳，观张全义亦以是为请可知。嗣源叛后，全义至忧惶不食以死，可见庄宗疑忌之深。然卒遣之行，又可见请之者之力。当时河北乱势，实已不易收拾矣。

《旧史·明宗纪》云：三月六日，帝至邺都。赵在礼等登城谢罪，出牲饩以劳军。帝亦慰纳之。营于邺城之西南。下令九日攻城。八日夜，军乱。从马直军士有张破败者，号令诸军，各杀都将，纵火焚营，欢噪雷动。至五鼓，乱兵逼帝营。亲军搏战，伤夷者殆半。乱兵益盛。帝叱之，责其狂逆之状。乱兵对曰："昨贝州戍兵，主上不垂厚宥。又闻邺城平定之后，欲尽坑全军。某等初无叛志，直畏死耳。已共诸军商量，与城中合势，击退诸道之师。欲主上帝河南，请令公帝河北。"帝泣而拒之。乱兵呼曰："令公欲何之？不帝河北，则为他人所有。苟不见机，事当不测。"抽戈露刃，环帝左右。安重海时为中门使，见下节。请霍彦威蹑帝足，诡随之。因为乱兵迫入邺城。悬桥已发，共扶帝越濠而入。赵在礼等欢泣奉迎。是日，享将士于行宫。在礼等不纳外兵，军众流散，无所归向。帝登南楼谓在礼曰："欲建大计，非兵不能集事，吾自于城外招抚诸军。"帝乃得出。夜至魏县，部下不满百人。时霍彦威所将镇州兵五千人独不乱，闻帝既出，相率归帝。诘朝，帝登城掩泣曰："国家患难，一至于此，来日归藩上章，徐图再举。"安重海、霍彦威曰："此言非便。元行钦狂妄小人。彼在城南，未闻战声，无故弃甲。如朝天之日，信其奏陈，何所不至？若归藩听命，便是强据要君，正堕谗慝之口也。正当星行归阙，面叩玉阶。谗间阻谋，庶全功业。"从之。十一日，发魏县。至相州，获官马二千匹，始得成军。元行钦退保卫州，果以飞语上奏。帝上章申理。庄宗遣帝子从审《新史·唐家人传》作从璟，云：初名从审，为元行钦所执，将杀之。从璟呼曰："我父为乱兵所逼，公等不亮其心，我亦不能至魏，愿归卫天子。"行钦释之。庄宗怜其言，赐名从璟，以为己子。庄宗闻明宗已渡黎阳，复欲遣从璟通问。行钦以为不可，遂杀之。《旧史》本传但作从审，无赐名从璟之说。《通鉴》亦作从璟。及内官白从训赍诏谕帝。从审至卫州，为行钦所械。帝奏章亦不达。帝乃趋白皋渡，驻军河上。山东上供纲载绢数船适至，乃取以赏军，军士以之增气。二十六日，至汴州。史记明宗叛庄宗之事如此。明宗老于军旅，士卒欢噪竟夜，竟坐待其来攻；亲兵伤夷殆半，乱兵不推戈剸刃，而仍请其为帝；皆情理所必无。赵在礼之所惮者，明宗也，非张破败也。《通鉴》云：城中不受外兵，皇甫晖遂击张破败，斩之，外兵皆溃，此时独不能并杀明宗乎？若谓明宗既无兵，不必杀，又有纵其出城招抚之理乎？从马直者，庄宗之亲军，选诸军骁勇者为之，分置四指挥，亦见《通鉴》。是岁二月十六日，其军士王温等五人谋乱，为卫兵所擒，磔于本军之门，盖其兵已怀叛志？然究为庄宗亲军，且纪律已坏，不可用。故借与城内通谋，而又密告城内叛军，使于其入门时击溃之，而专用镇州之兵也。《晋·高祖纪》云：诸军请明宗帝河北，明宗阳诺，诸军恐事不果，散者甚众，明宗所全者，惟常山一军，其明证也。《元行钦传》云：明宗为乱兵所迫，惟行钦之兵不动，按甲以自固。明宗密令张虔钊戒之曰："且坚壁勿动，计会同杀乱军，莫错疑误。"行钦不听。将步骑万人，弃甲而退。当时若不退，必为乱兵及霍彦威之兵所攻矣。《晋·高祖纪》又曰：明宗西次魏县，帝密言曰："犹豫者兵家之大忌。必若求诉，宜决其行。某愿率三百骑先趋汴水，以探虎口。如遂其志，请大军速进。"明宗至相州，遂分骁骑三百付之，遣帝由黎阳济河，自汴西门而入，遂据其城。明宗当时之用兵，在整而速，原不藉乎多也。

元行钦既退卫州，遣兵扼河阳桥，而自至洛阳，言乱兵欲渡河袭郓、汴，哀哉，此庄宗取梁之路也。劝庄宗幸关东招抚。关，谓汜水关。庄宗从之。至汜水，嗣源已入汴矣，诸军多叛，庄宗至荥泽，以龙骧马军八百为前锋，遣姚彦温董之，至中牟，率所部奔于汴。潘环守王村寨，有积粟数万，亦奔汴。王村寨，在今平原濮县。乃复还洛。嗣源命石敬瑭趋汜水，而身继之。时河北皆已归嗣源，时齐州刺史李绍虔，即王晏球，泰宁节度使李绍钦，即段凝，贝州刺史李绍英，即房知温屯瓦桥。北京右厢马军都指挥使安审通屯奉化军。嗣源皆遣使召之。嗣源家在真定，虞候将王建立先杀其监军，由是获全。嗣源子从珂，先戍石门，将所部兵与建立军合，倍道从嗣源。石门镇，即唐之横水栅。奉化军，置于泰州，泰州时治清苑。庄宗所望者，继岌之归师耳。自元行钦再攻邺都不克，即连发中使促之。然继岌为叛将所牵，驻利州不得东。初康延孝与董璋不协，郭崇韬奏璋为东川节度使，延孝已不平。继岌既杀崇韬，命任圜代总军政而东，延孝以万二千人为后军。至武连，在四川剑阁县西南。遇敕使，命继岌诛朱令德，继岌遣董璋往，延孝益自疑。而其所将多河中兵，闻朱友谦死，皆号哭。延孝亦曰："友谦与我，同背梁归唐，友谦死，祸次及我矣。"遂自剑州西还，移檄成都，称奉诏代孟知祥。继岌使任圜讨之。与知祥合势，擒之汉州。庄宗遣向延嗣诛之凤翔，时庄宗已死矣。乃东还。时三月九日也。于是宰相、豆卢革，韦说。枢密使李绍宏。奏西军将至，车驾宜控扼汜水，收抚散兵以俟之。庄宗从之，定四月朔发，而难又作。初郭从谦虽以优进，而尝有军功，故以为从马直指挥使。从谦以姓郭，拜崇韬为叔父，而皇弟存义，又以从谦为养子。崇韬死，存义见囚，从谦置酒军中，愤然流涕，称此二人之冤。王温诛，庄宗戏从谦曰："汝党存义、崇韬负我，又教王温反，复欲何为乎？"从谦恐，退而激其士曰："罄尔之赀，食肉饮酒，无为后日计也。"士问其故。从谦曰："上以王温故，俟破邺尽坑尔曹。"军士信之，皆欲为乱。及是而乱作。《通鉴》云：从谦不知存义已死，欲奉以为乱。庄宗率诸王、卫士击之，中矢死。庄宗弟七人：存美、存霸、存礼、存渥、存义、存确、存纪。存义为庄宗所杀，已见前。存霸，历昭义、天平、河中节度使，存渥，历义成、天平节度使，皆居京师，食其禄而已。赵在礼反，乃遣存霸于河中。再幸汜水，徙北京留守，而以存渥为河中。宣麻未讫，郭从谦反。存渥从庄宗拒贼。庄宗死，存渥与刘皇后同奔太原。至风谷，在太原西。为部下所杀。后至太原，削发为尼。明宗入立，遣人赐之死。存霸闻京师乱，亦自河中奔太原。先是朝命内官二人居太原，一监军，一监仓库。魏州军乱，又命汾州刺史李彦超符存审子。存审亦克用假子，以女为宋太宗后，故欧《史》不入《义儿传》。赴北京。存霸与内官谋杀彦超。彦超欲先之，张宪不可。彦超遂杀之。并二内官。宪奔忻州。明宗以弃城之罪诛之。合新、旧《史·张宪》《符彦超传》观之，其事当如此。《旧史·宪传》误存霸为存渥，《彦超传》谓存霸并谋杀宪，皆非。存确、存纪奔南山，安重海使霍彦威即所匿民家杀之。存美素病风，居太原，与存礼及庄宗四子继嵩、继潼、继蟾、继峣，皆不知所终。《新史·唐家人传》云：太祖之后遂绝。其荐居上国也，正其自绝其种也。郭从谦之叛也，朱守殷将骑兵在外，中使急召之，守殷按甲不进。逮闻凶问，乃入内，选嫔御、珍宝以归。恣军士劫掠东都，翼日方定。乃率诸校迎嗣源于东郊。

继岌东归，至兴平，闻洛阳乱，复引兵西，欲保据凤翔。至武功，李从袭曰："祸福未可知，退不如进，请王亟东行，以救内难。"从之。至渭水。初京兆尹张筠从郭崇韬伐蜀，留弟篯守京兆。及是，篯断其浮梁。继岌循河而东。至渭南，左右皆溃。从袭曰："大事已去，王宜自图。"继岌徘徊流涕。乃自伏于床，命仆夫李环缢杀之。环即树杀郭从韬者也。欧《史》曰：继岌之存亡，于张篯无所利害，篯何为拒之不使东乎？岂其有所使而为之乎？然明宗于符彦超深以为德，而待篯无所厚，此又可疑也。不然，好乱之臣，望风而响应乎？使篯不断浮桥而继岌得以兵东，明宗未必能自立。则继岌之死，由篯之拒，其所系者岂小哉？张篯之拒继岌，未必受命于明宗，此正所谓天下叛之者也。

第六节　后唐明宗时内外形势

李嗣源以四月三日至洛阳。先以群臣诸将之请监国。旋请改国号，不许。而以李琪之议，援唐睿宗、文宗、武宗弟兄相及之例，即位于庄宗枢前，是为明宗。盖时崇尚门第之风未殄，明宗世本夷狄，无姓氏，《新史·本纪》。不足以君临中土，而在北狄中，沙陀尚为贵种，故不得不继朱邪之绪也。《新史·康福传》：福世本夷狄，而夷狄贵沙陀，故常自言沙陀种也。福尝有疾，卧阁中，寮友入问疾，见其锦衾，相顾窃戏曰："锦衾烂兮。"福闻之，怒曰："我沙陀种也，安得谓我为奚？"闻者笑之。时明宗年已六十矣。既尝历艰难，故狂纵稍减。《欧史·本纪》赞云：长老为予言：明宗虽出夷狄，而宽仁爱人。尝夜焚香仰天而祝曰："臣本蕃人，岂足治天下？世乱久矣，愿天早生圣人。"自初即位，减罢宫人、伶官；废内藏库，四方所上物，悉归之有司。数问宰相冯道等民间疾苦。闻道等言四方谷帛贱，民无疾疫，则欣然曰："吾何以堪之？当与公等作好事，以报上天。"吏有犯赃，辄寘之死，曰："此民之蠹也。"以诏书褒美廉吏孙岳等，以风示天下。其即位时，春秋已高，不迩声色，不乐游畋。在位十年，实止八年。于五代之君，最为长世。兵革粗息，年谷丰登，生民实赖以休息云。此等煦煦之仁，岂遂足以为治？《赞》又云：《夷狄性果，仁而不明，屡以非辜，诛杀臣下"，则仍未脱北狄犷悍之习也。《新史·安重海传》：

明宗为人虽宽厚，然其性夷狄，果于杀人。马牧军使田令方，所牧马瘠而多毙，坐劾当死。重诲谏曰："使天下闻以马故杀一军使，是谓贵畜而贱人。"令方因得减死。明宗遣回鹘侯三驰传至其国。侯三至醴泉县，县素僻，无驿马，其令刘知章出猎，不时给马。侯三遽以闻。明宗大怒，械知章至京师，将杀之。重诲从容为言，知章乃得不死。《旧史·宗室传》：秦王从荣入为河南尹，一日，明宗谓安重诲曰："近闻从荣左右，有诈宣朕旨，令勿接儒生，儒生多懦，恐钝志相染。朕方知之，颇骇其事。予比以从荣方幼，出临大藩，故选儒雅，赖其裨佐。今闻此奸憸之言，岂朕之所望也？"鞫其言者，将戮之。重诲曰："若遽行刑，又虑宾从难处，且望严诫。"乃止。夫此其因谏而止者耳。其谏而不止，或莫之谏者，则史不能纪矣。号称宽仁者如此，而其暴虐者可知矣。当此之时，中国之士大夫，为夷狄所虐杀者亦多矣。但较之克用、存勖辈，则自贤耳。

明宗监国，即诛孔谦，废其聚敛之政。又大诛宦官。《通鉴》：天成元年（926），近侍为诸道监军者，皆恃恩与节度使争权。及邺都军变，所在多杀之。《新史·宦者传》云：明宗入立，又诏天下：悉捕宦者而杀之。宦者亡窜山谷，多削发为浮屠。其亡至太原者七十余人，悉捕而杀之都亭驿，流血盈庭。夫宦者当唐末，遭芟夷之祸，亦可谓酷矣，一朝复用，仍不知鉴，而骄纵贯祸如此，可谓不仁者难与言也。天成二年，以郭从谦为景州刺史。既至，乃遣使族诛之。此等举措，似足矫庄宗之失。然不知治体，不能用人。继岌之死也，任圜代总其众而东，明宗用为相，兼判三司。圜能拣拔贤俊，杜绝幸门，期月之内，府库充赡，朝廷修葺，《旧史》本传。不可谓之非才。然此时之大权，不在宰相而在枢密使。明宗监国，张居翰乞罢，即以孔循为之。天成二年正月，遂加循同平章事。循与圜交恶。安重诲少事明宗。及镇邢州，以为中门使。随从征讨，凡十余年。邺城之变，佐命之功，独居其右。践阼，领枢密使。四五年间，独绾大任。环卫酋长，贵戚近习，无敢干政者。其任用可谓特专。重诲亦与圜不协。圜遂罢职。后竟为所杀。见下。重诲忠于明宗，思为之除去隐患。然颇失之操切；明宗又年老气衰，不能英断；措施未竟，旋见诛夷，遂致不能弭患，转以召祸矣。

斯时之大患，果何在乎？曰：首在于兵之骄。此固历世之积弊，然至邺都变后，则愈势成横流矣。天成元年（926）五月，麟州奏指挥使张延宠作乱，焚剽市朝，已杀戮讫。是月，以赵在礼为滑州节度使，在礼以军情不顺为辞，不之任。实为其下所制也。《通鉴》。诏发汴州控鹤指挥使张谏等三千人戍瓦桥。六月，丁酉，出城，复还作乱，焚掠坊市。杀权知州推官。逼马步都指挥使符彦饶为帅。彦超弟。彦饶曰："欲吾为帅，当用吾命，禁止焚掠。"众从之。己亥旦，彦饶伏甲于室，诸将入贺，执张谏等四人斩之。其党张审琼率众大噪。彦饶勒兵击之,尽诛其众四百人。诏以枢密使孔循知汴州,收为乱者三千家悉诛之。滑州都指挥使白可洪等攻魏博戍兵三指挥,逐出之,互相奏云作乱。遣使按验得实。七月,斩可洪于都市。其首谋滑州左崇牙全营族诛。助乱者右崇牙两长剑建平将校百人亦族诛。镇州留后王建立奏涿州刺史刘殷肇不受代,谋叛,辄发兵收掩,擒之。殷肇及其党十三人,见折足戕诘。八月,同光中,符习为青州节度使。宦官杨希望为监军,专制军政。赵在礼据魏州,习奉诏以本军进讨。明宗为乱军所劫,即罢归。希望遣兵邀之。习惧而还。至滑州,明宗遣人招之。习至,从入汴。希望闻魏兵乱,遣兵围守习家,欲尽杀之。青州指挥使王公俨围希望之第,擒而杀之。遂与都将李谨等谋据州城,以邀符节。除为登州刺史,不时赴任。乃以霍彦威代习,聚兵淄州,以图进取。公俨乃赴所任。彦威惩其初心,遣人擒诸北海县。今山东潍县。与同党李谨、王居厚八人斩于州东。十月,静难节度使毛璋,骄僭不法。训卒缮兵,有跋扈之志。诏以颍州团练使李承约为节度副使以察之。徙璋为昭义节度使。庄宗改潞州昭义军为安义军,旋复旧。璋欲不奉诏。承约与观察判官边蔚从容说谕,久之,乃肯受代。二年二月,先是房知温为北面招讨使,戍卢台军,今河北宁河县芦台镇。以备契丹。及是,以冀州刺史乌震为副招讨使代之。三月,赵在礼谋脱祸,阴遣腹心诣阙求移镇。初在礼除皇甫晖、赵进为马步都指挥使,明宗乃除晖陈州刺史,进贝州刺史,徙在礼为横海,而以皇子从荣镇邺都,命宣徽北院使范延光将兵送之,且制置邺都军事。乃出奉节等九指挥三千五百人,使军校龙晊部之戍卢台。不给铠仗,但系帜于长竿,以别队伍。由是皆俯首而去。中途,闻孟知祥杀李严,见下。军中藉藉,已有讹言。及至,会朝廷不次擢乌震为副招讨使,讹言益甚。房知温怨震来代己,震至未交印。震召知温及先锋马军都指挥使安审通博于东寨,知温诱龙晊所部兵杀震。审通脱身走,夺舟济河,将骑兵按甲不动。知温恐事不济,亦上马出门。乱兵揽其辔曰:“公当为士卒主,去欲何之?”知温绐之曰:“骑兵皆在河西,不收取之,独有步兵,何能集事?”遂跃马登舟济河,与审通合谋击乱兵,乱兵遂南行,骑兵徐踵其后。乱者相顾失色。列炬宵行,疲于荒泽。诘朝,骑兵四合击之,得免者十无一二。以上据《通鉴》。《旧纪》略同。惟不云房知温诱龙晊所部为乱。然《知温传》与《通鉴》同。《纪》又云:夜窜于山谷,稍奔于定州。及王都之败,乃无遗类矣。四月,敕卢台乱兵在营家属,并全门处斩。敕至邺都,阖九指挥之门,驱三千五百家凡万余人悉斩之。永济渠为之变赤。自有藩镇以来,覆辙相寻,诛戮惨毒,未有如魏军之甚者也。赵在礼历镇泰宁、匡国、天平、忠武、武宁、归德、晋昌,所至邸店罗列,积赀巨万。晋出帝时,为北面行营马步都虞候,以击契丹。未尝有战功。其在宋州,人尤苦之。已而罢去,宋人喜,相谓曰:“眼中拔钉，岂不乐哉？"既而复受诏居职，乃籍管内，口率钱一千，自号拔钉钱。晋亡，契丹入汴，在礼自宋驰至洛阳，遇契丹拽刺等，拜于马前。拽刺等兵共侵夺之，诛责货财。在礼不胜愤。行至郑州，闻晋大臣多为契丹所锁，中夜惶惑，解衣带就马枥自经而卒。皇甫晖，终唐世常为刺史。晋天福中，以卫将军居京师。在礼已秉旄节，罢镇来朝。晖往候之，曰："与公俱起甘陵，卒成大事，然由我发也。公今富贵，能恤我乎？不然，祸起坐中。"在礼惧，遽出器币数千与之。而饮以酒。晖饮自若，不谢而去。久之，为密州刺史。契丹犯阙。晖率其州人，奔于江南。李景以为歙州刺史，奉化军节度使，镇江州。周师征淮，景以为北面行营应援使。为周师所败，被擒。世宗召见，金创被体，哀之，赐以金带鞍马。后数日卒。在礼之以晖为都指挥也，晖拥甲士数百，大掠城中。至一民家，问其姓，曰："姓国。"晖曰："吾当破国。"尽杀之。又至一家，问其姓，曰："姓万。"晖曰："吾杀万家足矣。"又尽杀之。此等人真所谓妖孽者也。十月，明宗如汴州。丁亥，至荥阳。时朱守殷帅汴，守殷之迎明宗，授河南尹，判六军诸卫事。后移汴州节度使。驱市人闭壁以叛。明宗遣范延光往谕之。延光曰："不早击之，则汴城坚矣，愿得五百骑与俱。"从之。延光暮发，未明，行二百里，抵城下。戊子，明宗至京水，遣石敬瑭将亲兵倍道继之。或谓安重海曰："失职在外之人，乘贼未破，或能为患，不如除之。"重海以为然。奏遣使赐任圜死。己丑，明宗至大梁，四面进攻。吏民缒城出降者甚众。守殷知事不济，尽杀其族，引颈命左右斩之。明宗兵入城，索其党尽诛之。守殷何能为？而明宗赴之如此其急，又因之而杀任圜，则知庄宗旧臣，不服明宗者必多也。王都之降晋也，庄宗为继岌取其女，恩宠特异。同光中，都奏部下将校为祁、易二州刺史，祁州，今河北安国县。不进户口，租赋自赡本军。安重海用事，稍以朝政厘之。时契丹犯塞，诸军多屯幽、易间。大将往来，都阴为之备，屡废送迎，渐成猜间。镇州节度使王建立与安重海不协。朱守殷反，都遣人说建立谋叛。建立伪许之，密以状闻。乌震之死，以王晏球代之。三年四月，命晏球讨都。都与王郁谋，引契丹为援。契丹秃馁率骁骑万人来，为晏球所败，以二千余骑奔入定州。其惕隐以七千骑来，又为晏球所败。还，赵德钧邀诸路，擒之。定州遂被围。十一月，捧圣指挥使何福进招收到安州作乱兵士五百人。安州见第八章第二节。自指挥使以下至节级四十余人并斩，余众释之。窦廷琬者，世为青州衙将。梁祖擢在左右。同光中，请制置庆州盐池，庄宗以为庆州防御使。及是，以课利不集，诏移金州。廷琬叛。诏邠州节度使李敬围攻之。十二月，夷其族。四年二月，王晏球克定州。王都自焚死。府库妻孥，一夕俱烬。《旧史·都传》曰：李继陶者，庄宗初略地河朔得之，收养于宫中，名曰得得。天成初，安重海知其本末，付段徊养之为儿。徊知其不称，许其就便。都潜取以归。呼为庄宗太子。及都叛逆，僭其服装，时俾登城，欲惑军士。人知为伪，竞诟辱之。城陷，晏球获之，送于阙下。行至邢州，遣使戮焉。继陶果庄宗假子，养诸段徊之家，有何不称？曰听其自便，则重诲非使徊子之，乃使徊监之也。焉知继陶之必为假子哉？军士亦何知真伪？即知其伪，当时之军士，亦何人不可奉？竞加诟辱，特事势使然。使内兵势盛，安知不释甲而从之乎？庄宗之为民所弃久矣。身且戕之，何有于子？都欲以此惑众，其计亦殊无聊。然观其欲以此惑众，亦可见庄宗固不为人所与，明宗亦未必为人所戴也。诸方乱事，皆未有成，盖以其力微而地近？荆南、西蜀，兵力稍厚，且苦鞭长，遂终于离析矣。

　　荆南当唐末，为诸道所侵，高季昌始至江陵，一城而已。季昌招辑绥抚，人士归之。梁太祖崩，季昌谋拥兵自固。末帝优容之，封为渤海王。后唐庄宗入洛，季昌更名季兴，朝于洛阳。庄宗欲留之。郭崇韬曰："今四方诸侯，相继入贡，不过遣子弟、将吏，季兴以身述职，而反縻之，示天下以不广，且绝四方内向之意，不可。"乃止。同光三年（925），封为南平王。四年三月，季兴请割峡内夔、忠、万三州，却归当道，依旧管系。又请云安监。在今四川云阳县东北。俞其请。诏命未下，庄宗遇弑。天成元年（926）六月，季兴又求三州。诏可之。后朝廷除刺史，季兴上言：已令子弟权知，请不除。不许。夔州刺史潘炕罢，季兴辄遣兵突入州城，杀戍兵而据之。朝廷除奉圣指挥使西方邺为刺史，不受。又遣兵袭涪州。韩琪之死，朝廷诘之，对曰："宜按问水神。"二年二月，以襄州节度使刘训为南面招讨使，东川董璋为东南面招讨使，西方邺副之。璋未出兵。邺克夔、忠、万三州，又取归州。见《旧史·邺传》。已而归州又为季兴所取。见《通鉴》。刘训遇霖潦，粮运不继，人多疾疫。时又令马殷攻季兴。殷仅遣兵屯岳州。许助军储弓甲，亦无至者。乃罢兵。季兴以荆、归、峡三州臣于吴。吴册为秦王。三年，冬，季兴卒。年七十一。长子从诲立。吴以为荆南节度使。从诲惧复见讨，使聘于楚，马殷为之请命，从诲亦奉表自归，《纪》在天成四年六月。明宗纳之。长兴元年（933）正月，拜为节度使，追封季兴楚王。三月，封从诲渤海王。闵帝应顺元年（934），封为南平王。荆南遂自立为国矣。荆南距吴远，距唐近，唐大兴兵，吴安能救？楚亦未敢与中原启衅，而明宗终于罢兵者？内外情势，可忧者甚多，固不容专力一隅也。

　　西川之情势，则又与荆南异。孟知祥亦宿将，且娶李克让女，其于明宗，实亦等伦，故易启疑忌。继岌之班师也，留其将李仁罕、张业、赵廷隐等，以精兵戍蜀，知祥皆抚而用之。时则知祥率成都富人及王氏故臣家，得钱六百万缗以犒军。其余者犹二百万。任圜入相，兼判三司，以太仆卿赵季良为三川制置使，督蜀犒军余钱送京师，且制置两川征赋。知祥不奉诏。然与季良有旧，遂留之，请为节度副使，事无大小，皆与参决。知祥北产，初入蜀，未必能用其人，后唐之敛怨于蜀深矣，其人亦未必为知祥用。既抚用李仁罕、赵季良等，则文武辅佐，咸有其人矣。知祥之镇蜀，庄宗以宦者焦汉宾为监军。明宗诛宦者，诸道监军皆罢，李严复自请为之，云必能制知祥。安重海乃用为西川都监。为知祥所杀。时天成二年正月也。知祥遣人迎其家属于太原。至凤翔，李从曮闻其杀李严，以为反矣，留之。明宗遣客省使李仁矩慰谕，并送其妻及子昶等归之。盖知其不易制，故欲羁縻之也。而安重海欲图之。《旧史·董璋传》曰：重海采人邪谋，言孟知祥必不为国家用，璋性忠义，可特宠任，令图知祥。璋子光业为宫苑使，又结托势援，争言璋之善，知祥之恶。恩宠既优，故璋益恣其暴戾。初，奉使东川者，皆言璋不恭于朝廷。四年夏，明宗将议郊天，遣李仁矩赍诏示谕两川，又遣重海驰书于璋，以征贡奉。时征东川钱五十万，璋许贡十万。西川钱百万，知祥许贡五十万。璋设宴召仁矩。仁矩拥倡妇，与宾客酣酒驿亭，日中不至。璋怒，领数百人，执戈入驿，欲杀之。涕泪拜告，仅而获免。仁矩复命，遂益言璋不法。《旧史》谓重海因是兼与璋隙。案，重海即偏听，亦未必信任璋。盖以其究较知祥为易制，姑用之以牵制知祥耳。然亦非专倚璋。先是已用亲信，分守两川管内诸州。每除守将，则以精兵为其衙队，多者二三千人，少者不下五百。是岁，复以夏鲁奇为武信节度使。分东川之阆州为保宁军，以李仁矩为节度使。又以武虔裕为绵州刺史。虔裕，重海之外兄也。由是璋与知祥皆惧。自璋镇东川，未尝与知祥通问，至是，乃使人求婚以自结。知祥欲不许。赵季良谓宜合从以拒唐，乃许之。于是连表请罢还所遣节度刺史等。明宗优诏慰谕之。而璋与光业书曰："如朝廷再发一骑入斜谷，吾必反矣！"而朝又发中使荀咸义将兵赴阆州。光业请停之。重海不从。长兴元年（930）九月，璋反。知祥继之。璋追武虔裕，囚诸衙署。攻破阆州，擒李仁矩，杀之。知祥遣李仁罕、张业、赵廷隐将兵三万，会璋攻遂州，侯弘实以四千人助璋守东川，弘实，康延孝将。前蜀故将张武下峡。唐以石敬瑭为都招讨使，夏鲁奇副之，王思同为西京留守，充先锋指挥。董璋趋利州，遇雨，粮运不继，还阆州。唐先锋攻剑门，破之。遂入剑州。以大军不继，复还剑门。知祥闻剑门破，大惧。已闻唐军弃剑州，乃喜。遣李肇以兵五千据剑州。肇亦康延孝将。又命赵廷隐分万五千人而东。十二月，石敬瑭与廷隐战于剑门，败绩。是时唐军涉险，饷道维艰。自潼关以西，民苦转馈，每费一石，不能致一斗，道路嗟怨。明宗忧之。以责安重海。重海请自行。翼日，即领数骑出。日驰数百里。所在钱帛粮料，星夜辇运。人乘毙踣，不可胜计。盖知事势之危急，欲速赴之也。然已无及矣。二年正月，李仁罕陷遂州，夏鲁奇自杀。川局益急，而重海遂罹于祸。

明宗四子：长从璟，为元行钦所杀，已见前。次从荣，次从厚，次从益。据《新史·家人传》，《愍帝纪》云：明宗第五子。《廿二史考异》云：《五代会要·帝号篇》，从厚亦第三子，而于《诸王篇》则云明宗第二子从璟，第三子从荣，第四子从璨，第五子从厚，第六子从益。盖其时以从珂为长子，又以仸从璨列于昆弟之次，则从厚当居第五，而从益为第六矣。从荣狂悖，而从厚、从益皆幼。养子从珂，本平山王氏子，今河北平山县。明宗为骑将，并其母掠得之。时年十岁矣。及长，数从征伐，颇有威名。明宗入立，拜河中节度使，封潞王。长兴元年（930），从珂阅马黄龙庄。其衙内指挥使杨彦温据城叛。从珂诘之。称奉枢密院宣。从珂走虞乡，今山西虞乡县。以其事闻。明宗命西京留守束自通、侍卫步军都指挥使药彦稠攻之，而诏从珂赴阙。明宗戒彦稠：生致彦温，吾将自讯之，而彦稠等斩之传首。宰相赵凤、冯道等奏从珂失守，合行朝典，重海又自论之，皆不听。时议谓重海忌从珂威名，欲倾陷之。《旧·明宗纪》。又云：从珂与重海在常山，因杯盘失意，以拳击重海，中其栉，走而免，从珂虽悔谢，重海终衔之。《旧·末帝纪》。又云：重海以从珂非李氏子，欲阴图之。《新·重海传》。恐当以后说为得其实也。《新史·重海传》云：钱镠据有两浙，号兼吴、越而王，自梁及庄宗，常异其礼，以羁縻臣属之而已。明宗即位，镠遣使朝京师。寓书重海，其礼慢。重海怒，未有以发。乃遣其嬖吏韩玫、副供奉官乌昭遇复使于镠。而玫恃重海势，数辱昭遇。因醉使酒，以马箠击之。镠欲奏其事。昭遇以为辱国，固止之。及玫还，反谮于重海曰："昭遇见镠舞蹈称臣，而以朝廷事私告镠。"昭遇坐死御史狱。乃下制削夺镠官爵，以太师致仕。钱氏遂绝于唐矣。明宗幸汴州，重海建议，欲因以伐吴。明宗难之。其后户部尚书李铸得吴谍者，言徐知诰欲举吴国以称藩，愿得安公一言以为信。铸即引谍者见重海。重海大喜，以为然，乃以玉带与谍者，使遗知诰为信。初不以其事闻。其后逾年，知诰之问不至，始奏贬铸行军司马。已而捧圣都军使李行德、十将张俭告变，言枢密承旨李虔徽语其客边彦温云：重海私募士卒，缮治甲器，欲自伐吴。又与谍者交私。明宗以问重海。重海皇恐，请究其事。明宗初颇疑之。大臣、左右，皆为之辩，既而少解。始告重海以彦温之言。因廷诘彦温，具伏其诈。于是君臣相顾泣下。彦温、行德、俭皆坐族诛。重海因求解职。明宗慰之曰："事已辨，慎无措之胸中。"重海论请不已。明宗怒曰："放卿去，朕不患无人。"顾武德使孟汉琼至中书，趣冯道等议代重海者。冯道曰："诸君苟惜安公，使得罢去，是纾其祸也。"赵凤以为大臣不可轻动。遂以范延光为枢密使，而重海居职如故。《旧传》云：重海至凤翔，节度使朱弘昭谨事之。重海坐中言及昨有人谗构，赖圣上保鉴，苟获全族，因泣下。

弘昭遣人具奏重诲怨望，出恶言，不可令至行营，恐夺石敬瑭兵柄。而宣徽使孟汉琼自西回，亦奏重诲过恶，重诲已至三泉，复令归阙。《弘昭传》云：弘昭密遣人谓敬瑭曰："安公亲来劳军，观其举措孟浪，傥令得志，恐士心迎合，则不战而自溃也，可速拒之。"敬瑭闻其言，大惧，即日烧营东还。《新·重诲传》云：重诲还至凤翔，弘昭拒而不纳。重诲俱，驰趋京师。未至，拜河中节度使。重诲已罢，希旨者争求其过。宦者安希伦，坐与重诲交私，常为重诲阴伺宫中动息，事发弃市。重诲益惧，因上章告老。以太子太师致仕。而以李从璋为河中节度使。遣药彦稠率兵如河中虞变。重诲二子：崇韬、崇赞，宿卫京师。闻制下，即日奔其父。重诲见之，惊曰："二渠安得来？"已而曰："此非渠意，为人所使耳！吾以一死报国，余复何言？"乃械送二子于京师。行至陕州，下狱。明宗又遣翟光邺至河中视重诲去就。戒曰："有异志，则与从璋图之。"光业至，从璋率兵围重诲第，入拜于庭。重诲降而答拜。从璋以桂击其首。重诲妻走抱之，又击其首。夫妻皆死，流血盈庭。从璋检责其家赀，不及数千缗而已。明宗下诏，以其绝钱镠，致孟知祥、董璋反，议伐吴为罪。并杀其二子。其余子孙皆免。重诲得罪，知其必死，叹曰："我固当死，但恨不与国家除去潞王。此其恨也。"夫重诲欲除从珂，安能不得明宗阴许？彦温之变，从珂卒无恙者？盖明宗知其权势大，未易摇动，故不欲操切。然亦既召之归，令居私第矣。使其事皆诬罔，且实出枢密院，安得如此？两国相接，争实利非重虚文，重诲即褊浅，何至因书辞之慢而绝钱镠？至于伐吴，尤势所不可，南平尚听其自立，而暇伐吴乎？汴州之适，盖诚意在朱守殷，守殷之自疑，非妄亿也。边彦温等既诛，则其言举不可信。君臣相泣，可见其相契之深。彦温等之诬告，必有使之者。君臣相泣，非泣彦温等之诪张为幻，乃泣所欲除者之根柢盘互耳。其兼用范延光，盖亦如冯道之意，欲以缓众人之攻击耳，安得遽摇其信任？若果不信重诲，安得更令其西征？然至三泉而遽召之还者，盖弘昭是时，已与敬瑭相结；重诲行师，又因欲速而骚扰过甚，授以可乘之隙；设不召还，关中将有他变，故不得不为是措置也。然仍使居河中，实有令其监制关中之意，其任之仍不可谓不重。明宗之失，在为宵小所挟，不能刚断，又代之以从璋，且重之以翟光邺耳。《新史·唐家人传》云：明宗兄弟，皆不见于世家，而有侄四人：曰从璨、从璋、从温、从敏。从璨，初为右卫大将军，重诲忌之。明宗幸汴州，以从璨为大内皇城使。尝于会节园饮，酒酣戏登御榻，重诲奏其事，贬房州司户参军，赐死。从璋盖亦重诲所忌？朱弘昭，史言其与重诲有隙。《新史》本传。翟光邺，史亦言其素恶重诲。《通鉴》。弘昭之恐动敬瑭，盖专欲以倾重诲？重诲欲为明宗后嗣计，则贵戚功臣，举其所忌，而贵戚功臣，亦未尝不深忌之，故敬瑭得弘昭之讯而遽烧营归，非必不审弘昭之诈也。至于杀害重海，则纯系从璋、光邺所为，明宗无如之何，乃转以绝淮、浙等为其罪状耳。大权旁落如此，从珂、敬瑭等相争夺之祸，已可豫烛其难免矣。然重诲欲为明宗后嗣计，所虑者岂徒一从珂？恨不除去潞王之言，恐转系爱重诲者所造作也。

石敬瑭既还利州，李彦亦弃城走。张武取渝、泸州。病卒，副将袁彦超代之，取黔州。及是，李仁罕又取夔州，西川兵势益张。安重诲死，明宗遣西川进奏官苏愿、东川军将刘澄各归本道招谕之。孟知祥邀董璋，欲同谢罪。时唐已诛璋子光业及其族，璋曰："孟公家属皆存，而我子孙独见杀，我何谢为？"知祥三遣使，璋不听。又遣观察判官李昊说璋。璋益疑知祥卖己。因发怒，以语侵昊。昊乃劝知祥攻之。而璋先袭破知祥汉州。时长兴三年（932）五月也。知祥自将击之。璋大败。走至梓州，见杀。先是王思同以入剑门功，移镇山南东道。及是，枢密使奏："近知两川交恶，如令一贼兼有两川，抚众守隘，恐难讨除。欲令思同以兴元之师，伺便进取。"诏从之。事未行而璋败。范延光奏："知祥兼有两川，彼之军众，皆我之将士，料其外假朝廷形势以制之，然陛下苟不能屈意招携，彼亦无由革面也。"明宗曰："知祥吾故人也，抚吾故人，何屈意之有？"李克宁妻，知祥妹也。庄宗杀克宁，归于知祥。其子瓒，留事唐为供奉官。明宗即遣瓒归省其母。因赐知祥诏书招慰之。四年二月，制以为两川节度使，封蜀王。于是蜀中自立之局定矣。是岁十一月，明宗死。明年正月，知祥称帝，国号蜀。

外藩变乱相寻，而内兵亦骄恣特甚。天成二年（927）二月，明宗将如邺都。时扈驾诸军家属，甫迁大梁，闻之皆不悦，询询有流言。乃不果行。长兴四年（933）五月，明宗暴得风疾。六月甲戌，复不豫，旬日不见群臣，都人恼惧，或潜窜山野，或寓止军营。七月庚辰，帝力疾御广寿殿，人心始安。军士犹有流言。乙酉，赐在京诸军优给有差。八月戊申，群臣上尊号，大赦，在京及诸道将士，各等第优给。时一月之间，再行优给，由是用度益窘，然不能恤也。

要而言之：此时之情势，已如厝火积薪之下而寝其上矣。

第七节　从荣从厚败亡

明宗四子，从璟死后，从荣为长。初为邺都、北京留守。长兴元年（930），入为河南尹，兼判六军诸卫事，封秦王。从荣、从厚，同母夏氏，明宗未僭位死。曹氏，生一女，封晋国公主，即石敬瑭妻也。从珂母魏氏，明宗掠得之，数年而死。王淑妃者，邠州饼家子也。有美色。少卖为刘鄩侍儿。鄩卒，无所归，安重诲告明宗而纳之。后宫有生子者，命妃母之，是为许王从益。

明宗之僭位，立曹氏为后。然宫中之事，皆主于妃。孟汉琼者，本王镕小竖。明宗镇常山，得侍左右。僭位后，自诸司使累迁宣徽南院使。明宗病，妃与汉琼出内左右，遂专用事。初安重诲为枢密使，明宗专属任之。从荣、从厚，自襁褓与之亲狎。虽典兵，常为所制，畏事之。赵延寿者，德钧养子。本姓刘氏。父邠，常山人。常为蓚令。刘守文陷其邑，时德钧为偏将，并其母掠得之，养为子。尚明宗女兴平公主。重诲死，与范延光并为枢密使。从荣皆轻侮之。太仆少卿何泽上书，请立从荣为太子。从荣见延光、延寿等曰："是欲夺吾兵柄，幽之东宫耳。"延光等患之。乃加从荣兵马大元帅。升班在宰相上。从荣大宴元帅府诸将，皆有颁给。又请严卫、捧圣千人为卫兵。其意，盖专欲拥兵以自固也。然其为人，轻佻峻急，名声顾出从厚下。而从厚亦弱而在外。从珂自安重诲死，留守西都，复移凤翔，议者多属意焉。《新史·范延光传》。石敬瑭自蜀回，兼六军诸卫副使。其妻与从荣异母，素相憎疾。敬瑭不欲与从荣共事，常思外补以避之。会契丹欲入寇，明宗命择帅臣镇河东。延光、延寿皆曰："当今帅臣可往者，石敬瑭、康义诚耳。"义诚，代北三部落人。邺都兵变，劝明宗南向。明宗以为朴忠，亲任之。敬瑭亦欲行。明宗即命除，而不落六军副使。敬瑭又辞。乃以宣徽使朱弘昭知山南东道，代义诚诣阙。已而权枢密直学士李崧崧，本事继岌。从伐蜀。郭崇韬死，崧召书吏，登楼去梯，夜以黄纸作诏书，倒用都统印，明旦，告谕诸军，人心乃定。范延光居镇州，辟掌书记。延光为枢密使，崧拜拾遗，直枢密院。累迁户部侍郎、端明殿学士。以为非敬瑭不可。乃以敬瑭为北京留守，河东节度使，兼大同、振武、彰国、威塞等军蕃汉马步总管。彰国军，治应州，明宗所置。威塞军，治新州，庄宗所置。应州，今应县。而以康义诚为亲军都指挥使。范延光、赵延寿亦虑祸及，求罢。冯赟者，太原人。父璋，为明宗阍者。赟为儿时，以通黠，为明宗所爱。明宗为节度使，以为进奏官。僭位，为客省使、宣徽北院使。历河东、忠武节度使、三司使。延光、延寿既罢，乃以赟及朱弘昭为枢密使。明宗病甚，大臣希复进见，大事皆决于赟、弘昭、孟汉琼、王淑妃四人。康义诚度不能自脱，乃令其子事秦王，务以恭顺持两端，冀得自全。长兴四年十一月戊子，十六日。雪，明宗幸宫西士和亭，得疾。己丑，从荣与弘昭、赟入问起居，帝不能知人。既去，闻宫中哭声，以为帝已崩矣。乃谋以兵入宫。使其押衙马处钧告弘昭等，欲以衙兵入宿卫，问何所可居？弘昭等对曰："宫内皆王所可居，王自择之。"因私谓处钧曰："圣上万福，王宜竭力忠孝，不可草率。"处钧具以告从荣。从荣还遣语弘昭等曰："尔辈不念家族乎？"弘昭、赟及孟汉琼入告王淑妃谋之。曰："此事须得侍卫兵马为助。"乃召康义诚。义诚竟无言，但曰："义诚将校耳，惟相公所使。"弘昭疑义诚不欲众中言之，夜邀至私第问之，其对如初。壬辰，从荣自河南府常服将步骑千人，陈于天津桥。是日黎明，从荣使马处钧至冯赟第语之曰："吾今日决入。且居兴圣宫。公辈各有宗族，处事亦宜详允。祸福在须臾耳。"又遣处钧诣康义诚。义诚曰："王来则奉迎。"赟驰入右掖门，见弘昭、义诚、汉琼及三司使孙岳方聚谋于中兴殿门外。赟具道处钧之言。因让义诚曰："秦王言祸福在须臾，其事可知。公勿以儿在秦府，左右顾望。使秦王兵得入此门，置主上何地？吾辈尚有遗种乎？"义诚未及对。监门白："秦王已将兵至端门外。"汉琼拂衣起曰："今日之事，危及君父，吾何爱余生？当自率兵拒之耳。即入殿门。"弘昭、赟随之。义诚不得已，亦随之入。汉琼见帝曰："从荣反，兵已攻端门矣。"宫中相顾号哭。帝问弘昭等："有诸？"对曰："有之。适已令门者阖门矣。"帝指天泣下。谓义诚曰："卿自处置，勿惊百姓。"控鹤指挥使李重吉，从珂子也。时侍侧。帝曰："吾与尔父，冒矢石定天下，数脱吾于厄，从荣辈得何力？今乃为人所教，为此悖逆。我固知此曹不足付大事，当呼尔父，授以兵柄耳。汝为我部闭诸门。"重吉即率控鹤兵守宫门。孟汉琼被甲乘马。召马军都指挥使朱洪实，使将五百骑讨从荣。从荣走归府。僚佐皆窜匿。衙兵掠嘉善坊溃去。从荣与妃刘氏匿床下。皇城使安从益就斩之，并杀其子，以其首献。一子尚幼，养宫中，诸将请除之。帝泣曰："此何罪？"不得已，竟与之。明宗此时，真若赘旒然矣。孙岳者，冀州人。强干有材用。从荣欲以为元帅府都押衙，事未行，冯赟举为三司使。时豫密谋。赟与朱弘昭患从荣之横，岳曾极言其祸之端。康义诚闻之，不悦。及从荣败，义诚召岳同至河南府检阅府藏，密遣骑士射杀之。从厚时镇邺，使孟汉琼征之，即留权知后事。戊戌，明宗死。二十九日，从厚至。十二月朔，发丧。僭位。是为闵帝。《旧史》《通鉴》同。《新史》作愍帝。

　　明年，改元为应顺。从珂又改为清泰。以康义诚判六军诸卫事。孟汉琼请入朝。时范延光帅成德，朱弘昭、冯赟议使代汉琼，而以石敬瑭代延光，从珂代敬瑭。从珂反。使其掌书记李专美作檄书，言朱弘昭、冯赟幸明宗病，杀秦王而立闵帝；侵弱宗室，动摇藩方；将问罪于朝。遣使者驰告诸镇。诸镇皆怀向背，以闻而不绝其使。独西京留守王思同执其使送京师。而陇州防御使相里金遣其判官薛文遇诣从珂计事。《新史·刘延朗传》。乃以思同为西面行营都部署，药彦稠副之。河中节度使安彦威为兵马都监。三月，彦威与洋州孙汉韶、重进子。重进，振州人。为李克用养子，名从进。兴元张虔钊、泾州张从宾、邠州康福合兵。十四日，思同与虔钊会于岐下。十五日，进收东西关城。城中战备不完，然死力捍御，外兵伤痍者十二三。十六日，复进攻。虔钊血刃以督军士。军士反，攻虔钊。虔钊跃马避之。右羽林都指挥使杨思权本梁控鹤军使。从荣镇太原，以为步军都指挥使。尝劝从荣招致部曲。首唱倒戈，引军自西门入。思同未之知，犹督士登城。俄而严卫右厢都指挥使尹晖呼曰："西城军已入城受赏矣。"晖魏州人。本事杨思厚为军士。庄宗入魏，擢为小校。从征河上有功。僭位，改诸军指挥使。于是弃仗之声，振动天地。晖引军自东面入城。张从宾、康福、安彦威皆遁去。十七日，思同与药彦稠至长安，副留守刘遂雍闭门不纳，乃奔潼关。是日，从珂率居民家财，以赏军士，《旧纪》。《通鉴》云：至于鼎釜，皆估直以给之。整众而东。二十日，次长安，遂雍降。率居民家财犒军。《旧纪》。《通鉴》云：遂雍悉出府库之财于外，军士前至者，即给赏令过。比潞王至，率民财以充赏。康义诚请自往关西。《通鉴》云：帝遣使召石敬瑭，欲令将兵拒之，义诚固请自行。闵帝召侍卫都将以下，出银、绢、钱厚赐诸军。《旧纪》。《新康义传》曰：人绢二十匹，钱五千。是时方有事山陵，复有此赐，府藏为之一空。军士犹负赏物扬言于路曰："到凤翔更请一分。"《旧纪》。初秦王以朱洪实骁果，宠待之。及朱弘昭为枢密使，洪实以宗兄事之，意颇相协。弘昭将杀秦王，以谋告之，洪实不以为辞。及秦王兵叩端门，洪实为孟汉琼所使，率先出逐。自是康义诚阴衔之。《旧·洪实传》。及是，弘实见士无斗志，而义诚尽将以西，疑其有二心。谓之曰："西师小衄，而无一骑来者，人心可知。不如以见兵守京师以自固。彼虽幸胜，特得张虔钊一军耳，案，《旧纪》独书山南军溃，盖当时洛中所得奏报如此。诸镇之兵在后，其敢径来邪？"义诚怒曰："如此言，弘实反矣。"弘实曰："公谓谁欲反邪？"其声厉，闻于闵帝。闵帝召两人讯之。两人争于前，帝不能决。遂斩弘实，以义诚为招讨使，悉将禁军而西。《新·义诚传》。二十二日，从珂至昭应，前锋执王思同来献。二十三日，杀之。《旧·思同传》云：潞王欲用之，而杨思权之徒，耻见其面。尹晖尽得思同家财，屡启于刘延朗，言思同不可留。属王醉，不待报杀之。王醒，怒延朗，嗟惜累日。二十四日，次华州。收药彦稠系狱。后亦杀之。二十五日，闵帝宣谕西面行营将士：俟平凤翔日，人赏二百千，府库不足，以宫闱服玩增给。《旧纪》。诏侍卫马军都指挥使安从进京城巡检。是日，从进已得潞王书檄，潜布腹心矣。从进，振武索葛部人。父祖皆以骑将事唐。从进为庄宗马军都指挥使。二十六日，从珂次灵宝，见第二章第六节。安彦威来降，宥之，遣归镇。陕州节度使康思立，有捧圣、羽林屯兵千五百人，以羽林千人属王思同。思同至凤翔，军叛，降于从珂，思立闻之，欲尽诛羽林家属，未及，而从珂兵已至。思立以捧圣兵城守。从珂兵传其城，呼曰："西兵七万策新天子，尔五百人其能拒邪？徒陷陕人于死耳。"捧圣兵闻之，皆解甲。思立遂开门迎从珂。二十七日，从珂次陕州。二十八日，康义诚军前兵士相继来降。义诚诣军门请罪。闵帝欲奔驰，召孟汉琼，欲令先入于邺。汉琼藏匿。初潞王勒归第，王淑妃恒令汉琼传教旨于王，王善待之，汉琼谓王于己有恩，乃单骑至渑池竭王。渑池见第二章第四节。是日，戮于路左。闵帝手诏召朱弘昭。弘昭疑将罪之，自投于井。安从进寻杀冯赟于其第，断弘昭首，俱传于陕州。是夜，闵帝以百骑出。二十九夜，至卫州东七八里，遇石敬瑭。敬瑭与帝回入卫州，尽诛帝从骑五十余辈，独留帝于驿，乃驰骑趋洛。《旧·闵帝纪》云：帝遇敬瑭，敬瑭曰："卫州王弘贽，宿旧谙事，且就图之。"即驰骑前见弘贽，弘贽曰："天子避寇，古亦有之，然于奔迫之中，亦有将相、国宝、法物，所以军士瞻奉，不觉其亡也。今以五十骑奔窜，安能兴复？所谓蛟龙失云雨者也。"遂与弘贽同谒于驿亭。宣坐谋之。敬瑭以弘贽所陈闻。弓箭库使沙守荣、贲洪进前谓敬瑭曰："主上明宗爱子，公明宗爱婿，富贵既同受，休戚合共之。今谋于戚藩，欲期安复，翻索从臣国宝，欲以此为辞，为贼算天子邪？"乃抽佩刀刺敬瑭。敬瑭亲将陈晖捍之。守荣与晖单战而死。洪进亦自刭。是日，敬瑭尽诛帝之从骑五十余辈，独留帝于驿，乃驰骑趋洛。《晋高祖纪》云：闵帝左右将不利于帝，帝觉之，因擒其从骑百余人。闵帝知事不济，与帝长恸而别。帝遣刺史王弘贽安置闵帝于公舍而去。《汉高祖纪》云：闵帝左右谋害晋高祖，帝密遣御士石敢袖锤锺立于晋高祖后。及有变，敢拥高祖入一室，以巨木塞门。敢寻死焉。帝率众尽杀闵帝左右。遂免晋高祖于难。据《通鉴考异》：三文皆出《实录》。闵帝此时，无欲害敬瑭之理，盖敬瑭向索国宝，以至争阅。夫播越而欲谋兴复，自贵以恩义结人心，岂在国宝、法物？盖敬瑭遇闵帝而谋于弘贽，弘贽教之索国宝以迎潞王？云以弘贽所陈闻，即谓其迫索国宝，史特婉其辞耳。闵帝所从百骑，盖斗死者半，见执者半？孑然一身，遂为弘贽所拘系，坐以待毙矣。四月三日，从珂入洛。四日，皇太后令：降闵帝为鄂王。又令从珂监国。六日，从珂僭位。是为末帝。从《旧史》。《五代会要》同。《新史》作废帝。七日，遣殿直王峦如卫州。峦，弘贽子也。九日，鄂王遇鸩而死。年二十一。后孔氏，循女，生四子。闵帝出奔，后病、子幼，皆不能从，并遇害。末帝二子：重吉、重美。一女，为尼，号幼澄。闵帝僭位，不欲重吉掌亲兵，出之为亳州团练使。居幼澄于禁中。末帝反，闵帝执重吉，幽于宋州。长安陷后杀之。又杀幼澄。而重美，其后晋兵将至，与末帝俱自焚死。哀哉！此所谓联袂而趋陷阱者也。末帝在岐下，许军士入洛人赏百千。《旧纪》。及入，阅实金帛，不过三万两、匹，而赏军之费，应用五十万缗。《通鉴》。自诸镇至刺史，皆进钱帛，犹不足。三司使王玫请率民财以佐用。乃使权知河南府事卢质与玫等共议配率。而贫富不均，囚系满狱。六七日间，所得不满十万。《新史·卢质传》。《通鉴》云：仅得六万。又命借民屋课五月。亦据《新史·卢质传》。《旧纪》作房课。《通鉴》云：无问士庶，自居及僦者，豫借五月僦直。盖自居者亦按僦直取之？时竭左藏旧物及诸道贡献，乃至太后、太妃器服、簪珥皆出之，才及二十万缗。屋课当在此外。李专美言："虽有无穷之财，终不能满骄卒之心。不改覆车之辙，臣恐徒困百姓，存亡未可知。宜据所有均给之，何必践初言乎？"末帝以为然。是月二十二日，乃诏禁军在凤翔归命者，自杨思权、尹晖等各赐二马、一驼、钱七十缗。下至军人，钱二十缗。其在京者各十缗。军士犹怨望，为谣言曰："除去菩萨，扶立生铁。"以闵帝仁弱，帝刚严，有悔心也。《通鉴》。他日自焚之祸，又伏于此矣。

继岌之平蜀也，使李继曮部署王衍一行东下。至岐，监军柴重厚不与符印，促令赴阙。至华州，闻庄宗之难，乃西归。明宗为诛从厚，而赐继曮及其弟季昶、季照上改称从，视如犹子。长兴元年（930），明宗有事南郊，从曮入觐。礼毕，改镇汴州。四年，复入觐。改天平。末帝起兵，尽取从曮家财器仗以助军。发离岐城，吏民拥马，乞以从曮为帅。许之。清泰初，以为凤翔节度使。晋天福三年（938），卒于镇。自李茂贞据凤翔，至是始绝。孙汉韶、张虔钊皆送款于蜀。末帝之起，召兴州刺史刘遂清，迟疑不至。闻帝入洛，乃悉集三泉、西县、金牛、桑林戍兵以归。西县，在今甘肃天水县西南。自散关以南，城镇悉弃之，皆为蜀人所有。入朝，帝欲治罪，以其能自归，赦之。蜀又取成州。阶、文二州亦附于蜀。成州见第二章第二节。阶州见第六章第二节。文州见第七章第一节。

第十三章　五代十国始末中

第一节　唐晋兴亡

末帝之代闵帝，非其力足以灭闵帝也，乃闵帝所有之兵，举不为用也。此等情势，当末帝时，实未有改，而其所遇者，乃为气完力厚之契丹，遂更无可以微幸矣。

契丹当太宗入援石敬瑭之前，实未尝大举入寇。然同光二年（924），尝遣使就庄宗求幽州以处卢文进。《通鉴》。庄宗死，明宗遣供奉官姚坤告哀。阿保机曰："我儿既没，理当取我商量，新天子安得自立？"阿保机曰："晋王与我约为兄弟，河南天子，即吾儿也。"又曰："与我幽州，则不复侵汝矣。"《新史·四夷附录》。《通鉴》曰："若与我大河以北，吾不复南侵矣。"契丹此时，所求似不得如是之奢。其有大欲于中国，跃然可见。是岁，太祖死，太宗立。卢文进来奔。时明宗使说文进，以易代之后，无复嫌怨。文进所部皆华人，思归。乃杀契丹戍平州者，率其众十余万，车帐八千乘来奔。天成三年（928）正月，契丹陷平州。《通鉴》。胡三省曰：天成元年冬，文进来奔，唐得平州，至是，复为契丹所陷。闰八月，其刺史张希崇复来奔。《旧纪》。希崇本刘守光裨将。周德威使守平州，没于契丹。新、旧《史》本传皆云：卢文进南归，契丹使希崇继其任。《旧史》云：希崇莅事数岁，杀契丹监者来归，《新史》云岁余，皆与《通鉴》云是岁正月契丹始陷平州，而闰八月希崇即来归者不合。盖文进来归，希崇即继其任，至是岁正月，乃取平州城也。是岁，契丹使秃馁、惕隐援定州，皆为中国所俘，已见上章第六节。惕隐等五十人留于亲卫，余契丹六百人皆斩之。《旧纪》天成三年闰八月。秃馁父子二人，并磔于市。《旧纪》天成四年二月。契丹遣捺括梅里等来取其骸骨，复斩之。是年四月，亦见《旧纪》。明宗之待契丹，可谓甚为严厉。然《旧史》长兴三年（932）《本纪》

云：契丹累遣使求归则剌、惕隐等。赵德钧奏请不俞。帝顾问侍臣，亦以为不可。帝意欲归之。会冀州刺史杨檀罢郡至阙，帝问其事。奏曰："若归之，必复南向放箭。既知中国事情，为患深矣。"帝然之。既而遣则骨舍利随使归蕃，不欲全拒其请也。檀即光远。以明宗名亶，偏旁字犯之，改名。其《传》载明宗之言曰："蕃人重盟誓，既通欢好，必不相负。"契丹誓盟不信，明宗岂不知之？当时叛军骈戮，动辄千万，何爱于惕隐一行五十人？盖亦知契丹方强，而中国疲敝，未可全以力驭，苟有机缘，亦欲从而抚之矣。先是太宗之兄突欲，自海道来奔。长兴元年十一月。赐姓东丹，名慕华。以为怀化节度使，瑞、慎等州观察使。二年三月。瑞州，威州改名。后复赐姓李，九月。以为义成、三年四月。昭信节度使。四年九月。胡三省曰：唐末于金州置昭信节度，五代兵争，不复以为节镇。《五代会要》：长兴二年，升虔州为昭信节度。时虔州属吴，吴以为百胜节度。赞华所领节，抑虔州之昭信军欤？又是年十一月，改慎州怀化军为昭化军，抑以赞华领昭化节，而信字乃化字之误欤？留诸洛阳。盖亦欲以为万一之用也。

《新史·刘延朗传》曰：废帝起于凤翔，与共事者五人：节度判官韩昭胤，掌书记李专美，衙将宋审虔，客将房暠，而延朗为孔目官。时遣使者驰告诸镇，皆不应，独相里金遣薛文遇计事。帝得文遇，大喜。既立，以昭胤为左谏议大夫、端明殿学士，专美为比部郎中、枢密院直学士，审虔为皇城使，暠为宣徽北院使，延朗为庄宅使。久之，以昭胤、暠为枢密使，延朗为副使，审虔为侍卫步军都指挥使，而文遇亦为职方郎中、枢密院直学士。由是审虔将兵，专美、文遇主谋议，而昭胤、暠及延朗掌机密。《传》又云：延朗与暠共掌机密，延朗专任事。诸将当得州者，不以功次为先后，纳赂多者得善州，少及无赂者得恶州，或久而不得，由是人人皆怨。暠心患之，而不能争也，但日饱食高枕而已。《通鉴》云：延朗及文遇等居中用事，暠与赵延寿虽为使长，其听用之言，什不三四。暠随势可否，不为事先，启奏除授，一归延朗。诸方镇、刺史自外入者，必先赂延朗，后议贡献。赂厚者先得内地，赂薄者晚得边陲。由是诸将帅皆怨恨。帝不能察。案，延朗好贿，事或有之，然当时之将帅，视置君如弈棋久矣，苟为后义而先利，不夺不厌，岂除授公平，遂能挽之内乡邪？暠，史言其好鬼神巫祝之说。有瞽者张濛，自言事太白山神，末帝起兵时，尝使暠问濛即位之日，又诧濛所传神言之验，盖特借以惑众耳，其才本非延朗、文遇之伦也。史所言诸人，见任用当以延朗、文遇为最专，故恶名亦皆归之。皆恩怨毁誉之辞，杂以揣测附会之语耳，不足信也。《吕琦传》：琦，明宗时为礼部郎中、史馆修撰。废帝罢居左清化坊，与琦同巷，数往过之。入立，待琦甚厚。拜知制诰、给事中、枢密院直学士、端明殿学士。与李崧俱备顾问。亦末帝帷幄之臣也。

《延朗传》又云：帝与晋高祖俱事明宗，而心不相悦。帝既入立，高祖不得已来朝，而心颇自疑。欲求归镇，难言之，乃阳为羸疾，灸灼满身。延朗等多言敬瑭可留京师。昭胤、专美曰："敬瑭与赵延寿皆尚唐公主，不可独留。"乃复授高祖河东而遣之。时清泰元年（934）五月也。明年五六月，契丹寇北边。敬瑭奏怀、孟租税，请指挥于忻、代州，诏河东户民积粟处，量事抄借，仍于镇州支绢五万匹，送河东充博采之直。是月，北面转运副使刘福配镇州百姓车子一千五百乘运粮至代州。时水旱民饥，河北诸州，困于飞辇，逃溃者甚众，军前使者继至，督促粮运，由是生灵咨怨。七月，敬瑭奏斩挟马都指挥使李晖等三十六人。时敬瑭以兵屯忻州，一日，军士喧噪，遽呼万岁，乃斩晖等以止之。以徐州节度使张敬达充北面行营副总管。时契丹入边，敬瑭屡请益兵，朝廷军士，多在北鄙，俄闻忻州诸军呼噪，帝不悦，乃命敬达为北军之副，以减敬瑭之权也。十一月，以敬达为晋州节度使，依前充大同、振武、威塞、彰国等军兵马副总管。《旧纪》。此时事势，盖敬瑭藉口契丹入寇，胁朝廷资以兵粮，以为叛计，其势可谓至危。《通鉴》云：时契丹屡寇北边，禁军多在幽、并，敬瑭与赵德钧求益兵运粮，朝夕相继，则尚不止敬瑭一人。《新史·吕琦传》云：琦言太原必引契丹为助，不如先事制之，与契丹通和。如汉故事，岁给金帛，妻之以女。使强藩大镇，外顾无所引援，可弥其乱心。李崧以语三司使张延朗。延朗欣然曰："苟纾国患，岁费县官十数万缗，责吾取足可也。"《通鉴》：延朗曰："如学士计，不惟可以制河东，亦省边费十之九。"案，且可使敬瑭、德钧等无辞以求益兵增粮。此策之所以为善也。因共建其事。废帝大喜。《通鉴》曰：帝大喜，称其忠。二人私草遗契丹书以俟命。他日，以问薛文遇。文遇大以为非。因诵戎昱"社稷依明主，安危托妇人"之诗，以诮琦等。《通鉴》：文遇曰："虏若循故事，求尚公主，何以拒之？"则不谓琦等建议妻之以女。废帝大怒。急召崧、琦等，问和戎计如何？琦等察帝色怒，亟曰："臣等为国计，非与契丹求利于中国也。"帝即发怒曰："卿等佐联欲致太平，而若是邪？朕一女尚幼，欲弃之夷狄；金帛所以养士而捍国也，又输以资虏；可乎？"崧等惶恐拜谢。拜无数。琦足力乏不能拜而先止。帝曰："吕琦强项，肯以人主事我邪？"琦曰："臣数病羸，拜多而乏，容臣少息。"顷之，喘定，奏曰："陛下以臣等言非，罪之可也，屡拜何益？"帝意少解，曰："勿拜。"赐酒一卮而遣之。其议遂寝。因迁琦御史中丞。《通鉴》曰：盖疏之也。此事《通鉴》系天福元年（936）清泰三年。三月，云因石敬瑭尽收其货之在洛阳及诸道者归晋阳而起，其真相未知若何。然是时边将援引契丹，确为不可轻视之事，固不得不先伐其谋。疑琦等是谋为契丹求利，末帝未必愤愤至是。史所载文遇之说，亦必不足以动末帝。史文盖不足信？然其事未必子虚。因情势显然，智者皆能豫虑也。不用是谋，要为失策之大者也。可见武夫终寡虑矣。

是岁五月，遂移敬瑭于郓州。《新史·刘延朗传》云：高祖悉握精兵在北，馈饷刍粮，远近劳弊，帝与延朗等日夕谋议，而专美、文遇，迭宿中兴殿庐，召见访问，常至夜分。是时帝母魏氏，追封宣宪皇太后，而墓在太原，有司议立寝宫。高祖建言陵与民家墓相杂，不可立宫。帝疑高祖欲毁民墓，为国取怨。帝由此发怒。罢高祖总管，徙镇郓州。盖欲以欲毁民墓罪之，为之取怨。延朗等多言不可。司天赵延义亦言天象失度，宜安静以弭灾。其事遂止。后月余，文遇独直，帝夜召之，语罢敬瑭事。文遇曰："臣闻'作舍道边，三年不成。'国家之事，断在陛下。且敬瑭徙亦反，不徙亦反，迟速耳，不如先事图之。"帝大喜曰："术者言朕今年当得一贤佐，以定天下，卿其是邪？"乃令文遇手书除目，夜半下学士院草制。明日宣制。文武两班皆失色。居五六日，敬瑭以反闻。此事之真相，亦必非如此。文遇劝末帝一决，其说未知如何，然徙亦反，不徙亦反，则当时情势固显然也。《传》又谓帝至怀州，夜召李崧，问以计策，文遇不知而继至，帝见之色变，崧蹙其足，文遇乃出。帝曰："我见文遇肉颤，遽欲抽刀刺之。"此亦妄说，末帝纵懦弱，不至是也。

敬瑭之叛，其掌书记桑维翰、都押衙刘知远实赞之。《通鉴》云：敬瑭令维翰草表，称臣于契丹主，且请以父礼事之，约事捷之日，割卢龙一道及雁门关以北诸州与之。刘知远谏曰："称臣可矣，以父事之太过。参看第三节。厚以金帛赂之，自足致其兵，不必许以土田，恐异日大为中国之患，悔之无及。"敬瑭不从。案，契丹自此以前，虽未尝无觊觎中国土地之心，然实未尝决意吞噬；太宗粗才，更非有远略者比；金帛可致，其言甚确，而敬瑭不之省，可谓饥不择食。敬瑭本出西夷，敬瑭父名臬捩鸡。《新史·本纪》云：本出于西夷。从朱邪入居阴山。以善骑射，常从晋祖征伐。生敬瑭，其姓石氏，不知其得姓之始也。于中国自无所爱，然身亦受无家之累，至于卒覆其宗，亦百世之殷鉴也。敬瑭既叛，末帝以张敬达为都部署讨之，杨光远为副。敬达居晋安乡，在晋阳南。筑长围以困晋阳。敬瑭亲当矢石，人心虽固，廪食渐困。《旧史·晋高祖纪》。九月，契丹太宗自将众五万来援。至之日，即败唐兵。围晋安寨。末帝闻之，遣侍卫步军都指挥使符彦饶屯河阳。又命范延光自太原趋榆次，见第二章第六节。赵德钧自飞狐出敌后。飞狐见第七章第三节。辉州防御使潘环合防戍军出慈、隰，以援敬达，辉州，今单县。隰州见第七章第一节。刘延朗及张延朗劝帝亲征。帝发洛阳。遣刘延朗、符彦饶军赴潞州，以为大军后援。诸军自凤翔推戴以来，骄悍不为用，彦饶恐其为乱，不敢束之以法，末帝至河阳，召宰相、枢密使议方略，宰相卢文纪言："国家根本，大半在河南。胡兵倏来忽往，不能久留。晋安大寨甚固，况已发三道兵救之。河阳天下津要，宜留此镇抚南北。且遣近臣往督战，苟不能解围，进亦未晚。"张延朗曰："文纪言是也。"乃议近臣可使北行者。延朗与翰林学士和凝等皆曰："赵延寿父德钧，以卢龙兵来赴难，宜遣延寿会之。"乃遣延寿将兵二万如潞州。史言帝心惮北行，文纪希旨为是言，而张延朗欲因事令延寿解枢密，《通鉴》。意以是为失策。然兵苟能战，不在亲征，苟其不能，自将何益？是时之将士，岂复如承平时有尊君亲上之心，人主一御戎车，即能使之效命邪？且河南岂保无变？故文纪之言，实非无见，诸镇兵力，盖以赵德钧为最厚，且御蕃颇有成劳，《旧传》云：德钧镇幽州，于阎沟筑垒，以兵戍守之，因名良乡县。又于幽州东筑三河城，北接蓟州，颇为形胜。部民由是稍得樵牧。良乡，今河北良乡县，旧治在今房山县东。在当时固不得不属望焉。至其怀挟异图，甘心俱毙，《旧传》：德钧累奏乞授延寿镇州节度。末帝不悦，谓左右曰："赵德钧父子，坚要镇州。苟能逐退蕃兵，要代予位，亦所甘心。若玩寇要君，但恐犬兔俱毙。"固非是时所能逆料。且即能逆料，亦复如何？末帝既遣延寿，又进次怀州，命右神武统军康思立率扈从骑兵赴团柏谷，在今山西祁县东南。盖亦知延寿之不可专恃矣。然则谓末帝畏懦，文纪希旨，实皆成败论人之辞，非其实也。然是时败征必已毕见，故史言帝自是酣饮悲歌，形神惨沮，臣下劝其亲征，则曰："卿辈勿说石郎，使我心胆堕地。"《旧纪》。夫岂真畏石郎？盖亦知将帅莫与分忧，亲征又士不用命，势已无可挽回也。十月，诏天下括马。又诏民十户出兵一人，器甲自备。《旧纪》。是谋也，张延朗为之。盖知旧兵之不可用而新是图？然其无济于事，则无待再计矣。十户，《通鉴》作七户。《考异》云：从《废帝实录》。又云：期以十一月俱集。命陈州刺史郎万金教以战阵。凡得马二千余匹，征夫五千人。实无益于用，而民间大扰。时北面行营都指挥使赵州刺史刘在礼戍易州，赵德钧过之，使率其众自随。至镇州，又迫节度使董温琪偕行。范延光以兵二万屯辽州，德钧又欲并之，奏请与之合军。延光不可，乃止。然卒以德钧为诸道行营都统，依前东北面招讨使。延寿为南面招讨使，刘延朗副之。延光为东南面招讨使，宣武帅李周副之。延寿悉以兵属德钧。德钧累表为延寿求成德节度，末帝不许。德钧屯团柏谷口，按兵不战。时契丹主虽军柳林，胡三省曰：当在晋安寨南。其辎重老弱，皆在虎北口，在汾北，契丹主初至时居此。每日暝，辄结束，以备仓卒遁逃。德钧厚以金帛赂契丹主，云若立己为帝，请即以见兵南平洛阳，与契丹为兄弟之国，仍许石氏常镇河东。契丹主自以深入敌境，晋安未下，德钧兵尚强，范延光在其东，又恐山北诸州要其归路，欲许德钧之请。石敬瑭闻之，大惧。使桑维翰见契丹主，跪于帐前，自旦至暮，涕泣争之，乃止。《通鉴》。此时德钧亦未略以土地，可见敬瑭之饥不择食。十一月十二日，契丹主册敬瑭为晋帝。册文称子晋王。又云：朕永与为父子之邦。见《旧史·本纪》。晋割幽、蓟、瀛、莫、涿、檀、顺、今河北顺义县。新、妫、儒、今河北延庆县。武、今河北宣化县。云、应、寰、在今山西朔县东。朔、蔚十六州以赂之。且许岁输帛三十万匹。闰十一月，杨光远杀张敬达，降于契丹。康思立愤惋而死。契丹主遂与敬瑭南下。遣其将高谟翰为前锋，与降卒俱进。至团柏谷，赵德钧、延寿先遁，符彦饶、张彦琪、河阳节度使，时为马步军都指挥使。刘延朗、刘在明继之，士卒大溃。时议以魏府军尚全，契丹必惮山东，未敢南下，东驾可幸邺城。李崧请帝还京，从之。至河阳，张延训又请幸滑州，庶与魏博声势相接。末帝不能决。赵德钧、延寿南奔潞州。敬瑭先遣昭义节度使高行周还具食。至城下，语德钧父子，城中无粟不可守。敬瑭及契丹主至，德钧父子遂迎降。契丹主锁之，送归其国。德钧郁郁不多食，逾年而死。符彦饶、张彦琪至河阳，言"胡兵大至，河水复浅，人心已离，此不可守"。乃命河阳节度使苌从简与刘在明守河阳南城，断河梁归洛阳。敬瑭至，从简迎降。刘在明为彰武军所执以降。契丹主至潞州而止，敬瑭独南下。末帝归洛阳，使杀李赞华于其第。命宋审虔、符彦饶、张彦琪、刘延朗将千余骑至白司马阪行战地。白司马阪见第四章第三节。有五十余骑奔于北军。诸将谓审虔曰："何地不可战？谁肯立于此？"乃还。又与四将议复向河阳，而将校皆飞状迎敬瑭。敬瑭虑末帝西奔，遣契丹千骑扼渑池。末帝乃与曹太后、刘皇后、雍王重美及宋审虔等携传国宝登玄武楼自焚。是晚，敬瑭遂入洛阳。杀张延朗、刘延朗及末帝后弟刘延皓。时惟三人不赦。张延朗判三司，不欲河东多蓄积，凡财赋，应留使之外，尽收取之，敬瑭以是恨之。入洛之日，百官入见，即收延朗付御史台，旋斩之。刘延朗将奔南山，捕得杀之。刘延皓自经死。房暠、李专美、吕琦皆事晋。韩昭胤、薛文遇不知所终。

末帝之败，全由于兵不用命，与闵帝正同。契丹主之入援也，兵不过五万，而张敬达败后，兵亦五万，马万匹，铠仗俱全，则其力初不弱于契丹，何遂束手受围？《新史·死事传》云：契丹兵围敬达者，自晋安寨南，长百余里，阔五十里。敬达军中望之，但见穹庐连属如冈阜。四面亘以毛索，挂铃为警，纵犬往来。敬达军中有夜出者，辄为契丹所得。由是闭壁不敢复出。夫以五万人散布于长百余里阔五十里之地，而云不可突围而出，有是理乎？观杨光远等轻杀之而降，则知敬达实不能令其众。心力不一，故不能决战也。不特此也，《通鉴》云：末帝闻契丹许敬瑭以仲秋赴援，屡督敬达急攻晋阳，不能下。每有营构，多直风雨。长围复为水潦所坏，竟不能合。则当契丹未至之先，敬达兵势，本已不振，不惟未能猛攻，并亦未能合围，暮气之深，可以想见。敬达死时，马犹近五千，铠仗五万，则被围之后，力尚不弱，故卢文纪策其可坚守。闵帝在怀州时，吏部侍郎龙敏献策，言驾前兵，尚万余人，马近五千匹，请选千人，与郎万金将，由介休路今山西介休县。夜冒敌骑，循山人大营。千骑之内，但得半济，寨即无虞。张敬达特不知援兵远近。若知大兵在团柏谷，虽铁障可冲踏，况敌骑乎？亦信其力之足用也。敬达之兵如此，益以赵德钧、范延光、潘环、符彦饶之众，岂不倍而不止？而竟不能内外合击，则其败也，岂在其寡弱也？不特此也，契丹孤军深入，后路堪虞。当明宗时，蔚州刺史张彦超沙陀人，尝为明宗养子。与石敬瑭有隙。闻敬瑭为总管，举城附于契丹。契丹以为大同节度使。然并不能有其地。太宗亲将入寇，彦超不过颇扰镇、魏而已。其时大同节度使为沙彦珣，持两端。契丹主还时，彦珣迎之，契丹主留之。而其节度判官吴峦不肯臣契丹，众推领州事拒守。契丹攻之，半岁不能下，卒因晋高祖诏书为请释之。代州刺史张朗、忻州刺史丁审琦，则当契丹入时，皆婴城自守。朗至晋安寨已降，契丹遣使谕之，犹斩其使。此等虽因兵力不足，未能邀截，究亦契丹之后患也。末帝之在怀州，龙敏又尝献策，请立李赞华为契丹主，令天雄、卢龙分兵援送入蕃，则契丹主有后顾之忧，不能久在汉地，然后选精锐击之。夫赞华之失其众久矣，似未足以恐动契丹，然使天雄、卢龙，果能发兵援送，则其势自不同。《通鉴》载赵德钧见述律后，述律后谓之曰："吾儿将行，吾戒之曰：'赵大王若引兵北向渝关，亟须引归，太原不可救也。'汝欲为天子，何不先击退吾儿？徐图亦未晚。"此非述律后所能言，盖华人丑德钧者附会之辞，《鉴》云：德钧见述律太后，悉以所赍宝货，并籍其田宅献之。太后问曰："汝近者何为往太原？"德钧曰："奉唐主之命。"太后指天曰："汝从吾儿求为天子，何妄语邪？"又自指其心曰："此不可欺也。"此明为汉人语。又云：又问"器玩在此，田宅何在？"德钧曰："在幽州。"太后曰："幽州今属谁？"曰："属太后。"太后曰："然则又何献焉？"此义亦非述律氏之所知也。述律氏乃一偏私狂悖之妇人，初无才智，史述其事，实多溢美。然事势自如此。则龙敏之计，初非迂阔，所争者，天雄、卢龙，肯否出兵耳。城非不高也，池非不深也，兵革非不坚利也，米粟非不多也，委而去之，是地利不如人和也，岂不信哉！此阻兵者之所以终穷，抑亦不戢者之所以自焚欤？

第二节　晋高祖时内外形势

末帝时，将士之纷纷离叛者，尚不止如上节所述也。应顺元年（934）正月，安州节度使符彦超为部曲王希全所害，谋附于吴。副使李超率州兵讨诛之。清泰三年（936）五月，石敬瑭既叛，雄义都指挥使安元信屯代州，说代州刺史张朗持两端,朗不听。时安重荣为振武西北巡检使,敬瑭使人诱之;安审信为先锋都指挥使,与敬瑭有旧;审信,金全弟。皆附敬瑭。元信闻之,亦率部曲奔太原。据《旧史·元信传》。《本纪》云:元信谋杀张朗,事泄,戍兵自溃,奔审信军,审信与之入太原。诏安审信及雄义兵士妻男并处斩,家产没官。五月,邺都屯驻捧圣都虞候张令昭谋应河东,逐节度使刘延皓。六月,汴州节度使范延光讨平之。斩令昭,诛其部下五指挥及忠锐、忠肃两指挥。七月,云州步军指挥使桑迁奏应州节度使尹晖即叛应末帝之尹晖也,参看下文。逐云州节度使沙彦珣,收其兵应河东。彦珣表迁谋叛应河东,引兵围子城。彦珣犯围走。明日,收兵入城击乱兵。迁败走,军城复安。是日,尹晖执迁送洛阳,斩之。是月,彰圣指挥使张万迪以部下五百骑叛入太原。诏诛其家属于怀州本营。十一月,时括马及义军延州节度使杨汉章,率步骑数千人,将赴军期。前坊州刺史刘景岩,延州人也,多财而喜侠。潜使人挠之曰:"契丹强盛,汝曹有去无归。"众惧,杀汉章,奉景岩为留后。朝廷不得已,因而授之。丹州刺史康承询奉诏率义军赴延州,义军乱,承询奔鄜州。十二月,同州小校门铎杀节度使杨汉宾,焚掠州城。东崩西应,几成燎原之势,自非徒恃兵力所能镇摄,况晋祖借外力以入中原,益激人心之愤,而授之以口实邪?

　　末帝之败也,范延光率兵归辽州。延光女为末帝子重美妃,晋祖立,贺表又迟至,不自安。时董温祺与赵德钧俱没契丹。温祺贪暴,积赀巨万,及没,衙内都虞候秘琼,尽杀其家人而取其货,自称留后,以军乱闻。延光使潜结之,欲与为乱,琼不报。延光恨之。天福二年(937),朝以安重荣为成德节度使,除琼齐州防御使。琼不敢拒。之齐,过魏境,延光遣兵邀杀之,奏称捕盗兵误杀。朝以为反状明白。桑维翰乃赞高祖迁都。四月,托以洛阳漕运有阙,东巡汴州。其后遂定都焉。是岁九月,延光平。十月,以汴州为东京,复为开封府,以东都为西京,西都为晋昌军节度。石晋之迁汴,与梁末帝不同。梁末帝徒以猜忌旧臣,乐居潜邸,石晋则以幽、蓟割弃,河北无复控扼之所,敌骑朝发,暮至邺都,迁居汴梁,庶此一路形势较重。晋高祖虽因急于救亡,饥不择食,贸然将燕、云割弃,然其后未尝不阴图补救,即桑维翰亦同此心,特势不易为耳,固不得以其初计之失,并其后意而抹杀之。然自重贵至于宋之徽宗,卒未能收漕运畅通、赴敌近便之利,而皆以浅露,坐遗人禽,则又可见形势一失,挽回非易,举措不可不慎也。是岁六月,延光有疾。衙校孙锐,素专军府之政,召澶州刺史冯晖,与共迫延光反。延光惶惑从之。晋使侍卫马军都指挥使白奉进屯白马津,见第八章第四节。东都巡检使张从宾为魏府西南面都部署,侍卫诸军都指挥使杨光远屯滑州,护圣都指挥使杜重威屯卫州。旋以光远为魏府四面都部署,从宾副之。昭义节度使高行周为西面都部署,屯相州。延光使说从宾，从宾亦反。入河阳，杀皇子节度使重信。又入洛阳，杀皇子权东都留守重义。参看下节。引兵扼汜水关。白奉进在滑州，军士有夜掠者，获五人，其三隶奉进，其二隶节度使符彦饶，奉进皆斩之。彦饶怒。奉进自往谢，彦饶帐下杀之，彦饶不之止。奉国都指挥使侯益与杜重威讨张从宾，克之。从宾走渡河，溺死。杨光远趋滑州，闻滑乱，士卒欲拥为主，光远不肯。《旧传》：光远曰："天子岂公辈贩弄之物？晋阳之降，势穷所迫，今若为之，直反贼也。"然晋阳之降，可不谓之反乎？何其颜之厚也？驻滑奉国左厢都指挥使马万初惑乱欲从乱，右厢都指挥使卢顺密不可。乃共攻衙城，破之。执符彦饶送大梁，赐死于路。彦饶实非叛，第不忍一时之忿耳，且事出帐下，顺密遽攻而杀之，实不免要功犯上，晋祖顾从而赏之，亦迫于势也。乱势乃稍戢。冯晖、孙锐渡河，为杨光远所败，走还。延光知事不济，族孙锐请降。不许。冯晖，明年因出战来降。光远遂围魏州。期年不克。高祖复遣使入城谕之，许以不死。三年九月，延光乃降，以为天平节度使，赐铁券。十一月，入朝。以太子太师致仕。至五年七月而见杀。《新史·延光传》曰：延光致仕居京师，岁时宴见，高祖待之，与群臣无间，然心终不欲使在京师。岁余，使宣徽使刘处让载酒夜过延光，谓曰："适有契丹使至，北朝皇帝问晋魏博叛臣何在？恐晋不能制，当锁以来，免为中国后患。"延光闻之泣下，莫知所为。处让曰："当且之洛阳，以避契丹使者。"延光曰："杨光远留守河南，吾之仇也。吾有田宅在河阳，可以往乎？"处让曰："可也。"乃挈其孥归河阳。其辎重盈路。杨光远利其赀，果图之。因奏曰："延光反覆奸臣，非北走胡，则南走吴越，请拘之洛阳。"高祖犹豫未决。光远兼镇河阳，其子承勋知州事，乃遣承勋以兵胁之，使自裁。延光曰："天子赐我铁券，许之不死，何得及此？"乃以壮士驱之上马，行至浮桥，推堕水死。以延光自投水死闻。高祖以适会其意，不问。是时延光以匹夫居大梁，何能为？何必置之于洛，监察反觉不严？则谓高祖无意于杀延光，而光远所为，适会其意者，非也。盖高祖所为，实有惭德，不敢明目张胆以正其下，乃不得不阴谋诡计，貌为宽大，以平臣下之气。然身为大君，至不敢明正其臣之罪，而假北朝皇帝之名以行之，亦可羞矣。时杨光远以手握重兵，亦骄蹇。延光既平，光远为天雄节度使。桑维翰划策：加光远太尉、西京留守兼河阳节度使，而分魏博之众，建邺都为广晋府，唐于魏州置兴唐府，此时改为广晋。置彰德军于相州，以澶、卫隶之，永清军于贝州，以博、冀隶之。延光死后，光远入朝，徙诸平卢。光远心怀怨望，遂为他日勾结契丹之根。此则高祖之教猱升木也。

不惟北结胡也，南连吴越者，亦有之。初杨思权之入凤翔也，谓唐末帝曰："臣既赤心奉殿下，京城平定，愿与臣一镇，勿置在防御使、团练使内。"乃出怀中纸一幅，谓末帝曰："愿殿下亲书臣姓名以志之。"末帝即命笔，书可邠宁节度使。及即位，果以授之。其屈意以抚骄将，亦可谓至矣。《尹晖传》云：末帝约以邺都授之。及即位，高祖入洛，遇晖于通衢，晖马上横鞭以揖，高祖忿之，因谒谓末帝曰："尹晖常才，以归命称先，陛下欲令出镇名藩，外论皆云不当。"末帝乃授晖应州节度使。此非实录。盖邺都名藩，末帝不欲轻授，乃借外论以挫之耳。然晖之不能满望，则无待再计矣。思权，清泰三年（936），入为右龙武军统军。高祖即位，除左卫上将军，天福八年（943）卒。晖，高祖即位，改右卫大将军。范延光以晖失意，密使人赍蜡弹，以荣利啖之。晖得延光文字，惧而思窜。欲沿汴水奔于淮南。高祖闻之，降诏召唤。未出皇畿，为人所杀。《新史·本纪》，事在天福二年七月。此等苟有隙可乘，亦皆肘腋之忧，此高祖所以不欲范延光居京师欤？初卢文进之归唐也，唐以为安州节度使。晋祖立，不自安，奔吴。天福元年十二月。晋以周瑰为节度使。范延光叛，屯将王晖杀之。晋遣右领军上将军李金全以骑兵千人赴之。晖大掠奔吴，为其下所杀，时高祖与金全约，不戮一人，仍许以王晖为唐州刺史，盖以其地边吴，不敢滥杀以招怨也。金全未及境，晖已见杀。金全至，闻军校武彦和等劫掠郡城，所获财货，悉在其第，杀而夺之。乱军数百人皆不安。金全说遣赴阙，密伏兵于野，尽杀之。高祖不究其事，反授以旄节。天福二年九月。金全以亲吏胡汉筠为中门使，贪残。高祖以廉吏贾仁绍代之。据《旧史·金全传》。《新史》作仁沼，《通鉴》同。《考异》云：从《实录》。召汉筠，欲授以他职。汉筠酖杀仁绍。金全奏汉筠病未任行。天福五年四月，以前横海节度使马全节为安远节度使。汉筠说金全拒命，自归于唐。命全节以汴、洛、汝、郑、单、宋、陈、蔡、曹、濮、申、唐之兵讨之。据《通鉴》：《旧传》无申、唐，云十州。单州，唐末所置，朱全忠改为辉州。见上节。前保大节度使安审晖为之副，唐遣鄂州屯营使李承裕、段处恭将兵三千逆之。金全南走，承裕以淮兵二千入守，为全节所败，掠城中资货而遁。审晖追败之，处恭战死。承裕及其兵二千人见虏。全节杀千五百人，以其余兵并承裕献于京师。承裕谓全节曰："吾掠城中，所得百万计，将军皆取之矣。吾见天子，必诉此而后就刑。"全节惧，杀之。高祖置之不问。可谓纪纲扫地矣。

乘时思逞者虽多，要未有若安重荣之借口抗御契丹，足以动人者，此则高祖有以自取之也。《通鉴》云：《帝事契丹甚谨，奉表称臣，谓契丹主为父皇帝。每契丹使至，帝于别殿拜受诏敕。岁输金帛三十万之外，吉凶庆吊，岁时赠遗，玩好珍异，相继于道。乃至应天太后，元帅、太子、伟王、南北二王、韩延徽、赵延寿等诸大臣皆有赂。小不如意，辄来责让。帝常卑辞谢之。晋使者至契丹，契丹骄倨，多不逊语。使者还以闻，朝野咸以为耻，而帝事之曾无

倦意。"初契丹既得幽州，命曰南京，以唐降将赵思温为留守。思温子延照
《辽史》作延昭。在晋，帝以为祁州刺史。思温密令延照言："虏情终变，请以
幽州内附。"帝不许。天福三年（938）七月，上尊号于契丹主及太后。以冯道
为太后册礼使，左仆射刘昫为契丹主册礼使，备卤簿、仪仗、车辂诣契丹行礼。
四年闰七月，初义武节度使王处直子威，避王都之难，亡在契丹。至是，义武
阙帅，契丹主遣使来，请使威袭父土地，如我朝之法。胡三省曰：我朝，契丹
自谓也。帝辞以中国之法，必自刺史、团练、防御序迁，乃至节度使。请遣威
至此，渐加进用。契丹主怒，复遣使来言曰："尔自节度使为天子，亦有阶级
邪？"帝恐其滋蔓不已，厚赂契丹，且请以处直兄孙彰德节度使廷胤为义武节度
使，以厌其意。其甘于屈辱如此。安重荣者姿狂悖，每谓人曰："天子，兵强马
壮者当为之，宁有种邪？"尝因怒杀部校贾章，章有女一，时欲舍之。女曰：
"我家三十口，继经兵乱，死者二十八，今父就刑，存此何为？"再三请死。亦
杀之。其暴横如此。每见蕃使，必箕踞慢骂。有梅里数十骑由其境内，交言不
逊，即尽杀之。然实密令人与契丹幽州帅刘晞结托，盖武人惟利是视，实无真
欲攘夷狄者也。陉北既丧，吐谷浑皆属契丹。苦其贪虐，思归中国。重荣复诱
之。于是吐谷浑率部落千余帐自五台来奔。今山西五台县。契丹大怒，遣使让
帝以招纳叛人，天福六年正月，帝遣供奉官张澄将兵二千，索吐谷浑在并、镇、
忻、代四州山谷者，逐之使还故土。据《通鉴》。吐谷浑帅部落千余帐句，"吐
谷浑"下，疑夺"白承福"三字。《新史·安重荣传》曰：是时，吐浑白氏役
属契丹，苦其暴虐，重荣诱之入塞，契丹数道使责高祖。高祖对使者，鞠躬俯
首，受责愈谨，多为好辞以自解。而姑息重荣不能请，乃遣供奉官张澄，以兵
二千，搜索并、镇、忻、代山谷中吐浑，悉驱出塞，吐浑去而复来。重荣卒纳
之。《通鉴》：是岁，十月。刘知远遣亲将郭威以诏旨说吐谷浑酋长白承福，令
去安重荣归朝廷，许以节钺。承福率其众归于知远。知远处之太原东山及岚、
石之间，表承福领大同节度使。重荣势大沮，当时吐浑部落，以白承福为大宗，
参看第十五章第三节。岚州见第三章第一节。石州见第二章第七节。是岁夏，
契丹使者拽剌过镇，重荣侵辱之。拽剌言不逊。重荣怒，执拽剌，以轻骑掠幽
州南境之民，处之博野。见第八章第四节。乃上表言吐浑、浑、契苾、两突厥、
沙陀皆来归，缘河党项及山前、山后逸利、越利诸族，并送契丹所授官告、职
牒、旗号。又朔州节度副使赵崇，与本城将校杀伪节度使刘山，乞归朝廷，据
《旧史·重荣传》。《通鉴》但云崇逐刘山。愿早决计。表数千言，大抵指斥高
祖称臣奉表，罄中国珍异，贡献契丹，陵虐汉人，竟无厌足。又以此意为书遗
诸朝贵及诸侯。桑维翰时镇彰德，密上疏言契丹有未可与争者七。疏见《旧
史》。大旨：一言契丹方强。二言中国贫敝，且败衄之后，心沮胆怯。三言契丹

虽多求取，未至侵陵。先启衅端，克则后患仍存，败则追悔何及？四言汉于匈奴，唐于突厥，皆因衅而克，今契丹无衅。五言引弓之民之长技，非中国所与。六言契丹骑士，利于坦途，中国徒兵，喜于隘险。赵、魏之北，燕、蓟之南，地平如砥。若与契丹相持，则必屯兵边上，少则惧强敌之众，多则患飞挽之劳，逐寇速返，我归彼出，我出彼回，疲于奔命。七言征发、转输之费，更甚于奉事，兵戈既起，将帅擅权，屈辱更多。高祖乃自幸邺都，以诏谕之。略谓："吾因契丹而兴基业，尔因吾而致富贵，吾不敢忘，尔可忘邪？吾以天下臣之，尔欲以一镇抗之，大小不等，毋自辱焉。"此等廉耻道丧之言，安能杜反侧者之口？益使之振振有辞耳。时安从进为山南东道，亦怀异志，与重荣相结托。高祖欲徙诸青州，使人谓之。从进报曰："移青州在汉江南，臣即赴任。"高祖亦优容之，及幸邺，兄子郑王重贵留守。宰相和凝曰："从进必反，何以制之？"高祖曰："卿意若何？"凝曰："臣闻兵法先人者夺人，愿为空名宣敕十数通授郑王，有急则命将以往。"从之。从进果反，重贵遣将就申州刺史李建崇讨败之。是岁，镇州大旱蝗。重荣闻从进反，集境内饥民数万，驱以向邺，声言入觐。遣杜重威击败之。明年正月，斩之。漆其头，函送契丹。乃改镇州为恒州，成德军曰顺德军，以重威为节度使。高行周围襄阳，至八月乃克之。从进自焚死。重荣徒骄悍，无谋略，故言虽顺而事卒败，然举中国以事契丹，究为人心所不服，故高祖死后，景延广卒大反其所为，以亡其族矣。

其时将帅之叛者，尚有：天福二年（948）三月，兖州李从温奏节度副使王谦构军士作乱，寻已处置。四年三月，灵州戍将王彦忠据怀远城叛。怀远城，在灵州北百余里。遣供奉官齐延祚乘驿往。彦忠率众出降，延祚矫制杀之。诏除名决杖配流，彦忠则赠官收葬。盖边远之地，控制不易，故以柔道行之也。五年七月，河中节度使安审信奏军校康从受等以所部兵为乱，寻平之，死者五百人。六年正月，同州指挥使成殷谋乱，事泄，伏诛。其虽未反叛，而桀骜不可驾驭者，则有如张彦泽。彦泽，其先突厥部人，后徙居阴山，又徙太原，与高祖连姻。彦泽为人，骁悍而残忍。高祖时，为护圣右厢都指挥使、曹州刺史。与讨范延光，拜镇国军节度使。岁中，徙彰武。为政暴虐，常怒其子，数笞辱之。其子逃至齐州。州捕送京师。高祖以归彦泽。彦泽上章请杀之。其掌书记张式不肯为作章，屡谏止之。彦泽怒。引弓射式。式走而免。式素为彦泽所厚，多任以事，左右小人，皆素疾之，因共谮式，且迫之曰："不速去，当及祸。"式乃出奔。彦泽遣指挥使李兴以二十骑追之。戒曰："式不肯来，当取其头以来。"式至衍州，在今甘肃宁县南。刺史以兵援之。邠州节度使李周留式，驰骑以闻。诏流式商州。彦泽遣司马郑元昭诣阙论请。期必得式。且曰："彦泽若不得张式，患在不测。"高祖不得已，与之。彦泽得式，剖心决口，断手足而斩之。高祖遣王周代彦泽，周河阳节度使，事在天福七年二月。以为右武卫大将军。周奏彦泽所为不法者二十六条，并述泾人残弊之状。式父铎，诣阙诉冤。谏议大夫郑受益、曹国珍，尚书刑部郎中李涛、张麟，员外郎麻麟、王禧伏阁上疏，论彦泽杀式之冤，皆不省。涛见高祖，切谏。高祖曰："彦泽功臣，吾尝许其不死。"涛厉声曰："彦泽罪若可容，延光铁券何在？"高祖怒，起去。涛随之谏不已。高祖不得已，召式父铎、弟守贞、子希范等，皆拜以官，为蠲泾州民税，免其杂役一年；下诏罪己；然彦泽止削阶降爵而已。国珍等复与御史中丞王易简率三院御史诣阁门连疏论之，不报。夫相忍为国，亦必有其限极，今若此，纲纪何存？高祖取天下不顺，常以此惭藩镇，多务过为姑息，《新史·安从进传》语。此固亦天良所迫，然引夷狄以残中国之罪，岂如此遂可湔除？惭彦泽而不能治，而彦泽复引夷狄以覆其宗，则其去自覆之也，一间耳。

第三节　石晋之亡

天福七年（942），契丹以晋招纳吐谷浑，遣使来让。高祖忧悒，不知为计。五月己亥，始有疾。六月乙丑，殂。《通鉴》。兄子齐王重贵立，是为少帝。《旧五代史》。《五代会要》同。欧《史》称为出帝，盖援卫辄、鲁哀公之例以名之也。《出帝纪》云：父敬儒，高祖兄也。为唐庄宗骑将，早卒。高祖以其子重贵为子。高祖六子，五皆早死，而重睿幼，故重贵得立。《家人传》：高祖二叔父、一兄、六弟、七子、二孙。子曰重贵、重信、重义、重英、重胤、重睿、重呆，而上文叙其弟，又有重胤之名，下文云：重胤，高祖弟也，不知其亲疏，高祖爱之，养以为子，故于名加重，而下齿诸子，则去重贵、重胤，实止五子。《旧史》及《五代会要》，高祖尚有子重进。欧《史》总序七子时，虽未及其名，然下文云：高祖叔兄与弟敬殷、子重进，皆前即位卒。重英，高祖起太原时为右卫将军，重胤为皇城副使，皆见杀。二人时匿民家井中，捕得诛之，并族所匿之家，其滥刑如此。薛《史·末帝纪》重胤作重裔，《通鉴》同。重信、重义为张从宾所杀，已见上节。后追封赠时，亦皆及重进，则高祖确有是子。据《旧史》及《五代会要》：重英为高祖长子，重信第二，重义作重义，第三，重进第五，重睿第七。重呆，欧《史》云：小字冯六，未名而卒，重呆追封时赐名。盖其次居六？重信死时年二十，生于贞明三年（917），重义死时年十九，生于贞明四年，新、旧《史》同。重贵生于天祐十一年（914），《旧纪》。即乾化四年（914），无反居其次之理。则《家人传》云高祖七子者，其第四当为重胤。去重胤言之，则《出帝纪》之六子，重贵要不在其列也。《家人传》云：高祖卧疾，宰相冯道入见卧内，重睿尚幼，高祖呼出，使拜道于前，因以宦者抱持，实道怀中。高祖虽不言，左右皆知其以重睿托道也。高祖崩，晋大臣以国家多事，议立长君，而景延广已阴许立出帝，重睿遂不得立。《高祖纪》：天福三年（938）十二月丙子，封子重贵为郑王。《出帝纪》：天福八年五月丁亥，追封皇伯敬儒为宋王。论曰：礼，兄弟之子，犹子也，重贵书子可矣，敬儒出帝父也，书曰皇伯者，何哉？出帝立不以正，而绝其所生也。盖出帝于高祖，得为子而不得为后者？高祖自有子也。方高祖疾病，抱其子重睿，实于冯道怀中而托之，出帝岂得立邪？晋之大臣，既违礼废命而立之，以为出帝。为高祖子则得立，为敬儒子则不得立，于是深讳其所生而绝之，以欺天下，为真高祖子也。《礼》曰：为人后者为其父母服。使高祖无子，出帝得为后而立以正，则不待绝其所生以为欺也。然则高祖本无以重贵为子之事。云以重贵为子者，乃其篡立时欺世之谈也。景延广者，本梁将，后事唐。明宗时，朱守殷以汴州反，晋高祖为六军副使，诛从守殷者，延广为汴州军校，当诛，高祖惜其才，阴纵之使亡。盖自以为有恩焉？故后录以为客将。即位，以为侍卫步军都指挥使。是时为马步军都指挥使。冯道等盖为其所胁也？于是武人干政之局成，而晋高祖一生，仳仳俔俔，以事契丹者，其局亦一变矣。高祖六子，重信为李皇后所生，余皆不知其母。二孙：日延煦、延宝。欧《史》云：出帝以为子。后延煦等从帝北迁，不知其所终。《旧史》云：重信有子二人，皆幼，长于公宫，及少帝北迁，不知其所终，疑即延煦、延宝也。

耻臣契丹而反前人之所为，是也，然出帝与景延广，则皆非其人。用兵自有形势。燕、云既丧，河东尚有雁门内险可扼，河北则已无险可守。此时欲攘契丹，纵不能更取山后，亦必当恢复幽州。欲复幽州，则自汴北出之兵必极强，河东之兵，又必能东出井陉以为之援，且北出雁门，以挠敌后。然是时皆不能也。敌兵一出，即抵邺都。兵有利钝，战无百胜，岂能专以浪战为务？况不能战邪？高祖颇称节俭，而出帝则适相反。天福八年（943），秋，幸大年庄。还，置酒景延广第。延广所进器服、鞍马、茶床、椅榻皆裹金银，饰以龙凤。又进帛五千匹，绵一千四百两，马二十二匹，玉鞍、衣袭、犀玉、金带等，请赐从官。自皇弟重睿，下至伴食、刺史，重睿从者各有差。帝亦赐延广及其母、妻、从事、押衙、孔目官等称是。时诸镇争为聚敛，赵在礼所积巨万，为诸侯王之最。出帝利其赀，乃以延煦娶在礼女。聘币百五十床。在礼谓人曰：“吾此一婚，所费千万。”时为开运三年（946），国势已危如累卵矣。重胤妻冯氏，帝于居丧中纳之，以为后。群臣皆贺。帝顾谓冯道等曰：“皇太后之命，与卿等不任大庆。”群臣出，帝与皇后酬饮歌舞。过梓宫前，酹而告曰：“皇太后之命，与先帝不任大庆。”左右皆失笑。帝亦自绝倒。顾谓左右曰：“我今日作新女婿何似？"皇后与左右皆大笑，声闻于外，帝自期年之后，即于宫中间举细声女乐。及亲征日，于左右召浅蕃军校奏三弦胡琴，和以羌笛，击节鸣鼓，更舞迭歌，以为娱乐。阳城之捷，见下。谓天下无事，骄侈益甚。四方贡献珍奇，皆归内府。多造器玩，广宫室，崇饰后庭，近朝莫之及，作织锦楼以织地衣，用织工数百，期年乃成。赏赐优伶无度。桑维翰谏曰："乡者陛下亲御胡寇，战士重伤者，赏不过帛数端，今优人一谈一笑称旨，往往赐束帛、万钱，锦袍、银带，战士见之，能不觖望？"帝不听。《通鉴》开运二年。中渡败后，见下。危亡已在旦夕，仍幸沙台射兔。桑维翰求见，帝方调鹰苑中，不暇见。景延广一出西京，见下。度必不能支契丹，乃为长夜之饮，大治第宅，园置伎乐，惟意所为。君若臣，皆全无心肝者也，此而可以攘夷狄邪？

　　斯时之中国，则仍岁旱蝗、大水，民饿死及流亡，见于奏报者，动辄千万。见《旧史》天福八年（943），开运二（945）、三年《本纪》及《通鉴》。而政府屡遣使括民谷，《旧史·本纪》：天福八年六月，遣内外臣僚二十八人往诸道州府率借民谷。《通鉴》云：分遣使六十余人。《纪》又云：时使者希旨，立法甚峻。民有碓砲泥封之，隐其数者皆毙之。九月，诸州郡括到军食，以籍来上。吏民有隐落者，并处极法。《新史·本纪》：是岁八月，检民青苗。十月，括借民粟。率民财，《旧史·本纪》：开运元年四月，分命文武臣僚三十六人往诸道括率钱帛，以资军用。《通鉴》云：各封剑以授之。使者多纵吏卒，携锁械刀杖入民家。小大惊皇，求死无地。州县吏复因缘为奸。又遣使率民马，《旧纪》：开运元年正月，诏率天下公私马，以资骑军。二年八月，分遣使臣于诸道率马。抽乡民为兵，《旧纪》：开运元年三月，诏天下抽点乡兵。凡七户出一士，六户资之。仍自具兵仗，以武定为军号。二年正月，改为天威军。《通鉴》云：凡得七万余人。时兵荒之余，复有此扰，民不聊生。吏又乘之为奸，致群盗蜂起。天福八年，朝廷以恒、定饥甚，独不括民谷，杜威奏称军食不足，请如诸州例，许之。威即重威，避出帝讳去重字。威用判官王绪谋，检索殆尽。得百万斛，威止奏三十万斛，余皆入其家。令判官李沼称贷于民，复满百万斛；来春粜之，得缗钱二百万，将帅之全无心肝又如此，纵无敌国外患，亦岂可以一朝居邪？

　　北狄隆氏族而未能建国家，故不甚知君臣之义、尊卑之分，准诸族众，则以父子、兄弟、伯叔、父侄为称而已。然刘知远谏晋高祖，谓"于契丹称臣可矣，以父事之太过"，一若父子与君臣，有尊卑之异者？盖尔时之所谓臣，仅如《辽史》所谓属国，朝贡无常，有事则遣使征兵，助军众寡，各从其便，《辽史·兵志》属国军。称子则有进于此也。然其后高祖事契丹谨，契丹太宗乃请高祖不称臣，不上表，来往缄题，止用家人礼，但云儿皇帝，《旧史·契丹传》。《通鉴》天福三年（938）同。则渐于中国之俗，以君臣之分，为严于父子矣。出帝即位，大臣议奉表称臣告哀于契丹。景延广请致书称孙而不称臣。李崧及冯道依违其间。卒从延广议。契丹大怒，遣使来让。且言何得不先承禀，遽即帝位？延广复以不逊语答之。初河阳牙将乔荣，从赵延寿入契丹，契丹以为回图使，《通鉴》。《考异》云：乔荣，《汉隐帝实录》作乔荧，《陷蕃记》作乔莹，从晋少帝、汉高祖《实录》《景延广传》《契丹传》。回图，《旧史·景延广传》作回国。《契丹国志》同。往来贩易于晋，置邸大梁。及契丹与晋有隙，延广说帝囚荣于狱，悉取邸中之货。凡契丹之人，贩易在晋境者，皆杀之，夺其货。大臣皆言契丹有大功，不可负。乃释荣，慰赐而归之。天福八年九月。荣辞延广，延广大言曰："归语而主：'先帝北朝所立，故称臣奉表。今上乃中国所立。所以降志于北朝者，正以不敢忘先帝盟约故耳。为邻称孙，足矣，无称臣之理。北朝皇帝勿信赵延寿诳诱，轻侮中国。中国士马，尔所目睹。翁怒则来战。孙有十万横磨剑，足以相待。他日为孙所败，取笑天下，毋悔也。'"荣自以亡失货财，恐归获罪，且欲为异时据验，乃曰："公所言颇多，惧有遗忘，愿记之纸墨。"延广命书其语以授之。荣具以白契丹主。契丹主大怒，入寇之志始决，称孙，出帝一人与契丹主之关系耳，称臣则以国下之，延广所持之义，未为不正，然启衅必有其备，戎事不饬，而徒为大言，则近于儿戏矣。

时杨光远心怀觖望，密召契丹，言中国可取。赵延寿又说之。契丹主乃以延寿及赵延昭为先锋，自将入寇。开运元年（944）正月，陷贝州。晋以高行周为北面行营都部署。时河北危蹙，诸州求救者相望。乃以景延广为御营使，下诏亲征。至澶州，使高行周先发。契丹围之戚城，见第十二章第三节。博州刺史周儒降契丹，引契丹济河攻郓州，以援杨光远。帝使李守贞击败之。自将救高行周。契丹解去。契丹主攻澶州。帝出兵与战。亦退去。四月，契丹主留赵延昭守贝州。北归，帝亦留高行周镇澶州归大梁。延昭弃城，屯于瀛、莫，阻水自固。帝命李守贞攻杨光远。十二月，青州食尽。光远子承勋等劫其父以降。命李守贞便宜处置。守贞遣人拉杀之。是役也，契丹未尝大举，故晋幸而获济。然战场即在河北，已如末帝时梁、唐间之形势矣。

五代时，机要之职，无过枢密。晋高祖之僭位，赵莹与桑维翰并相，而维翰实兼密使。及入洛，以冯道为相，常务一以委之。时李崧逃匿民间。帝以出镇河东得崧之力，德之，以为兵部侍郎，判户部。旋亦用为相。与维翰并兼枢密。天福二年（943）正月。自郭崇韬死，宰相罕有兼枢密者，故宣徽使刘处让及宦官皆不悦。杨光远围广晋，处让数以军事衔命往来。光远奏请多逾分，帝常依违，维翰独以法裁折之。光远对处让有不平语。处让曰："是皆执政之意。"光远由是怨执政。范延光降，光远密表论执政过失。高祖不得已，皆罢维翰、崧枢密，而以处让为之。天福三年十月。后复出维翰为彰德节度使。四年闰七月。至八年三月，乃入为侍中。少帝自澶州归，以景延广为西京留守。高行周代为侍卫马步军都指挥使。六月，出冯道帅同州。复置枢密院，以维翰为中书令，充枢密使。史谓亲征时号令方略，一出延广，延广乘势使气，陵侮诸将，为上下所恶，即帝亦惮其不逊难制，而维翰使亲党有宠者荐己，故有是命。然恐不仅如此。少帝未出师时，即遣使持书诣契丹。契丹已屯邺都，不得通而返。旋复遣译语官孟守忠致书契丹，求修旧好。契丹主复书曰："已成之势，不可改也。"帝盖复欲求和也。亦可见其轻率矣。是岁闰十二月，契丹之师复至，遂无复转旋之地。

时则契丹主与赵延寿俱围恒州，前锋至邢州。少帝欲亲征，而有疾，遣马全节等屯邢州，赵在礼屯邺都。诸军稍退。六年正月，契丹蹑之。至安阳水。皇甫遇与濮州刺史慕容彦超前觇敌，与战，破之。契丹主在邯郸，见第二章第六节。传言晋军大至，仓皇北还。攻相州之兵亦退。少帝疾愈，马全节等奏据降者言：虏众不多，宜乘其散归种落，大举径袭幽州。帝以为然。征兵诸道，下诏亲征。诸军以次北上。复诏杜威与之会。三月，下泰州。遂取满城、遂城。满城，今河北满城县。遂城，在今河北徐水县西。契丹主至古北口，在今河北密云县东北。闻之，复回兵而南。杜威等闻之退。契丹蹑其后，至阳城。在今清苑县东南。次日，南行十余里，至白团卫村。据《通鉴》。《考异》云：《汉高祖实录》作白檀，今从《晋少帝实录》。欧《史》但作卫村。东北风大起。契丹围晋军。契丹主命拔鹿角以入。杜威欲待风定徐观形势。李守贞曰："彼众我寡，黑风之内，莫测多少，若候风止，我辈无噍类矣！"与张彦泽、符彦卿、皇甫遇等奋击，大败之。乃获整众至定州。遂入恒州。是役也，契丹以轻敌致败。然晋师亦仅克自免。少帝于四月还京。袭取幽州之计，遂成画饼矣。此时即袭得幽州，而不能得北方之险，契丹必大举攻之，亦不易守也。

此时朝局，复有变动。冯玉者，冯皇后之兄，少帝用为户部侍郎。李彦韬者，本阎宝仆夫，后隶晋高祖帐下，高祖自太原入洛，以少帝留守，留彦韬侍之，遂见宠任，是时为宣徽北院使、马步都虞候。二人皆恶桑维翰。李守贞之杀杨光远，光远孔目官宋颜，尽以光远财宝、名姬、善马告守贞，守贞因而得之，置颜于帐下。维翰搜索光远同恶甚急，或告颜匿守贞所，朝廷取而杀之。守贞由是怨维翰，又惮之。与玉、彦韬辈竭力排斥。是年二月，遂以玉为户部尚书、枢密使，以分维翰之权。时复以邺都为天雄军。杜威久镇恒州，多不法。每以备边为名，敛吏民钱帛，以充私藏。又畏懦过甚。契丹数十骑入境，威已闭门登陴。或数骑驱所掠华人千百过城下，威但瞋目延颈望之，无意邀取。由是虏无所忌惮。属城多为所屠。威竟不出一卒救之。千里之间，暴骨如莽，村落殆尽。威见所部残敝，为众所怨，又畏契丹之强，累表请入朝。帝不许。五月，威不俟报，遽委镇入朝。朝廷闻之惊骇。桑维翰言："宜因此时废之。"帝不悦。维翰曰："陛下不忍，宜授以近京小镇，勿复委以雄藩。"帝不听。维翰自是不敢复言国事，以足疾辞位。威又令公主白帝，求天雄节城。帝许之。六月，以威为天雄节度使，邺都留守。以邺都留守马全节为恒州节度使。卒，以定州王周代之。是月，帝假开封军将张晖供奉官，使奉表称臣，诣契丹卑辞谢过。契丹主曰："使景延广、桑维翰自来，仍割镇、定两道隶我，则可和。"朝廷以契丹语忿，谓无和意，乃止。此时契丹所求，尚止镇、定，足见谓太祖欲尽割河北者不确。是时既欲与契丹和，何以复替维翰？足见少帝惟宵小之言是用，进退大臣，不以国家大计也。八月，和凝罢。冯玉以中书侍郎同平章事。十二月，维翰罢为开封尹。史云：初帝疾未平，会正旦，维翰遣女仆入宫起居太后，因问皇弟睿近读书否？帝闻之，以告冯玉。玉因谮维翰有废立之志。帝疑之。玉与李彦韬、李守贞合谋排维翰。以中书令行开封尹赵莹柔而易制，共荐以代维翰。以莹为中书令，李崧为枢密使，守侍中。维翰遂称足疾，希复朝谒，杜绝宾客。盖少帝立不以正，终不免惴惴之心，而谗间遂乘之而入也。维翰亦非正士，然与高祖关系深，颇有威望，尚能调度将帅，维翰去，则朝局益非矣。

开运三年（946）正月，诏李守贞率师巡抚北边。六月，定州奏蕃寇压境。诏守贞为北面行营都部署，皇甫遇副之。前岁车驾驻于河上，曾遣边将遗书赵延寿，劝令归国。延寿寻有报命，依违而已。是岁三月，复遣杜威致书延寿。且述朝旨，啖以厚利。洺州军将赵行实，曾事延寿，遣赍书往。七月，行实自燕回，得延寿书。且言久陷边庭，思归中国，乞发将应接，即拔身南去。朝廷欣然，复遣行实计会大军应接之所。有瀛州大将，遣所亲赍蜡书至阙下，云欲谋翻变，以本城归命未几，彼有告变者，事不果就。九月，契丹瀛州刺史诈为书与乐寿将军王峦。《旧纪》。《通鉴》作瀛州刺史刘延祚。《考异》云：欧《史》作高牟翰，《陷蕃记》前云延祚诈输诚款，后云大军至瀛州，侦知蕃将高谟翰潜师而出，盖延祚为刺史，谟翰乃戍将耳。愿以本城归顺。且言城中蕃兵，不满千人，请朝廷发兵袭取，己为内应。又云：今秋苦雨，川泽涨溢，自瓦桥以北，水势无际，契丹已归本国，若闻南夏有变，地远阻水，虽欲奔命，无能及也。又峦继有密奏，苦言瀛、莫可取之状。少帝深以为信，遂有出师之议。十月，以杜威为北面行营都指挥使，李守贞为兵马都监，会兵广晋北行。十一月，至瀛州，城门洞开，寂若无人。威等不敢进。闻契丹将高谟翰先已引兵潜出，遣梁汉璋将二千骑追之，遇敌败死。威等遂将军而退。至武强，今河北武强县。闻契丹入寇，欲取直路自冀、贝而南。会张彦泽领骑自镇、定至，言契丹可破之状，乃复趋恒州。驻中渡桥。契丹以大军当其前，潜遣骑出其后，断其粮道及归路。中渡寨遂隔绝。晋徒诏高行周、符彦卿领后军驻河上，使景延广戍河阳而已。奉国指挥使王清请以步卒夺桥开道，求入恒州。杜威遣与宋彦筠往。彦筠败还。清战甚锐，敌小却。威不之援，战死。威遂与李守贞降敌。并谕降顺国节度使王周。契丹主遂入恒州。引兵自邢、相而南。遣张彦泽将二千骑先趋大梁。《旧史·皇甫遇传》云：杜重威送款于契丹，遇不与其议，及降，心不平之。契丹欲遣遇先入汴，遇辞之。因私谓人曰："我身荷国恩，位兼将相，既不能死于军陈，何颜以见旧主？更受命图之，所不忍也。"明日，行至赵郡，绝亢而殒。彦泽倍道疾驱，自封丘门斩关而入。少帝初欲赴火，为亲校薛超所持。俄而彦泽传契丹主与太后书慰抚之。乃与太后俱作降表，遣延煦、延宝奉传国宝以降。高行周、符彦卿自澶州来降。张彦泽迁少帝于开封府舍，凡内帑、奇货，悉辇归私邸。仍纵军大掠，两日方止。少帝谋自全之计，以桑维翰在相时，累请与契丹和，虑契丹到京，穷究其事，则显己过，欲杀维翰以灭口，令张彦泽图之。彦泽乃称少帝命召维翰害之，而尽取其家财。景延广狼狈还。时契丹主至安阳，相州治。见第十二章第三节。遣别部队长率骑士数千，与晋兵相杂，趋河桥入洛，以取延广。戒曰："如延广奔吴走蜀，便当追而致之。"延广顾虑其家，未能引决。契丹既奄至，乃轻骑谒契丹主于封丘。见第十二章第二节。契丹责之曰："致南北失欢者，良由尔也。"召乔荣质证前事。凡有十焉。延广始以他语抗对。荣出其文以质之。延广顿为所屈。每服一事，则受牙筹一茎。此契丹法也。延广受至八茎，但以面伏地。契丹遂咄之。命锁延广臂，将送之北上。至陈桥，在开封东北。夜分，伺守者怠，引手自扼其亢死。张彦泽恣行杀害。或军士擒获罪人至前，不问所犯，但瞋目出一手竖三指而已，即出外断其要领。《旧史》本传。《通鉴》胡《注》曰：三指，中指也。示以中指，言中断之，即腰斩也。此盖五代军中虐帅，相承为此，以示其下，汉史弘肇掌兵，有抵罪者，以三指示吏，即腰斩，正此类也。按弘肇事见欧《史》本传。彦泽与阁门使高勋不协，乘醉至其门，害其仲父季弟，暴尸于门外。及契丹帐泊于北郊，勋往诉其冤。时契丹主已怒彦泽剽掠京城，遂令锁之。仍以其罪恶，宣示百官及京城士庶。且云："合诛否？"百官连状，具言罪在不赦。市肆百姓，亦争投状疏其罪。遂令弃市。召杨承勋至京师，责其劫父，脔而食之，而以其弟承信为平卢节度使。降晋少帝为光禄大夫、检校太尉，封负义侯。于黄龙府安置。今吉林农安县。与皇太后李氏、皇太妃安氏、少帝所生母。皇后冯氏、皇弟重睿、皇子延煦、延宝俱北行。宰臣赵莹、枢密使冯玉、侍卫马军都指挥使李彦韬随帝入蕃。乾祐元年（948）六月，契丹国母召帝一行往怀密州。在黄龙府西北千余里。至辽阳，又行二百里，会国母为永康王所执。永康王请帝却往辽阳城驻泊。后太后求于汉儿城侧近赐养种之地。契丹太祖为汉人所置，盖非一所？永康许诺，令于建州驻泊。在今辽宁朝阳县境。二年，帝自辽阳赴建州。中路，太妃得疾而死。至建州，割寨地五十余顷，令一行人筑室分耕。三年八月，太后死。《郡斋读书志》云：范质《晋朝陷蕃记》，谓出帝北迁凡十八年而卒，则宋太祖之乾德二年（964）也。赵莹之北徙，与子易从俱。后病将卒，告于契丹，愿以尸还中国。契丹许之。及卒，遣易从护其丧南归。冯玉子杰，自幽州不告父而亡归，玉惧谴责，以忧恚卒。冯后、重睿、延煦、延宝，不知所终。安太妃临卒，谓少帝曰："当焚我为灰，南乡飏之，庶几遗魂得返中国也。"李太后疾革，谓帝曰："我死，焚其骨送范阳佛寺，无使我为虏地鬼也。"夫为封豕长蛇，荐食上国，闻人讥沙陀之无穴而勃然，何其壮也？及其见辱北蕃，乃复游魂愿依中国，又何惫也？噫！

第四节　契丹北去

契丹太宗既灭晋，明年，正月朔日，至汴。是日入宫，至昏复出，次于赤冈。在开封东北。五日，降晋少帝为负义侯。七日，复入，居于大内。以李崧为西厅枢密使，冯道为太傅，左仆射和凝及北来翰林学士承旨张砺为宰相。二月朔日，服汉法服，出崇元殿，受蕃汉朝贺。改晋国为大辽国。《旧五代史·赵延寿传》云：契丹主委延寿以图南之事，许以中原帝之。诸军既降于中渡，契丹主命延寿就寨安抚，仍赐龙凤赭袍，使衣之而往。谓之曰："汉儿兵士，皆尔有之，尔宜亲自慰抚。"《通鉴》云：亦以赭袍衣杜威，以示晋军，其实皆戏之耳。案以章服别权位，庸非契丹主所知，此未必意存戏弄。特降军统属，究竟如何，未见明文耳。亦见其措置之乖方也。及契丹入汴，降兵数万，皆野次于陈桥。契丹主虑有变，欲尽杀之。延寿闻之，请见，曰："皇帝百战，始得晋国，不知自要治之乎？为他人取乎？"契丹主变色曰："尔何言之过也？朕以晋人负义，举国南征，五年相杀，方得中原，岂不自要为主，而为他人邪？"延寿曰："皇帝知吴、蜀与晋相杀不？"曰："知。"延寿曰："今中原南自安、申，西及秦、凤，缘边数千里，并是两界守戍之所，将来皇帝归国，时又渐及炎蒸，若二寇交侵，未知许大世界，教甚兵马御捍？苟失堤防，岂非为他人取也？"契丹主曰："我弗知也。为之奈何？"延寿曰："臣知上国之兵，当炎暑之时，缘吴、蜀之境，难为用也。未若以陈桥所聚降兵团并，别作军额，以备边防。"契丹主曰："念在壶关失断，壶关，在今山西长治县东南。此指其送石敬瑭南下至潞州时言之。阳城时亦曾言议，未获区分，致五年相杀，此时入手，如何更不蠲除？"延寿曰："晋军见在之数，还似从前。尽在河南，诚为不可。臣请迁其军，并其家口于镇、定、云、朔间，每岁分番于河外缘边防戍，上策也。"契丹主忻然曰："一取大王商量。"由是陈桥之众，获免长平之祸焉。《旧史·冯道传》：契丹主从容问曰："天下百姓，如何可救？"道曰："此时百姓，佛再出救不得，惟皇帝救得。"其后衣冠不至伤夷，皆道与赵延寿阴护之所至也。观此，知契丹之入中原，杀机颇重，而延寿较之张彦泽等，亦为彼善于此矣。延寿在汴久之，知契丹主无践言之意，乃遣李崧达语，求立为皇太子。崧不得已言之。契丹主曰："我于燕王，无所爱惜。但我皮肉，堪与燕王使用，亦可割也，何况他事？我闻皇太子，天子之子合作，燕王岂得为之也？"因命与燕王加恩。张砺拟延寿为中京留守、时契丹以恒州为中京。大丞相、录尚书事、都督中外诸军事，枢密使燕王如故。契丹主览状，索笔围却"录尚书事、都督中外诸军事"字，乃付翰林院草制焉。此说可疑。契丹主岂知汉文邪？盖亦问诸汉人，非能自览状也。李崧、张砺，似皆欲以汉地大权，阴移之于延寿。他汉人承问者，则不敢尽同其说耳。又以其子匡赞为河中节度使，观此，知契丹主本无占据中原之意，而后忽变计也。

欲据中原，必有占据中原之方略，而契丹主则殊非其人。是时契丹主分遣使者，以诏书赐晋之藩镇。晋之藩镇，争上表称臣，被召者无不奔驰而至，不受命者，惟彰义节度使史匡威，又雄武节度使何重建，以秦、阶、成三州降蜀，且导蜀兵取凤州而已。然其地偏远，未足以威契丹。契丹盖以是谓中国遂可占据，故变计，欲自取之，然人民群起而攻，契丹卒不能御，则可见民力之大可恃，而中原沦陷，转皆坏法乱纪之武人招致之矣。《通鉴》云：契丹主广受四方贡献，大饮酒作乐。赵延寿请给上国兵廪食。契丹主曰："吾国无此法。"乃纵胡骑四出，以牧马为名，分番剽掠，谓之打草谷。契丹兵制，人马不给粮草，日遣打草谷骑四出钞掠以供之。每正军一名，有马三匹，打草谷，守营铺家丁各一人。见《辽史·兵志》。钞掠只可行之战时，此时战事已停，故以牧马为名也。丁壮毙于锋刃，老弱委于沟壑。自东西两畿及郑、滑、曹、濮，数百里间，财畜殆尽。契丹主谓判三司刘煦曰："契丹兵三十万，既平晋国，应有优赐。速宜营办。"时府库空竭，煦不知所出，请括借都城士民钱帛，自将相已下皆不免。又分遣使者数十人诣诸州括借，皆迫以严诛，人不聊生。其实无所颁给，皆蓄之内库，欲辇归其国。于是内外怨愤，始患苦契丹，皆思逐之矣。又云：初晋置乡兵，号天威军，教习岁余，村民不闲军旅，竟不可用，悉罢之。但令士户输钱十千。铠仗悉输官。而无赖子弟，不复肯复农业。山林之盗，自是而繁。及契丹入汴，纵胡骑打草谷，又多以其子弟及亲信、左右为节度使、刺史。不通政事，华人之狡狯者，多往依其麾下，教之妄作威福，掊敛货财，民不堪命。于是所在相聚起事，多者数万人，少者不减千百。皆见天福十二年（947）。民心之愤激既深，藩镇之政事较整饬，兵力较强盛者，乃乘之而起矣。

刘知远，《旧史·本纪》云：其先沙陀部人，而其同产弟彦超为慕容氏，盖吐谷浑人，隶属于沙陀者？知远初事唐明宗，后隶晋高祖麾下，其助高祖戕废帝侍从，及劝高祖叛末帝，已见前。天福六年（941），为北京留守，河东节度使。少帝与契丹启衅，以为幽州道行营招讨使。奉诏起兵至土门，见第十一章第三节。军至乐平而还。旋以为北面行营都统，督十三节度使，以备契丹。时少帝再命知远会兵山东，皆后期不至。帝疑之，虽为都统，而实无临制之权，密谋大计，皆不得与。知远亦自知见疏，但慎事自守而已。然知远广募士卒，阳城之战，诸军散卒归之者数千人。白承福归知远，知远收其精骑，以隶麾下。《通鉴》天福六年。参看第二节。吐浑多犯法，知远无所纵舍，相与谋遁归故地。有白可久者，位亚承福，率所部先亡归契丹。契丹用为云州观察使，以诱承福。承福家甚富，郭威劝知远诛之，收其货以赡军。知远乃密表吐谷浑反复难保，请迁于内地。少帝遣使发其部落千九百人，分置河阳及诸州。知远遣威诱承福等入居太原城中。因诬承福等五族谋叛，以兵围而杀之，合四百口，籍没其家赀。《通鉴》开运三年（946）。参看第十五章第三节。由是河东富强冠诸镇，步骑至五万人。契丹入汴。知远分兵守四境，以防侵轶，而遣客将王峻奉三表诣契丹：一贺入汴。二以太原夷夏杂居，戍兵所聚，未敢离镇。三以应有贡物，值契丹将刘九一军，自土门而入，屯于南川，民居必依川流，故古称某地方居民所聚之处曰某川，如《三国志·诸葛亮传》言秦川是也。此云南川，谓晋阳南民居之地。城中忧惧，俟召还此军，道路始通，可以入贡。盖不欲以兵力逐契丹，诳之以利，冀其自行召还也。契丹主赐诏褒美。及进画，亲加儿字于知远姓名之上。仍赐以木柺，胡法优礼大臣则赐之，如汉赐几杖之比。《新史·本纪》云：王峻持柺归，虏人望之皆辟道。然契丹主亦知其观望，知远又遣北都副留守白文珂献奇缯、名马，契丹主使谓知远曰："汝不事南朝，又不事北朝，意欲何所俟邪？"则形势稍迫急矣。然契丹是时，固无力进取河东。或劝知远举兵。知远曰："用兵有缓有急，当随时制宜。今契丹新降晋兵，虎踞京邑，未有他变，岂可轻动？且观其所利，止于货财，货财既足，必将北去。况冰雪已消，势难久留。宜待其去，然后取之，可以万全。"盖契丹之不能终据京邑，知远固烛之明矣。然知远亦自审未足以餍众望。是岁二月十五日，乃称皇帝而不建国号，仍称天福十二年，为游移之态，以觇众志焉。

契丹主闻知远自立，伪制削夺官爵。以通事耿崇美为潞州节度使，高唐英为相州节度使，崔廷勋为河阳节度使，以扼要害之地。唐英未至，贼帅梁晖袭据之。潞州张从恩，以副使赵行迁权留后，左骁卫大将军王守恩从恩亲家。权巡检使，而身往朝契丹。判官高防与守恩谋，诛行迁，推守恩权知留后，降于河东。崔廷勋送耿崇美屯泽州，欲攻之。知远使史弘肇救之。廷勋、崇美退保怀州。契丹主以船载武库兵仗，自汴浮河，欲置之于北地，遣奉国都虞候武行德部送。至河阴，见第七章第六节。行德杀契丹监吏，与其屯驻军士，合趋河阳，据之。安国留后方太降契丹，契丹以为武定节度使，使赴洛阳巡检。至郑州，州有戍兵，共迫太为郑王。太逃奔洛阳。戍兵既失太，反谮太于契丹，云胁我为乱。太遣子师朗诉于契丹，契丹将麻荅杀之。欧《史·四裔附录》云：麻荅者，德光之从弟也。德光灭晋，以为邢州节度使。兀欲立，命守镇州。《廿二史考异》云：宋白曰：麻荅，本名解里，阿保机之从子也。其父曰撒剌，归梁，死于汴，予考《辽史》，无《麻荅传》，而有《耶律解里传》。然解里世为小吏，则非德光从弟，且亦无镇邢州、守镇州事。惟《耶律拔里得传》称太祖弟剌葛之子。太宗入汴，以功授安国军节度使，总领河北道事。师还，州郡往往叛以应刘知远，拔里得不能守而归。世宗即位，迁中京留守，卒。安国军即邢州，中京即镇州，则麻荅即《辽史》之拔里得，与解里初非一人矣。《辽史·皇子表》：剌葛，神册二年（917）南奔，为人所杀。薛《史》亦云：麻荅父萨剌，阿保机时自蕃中奔唐庄宗，寻奔梁，庄宗平梁，获之，磔于市。与宋白说略同。但一云撒剌，一云萨剌，一云剌葛，其名小异耳。太无以自明。会群盗攻洛阳，契丹留守刘晞奔许州，太乃入府行留守事。与巡检潘环击群盗，却之。太欲自归于晋阳，武行德诱而杀之。契丹将高谟翰援送刘晞还洛。晞疑潘环构其众逐己，使谟翰杀环。晋州留后刘在明朝于契丹，以节度副使骆从朗知州事。知远遣使者张晏弘等谕以即位，从朗皆囚之。大将药可俦杀从朗，推晏弘权留后。契丹以其将刘愿为保义节度副使。奉国都头王晏，与指挥使赵晖、都头侯章杀之，奉晖为留后。契丹主即以授之。晖斩其使，奉表晋阳。初，梁太祖以高万兴守延州，牛存节守鄜坊。刘知俊叛，徙存节于同州，以高万金代之。贞明四年（918），万金卒，万兴遂兼帅鄜延。唐时，改军名曰彰武。庄宗入洛，万兴曾一来朝。仍遣归镇。同光三年（925），卒，子允韬袭。长兴元年（930），乃移镇。开运中，周密为彰武节度使。契丹灭晋，军人逐之，密守延州东城。西城之兵，奉万金子允权为留后，归于晋阳。密乃弃东城去。折从阮者，本名从远，避知远讳改。盖党项之族？折氏为党项大族，见第十五章第三节。代家云中。唐庄宗有河朔，使领府州刺史，今陕西府谷县。晋高祖以云中河西之地赂契丹，从阮以郡北属。契丹欲徙河西之民实辽东，人心大扰，从阮乃保险拒之。少帝与契丹启衅，命从阮出师。从阮深入边界，拔十余寨。少帝使兼领朔州刺史、安北都护、振武军节度使、契丹西南面行营马步都虞候。闻知远起，亦来归。于是河东之声势日盛，然尚未足胁契丹，使之即去也，而河北、山东，义师继起。有王琼者，率众袭取澶州南城，围契丹将耶律郎五。契丹主遣兵救之。琼战败，见杀。然澶州不靖，则契丹归路，有中断之虞。东方群盗，又陷宋、亳、密三州，契丹不得已，遣诸节度使归镇。王琼起，遣李守贞归天平，杜重威归天雄。宋、亳、密陷，又遣安审琦归泰宁，符彦卿归武宁。至是，则中原之地，控制弥艰；契丹主又不习居中土；乃复以汴州为宣武军，以其后兄小汉为节度使，使李崧为制姓名曰萧翰，翰为述律后兄子，其妹又为德光后，见新、旧《史·本传》《新史·四裔附录》及《辽史·外戚表》。而身以三月十七日发东京。

契丹主既北行，四月四日，攻相州，陷之。城中男子，无少长皆屠之，妇女悉驱以北。《新史·四裔附录》。胡人掷婴孩于空中，举刃接之以为乐。《通鉴》。高唐英阅城中遗民，得男女七百人而已。乾祐中，王继弘镇相州，于城中得髑髅十余万，《旧史·汉高祖纪》。其屠戮亦可谓酷矣。契丹主至临城，见第八章第四节。得疾。四月二十一日，死于栾城之杀胡林。今河北栾城县。赵延寿引兵入恒州，自称受契丹皇帝遗诏，权知南朝军国事。旋为其永康王兀欲所执。兀欲自立，是为世宗。北归。述律后使其第三子李胡拒之，为所败，与述律后皆见幽。契丹既有内忧，遂无暇更问南方之事矣。

契丹既北去，刘知远集群臣廷议进取，诸将咸请出师井陉，攻取镇、魏。先定河北，则河南拱手自服。此实当日进取之正道。而知远欲自石会趋上党。郭威曰："虏主虽死，党众犹盛，各据坚城，我出河北，兵少路迂，旁无应援，若群虏合势，共击我军，进则遮前，退则邀后，粮饷路绝，此危道也。上党山路险涩，粟少民残，无以供亿，亦不可由。近者陕、晋二镇，相继款附。引兵从之，万无一失。不出两旬，汴、洛定矣。"知远曰："卿言是也。"乃以弟崇为北京留守而东下，崇，欧云高祖母弟，《通鉴注》同，薛云从弟，恐误。此实苟且之计。欲成大业者，必先勉为其难。击天下之至强，祛人心所同忿，则好我者劝，恶我者惧，而基业自固。当时契丹余党，已成五合六聚之势，安能协以谋我？若能协以谋我，先定汴、洛，独不虑其合从南犯邪？

知远以五月十二日发太原，自阴地关出晋、绛。阴地关，在今山西灵石县西南。先二日，刘晞弃洛阳奔大梁。十三日，史弘肇奏克泽州。崔廷勋、耿崇美方逼河阳，闻之，退保怀州。弘肇将至，廷勋等拥众北遁。契丹在河南者，相继北去。弘肇引兵与武行德合。初晋封唐许王从益为郇国公，以奉唐祀。契丹犯京师，赵延寿所尚明宗公主已死，德光乃为延寿娶从益妹，曰永安公主。不知其母，素亦养于王淑妃。而拜从益为彰信节度使。从益辞之官，与王淑妃俱还洛阳。萧翰闻刘知远南，欲北归，恐中国无主，必大乱，已不得从容而去，遣高谟翰迎之。矫称契丹主命，以从益知南朝军国事，召已赴恒州。至大梁，立以为帝，留燕兵千人为宿卫而去。从益使召高行周、武行德，皆不至。王淑妃惧，召大臣谋之。或曰："今集诸营，不减五千，与燕兵并力坚守，一月，北救必至。"据《通鉴》。《新史·家人传》曰：与王松谋以燕兵闭城自守。松，萧翰所置相也。妃曰："吾母子亡国之余，安敢与人争天下？"乃用萧翰所置相赵远、枢密使翟光邺策，称梁王知军国事，遣使奉表称臣迎知远。仍出居私第。六月三日，知远至洛阳。闻从益尝召高行周，遣郑州防御使郭从义先入京师杀之，及王淑妃。妃且死，曰："吾儿为契丹所立，何罪而死？何不留之，使每岁寒食，以一盂麦饭洒明宗陵乎？"史言闻者泣下。然则刘鄩尝力抗沙陀，终以强死，又谁为作墦间之祭也？然则闻之而泣者，中国之民乎？抑沙陀之仆妾也？十一日，知远至大梁。复以汴州为东京。晋之藩镇，相继来降。十五日，改国号曰汉。是为汉高祖，年号仍称天福，曰："予未忍忘晋也。"盖亦度德量力，未足以君临中原，故为是忸怩之态耳。

辽世宗之北归也，以麻荅为中京留守。汉祖既入大梁，杜重威、李守贞皆归命。重威仍请移镇。高行周亦入朝。时传赵延寿死，《辽史·延寿传》，延寿死于天禄二年（948），即乾祐元年（948），此时实尚未死。乃移重威于归德，以行周守邺都，起复赵匡赞，移之晋昌，而以守贞帅河中。重威不受命，使子弘璨质于麻荅以求救。时七月也。闰月，以行周为招讨使，慕容彦超副之，以讨重威。赵延寿有幽州兵二千，在恒州，重威请以守魏。麻荅遣其将杨衮将之，并契丹兵千人赴之。麻荅贪残，民间有珍货美女，必夺取之。又捕村民，诬以为盗，披面、抉目、断腕、焚炙而杀之。左右悬人肝胆手足，饮食起居于其间，语笑自若。然恐汉人去之，故契丹或犯法，无所容贷。乃谓门者曰："汉人有窥门者，即断其首以来。"其狂悖如此。先是契丹主德光使奉国都指挥王继弘、都虞候樊晖戍相州。高唐英闻汉祖南下，举镇请降。使者未返，继弘、晖杀唐英。继弘自称留后，遣使告云：唐英反覆。诏以继弘为彰德留后，晖为磁州刺史。安国节度使高奉明闻唐英死，心不自安，请于麻荅，署马步都指挥使刘铎为节度副使，知军州事，身归恒州。及是，麻荅遣使督运于洺州，洺州防御使薛怀让杀其使，举州降。帝遣郭从义会怀让攻刘铎，不克。铎请兵于麻荅。麻荅遣其将杨安及前义武节度使李殷攻怀让于洺州。契丹留恒州之兵，不满二千，而麻荅令所司给万四千人食，收其余以自入。麻荅常疑汉兵，且以为无用，稍稍废省；又损其食以饲胡兵；众心怨愤，闻汉祖入大梁，皆有南归之志。前颍州防御使何福进，控鹤指挥使李荣，《宋史》作李筠。潜结军中壮士数十人，谋攻契丹。畏契丹尚强，犹豫未发。会杨衮、杨安等出，契丹留者才八百人，福进等遂决计。夺契丹守门者兵，突入府中。荣先据甲库，悉召汉兵及市人，以铠仗授之，与契丹战。八月朔，麻荅、刘晞、崔廷勋皆奔定州，与耶律忠合。

忠即郎五也。是役也，汉兵无所统一，贪狡者乘乱剽掠，懦者审匿，契丹几复振。幸冯道、李崧、和凝，皆在恒州，前磁州刺史李谷，恐事不济，请其至战所抚慰士卒，士卒乃争奋。然民死者几三千人，实非尽军人之力也。李荣召诸将并力，护圣左厢都指挥白再荣狐疑，匿于别室，军吏以佩刀决幕引其臂，乃不得已而行。是役也，李荣功最多，然再荣位在上，乃以再荣权知留后，具以状闻。再荣贪昧，猜忌诸将。奉国军主王饶，恐为所并，据东门楼，严兵自卫。司天监赵延义，善于二人，往来谕释，始得解。再荣以李崧、和凝久为相，家富，遣军士围其第求赏给，又欲杀崧、凝以灭口。又欲率民财以给军。李谷争之，乃止。然汉人尝事麻荅者，再荣皆拘之以取其财。恒人以其贪虐，谓之白麻荅焉。杨衮至邢州，闻麻荅被逐，即日北还。杨安亦遁去。李殷以其众来降。刘铎亦举邢州降。薛怀让杀铎，以克复闻。朝廷知而不问。复以恒州顺国军为镇州成德军。十一月，杜重威以食尽降。初高行周与慕容彦超不协，城久不下。高祖亲征，率诸军攻其垒，亦不克，王师伤夷者万余人。先是契丹遣幽州指挥使张琏以二千余人屯邺。时亦有燕军千五百人在京师。高祖至阙，有上变者，言燕军谋乱，尽诛于繁台之下。繁台，在开封东南。咸称其冤。有逃奔于邺者，备言其事。故琏等与重威胶固守城。高祖累令宣谕，许以不死。琏等于城上扬言曰："繁台之诛，燕军何罪？既无生理，以死为期。"琏一军在围中，重威推食解衣，尽力姑息。燕军骄悍，凭陵吏民，子女金帛，公行豪夺。及重威请命，琏等要朝廷信誓，诏许琏等却归本土。及出降，尽诛琏等将数十人，其什长已下，放归幽州。将出汉境，剽略而去。邺城士庶，殍踣者十之六七。录重威部下将吏，尽诛之。籍其财产，与重威私帑，分给将士，而仍授重威检校太师、守太傅、兼中书令。其措置，可谓殊不可解矣。赵匡赞降蜀。蜀主以书招凤翔节度使侯益。又使张虔钊、何重建攻凤翔，奉銮肃卫李廷珪出子午谷援长安。谷北口曰子，在长安南。南口曰午，在今洋县东。侯益亦降蜀。明年，改元曰乾祐。正月，回鹘入贡，言为党项所隔，乞兵应接。王景崇者，本唐明宗邢州衙将，许王从益居京师，监左藏库。取库金以奔汉祖。汉祖以为右卫大将军。及是，使将禁军数千赴之，因使之经略关西。未行，赵匡赞用节度判官李恕之谋，使恕奉表请入朝，侯益亦请赴二月四日圣寿节。匡赞不俟恕返，已离长安。景崇等至，蜀兵已入秦川，发本道及匡赞衙兵千余人拒之。侯益亦闭壁拒蜀。张虔钊遁去。西方复平。

高祖二弟：曰崇，曰信。崇留守太原。信为侍卫马军都指挥使，领忠武节度使。三子：长承训，为开封尹。次承祐、次承勋。承训颇贤，天福十二年（947）十二月，以疾卒，高祖痛之，亦不豫。乾祐元年（948）正月二十七日，大渐。枢密使杨邠，迫遣刘信之镇。是日，高祖殂。邠杀杜重威及其子弘璋、弘琏、弘璨。二月朔，承祐立，是为隐帝。时年十八。

初定州西北二百里有狼山，土人筑堡于山上，以避胡寇。堡中有佛舍，尼深意居之，远近信奉之。深意俗姓孙氏，中山人孙方简新、旧《史》皆作方谏。《旧史》云：清苑人。本名方简，广顺初，以犯庙讳改。案，庙讳，谓周太祖父名简也。《通鉴考异》云：周世宗实录云清苑人，从《汉高祖实录》作中山。及弟行友，自言为深意之侄。深意卒，方简嗣行其术。率乡里豪健者，据寺为寨以自保。契丹入寇，方简率众要击，颇获其甲兵、牛马、军资。人挈家往依之者日众，久之，至千余家。遂为群盗。惧为吏所讨，乃归款朝廷。朝廷亦资其御寇，署为东北招讨使。《通鉴》开运三年（946）。定帅又表为边界游奕使。方简求请多端。因少不得志，潜通于契丹。契丹入中原，以为定州节度使。契丹主北归，至定州，以耶律忠为节度使，徙方简大同。方简不受命，率其党三千人保狼山故寨，遣使请降。汉祖复其旧官。是岁，三月二十七日，据《旧史·隐帝纪》。耶律忠与麻荅等焚掠定州，悉驱其人，弃城北去。方简还据定州。又奏弟行友为易州、方遇为泰州刺史。每契丹入寇，兄弟奔命。契丹颇畏之。于是晋末州县陷契丹者，皆复为汉有矣。而关西之变复起。

隐帝既立，侯益亦入朝，益富于财，厚赂执政及史弘肇等，遂以兼中书令行开封尹。益盛毁王景崇于朝。景崇闻之，不自安。赵思绾者，本隶赵在礼帐下。在礼死，赵延寿籍其部曲，以付其子匡赞，思绾其首领也。时诏征匡赞衙兵诣阙，思绾等甚惧。景崇又以言激之。至长安，思绾遂作乱，袭据之。景崇亦讽凤翔吏民表已知军府事。李守贞闻杜重威死，不自安，亦反。自称秦王。思绾、景崇，皆受其署置。景崇又使降于蜀。朝使郭崇义讨思绾，白文珂讨守贞，不克。八月，以郭威为招慰安抚使，诸军皆受节度。威合诸军筑长围以困河中。蜀遣山南西道节度使安思谦救凤翔，不克。明年六月，长安食尽。左骁卫上将军致仕李肃，旧有恩于赵思绾，说之，思绾乃请降。诏以为华州留后。思绾以收敛财货，三改行期。七月，郭从义疑而杀之。据《通鉴》，《新史》云：蜀使人招思绾，思绾将奔蜀。是月，李守贞自焚死。十二月，王景崇亦自焚。关西乃复平。

第十四章 五代十国始末下

第一节 郭威代汉

汉高祖即位之初，以苏逢吉、苏禹珪为相，后又相窦贞固及李涛。逢吉者，高祖河东节度判官，禹珪则其观察判官也。入汴后，思用旧臣，贞固旧为河东节度推官，时为刑部尚书。与高祖并事晋祖，雅相知重，故遂相之。涛则逢吉所荐。涛时为翰林学士。然涛以劾张彦泽素为高祖所知，又时攻杜重威不下，涛疏请亲征，与帝意相会，因而见用。《旧五代史·逢吉传》谓涛与逢吉论甥舅之契，相得甚欢，涛之入相，逢吉甚有力焉，亦未必尽然也。

汉高祖盖颇重吏事者，其时河东政务，在诸藩镇中，盖较整饬，故能以富强闻，乘契丹之敝而逐之。此可见功业之成，虽小亦非偶然也。高祖所倚任者，史弘肇外，为杨邠、郭威及王章。邠少为吏，尝事孔谦。高祖留守邺都，用为左都押衙。镇太原，益加亲委。及即位，用为枢密使，以威副之。威，邢州尧山人。尧山，今河北唐山县。或云：本常氏子，幼随母适郭氏，故冒其姓。初应募隶李继韬。后晋祖以其长于书计，召置麾下，令长军籍。其妻柴氏，本后唐庄宗嫔御，资以金帛，令事汉祖。史载威劝汉祖出陕、晋等，非必实录。汉祖所任之将为史弘肇，入汴后，弘肇为侍卫亲军都指挥使，威乃代之出征，前此威盖仅掌军政者也。王章者，少亦为吏。高祖在河东，委以钱谷。及即位，以为三司使。高祖之殂，苏逢吉与杨邠、郭威、史弘肇同受顾命。四相中，苏禹珪徒纯厚长者，窦贞固亦但端庄自持，而李涛则锋芒较露，逢吉尤久参谋议，入汴后，百司庶务，皆由其参决处置，故与邠等有隙。高祖后李氏，史传高祖起太原时，赏军士帑藏不足，欲敛于民，后谏止之，请但悉后宫所有以为赏，盖亦略知政理。其母弟业，时为武德使，与邠、威、弘肇等争权。见《宋史·李涛传》。李涛疏请出邠、威为方镇。邠等泣诉于太后。乃罢涛政事，而加邠平章事。枢密使如故。威亦进为枢密使。又加王章同平章事。于是事皆决于邠，三相敛手而已。《旧五代史·邠传》云：邠虽长于吏事，而不识大体。既专国政，触事苛细，条理烦碎。然缮甲兵，实帑廪，俾国用不阙，边鄙粗宁亦其功。《弘肇传》云：弘肇严毅寡言。部辖军众，有过无舍。兵士所至，秋豪不犯。河中、永兴、周改晋昌军曰永兴。凤翔连横谋叛，关辅大扰。朝廷日有征发，群情忧惴。亦有不逞之徒，妄称虚语，流布京师。弘肇都辖禁军，警卫都邑，专行刑杀，略无顾避。无赖之辈，望风匿迹。然不问罪之轻重，理之所在，但云有犯，便处极刑。枉滥之家，莫敢上诉。巡司军吏，因缘为奸，嫁祸胁人，不可胜纪。《章传》云：罢不急之务，惜无用之费，收聚财赋，专事西征，军旅所资，供馈无乏，及三叛平，赐与之外，国有余积。然以专于权利，剥下过当，敛怨归上，物论非之。三人者所行皆操切之政，此诚非正道，更非久计，然未尝不藉以取济于一时，其功罪未可以一言定也。致治之道，莫要于核名实，破朋党。《新史·邠传》，言其为人颇俭静；四方之赂，虽不却，然往往以献于帝；又居家能谢绝宾客；此即其能奉公之证。以视苏逢吉之侈靡好贿者，迥不侔矣。《旧史·逢吉传》言：逢吉与苏禹珪，俱在中书，有所除拜，多违旧制，物论纷然。逢吉尤贪财货，无所顾避。及邠为相，每惩二苏之失，艰于除拜。即此一端，亦与其用二苏，不如用邠等也。弘肇之严刑，诚为大失，然此亦当时通病。《杨邠传》言：弘肇恣行惨酷，都人士庶，相目于路，而邠但称其善。《王章传》亦言其峻于刑法。《逢吉传》亦言其深文好杀。从高祖在太原时，高祖尝因事命其静狱，以祈福佑，逢吉乃尽杀禁囚以报。及执朝政，尤爱刑戮。朝廷患诸处盗贼，遣使捕逐，逢吉自草诏意，云应有贼盗，其本家及四邻同保人，并仰所在全族处斩。或谓之曰：“为盗族诛，犹非王法，邻保同罪，不亦甚乎？”逢吉坚以为是，仅去全族二字。此亦岂减于弘肇哉？盖自藩镇擅土以来，将拥兵而贼民，兵怙势而犯上，民迫于无可如何，亦铤而走险，则又专恃刑戮以威之，上下相驱，已成一互相残杀之局，生于其间者，皆濡染焉而不知其非，所谓非一朝一夕之故，其所由来者渐矣。此诚深可痛伤，然不足为一人咎也。然挟震主之威，为众怨之府，变故遂终不可免矣。

隐帝为大臣所制，心不能平，乃与李业及内客省使阎晋卿、枢密承旨聂文进、飞龙使后匡赞、翰林茶酒使郭允明等谋之。乾祐三年（950）十一月十三日，邠、弘肇、章入朝，帝伏甲杀之。并诛其亲党。去年十月，契丹寇河北，郭威御之，以宣徽使王峻监其军。是岁三月，又以威镇邺都，仍领枢密使。时苏逢吉不可，曰：“以内制外则顺，以外制内，岂得便邪？”而史弘肇欲之。卒从弘肇议。十月，又诏侍卫步军都指挥使王殷屯澶州。杀邠等前一夕，遣供奉官孟业赍密诏诣澶州、邺都，令澶州节度使太后弟李洪义杀王殷，邺都行营马军都指挥使郭崇威，后避周祖讳，故或去威字。步军都指挥使曹威杀郭威及王峻。刘铢者，梁邵王友诲衙将，与汉高祖有旧。高祖镇太原，以为左都押衙。授永兴军节度使。从定汴、洛，移镇青州。因其暴虐，代以符晋卿。铢居长安，奉朝请而已，恨史弘肇、杨邠。至是，命诛郭威、王峻之家。又命太后母弟李洪建诛王殷之族。铢诛戮备极惨酷，殷但遣人监守而已。使者至澶州，李洪义不敢发，引孟业见王殷。殷因业，遣副使陈光穗以密诏示郭威。威匿诏书，召枢密院吏魏仁浦谋于卧内。仁浦劝威反。倒用留守印，更为诏书，诏威诛诸将校，以激怒之。于是留养子荣镇邺都，命郭崇威将骑兵先驱，自将大军继之。隐帝既诛杨邠等，以苏逢吉权知开封府事，李洪建判侍卫司事，阎晋卿权侍卫马军都指挥使，而急召郓州高行周、青州符彦卿、永兴郭从义、兖州慕容彦超、同州薛怀让、郑州吴虔裕、陈州李谷等赴阙。及闻郭威兵起，李业等请帝倾府库以给诸军。苏禹珪以为未可。业拜禹珪于帝前曰："相公且为官家，莫惜府库。"遂下令：侍卫军人给二十缗，下军各给十缗，北来将士亦准此。仍遣其在营子弟，各赍家问，向北谕之。慕容彦超得诏，方食，释匕箸入朝。帝悉以军事委之。侯益曰："邺都戍兵，家属皆在京师，官军不可轻出，闭城以挫其锋，使其母妻登城招之，可不战而下也。"慕容彦超以为懦。帝乃遣益及阎晋卿、吴虔裕、前保大节度使张彦超将禁兵趋澶州。十六日，郭威至澶州。李洪义纳之。王殷以所部兵从。十七日，至滑州。节度使宋延渥迎降。王峻谕军曰："我得公处分：俟平定京城，许尔等旬日剽掠。"众皆踊跃。十九日，威兵至封丘。见第十二章第二节。慕容彦超以大军驻于七里店。在开封北。二十日，车驾劳军，即日还宫。二十一日，复出。彦超先击北军，不胜。诸军稍稍奔于北军。吴虔裕、张彦超等相继而去。侯益亦夜至郭威营。慕容彦超以十数骑奔兖州。帝西北走赵村而死。新、旧《史》皆云：为郭允明所弑，说不足信，见《通鉴考异》。《通鉴》云为乱兵所弑，亦无据也。苏逢吉、阎晋卿、郭允明皆自杀，聂文进挺身走，军士追斩之。郭威至玄化门，刘铢两射城外。《旧五代史·周太祖纪》：《汉隐帝纪》云：帝策马至玄化门，刘铢在城上，问帝左右、兵马何在？乃射左右。帝回与苏逢吉、郭允明诣西北村舍。案，刘铢若叛隐帝，何得更射周太祖？故知其射隐帝之说，必因其射周太祖而误传也。威自迎春门入。诸军大掠，烟火四起。翼日，王殷、郭崇威言曰："若不止剽掠，比夜化为空城矣。"由是诸将部分，斩其剽者，至晡乃定。威杀刘铢、李洪建，而复窦贞固、苏禹珪之位。李业奔陕州，其兄节度使洪信不敢纳。将奔晋阳，为盗所杀。后匡赞奔兖州，慕容彦超执送之，斩于市。隐帝之败，全由军人贩弄天子，杨光远语，见第十三章第二节。与后唐闵帝、末帝，如出一辙。慕容彦超沮侯益之计，人皆以为失策，其实未必然也。当时之败，全在彦超一军独战，而诸军不与协力，然亦未见大败，可见兵力本非不敌。《旧史·隐帝纪》：彦超自镇驰至，帝以军旅之事委之。彦超谓帝曰："陛下勿忧，臣当生致其魁首。"退见聂文进，询北来兵数及将校名氏。文进告之。彦超惧曰："大是剧贼，不宜轻耳。"盖不意附威者如此其众？然及隐帝劳军还宫，彦超尚扬言曰："官家宫中无事，明日再出，观臣破贼。"时太后遣中使谓聂文进曰："贼军在近，大须用意。"文进曰："有臣在，必不失策。纵有一百个郭威，亦当生擒之。"可见当时诸臣，于威皆不之惮也。威之用兵，本非史弘肇之伦，观其攻一李守贞，尚久而后克可知。使非诸军叛离，何至一败涂地？若人人皆以贩弄天子为事，城守何益？且当日遣北来将士在营子弟，各赍书问，向北谕之，不已行益之策乎？史所传之事迹，多周世讳饰之辞，不足信也。史言隐帝之事，不可信者甚多。如欧《史·家人传》言：隐帝数与小人郭允明、后赞、李业等游戏宫中。太后数切责之，帝曰："国家之事，外有朝廷，非太后所宜言也。"太常卿张昭闻之，上疏谏帝，请：《亲近师傅，延问正人，以开聪明。"帝益不省。其后卒与允明等谋议，遂至于亡。一似帝所与亲狎，皆非后之所许者。然李业固后亲弟，后所最怜。《宋史·李涛传》言：周祖举兵，太后仓皇涕泣曰："不用李涛之言，宜其亡也。"则涛之请出杨邠、郭威，固业意，亦不必非太后意，涛之罢政，特见胁而然矣。郭允明本高祖厮养。后赞者，其母倡。赞幼善讴。初事张延朗，后乃更事高祖、聂文进，少为军卒，以善书算，给事高祖帐下。云小人可也，阎晋卿家世富豪，少仕并门，历职至客将，犹可云其门第或本不高。李业既居元舅之尊，何得更以小人目之？允明等虽小人乎，然《旧史·传》言：杀史弘肇等前夕，文进与同党豫作宣诏，制置朝廷之事。凡关文字，并出文进之手。明日难作，文进点阅兵籍，征发军众，指挥取舍，以为己任，内外咨禀，前后填咽。太祖在邺被构，初谓文进不与其事，验其字迹，方知文进乱阶之首也，大诟詈之。《后赞传》言：赞与同党更侍帝侧，剖判戎事。其人皆未易才也。乃又谓赞之为此，兼所以防闲言。《新史》遂云：与允明等番休侍帝，不欲左右言己短。允明尝奉使荆南，潜使人步度城壁之高卑，池隍之广隘，此盖有深意焉，《旧传》则谓其以动荆人，冀得重赂。《新史》遂径谓高保融厚赂而遣之。阎晋卿与侯益等共御北师，度必早参机密。乃《旧史·传》谓李业等谋杀杨、史，始诏晋卿谋之，晋卿且退诣弘肇，将告其事，而弘肇不见。如此捕风捉影，天下岂尚有忠贞不二之人？苏逢吉，杨、史甫诛，即权密院，亦必早与密谋。《传》云：李业辈恶弘肇、邠等，逢吉知之，每见业等，即微以言激怒之，亦隐见其与谋之迹。乃又谓弘肇等被害，逢吉不与其谋，亦见其说之不足信也。后赞，即后匡赞，作史者避宋讳，去匡字。

隐帝既死，乃诬郭允明弑逆，由太后下诰，言河东节度使崇、忠武节度使信皆高祖弟，武宁节度使赟、开封尹勋即承勋，避隐帝讳去承字。皆高祖子，其择所宜。赟者，崇之子，高祖子之。郭威、王峻请立勋。太后告以勋赢病日久，不能自举。乃议立赟，遣太师冯道诣徐州奉迎，而请太后临朝。时契丹世宗自将入寇。十二月朔，郭威御之。十六日，至澶州。二十日，将士拥威南行。王峻与王殷谋，遣郭崇威往宋州，前申州刺史马铎诣许州巡检。太后诰废赟为湘阴公。马铎至许州，信惶惑自杀。明年正月，郭威立，是为周太祖。勋卒。杀湘阴公于宋州。是日，刘崇称帝于晋阳，是为北汉。《通鉴》《宋史》同，《新五代史》称为东汉。《新史·世家》云：周太祖与旻素有隙，崇更名旻，见下。旻颇不自安，谓判官郑珙曰："主上幼弱，政在权臣，而吾与郭公不协，时事如何？"珙曰："汉政将乱矣。晋阳兵雄天下，而地形险固，十州征赋，足以自给。公为宗室老，不以此时为计，后必为人所制。"旻曰："子言吾意也。"乃罢上供征赋，收豪杰，籍丁民以益兵。隐帝遇弑，旻谋举兵。周祖白立赟，人皆知非实意也，旻独喜，罢兵，遣人至京师。太原少尹李骧劝旻以兵下太行，控孟津以俟变，庶几赟得立。赟立而罢兵可也。旻大骂曰："腐儒欲离间我父子。"命左右牵出斩之。骧临刑，叹曰："吾为愚人画计，死诚宜矣。然吾妻病，不可独存，愿与之俱死。"旻闻之，即并戮其妻于市。以其事白汉，以明无他。已而周太祖果代汉，降封赟湘阴公。旻遣衙将李鄩奉书求赟归太原，而赟已死。旻即恸哭，为李骧立祠，岁时祠之。早谋自固。继乃信威欲立其子，崇之愚不至此。盖正以子在其手，不敢不罢兵，犹恐未足以取信，乃更杀李骧以益之耳。威苟忌崇，不杀李骧何损？若其不忌，杀十李骧何益？乃崇竟以求媚于威而杀骧，并及其妻，此时之武人，岂尚有人理？然骧久事崇，何以不知其不足与谋，而必为之谋也？岂知足以策郭威，而不足以策刘崇乎？无他，亦欲取信以自媚耳。非知之难，所以用其知者实难，韩非早言之矣。所以用其知者，亦知也，何以明于彼而暗于此也？则欲利使之然也。故曰："利令知昏。"

北汉既自立，于是借契丹以猾夏之势复起。契丹世宗之南侵，盖非有意于略地，特欲借此求索耳，故复遣使请和。会汉亡，安国节度使刘词送其使者诣大梁。周祖遣左千牛卫将军朱宪报之，且叙革命之由。契丹亦遣使偕来贺即位。帝又使尚书左丞田敏与俱。而北汉主亦遣李鄩使于契丹。四月，契丹主遣使如北汉，告以田敏来，约岁输钱十万缗。北汉主使郑珙以厚赂谢契丹。自称侄皇帝致书于叔天授皇帝，请行册礼。《通鉴》、欧《史·世家》云：兀欲与旻约为父子之国，旻遣珙致书兀欲，称侄皇帝，以叔父事之而已。周复遣左金吾将军姚汉英等往使，遂为契丹所留。六月，契丹册崇为大汉神武皇帝。崇更名旻。九月，旻遣李存瑰自团柏入寇。世宗欲引兵会之。其下不欲，见弑。穆宗立，旻复以叔父事之。请兵以击晋州。十月，契丹遣彰国节度使萧禹厥将奚、契丹五万会之。北汉主自将兵二万，自阴地关寇晋州。十一月，王峻救之。留陕州旬日。帝忧晋州不守，议自将由泽州路与峻会，遣使谕峻。十二月朔，下诏以三日西征。峻因使者言于帝曰："晋州城坚，未易可拔。陛下新即位，不宜轻动。若车驾出氾水，则慕容彦超引兵入汴，大事去矣。"乃敕罢亲征。北汉主攻晋州，久不克。会大雪，民相聚山寨，野无所掠，军乏食，契丹思归。闻王峻至蒙坑，在晋州南。烧营夜遁。北汉主始息意于进取。峻遣禁兵千余人戍长安，李洪信惧，入朝。二年正月，所在奏慕容彦超反状。以侍卫步军都指挥使曹英为都部署讨之。久不克。四月，下诏亲征。五月，至兖州，克之。彦超赴井死。沙陀余孽尽矣。

第二节　南方诸国形势上

自后唐至石晋，为时约三十年，据中原之地者，无暇过问偏方之事，梁尚有意于经略吴、楚，特力不足耳。后唐庄宗，则初无意于此。其灭前蜀，特由好贿，说见第十二章第五节。不久亦复失之矣。而偏方诸国，亦未有能蹈涉中原，抗衡上国者，海内遂成豆剖瓜分之局。其时割据一隅者，非有深根固柢，足以自立之道也，特其地丑德齐，莫能相尚，益以沙陀、契丹，交争互夺，遂至无暇及此耳。迄于周世，沙陀既力尽而毙，契丹亦运直中衰，世宗虽无远猷，颇有锐气，整军经武，中原之势斯张，更得宋祖以继之，而一统之机熟矣。

南方之国吴为大，故述南方之事者，当以吴为纲维。杨行密之寝疾也，命其节度判官周隐召其子渥于宣州，隐言渥非保家之主，而行密余子皆幼，请使庐州刺史刘威权领军府，俟诸子长授之。行密不应。左右衙指挥使张颢、徐温曰："王出万死立基业，安可使他人有之？"行密曰："吾死瞑目矣。"他日，将佐问疾，行密目留幕僚严可求。可求曰："王若不讳，如军府何？"行密曰："吾命周隐召渥，今忍死待之。"可求与徐温诣隐，隐未出见，牒犹在案上，可求即与温取牒遣使如宣州召渥。行密卒，渥袭，杀周隐。然旋为张颢、徐温所替。渥之镇宣州，命指挥使朱思勍、范思从、陈璠将亲兵三千，及即位，召归广陵，颢、温使从秦裴击钟匡时，因戍洪州，诬以谋叛，诛之。又率衙兵杀渥亲信十余人。诸将不与同者，稍以法诛之。于是军政悉归二人，渥不能制。开平元年（907）五月，颢、温共弑渥。梁之篡，诸节镇皆称臣，惟河东、凤翔及淮南，仍用天祐年号，西川则称天复。是岁，七月，梁以钱镠兼淮南节度使，马殷兼武昌节度使，各充本道招讨制置使，盖意在于来讨。故颢、温初约分吴地以臣于梁。盖既免大国之讨，且可借梁力以定己位也。渥死，颢欲背约自立。

温患之。严可求为说颢曰："今外有刘威、陶雅、歙州。李简、常州。李遇，宣州。皆先王一等人也，未知能降心以事公不？"乃立行密次子隆演。初名瀛，又名渭。颢又讽隆演出温于润州，可求说止之。而与温谋，选壮士三十人，就衙堂斩颢。因以弑渥之罪归之。《通鉴》曰：初将弑渥，温谓颢曰："参用左右衙兵，心必不一，不若独用吾兵。"颢不可。温曰："然则独用公兵。"颢从之。至是，穷治党与，皆左衙兵，由是人以温为实不知谋也。按此说出《江南别录》，见《考异》。隆演以温为左右衙都指挥使，可求为扬州司马。温专政，隆演备位而已，三年三月，温以金陵形胜，战舰所聚，乃自以淮南行军副使领昇州刺史，留广陵，以假子知诰为昇州防遏兼楼船副使，往治之。知诰，海州人。温亦海州人。流寓濠、泗间。行密攻濠得之，养为子，以乞温，冒其姓。乾化二年（914），温使淮南节度副使王坛代李遇，都指挥使柴再用送之，而以知诰为之副。遇不受代，攻之。逾月不克。遇有少子，为淮南衙将，温执至宣州城下。遇不忍战，乃降。温使再用斩之，夷其族。刘威、陶雅惧，皆诣广陵。温待之甚恭，并遣还镇。威、雅等皆与行密起事，其徒号三十六英雄将。温未尝有战功，徒以行密病时，旧将皆以战守在外，而温居帐下，遂获盗窃政柄。温于旧将，皆伪下之，诸将乃安。知诰以功迁昇州刺史。时诸州长吏多武夫，专以军旅为务，不恤民事，知诰独选用廉吏，修明政教，招延四方士大夫，倾家赀无所爱惜。窃国之机，肇于此矣。是岁，温与刘威、陶雅率将吏请于李俨，承制加隆演太师、吴王，以温领镇海节度使，同平章事。淮南行军司马如故。三年，梁使王景仁侵庐、寿，温与朱瑾败之霍丘。见第十一章第五节。四年，梁武宁节度使王殷来附。朱瑾救之，为梁兵所败。贞明元年四月，温以子知训为淮南行军副使，内外马步诸军副使。八月，温为管内水陆马步诸军都指挥使、两浙都招讨使、守侍中、齐国公，镇润州，以昇、润、常、宣、池、歙六州为巡属，军国庶务，参决如故，而留知训居广陵。二年二月，宿卫将马谦、李球劫吴王登楼，发库兵讨知训，不克而死。是岁，晋遣使如吴会兵以击梁。十一月，吴使知训及朱瑾应之，围颍州。三年五月，徐温徙镇海军于昇州，而以知诰为润州团练使。知诰求宣州，温不许。知诰不乐。其幕僚宋齐丘曰："三郎骄纵，败在旦夕，润州去广陵，隔一水耳，此天授也。"知诰悦，即之官。三郎，谓知训也。知训骄倨淫暴，狎侮吴王，无复君臣之礼。温皆不之知。四年六月，置静淮军于泗州，出朱瑾为节度使。知训过别瑾，瑾伏壮士斩之。驰以其首示吴王，曰："仆已为大王除害。"王惧，以衣障面，走入内。瑾挺剑将出，子城使翟虔等阖府门勒兵讨之。瑾自后逾城，折足，自刭死。徐知诰用宋齐丘策，即日渡江，抚定军府，时徐温诸子皆弱，乃以知诰为淮南行军副使，内外马步都军副使，通判府事，兼江州团练使，而以幼子知谏权润州团练使。温还镇金陵，总吴朝大纲，自余庶政，皆决于知诰。初温说吴王曰："今大王与诸将，皆为节度使，虽有都统之名，不足以相临制。唐授行密诸道行营都统，渥、隆演嗣位，皆李俨承制授之。请建吴国，称帝而治。"王不许。严可求屡劝温以次子知询代知诰。知诰与骆知祥谋，出可求为楚州刺史。温专吴政，以军旅委严可求，财赋委支计官骆知祥。是时知祥附知诰，而可求仍为温谋。可求既受命，至金陵见温，说之曰："吾奉唐正朔，常以兴复为辞。今朱、李方争，朱氏日衰，李氏日炽。一旦李氏有天下，吾能北面为之臣乎？不若先建吴国，以系民望。"温大悦，复留可求，参总庶政，使草具礼仪。虑晋之灭梁，而先谋建国，此乃饰说。朱邪氏岂足缵李唐之统？以此诳天下，其谁听之？盖温久欲割据自尊，前此朱梁尚强，有所顾忌，此时梁已无足畏，篡夺之谋，因之益急，而欲谋自尊，不得不先隆隆演之位耳。五年四月，隆演即吴国王位。以温为大丞相、都督中外诸军事，诸道都统，镇海、宁国节度使，守太尉，兼中书令，东海郡王。知诰为左仆射，参政事，兼知内外诸军事，仍领江州团练使。初吴越常臣服中国，自虔州入贡，及吴取谭全播，道绝，乃自海道出登、莱抵大梁。是岁，梁诏钱镠大举讨淮南。镠使其子传瓘率战舰五百艘，自常州东洲出海，复溯江而入以击吴。战于狼山江，谓狼山南之大江也。吴师败绩。传瓘复以兵三万攻常州。徐温拒之。战于无锡，今江苏无锡县。传瓘大败。知诰请率步卒二千，易吴越旗帜铠仗，蹑其败卒，袭取苏州。温曰："尔策固善，然吾且求息兵，未暇如汝言也。"诸将皆以为吴越所恃者舟楫，今大旱，水道涸，此天亡之时也。宜尽步骑之势，一举灭之。温叹曰："天下离乱久矣，民困已甚。钱公亦未易可轻。若连兵不解，方为诸君之忧。今战胜以惧之，戢兵以怀之，使两地之民，各安其业，君臣高枕，岂不乐哉？"遂引还。且使归无锡之俘。镠亦遣使请和。自是吴休兵息民，民乐业者二十余年焉。徐温息兵之论，亦非由衷之言，盖志存篡夺，不暇徼利于外耳。隆演以权在徐氏，常怏怏，酣饮，希复进食，遂致疾。六年五月，卒。年二十四。温舍行密第三子庐江公蒙，而立其第四子丹阳公溥。明年，后唐庄宗同光元年（923）。唐灭梁，使告吴、蜀。使者称诏，吴人不受。易其书，用敌国礼，曰"大唐皇帝致书于吴国主"，乃受之。复书称"大吴国主上大唐皇帝"，辞礼如笺表。吴是时不肯仞唐为上国，足见其云虑唐灭梁，因谋自立之诬。然温篡夺之谋，实未尝不因之而少缓。逮庄宗亡，明宗继立，后唐之不足惮，亦势已显然，温乃复谋篡立。天成二年（927），温谋率诸藩镇入朝，劝吴王称帝。将行，有疾，乃遣知询奉表劝进，因留代知诰执政。十月，温卒。知询乃归金陵。十一月，吴王即皇帝位。以知询为诸道副都统、镇海、宁国节度使，而加知诰都督中外诸军事。四年，武昌节度使李简以疾求还江都，卒于采石。知询，简女夫也，擅留简亲兵二千人于金陵，而表简子彦忠代其父。知诰以柴再用为之。知询怒。十一月，知询入朝，知诰留之为统军，领镇海节度使，征金陵兵还江都。十二月，以知诰领宁国节度使。长兴元年（930）十月，知诰以其长子景通为兵部尚书，参政事。二年十一月，知诰以镇海、宁国两节度镇金陵，总录朝政，如温故事，而景通以司徒同平章事，留江都辅政。清泰元年（934）十一月，召景通还金陵，为镇海、宁国节度副大使，诸道副都统，判中外诸军事。以次子景迁为左右军都军使，左仆射，参政事，留江都辅政。天福元年（936）六月，景迁以疾罢，以其弟景遂代为门下侍郎，参政事。二年二月，吴册知诰为齐王。知诰更名诰。先是诰忌庐江公濛，幽之和州。八月，濛杀守卫军使，奔周本于庐州。本将迎之，其子弘祚御之，而使人执濛送江都。诰使杀之采石。八月，吴主禅位于诰。诰立于金陵，国号齐。四年正月，诰自言唐宪宗子建王恪生超，超生志，为徐州判司，志生诰父荣，改国号曰唐。复姓李，更名昪，而号徐温为义祖。昪之代吴，奉吴主为让皇。改润州衙城为丹阳宫，使徙居之。及卒，天福三年十一月。迁其族于泰州。今江苏泰县。李景与周构兵，遣园苑使尹延范复迁其族于润。延范以道路艰难，恐其为变，杀其男子六十人。还报，景怒，要斩之。事在显德三年（956）。此据《通鉴》。薛《史·僭伪列传》、欧《史·世家》皆在二年，云景遣人杀之。昪之立，江淮比年丰稔，兵食有余，群臣争言出兵恢复旧疆，南汉遣使来谋共取楚分其地，皆不许。吴越府署火，宫室府库几尽，其王元瓘，惊惧成疾，唐人争劝乘敝取之，亦不许。皆见《通鉴》天福六年（941）。盖以篡夺得国，不欲假将帅以兵权也。天福八年，昪卒，子景立，即景通也。以冯延己、常梦锡为翰林学士，延己弟延鲁为中书舍人，陈觉为枢密使，魏岑、查文徽为副使，皆无实材，而思微功于外，景不能制，而诰与昪之志荒矣。

第三节　南方诸国形势中

王审知既袭兄位，梁开国，封为闽王。开平三年（909），淮南遣使修好。使者倨慢，审知斩之，遂与淮南绝。而以女妻钱镠子传珦，贞明二年（916）。又为子延钧娶刘岩之女，贞明三年。以是与近邻皆相安。审知起陇亩，每以节俭自处。选任良吏，省刑惜费，轻徭薄敛，与民休息，三十年间，一境晏然。然身死而闽局遽变。初审知从子延彬，治泉州十七年，今福建晋江县。民安之。遂密使浮海，入贡于梁，求为泉州节度。事觉，为审知所替。贞明六年（920）。是为王氏骨肉相争之始。同光三年十二月，审知卒。长子延翰，自称威武留后。天成元年（926）十月，自称大闽国王。十二月，弟泉州刺史延钧及审知养子建州刺史延禀袭之。建州，建安郡。延禀先至，杀延翰，诬称审知为其所弑。延钧至，延禀纳之，推为威武留后。四年，延禀称疾，以建州授其子继雄，后唐明宗许之，则已不复禀命于福州矣。长兴二年（931）四月，延禀闻延钧有疾，以次子继昇知建州留后，率继雄以水军袭福州。延钧从子仁达诈降，诱继雄斩之，因追禽延禀。延钧杀之，复其姓名曰周彦琛。继昇及弟继伦奔吴越。延钧遣弟延政知建州。三年六月，延钧表后唐云：钱镠卒，事在是年三月。请以臣为吴越王。马殷卒，事在去年十一月。请以臣为尚书令。明宗不报。自审知，岁自海道登、莱入贡，至此遂绝。四年，延钧称帝，国号闽，更名鏻。鏻目以国小地僻，常谨事四邻，然其政事紊乱殊甚。好神仙之术。道士陈守元、巫者徐彦林与盛韬共诱之作宝皇宫。审知时府舍卑陋，鏻又大作宫殿，极土木之盛。忌王仁达，族诛之。而以薛文杰为国计使。阴求富民之罪，籍没其财。建州土豪吴光入朝，文杰求其罪，将治之，光率其众且万人叛奔于吴，且请兵焉。吴信州刺史蒋延徽，信州见第十章第四节。不俟朝命，引兵会光攻建州。鏻求救于吴越。清泰元年（934）正月，延徽围建州。鏻遣将张彦柔、王延宗救之。延宗军及中途，士卒不进，曰："不得薛文杰，不能讨贼。"延宗驰使以闻。鏻长子继鹏，执文杰，槛车送军前。士卒脔食之。蒋延徽攻建州，垂克，徐知诰以延徽行密婿，与临川王濛素善，恐其克建州，奉濛以图兴复，遣使召之。延徽亦闻闽及吴越兵将至，引而归。二年，鏻立淑妃陈氏为皇后。后本审知侍婢也。以其族人守恩、匡胜为殿使。鏻有幸臣归守明，出入卧内。鏻晚年得风疾，陈后与守明及百工院使李可殷私通。可殷尝谮皇城使李仿于鏻。陈匡胜无礼于继鹏，仿亦恶之。鏻疾甚，仿以为必不起，使壮士数人持梃击杀可殷。鏻少间，力疾视朝，诘可殷死状。仿出，引部兵入弑之。仿与继鹏杀陈后、守恩、匡胜、守明，及继鹏弟继韬。继韬，继鹏所恶也。继鹏即位，更名昶。既而自称权知福建节度事，奉表于唐。以李仿判六军诸卫。十一月，使拱宸指挥使林延皓杀之，暴其弑君及杀继韬罪。以弟继严判六军诸卫。后又罢之，以弟继镕判六军。去诸卫字。此据《通鉴》，事在天福四年（939）。《五代史·世家》作季镛。忌叔父前建州刺史延武，户部尚书延望，杀之。事亦在天福四年。仍信重陈守元。赐号天师。更易将相，刑罚、选举，皆与之议。作紫微宫，饰以水晶，土木之盛，倍于宝皇宫。又以方士言白龙见，作白龙寺。事皆在天福二年。用守元言，作三清殿于禁中。以黄金数千斤铸宝皇大帝、元始天尊、太上老君像。事在天福四年。政无大小，皆巫者林兴传宝皇命决之。百役繁兴，用度不足，乃命其吏部侍郎蔡守蒙，除官但以货多少为差。又以空名堂牒，使医工陈究卖官于外。诏民有隐年者杖背，隐口者死，逃亡者族。鸡豚果菜，皆重征之。天福二年十月，命其弟威武使继恭上表告嗣位于晋，且请置邸于都下。三年十一月，晋以为闽国王。以左散骑常侍卢损为册礼使。昶闻之，遣进奏官林恩白执政，以既袭帝号，辞册命及使者。四年七月，初鏻以审知元从为控宸、控鹤都。昶立，更募壮士二千为腹心，号宸卫都。禄赐皆厚于二都。或言二都怨望将作乱，昶欲分隶漳、泉二州，漳州见第九章第一节。二都益怨。昶又数侮其军使朱光进、拱宸都将。连重遇。控鹤都将。屡以猜怒诛宗室。叔父延羲，审知少子。阳为狂愚以避祸。昶赐以道士服，置武夷山中。山在今崇安县南。寻复召还，幽于私第。北宫火，求贼不获。命连重遇将内外营兵，扫除余烬，日役万人。又疑重遇知纵火之谋，欲诛之。重遇率二都兵，复召外营兵攻昶。宸卫都战败，奉昶以出。延羲使兄子继业追弑之。宸卫余众奔吴越。延羲自称威武留后、闽国王。更名曦。以宸卫弑昶赴于邻国。遣商人间道奉表称藩于晋。初卢损至福州，昶称疾不见，遣其礼部员外郎郑元弼奉继恭表随损入贡。昶遗执政书，求用敌国礼致书往来。晋高祖怒，下元弼于狱。明年正月释之。曦因商人奉表自理。乃复以为威武节度使，封闽国王。事在天福五年十一月。连重遇之攻昶也，陈守元在宫中，易服将逃，兵入杀之。重遇执蔡守蒙，数以卖官之罪，斩之。林兴先以诈觉流泉州，曦既立，遣使诛之。然此特锄前王之心腹，非能革其弊政也。而其骄淫苛虐，猜忌宗室，亦与昶无异，于是延政叛于建州。五年二月，曦遣统军使潘师逵、吴行真击之。延政求救于吴越。吴越王元瓘遣将仰仁诠救之。三月，延政募敢死士出击，大败师逵。师逵死，行真走。仰仁诠至，延政犒之，请其班师。仁诠不从。延政惧，复乞师于曦。曦使泉州刺史王继业将兵二万救之。五月，延政击吴越兵，大破之。仁诠夜遁。唐主使和曦及延政。六月，延政遣衙将及女奴持誓书及香烛至福州，与曦盟于宣陵。审知墓。然相猜恨如故。六年正月，延政请于曦，愿以建州为威武军，自为节度使。曦以威武军福州也，乃以建州为镇安军，以延政为节度使，封富沙王。延政改镇安曰镇武而称之。四月，曦以其子亚澄判六军诸卫。曦疑其弟汀州刺史延喜与延政通谋，汀州，今福建长汀县。遣将执之以归。六月，闻延政以书招泉州刺史继业，召继业还，赐死，杀其子于泉州。又恶泉州刺史继严得众心，罢归，酖杀之。后又于宴时杀其从子继柔。淫侈无度，资用不给，谋于国计使陈匡范，匡范请日进万金。曦悦，加匡范礼部侍郎。匡范增算商贾数倍。未几，算不能足日进，贷诸省、务钱以足之。恐事觉，忧悸而卒。曦祭赠甚厚。诸省、务以匡范贷帖闻。曦大怒。斫匡范棺，断其尸弃水中。以黄绍颇为国计使。绍颇请令欲仕者自非荫补，皆听输钱即授之。以资望高下及州县户口多寡定其直，自百缗至千缗，从之。六年七月，曦自称大闽皇，领威武节度使，与延政治兵相攻。福、建之间，暴骨如莽。是岁十月，曦称皇帝，延政自称兵马元帅。七年六月，延政围汀州，曦发漳、泉兵救之，延政不能克。曦发兵袭建州，亦不克。八月，曦使求和于延政，延政不受。八年二月，延政称帝于建州，国号大殷。杨思恭以善聚敛，为仆射，领军国事。增田亩山泽之税，鱼盐蔬果，无不倍征，国人谓之杨剥皮。开运元年（944）正月，唐遗曦及延政书，责以兄弟寻戈。延政覆书，斥唐主夺杨氏国。唐主怒，与殷绝。初朱文进、连重遇弑昶，惧国人之讨，乃结婚以自固。曦心忌之。曦贤妃尚氏有宠，其妻李氏妒之，欲图曦而立其子亚澄。使谓文进、重遇曰："上心不平于二公，奈何？"三月，文进、重遇弑曦。文进自称闽王。悉收王氏宗族，自延喜以下少长五十余人皆杀之。以重遇总六军。延政遣统军使吴成义讨文进，不克。八月，文进自称威武留后，权知闽国事，奉表于晋。晋以为威武节度使，知闽国事。旋又封为闽国王。文进以羽林统军使黄绍颇为泉州刺史，左军使程文纬为漳州刺史，汀州刺史许文稹举郡降之。泉州散员指挥使留从效，与同列王忠顺、董思安、张汉思杀绍颇，请王继勋主军府。延政即以为泉州刺史。漳州将程谟，亦杀文纬，立王继成权州事。继勋、继成，皆延政从子，朱文进灭王氏，以疏远获全者也。许文稹亦降殷。文进遣兵攻泉州，为留从效所破。吴成义率战舰千艘攻福州。文进遣子弟为质于吴越以求救。初唐翰林待诏臧循，与枢密副使查文徽同乡里。循尝为贾人，习福建山川，为文徽画取建州之策。文徽表请用兵击王延政。国人多以为不可。唐主以为江西安抚使，循行境上，觇其可否。文徽至信州，奏言攻之必克。唐主以洪州营屯都虞候边镐将兵从文徽伐殷。文徽自建阳进屯盖竹。建阳，今福建建阳县，盖竹在其南。闻漳、泉、汀三州皆降于殷，殷将张汉卿将至，退屯建阳。臧循屯邵武，今福建邵武县。邵武民导殷军袭破之。执循送建州，斩之。吴成义闻有唐兵，诈使人告福州吏民曰："唐助我讨贼臣，大兵今至矣。"福人益惧。福州南廊承旨林仁翰刺杀连重遇，斩朱文进，迎成义入城。胡三省曰：南廊承旨，盖亦武职。二年正月，闽故臣共迎延政，请归福州，改国号曰闽。延政以有唐兵，未暇徙都，以从子继昌镇福州，使飞捷指挥使黄仁讽卫。查文徽求益兵，唐主遣数千人会之。二月，延政使杨思恭拒之，败绩。乃婴城自守。初光州人李仁达仕闽，为元从指挥使，十五年不迁职。曦之世，叛奔建州。延政以为将，及朱文进弑曦，复叛奔福州，陈取建州之策。文进恶其反覆，黜居福清。今福建福清县。浦城人陈继珣，浦城，今福建浦城县。亦叛延政奔福州，为曦划策取建州，曦以为著作郎。延政得福州，二人皆不自安。仁达潜入福州说黄仁讽，仁讽然之。三月，仁达引甲士突入府舍，杀继昌及吴成义。仁达欲自立，恐众心未服，以雪峰寺僧卓岩明，据《通鉴》。《新史》作俨明。素为众所重，迎之，立为帝。延政命统军使张汉真合漳、泉兵讨之。为黄仁讽所破。仁达又杀仁讽、继珣。已又杀岩明。自称威武留后。称藩于唐，亦入贡于晋。唐以仁达为威武节度使，赐名弘义，编之属籍。弘义又使修好于吴越。八月，唐克建州，延政降。王忠顺战死。董思安整众奔泉州。唐纵兵大掠，焚宫室庐舍殆尽。许文稹以汀州，王继勋以泉州，王继成以漳州，皆降于唐。唐置永安军于建州。十月，以王崇文为永安节度使。崇文治以宽简，建人乃安。三年，王建勋致书修好于李弘义。弘义以泉州故隶威武军，怒其抗礼。四月，遣弟弘通伐之。留从效废继勋，代领军府。勒兵击弘通，大破之。表闻于唐。唐以从效为泉州刺史，召继勋还金陵，遣将戍泉州。徙王继成刺和州，许文稹刺蕲州。初唐人既克建州，欲乘胜取福州，唐主不许。枢密使陈觉请自往说李弘义，必令入朝。乃以为福州宣谕使。弘义知其谋，见觉，辞色甚倨，觉不敢言而还。至剑州，南唐所置，宋时改称南剑，今福建南平县。擅发汀、建、抚、信州兵及戍卒，抚州见第四章第六节。使建州监军使冯延鲁将以攻之。为所败。唐主以觉专命，甚怒，群臣多言兵已傅城下，不可中止，乃以王崇文为都招讨使，魏岑与延鲁为监军攻之。李弘义自称威武留后，更名弘达，奉表请命于晋，晋以为威武节度使，知闽国事。又更名达，使奉表乞师于吴越。十月，唐漳州将林赞尧作乱，剑州刺史陈海、泉州刺史留从效逐之。以泉州裨将董思安知漳州。唐主即以为漳州刺史。以其父名章，为改漳州曰南州。而命其与留从效会攻福州。吴越统军张筠、赵承泰将兵三万，水陆救福州。十一月，潜入州城。时唐主又遣信州刺史王建封助攻福州。王崇文虽为元帅，陈觉、冯延鲁、魏岑争用事，留从效、王建封倔强不用命，攻城不克，将士皆解体。天福十二年（947）三月，吴越复发水军，遣其将余安自海道救福州。冯延鲁纵其登岸，欲击之，吴越兵既登岸，大呼奋击，延鲁不能御，弃众而走。诸军皆溃，死者二万余人，弃军资器械数十万。余安入福州，李达举所部授之。留从效引兵还泉州，逐唐戍将。吴越遣鲍修让戍福州。李达入朝于吴越，吴越更其名曰孺赟。孺赟赂内衙统军使胡进思，求归福州。进思为请，吴越主弘倧许之。孺赟与鲍修让不协，谋袭杀修让，复以福州降唐。修让攻杀之。弘倧以其相吴程知威武节度事。是岁，唐以王延政为安化节度使、鄱阳王，镇饶州。见第二章第六节。广顺元年（951），更以为山南西道节度使，赐爵光山王。乾祐二年（949），留从效兄南州副使从愿酖杀刺史董思安而代之，唐主不能制。置清源军于泉州，以从效为节度使。三年，福州人或诣建州，告唐永安留后查文徽云："吴越兵已弃城去，请文徽为帅。"文徽信之。遣剑州刺史陈海将水军下闽江，自以步骑继之。海至城下，败福州兵，执其将马先进等。文徽至，吴程诈遣数百人出迎，而勒兵击败之，禽文徽。海全军归。唐主后归先进于吴越，以易文徽焉。

马殷以梁开平元年（907），受封为楚王。又请依唐太宗故事，开天策府，置官属。太祖拜殷天策上将军。末帝时，加殷武安、武昌、静江、宁远等军节度使，洪、鄂四面行营都统。后唐庄宗灭梁，殷遣其子希范修贡，上梁所授都统印。蜀平，殷大惧，表求致仕。庄宗下玺书慰劳之。明宗即位，又遣使修贡。天成二年（927），请建行台。明宗封为楚国王。殷始建国。殷初兵力尚寡，与杨行密、成汭、刘龑等为敌国，殷患之，问策于其将高郁。郁曰："成汭地狭兵寡，不足为吾患。刘龑志在五管而已，杨行密，孙儒之仇，虽以万金交之，不能得其欢心。然尊王杖顺，霸者之业也。今宜内奉朝廷，以求封爵而外夸邻敌，然后退修兵农，蓄力而有待耳。"殷始修贡京师。然岁贡不过所产茶茗而已。乃由京师至襄、唐、郢、复等州，置邸务以卖茶，其利十倍。又讽殷铸铅铁钱，以十当铜钱一。又令民自造茶，以通商旅，而收其算，岁入万计。由是地大力完，数邀封爵。先是吴淮南节度副使陈漳等将水军袭岳州，执刺史苑玫。乾化二年（912）。后吴袁州刺史刘景崇咸子。来附，许贞将万人援之，又为吴柴再用所破。乾化四年（914）。及是，天成二年。吴苗璘、王彦章以水军万人攻鄂州，右丞相许德勋败之，虏璘、彦章。吴遣使求和，以二人为请，殷归之。于是与吴亦和好矣。殷子十余人，嫡子希振长而贤，而次子希声，以母袁德妃有宠，为节度副使。四年三月，殷命知政事，总录内外诸军事。希振弃官为道士。八月，希声矫殷命，杀高郁，并诛其族党。殷老不复省事，明日始知之，拊膺大哭，盖已尸居余气矣！长兴元年（930）十月，殷寝疾。使请传位于希声。朝廷疑殷已死，以希声为起复武安节度使。十一月，殷卒。遗命诸子兄弟相继。寘剑于祠堂，曰："违吾命者戮之。"此盖希声所为，以平其兄弟之气者也。希声既袭位，又称遗命，去建国之制，复藩镇之旧。盖自媚于上国，以求固其位也。三年七月，希声卒。六军使袁诠、潘约迎希范于朗州而立之。朗州见第六章第三节。希范与希声同日生，怨其先立不让，不礼于袁德妃。希声母弟希旺，为亲从都指挥使，解其军职，使居竹屋草门，不得与兄弟宴集，以忧愤卒。静江节度使希杲有善政。天福元年（947）四月，汉侵蒙、桂二州，蒙州见第十章第五节。希范自将步骑五千如桂州，徙希杲知朗州。后因其称疾求归，遣医往视，毒杀之。事在开运二年（945）。希范妻彭氏，貌陋而治家有法，希范惮之。天福三年十月，彭氏卒，希范始纵声色。为长夜之饮，男女无别。作天策府，极栋宇之盛。又作九龙殿，刻沉香为八龙，饰以金宝，长十余丈，抱柱相向，希范居其中，自为一龙。用度不足，重为赋敛。听人入财拜官。民有罪则富者输财，强者为兵，惟贫弱受刑。天福十二年五月，希范卒。诸弟中朗州刺史希萼最长，而武安节度副使、天策府都尉希广，希范母弟也，希范使判内外诸司事长直都指挥使刘彦瑫、天策府学士李弘皋、邓懿文、小门使杨涤等立之。庶弟天策左司马希崇，构之于希萼，且约为内应。乾祐元年（948），希萼请与希广各修职贡，求朝廷别加官爵。希广厚赂执政，使拒其请。二年八月，希萼悉调朗州丁壮为乡兵，造号静江军，作战舰七百艘，以攻潭州。岳州刺史王赟大破之。追希萼，将及，希广遣使召之曰："勿伤吾兄。"赟引兵还。三年，希萼复诱辰、溆州及梅山蛮，以攻希广。辰州见第二章第七节。溆州，在今湖南黔阳县境。梅山，在今湖南安化县西南，接新化界。且使称藩于唐以乞师，唐命楚州刺史何敬洙助之。希广使刘彦瑶讨之，败绩。十一月，希萼悉众趋潭州。希广水军指挥使许可琼德勋子。叛降之。潭州陷。马军指挥使李彦温与刘彦瑶奉希范、希广诸子奔唐。朗兵、蛮兵，大掠三日。杀吏民，焚庐舍，自殷以来所营宫室，皆为灰烬。希萼自称天策上将军、武安、武平、静江、宁远节度使、楚王。以希崇为节度副使、判军府事。齐食李弘皋及其弟弘节、杨涤、都军判官唐昭胤，斩邓懿文于市，而赐希广死。湖南要职，悉以朗人为之。多思旧怨，杀戮无度。昼夜纵酒荒淫，悉以军府事委希崇。希崇复多私曲，政刑紊乱。府库尽于乱兵，籍民财以赏士卒，或封其门而取之，士卒犹以不均怨望，虽朗州旧将佐，亦皆不悦有离心。遣掌书记刘光辅入贡于唐，光辅密言其民疲主骄，可取。唐主乃以边镐为信州刺史，将兵屯袁州，见第九章第一节。潜谋进取。希萼以府舍焚荡，命静江指挥使王逵、副使周行逢率所部兵千人治之。执役甚劳，又无犒赐，士卒皆怨。逵、行逢率之逃归朗州，奉希振子光惠为节度使。旋又迎辰州刺史刘言，废光惠，送于唐，推言权武平留后。表求旄节于唐，亦称藩于周。九月，希萼为其马步都指挥使徐威所执，立希崇为武安留后。初溪州刺史彭士愁寇辰、澧、溪州，在今湖南龙山县境。澧州见第六章第三节。希范遣兵讨之。士愁遣子师暠请降，事在天福五年，参看第十五章第二节。楚人恶其犷直，希广独怜之，以为强弩指挥使。希萼攻希广，师暠为之力战。及败，投槊于地，大呼请死。希萼叹曰："铁石人也。"不杀。然犹杖背，黜为民。希崇幽希萼于衡山，以为师暠必怨之，使送之，实欲其杀之也。师暠与衡山指挥使廖偃立之为衡山王。刘言遣兵趋潭州，声言讨希崇之罪，军于益阳之西。今湖南益阳县。徐威等见希崇所为，知必无成，又畏朗州、衡山之逼，欲杀希崇以自解。希崇微觉之，大惧，密遣客将请兵于唐。唐命边镐趋长沙。希崇迎降。镐使率其族入朝。又遣兵如衡山，趣希萼入朝。马氏遂亡。静江节度副使知桂州事希隐，殷小子也。希广、希萼争国，南汉主以内侍吴怀恩为西北招讨使，将兵屯境上，伺间密谋进取。希广遣指挥使彭彦晖将兵屯龙峒以备之。在桂州南。希萼自衡山遣使，以彦晖为桂州都监，在城外内巡检使，判军府事。希隐恶之。潜遣人告蒙州刺史许可琼。希萼克长沙，疑可琼怨望，出之蒙州。可琼方畏南汉之逼，即弃蒙州，引兵趋桂州。与彦晖战于城中。彦晖败，奔衡山，可琼留屯桂州。吴怀恩据蒙州，遣兵侵掠，桂管大扰。兵奄至城下，希隐、可琼奔全州。今广西全县。怀恩因以兵略定宜、见第十一章第五节。连、见第十章第五节。梧、见第六章第三节。严、富、见第十章第二节。昭、见第十一章第五节。柳、见第四章第六节。龚、见第十一章第五节。象等州。见第四章第一节。南汉始尽有岭南之地。又遣兵取郴州。见第七章第六节。唐以廖偃为道州刺史。道州见第七章第一节。以黑云指挥使张峦知全州。广顺二年（952）正月，初，唐遣皇甫晖出海、泗，事见第五节。蒙城镇将咸师朗降于晖。事在乾祐二年（949）。蒙城镇在亳州。唐以其兵为奉节都，从边镐平湖南。唐悉收湖南金帛、珍玩、仓粟，乃至舟舰、亭馆、花果之美者，皆徙于金陵。遣都官郎中杨继勋等收湖南租赋，以赡戍兵，继勋等务为苛刻，湖南人失望。行营粮料使王绍颜减士卒粮赐，奉节指挥使孙朗、曹进作乱，不克，奔朗州。唐遣其将李建期屯益阳以图朗州，以张峦兼桂州招讨使，以图桂州。久未有功，唐主谓其相孙晟、冯延巳：欲罢桂林之役，敛益阳之戍，以旌节授刘言。晟以为宜然。延巳请委边将察其形势。唐主乃遣统军使侯训将兵五千，自吉州路趋全州，吉州见第一章第四节。与张峦合兵攻桂州，大败，训死，峦奔归全州。十月，刘言以王逵、周行逢及衙将何敬真、张仿、蒲公益、朱全琇、宇文琼、彭万和、潘叔嗣、张文表等十人皆为指挥使，分道趋长沙。以孙朗、曹进为先锋。边镐弃城走。廖偃为乱兵所杀。唐将守湖南者相继遁去。刘言尽复马氏故地，惟郴、连入于南汉。言使告于周。明年，周以言为武平节度使，制置武安、静江等军，王逵为武安节度使，何敬真为静江节度使，周行逢为武安行军司马。

第四节 南方诸国形势下

钱镠以龙德三年（923），受梁册为吴越国王，始建国。同光二年（924），唐因梁官爵命之。三年，镠使告于吴，吴以其国名与己同，不受。戒境上：毋通使者商旅。四年，安重诲奏削镠官爵，以太师致仕，进奏官、使者、纲吏，令所在系治，事见第十一章第六节。长兴元年（930）十月，镠因册闽使者还，附表引咎。其子传瓘及将佐，屡为镠上表陈诉，乃敕听两浙纲使自便。二年三月，以镠为天下兵马都元帅、尚父、吴越国王。遣使者往谕旨：以向日致仕，乃安重诲矫制也。三年三月，镠卒。年八十一。第五子传瓘立，更名元瓘。兄弟名传者，皆更为元。以遗命去国仪，用藩镇法。至天福三年（938），乃复建国，如同光故事。初元瓘弟判明州元珣，骄纵不法，幽而废之。小弟元㻲，据《通鉴》。《考异》曰：《晋高祖实录》《十国纪年》作元球，今从《吴越备史》

《九国志》。数有军功，镠赐之兵仗。元瓘立，元球为土客马步都指挥使，兼中书令，增置兵仗至数千，国人多附之。元瓘忌之。是岁，并元珣杀之。六年八月，元瓘疾。属后事于内都监章德安。初内衙指挥使戴恽为元瓘所亲任，欧《史》云：元瓘质宣州，以胡进思、戴恽等自随。军事悉以委之。元瓘养子弘侑乳母，恽妻之亲也。元瓘卒，或告恽谋立弘侑。德安秘不发丧，伏甲士杀恽，废弘侑为庶人，复姓孙，幽之明州。立元瓘子弘佐，时年十四。据《通鉴》。欧《史》云：年十三。内衙上统军使阚璠强戾，弘佐不能制。德安数与之争，贬处州。今浙江丽水县。右都监使李文庆不附，贬睦州。见第八章第二节。璠与右统军使胡进思益专横。璠与内都监使杜昭达皆好货。钱塘富人程昭悦，以货结二人，得侍弘佐左右。昭悦说进思，与璠各除刺史，复以他故留进思。内外马步都统军使钱仁俊母，昭达之姑也。昭悦谮璠、昭达谋奉仁俊作乱，诛之。夺仁俊官，幽于东府。治阚、杜党，诛放百余人。时开运二年（945）十一月也。天福十二年二月，弘佐使内牙指挥使诸温杀昭悦，时为内都监。释仁俊之囚。是岁六月，弘佐卒，子昱方五岁，以弟弘倧为镇海、镇东节度使。弘倧性刚严，愤弘佐容养诸将，政非己出，与内衙指挥使何承训谋逐胡进思。又谋于内都监使水丘昭券。胡三省曰：按薛《史》，镠母水丘氏，昭券盖外戚也？昭券以为进思党盛难制，不如容之。弘倧犹豫未决。承训恐事泄，反以谋告进思。十二月，进思以亲兵废弘倧而立其弟弘俶。杀水丘昭券及弘倧舅进侍鹿光铉。承训复请诛进思，弘俶恶其反复，且惧召祸，斩之。进思屡请杀弘倧，未几，疽发背卒，弘倧乃获全。钱氏此时，子弟相争，军人跋扈，其势颇危，幸徐温、李昇，皆志在篡国，不暇思启封疆，闽则地更僻小，故其国亦粗安。然自钱镠，已营造第舍，穷极壮丽。轩陛服饰，比于王者。两浙里俗，咸曰海龙王。元瓘营造，又甚于其父。自镠世常重敛其民。下至鸡鱼卵鷇，必家至而日取。每笞一人以责其负，则诸案吏各持其簿列于廷。凡一簿所负，唱其多少，量为笞数，已则以次唱而笞之，少者犹积数十，多者至笞百余，人尤不堪其苦焉。

刘隐以梁开平二年（908），兼静海军节度使、安南都护。三年，封南平王。乾化元年（911），进封南海王。是岁卒。表弟节度副使陟权知留后。乾化二年，除清海军节度使，更名岩。《旧史·列传》云：初名陟，僭位之明年，改名岩。《新史·世家》云：初名岩，更名陟。《通鉴考异》引《十国纪年》云：太祖授陟清海节度使，陟复名岩。胡宾王《刘氏兴亡录》，谓其父葬其母段氏，得石版，有篆文曰隐台岩，因名其三子。又引《梁太祖实录》，于乾化元年称为陟，二年称为岩，《吴越备史》于乾化四年，《吴录》于天佑十四年（917），即贞明三年（917），薛《史·本纪》于贞明五年，皆称为岩，则复名之说当不误。惟《唐烈祖实录》谓陟僭位改名岩，与薛《史·列传》合；《庄宗实录》于同光三年称为陟，《列传》自嗣立至建号，皆云刘陟耳。推校众说，初名岩，更名陟，复名岩当不误。《通鉴》以其首尾名岩，但称为岩，亦未尽善也。末帝即位，悉以隐官爵授之。贞明元年，岩以钱镠为国王，而已为南平王，南平郡王。表求封南越王，及加都统，不许。岩谓僚属曰："今中国纷纷，孰为天子？安能梯航万里，远事伪庭乎？"自是贡使遂绝。三年八月，自称皇帝，国号大越。四年十一月，改国号曰汉。五年九月，诏削岩官爵，命钱镠讨之。镠虽受命，竟不行。同光三年，岩闻梁灭，遣宫苑使何词入贡，且觇中国强弱。还言庄宗骄淫无政，不足畏也。岩大悦，自是不复通中国。南汉距中国远，故于中国初无所畏，词之来，书辞称大汉国主致书，上大唐皇帝，亦与南唐同也。是岁十二月，有白龙见于汉宫，改元曰白龙，更名龚。至天福六年（941），龚寝疾，有胡僧谓名龚不利，乃自造龑字名之，义取飞龙在天，读若俨。自唐末，天下乱，中朝人士，以岭外最远，可以避地，多游焉。唐世名臣谪死南方者，往往有子孙，或当时仕宦遭乱不得还者，皆客岭表，隐皆招礼之。或辟置幕府，待以宾客。岩亦多延中国士人，置于幕府，出为刺史，刺史无武人。此在五代时，可谓差强人意。然岭南珍异所聚，龑又西通黔、蜀，得其珍玩，穷奢极丽，宫殿悉以金玉珠翠为饰。用刑惨酷，有灌鼻、割舌、支解、剔剔、炮炙、烹蒸之法，或聚毒蛇水中，以罪人投之，谓之水狱。末年尤猜忌，以士人多为子孙计，故专任宦官，而自隐以来，招致士大夫之意亦衰矣。岩初立，破虔州兵，取韶州。见第十一章第五节。又取容管及高州于楚。开平四年（910），楚取容管、高州，至是弃之。然娶马殷女，僭号后立为后，故于楚亦无衅。长兴初，尝遣将攻拔交州，旋复失之。交州自此遂与中国分离矣。天福七年（942），龑卒。长子弘度立，更名玢。以弟弘熙辅政。明年，为所弑。弘熙立，更名晟。以弟弘昌为太尉、兼中书令、诸道兵马都元帅，知政事。弘杲为副元帅，参与政事。已而杀之。遂尽杀诸弟。作离宫千余间，饰以珠宝。设镬汤、铁床、剔剔等刑。任宦者林延遇。延遇死，又继以龚澄枢。其无道，无一不与龑同也。晟尝求婚于楚，楚王希广不许。晟怒，攻之，取贺州、昭州。贺州见第十章第一节，昭州见第四章第六节。事在乾祐元年（948）。楚亡，又取桂管，败唐兵，取郴州。然皆乘乱攘夺，无与于强弱之数也。显德五年（958），晟卒。长子继兴立，更名𬬮。时年十七。龚澄枢仍用事，一切弊政，仍与晟世无异。

荆南地狭兵弱。高季兴初之镇，梁以兵五千为其卫，衣食皆取给于梁。至后唐明宗时，尚岁给以盐万三千石。周世宗平淮南，又命泰州给之。在十国中，最无自负之意，故颇唯利是图。自季兴时，诸道入贡过其境者，多掠夺其货币，及诸道移书诘让，或加以兵，不得已，复归之，曾不为愧。及从海立，唐、晋、契丹、汉，更据中原，南汉、闽、吴、蜀皆称帝，从海利其赐与，所向称臣。诸国贱之，谓之高赖子，俗语谓夺攘苟得无愧耻者为赖子，犹言无赖也。从海为人明敏，多权诈。安从进反，结从海为援，从海外为拒绝，阴与之通。晋师致讨，从海遣将李端以舟师为应。从进诛，从海求郢州为属。高祖不许。汉高祖起太原，从海遣人间道奉表劝进，且言汉得天下，愿乞郢州为属。高祖阳诺之。高祖入汴，从海遣使朝贡，因求郢州。高祖不与。从海怒，及加恩使至，拒而不受。闻杜重威叛，发水军数千袭襄州，又寇郢州。遂绝汉附于唐、蜀。既而北方商旅不至，境内贫乏，乃又上表谢罪，乞修职贡。乾祐元年（948）。盖真惟利是视矣。然从海性明达，能亲贤礼士，省刑薄赋，境内以安，《通鉴》清泰二年（935）。实五代时之贤主也。乾祐元年卒。子保融知留后。荆南自后唐已来，数岁一贡，中间两绝，及周世宗时，无岁不贡矣。

孟知祥以清泰元年（934）卒，子仁赞立，更名昶。时年十六。《新史·世家》云：昶好打毬走马。又为方士房中之术。多采良家子，以充后宫。枢密副使韩保贞切谏。昶大悟，即日出之，赐保贞金数斤。有上书言台省官当择清流。昶叹曰："何不言择其人而任之？"左右请以其言诘上书者。昶曰："吾见唐太宗初即位，狱吏孙伏伽上书言事，皆见嘉纳，奈何劝我拒谏邪？"然昶年少，不亲政事，而将相大臣，皆知祥故人，知祥宽厚多纵之，及其事昶，益骄蹇。多逾法度，务广第宅，夺人良田，发其坟墓，而李仁罕、张业尤甚。昶即位数月，执仁罕杀之，并族其家。业，仁罕甥也，时方掌禁兵，昶惧其反仄，乃用为相。业兼判度支，置狱于家，务以酷法，厚敛蜀人，蜀人大怨。乾祐五年（952），昶与匡圣指挥使安思谦谋，执而杀之。王处回、枢密使。赵廷隐相次致仕。故将旧臣殆尽，昶始亲政事。于朝堂置匦，以通下情。何建以秦、成、阶三州来附，昶因遣孙汉韶攻下凤州，于是悉有王衍故地。赵思绾、王景崇送款，昶遣张虔钊出大散关，何建出陇右，李廷珪出子午谷，以应思绾。昶相毋昭裔切谏，以为不可。然昶志欲窥关中甚锐，乃遣安思谦益兵以东。已而汉诛思绾、景崇，虔钊等皆罢归，而思谦耻于无功，多杀士卒以威众。昶与翰林使王藻谋杀思谦，而边吏有急奏，藻不以时闻，辄启其封，昶怒之。其杀思谦也，藻方侍侧，因并擒藻斩之。自清泰至乾祐，凡十五年，乃克尽除其逼，其事亦非易易，昶实非全无能为，然知祥在蜀，全恃客兵，客将尽而蜀人不与同心，所恃以自立者先拨，况复荒淫为武家积习，昶亦渐染之而不能自拔，区区小慧，又何益邪？

第五节　周世宗征伐

周太祖二子：曰青哥，曰意哥。与其侄守筠、奉超、定哥，皆为汉人所杀。后柴氏兄子荣，幼从其姑长太祖家，太祖以为子。太祖犯京师，留荣守魏。太祖之立，以王峻为枢密使，王殷留守邺都。峻忌荣，荣屡求入朝，皆不许。广顺三年（953）闰正月，帝以河决为忧，峻自往行视，荣复求入朝，帝许之。二月，幽峻，贬为商州司马。至州未几而卒。荣为开封尹，封晋王。殷旋入朝。时帝已得风痹疾。十一月，力疾御殿，殷入见，执之，流登州，出城即赐死。明年，显德元年（954）。正月，帝殂。荣立，是为世宗。

刘旻闻丧，使请兵于契丹。契丹遣杨衮率万骑会之。旻自将众三万趋潞州。三月，至高平南。高平见第九章第三节。世宗自将御之。马军都指挥樊爱能临陈先退。步军指挥使何徽，陈于其后，即时溃乱。局势危急。世宗督亲兵搏战，乃克之。诛爱能及徽。因命符彦卿伐北汉。帝又自潞州趋晋阳。五月三日，至城下。攻之，不能克。契丹来救，出忻、代，帝遣符彦卿拒之，以龙捷右厢都指挥使史彦超为先锋。战于忻口，彦超败死。六月朔，乃班师。是役也，本以馈运不继，但命彦卿观兵城下，及师入境，汾、晋吏民，皆以久罹虐政，愿输军需，以资兵力，世宗乃变计亲征。下数州之后，彦卿等仍以刍粮未备，欲还军，世宗不之省，乃调山东近郡，辇军食以济之。《宋史·符彦卿传》。及是，粮草数十万，悉皆焚弃，军资亦丧失甚多，皆帝之轻躁为之也。

然帝究有英气，故于军政颇能整饬。初宿卫之士，累朝相承，不欲简阅，由是羸老者居多，骄蹇不用命，每遇大敌，不走即降。帝因高平之战，始知其弊。乃命大简诸军。精锐者升之上军，羸者斥去之。又以骁勇之士，多为藩镇所畜，诏募天下壮士，咸遣诣阙。时赵匡胤以战有功，为殿前都虞候，使选其尤者，为殿前诸班。其骑步诸军，亦各命将帅选之。于是士卒精强，战胜之基立矣。

时南之唐，西之蜀，咸有窥伺中原之意，而唐尤甚。初后唐灭梁，吴与中原，往来不绝。天成三年（928）二月，安重诲谓杨溥欲与朝廷抗礼，遣使窥觇，拒而不受，乃绝。天福二年（937）五月，徐知诰用宋齐丘策，使以美女、珍玩，泛海修好于契丹。契丹主亦遣使报之。案，知诰一意谋篡，且不肯用兵两浙，安敢启衅于中原？盖亦虑中原或以其窃国为讨，则借契丹之力，以图牵制，为万一之备耳。是岁十月，知诰受吴禅。三年七月，契丹遣使诣唐。宋齐丘劝唐主厚贿之，俟其还至淮北，遣人杀之，欲以间晋。四年十一月，契丹遣其臣遥折使晋，遂如吴、越。六年四月，唐主遣通事舍人欧阳遇假道于晋，以通契丹，晋人不许。八年李昪殂，子景立。契丹灭晋，唐主使贺，且请诣长安修复诸陵。契丹不许，而遣使报之。是时中原无主，晋密州刺史皇甫晖，棣州刺史王建，皆避契丹，率众奔唐。淮北群雄，多请命于唐。唐虞部员外郎韩熙载上疏，以为恢复祖业，今也其时。若虏主北归，中原有主，则未易图也。时方连兵福州，未暇北顾，唐人皆以为恨，唐主亦悔之。《通鉴》。及闻耶律德光卒，萧翰北去，乃下诏曰：乃眷中原，本朝故地。以李金全为北面行营招讨使，议经略北方。闻刘知远已入大梁，遂不敢出兵。乾祐元年（948）十一月，初沈丘人舒元、沈丘，今河南沈丘县。嵩山道士杨讷，俱以游客干李守贞。守贞为汉所攻，遣元更姓朱，讷更姓李，名平，间道求救于唐。唐主命李金全救之，军于沂州之境。时唐士卒莫有斗志，又河中道远，势不相及，退保海州。二年二月，淮北群雄，多请命于唐。唐主遣皇甫晖等出海、泗以招纳之。三年，正月，闻汉尽平三叛，乃罢李金全招讨使。此时唐之兵力，绝不足恃，徒欲驱北来降将，为之经营，与梁武帝乘侯景之乱而欲恢复北方绝相似，即能收无备之地，北兵一来，亦必无以善其后也。周太祖广顺元年（951）三月，敕朝廷与唐，本无仇怨。缘淮军镇，各守疆域，无得纵兵，擅入唐境。商旅往来，无得禁止。二年正月，唐发兵五千，军于下邳，下邳故城，在今邳县东。以援慕容彦超。闻周兵将至，退屯沭阳。见第十章第三节。周徐州巡检使张令彬败之，获其将燕敬权。周仍释使归唐。周是时绝无意与唐启衅，唐之力，亦绝不足以言进取，然唐灭闽、楚，虽绝无所得，唐主颇因之而骄，冯延巳尤狂妄。常笑李昪戢兵为龌龊，曰："安陆所丧，才数千兵，为之辍食咨嗟者旬日，此田舍翁识量耳，安足与成大事？"翰林学士常梦锡屡言延巳等浮诞不可信，唐主不听。不度德，不量力，既不能令，又不受命，是为绝物矣。

蜀小而唐大，故世宗用兵，先其易者。显德二年（955）五月，命宣徽南院使向训、凤翔节度使王景西征。蜀使李廷珪拒之。周兵战不利，馈运不继，宰相请罢兵，世宗使赵匡胤往视之，还言秦、凤可取，乃止。闰九月，景败蜀兵，取秦州。成、阶二州亦降。惟凤州王环，守御甚固，至十一月乃克。蜀主遗书请和，自称大蜀皇帝。世宗怒其抗礼，不答。然世宗大欲，实在淮南，其于蜀，特一惩创之，使不敢侵扰耳。故克凤州之月，南伐之师遂出。

世宗以宰相李谷为行营都部署，督韩令坤等十二将以伐唐。初宋齐丘为李昪谋篡最力，及事成，忽不肯署劝进表，请归隐九华山。在安徽青阳县西南。此时之士风，无所谓名节，齐丘亦非讲名节之人，盖昪爱其众子景达，欲以为嗣，而齐丘亦亟称其才，而昪以景长未果，齐丘知其不能无芥蒂，乃阳为退让以求全也。然齐丘究非澹泊之士，故昪招之即复出。未几，复以病罢。出为洪州节度使。景既立，复召为相。已复出帅浙西。齐丘愿复归九华山。乃赐号九华先生，封青阳公，食青阳一县。今安徽青阳县。时则冯延巳、延鲁、陈觉、魏岑、查文徽等用事。福州之败，锁觉、延鲁至金陵。流觉蕲州、延鲁舒州，延巳亦罢相，岑罢谏议大夫。然岑及延巳，旋复进用。广顺二年（952），延巳复同平章事，失潭州罢。三年三月复相。广顺三年，金陵大火，逾月。显德元年，大饥。民多疫死。逾年而周师至。景复召宋齐丘还金陵，使刘彦贞将兵二万趋寿州，皇甫晖、姚凤以兵三万屯定远。今安徽定远县。李谷为浮梁。自正阳渡淮，正阳镇，在寿州西。攻寿州。唐将刘仁赡固守。三年正月，世宗下诏亲征。使李重进先赴正阳。重进，周太祖甥。时为侍卫马步军都指挥使。刘彦贞向寿州，又以战舰趋正阳。李谷惧浮梁断，亟退兵。彦贞追之。至正阳，重进先至，军未及食而战，彦贞败死。皇甫晖、姚凤退屯清流关。在安徽滁县西北。世宗至正阳，以重进代李谷，徙浮梁于下蔡，今安徽凤台县。进围寿州。二月，命赵匡胤袭清流关，擒皇甫晖、姚凤。唐主遣泗州衙将王知朗赍书抵徐州，称唐皇帝奉书大周皇帝，请息兵修好，愿以兄事，岁输货财，以助军费。又改名璟，以避周庙讳。遣翰林学士钟谟、文理院学士李德明奉表称臣以请平。世宗皆不许。韩令坤袭取扬州，冯延鲁为副留守，见执。又攻泰州，拔之。三月，唐主又使右仆射孙晟、吏部尚书王崇质使周。愿去帝号，割寿、濠、泗、楚、光、海六州，岁输金帛百万。时周将何超已陷光州，郭令图陷舒州，降蕲州，又进攻黄州矣。世宗欲尽得江北，而许其存帝号。李德明请归白唐主，许之。孙晟请使王崇质与之偕归。宋齐丘、陈觉等以割地为无益，谓德明卖国图利。唐主怒，杀之。唐主之立，以弟燕王景遂为诸道兵马元帅，徙封齐，居东宫。鄂王景达为副元帅，徙封燕，宣告中外，约以传位。而立长子弘冀为南昌王。后又立景遂为皇太弟，徙景达为齐王，领诸道兵马元帅，而徙弘冀为燕王，为之副。事在天福十二年（947）。及是，使景达拒周。以陈觉为监军使，边镐及许文稹等为应援使。四月，唐将陆孟俊复泰州，进攻扬州，韩令坤走。世宗使张永德救之。孟俊复为令坤所擒。然世宗攻寿州迄不克。会大雨，营中水深数尺，攻具及士卒，亡失颇多，又粮运不继，乃议班师。或劝世宗诈称寿州已破，东如濠州，从之。又自濠州至涡口。以涡口为镇淮军，于其地作浮梁。世宗欲自至扬州，宰相范质等以兵疲食少，泣谏，乃自涡口北归，而留李重进围寿州。六月，刘仁赡攻城南寨，周师不利。李重进营城东，不能救。军无固志，诸将议欲退军。适赵匡胤自六合还师，六合见第十一章第五节。留驻旬日，周兵乃复振。初朱元、李平为李守贞求救，遂留于唐。及是，唐使复江北。七月，元取舒、和州，平取蕲州。唐初以茶盐强赋民，征其粟帛，谓之博征，又兴营田于淮南，民甚苦之。周师至，争奉牛酒迎劳。而周将帅不之恤，专事俘掠，视民如土芥。民皆失望，相聚山泽，立堡壁自固。操农器为兵，积纸为甲，时人谓之白甲军。周兵讨之，屡为所败。先所得唐诸州，多复为唐有。唐之援兵，营于紫金山，在寿州南，或云即八公山。与寿春城中，烽火相应。淮南节度使向训，请以广陵之兵并力攻寿春，俟克城更图进取，世宗许之。滁州守将亦弃城去，皆趋寿春。唐诸将请据险以邀之。宋齐丘曰："如此则怨益深。"乃命诸将各自保守，无得擅出击。由是寿春之围益急。四年正月，景达遣许文稹、边镐、朱元等将数万众溯淮而上。李重进逆击，破之。二月，世宗复亲征。三月，至寿春，陈觉表朱元反覆，不可使将。唐主遣人代之，元降于周。世宗破唐紫金山兵，擒许文稹、边镐。景达、觉奔归金陵。刘仁赡疾甚，监军使周廷构、营田副使孙羽等诈为仁赡表请降。是月，仁赡卒。初淮南于寿州置忠正军，后更其名曰清淮，及是，世宗复其名，以旌仁赡之节焉。是冬，世宗再自将下濠、泗，浮淮至楚州。复取扬州。初周师无水战之具，及屡败唐兵，获水战卒，乃造战舰数百艘，使降卒教水战，命王环将以下淮。唐水军多败，长淮之舟，皆为周师所得。又造齐云船数百艘。世宗至楚州北神堰，齐云舟大不能过，乃开老鹳河以通之。在楚州西北。五年正月，巨舰数百，皆入于江，唐人知不能敌。时景遂前后十表辞太弟之位，景达亦以败军辞元帅。三月，乃立景遂为晋王，加天策上将军、江南西道兵马元帅、洪州大都督、大尉、尚书令，以景达为浙西道元帅、润州大都督。景达以浙西方用兵，与吴越战，见下。固辞，改抚州大都督。而立弘冀为太子，使参决庶政。遣陈觉表请传位于弘冀。时淮南惟庐、舒、蕲、黄未下，觉白世宗，请遣人渡江取表献四州之地，周乃许平，而谕景不必传位。景乃去帝号，称国主，而用周年号焉。周与南唐之胜负，实全系南唐之弱，而非周之强，周军且屡为白甲军所败，而安足以遇大敌？刘仁赡固善守，然以区区一城，攻围逾年而不能克，且几至溃败，其所谓攻者，亦可知矣。唐防御使张彦卿守楚州，周兵攻之，亦逾四旬而后下，彦卿巷战死，所部千余人，无一降者。然则唐封疆之臣，亦非不能效死，特专阃以出者，无一非舆尸之徒耳。刘彦贞所居藩镇，专为贪暴，积财巨亿，以赂权要，魏岑等争誉之，故唐主首用之。边镐、陈觉等，亦偾军之将也。以此遇敌，岂有幸哉？而又何敌强之足云？

是役也，湖南、吴越、荆南，皆尝出兵以助周，然或无功，或锋刃未交而退，无与于胜负之数也。初王逵既得潭州，以何敬真为静江节度副使，朱全琇为武安节度副使，张文表为武平节度副使，周行逢为武安行军司马。敬真、全琇，各置衙兵，与逵分厅视事，吏民莫知所从。行逢、文表，事逵尽礼，逵亲爱之。敬真与逵不协，辞归朗州。又不能事刘言，与全琇谋作乱。言素忌逵之强，疑逵使敬真伺己，将讨之。会南汉寇全、道、永州，行逢请身至朗州说言，遣敬真、全琇南讨，至长沙，以计杀之。时广顺三年（953）二月也。张仿为武平节度副使，行逢又恶之，言于逸曰："何敬真仿之亲戚，临刑以后事属仿。"四月，逸召仿饮，醉而杀之。六月，逸以行逢知潭州，自将袭朗州。克之，幽刘言。遣使上表，诬言谋以朗州降唐，又欲攻潭州，其众不从，废而囚之。请复移使府治潭州。八月，周祖从其请。逸还长沙，以周行逢知朗州事。又遣潘叔嗣杀刘言于朗州。显德元年（954）五月，逸自潭迁朗，以周行逢知潭州，潘叔嗣为岳州团练使。三年，周以逸为南面行营都统，使攻鄂州。逸过岳州，叔嗣西袭朗州。逸还军追之，及于武陵城外。战，逸败死。叔嗣归岳州，使其团练判官李简率朗州将吏迎周行逢，谓行逢必以潭州相授，而行逢以衡州刺史莫弘万权知潭州而西，以叔嗣为行军司马。叔嗣怒，不至。或说行逢，授之武安，令至都府受命。从之。叔嗣至，斩之。七月，世宗以行逢为武平节度使，制置武安、静江等军事。行逢留心民事，悉除马氏横赋，去贪吏猾民为民害者。择廉平吏为刺史、县令。刘言、王逸旧将骄横，壹以法治之。史虽议其用法太严，然除暴正所以安良，湖湘盖未尝不借是而小安也？然经此扰攘，助周攻唐之事，遂成画饼矣。吴越以是年二月，出兵攻常州，为唐将柴克宏所败。攻宣州，亦不克。南平至显德五年正月，乃以水师东下，至鄂州，亦未尝有功也。

秦、凤之下也，世宗以蜀兵数千人为怀恩军。显德四年（957），遣其八百余人西还。蜀亦遣所擒梓州别驾胡立等八十人东还。因致书请通好。世宗以其抗礼，仍不之答。五年六月，高保融遗蜀主书，劝其称藩于周。蜀主报以尝遣胡立致书而不答。十月，世宗以户部侍郎高防为西南面水陆制置使，谋伐之。保融再遗书劝以称藩，蜀主覆书拒之，而屯兵以备。周师亦未出，而北攻契丹。

显德六年（959）三月，世宗诏以北鄙未复，将幸沧州。命义武节度使孙行友捍西山路。侍卫亲军都虞候韩通等将水陆军先发。四月庚寅，韩通奏自沧州治水道，入契丹境通瀛、莫。辛卯，上至沧州，即日率步骑数万，直趋契丹境。壬辰，至乾宁军。契丹宁州刺史王洪举城降。乾宁军，在今河北青县境。胡三省曰：契丹盖置宁州于乾宁军？乙未，大治水军。分命诸将，水陆俱下。以韩通为陆路都部署，赵匡胤为水路都部署。丁酉，上御龙舟，沿流而北。辛丑，至益津关。今河北霸县。水路渐隘，乃登陆而西。癸卯，赵匡胤至瓦桥关，契丹守将举城降。上入瓦桥关。甲辰，莫州降。五月乙巳朔，侍卫亲军都指挥使李重进等始至。瀛州降。关南悉平。丙午，宴诸将于行宫，议取幽州。诸将以为陛下离京四十二日，兵不血刃，取燕南之地，此不世之功也。今虏骑皆聚幽州之北，未宜深入。上不悦。趣先锋都指挥使刘重进先据固安。今河北固安县。上自至安阳水，命作桥，不豫而止。戊申，孙行友奏拔易州。己酉，以瓦桥关为雄州，益津关为霸州。庚戌，李重进出土门击北汉。壬子，自雄州南还。六月癸巳，殂，年三十九。

世宗之用兵，颇为论史者所称道，尤惜其伐辽之未成，殆非也。彼其用兵，以所遇皆非大敌，遂成竖子之名，若遂行其意，则兵法所谓必蹶上将军者也。伐汉之役，已见周章；伐唐之役，设自涡口径趋扬州，亦安知不以气衰力竭，而为敌所乘哉？战事必度其始终，非可徼幸于一胜。辽之大军，皆在燕北，故初攻之若甚易，及其举兵南下则甚难。宋太宗高梁河之败以此，世宗取关南之后，设使贸然进兵，亦未必不蹈此辙。即谓不然，而不能禁契丹之不再至，再至而再获胜，亦不能禁其不三至，契丹之兵力未尽，即中国未可燕然，石晋之行事，正所谓殷鉴不远者也。即谓幽州可以坐收，亦必计其能守。兵有利钝，战无百胜，非有雁门内险与居庸相翼卫不可。然当日者，太原且在北汉之手矣，而可以轻心掉之乎？《五代史·王朴传》云：世宗有平一天下之志，数顾大臣问治道。选文学之士二十八，使作《为君难为臣不易论》及《平边策》，朴在选中。当时文士，皆不欲上急于用武，惟翰林学士陶谷、窦仪，御史中丞杨昭俭与朴，皆言用兵之策。朴之策曰："攻取之道，从易者始。当今惟吴易图。东至海，南至江，可挠之地二千里，从少备处先挠之，备东则挠西，备西则挠东，彼必奔走以救其弊，奔走之间，可以知彼之虚实，众之强弱，攻虚击弱，则所向无前矣。勿大举，但以轻兵挠之。彼人怯弱，知我师入其地，必大发以来应。数大发，则民困而国竭；一不大发，则我获其利。彼竭我利，则江北诸州，乃国家之所有也。既得江北，则用彼之民，扬我之兵，江之南亦不难平之也。如此，则用力少而收功多。得吴则桂、广皆为内臣，闽、蜀可飞书而召之，如不至，则四面并进，席卷而蜀平矣。吴、蜀平，幽可望风而至。惟并必死之寇，不可以恩信诱，必须以强兵攻之，然其力已丧，不足以为边患，可为后图，候其便则一削以平之。"朴此言攻取自吴始，世宗从之。然朴之策极自惜其力，而世宗所行，则适与之反。至其论取燕、晋之难易，亦适倒置。何者？汉依辽而存，非辽恃汉而盛；且辽有足之寇，历代以为深患，非一蹴可平，而北汉则如坐谷中，终不能以一隅之地，抗举国之师也。欧阳氏言：朴所陈用兵之略，非特一时之策。至言诸国兴灭次第，云淮南可最先取，并必死之寇，最后亡，其后宋兴，平定四方，惟并独后服，皆如朴言。其实太宗高梁河之败，亦未尝不由视辽太轻，即踵世宗及朴之失策也。梁襄王问曰："天下恶乎定？"孟子曰："定于一。""孰能一之？"曰："不嗜杀人者能一之。"其言似迂，而实至径。何则？不嗜杀人，则天下顺之，嗜杀人，则人莫不与之为敌也。秦凤之平也，世宗以所俘蜀兵隶军籍。从征淮南。亡降唐，唐主表献百五十人，世宗悉斩之。张永德与李重进不相悦。唐主闻之，以蜡丸书遗重进，诱以厚利。其书皆谤毁及反间之语。重进奏之。世宗一怒，遂杀孙晟，已云甚矣，又及其从者百余人，其嗜杀如此，安怪将率之恣俘掠以激白甲军之变？初入并州，民愿输军需，以资兵力，及后，河东之守甚固，亦安知不由于此？此岂有纪律如此，而可称为强兵？而其将可称为良将？而其主可称为善将将者哉？或曰：樊爱能、何徽之诛，军纪固已立矣。然则黄袍又何以被宋祖之身乎？

第六节　宋平定海内

周世宗七子：长曰宜哥，第二、三子未名，皆为汉人所杀。世宗卒，第四子梁王宗训立，是为恭帝。时年七岁。明年，宋太祖建隆元年（960）。正月，辛丑朔，镇、定二州奏契丹入寇，河东贼军，自土门东下。诏殿前都点检赵匡胤北征。癸卯，发京师。是夕，宿于陈桥驿。未曙，军变，拥匡胤南还立之，是为宋太祖。废周恭帝为郑王。开宝六年（973），殂于房陵。韩通欲拒之，为散员指挥使王彦昇所杀。在外则李筠叛于昭义，四月。李重进叛于淮南，九月。太祖皆亲征平之。是年之入寇，《辽史》不记其事。《东都事略》谓契丹与河东连兵寇镇、定，闻太祖即位，惊曰："中国有英主矣。"于是遁去，此史家缘饰之辞。《十国春秋·北汉纪》云：辽师谋会兵攻镇、定，则虽有其谋，未尝出师也。毕沅《续资治通鉴考异》。然则边警之言，特为拥戴造作而已。毋教猱升木，如涂涂附，君子所以作事谋始也。

宋室既兴，不久遂成统一之业。以其时割据诸国，皆无深根固柢，可以自立之道也。建隆元年（960）八月，荆南高保融卒。子继冲幼，命弟行军司马保勗总判内外军马事。二年九月，宋以为荆南节度使。三年九月，周行逢病。召其将吏，以子保权属之，曰："吾起陇亩为团兵，同时十人，皆以诛死，惟衡州刺史张文表独存。然常怏怏不得行军司马。吾死，文表必叛。当以杨师璠讨之。如其不能，则婴城勿战，自归于朝廷。"行逢卒，保权立。文表果叛。攻下潭州。保权乞师于朝廷，亦命师璠讨之。十一月，高保勗卒。以位授继冲。明年为乾德元年（963）正月，宋以山南东道节度使慕容延钊为都部署，枢密副使李处耘为都监，以讨张文表。未至，杨师璠破文表，擒斩之。李处耘假道于继冲，乘其出迎，袭据其城，遂趋朗州。周保权惧，召观察判官李观象谋之。观象劝其幅巾归朝。指挥使张崇富等不可。乃出兵以拒。慕容延钊取岳州，崇富等未战而溃。三月，宋师入朗州。斩崇富，获保权。荆南之下也，太祖仍以高继冲为节度使。是岁，有事于南郊，继冲上书愿陪侍。九月，遂率其将吏、宗族入朝焉。

　　孟昶君臣，务为奢侈，而信任王昭远及伊审征，委以机务。昭远，成都人，幼以僧童从其师入府，孟知祥爱其敏慧，令给事昶左右、审征，知祥妹褒国公主子，少与昶相亲狎。二人皆以经济为己任，然未更忧患，不知世事之艰，志大才疏，夸侈无实，正与昶如出一辙，宜其败也。乾德二年（964），昶遣孙遇、杨蠲、赵彦韬为谍，至京师。彦韬潜取昶与刘钧蜡丸帛书以告，书言已于褒、汉，添驻师徒，只待灵旗济河，便遣前锋出境。十月，乃遣王全斌、崔彦远自凤州，刘光义、后避宋太宗讳，改名廷让。《五代史》作光义，亦避讳改字也。曹彬自归州伐之。蜀山南节度使韩保正弃兴元保西县。宋师围之，又弃西县走。宋师追擒之。昶遣王昭远、赵崇韬廷隐子。拒战。又遣其太子玄喆率精兵数万守剑门。玄喆挈其爱姬，携乐器伶人数十以从，蜀人见者皆窃笑。全斌至三泉，遇昭远，击败之。昭远焚吉柏江浮桥，退守剑门。三年正月，宋师得降卒之教，由小路分出剑门南夹攻之，昭远、崇韬败走，皆见擒。玄喆亦逃归。刘光义亦克夔州。蜀兵所在奔溃。昶问计于左右，老将石頵谓东兵远来，势不能久，宜聚兵坚守以敝之。昶叹曰："吾与先君，以温衣美食养士四十年，一旦临敌，不能为吾东向放一箭。虽欲坚壁，谁与吾守者邪？"乃命宰相李昊草表以降。自兴师至此，六十六日而已。至京师，封为秦国公。七日而卒。全斌等驻军成都，日夜宴饮，不恤军务，纵部下虏掠，蜀人莫不患苦。蜀旧将全师雄等遂叛。至四年十二月乃平之。观此而知宋初军纪之坏，凡军纪坏者，必不足以遇大敌，此燕云之所由不可复欤？惟峡路之师，以曹彬之净，秋豪不犯。太祖嘉之，异日乃专任之以平江南焉。

　　南汉刘𬬭，委政于宦者龚澄枢及才人卢琼仙。日与宫人波斯女等淫戏后宫，不复出省政事。内官陈延受，据《通鉴》。欧《史》作延寿。引女巫樊胡子入宫，言玉皇遣樊胡子命𬬭为太子皇帝，乃于宫中设玉皇坐，樊胡子坐宣祸福，令𬬭再拜听命。宫中妇人，皆具冠带领外事。龚虽宠任中官，数裁三百余，位不过掖庭诸局令、丞。晟时千余人，稍增内常侍、诸谒者之称。至𬬭，渐至七千余。有为三师、三公，但其上加内字，诸使名不啻二百，女官亦有师、傅、令、仆之号。目百官为门外人。群臣小过，及士人、释、道有才略可备问者，皆下蚕室，令得出入宫闱。作烧煮、剥剔、刀山、剑树之刑。或令罪人斗虎，抵象。又赋敛烦重。置媚川都，定其课。令入海五百尺采珠。所居宫殿，以珠、玳瑁饰之。陈延受作诸淫巧，日费数万金。宫城左右，离宫数十，𬬭游幸常至月余或旬日，以豪民为课户，供宴犒之费。在割据诸国中，无道为最甚矣。开宝元年（968），𬬭举兵侵道州。太祖使李煜谕令称臣，归湖南旧地。𬬭不从。三年，煜又使给事中龚慎仪遗之书，𬬭囚之。九月，命潭州防御使潘美讨之。取贺州。十月，取昭州、桂州。十一月，取连州。𬬭喜曰："昭、桂、连、贺，本属湖南，今北师取之，其不复南也。"十二月，平韶州。四年正月，平英、雄二州。英州，今广东英德县。雄州，今广东南雄县。铢将潘崇彻，尝代吴怀恩守桂州，为内中尉薛崇遇所谗，夺兵柄，怏怏，遂来降。二月，师度马径，去广州十余里。铢遣其右仆射萧漼等奉表乞降。潘美令部送赴阙。铢惧，遣其弟保兴等拒战，不胜。李托者，亦宦人，铢以其养女为贵妃，专宠，托为内太师，居中专政。与龚澄枢谋曰："北师之来，利吾国宝货耳。焚为空城，师不能驻，当自还也。"乃尽焚其府库宫殿。铢以海舶十余，悉载珍宝嫔御将入海。宦者乐范窃其舟逃归。师次白田，铢素衣白马以降。至京师，赦为恩赦侯。而诛龚澄枢、李托、薛崇遇。

　　李景既失淮南，颇躁忿，大臣宋齐丘、陈觉等皆见杀。欧《史·世家》云：钟谟素善李德明，既归，闻德明由宋齐丘等见杀，欲报其冤，未能发。陈觉，齐丘党也，与景相严续素有隙。觉尝奉使周，还言世宗以江南不即听命者，严续之谋，劝景诛续以谢罪。景疑之。谟因请使于周验其事。景已割地称臣，乃遣谟入朝谢罪，言不即割地者非续谋，愿赦之。世宗大惊曰："续为是谋，忠其主也，朕岂杀忠臣乎？"谟还，言觉奸诈。景怒，流觉饶州，杀之。宋齐丘坐觉党与，放还青阳，赐死，案当时南方诸国，吴为大，自后唐至晋三十年中，沙陀、契丹，交争互夺，无一日之安，而江南颇平静。使其君臣能发愤自强，问鼎北方，初非难事，然而终不能然者？藩镇之邦，本无天泽之分，君臣上下，积相猜忌，使自任以天下之重者，未由自进，所用者皆小知之士，严可求、宋齐丘等，则其人也。此等人而可与之安天下乎？又其君臣皆溺于晏安，不能自振。景与煜既仍世如此矣。孙晟，志节之士也。其北使也，谓王崇质曰："吾行必不免。然吾终不负永陵一抔土也。"永陵，昪墓也。及晟遣崇质先归，周兵数败，尽失所得诸州，世宗忧之，召晟问江南事，晟不对。世宗怒，未有以发。会景以蜡丸书遗李重进，劝其反。重进以书来上，乃收晟下狱，及其从者二百余人皆杀之。晟临死，世宗犹遣近臣问之。晟终不对，神色怡然，正其衣冠，南望而拜，曰："臣惟以死报国耳。"乃就刑。此于从容就义何愧焉？然史言其事昪父子二十余年，官至司空，家益富骄，每食，不设几案，使众妓各执一器。环立而侍，号肉台盘。韩熙载，煜时为中书侍郎、勤政殿学士。史言煜以其尽忠能直言，欲用为相，而熙载后房妓妾数十人，多出外舍，私侍宾客，以此难之。乃左授右庶子，分司南都。熙载尽斥诸妓，单车上道。煜喜，留之，复其位。已而诸妓稍稍复还。煜曰："吾无如之何矣。"此等人而可与之安天下乎？景遂既去储位，弘冀毒杀之。事在显德五年（958）。《通鉴》云：景遂之赴洪州，以时方用兵，启求大臣以自副。唐主以枢密副使工部侍郎李征古为镇南节度副使。征古敖狠专恣，景遂虽宽厚，久而不能堪。尝欲斩征古，自拘于有司，左右谏而止。景遂忽忽不乐。弘冀在东宫，多不法。唐主怒，尝以毬杖击之，曰："吾当复召景遂。"昭庆宫使袁从范，从景遂为洪州都押衙。或谮从范之子于景遂，景遂欲杀之，从范由是怨望。弘冀闻之，密遣从范毒之。显德六年九月，弘冀卒。封第六子从嘉为吴王，居东宫。建隆二年（961）二月，景迁于南昌。立从嘉为太子，留金陵监国。六月，《宋史》作八月，此从《南唐书》。卒。从嘉复立于金陵，更名煜。煜性仁孝，善属文，工书画。然骄侈，好声色。又喜浮图，高谈不恤国事。虽怏怏以国蹙为忧，亦徒日酣燕，悲歌愁思而已。周世宗时，中国诒江南者尚称书，煜之立，始改书为诏而不名。开宝四年（971），煜去唐号，改印文曰江南国主，赐诏呼名。煜事中国恭甚，太祖欲伐之而无名。七年秋，乃诏其入朝。煜不听。十月，乃命曹彬自荆南伐之。十一月，自采石济。八年正月，傅金陵。吴越亦发兵取常州。九月，又会宋师降润州。十月，唐神卫军都虞候朱全赟集上流之兵入援，败死皖口。金陵外援遂绝。十一月，城破。俘煜至京师，封为违命侯。煜之降，曹彬令作书谕江南诸城守，皆相继下。独江州军校胡则与衙将宋德明不听。诏先锋都指挥使曹翰攻之。九年夏乃克。帝惩王全斌之失，是役也，简用曹彬，江南平，无大杀戮。及江州下，胡则病卧床上，曹翰要斩之。并杀宋德明。遂屠其城，死者数万人。所略金帛以亿万计。弥可见宋初军纪之坏矣。此燕、云之所以不复欤？

泉州留从效，初颇忠于李景。景以兵十万保紫金山。从效累表，言其顿兵老师，形势非便。及景败，乃思自树于上国。显德五年（958），遣衙将蔡仲赟等为商人，以帛书表，置革带中，自鄂路送款内附。六年，又遣别驾黄禹锡间道奉表，乞置邸京师。周世宗以江南既服，不许。宋初，从效遂上表称藩，贡献不绝。李景迁洪州，从效疑其讨己，颇惧。遣其从子绍锁赍厚币献景。建隆三年（962）三月，从效疽发背卒。从效无嗣，以兄从愿之子绍锁、绍镃为子。从效寝疾，从愿守漳州，绍锁在金陵，绍镃尚幼。衙校张汉思、陈洪进劫迁从效于东亭。从效卒，绍镃典留务。月余，洪进诬其将召越人以叛，执送江南。推汉思为留后，自为副使。汉思年老醇谨，不能治军务，事皆决于洪进。汉思诸子，并为衙将，颇不平。乾德元年（963）四月，洪进胁夺汉思印，迁诸别墅。遣使请命于李煜。煜以洪进为清源军节度。洪进遣衙将间道奉表。二年六月，制改清源军为平海军，授洪进节度使。以其子文显为节度副使，文颢为漳州刺史。江南平，吴越王来朝，洪进不自安，遣文颢入贡。太祖因下诏召之。至南剑州，闻太祖崩，乃归镇。太宗太平兴国三年（978）四月，洪进来朝。献所管漳、泉二州。诏以为武宁节度使，留京师奉朝请。文显为通州团练使，仍知泉州。第三子文颋为滁州刺史，仍知漳州。至四年三月，乃诏泉州发兵，护送洪进亲属至阙焉。从效出自寒微，知人疾苦，在郡，专以勤俭养民为务，民甚爱之。洪进多敛于民。第民赀，百万以上者，令差人钱补协律、奉礼郎，而蠲其丁役。子弟亲戚，交通贿赂。民甚苦之。

吴越钱俶，即弘俶，避宋太祖父偏讳，去弘字。开宝九年（976），及其子镇海、镇东节度使惟濬来朝。太祖留惟濬，遣俶归国。太平兴国三年（978）三月，俶又入朝。四月，陈洪进纳士，俶亦上表，献其所管十三州、一军。宋以范旻知杭州，发其缌麻以上亲及所管官吏悉赴阙。

宋平诸国，皆如摧枯拉朽，独河东久而后下。刘旻之败于高平也，其年十一月卒。《旧五代史·周世宗纪》及《僭伪列传》皆误后一年。《辽史》在应历五年（955），同误。子承钧立。更名钧。建隆元年（960），钧始用郭无为。无为者，棣州人。少博学，有辞辩。为道士，隐武当山。在今湖北均县南。周太祖讨李守贞，无为诣军门上谒，太祖不纳，乃去隐太原抱腹山，钧枢密使段恒从《通鉴》。《新五代史》作段常，乃避宋真宗讳改字。荐之。钧使为谏议大夫，参议中书事。钧又用五台山僧继颙为鸿胪卿。继颙者，刘守光之子。守光之死，以孽子得不杀。削发为浮图。为人多智，善商财利。自旻世颇已赖之。四方供施，继颙多积蓄以佐国用。五台当契丹界上，继颙常得其马以献。号添都马，岁率数百匹。又于柏谷置银冶，在今山西长治县北。募民凿山取矿，刘氏赖以足用。此二人，盖甚有裨于北汉者也。乾德元年（963）七月，宿卫殿直行首王隐等谋叛，辞连段恒，出恒为汾州刺史，寻缢杀之。以赵弘为枢密使。宏降宋后，以犯太祖父讳，赐名文度。郭无为为左仆射，兼中书侍郎、平章事。旋又出弘汾州，以无为为枢密使。自此军国之务，皆听于无为矣。是岁八月，宋王全斌取乐平，建为平晋军。开宝元年（968）七月，钧卒。无子。初旻以女妻晋护圣营卒薛钊。汉祖典禁兵，释钊籍，馆门下。汉祖后领方镇，爵位通显，钊罕得见其妻，快快。一日，乘醉求见，即引佩刀刺妻，妻奋衣得脱，钊乃自刭。钊子继恩，时尚幼，汉祖令钧养为子。女再妻何氏，生子继元。何死，钧亦养为子。钧立，继恩为太原尹。钧疾，继恩监国。出侍卫亲军使蔚进守代州，钧养子继忠守忻州。继忠观望，出怨语，缢杀之。钧卒，继恩立。服衰裳，视事寝处，皆居勤政阁。八月，供奉官侯霸荣入，反扃其门，弑之。郭无为遣兵以梯登屋入。杀霸荣并其党。而立继元。霸荣者，邢州人。多力善射，走及奔马。尝为盗并、汾间。钧用为散指挥使，戍乐平。降于王全斌，补内殿直。未几，复奔北汉，为供奉官。其弑继恩也，或谓其谋持其首以献宋祖，其说盖确？而并人谓钧病，与无为语及后事，谓继恩不才，无为亦言其然，继恩欲诛无为，无为授意霸荣弑之，又杀霸荣以灭口，盖不快于无为者造作之辞也。宋使潞州节度使李继勋伐北汉。明年二月，宋祖又亲征。三月，至太原。雍汾、晋二水，以灌其城。先使彰德节度使韩重赟贺守镇、定，又以棣州防御使何继筠为石岭关部署以防辽。石岭关见第十章第五节。时辽穆宗见弑，景宗立。二月。四月，辽兵两道入，重赟、继筠皆败之。然围太原至闰五月，仍不能克。暑雨，士卒多患腹疾，辽北院大王屋质又自间道入，驻太原西，乃议班师。绛人薛光化言：伐木先去枝叶。今河东外有契丹之助，内有人户赋输，恐岁月间未能下。宜于太原北及河北界，各建城寨，扼契丹援兵，而起其部内人户，于西京、襄、邓、唐、汝州给闲田，使自耕种，绝其供馈。如此，不数年间，自可平定。帝嘉纳之。徙太原民万余家于山东、河南，分命使者十七人，发禁军护送之。因屯于镇、潞等州，此可见太原之能用其众矣。周世宗之入汉境，汉人至愿输军资，以求戡定，而是时，乃为其主效死如此，可见刘钧、郭无为之绥抚有方，抑继颙之筹款，取之布施，市易及银冶，凡民之赋税，盖以此而获宽？此又见桑弘羊行均输，民不益赋而国用饶，实为理财之上策也。然使周军当日，不凌虐汉民，太原或数年可下，此则为渊驱鱼，为丛驱爵，数世之患，非纵敌为之，而虐民者自树之矣。孟子所以谓不嗜杀人，然后能一天下欤？自宋徙太原之民，则北汉益形寡弱，终至不支，此所谓小敌之坚，大敌之禽也，然其亡非其罪矣。是月也，继元杀无为于围城之中。史谓无为有出降之心，此乃诬辞。《宋史·世家》云：继元立，太祖遣李继勋等讨之，仍诏许继元以青州节度，无为邢州节度。无为得诏色动。一日，继元燕群臣。契丹使亦在，无为恸哭于庭，曰："今日以空城抗大军，计将安出？"引佩刀欲自刺。继元遽降阶，持其手，引升坐，无为盖欲以动众心也？及太祖亲征，长围既合，无为请自将兵夜出击围，欲自拔来归，直天阴晦而止。阉人卫德贵告其事。会太祖壅汾水浸城，城中人情大惧，继元乃杀无为以徇。此说之诬，显而易见，不待辩也。无为果有哭庭之举，或欲以固众心而致辽援欤？求出击围，安知其意图自拔？亦岂易于自拔？抑可谓忠勇矣。继元之立，尝尽杀旻诸子，又杀钧妻郭氏，其杀无为，盖仍为争位也。然无为死而城中即能出兵，图焚攻具，其夜，又为诈降，欲袭宋师，则可见其守御之志甚坚，亦非专恃无为。然无为之死，要为北汉自坏其长城也。初钧之立，所以事辽者多略，不如旧时。辽主遣使责之。钧恐惧，遣从子继文往谢。辽执之。有谏辽主者。又明年，辽乃索北汉使者十六人，尽遣之。仍命继文为保义节度使，李弼为枢密使，俾辅继元。继元出继文代州，弼宪州。见第十二章第三节。辽主又下诏责之。继元皇恐谢过。然卒不召继文还。而以奄人卫德贵为大内都点检，嬖人范超为侍卫亲军都虞候，分掌机务。据毕氏《续通鉴》。欧《史·世家》：杀钧妻者即超。《宋史·世家》：太宗围太原时，继元宣徽使范超来降。攻城者以超为出战，擒而戮之。继元遂斩超妻子，投其首城外。开宝九年（976）八月，太祖又使党进等五道伐之。十月，太祖崩。十二月，太宗乃诏罢兵。太平兴国四年（979）正月，太宗命诸将大举。以郭进为太原、石岭关都部署，以绝辽援。车驾并先出镇州，以事牵制。四月，乃至太原。辽相耶律沙来援，大为郭进所破。辽人不能再举。五月，继元乃降。封为彭城公。淳化二年（991）卒。太原之下，太宗遂攻幽州，大败。固由辽兵之强，然亦宋兵先为北汉所敝，有以致之也。

第十五章　唐中叶后四裔情形

第一节　东北诸国

　　唐自天宝以后，内乱纷纭，已无暇复及域外之事。然其余威振于殊俗者既久，故四方诸国，来朝贡者尚多，而其文教之渐被于东方者为尤广焉。

　　句丽、百济亡后，半岛三国，已仅余一新罗。新罗自法敏而后，国势日盛。传三世至兴光。开元末，唐始明与以泗水以南之地。《册府元龟》有开元二十四年（736），《新罗王谢泗江以南敕令新罗安置表》，新、旧《唐书》俱失载。兴光亦助中国，败渤海海上之师。盖其极盛之时也。又三传至乾运，为其相金良相所弑，国运始衰。乾运之死，事在建中四年（783）。《新书》本传但云乾运死无子，国人共立宰相金良相，据彼国史籍，则乾运实为良相所弑也。《传》又云：会昌后朝贡不复至，盖以其国衰乱之故？唐末。王族弓裔，起于铁原。今江原道铁原府。后为其将王建所替。又有甄萱者，起于完山，今全罗道全州。亦为建所并。新罗遂降于建。建奠都松岳，今京畿道开城府，号其国曰高丽。《旧五代史·高丽传》曰：唐高宗分其地为郡县。及唐之末年，中原多事，其国遂自立君长。前王姓高氏。盖唐于泗水以北之地，至末年始明弃之也。《新五代史》本传云：当唐之末，其王姓高氏。同光元年（923），遣使广评侍郎韩申一、副使春部少卿朴岩来，而其国王姓名，史失不纪。至长兴三年（932），权知国事王建遣使者来，明宗乃拜建玄菟州都督。充大义军使，封高丽国王。《通鉴》梁贞明五年（919）七月云：初唐灭高丽。天祐初，高丽石窟寺眇僧躬乂聚众据开州，称王，号大封国。至是，遣佐良尉金立奇入贡于吴。据《考异》，说出《十国纪年》。龙德二年（922）云：大封王躬乂性残忍，海军统帅王建杀之自立，复称高丽王。以开州为东京，即开城。平壤为西京。建俭约，国人安之。躬乂即弓裔，据彼国史籍，弓裔初尝为僧也。观复称高丽王之语，似弓裔亦尝以高丽自号，故史讹为高氏欤？天福元年（936）云：高丽王建用兵击破新罗、百济，甄萱以百济自号，彼国史家，称为后百济。东夷诸国皆附之，有二京、六府、九节度、百二十郡，则全有半岛之地矣。《新史》言建及其子武，武子昭三世，终五代常来朝贡。其立也，必请命中国，中国亦常优答之。周世宗时，遣尚书水部员外郎韩彦卿以帛数千匹市铜于高丽以铸钱，昭遣使者贡黄铜五万斤云。

新罗、高丽之人，入中国者甚多。新罗：开元十六年（728），曾遣子弟入太学学经术。至开成五年（840），鸿胪寺籍其告哀使者、质子及学生岁满者还国，凡百有五人云。兼据新、旧《书》本传。《新书·百官志》：崇玄署，新罗、日本僧入朝，学九年不还者，编诸籍，此其以朝命来者也。其人民自来者：郑保皋言遍中国以新罗人为奴婢，自海路来；《新书·地理志》：奚州中有归德州、归义郡，总章中以新罗户置，侨治良乡之广阳城，则自陆路来者也。《旧书·李巨传》：巨母为扶余氏，可见其人之入中国者，皆婚姻相通。又《浑瑊传》：吐蕃劫盟时，有大将军扶余准陷于贼。《新书·韦贯之传》：金忠义，新罗人，以工巧幸，擢少府监。《经籍志》：别集类有崔致远《四六》一卷，《桂苑笔耕》二十卷，高丽人，宾贡及第，高骈淮南从事。则其入仕籍者，亦不少矣。

日本与中国，虽有一海之隔，然其来者亦甚多。《新书》本传云：长安元年（701），其王文武立，遣朝臣真人粟田贡方物。朝臣真人者，犹唐尚书也。真人好学，能属文，进止有容。武后宴之麟德殿，授司膳卿，还之。开元初，粟田复朝。请从诸儒受经。诏四门助教赵玄默即鸿胪寺为师。悉赏物贸书以归。其副朝臣仲满慕华不肯去，易姓名曰朝衡。彼国史之阿部仲麻吕。历左补阙、仪王友，多所该识，久乃还。天宝中，复入朝。上元中，擢左散骑常侍、安南都护。贞元末，其王曰桓武，遣使者朝。其学子橘免势、浮屠空海愿留肄业，历二十余年，使者高阶真人来，请免势等俱还。又《文艺·萧颖士传》：倭国使入朝，自陈国人愿得萧夫子为师云。《旧书》以为新罗使者语。国史所传如此。彼国史家所记，自远较此为详。据所记，在唐世，彼国发所谓遣唐使者凡十有八，苞送唐使四，迎唐使一。始于贞观四年（630），而终于乾宁元年（894）云。然彼国史家，亦有讳而不书者。《旧唐书·顺宗纪》：贞元二十一年二月，日本国王并妻还蕃，则其王尝一来朝，且与其妻偕来，而彼国史家，必云建国以来，未尝臣事中国，通使实始于隋，前此入贡受封者，皆其地方之酋长也，然则顺宗初还蕃者，亦得云地方酋长乎？四夷之朝贡于中国者多矣，在中国岂必得一日本为荣。国之盛衰有时，其兴起亦有迟早。日本尝朝贡受封于中国，又岂足为辱？乃必断断讳言之，适见其量之褊也。参见《秦汉史》第九章第七节,《两晋南北朝史》第十六章第一节。

中国文化,既东行而被朝鲜,亭毒既深,则又折西北行,以启发其地之民族。首被其泽者,实为渤海。其遗泽下启金源,余波且及于蒙古,伏流又发为满洲。其波澜,亦可谓壮阔矣。渤海钦茂徙上京,已见第五章第五节。宝应元年(762),诏以渤海为国,钦茂王之。祚荣仅为郡王,至此乃进为国王。此后或先封郡王,进为国王。大历中二十五来。贞元时,东南徙东京。见下。死,私谥文王。子宏临早死,族弟元义立。一岁,猜虐,国人杀之。推宏临子华玙为王。复还上京。改年中兴。死,谥曰成王。钦茂少子嵩璘立。改年正历。建中、贞元间凡四来。死,谥康王。嵩璘受册,在贞元十一年(795),见《旧书·本纪》。子元瑜立,改年永德。死,谥定王。弟言义立,改年朱雀。死,谥僖王。言义受册,在元和八年(813)。弟明忠立。改年太始。立一岁死,谥简王。从父仁秀立,改年建兴。其四世祖野勃,祚荣弟也。仁秀讨伐海北诸部,开大境宇。元和中凡十六朝献,长庆四,宝历再。太和四年(830)死,谥宣王。仁秀受册,在元和十三年(818)。子彰德早死,孙彝震立。改年咸和。终文宗世,来朝十二,会昌凡四。彝震受册,在太和五年。死,弟虔晃立。受册在大中十二年(858)。死,玄锡立。咸通时三朝献。《新书》记渤海世系止此。下文云:初其王数遣诸生诣京师太学,习识古今制度,遂为海东盛国。至是之是字,所指何时,殊不明白。下文又云:地有五京、十五府、六十二州,似是道其盛时疆域,则谓为海东盛国者,其时当在仁秀以后。华玙年号曰中兴,则钦茂时似曾中衰,其徙上京,或有不得已之故,然华玙以后五世,亦未闻其有所作为,则其时或仅克定祸乱,而中兴之效,则至仁秀而后见也。五京者:上京龙泉府,临忽汗海,即忽汗州,已见第五章第五节。中京显德府,治显州。西京鸭渌府,治神州,已见第四章第四节。东京龙原府,《新书》云:东南濒海,日本道也。日本津田左右吉《渤海史考》云:在珲春。南京南海府,《新书》云:新罗道也。津田左右吉云:在咸镜北道之镜城。《渤海史考》,陈清泉译,商务印书馆本。《新书》又云:定理府为挹娄故地,东平府为拂涅故地,铁利府为铁利故地,怀远府为越喜故地。挹娄疑即虞娄,挹娄为旧名,虞娄或正其异译也。与拂涅、铁利、越喜,皆靺鞨部名,亦见第五章第五节。又有郑颉府,不言为何部故地,然郑颉二字,其似靺鞨异译。又有率宾府,曰率宾故地,率宾之名,不见唐世,然即金世之恤品,盖亦靺鞨部族也。拂涅,盖即金史之蒲聂,皆部落之名,久而未变者。东北部族,靺鞨为大。观此,知仁秀时悉已臣服之矣。称为盛国,不亦宜乎?

《旧书》叙渤海建国事讫,乃云:《风俗与高丽及契丹同,颇有文字及书记。》此盖述其初建国时事,其文字当受诸句丽?其后数遣诸生,来入太学,则迳受诸中国矣。《旧书》本传：大和七年（833），彝震遣同中书省平章事高宝英来谢册命，仍遣学生三人随宝英，请赴上都学问；先遣学生三人，事业稍成，请归本国，许之。其所遣学生，似是每次三人，远不如新罗、日本之多，然亦久而未替。且其人或尚有私来者也。其官制，《新书》述之颇详，云：大抵宪象中国。《旧书·本纪》：大和六年，内养王宗禹渤海使回，云渤海置左右神策军，左右三军，一百二十司，则不惟官制，兵制亦宪象中国矣。渤海史迹，朝鲜、日本，均有留遗，其文物诚可云甚盛。然地虽广而人不多。门艺言高丽盛时，强兵三十余万，今我众比高丽三之一，见第五章第五节。论者或疑为献媚中国之辞。然《新五代史·渤海传》，谓祚荣并比羽之众，其众四十万。历来外夷胜兵之数，大抵当口数五之一，后汉世之匈奴即如此。外夷政简，其户口之数，必较中国为翔实也。则渤海胜兵，不过八万。地处苦寒，户口虽或增加，不能甚速。云当句丽盛时三之一，已是侈言之矣。鞨鞨后来，虽多臣服，度亦不过如辽之属国，盛时来通朝贡，可借兵粮，一败即瓦解矣。即辽之部族，亦系如此，不独属国也。此其所以不祀忽诸也。

渤海至五代时，仍数通朝贡，其王之名为谭譔。见于欧《史·本纪》者：开平元年（907）五月、二年正月、三年三月、乾化元年（911）八月、二年三月、同光元年（924）正月、二年五月、三年二月、天成元年（926）四月、七月、长兴三年（932）正月、清泰二年（935）九月，皆记其遣使者来。其中开平三年、同光二年、三年、天成元年四月之使，皆明言其为谭譔所遣。后唐明宗天成元年，契丹太祖天显元年（926）。为契丹太祖所灭。然契丹所得者，不过其都城及其扶余府之地而已。《新书》本传：扶余故地为扶余府，常屯重兵以捍契丹，其地即辽之黄龙府，今之农安县也。契丹太祖之攻渤海，以天赞四年（925）闰十二月丁巳围扶余府，明年，即天显元年正月庚申，拔之。丙寅夜围忽汗城，己巳，谭譔遂出降，盖如迅雷之不及掩耳。余地盖本无多兵，故皆传檄而下，复叛者亦即平定。然契丹所能控扼者，亦不过忽汗城而已。以人皇王倍主之，倍旋奔唐，契丹此后恃为重镇者，亦不过黄龙而已。其偏远之地，多不服契丹，仍有通使译者，故《新史》本传言其至显德末常来朝贡也。其后事于《宋辽金元史》详之。

《通鉴》：开运二年（945），初高丽王建用兵吞灭邻国，颇强大。因胡僧袜啰言于高祖曰："渤海，我婚姻也，其王为契丹所虏，请与朝廷共击取之。"高祖不报。及帝与契丹为仇，袜啰复言之。帝欲使高丽扰契丹东边，以分其兵势。会建卒，子武自称权知国事，上表告丧。十一月，以武为大义军使高丽王，遣通事舍人郭仁遇使其国喻旨，使击契丹。仁遇至其国，见其兵极弱。向者袜啰之言，特建为夸诞耳，实不敢与契丹为敌。仁遇还，武更以他故为解。案，自高丽攻契丹大远，必中国先能大举，高丽乃可攻其东偏，今反欲使其先举兵，实无此理。王建盖不意中国之势，如此其弱，初非有意为夸诞也。然高丽之恶契丹而昵渤海，则于此可见矣。此文化为之也。

《新唐书·渤海传》，谓幽州节度府，与相聘问，《新五代史·吴越世家》，谓钱镠遣使册新罗，渤海王，海中诸国，皆封拜其君长；《旧史·世袭列传》亦有此语。则渤海使译所通，初不以天朝为限。《新书·李正己传》，言其市渤海名马岁不绝，则其亟来，亦或为市易之利也。李怀光，渤海靺鞨人。本姓茹。其先徙于幽州。父常，为朔方部将。以战多，赐姓，更名嘉庆。参用新、旧《书》。则其人亦有入仕中国者矣。

第二节　南方诸国

唐中叶后，中原虽云扰攘，南方则尚称安靖，惟五溪稍有波荡耳。开元十二年（724），五溪首领覃行璋反，遣杨思勖讨平之。德宗时，溪州向子琪又反，黔州刺史郗士美讨平之。元和六年（811），辰、溆州首领张伯靖反。辰州见第二章第七节。溆州见第十四章第三节。八年，合黔中、荆南、东川、湖南四道之兵致讨，伯靖乃降。雷满起，澧阳人向瓌杀刺史吕自牧，据澧州，澧阳县，澧州治，见第六章第三节。而宋邺亦据辰州，昌师益据溆州，皆剽掠湖外。《新五代史·雷满传》。后皆附于马殷。楚世家。天福四年（939），溪州刺史彭士愁，据《旧史·本纪》。《新史·楚世家》作士然。以锦、奖兵与蛮部万人掠辰、澧二境。锦州，在今湖南麻阳县西。奖州，在今湖南芷江县西。希范遣衙兵拒却之。五年，又遣衙将刘勍等以步卒五千击之。士愁大败。遣子师暠率诸蛮酋降于勍。希范立铜柱于溪州，铸誓状于其上。据《旧史·晋纪》。《新史·楚世家》云：命学士李皋铭之。然时蛮众实渐强，故其后希萼复用之以攻希广，而边镐亦潜遣人说诱武陵溪洞，欲与合势以攻刘言焉。《旧史·刘言传》。武陵见第五章第六节。先是天成元年（926），云南、巂州、两林、勿邓皆朝贡于唐。二年，昆明九部落，又使随牂牁、清州八郡刺史使者来。见新、旧《史·本纪》及《新史·四夷附录》。清州，唐羁縻州，未详今地。及希范降溪州，南宁州酋长率其本部十八州，都云酋长率昆明等十二部，都云，未详。牂牁酋长率其七州，皆附于希范。《新史·楚世家》。南诏盛时，曾慑服今云南全境，兵锋且及交州，及其既衰，则惟黎、邛西之三王蛮，尚为所诱怵而已。

三王蛮，《新书·南蛮传》云：盖莋都夷、白马氏之遗种？杨、刘、郝三姓，世袭封王，谓之三王部落。叠甓而居，号鉧舍。岁廪节度府帛三千匹，以诇南诏，南诏亦密赂之，觇成都虚实。《通鉴注》曰：至宋又有赵、王二族，并刘、郝、杨谓之五部落。居黎州之西，去州百余里，限以飞越岭。其居叠石为鉧，积糇粮，器甲于上。族无君长，惟老宿之听，往来汉地，悉能华言，故比诸羌尤桀黠。案，飞越岭，在今西康汉源县西北，为自汉源至康定必经之道。《通鉴》：乾化元年（911）十一月，南诏寇黎州。蜀主遣夔王宗范、兼中书令宗播、嘉王宗寿为三招讨，击败之。将作浮梁济大渡河，蜀主召之令还。贞明元年（915）正月，初黎、雅蛮酋刘昌嗣、郝玄鉴、杨师泰，虽内属于唐，受爵赏，号鉧金堡三王，而潜通南诏，为之诇导。镇蜀者多文臣，虽知其情，不敢诘。至是，蜀主数以漏泄军谋，斩于成都市。毁鉧金堡。自是南诏不复犯边。案，是时南诏已衰，未必有意于侵寇，如有意于侵寇，斩三蛮酋，未必遂能止之，其寇黎州，疑转系为三王蛮所诱致，故王建不欲深入南诏，而必斩三蛮酋也。唐既灭蜀，颇欲招致南诏，然不能遂，顾自托于南汉。《旧五代史·唐庄宗纪》：同光三年（925）十二月，魏王继岌奏遣秦州副使徐蔼赍书招谕南诏蛮。《新史·郭崇韬传》云：已破蜀，因遣使者，以唐威德，风谕南诏诸蛮，欲因以绥来之，则所欲招致者，尚不止南诏一国。《四夷附录》云：继岌及崇韬等破蜀，得王衍时所俘南诏蛮数十人，又得徐蔼，自言尝使南诏，乃矫诏还其所俘，遣蔼等持金帛招抚南诏，谕以威德。南诏不纳。《南汉世家》云：乾亨七年（923），云南骠信郑旻遣使致朱鬃白马以求婚。使者自称皇亲母弟云云。郑昭淳好学有文辞，旻与游燕赋诗，旻及群臣，皆不能逮，遂以隐女增城县主妻旻。《世家》：贞明三年（917），旻即皇帝位，改元曰乾亨，则乾亨七年，当梁龙德三年（923），即唐之同光元年，然《通鉴》此事，亦系同光三年。云：长和骠信郑旻，遣其布燮郑昭淳求婚于汉。汉主以女增城公主妻之。长和，即唐之南诏也。《注》云：唐末，南诏改曰大礼，至是又改曰长和。《五代会要》曰：郭崇韬平蜀，得王衍所得蛮俘数十，以天子命，使人入其部。被止于界上。惟国信、蛮俘得往。续有转牒，称督爽大长和国宰相布燮等上大唐皇帝舅奏疏一封，差人转送黎州。有采笺一轴，转韵诗一章，章三韵，共十联，有类击筑词。颇有本朝姻亲之意，语亦不逊。其言较欧《史》为详，疑欧《史》年代误，欧《史》云增城公主隐女，《鉴》云旻女，亦当以《鉴》为正也。辞语不逊，盖仍有唐末欲求抗礼之意。其闳朱邪之使而自昵于南汉，亦由朱邪氏欲以天朝自居，而南汉与为敌体耳。

安南当唐末，曲承裕为静海节度使，始擅有其地。天祐三年（906），加承裕同平章事。《通鉴》。同光三年（925），裕卒，以其子权知留后颢为节度使。亦据《通鉴》。《注》云：裕即承裕。《考异》云：诸书不见颢于裕何亲。案，薛《史》：六月丙辰，裕卒，七月丙申，以静海行营司马权知留后曲颢起复为安南都护，充节度使。既云起复，知其子也。《注》云：行营，当作行军。乾化元年（911）十二月，以静海留后曲美为节度使。亦据《通鉴》。《旧史·本纪》：命大理卿王鄩使于安南，左散骑常侍吴蔼使于朗州，皆以旌节、官诰锡之也。安南两使留后曲美进筒中蕉五百匹云云。长兴元年（930），刘龑遣将李守鄘、梁克贞攻交州，擒曲承美。《新史·世家》。又云：承美，颢子也。《通鉴》是年亦作承美。以其将李进守交州。《通鉴》。爱州将杨廷艺，爱州见第二章第七节。养假子三千人，图复交州。李进受其赂，不以闻。二年，廷艺举兵围交州。汉主遣承旨程宝救之。未至，城陷。进逃归。汉主杀之。宝围交州。廷艺出战，宝败死。《通鉴》。《新史·世家》略同。天福二年（937），交州将皎公羡杀廷艺而代之。《通鉴》。《新史·世家》云衙将。三年，廷艺故将吴权，自爱州举兵攻公羡。公羡使以赂求救于汉。汉主欲乘其乱而取之，以其子万王弘操为静海节度使，徙封交王，将兵救公羡。汉主自将屯于海门。见第十章第二节。命弘操率战舰自白藤江趣交州。《通鉴》注：白藤江，当在峰州界，自此进至花步抵峰州。案，峰州见第十章第二节。权已杀公羡据交州，引兵逆战。先于海上多植大杙，锐其首，冒之以铁。遣轻舟乘潮挑战而伪遁。须臾潮落，汉舰皆碍铁杙不得返。汉兵大败，士卒覆溺者大半，弘操死。汉主恸哭，收余众而还。《通鉴》。《新史·世家》略同。欧《史·南汉世家》云：刘晟乾和十二年（954），交州吴昌濬遣使称臣求节钺。昌濬者，权子也。权自龑时据交州，龑遣洪操攻之，洪操战死，遂弃不复攻。权死，子昌岌立。昌岌卒，弟昌濬立。始称臣于晟。晟遣给事中王玙以旌节招之。玙至白州，未详。昌濬使人止玙曰："海贼为乱，道路不通。"玙不果行。晟乾和十二年，周之显德元年（954）也。《通鉴》是岁正月云：初静海节度使吴权卒，子昌岌立。昌岌卒，弟昌文立。是月，始请命于南汉。南汉以昌文为静海节度使，兼安南都护。欧《史·南汉世家》又云：铢大宝八年（965），交州吴昌文卒。其佐吕处坪与峰州刺史乔知祐争立，交趾大乱。骦州丁琏，举兵击破之。骦州见第二章第二节。铢授琏交州节度。则昌岌之后，别无昌濬其人。不知昌文初名昌濬欤？抑别有一昌濬，与昌文争位而败也？《宋史·交阯传》云：梁贞明中，土豪曲承美专有其地。送款于末帝，因授承美节钺。时刘隐擅命岭表，遣将李知顺伐承美，执之。乃并有其地。后有杨廷艺、绍洪，皆受广南署，继为交阯节度使。绍洪卒，州将吴昌岌，遂居其位。昌岌死，其弟昌文袭。乾德初，昌文死，其参谋吴处坪，峰州刺史矫知护，武宁州刺史杨晖，衙将杜景硕等争立，管内一十二州大乱，部民啸聚起事，攻交州。先是杨廷艺以衙将丁公著摄骦州刺史，兼御蕃都督，部领即其子也。公著死，部领继之。至是，部领与其子琏，率兵击败处坪等。贼盛溃散，境内安堵。交民德之，乃推部领为交州帅，号曰大胜王。署琏为节度。凡三年，逊琏位。以欧《史》《通鉴》校之，语颇舛误，然亦有足补二书处也。李知顺当即李守廊。吴处坪即吕处坪，矫知护即乔知祐，显而易见。杨绍洪盖亦即皎公羡？为杨廷艺养子则曰杨绍洪，皎公羡则其本姓名也。武宁州，未详。要之自曲裕而后，交州即渐成独立之局矣。

占城：欧《史·四夷附录》云：自前世未尝通中国。显德五年（958），其国王因德漫遣使莆诃散来。因德漫，《本纪》作释利因德缦，《旧纪》同，而缦作漫。《新纪》于显德六年，又书占城使莆诃散来。贡猛火油八十四瓶，蔷薇水十五瓶。其表以贝多叶书之，以香木为函。猛火油，以洒物，得水则出火。蔷薇水，云得自西域，以洒衣，虽敝而香不灭。案，占城即古林邑，不得云前世未通中国。《传》又云：其人俗与大食同，盖来者实贾胡也？《南汉世家》：梁克贞既擒曲承美，又攻占城，掠其宝货而归。可见占城是时，与西域通商颇盛。《四夷附录》又云：五代四夷见中国者，远不过于阗、占城。史之所纪，其西北颇详，而东南尤略。盖其远而罕至，且不为中国利害云。占城之南为真腊。据《新唐书》所记，仅开元、天宝时，陆真腊王子来，大历中，其副王及妻来，水真腊，元和中遣使入贡，后遂无闻，所谓远而罕至也。

《新书·宋庆礼传》云：武后时，为岭南采访使。时崖、振五州首领更相掠，民苦于兵。唐时，今琼州岛置崖、振、琼、儋、万安五州，万安州，今万宁县。使者至，辄苦瘴疠莫敢往。庆礼身到其境，谕首领大谊，皆释仇相亲。州土以安。罢戍卒五千。此今琼州岛之情形也。

四裔之遵陆而来者，自天宝以降，虽渐觉德不及远，其航海而来者，则讫五代仍盛。《新书·地理志》载入四夷之路七，而由海者二焉。登州入高丽、渤海道，即自今蓬莱入海，缘辽东半岛东岸至新罗，西北溯鸭绿江，过句丽故都，遵陆行，抵今吉林，以至渤海境者也。广州通海夷道，则自广州西南行，过占城，出麻六甲海峡，入印度洋，抵锡兰，缘印度西岸行，以入波斯湾而至大食之缚达。此路经近世西洋史家，考证明白，冯承钧《中国南洋交通史》备载之。见其书第六章。商务印书馆本。冯氏云：此盖当时波斯、大食海舶往来要道。日本桑原骘藏《蒲寿庚传考证》四云：西历九世纪中叶，阿剌伯地理学家易逢柯达贝氏（Ibnkhordadbeh）所著书，与贾耽所传，方向相反，而大致相同。据冯攸译本，易名《唐宋元时代中西通商史》，商务印书馆印行。欲考南海海舶所经，当以释藏诸传补之。据所考：则出口之地，最多者为广州，次则交州，亦间由今合浦、钦县。航程所止，或为苏门答剌之室利佛逝，或为印度南端之师子洲，或为印度之耽摩立底、耶伽钵亶那、诃利鸡罗。广州、印度间诸海港，则有交州，占波，马来半岛东岸之郎迦戍，爪哇之诃陵，苏门答剌之室利佛逝、末罗瑜，马来半岛西岸之羯荼，翠蓝屿之裸人国云。第七章。此时中国、大食，皆有海舶。大食之舶，较中国小而速，而亦较脆弱。西历十世纪中叶，五代末。马库狄氏（Masudi）由波斯湾之巴士拉，乘大食贾舶至马来半岛之基拉（Killah），言其地为西方贾舶所集，东行者恒至其地易中国舶。又言唐末内战未作时，中国贾舶，常迳至西方，西方贾舶，亦迳来中国云。《蒲寿庚传考证》三十。刘继宣、束世澂《中华民族拓殖南洋史》云：颜斯踪《南洋蠡测》谓新忌利坡新加坡。有唐人墓。张燮《东西洋考》，谓爪哇国人分三种：曰唐人、土人、西蕃贾胡。马库狄于西历九百四十三年晋高祖天福八年（943）。至苏门答腊，见其地有华人甚多，从事耕植，巴邻旁尤为荟萃之枢。第二章。亦商务印书馆本。则不惟估客，即农民亦有移居者矣。海表习呼中国人为唐，盖由于此。宋朱彧《萍州可谈》云：汉威令行于西北，故西北呼中国为汉，唐威令行于东南，故蛮夷呼中国为唐。崇宁间，臣僚上言，边俗指中国为汉、唐，形于文书，乞并改为宋。诏从之。然《明史·真腊传》云：唐人者，诸蕃呼华人之称也，海外诸国皆然，则所能改者，亦止于官文书而已。蒙古时，西域称中国人曰桃花石，说者颇多，桑原骘藏谓实唐家子三字之音译，说颇近理，见所著《蒲寿庚传考证》三十三。印度、南洋，亦有海舶通中国。日本僧元开撰唐戒师鉴真赴日传戒行记，谓广州江中，有婆罗门、波斯、昆仑等舶，不知其数。见费瑯《南海中波斯》，在冯承钧译《西域南海史地考证译丛续编》中，商务印书馆本。婆罗门指印度，昆仑则南洋黑人之称也。其时为西历七百四十二年，唐玄宗之天宝二年（743）也。

第三节　西北诸国

自回鹘败亡，北方遂无强部，斯时处漠南者：最东为奚、契丹，其西为吐浑及达靼，更西为党项，又西，则不能去之吐蕃居焉，而回鹘亦与之杂处。漠北东境，时为室韦，其东接于靺鞨。诸部或本非强大，或则流离转徙之余，故鲜能自振者，更无论抟合诸部，成一大族矣。此契丹所以获乘时兴起也。契丹兴起之事，俟讲《宋辽金元史》时述之，今但粗述晚唐、五代时契丹以外诸部族如下，并及西域。

奚：《五代史·四夷附录》云：当唐之末，居阴凉川，在营府之西数百里。有人马二万骑。观此，则奚部落颇小，故不竞于契丹。分为五部：一曰阿荟，二曰啜米，三曰粤质，四曰奴皆，五曰黑讫支。唐时五部：曰阿会，曰处和，曰奥失，曰度稽，曰元俟折，此啜米疑当作啜禾，粤质疑当作奥质，仍一名之异译也。后徙居琵琶川，在幽州东北数百里。契丹阿保机强盛，室韦、奚、霫，皆服属之。奚人尝为契丹守界上，而苦其暴虐，奚王去诸怨叛，以别部西徙妫州，依北山射猎。常采北山麝香、仁参赂刘守光以自托。其族至数千帐。始分为东西奚。去诸卒，子扫刺立。庄宗破刘守光，赐扫刺姓李，更其名绍威。绍威卒，子搋刺立。同光已后，绍威父子数遣使朝贡。《旧纪》同光元（923）、二、四年，《新纪》三年。初绍威娶契丹女舍利逐不鲁之姊为妻。后逐不鲁叛，亡入西奚，绍威纳之。晋高祖割幽州、雁门已北，绍威与逐不鲁皆已死。耶律德光已立晋，北归，搋刺迎谒马前。德光曰："非尔罪也。负我者，扫刺与逐不鲁耳。"乃发其墓，粉其骨而扬之。后德光灭晋，搋刺尝以兵从。其后不复见于中国。而东奚在琵琶川者，亦为契丹所并，不复能自见云。《旧纪》：天成二年（927），北面副招讨使房知温奏：营州界奚陀罗支内附。《卢文进传》：文进在平州，率奚族劲骑，鸟击兽搏，倏来忽往，燕、赵诸州，荆榛满目。此等观其所处之地，而可知其为东奚。又《吴峦传》：峦守贝州，契丹主率步奚及渤海，四面进攻。《新史·东汉世家》：周太祖崩，刘旻乞兵于契丹，契丹遣杨衮将铁马万骑及奚诸部兵五六万人助之。此等受契丹征发者，当亦东奚。《旧纪》：清泰三年（936），奚首领达刺干遣通事奏：奚王李素姑谋叛入契丹，已处斩讫，达刺干权知本部落事。疑亦东奚部落，降附中国者。若西奚，则是时固未属契丹，亦未必禀命中国也。

吐浑部落，赫连铎为大。后为李克用所破，事已见前。其部落益微，散处蔚州界中。《新史·四夷附录》。《旧史·李存贤传》：天祐五年（908），权知蔚州，以御吐浑。其首领有白承福者，天福五年（940）《通鉴注》引宋白曰：吐谷浑白姓，皆赫连之部落。庄宗时，依中山北石门为栅。庄宗为置宁朔、奉化两府，以承福为都督。赐姓名为李绍鲁。《新史·四夷附录》。《通鉴》开运三年（946）《注》引《五代会要》曰：赫连铎为后唐太祖所逐，乃归幽州李匡俦。其部落散居蔚州界，互为君长，其氏不常。有白承福者，自同光初代为都督，依中山北石门为栅。庄宗赐其额为宁朔、奉化两府，以都督为节度使，仍赐承福姓李，名绍鲁。说与《新史》同。然《旧史·后唐明宗纪》：天成三年（928）二月，以吐浑宁朔、奉化两府都知兵马使李绍鲁为吐浑宁朔府都督，则二府初设之时，承福尚未为都督也。然《庄宗纪》同光二年（924）十一月，又云：吐浑白都督族帐移于代州。疑二府非一族，初设时承福仅督奉化，后乃兼督宁朔也。代州东南，盖接五台县境，故其后承福归中国，取五台路来。终唐时常遣使朝贡，《新史·四夷附录》。其见于《旧史·本纪》者：同光二年二月，与奚王李绍威皆贡驰马。四年正月，又与奚各遣使贡马。《新史·本纪》：同光三年、天成三年、四年、长兴元年（930）、二年皆来。长兴二年之使，明书为熟吐浑。则其余或有生吐浑。然即熟吐浑，亦不必皆出绍鲁也。又《旧纪》：长兴元年，北京奏吐浑千余帐来附，于天池川安置。《新史》但书吐浑来附而已。天池县，在今山西静乐县北。晋割雁北，吐浑为契丹役属，苦其苛暴，因为安重荣所诱，后又为刘知远所卖，承福等五族，皆遭屠戮，其事亦已见前。《新史·附录》云：知远杀承福及其大姓赫连海龙、白可久、白铁匮等。《通鉴》云：诬承福等五族谋叛，以兵围而杀之，合四百口。《注》引《五代会要》云：白可久因牧马率本帐北遁，契丹授以官爵。复遣潜诱承福。承福亦思叛去。事未果，汉祖知之，乃以兵环其部族，擒承福与其族白铁匮、赫连海龙等五家，凡四百有余人伏诛。案，《旧史·晋少帝纪》：开运三年四月，太原奏白可久奔归契丹。八月，刘知远奏诛白承福、白铁匮、赫连海龙等，并夷其族。《周太祖纪》亦云：白可久叛入契丹，帝劝汉祖诛白承福等五族。则欧《史》云可久亦见杀者误也。又《唐末帝纪》：清泰三年（936）二月，吐浑、宁朔两府留后李可久加检校司徒，可久本姓白氏，前朝赐姓，赐姓盖在其为留后时？至石晋乃复姓也。其余众，以其别部王义宗主之。吐浑遂微，不复见。《新史·附录》。《旧史·汉高祖纪》：天福十二年三月，吐浑节度使王义宗加检校太尉。八月，以义宗为沁州刺史，依前吐浑节度使。《周太祖纪》：广顺元年（951）二月，吐浑府留后王全德加检校太保，充宪州刺史。初唐以承福之族为熟吐浑。长兴中，又有生吐浑杜每儿来朝贡。每儿，不知其国地、部族。至汉乾祐二年（949），又有吐浑何戛剌来朝贡，则并不知其生熟云。《新史·附录》。又《本纪》：广顺三年九月，吐浑党富达等来。生熟吐浑之名，《旧史·李嗣本》《安重荣传》皆有之。《新书·藩镇·泽潞传》：刘从谏大将李万江，本退浑部，李抱玉送回纥，道太原，举帐从至潞州，牧津梁寺。此等深入内地者，似必为熟吐浑。然《旧史·周太祖纪》：广顺元年二月，诏移生吐浑族帐于潞州长子县江猪岭，则虽内地，亦未尝无生吐浑矣。盖衰乱之世，外族无复限隔，故虽内地，亦有不系籍，不服赋役者也。长子见第九章第三节。

达靼：《新史·四夷附录》云："靺鞨之遗种，本在奚、契丹之东北，后为契丹所攻，而部族分散，或属契丹，或属渤海，别部散居阴山北，自号达靼。当唐末，以名见中国，有每相温、于越相温。咸通中，从朱邪赤心讨庞勋。其后李国昌、克用父子为赫连铎等所败，皆亡入达靼。后从克用入关破黄巢，由是居云、代之间。《通鉴》广明元年（880）《注》引宋白曰：唐咸通末，有首领每相温、于越相温，部帐于漠南，随草畜牧。李克用为吐浑所困，尝往依焉。达靼善待之。及授雁门节度使，二相温率族帐以从。克用收复长安，追黄巢于河南，皆从战有功，由是俾衔于云、代之间，恣其畜牧。不云曾从朱邪赤心讨庞勋，且国昌即赤心赐名。本系一人，欧《史》恐未审谛也。《旧史·本纪》：清泰二年（935）八月，太原奏达靼部于灵丘安置。灵丘，今灵丘县，即所谓云、代之间，盖使其族类相从也。其俗善骑射。畜多驼马。其君长、部族名字，不可究见。惟其尝通于中国者可见云。同光中，都督折文遍，数自河西来贡驼、马。明宗讨王都于定州，都诱契丹入寇，明宗诏达靼入契丹界，以张军势，遣宿州刺史薛敬忠以所获契丹团牌二百五十及弓箭数百赐云州生界达靼。生界，盖谓生达靼地界。盖唐尝役属之？《旧史·唐庄宗纪》：同光三年（925）六月，云州上言：去年契丹从碛北归帐，达靼因相掩击。其首领于越族帐，自碛北以部族羊马三万来降，已到南界，今差使人来，赴阙奏事。长兴三年，首领颉哥率其族四百余人来附。讫于显德，常来不绝。"达靼使来或来附，见于新、旧《史·本纪》者：有同光三年，天成三年（928）、四年，长兴二年（931）、三年，乾祐三年（950），显德五年（958）。《旧史·李从璋传》：天成元年，为彰国节度使，达靼入寇，一鼓破之，则亦间有侵扰。彰国，应州军名，见第十二章第七节。案。欧公言靺鞨自号达靼，而宋白谓其族语讹，因谓之达靼。洪景庐曰：蕃语以华言译之，皆得其近似耳。天竺语转而为捐笃、身毒，秃发语转而为吐蕃，达靼乃靺鞨也。皆见广明元年《通鉴注》引。则谓达靼仍为靺鞨之转音矣。靺鞨居地，本在松花江以东，其居最西境者，盖逐渐迁徙，益向西南。《文苑英华》卷四百六十八。载李德裕与回鹘书，有存问黑车子、达靼之语。黑车子者，室韦也。《新唐书·地理志》所载入四夷道，自中受降城至回鹘衙，中经达旦旦泊，参见第三章第二节。或亦以其族名。贾耽道里，记自贞元，泊名尚当在其前，其时契丹并未强盛，则谓达靼为契丹所攻而部族分散者，实非审谛之辞，盖其众自移向近塞耳。折文遍已抵河西，可见其蔓延之广。夫决非一朝一夕之故也。宋白曰：贞元、元和之后，奚、契丹渐盛，多为攻劫，部众分散，或投属契丹，或依于渤海，渐流徙于阴山。贞元、元和四字，未必有何确据，不过以至此达靼乃渐见于中国，约略言之耳。《旧史·契丹传》云：光启中，其王钦德，乘中原多故，北边无备，遂蚕食诸部，达靼、奚、室韦之属，咸被驱役，则已在元和之后六十余年矣。相温即辽之详稳。《新史·周本纪》：广顺三年闰月，回鹘使独呈相温来。盖与契丹同受诸回鹘，回鹘固在契丹之西。折氏为党项大族，河西为党项居地，盖达靼亦有与之杂处者矣。皆可见其西迁已久也。

党项：《新史·四夷附录》云：散处鄜延、灵武、河西，东至麟、府之间，麟州见第十二章第二节。府州见第十二章第四节。自同光以后，大姓之强者，各自来朝贡。上文云：其大姓有细封氏、费听氏、折氏、野利氏、拓拔氏为最强。其朝贡见于新、旧《本纪》者：有同光二年（924）、天成二年

（927）、四年，长兴二年（931）。明宗时，诏缘边置场市马，诸夷皆入市中国，而回鹘、党项马最多。明宗招怀远人，马来无弩壮皆售，而所售常过直。往来馆给，道路倍费。每至京师，明宗为御殿见之，劳以酒食，去又厚以赐赉，岁耗百万计。唐大臣皆患之，数以为言。乃诏边吏就场售马给直，止其来朝。亦见《本纪》天成四年。而党项利其所得，来不可止。其在灵、庆之境者，数犯边为盗。自河西回鹘朝贡中国，送其部落，辄邀劫之，执其使者，卖之他族，以易牛马。明宗遣灵武康福、邠州药彦稠等出兵讨之。福等击破阿埋等族，杀数千人，获其牛羊巨万计，及其所劫外国宝玉等，悉以赐军士。由是党项之患稍息。事在长兴二、三年，见《本纪》及《药彦稠传》。《旧纪》：长兴三年七月，灵武奏夏州党项七百骑侵扰当道，出师击破之。至周太祖时，府州党项尼也六泥香王子、拓拔山等皆来朝贡。《本纪》：广顺三年十一月，党项使吴帖磨五等来。广顺三年（936），庆州刺史郭彦钦贪其羊马，侵扰诸部，独野鸡族强不可近，乃诬其族犯边。太祖遣使招慰之。野鸡族苦彦钦，不肯听命。太祖遣邠州折从阮、宁州张建武等讨之。建武击野鸡族，杀数百人。喜玉、折思、杀牛三族各以牛酒犒军。军士利其物，反劫掠之。三族共诱建武。军至包山，未详。度险，三族共击之。军投崖谷，死伤甚众。事亦见《旧史·本纪》。建武作建抚。太祖怒，罪建武等。选良吏为庆州刺史以招抚之。其他诸族，散处缘边界上者甚众，然无国地、君长，故莫得而纪次云。

吐蕃之衰，中国虽乘之恢复河、陇，然蕃族之留处者甚多，王灵不及，遂终成不可收拾之局。欧《史·四夷附录》云：唐之盛时，河西、陇右三十三州，凉州最大。土沃物繁而人富乐。其地宜马。唐置八监，牧马三十万匹。以安西都护羁縻西域三十六国。案，此语不顾史实，唐时西域，无所谓三十六国也。欧《史·附录·吐蕃传》，略本《旧史》，《旧史》此处，但云又置都护以控制之而已。唐之军、镇、监、务，三百余城，常以中国兵更戍，而凉州置使节度之。安禄山之乱，肃宗起灵武，悉召河西兵赴难，而吐蕃乘虚，攻陷河西、陇右。汉人百万，皆陷于虏。文宗时，《旧史》作开成时。尝遣使者至西域，见甘、凉、瓜、沙等州，城邑如故，而陷虏之人，见唐使者，夹道迎呼。涕泣曰："皇帝犹念陷蕃人民不？"其人皆天宝时陷虏者子孙。其语言稍变，而衣服犹不改。至五代时，吐蕃已微弱，回鹘、党项诸羌夷，分侵其地，而不有其人民。直中国衰乱，不能抚有。惟甘、凉、瓜、沙四州，常自通于中国，甘州为回鹘衙，而凉、瓜、沙三州将吏，犹称唐官，数来请命。自梁太祖时，尝以灵武节度使兼领河西节度，而观察甘、肃、威等州。然虽有其名，而凉州自立守将。唐长兴四年（933），凉州留后孙超遣大将拓拔承谦及僧、道士、耆老杨通信等至京师求旌节。明宗问孙超等世家。承谦曰："吐蕃陷凉州，张掖人张义朝募兵击走吐蕃，唐因以义朝为节度使，发郓州兵二千五百戍之。唐亡，天下乱，凉州已东，为突厥、党项所隔，《通鉴》但云为党项所隔。郓兵遂留不得返。今凉州汉人，皆其戍人子孙也。"明宗乃拜孙超节度使。清泰元年（934），留后李文谦来请命。后数年，凉州人逐出文谦。灵武冯晖，遣衙将吴继勋代文谦为留后。是时天福七年（942）。明年，晋高祖遣泾州押衙陈延晖赍诏书安抚凉州，凉州共劫留延晖，立以为刺史。《旧史·晋高祖纪》：天福六年七月，泾州奏西凉府留后李文谦，今年二月四日，闭宅门自焚。道元入西凉府译语官与来人赍三部族蕃书进之。七年二月，泾州奏差押衙陈延晖赍敕书往西凉府。本府都指挥使请以延晖为节度使。《通鉴》：文谦自焚系六年二月，七月盖奏报到时也。陈延晖之安抚，《通鉴》亦云泾州奏遣。又云：州中将吏，请延晖为节度使。至汉隐帝时，凉州人《旧史》作凉州留后。折逋嘉施来请命。汉即以为节度使。嘉施，土豪也。周广顺二年（952），嘉施遣人市马京师，因来请命帅。《旧史》无此五字。是时枢密使王峻用事。峻故人申师厚者，为兖州衙将。与峻相友善。后峻贵，师厚敝衣蓬首，日候峻出，拜马前诉以饥寒。峻未有以发。而嘉施等来请帅。峻即建言：凉州深入夷狄，中国未尝命吏，请募率府率、供奉官能往者。月余，无应募者。乃奏起师厚为左卫将军，已而拜河西节度使。《通鉴》在广顺元年十月，盖师厚元年（951）受命，二年乃至凉州，传因其至追叙之也。师厚至凉州，奏荐押衙副使崔虎心、阳妃谷首领沈念般等及中国流人子孙王廷翰、温崇乐、刘少英为将吏。流人，《旧史》作留人。又自安国镇至凉州，立三州以控扼诸羌，安国镇，在今甘肃平凉县西。用其酋豪为刺史。然凉州夷夏杂处，师厚小人，不能抚有，至世宗时，师厚为其子而逃归。《通鉴》在显德元年（954）。凉州遂绝于中国。独瓜、沙二州，终五代常来云。案，凉州之羁縻弗绝久矣，师厚能奋起图之，不可谓非功名之士。观其所为，亦颇合机宜。以一身孤寄于羌戎之上，而能支柱至于三年，已不易矣。斥为小人，恐不然也。王峻以翼戴之功而为密使，是时官人，岂有纲纪？欲富一故人，何患无策？而必弃之荒远之区邪？《五代史》又云：沙州，梁开平中，有节度使张奉，敦煌遗书《张氏勋德记》：张义潮无子，以弟义谭之子为后，曰淮深。淮深子曰承奉，即此张奉也。自号金山白衣天子。至唐庄宗时，回鹘来朝，沙州留后曹义金亦遣使附回鹘以来。庄宗拜义金为归义军节度使。瓜、沙等州观察、处置等使。《旧纪》在同光二年（924），《通鉴》同。胡三省曰：咸通八年（867），张义潮入朝，以族子惟深守归义，十三年惟深卒，以义金权知留后，至是五十四年，义金盖亦已老矣。《新纪》：同光四年及长兴元年（930），皆书义金遣使来。应顺元年（934），又书沙州、瓜州遣使者来。晋天福五年，义金卒，子元德立。《旧纪》同。至七年，沙州曹元忠、瓜州曹元深皆遣使来。亦见新、旧《纪》。《新纪》云：附于阗使者刘再昇来，而元忠、元深互易。《旧纪》：少帝开运三年（946），以瓜州刺史曹元忠为沙州留后，则《新纪》是也。周世宗时，又以元忠为归义节度使，元恭为瓜州团练使。其卒立、世次，史皆失其纪。罗振玉《瓜沙曹氏年表》：义金之后，有元德、元深、元忠、延恭、延禄、宗寿、贤顺。据《宋会要》，沙州至皇祐四年（1052），职贡乃绝，其传授是否绝于此时，犹不可知也，其世泽亦可谓长矣。而吐蕃不见于梁世。《本纪》：乾化元年（911），书回鹘、吐蕃遣使者来，则此语误。唐天成三年（928），回鹘王仁喻来朝，仁喻，《旧史》作仁裕。吐蕃亦遣使附以来。《本纪》：天成二年，回鹘西界吐蕃遣使者来，尚在此使之前。《附录》载高居诲适于阗行记，出玉门关经吐蕃界，盖当时回鹘西界抵玉门也？《旧书·本纪》：天成三年正月，吐蕃使野利延孙等六人，回鹘米里都督等四人并授归德、怀远将军，悉放还。九月，吐蕃、回鹘各遣使贡献。十一月，吐蕃遣使朝贡。自此数至中国。长兴元、二、三年，乾祐元年（948）使来。天福四年，罢延族来附，见新、旧《史·本纪》。明宗尝御端明殿见其使者，问其衙帐所居，曰：西去泾州二千里。《旧史》作三千里。吐蕃族类，散处陇右者甚多。开运三年，灵州冯晖与威州药元福破吐蕃七千余人于威州土桥西，见《旧史·本纪》。康福拜凉州刺史，牛知柔以兵卫送，袭破吐蕃于青冈峡，见本传。秦州与吐蕃接境，有互市，见《王思同传》。威州见第九章第三节。青冈峡，在今甘肃环县西。至汉隐帝时犹来朝，后遂不复至。史亦失其君世云。

回鹘：《新史·附录》云：为黠戛斯所破，徙天德、振武间，又为石雄、张仲武所破，其余众西徙，役属吐蕃，是时吐蕃已陷河西、陇右，乃以回鹘散处之。此语恐误。《旧史》云吐蕃处之甘州是也。散处乃回鹘之众所自为，吐蕃未必能分析安置之也。当五代之际，有居甘州、西州者，常见中国，而甘州回鹘数至。回鹘之来，见于新、旧《史·本纪》者甚多，惟周广顺二年（951）二月之使，《新史》明书西州回鹘。犹呼中国为舅，中国答以诏书，亦呼为甥。梁乾化元年（911），遣都督周易言等来，而史不见其君长名号。至唐庄宗时，王仁美遣使者来贡玉、马，自称权知可汗。庄宗遣司农卿郑续《旧史》作郑缋。持节册仁美为英义可汗。事在同光二年（924）六月，见新、旧《纪》。是岁，仁美卒，其弟狄银立。《旧纪》：十一月，灵武奏甘州回鹘可汗仁美卒，其弟狄银权主国事。遣都督安千想来。《新纪》同，而阙仁美、狄银卒、立之事。同光四年秋，狄银卒，阿咄欲立。《本纪》：四年正月，已书阿咄欲遣使来，《旧纪》同，惟阿咄欲作阿都欲，则《传》云同光四年秋疑误。天成三年

（928），权知国事王仁裕遣李阿三等来朝。明宗遣使者册仁裕为顺化可汗。晋高祖时，又册为奉化可汗。阿咄欲，不知其为狄银亲疏，亦不知其立卒，而仁裕，讫五代常来朝贡，史亦失其纪。仁裕。《旧纪》：天成三年及《回鹘传》皆作仁裕。李阿三，新、旧《史·本纪》皆作李阿山。天成三年二月，李阿山来，新、旧《纪》同，惟《新纪》日在戊戌，《旧纪》日在己亥，差一日。《旧纪》：三月甲戌，册仁喻为顺化可汗，五月乙巳朔，又书回鹘可汗仁喻封顺化可汗，《新纪》书于五月辛酉。《旧传》云其年三月命使，疑五月朔为行册礼之日，辛酉则其奏报到日也。此后天成四年，长兴元（930）至四年，应顺元年（934），清泰二年（935），天福三（938）至八年，开运三年（946），乾祐元（948）、二年，广顺元（951）至三年，显德元（954）、二、五、六年，皆有使来，新、旧《纪》或独见，或并书。其中长兴元年五月之使，《旧史》明言为仁喻所遣，十二月之使，《新史》明言为仁裕所遣。应顺元年，清泰二年（935），天福三（938）、四年之使，新、旧《史》皆云仁美所遣。《旧史》四年三月辛酉，封仁美为奉化可汗，《新史》作四月辛巳，其月日之差，疑亦因遣使及行册礼而然。天福五年之使，《旧纪》明书为仁美使谢册命，此外皆不见其可汗之名。《通鉴》亦于天福四年三月辛酉，书册仁美为奉化可汗。《注》谓据《会要》当作仁裕。案，《旧史》于应顺元年，明书仁美遣使贡方物，故可汗仁裕进遗留马，则《会要》误，而此所云晋高祖时又册仁裕，仁裕讫五代常来朝贡者亦误也。又有别族号龙家，其俗与回纥小异。长兴四年，回鹘来献白鹘一联，明宗命解绁放之。自明宗时，常以马市中国。其所赍宝玉，皆鬻县官，而民犯禁为市者辄罪之。《旧传》云：《晋、汉已来之法。》周太祖时除其禁，民得与回鹘私市。事亦见《旧史·本纪》。玉价由此倍贱。《旧传》云十损七八。显德中来献玉。世宗曰："玉虽宝而无益。"却之。《纪》在六年三月，《旧传》亦在六年。案，是时回鹘虽多西迁，其遗落仍有留居东土者，如《旧史·唐庄宗纪》：同光二年九月，有司自契丹至者，言女真、回鹘、黄头室韦合势侵契丹是也。可见民族迁移，终有不能尽去者矣。

西域诸国，五代时来者，惟一于阗。晋天福三年（938），其王李圣天遣使者马继荣来贡。晋遣供奉官张匡邺假鸿胪卿，彰武军节度判官高居诲为判官，册圣天为大宝于阗国王。《新史·四裔附录》。《本纪》同。《旧史·本纪》，于九月书于阗国王杨仁美遣使贡方物，十月书于阗国王李圣天册封为大宝于阗国王，岂李圣天为其赐姓名，敬瑭惭，不敢以其姓赐人，而仍用前朝之姓邪？匡邺等自灵州行，二岁至于阗，至七年冬乃还。圣天又遣都督刘再昇献玉千斤，及玉印、降魔杵等。《旧纪》在七年十二月。汉乾祐元年（948），又遣使者王知铎来。亦据《新史·四夷附录》，《本纪》：天福十二年（947）六月，于阗遣使者来。是时中国威灵不振，道途阻塞，而于阗能屡遣使来，其国亦必较强大。高居海颇记其往复所见山川诸国，欧《史》备载之。据所记：瓜州南十里有鸣沙山，又东南十里为三危山，其西，渡都乡河，曰阳关。沙州西曰仲云，其衙帐居胡卢碛云。仲云者，小月支之遗种也？其人勇而好战，瓜、沙之人皆惮之。胡卢碛，汉明帝时征匈奴，屯田于吾卢，盖其地也？地无水而常寒，多雪。每天暖雪消，乃得水。匡邺等西行，入仲云界。至大屯城，仲云遣宰相四人，都督三十七人候晋使者。自仲云界西，始入醶碛。无水。掘地得湿沙，人置之胸以止渴，又西渡陷河。伐楛置冰中，乃渡，不然则陷。又西至绀州。绀州，于阗所置也。在沙州西南，云去京师九千五百里矣。又行二日至安军州，遂至于阗。其国东南曰银州、卢州、湄州。其南千三百里曰玉州，云汉张骞所穷河源出于阗而山多玉者此也。自灵州渡黄河至于阗，往往见吐蕃族帐，而于阗常与吐蕃相攻劫。案，居海等所行，乃汉时并南山行之道，极为艰苦，而于阗能于道上多置州军，且与吐蕃相攻击，可见其国势之强。居海不能道圣天世次，而云：其衣冠如中国。其年号同庆二十九年（940）。俗喜鬼神而好佛。圣天居处，常以紫衣僧五十人列侍。《唐家人传》：有胡僧，自于阗来，庄宗率皇后及诸子迎拜之。僧游五台山，遣中使供顿，所至倾动城邑。

自渤海盛强，靺鞨与中国久绝，至五代之世，乃复频来。欧《史·四夷附录》云：同光二年（924），黑水兀儿遣使者来。其后常来朝贡。自登州泛海出青州。明年，黑水胡独鹿亦遣使来。兀儿、胡独鹿，若其两部酋长，各以使来，而其部族、世次、立卒，史皆失其纪。至长兴三年（932），胡独鹿卒，子桃李花立，尝请命中国，后遂不复见云。同光二、三年之使，新、旧《史·本纪》亦记之，而不言其酋长之名。三年之使，则记其与女真皆至。《旧纪》天成四年（929）八月，又有黑水朝贡使郭济等率属来朝。新、旧《纪》长兴元年二月，皆载兀儿遣使来贡。显德六年（959）正月，《新纪》书女真使阿辨来，《旧纪》则但载其遣使贡献，而不言使者之名。

室韦，欧《史·四夷附录》无传。《旧唐书·刘全谅传》云：父客奴，由征行家于幽州之昌平。今河北昌平县。少有武艺。从平卢军。开元中，有室韦首领段普恪，恃骁勇数苦边。节度使薛楚玉，以客奴有胆气，令抗普恪。客奴单骑袭之，斩首以献。《新书·全谅》附《董晋传》。又《范希朝传》：除振武节度使。振武有党项、室韦，交居川阜，陵犯为盗。日入慝作，谓之刮城门。居人惧骇，鲜有宁日。希朝周知要害，置堡栅，斥候严密，人遂获安。《新书·藩镇卢龙传》：奚数犯边，刘济击走之。穷追千余里，至青都山，未详。斩首二万级。其后又掠檀、蓟北鄙，济率军会室韦破之。《旧五代史·契丹传》言钦德役属室韦，已见前。《庄宗纪》：天祐十五年（918），梁贞明四年（918）。大阅于魏都，有奚、契丹，室韦、吐浑之众。又《张敬珣传》：天成二年，授大同节度使，招抚室韦万余帐。此等皆其南徙近边者。其居故地者，盖与中国无交往，故史官无所纪录。

突厥，欧《史·四夷附录》云：唐末为诸夷所侵，部族微散。五代之际，尝来朝贡。同光三年（925），浑解楼来。天成二年（927），首领张慕晋来。长兴二年（931），首领杜阿熟来。天福六年（941），遣使者薛周海来。凡四至：其后不复来。然突厥于时最微，又来不数，故其君长，史皆失不能纪。《附录》所记，《本纪》亦皆载之。惟同光三年，《纪》于二月书突厥浑解楼、渤海王大諲譔皆遣使来，十月，又书奚、吐浑、突厥皆遣使者来，则是年似有两使；又《纪》言浑解楼遣使，则浑解楼是其酋长之名，《附录》言浑解楼来，则似是其人自至；又张慕晋之来，《纪》在天成三年，为不合耳。《旧纪》：同光三年二月，书突厥、渤海国皆遣使贡方物。十月之使则不书。张慕晋作张慕进，其来亦在天成三年。长兴二年之来，《旧纪》不书，而四年正月，书突厥来附。天福六年，但书突厥遣使朝贡，事在七月，不言使名。《旧史·晋高祖纪》：秦王从荣奏：北面奏报：契丹族移帐近塞，吐浑、突厥，已侵边地。戍兵虽多，未有统帅。宜命大将一人，以安云、朔。高祖缘此，乃得出镇河东。此等皆其零星部族之并塞者。其较远者，则胡峤所云单于突厥、牛蹄突厥也，见下。

沙陀，殆已尽入中国，而高居诲行记，谓甘州南山百余里，汉小月支之故地也，有别族，号鹿角山沙陀，云朱邪氏之遗族也，则其迁徙未尽者。《旧史·氏叔琮传》：晋军攻临汾，叔踪于军中选壮士二人，深目虬须，貌如沙陀者，令就襄陵县今山西襄陵县。牧马于道间。蕃人见之不疑。二人因杂其行间。俄而伺隙，各擒一人而来。晋军大惊。且疑有伏兵，遂退据蒲县。今山西蒲县。则沙陀之状，为深目虫虬须，亦西胡种也。《本纪》：同光二年（925）七月，幸龙门之雷山祭天神，龙门，今山西河津县。从北俗之旧事也。天成二年（927）六月，幸白司马坡祭突厥神，白司马坡见第四章第三节。从北俗之礼也。十一月，祭蕃神于郊外。晋少帝即位，往相州西山扑祭，用北俗之礼也。北俗虽不可征，要必与突厥相近。《新史·伶官传》：敬新磨常奏事殿中，殿中多恶犬，新磨去，一犬起逐之，新磨倚柱而呼曰："陛下毋纵儿女啮人。"庄宗家世夷狄，夷狄之人讳狗，故新磨以此讥之。庄宗大怒，弯弓注矢将射之。突厥自谓狼种，沙陀殆自谓犬种欤？

以上所述，皆北族之近中国者。其距塞远处，是时情状，殊为晦盲。胡峤者，同州郃阳县令。今陕西郃阳县。为萧翰掌书记，随入契丹。在虏中七年，周广顺三年（953）乃亡归。撰所见为《陷虏记》。欧《史·四夷附录》载之。今录所记自契丹以往之情形如下，亦可见是时北荒之大概也。峤所记云：距契丹国东至于海，今辽东湾。有铁甸。其族野居皮帐，而人刚勇。其地少草木。水咸浊，色如血，澄之久而后可饮。又东女真，善射，多牛、鹿、野狗。其人无定居，行以牛负物。遇雨则张革为屋。常作鹿鸣，呼鹿而射之，食其生肉。能酿糜为酒。醉则缚之而睡，醒而后解。不然则杀人。同光、显德中来者，当即此女真。又东南渤海。渤海旧地未属契丹者。又东，辽国。盖辽阳附近之地？亦未属契丹。皆与契丹略同。其南海曲，有鱼盐之利。又南，奚，与契丹略同，而人好杀戮。此东奚也。又南，至于榆关矣。西南至儒州，皆故汉地。西则突厥、回纥。前所述来朝贡之突厥及与女真、室韦侵契丹之回鹘当即此。西北至姬厥律。其人长大，髡头。酋长全其发，盛以紫囊。地苦寒。水出大鱼，契丹仰食。又多黑、白、黄貂鼠皮，北方诸国皆仰足。其人最勇，邻国不敢侵。又其西，辖戛。疑黠戛斯之东徙者。又其北，单于突厥。皆与姬厥律略同。又北黑车子。善作车帐，其人知孝义，地贫无所产。云契丹之先，常役回纥，后背之，走黑车子，始学作车帐。又北，牛蹄突厥，人身牛足，其地尤寒，水曰瓠䗈河，夏秋冰厚二尺，春冬冰彻底，常烧器消冰，乃得饮。东北，至袜劫子，其人髡首，披布为衣，不鞍而骑，大弓长箭，尤善射，遇人辄杀而生食其肉，契丹等国皆畏之。契丹五骑，遇一袜劫子，则皆散走。疑即元世之蔑儿乞。其国三面皆室韦，一曰室韦，二曰黄头室韦，三曰兽室韦。其地多铜、铁、金、银。其人工巧，铜、铁诸器皆精好。善织毛锦。地尤寒，马溺至地成冰堆。又北，狗国，人身狗首，长毛不衣，手搏猛兽，语为犬嗥，其妻皆人，能汉语，生男为狗，女为人，自相婚嫁，穴居食生，而妻女人食。云尝有中国人至其国，其妻怜之使逃归，与其筋十余支，教其每走十余里遗一筋，狗夫追之，见其家物，必衔而归，则不能追矣，其说如此。盖有部落男多蓄狗，以事田猎，而女知种植，故其说如此。又曰：契丹尝选百里马二十匹，遣十人赍干钞北行，穷其所见。其人自黑车子历牛蹄国以北。行一年，经四十三城。居人多以木皮为屋。其语言无译者，不知其国地、山川、部族名号。其地气，遇平地则温和，山林则寒冽。至三十三城，得一人，能铁甸语，其言颇可解。云地名颉利乌于邪堰。云自此以北，龙蛇猛兽，不可往矣。其人乃还。此北荒之极也。此人盖抵今西伯利亚南境。自此以北，则微特此人未至，即告之者亦不知也，皆想象之辞耳。《楚辞·招魂》所言，正是如此。参看《先秦史》第十章第二节。

唐世威棱，可云远憺，然其无以善其后，亦与汉同。燕、云十六州，竟归沦陷者，不必论矣，即关内亦几成戎薮。鄜延自高万兴至允权，实已形同割据。高允权死于周广顺三年（953）。子绍基，匿丧欲自立。朝命六宅使张仁谦往巡检。时折从阮为静难节度使，方讨野鸡族，命其分兵屯延州。又命供奉官张怀贞将禁兵两指挥屯鄜延。绍基乃受代去。自高万兴降梁至此，汴、洛实未能真有鄜延也。府州虽国小而忠，然其为党项所擅，亦与夏州无异也。折从阮既归汉，汉祖升府州为永安军，析振武之胜州并缘河五镇隶焉，以从阮为节度使。乾祐二年（949），从阮举族入朝。以其子德扆为团练使。显德元年（954），复以为节度使。入宋后，折氏仍据府州者甚久。河、陇既亡，控扼惟资灵武。康福、张希崇、冯晖，相继经营，不为不力，灵州之地，唐末为列校韩逊所据，唐因授以节钺。《五代史》本传言其时邠宁、鄜延、凤翔，皆与梁争战，独逊与夏州李思谏，巨属于梁。盖其地处悬远，不独不畏汴、洛，并不畏关内也。刘知俊归凤翔，李茂贞尝使攻之而不克。贞明四年（918），逊卒，子洙袭。天成四年（929）卒。朝以其弟澄为留后。列校李宾作乱，部内不安，乃使上表请帅。朝命康福往代之。福蔚州人，善诸戎语，明宗盖亦非轻使？福居灵武三岁而归，代以张希崇。时戍兵饷道，常苦钞掠，希崇乃开屯田，教士耕种，抚养士卒，招辑夷落。回鹘、瓜、沙，皆遣使入贡。居四岁而代。晋高祖入立，复用之，盖诚相须孔殷也。天福四年（939），希崇卒，代以冯晖。自唐明宗以后，市马、籴粟，招来部族，给赐军士，岁用度支钱六千万。自关以西，转输供给，民不堪役，流亡甚众。氐羌剽掠道路，商旅行必以兵。晖至则推恩信，部族怀惠，止息侵夺。然后广屯田以省转饷。治仓库，亭馆千余区，多出俸钱，民不加赋。诸部族争以羊马为市，期年有马五千匹。开运初，移镇邠州。王令温继之，不能善治。三年，复以晖为之。初党项拓跋彦超，最为大族，晖为起第，留之城中。王令温至，释之。及是，彦超邀晖于路。晖击败之。遂至灵州。广顺三年，晖卒。子继业继之。颇骄恣。时出兵劫略羌、胡，羌、胡不附。又抚士卒少恩。虑变，求代。开宝三年（970），乃移镇去。李宾，《新史·康福传》及《通鉴》均作李从宾，此据《旧史·韩逊传》。终为拓跋氏之资。李思恭以唐乾宁二年（895）卒。弟思谏袭。开平二年（908）卒，子彝昌袭。四年，为衙将高宗益所杀。将吏共诛宗益，立其族仁福。仁福，欧《史》云：不知其于思谏亲疏。《通鉴考异》云：其诸子之名，皆连彝字，则于彝昌必父行也。晋周德威合邠、凤之师攻之，仁福固守逾月，梁救至，德威遁去。长兴四年（933），仁福卒。自仁福时，边将多言其北通契丹，恐为边患，乃以其子彝超为延州，而以延帅安从进为夏州留后。诏邠州药彦稠援送。彝超不受代。攻之。党项四面薄其粮道。关辅之人，运斗粟束藁，动计数千。复为蕃部所杀掠，死者甚众。乃命班师。彝超亦上表谢罪，复以为节度使。清泰二年（935）卒，弟彝兴袭。宋乾德五年（967）卒，子光叡袭。太平兴国三年（978）卒，子继筠袭。四年卒，弟继捧袭。以诸父兄弟，多相怨怼，七年来朝，献其地。其弟继迁叛去，是为西夏之祖。拓拔思恭，欧《史·李仁福传》作思敬。《通鉴》中和元年（881）《考异》曰：欧意谓薛《史》避国讳耳。按，《旧唐书》《实录》皆作思恭。《实录》：天复二年（902）九月，武定军节度使李思敬以城降王建。思敬，本姓拓拔，鄜夏节度使思恭，保大节度使思孝之弟也。思孝致仕，以思敬为保大留后，遂升节度，又徙武定军。《新唐书·党项传》曰：思恭为定难节度使。卒，弟思谏代为节度。思孝为保大节度。以老，荐弟思敬为保大留后，俄为节度。然则思恭、思敬，乃是两人。思敬后附李茂贞，或赐国姓，故更姓李。合为一人，误也。《旧史·世袭列传》云：彝兴，本名彝殷，以犯庙讳，故改之。张鉴春《西夏纪事本末·得姓始末篇》案语云：《册府元龟》三百八十九：长兴四年（933），隰州刺史刘遂凝言于帝曰：臣闻李仁福有二子：彝超乃次子也。长子彝殷为夏州留后，彝超征诏赴阙，则诸蕃归心矣。据此，则又当以彝超继彝殷，未知孰是。末大必折，尾大不掉，信夫！有深虑者所以戒黩武也。

第十六章　隋唐五代社会组织

第一节　婚　　制

隋、唐、五代，婚姻之制，大略与前世同。既无古诸侯一娶九女之制，故前娶后继皆为嫡。《新唐书·儒学传》：郑馀庆庙有二妣，疑于祔祭，请诸有司，韦公肃议：古诸侯一娶九女，故庙无二嫡，自秦以来，有再娶，前娶后继皆嫡也，两祔无嫌，其明文也。职是故，妾遂不得为继室。李齐恽以妾卫氏为正室，身为礼部尚书，冕服以行其礼，人士嗤诮。杜佑言行无所玷缺，惟在淮南时，妻梁氏亡后，升嬖妾李氏为正室，封密国夫人，亲族子弟言之不从，时论非之。王缙妻李氏，初为左丞韦济妻，济卒奔缙，缙嬖之，实妾也，而冒称为妻，自更不为清议之所与矣。

唐制，妇人封爵，孺人、媵、妾，皆无受封之文。庶子有五品以上官，皆封嫡母，无嫡母乃得封所生母。见《旧书·职官志》《新书·百官志》。凡亲王，孺人二人，媵十人。嗣王、郡王及一品，媵十人。二品，媵八人。三品及国公，媵六人。四品，媵四人。五品，媵三人。降此外皆为妾。散官三品以上皆置媵。凡置媵，上其数。《新书·车服志》：五品以上，媵降妻一等，妾降媵一等。六品以下，妾降妻一等。故宣宗封其舅郑光妾为夫人，光还诏不敢拜。刘从谏妾韦，愿为夫人，许之。诏至，其妻裴不与。曰：淄青李师古，四世阻命，不闻侧室封者。《新书·从谏传》。参看第十章第三节。李渤，穆宗立，召拜考功员外郎。岁终考校，渤奏少府监裴通职修举，考应中上，以封母舍嫡而追所生，请考中下。可见其制之严。若安重荣娶二妻，晋高祖并加封爵，则乱世之事，不足道也。杜佑以妾为继室而封国夫人，宜为时论所讥矣。然《刘从谏传》言李师古四世阻命，不闻侧室封者，而《师古传》言其贞元末，与杜佑、李栾，皆得封妾媵以国夫人，说相矛盾。岂唐于淄青，始靳之而终许之邪？要即有之，亦衰世之事，非彝典也。

嫡庶之间，情好亦有敦笃者。《旧五代史·张砺传》：砺有父妾，以其久事先人，颇亦敬奉。诸幼子亦以祖母呼之。及卒，砺疑其事。询于同寮，未有以对。砺即托故，归于滏阳，砺，滏阳人。滏阳县，在今河北磁县境。闲居三年，不行其服。论情制宜，识者韪之。此亦云过厚矣。然嫡庶相处，相得究难。故有如齐澣纳刘戒之女为妾，陵其正室，致为李林甫所恶者。而严武八岁，以其母裴不为其父挺之所答，独厚其妾，乃至奋铁椎以碎妾首，其祸可谓博矣。故时有妾者或藏诸外宅。洛州妇人淳于氏，坐奸系于大理，李义府闻其姿色，属大理丞毕正义求为别宅妇；吴通玄娶宗室女为外妇；皆是物矣。杨恭仁弟子思训，显庆中，历右屯卫将军。时右卫大将军慕容宝节有爱妾，置于别宅，尝邀思训，就之宴乐。思训深责宝节与其妻隔绝。妾等怒，密以毒药置酒，思训饮尽便死。宝节坐是配流岭表。思训妻又诣阙称冤。制遣使就斩之。其祸之博，乃更甚于同处者矣。盖妾而与妻同处，虽于家政，究犹有所顾忌，别居更莫能制御也。

富贵易即于骄淫，此事之无可如何者也。隋、唐内官之制，大抵本于《周官》，不越百二十之数，时或减乏。宫官亦有定员。见《隋书》《新、旧书》《百官志》《职官志》及《后妃传》。然其拘女，乃绝无制限。唐太宗初立，放宫女三千余人，见《新书·本纪》。此即白居易《新乐府》美其"怨女三千放出宫"者。然观其所咏《上阳人》，则玄宗时之拘女，亦不减于隋炀帝矣。诗云：《玄宗末岁初选入，入时十六今六十。同时采择百余人，零落年深残此身。"《隋书·王世充传》言：世充为炀帝简阅江、淮良家女，取正库及应入京物以聘纳之，所用不可胜计。后以船送东京，道路贼起，使者苦役，及于淮、泗中沉其船，前后十数。此其惨酷，为何如邪？《旧书·宣宗纪》纪吴湘之狱，谓扬州都虞候刘群，自拟收女子阿颜为妻，乃妄称监军使处分，要阿颜进奉，不得嫁人，兼擅令人监守。大中二年（848）。假一监军之名，遂可恣行如此，采择之诒害，可以想见。朱泚之平也，德宗欲令浑瑊访奔亡内人，给装使赴行在。陆贽谏曰："内人或为将士所私，宜思昔人掩绝缨之义。"帝虽不复下诏，犹遣使谕瑊资送。德宗如此，况其下焉者乎？贵人之家亦然。孙晟食不设几案，使众妓各执一器，环立而侍，已见第十四章第六节。史称时人多效之，可见多妓妾者不止晟一人也。《宋书》称南郡王义宣，后房千余，尼媪数百，而《旧书·王缙传》，亦言其纵弟、妹、女尼等广纳财贿。盖又有托清净之名，而行淫乱之实者矣。可胜诛哉！参看《两晋南北朝史》第二十四章第二节。

官妓仍以罪人家属为之。《新书·儒学传》：林蕴为邵州刺史，尝杖杀客陶章，投尸江中，籍其妻为倡是也。私倡则民之贫者自为之。《隋书·地理志》云：齐郡俗好教饰子女，淫哇之音，能使骨腾肉飞，倾诡人目，俗云齐倡，本出此也。此犹前世之邯郸也。《新书·西域传》言：龟兹、于阗置女肆征其钱，中国无此法，然特法不明许之而已，其实何以异邪？

嫡子、庶子，贵贱亦不相同。《隋书·隐逸传》：崔廓，少孤贫而母贱，由是不为邦族所齿。又《李圆通传》：父景，以军士隶武元皇帝，高祖父忠。因与家僮黑女私，生圆通，景不之认，由是孤贱。皆因其母，毗及其子也。《新书·穆宁传》：子赞，擢累侍御史，分司东都。陕虢观察使卢岳妻分赀不及妾子，妾诉之，中丞卢佋欲重妾罪，赞不听。分赀不及，亦歧视庶孽之一证也。

婚礼之不行，由于俗尚之侈靡。《新书·韦挺传》言：挺以贞观时拜御史大夫。时承隋末，风俗薄恶，人不知教。挺上疏言：闾里细人，每有重丧，不即发问，先造邑社，待营办具，乃始发哀。至假车乘，雇棺椁，以荣送葬。既葬，邻伍会集，相与酣醉，名曰出孝。婚嫁之初，杂奏丝竹，以穷宴欢。官司习俗，弗为条禁。望一切惩革，申明礼宪。一九四六年九月八日，上海《大公报》载徐颂九《论移民实边》之文，述滇西之俗云：村必有庙，庙皆有公仓，众敛谷实之。庙门左右，必有小门，名曰茶铺，众所会也。议公事于是，筹经费于是，设小学于是，选乡保长于是；人家有婚丧等事，亦于是行之。故是庙也，村之议会也，亦其公所也，亦其学校也，又其游息之所，行礼之地也。案，此正古者中里为校室之制也。以今揆古，则隋时有丧先造邑社者，必贫民家无殡敛之地，又身自执事不给，故由乡里助其营办，此正细民相恤之美德，号称士君子者，弗之知也，而反訾议之，不亦过乎？既葬会集，相与酣醉；婚嫁之初，杂奏丝竹；自为非礼，然不有湛酒渝食，万舞翼翼者，民亦孰从而效之？故曰：民之饥，以其上食税之多也。《循吏传》：韦宙出为永州刺史。俚婚，出财会宾客，号破酒。昼夜集，多至数百人，贫者犹数十。力不足则不迎，至淫奔者。宙条约，使略如礼，俗遂改。丧乱之后如此，承平之世可知；僻陋之区如此，富厚之地可知；官司虽有禁令，岂真能移风易俗哉？况知留意于此者又少乎？《旧书·文苑传》：元德秀早失恃怙，衰麻相继，不及亲在而娶。既孤，遂不娶。族人以绝嗣规之。德秀曰："吾兄有子，继先人之祀。"以兄子婚娶，家贫无以为礼，求为鲁山令。彼其六十年不识女色，元结语，见《新书·德秀传》。安知不以贫故哉？阳城兄弟皆不娶，城亦贫士也。政令每急于蕃民，丧乱之后尤甚。《新书·太宗纪》：贞观元年（627）二月，诏民年二十女十五以上无夫家者，州县以礼聘娶。贫不能自行者，乡里富人及亲戚资送之。鳏夫六十，寡妇五十，妇人有子若守节勿强。鳏夫不及六十，寡妇不及五十，犹欲强合之，立法可谓甚峻。《食货志》云：太宗锐意于治，官吏考课，以鳏寡少者进考，如增户法，失劝导者以减户论，其行之亦可谓甚力。然《蒋义传》言：张孝忠子茂宗尚义章公主，即郑国庄穆公主，德宗女。母亡，遗言丐成礼。德宗念孝忠功，即日召为左卫将军，许主下降。义上疏谏。帝曰："卿所言古礼也，今俗借吉而婚不为少。"对曰："佣室穷人子，旁无至亲，乃有借吉以嫁，不闻男冒凶而娶。"乡里亲戚，既不能存恤孤女，而使之借吉以嫁，而望其为之资送，不亦难乎？中人之家，自营婚嫁已不易，而况于为人营办乎？合男女之政之存于后世者，则征集人间女妇，以配军士而已。可胜叹哉！《隋书·炀帝纪》：大业十三年（617）九月，帝括江都人女、寡妇，以配从兵。案，是谋出于裴矩，见《矩传》。《传》又云：矩召江都境内寡妇及未嫁女，皆集宫监，又召将帅及兵等，恣其所娶。因听自首，先有奸通妇女及尼、女冠者，并即配之。

《北史·李敏传》云：开皇初，周宣帝后乐平公主，有女娥英，妙集婚对，敕贵公子弟集弘圣宫者，日以百数，公主选取敏。《旧五代史·罗隐传》云：隐为唐宰相郑畋所知。虽负文称，然貌古而陋。畋幼女有文性，尝览隐诗卷，讽诵不已。畋疑其女有慕才之意。一日，隐至第，郑女垂帘而窥之。自是绝不咏其诗。此婚配犹容男女自择之遗意也。然溺于势利者实多。许敬宗既以女嫁蛮酋冯盎子，多私所聘，又以女嫁左监门大将军钱九陇。九陇本皇家隶人，敬宗贪财与昏。掌知国史，乃为曲叙门阀，妄加功绩。房琯长子乘，自少两目盲，琯为汉州，厚以财货结司马李锐，为乘聘锐外甥女卢氏。皆是物也。《新书·高士廉传》云：太宗以山东士人尚阀阅，后虽衰，子孙犹负世望，嫁娶必多取赀，故人谓之卖婚，由是诏士廉与韦挺、岑文本、令狐德棻定《氏族志》。高宗时改为《姓氏录》。又诏后魏陇西李宝，太原王琼，荣阳郑温，范阳卢子迁、卢浑、卢辅，清河崔宗伯、崔元孙，前燕博陵崔懿，晋赵郡李楷，凡七姓十家，不得自为婚。三品以上，纳币不得过三百匹，四品、五品二百，六品、七品百，悉为归装。夫氏禁受陪门财。《通鉴》胡《注》云：陪门财者，女家门望未高，而议姻之家非偶，令其纳财，以陪门望。

其后天下衰宗落谱，昭穆所不齿者，皆称禁昏家，益自贵，凡男女皆潜相聘娶，天子不能禁云。唐之更定氏族，禁七姓自为婚，实别有用心，初非欲革敝俗，说见第十八章第一节。然唐室之为是，虽别有用心，卖婚则自敝俗也。《旧书·来俊臣传》，言其父操，与乡人蔡本结友，遂通其妻，因樗蒲，赢本钱数十万，本无以酬，操遂纳本妻。此间阎细民，明以妇女为货鬻者也。彼卖婚者庸愈乎？

离婚尚较后世为易。《旧书·列女传》：李德武妻裴氏，矩女，适德武一年，而德武坐从父金才徙岭表，矩时为黄门侍郎，奏请离婚，隋炀帝许之。《新书·列女传》：贾直言妻董氏，直言坐事贬岭南，以妻少，乃诀曰：生死不可期，吾去可急嫁，无须也。《旧五代史·萧希甫传》：希甫少举进士，为梁开封尹袁象先书记。象先为青州节度使，以希甫为巡官。希甫不乐。乃弃其母妻，变姓名，亡之镇州。王镕以为参军，尤不乐。居岁余，又亡之易州，削发为僧，居百丈山。后唐庄宗将建国，李绍宏荐为魏州推官。后为驾部郎中。及灭梁，遣其宣慰青齐。希甫始知其母已死，妻袁氏亦改嫁。是凡久别无归期，若存亡不可知者，皆可离异也。《旧书·列女传》：刘寂妻夏后氏，父因疾丧明，乃求离其夫，以终侍养。是本家有故，亦可求离也。《隋书·张定和传》云：少贫贱，有志节。初为侍官。平陈之役，当从征，无以自给。其妻有嫁时衣服，定和将鬻之，妻固靳不与。定和遂行。以功拜仪同，赐帛千匹。遂弃其妻。夫其妻虽不佽其行，平居未必不相黾勉，一怒而遽弃之，揆诸贱娶贵不去之条，于义殊窒。《新书·李大亮传》：族孙迥秀，母少贱，妻尝詈媵婢，母闻不乐，迥秀即出其妻，则尤为薄物细故矣。裴矩女不肯改嫁，而李德武于岭表娶尔朱氏，及遇赦，还至襄州，闻裴守节，乃又出其后妻，重与裴合。甚至如崔颢，娶妻择有貌者，稍不惬意则去之，前后数四。此等并不免轻视妇女，然亦可见离婚之易也。然观裴矩欲离其女而特请诸朝。又《旧书·武宗纪》载会昌六年（846），右庶子吕让进状：亡兄温女，大和七年（833），嫁左卫兵曹萧敏，生一男，开成三年（838），敏心疾乖忤，因而离昏，今敏日愈，却乞与臣侄女配合。从之。又《李元素传》：元素再娶王氏，方庆之孙。性柔弱。元素为郎官时娶之，甚礼重。及贵，溺情仆妾，遂薄之。且又无子，而前妻之子已长，无良。元素寝疾昏惑，听谮，遂出之。给与非厚。妻族上诉。诏免官。仍令与王氏钱物，通所奏数五千贯。又《源休传》：迁给事中、御史中丞、左庶子。其妻，吏部侍郎王翊女也。因小忿而离，妻族上诉，下御史台验理，休迟留不答款状，除名配流溱州。则法于离合之际，视之未尝不重。房琯孽子孺复，浙西节度使韩滉辟入幕。孺复初娶郑氏。恶贱其妻，多畜婢仆。妻之保母累言之，孺复乃先具棺椟，而集家人，生敛保母。远近惊异。及妻在产褥，三四日，遽令上船即路，数日，妻遇风而卒。拜杭州刺史，又娶台州刺史崔昭女。崔妒悍甚，一夕杖杀孺复侍儿二人，埋之雪中。观察使闻之，诏发使鞫案，有实。孺复坐贬连州司马，仍令与崔氏离异。久之，迁辰州刺史，改容州刺史，本管经略使。乃潜与妻往来。久而上疏请合。诏从之。二岁余，又奏与崔氏离异。此其不法，实远甚于崔颢。然初未闻其更挂刑章，则法偶有所不及，而非法意本如此也。惟俗视离婚，则初不甚重。《新书·文艺传》：崔行功孙铣，尚定安公主。主初降王同皎，及卒，皎子繇请与父合葬。给事中夏侯铦驳奏：主与王氏绝，丧当还崔。诏可。可见妇人改适，义皆绝于前夫。然《旧书·李林甫传》言：张九龄与中书侍郎严挺之善。挺之初娶妻，出之，妻嫁蔚州刺史王元琰，元琰坐赃，诏三司使推之，挺之救免其罪。玄宗察之。谓九龄曰："王元琰不无赃罪，严挺之属托所由，辈有颜面。"九龄曰："此挺之前妻，今已婚崔氏，不合有情。"玄宗曰："卿不知，虽离之，亦却有私。"玄宗本以九龄净废三王及封牛仙客不悦，借前事，以为有党，与裴耀卿俱罢知政事。出挺之为洺州刺史。

元琰流于岭外。此事不知九龄果有党，抑玄宗多疑。然时人之见，谓义绝者恩不必其遽绝则可知，亦可见离婚者不必皆有大故也。

《旧五代史·敬翔传》云：翔妻刘氏，父为蓝田令。后刘为巢将尚让所得。巢败，让携刘降于时溥。及让诛，时溥纳刘于妓室。太祖平徐，得刘氏，嬖之。属翔丧妻，因以刘氏赐之。及翔渐贵，刘犹出入太祖卧内。翔情礼稍薄。刘于曲室让翔曰："卿鄙余曾失身于贼邪？以成败言之，尚让巢之宰辅，时溥国之忠臣，论卿门第，辱我何甚？请从此辞。"翔谢而止之。刘固非凡妇人，然观其言之侃侃，则当时妇人，不以屡适为耻可知也。唐公主再嫁及三嫁者甚多。高祖十九女，更嫁者四：曰高密，曰长广，曰房陵，曰安定。太宗二十一女，更嫁者六：曰襄城，曰南平，曰遂安，曰晋安，曰城阳，曰新城。高宗三女，更嫁者一，曰太平。中宗八女，更嫁者三：曰定安，曰长宁，曰安乐。睿宗十一女，更嫁者二：曰薛国，曰鄎国。玄宗二十九女，更嫁有九：曰常山，曰卫国，曰真阳，曰宋国，曰齐国，曰咸直，曰广宁，曰万春，曰新平。肃宗七女，更嫁者二：曰萧国，曰郜国。自代宗以降，史不言其女有更嫁者，然顺宗女西河公主，初降沈翚，后降郭子仪孙铦，见《子仪传》，而《主传》漏书。《主传》后半甚略，事迹必多阙佚，其中恐未必无更适者也。又玄宗女，《主传》都数云二十九，而数之得三十，其中普康公主实宪宗女误入，见《廿二史考异》。唐固出夷狄，不足语于礼法。然楚王灵龟妃上官氏，王死，服终，诸兄弟谓曰："妃年尚少，又无所生，改醮异门，礼仪常范。"《旧书·列女传》。则非以夷俗言之。崔绘妻卢氏，为山东著姓。绘早终，卢年少，诸兄常欲嫁之。卢辄称病固辞。卢亡姊之夫李思冲，神龙初为工部侍郎，又求续亲。时思冲当朝美职，诸兄不敢拒。卢夜中出自窦，乃得奔归崔氏。亦见《旧书·列女传》。则虽名族，亦视再适为恒事矣。其不再适者，多出于意义感激，转非庸行。隋兰陵公主，初嫁仪同王奉孝，奉孝卒，适河东柳述，述徙岭表，炀帝令与离绝，将改嫁之，主以死自誓，上表请免主号，与述同徙。帝大怒。主忧愤卒。临终上表，乞葬于柳氏。其不为奉孝守，而尽节于述，犹之豫让不死范、中行氏而死知伯也。再娶禁忌，意亦如是。李泌与梁肃善，故泌子繁师事肃。肃卒，烝其室。士议喧丑。由是摈弃积年。聂屿早依郭崇韬，致身朱紫。为河东节度使，郭氏次子之妇，孀居守家，屿丧偶未久，忍而纳币，人皆罪之。皆责其负恩，非谓孀妇不可取也。《新书·齐澣传》：魏元忠子昇，死节愍太子难，元忠系大理。昇妻郑，父远，尝纳钱五百万，以女易官。武后重元忠旧臣，欲荣其姻对，授远河内令，子洺州参军。元忠下狱，遣人绝婚，许之。明日，嫁其女。殿中侍御史麻察劾远败风教，请锢终身，远遂废。亦薄其势利，非谓绝婚更嫁为不可也。《新五代史·冯道等传序》曰：予尝得五代时小说一篇，载王凝妻李氏事。凝家青、齐之间，为虢州司户参军，以疾卒于官。凝家素贫，一子尚幼。李氏携其子，负其遗骸以归。东过开封，止旅舍。旅舍主人见其妇人独携一子而疑之，不许其宿。李氏顾天已暮，不肯去。主人牵其臂而出之。李氏仰天长恸曰："我为妇人，不能守节，而此手为人执邪？不可以一手并污吾身。"即引斧自断其臂。路人见者，环聚而嗟之。或为之弹指，或为之泣下。开封尹闻之，白其事于朝。官为赐药封创，厚恤李氏，而笞其主人者。小说家言，不必可信。即谓为信，此等矫激之行，亦不足尚也。此时再嫁，多由母家，故亦有以母家有故而不肯去者。《旧书·列女传》：冀州鹿城女子王阿足，鹿城县，在今河北束鹿县北。早孤，无兄弟，惟姊一人。阿足初适同县李氏，未有子而夫亡，时年尚少，人多聘之，为姊年老孤寡，不能舍去，乃誓不嫁。以养其姊。此亦犹刘寂妻以父丧明，而离夫归侍养耳。

禁止再嫁之令，初亦因此而作。《隋书·高祖纪》：开皇十六年（596）六月，诏九品已上妻，五品已上妾，夫亡不得改嫁。《李谔传》云：谔见礼教凋敝，公卿薨亡，其爱妾侍婢，子孙辄嫁卖之，遂成风俗，上书曰：闻朝臣之内，有父祖亡殁，日月未久，子孙无赖，便分其妓妾，嫁卖取财，实损风化。复有朝廷重臣，位望通贵，平生交旧，情若弟兄，及其亡殁，杳同行路，朝闻其死，夕规其妾，方便求聘，以得为限，无廉耻之心，弃友朋之义。且居家理，治可移于官，既不正私，何能赞务？上览而嘉之。五品已上妻妾不得改醮，始于此也。《儒林传》云：炀帝即位，牛弘引刘炫修律令。高祖之世，以刀笔吏类多小人，年久长奸，势使然也；又以风俗陵迟，妇人无节；于是立格：州县佐史，三年而代，九品妻无得再醮。炫著论以为不可。弘竟从之。则立法之初，意亦在惩薄俗，而九品以上妻不得改嫁之条，竟亦废削，故《李谔传》但言五品以上也。《新书·百官志》言王妃、公主、郡、县主嫠居有子者不再嫁。《公主传》言：宣宗诏夫妇教化之端，其公主、县主，有子而寡，不得复嫁，则亦末叶之法。是时唐室愿婚士族，而士族不之与，乃为是以自婚耳。参看第十八章第一节自明。《旧五代史·罗绍威传》：绍威长子廷规，尚太祖女安阳公主，又尚金华公主，早卒。开平四年（910），诏金华公主出家为尼，居于宋州玄静寺，盖太祖推恩于罗氏，令终其妇节云。则亦非常法也。

妇人名节，虽不如后世之重，然究以贞信为美。故唐代公主，亦有以淫泆获罪者。《旧书·李宝臣传》：张茂昭子克礼，尚襄阳公主。顺宗女。长庆中，主纵恣不法。常游行市里。有士族子薛枢、薛浑者，俱得幸于主。尤爱浑，每诣浑家，谒浑母，行事姑之礼。有吏谁何者，即以厚赂啖之。浑与宝臣孙元本，皆少年，遂相诱掖。元本亦得幸于主，出入主第。张克礼不胜其忿，上表陈闻。乃召主幽于禁中。以元本功臣之后，得减死，杖六十，流象州。枢、浑以元本之故，亦从轻，杖八十，长流崖州。是其事也。唐代公主，真以淫泆获罪者，惟此一事。《新书·诸主传》：太宗女合浦公主，始封高阳，下嫁房玄龄子遗爱。御史劾盗，得浮屠辩机金宝神枕，自言主所赐。初浮屠庐主之封地。会主与遗爱猎，见而悦之。具帐其庐，与之乱。更以二女子从遗爱。私饷亿计。至是浮屠诛死，杀奴婢十余。《旧书·萧复传》：肃宗女郜国公主，出降萧升。升早卒。贞元中，蜀州别驾萧鼎、商州丰阳令韦恪、前彭州司马李万、太子詹事李昇等出入主第，秽声流闻。德宗怒，幽主于别第，李万决杀，昇贬岭南。萧鼎、韦恪决四十，长流岭表。此二事之实情，决非如此，参看第五章第一节，第九章第一节，第十八章第一节自明。《廿二史札记》论武后纳谏知人，引朱敬则疏谏选美少年事，疏见第五章第三节。又云：桓彦范以张昌宗为宋璟所劾，后不肯出昌宗付狱，亦奏云：陛下以簪履恩久，不忍加刑。此皆直揭后之燕昵嬖幸，故以下所难堪，而后不惟不罪之，反赐敬则采百段，曰"非卿不闻此言"，而于璟、彦范亦终保护倚任。夫以怀义、易之等床第之闲，何言不可中伤善类？而后迄不为所动摇，则其能别白人才，主持国是，有大过人者。其视怀义、易之等，不过如面首之类。人主富有四海，妃嫔动至千百，后既身为女主，而所宠幸不过数人，固亦无足深怪，故后初不以为讳，并若不必讳也。案，后于淫泆，虽不深讳，然如朱敬则之直斥，则昔人于男主亦无之。重润且以窃议张易之见杀，而能容敬则乎？唐人所传史事，不足信者甚多，敬则之疏，恐未必非好事者为之也。

　　公主骄泆，虽或见惩，究极罕见，《新书·杨恭仁传》：孙豫之，尚巢王元吉女寿春县主。居母丧，与永康公主乱，为主婿窦奉节所杀。当时公主黩乱之事必甚多，史不能尽记也。永康公主，即房陵公主，高祖女。故当时之人，均视尚主为畏途。《新书·诸主传》：宣宗女万寿公主，帝所爱。每进见，必谆勉笃诲，曰："无鄙夫家，无干时事。"又曰："太平、安乐之祸，不可不戒。"故诸主祗畏，争为可喜事。然于琮初尚帝女永福公主，主与帝食，怒折匕箸；帝曰：此可为士人妻乎？乃更许琮尚广德公主。宣宗时如此，他时可知。安怪人之视尚主为畏途哉？宪宗女岐阳公主，下嫁杜悰，为唐室与士族结婚之始。见第十七章第一节。太和时，悰为工部尚书，判度支。会主薨，久不谢。文宗怪之。户部侍郎李珏曰："比驸马都尉皆为公主服斩衰三年，故悰不得谢。"帝矍然，始诏杖而期，著于令。即此一端，已非时人所能堪矣。《方技传》云：玄宗欲以玉真公主降张果，玉真公主，睿宗女。未言也。果忽谓秘书少监王迥质、太常少卿萧莘曰："谚谓娶妇得公主，平地生公府，可畏也。"二人怪语不伦。俄有使至，传诏曰："玉真公主欲降先生。"果笑，固不奉诏。果事荒诞不足信，谚语则决非虚构也。李佐之客潞，为刘从谏所礼，留不得去，遂署观察府支使，因娶其从祖妹。从谏薄疏属，资媵寒阙，佐之亦薄之，不甚答。从谏死，佐之奴告其交通宾客，漏军中虚实。积因之。妻诉不见礼，遂杀之。则平地生公府者，又不必帝子矣。

《晋书·五行志》，讥武帝采择良家子女，露面入殿，帝亲简阅，务在姿色，不访德行，则女子出门，必拥蔽其面之礼，沿袭甚久。至唐乃渐弛。《旧书·舆服志》云：武德、贞观之时，宫人骑马者，依齐、隋旧制，多着幂䍦。虽发自戎夷，而全身障蔽，不欲途路窥之。王公之家，亦同此制。永徽之后，皆用帷帽，拖裙到颈，渐为浅露。寻下敕禁断。初虽暂息，旋又仍旧。咸亨二年（671），又下敕曰：百官家口，咸豫士流，至于衢路之间，岂可全无障蔽？比来多着帷帽，遂弃幂䍦；曾不乘车，别坐檐子；递相放效，浸成风俗，过为轻率，深失礼容。前者已令渐改，如闻犹未止息。又命妇朝谒，或将驰驾车，既入禁门，有亏肃敬。此并乖于仪式，理须禁断，自今以后，勿使更然。则天之后，帷帽大行，幂䍦渐息。中宗即位，宫禁宽弛，公私妇人，无复幂䍦之制。开元初，从驾宫人骑马者，皆着胡帽，靓妆露面，无复障蔽。士庶之家，又相放效。帷帽之制，绝不行用。俄又露髻驰骋，或着丈夫衣服靴衫。而尊卑内外，斯一贯矣。案，高宗诏言百官家口，咸豫士流，衢路之间，不可全无障蔽，可见庶民本无障蔽也。《孝友传》云：崔沔母卒，常于庐前受吊，宾客未尝至于灵坐之室。谓人曰："平生非至亲者，未尝升堂入谒，岂可以存亡而变其礼也？"此等内外隔绝之礼，亦惟所谓士流者有之耳。《李益传》曰：少有痴病，而多猜忌，防闲妻妾，过为苛酷，而有散灰、扃户之谭闻于时。不有深宫固门之习，虽有痴病者，亦岂易自我作古邪？

冥婚之俗，唐世仍有之。重润既死，中宗即位，追赠皇太子，陪葬乾陵，高宗陵。仍为聘国子监丞裴粹亡女，与之合葬。建宁王，代宗即位，追谥承天皇帝，亦与兴信公主第十四女张氏冥婚。兴信公主，玄宗女，后封齐国公主。韦庶人为亡弟赠汝南王洵与萧至忠亡女为冥婚，合葬。及韦氏败，至忠发墓，持其女柩归。则虽冥婚，亦有迫于势，非所愿者矣。

《旧书·太宗诸子传》云：有太常乐人，年十余岁，美姿容，善歌舞，承乾特加宠幸，号曰称心。太宗知而大怒，收称心杀之。承乾痛悼不已。于宫中构室，立其形象，列偶人车马于前，令宫人朝暮奠祭。承乾数至其处，徘徊流涕。仍于宫中起冢而葬之。并赠官树碑，以申哀悼。《李义府传》：义府属毕正义求淳于氏为别宅妇，正义为雪其罪。卿段宝玄疑其故，遽以状闻。诏令按其事。正义惶惧，自缢而死。侍御史王义方廷奏义府犯状，因言其初以容貌，为刘洎、马周所幸，由此得进。言辞猥亵。帝怒，出义方为莱州司户。此等丑行，历代所谓士大夫者，实往往不绝也。亦堪齿冷矣。

桑原骘藏《蒲寿庚传》云：秦、汉以来，塞外人移居内地者日众。内外通婚，在北方殆渐成常事。其以进贡、通商，暂寓中国者，《唐会要》卷百云：贞观二年（628）六月十六日，敕诸蕃使人，娶得汉妇女为妾者，并不得将还蕃。然在国内迎娶，则自由也。《通鉴》贞元三年（787）云：胡客留长安久者，或四十余年，皆有妻子，足以明之。《册府元龟》卷九百九十九云：开成元年（836）六月，京兆府奏：准令式：中国人不合私与外国人交通、买卖、婚娶、来往；又举取蕃客钱，以产业、奴婢为质者；重请禁之，此禁私自婚娶，非禁一切婚娶也。《通鉴》：大历十四年（779），诏回纥诸胡在京师者，各服其服，无得效华人。先是回纥留京师者常千人，或衣华服，诱取妻妾，故禁之。《旧唐书·卢钧传》：钧以开成元年为岭南节度使。先是土人与蛮、僚杂居，婚娶相通，占田营第。吏或挠之，相诱为乱。钧至，立法，俾华蛮异处，婚娶不通；蛮人不得立田宅，此一时之宜。要之，唐朝蕃汉通婚，以不禁为常，而事亦通行无疑。宋代大体似与唐同也。《考证》二十五。案，唐代异族，人处内地者甚多，安能禁其婚娶，此势所不行也。昏媾则匪寇矣，此亦外族易于同化之一端欤？《新书·高祖诸子传》：徐康王元礼曾孙延年，拔汗那王入朝，延年将以女嫁之，为右相李林甫劾奏，贬文安郡别驾，此自特异之事，非常法也。延年何必以女妻拔汗那王？岂以西胡多异物，亦染卖婚之俗欤？

第二节 族 制

宗族百口，累世同居，论者多以为美谈，此不察名实之过也。考诸史，聚族多者，非地方豪右，则仕宦之家。力耕之细民，则率不过五口、八口耳。

《旧唐书·沈法兴传》云：隋大业末，为吴兴郡守。东阳"贼帅"楼世干举兵围郡城，炀帝令法兴与太仆元祐讨之。俄而宇文化及弑炀帝于江都，法兴自以代居南土，法兴，湖州武康人。宗族数千家，为远近所服，乃与祐部将孙士汉、陈果仁执祐于坐而起兵。此地方豪右也。风尘涌洞之际，乘机割据者，往往此曹，《两晋南北朝史》言之详矣。若夫承平之世，有扬历仕途者，则其宗亲内外，率多互相依倚。刘审礼再从同居，家无异爨，合门二百余口。朱泚之乱，李晟家百口陷贼中。张濬之死，朱全忠屠其家百余人。王师范之死，家见戮者二百口。刘仁恭之败，晋军执其家族三百口。皆是物也。此等不必皆属同姓，并不必皆系亲族。《新书·杨元琰传》，言中外食其家者常数十人，即相依倚者不皆同姓之证。《旧五代史·朱友谦传》：后唐庄宗命夏鲁奇诛其族于河中，友谦妻张氏，率其家属二百余口见鲁奇曰："请疏骨肉名字，无致他人横死。"《通鉴》云：别其婢仆百人，以其族百口就刑，则所谓家属者，婢仆与亲族，各居其半矣。《康延孝传》：河中旧将焦武等言西平无罪，二百口伏诛，盖未知其婢仆之获免也。《旧唐书·昭宗纪》：王行瑜死后，其家二百口乞降；乾宁二年（895）。而《旧五代史·唐武皇纪》言庆州奏行瑜将家属五百人到州界，为部下所杀，若以此例推之，则婢仆且多于亲族矣。《新唐书·忠义传》：颜杲卿与其长史袁履谦共拒安禄山而败，及郭、李收常山，出二家亲属数百人于狱，云亲属当不苞仆妾。及史思明归国，真卿方为蒲州刺史，令杲卿子泉明到河北求宗属。履谦及父故将妻子奴隶尚三百余人，转徙不自存，泉明悉力赡给，分多匀薄，相扶掖度河托真卿，真卿随所归资送之，则二家亲属与非亲属，其数亦略相等也。此等所谓家属，当时仕宦者，所至皆挈之而行。《旧书·裴遵庆传》，言其子向，内外支属百余人，所得俸禄，必同其费，及领外任，亦挈而随之则其证。职是故，其受累乃极深。王琚阖门三百口，每徙官，车马数里不绝。从宾容、女伎驰弋，凡四十年。琚有财，不以为累也。李揆为元载所挤，奏为试秘书监，江淮养疾，既无禄俸，家复贫乏，媚孤百口，丐食取给，萍寄诸州，凡十五六年，牧守稍薄，则又移居，其迁徙者，盖十余州焉，则不胜其苦矣。然造次颠沛之际，无不相偕。刘知俊举族奔凤翔，后又以举家入蜀，不自安而奔蜀。景延广顾念其家不能去，终为契丹所擒。是时王瑜胁其父自义州举族入蜀，义州，后唐置。与盗赵徽相结而行，卒为所杀，少长百口殆尽。《旧五代史·晋少帝纪》：天福八年（943），延州奏绥州刺史李彝敏，抛弃城郡，与弟彝俊等五人，将骨肉二百七十口，来投当州，押送赴阙。称与兄夏州节度使彝殷，偶起猜嫌，互相攻伐故也。《新唐书·忠义传》：黄碣为漳州刺史，徙婺州，刘汉宏遣兵攻之，兵寡不可守，弃州去，客苏州。董昌表碣自副。昌反，碣不与同。昌杀之，夷其家百口。碣，闽人，时直乱世，然崎岖羁旅，相从者仍不少也。

　　同居者虽不必父族，究以父族为主。论其世数，当以张公艺九世同居为最多，新、旧《书·孝友传》。高崇文七世不异居次之。《五代史·南唐世家》：李昇时，州县言民孝弟五代同居者七家，皆表门闾，复其徭役。其尤盛者，江州程氏，宗族七百口，亦不啻九世矣。杜暹、李纲五世同居，吕元简四世同居，李处恭、张义贞三世同居，皆见《旧书·孝友传》。其次也。同居者不必不异财，亦不必不异爨，故其不然者，尤为世所称道。如朱敬则与三从兄弟同居四十余年，财产无异。裴宽兄弟八人，于东都治第，八院相对，常击鼓会饭。刘君良累代义居，兄弟虽至四从，皆如同气，尺布斗粟，人无私焉。《旧书·孝友传》。是其事也。此等大家，治理盖颇有法度。故如李畲，闺门雍睦，累代同居，而史称其岁时拜庆，长幼男女，咸有礼节。畲，素立曾孙。见《旧书·良吏传》。崔邠三世一爨，则云当时言治家者推其法焉。《旧书·李光进传》：弟光颜先娶妻，其母委以家事。母卒，光进始娶。光颜使其妻奉管钥、家籍、财物，归于其姒。光进命返之。且谓光颜曰："新妇逮事母，尝命以主家，不可改也。"家而有籍，可见其治理之有法也。然能善其事实难。故姚崇先分田园，令诸子侄各守其分。仍为遗令，以诫子孙。云："比见诸达官，身亡以后，子孙既失覆荫，多至贫寒。斗尺之间，参商是竞。岂惟自玷，乃更辱先，无论曲直，俱受嗤毁。庄田、水碾，既众有之，递相推倚，或至荒废。陆贾、石苞，皆古之贤达也，所以预为定分，将以绝其后争，吾静思之，深所叹服。"众有则递相推倚，可见治理之难。"斗尺之间，参商是竞"，主藏者将更穷于应付矣。陆子静当家一月，学问有进，其以此欤。

乡居者丁多则垦殖易广；积聚稍多，又可取倍称之息；或荫庇人户，以自封殖；故族愈大则财力愈雄。若仕宦之家，则有适相反者。陈少游问董秀："亲属几何？月费几何？"秀曰："族甚大，岁用常过百万，"其明征也。张直方奔京师，以其族大，特给检校工部尚书俸。薛放孤孀百口，家贫每不给赡，常苦俸薄，因召对恳求外任。郑权以家人数多，俸入不足，求为镇守。郑薰亦以纠族百口，廪不充，求外迁。此等既已得之，亦复何所不至？李愿门内数百口，仰给官司，卒激李㝏之变。虽田弘正，亦未尝不以是败也。李密之将归唐也，谓王伯当曰："将军室家重大，岂复与孤俱行哉？"门户之计重，君国之念，自不得不轻，移孝作忠，徒虚言耳。萧复，广德中，岁大饥，家百口不自振，议鬻昭应墅，此居者之不自保也。李揆之萍寄诸州，则行者之无所归也。使此等人居官，安得不贪秽？玄宗欲相崔琳、卢从愿，以族大，恐附离者众，卒不用，《新书·崔义玄传》。有以也夫！

《旧书·杜如晦传》：如晦弟楚客，少随叔父淹没于王世充。淹素与如晦兄弟不睦，谮如晦兄于王行满，世充杀之。并囚楚客，几至饿死。楚客竟无怨色。洛阳平，淹当死。楚客泣涕，请如晦救之。如晦初不从。楚客曰："叔已杀大兄，今兄又结恨弃叔，一门之内，相杀而尽，岂不痛哉？"因欲自刭。如晦感其言，请于太宗，淹遂蒙恩宥。戈矛起于骨肉之间如此，岂不以相见好，同住难，藏怒蓄怨，以至于斯欤？《新书·裴坦传》：从子贽，昭宗疑其外风检而昵帷薄，逮问翰林学士韩偓。偓曰："贽内雍友，合疏属以居，故臧获猥众，出入无度，殆此致谤。"则知合族而居，治理诚非易事也。众而不理，孰如寡？亦何必互相牵率哉？观张瓘兄弟五人，未尝不可自活，而必去车渡村，共归于张承业，见第十三章第二节。则可知其所由来矣。宾客欢娱僮仆饱，始知官爵为他人。以所识穷乏者德我，而以身殉之，岂不哀哉！

贾章家三十口，而死于兵者二十八，见第十三章第二节。此已非寻常百姓矣。故能仕于安重荣也。若寻常百姓，则《隋书·地理志》谓梁州小人，薄于情礼，父子率多异居；又谓扬州俗父子或异居；必不能逾于五口八口矣。当时法令，于累世同居者，率以为义而表章之。《隋书·炀帝纪》：大业五年（609）三月，有司言武功男子史永遵，与从父昆弟同居。上嘉之，赐物一百段，米二百石，表其门闾。《旧唐书·高宗纪》：显庆六年（661）八月，令诸州举孝行尤著，及累叶义居，可以厉风俗者。《新书·孝友传》云：唐受命二百八十八年，以孝弟名通朝廷者，多闾巷刺草之民，皆得书于史官。下文列举其名，事亲居丧著至行者，盖所谓孝？数世同居者，则所谓弟也。天子皆旌表门闾，赐粟帛。州县存问，复赋税。有授以官者。其所列举，盖以循例办理者为限。故如高霞寓五代同爨，德宗朝采访使奏旌表其门闾者不与焉。然南北朝之世，户高丁多者，或出于互相荫庇，故隋高祖令州县大索貌阅，大功已下，兼令析籍，各为户头。详见第三章第一节。至唐世，则丁多者户等随之而高，赋役亦随之而重，民又析籍以避之，法令则又禁其分析。《旧唐书·食货志》：天宝元年（742）敕文云：如闻百姓之内，有户高丁多，苟为规避，父母见在，乃别籍异居。宜令州县勘会，其一家之中，有十丁以上者，放两丁征行赋役，五丁以上放一丁，即令同籍共居，以敦风教。《旧五代史·唐庄宗纪》：同光元年（923）敕文，民有三世以上不分居者，与免杂徭。《晋高祖纪》云：所历方镇，以孝治为急，见民间父母在昆弟分索者，必绳而杀之。或诱之以名利，或威之以刑罚，其意则一而已矣，岂真为风教计哉！

即勿论此，得旌表者，亦未必真笃行之人。《旧五代史·晋高祖纪》：天福四年（939）闰七月，尚书户部奏：《李自伦义居七世，准敕旌表门闾。先有邓州义门王仲昭六代同居。其旌表，有厅事，步栏前列屏树乌头。正门阀阅一丈二尺，二柱相去一丈。柱端安瓦桷，墨染，号为乌头。筑双阙一丈，在乌头之南三丈七尺。夹街十有五步，槐柳成列。今举此为例，则令式不该。诏王仲昭正厅、乌头门等制，不载令文，又无敕命，既非故事，难黩大伦。宜从令式，只表门闾。于李自伦所居之前，量地之宜，高其外门。门外安绰楔。李自伦《新史》列《一行传》，此句无外字。门外左右各建一台，高一丈二尺，广狭方正，称台之形。圬以白泥，四隅漆赤。其行列树植，随其事力。其同籍课役，一准令文。"王仲昭之所为，不必论矣，令式所载，亦岂与筚门圭窦相称？固知名闻于朝者，皆丁多族大有力之家，其居隐约而真有至行者，则名湮没而不彰矣。可胜叹哉！

宗法久与事势不宜，然士夫尚狃于旧习。《旧书·职官志》：九庙之子孙，继统为宗，余曰族，宗正。此王室之制也。元德秀以有兄子不娶，已见上节。柳宗元既贬谪，与京兆尹许孟容书曰：《宗元于众党人中，罪状最甚，神理降罚，又不能即死，犹对人语言，饮食自活，迷不知耻，日复一日。然亦有大故。自以得姓来二千五百年，代为冢嗣。今抱非常之罪，居夷僚之乡，卑湿昏雾，恐一日填委沟壑，旷坠先绪，以是怛然痛恨，心骨沸然。茕茕孤立，未有子息。荒陬中少士人女子，无与为婚，世亦不肯与罪人亲昵。以是嗣续之重，不绝如缕。每春秋时飨，子立捧奠，顾眄无后继者，懔懔然欷歔惴惕，恐此事便已，摧心伤骨，若受锋刃，此诚丈人所共闵惜也。伏惟兴哀于无用之地，垂德于不报之所，以通家宗祀为念，有可动心者，操之勿失。虽不敢望归扫茔穴，退托先人之庐，以尽余齿，姑遂少北，益轻瘴疠，就婚娶，求胄嗣，有可付托，即冥然长辞，如得甘寝，无复恨矣。"其哀痛迫切，至于如此，此真孔子所谓各亲其亲，各子其子者也。亲族之自私，益以男统之专横，则虽姑姊妹，女子子，其情本亲者，其出亦遭摈斥矣。鲜于仲通弟叔明，为东川节度使，大历末，有阆州严氏子上疏，叔明，阆州新政人。称叔明少孤，养于外族，遂冒姓焉，请复之。诏从焉。叔明初不知其从外氏姓，意丑其事，遂抗表乞赐宗姓。代宗以戎镇寄重，许之。仍置严氏子于法。此莒人灭鄫之义之流失也。然人情终难尽违。故司空图无子，以甥为嗣，为御史所劾，而昭宗不之责。西河公主初降沈氏，生一子，再降郭铦，铦无嗣，遂以沈氏子为嗣，《新唐书·郭子仪传》。则且取及妻之前子矣。父母之恩，不在生而在养，子孙之孝亦然。《五代史·晋家人传论》云：古之不幸无子，而以其同宗之子为后者，圣人许之，著之《礼经》而不讳也。而后世间阎鄙俚之人则讳之。讳则不胜其欺与伪也。故其苟偷窃取，婴孩襁褓，讳其父母，而自欺以为我生之子。曰：不如此，则不能得其一志尽爱于我，而其心必二也。安知养子之专于为养，正野人之质直而能务民之义乎？彼其意，岂必讳所养为所生，然而终不能无欺与伪者，则各亲其亲，各子其子之既久，徇其名而忘其实，使之不得不然也。安得复见大同之世，使老有所终，幼有所长，鳏寡孤独废疾者，皆有所养哉？然唐世禁以异姓为后，意尚在于维持宗法，而非借此以争财产。近人笔记云：宋初新定《刑统》，户绝赀产下引《丧葬令》云：诸身丧户绝者，所有部曲、客女、奴婢、店宅、资财，并令近亲转易货卖，将营葬事及量营功德之外，余财并与女，无女均入以次近亲，无亲戚者，官为检校。若亡人在日，自有遗属处分，证验分明者，不用此令。此《丧葬令》乃唐令。观此，知唐时所谓户绝，不必无近亲，虽有近亲，为营丧葬，不必立近亲为嗣子，而远亲不能争嗣，更无论矣。虽有近亲，为之处分财产，所余财产，仍传之亲女，而远亲不能争产，更无论矣。此盖先世相传之法，亦不始于唐。秦、汉以前有宗法，秦废封建，宗法与之俱废，萧何定《九章》，乃变为户法。宗法以宗为单位，户法以户为单位。以宗为单位，有小宗可绝，大宗不可绝之说，以户为单位，无某户可绝，某户不可绝之理。故《唐律》禁养异姓男，《户令》听养同宗，乃于可以不绝之时，而为之定不绝之法，《丧葬令》使近亲营葬事，使亲女受遗产，乃于不能不绝之时，而为之定绝法。此乃户法当然之理，固不能以上世宗法之理，用于户法也。观此论，可知唐时所谓承嗣者，当与财产无干，绝非如近世所讥：口在宗祧，心存财产，其言蔼然，其心不可问者也。然女适异姓，不必复能奉养其父母。亲女不能养，同姓之人，又莫之肯养，则如何？则于其犹有财产者，不得不听其立一人焉以为后，责之以生养死葬，而以其遗产归之矣。此犹以财产与之相贸耳。此唐、宋之法所以变为近世之法，虽觉其不近于人情，然在财产私有之世，固为事之无可如何，且不得不许为进化也。

军人好畜假子，则原于胡俗，与欧《史》所谓闾阎鄙俚之人者，又自不同。《两晋南北朝史》已言之。隋、唐之世，此风仍不绝。如张亮在唐初，有假子五百是也。中叶后藩镇跋扈，宦官亦窃握禁军，乃相率以此市恩，事已散见诸篇，不俟烦缕。突厥默啜尝请为武后子。唐人吕昶，为回鹘奉诚可汗养子，遂从其姓，曰药罗葛昶。索元礼，胡人也，薛怀义初贵，元礼养为假子。观行之者为谁，而知其俗之所自起矣。《五代史·赵凤传》：张全义养子郝继孙犯法死，宦官、伶人冀其赀财，固请籍没。凤上书，言继孙为全义养子，不宜有别籍之财，而于法不至籍没，刑人利财，不可以示天下，则假子不得别籍异财，亦与真子同。此无足怪，假子固部曲之伦，部曲亦奴隶之类，奴隶固未有能自有其财产者也。为假子者，地位自必较假父为卑，若其不然，则亦可养为弟。吴少阳与吴少诚，同在魏博军，相友善，少诚得淮西，多出金帛邀之，养为弟是也。《旧五代史·李存信传论》，以李克用之养子，拟诸董卓之畜吕布，卓与布，固亦渐染羌俗者。要之胡人进化浅，不知家族之外，更有何伦类耳。张亮弃故妻，更娶李氏，李私通歌儿，养为子。又有富人养流浪之人为子者，如李让之于孔循。此等则其俗既已盛行之后，人又从而效之，亦未易枚数耳。

谱系之学，虽犹不绝，见第十七章第一节。然人之于此，实已无畏之之心，故通假、贩鬻等事，纷纷而起焉。张说与张九龄叙为昭穆，此或爱其才，罗绍威厚币结罗隐，与通谱系昭穆，此盖慕其名，已非尊祖敬宗之义。其甚者，李敬玄久居选部，人多附之，三娶皆山东士族，又与赵郡李氏合谱。李义府既贵，自言本出赵郡，始与诸李叙昭穆。无赖之徒，拜伏为兄叔者甚众。给事中李崇德，初亦与同谱叙昭穆，及义府出为普州刺史，遂即削除。义府闻而衔之。及重为宰相，乃令人诬构其罪，竟下狱自杀。杜正伦与城南诸杜，昭穆素远，求同谱不许，衔之。诸杜所居，号杜固，世传其地有壮气，故世衣冠，正伦既执政，乃建言凿杜固，通水以利人。王锷附太原王翃为从子，以婚阀自高，翃子弟亦借锷多得官。挟势利以相交，不得则流为怨毒，其弊遂有不可胜言者。然究犹皆士大夫也。又其甚者，薛怀义本姓冯，武后以其非士族，令改姓薛，与太平公主婿薛绍合族，令绍以季父事之。李揆见李辅国，执子弟之礼，谓之五父。宣宗宠信左军中尉马元贽，马植为宰相，遂与通昭穆。此岂特衣冠扫地？元载父昇，本景氏，曹王明妃元氏，赐田在扶风，昇主其租入，有劳，请于妃，冒为元氏，则转为小人常态，不足怪矣！

第三节　人　口

版籍之法，唐代为详。《旧书·职官志·户部》云：每一岁一造计帐，三年一造户籍。《通鉴》：开元十六年（728），是岁，制户籍三岁一定，分为九等。县以籍成于州，州成于省，户部总而领焉。户籍在府、州、县属户曹、司户，见《新书·百官志》。每定户以仲年，造籍以季年。州、县之籍，恒留五日，当作十五日。《食货志》云：州县留五比，尚书省留三比。省籍留九日。籍必岁上。《新书·百官志》：职方，凡图经，非州县增废，五年乃修，岁与版籍偕上。《食货志》云：天宝三年（744），天下籍始造四本，京师及东京尚书省、户部各贮一本，以备车驾巡幸，省载运之费焉。可见是时为政者，于户籍必时加检阅也。定籍之意，实重赋役，而计生齿转居其次，故户必定其等第。定等之法，颇病烦苛。《食货志》：开元二十五年（737）五月，敕定户口之时，百姓非商户，郭外住宅及每丁，一牛不得将入货财数。可见其概。职是故，人民恒思流移，而域民之法，遂不得不严。《职官志》：凡户之两贯者，先从边州为定，次从关内，次从军、府、州。若俱者，各从其先贯焉。乐住之制，居狭乡者听其从宽，居远道者听其从便，居轻役之地者，听其从重。《户部》。其法可谓颇密。《李抱玉传》：抱玉于代宗时上言：《臣贯属涼州，本姓安氏。以禄山构祸，耻与同姓，去至德二年五月，蒙恩赐姓李氏。今请割贯属京兆府长安县。"许之。因是举宗并赐国姓。《新书·李晟传》：《以临洮未复，临洮郡，即洮州。晟，洮州临潭人。请附贯万年。诏可。"徙贯至烦敕许，虽晟等大臣，事体与编氓有异，亦可见其法之严。《旧书·方技传》：崔善为，贞观初拜陕州刺史。"时朝廷立议，户殷之处，得徙宽乡。善为上表，称'畿内之地，是谓户殷，丁壮之人，悉入军府。若听移转，便出关外。虚近实远，非经通之议'"，乃止。则法之所许，亦有时而靳之矣。自狭乡徙宽乡者，得并卖口分田，则并为法之所求。然《新书·李栖筠传》言：栖筠为浙西观察使，奏部豪姓多徙贯京兆、河南，规脱徭科，请量产出赋，以杜奸谋，诏可，则奸民虽徙户殷之处，仍自有其规避赋役之方矣。规避赋役，不外宦、学、释、老及色役，而诈称客户者尤多。《旧书·杨炎传》：凡富人多丁者，率为官、为僧，以色役免，贫人无所入则丁存。故课免于上，而赋增于下。是以天下残瘁，荡为浮人，乡居地著者，百不四五。户籍清厘，事甚不易。《苏瑰传》言：武后时十道使括天下亡户，初不立籍。人畏搜括，即流入比县旁州，更相庾蔽。瑰请罢十道使，专责州县，豫立簿注，天下同日阅正，尽一日止，使梐奸匿。岁一括实，检制租调，以免劳弊。可见州县造籍，久成虚文。《李逊传》：子方玄，为池州刺史。钩检户籍，所以差量徭赋者，皆有科品程章，吏不得私。常曰："沈约年八十，手写簿书，盖为此云。守令能如此者，盖百不得一矣。"宇文融奏置劝农判官十人，并摄御史，分行天下，括得客户凡八十余万。然《旧书·杨炎传》言：开元中不为版籍，人户浸溢，堤防不禁，丁口转死非旧名，田亩换易非旧额，贫富升降非旧第，户部徒以空文总其故书，与武后时州县不阅实，而必别遣十道使者，其事正同。两税法之精意，亦不过户无主客，以见居为簿，人无丁中，以贫富为差十八字而已。然《新书·食货志》，载贞元时陆贽上疏，言今徭赋轻重相百，重处流亡益多，轻处归附益众。有流亡则摊出，已重者愈重，有归附则散出，已轻者愈轻。廉使奏吏之能者有四科，一曰户口增加。《旧书·宣宗纪》：会昌六年（846），五月五日赦书：观察、刺史交代之时，册书所交户口，如能增添至千户，即与超迁，如逃亡至七百户，罢后三年内不得任使。夫贵户口增加，则诡情以诱奸浮，苛法以析亲族。所诱者将议薄征则散，所析者不胜重税而亡。则民之流犹如故也。职是故，著籍之民，与生齿之数，乃大相悬殊。《旧书·职官志》：四万户以上为上州，二万户以上为中州，不满为下州，六千户以上为上县，二千户以上为中县，一千户以上为中下县，不满一千户，皆为下县。《旧五代史·汉隐帝纪》：乾祐三年（950）七月，三司使奏：州县令、录、佐官，请据户籍多少，量定俸户。县三千户以上，令月十千，主簿八千；二千户以上，令月八千，主簿五千；二千户以下，令月六千，主簿四千。又《周太祖纪》：广顺三年（953）十一月，诏重定天下县邑。除畿、赤外，其余三千户以上为望县，二千户以上为紧县，一千户以上为上县，五百户以上为中县，不满五百户为中下县。以吾侪耳目之所听睹，县有不满五百户，其上焉亦仅余六千者乎？《唐明宗纪》：长兴元年（930）九月，阶州刺史王弘贽上言：一州主客，才及千户，并无县局。臣今检括，得新旧主客，已及三千。欲依旧额，立将利、福津二县，请置令佐。从之。括得之户，再倍于本，可见漏籍者之多。《王正言传》：孔谦谓郭崇韬："魏博六州，户口天下之半。"五代人户，见于史者，仅周显德六年（959），其数为二百三十万。详见下。若以六州生齿实数，与举国著籍之数较之，恐尚不啻及半而已。契丹之去相州，大肆屠戮，其后王继弘镇相州，于城中得髑髅十余万，见第十三章第四节。赵思绾之叛，入城时丁口仅十余万，及开城惟余万人，见《旧五代史》本传。此皆以一城言，岂有一州户止数万者邪？

　　漏籍之户，遂可不出赋役乎？是又不然。《新唐书·李杰传》：杰以采访使行山南，时户口逋荡，细弱下户为豪力所兼，杰为设科条区处，防检亡匿，复业者十七八。莫或为之区处，则亦为豪力所隶属而已。小民固不能漏籍也。

《旧五代史·唐明宗纪》：长兴三年（932）二月，秦州奏州界三县之外，别有一十一镇，人户系镇将征科，欲随其便宜，复置陇城、天水二县，从之。《周太祖纪》：广顺二年（952）三月，诏西京庄宅司，内侍省宫苑司，内园等四司所管诸巡系税户二千五百，并还府县。人民不属州县，亦为户口减少之一端，然此等为数当不甚多，不足计也。《新书·李吉甫传》：德宗时，义阳、义章二公主薨，诏起祠堂于墓，百二十楹，费数万计。会永昌公主薨，有司以请，宪宗命减义阳之半。吉甫曰："德宗一切之恩，不足为法。昔汉章帝欲起邑屋于亲陵，东平王苍以为不可，故非礼之举，人君所慎。请裁置墓户，以充守奉。"帝曰："吾固疑其冗，减之，今果然。然不欲取编户，以官户奉坟而已。"吉甫再拜谢。所谓编户，即隶版籍者，官户则罪隶，属司农者也，见第十七章第三节。义阳、义章二主，皆德宗女。永昌，宪宗女。

户籍之法，昔人视之甚重。故分疆、制禄，必视户口之多少以为衡。削平僭伪，收复失地，暨平定四夷，若夷落内附者，必皆列其生齿之数，虽羁縻州，亦多有版。《旧书·李勣传》：李密为王世充所破，拥众归朝，其旧境，东至于海，南至于江，西至汝州，北至魏郡，勣并据之，未有所属。谓长史郭孝恪曰："魏公既归大唐，今此人众土地，魏公所有也。吾若上表献之，即是利主之败，自为己功，以邀富贵，吾所耻也。今宜具录州县名数，及军人户口，总启魏公，听公自献，此则魏公之功也。"乃遣使启密。使人初至，高祖闻其无表，惟有启与密，甚怪之。使者以勣意闻奏。高祖大喜，曰："徐世勣感德推功，实纯臣也。"此削平僭伪者，必以得其户籍为重也。张义潮之来归也，遣其兄义泽奉十一州户口来献，见《旧书·本纪》，此收复失地者，必先得其户籍也。《王彦威传》：朝廷自诛李师道，收复淄、青十二州，未定户籍，乃命彦威充十二州勘定两税使，此久隔王化之地，一朝收复，必以厘正户籍为急务也。高昌之下，高丽、百济之平，史皆详列其郡县户口之数，见《旧书·四夷传》。又《太宗纪》：贞观三年（629），户部奏中国人自塞外来归，及突厥前后内附，开四夷为州县者，男女一百二十余万口。六年，党项羌前后内属者三十万口。此平定四夷，若四夷内附，或中国开辟其地为郡县者，亦必详其户籍也。《新书·地理志》，于羁縻党项府、州，分别其有版、无版，则虽号羁縻，亦以有版为常，无版为变矣。凡治皆以为民，于理固当如是。然版籍迄难得实，而其失实之由，又莫不由于朘削，则政事之非以养民，而实乃朘民以生也旧矣！可胜慨哉？

隋、唐两朝户口之数见于史者：《隋书·地理志》言：隋世户八百九十万七千五百三十，口四千六百一万九千九百五十六。新、旧《唐志》俱同。隋高祖时户口增加情形，见第二章第一节，炀帝时情形，见第二节。《旧书·马周传》：贞观六年（632）上疏言：今百姓比于隋时，才十分之一，则户仅九十万，口仅四百六十万余耳。《高宗纪》：永徽三年（652），上问户部尚书高履行：“去年进户多少？”履行奏称：“进户总一十五万。”又问曰：“隋日有几户？今见有几户？”履行奏：“隋开皇中，有户八百七十万，即今见有户三百八十万。”较贞观之初，所增余四倍矣。《旧书》此文，系年明白，《新书·食货志》云：高宗即位之岁，增户十五万，恐误。《苏瓖传》：瓖于神龙初入为尚书右丞，再迁户部尚书。奏计账所管户，时有六百一十五万六千一百四十一。《玄宗纪》：开元十四年（726）五月，户部进计账，今年管户七百六万九千五百六十五，管口四千一百四十一万九千七百一十二。又二十年，户部计，户七百八十六万一千二百三十六，口四千五百四十三万一千二百六十五。《地理志》：开元二十八年，户部计账，凡郡、府二百二十有八，县千五百七十有三，羁縻州郡，不在此数。户八百四十一万二千八百七十一，口四千八百一十四万三千六百九。《新志》同，而删羁縻州郡不在此数句，亦见其疏也。是时户口岁增，《旧书·职官志·户部》，凡天下之户，八百一万八千七百一十，口四千六百二十八万五千一百五十一，当在二十年之后，二十八年之前。又《本纪》：天宝元年（742），户部进计账，今年管户八百五十二万五千七百六十三，口四千八百九十万九千八百。又十三载，户部计今年见管州县户口，管郡总三百二十一，县一千五百三十八，乡一万六千八百二十九。户九百六十一万九千二百五十四，三百八十八万六千五百四不课，五百三十万一千四十四课。口五千二百八十八万四百八十八，四千五百二十一万八千四百八十不课，七百六十六万二千八百课。见于史者，此为唐极盛之数矣。《代宗纪》：广德二年（764），户部计账，管户二百九十三万三千一百二十五，口一千六百九十二万三百八十六；所减逾三之二。然《新书·刘晏传》，谓晏既被诬，旧吏推明其功，以为开元、天宝间，天下户千万，至德后残于大兵，饥疫相承，十耗其九，至晏充使，户不二百万，则所增已及其半矣。《新书·食货志》：德宗相杨炎，作两税法，旧户三百八十万五千，使者按比，得主户三百八十万，客户三十万。又《杜佑传》：佑于建中初上议省官，言开元、天宝中，四方无虞，编户九百余万，帑藏丰溢，虽有浮费，不足为忧。今黎苗凋瘵，天下户百三十万，陛下诏使者按比，才得三百万，比天宝三分之一，就中浮寄又五之二。出赋者已耗，而食之者如旧，安可不革？按比所得，不应倍于旧数而犹有余，百三十万，盖据安、史乱后最少之数言之，非即时之事也。《旧书·宪宗纪》：元和二年（807），史官李吉甫撰《元和国计簿》总计天下方镇凡四十八，管州、府二百九十五，县一千四百五十三，户二百四十四万二百五十四。其凤翔、鄜坊、邠宁、振武、泾原、银夏、灵盐、河东、易定、魏博、镇冀、范阳、沧景、淮西、淄青十五道，凡七十一州，不申户口。《地理志》：永泰之后，河朔、陇西，沦于寇盗，元和掌计之臣，尝为版籍，二方不进户口，莫可详知。每岁赋入倚办，止于浙江东西、宣歙、淮南、江西、鄂岳、福建、湖南等八道，合四十九州，一百四十四万户。比量天宝，供税之户，则四分有一。天下兵戎，仰给县官，八十三万。然人比量天宝，士马则三分加一，率以两户资一兵。其他水旱所损，征发科敛，又在常役之外。六年，中书、门下奏请省官，言自天宝以后，中原宿兵，见在军士可使者，八十余万；其余浮为商贩，度为僧道，杂入色役，不归农桑者，又十有五六；则是天下常以三分劳筋苦骨之人，奉七分坐衣待食之辈。其说可以互相发明。《穆宗纪》：元和十五年计户账，定，疑夺一守。盐夏、剑南东西川、岭南、黔中、邕管、安南合九十七州，不申户账。长庆元年（821），天下户计二百三十七万五千八百五，口一千五百七十六万二千四百三十二。元不进户口军州，不在此内。《文宗纪》：开成二年（837），户部侍郎判度支王彦威进《供军图略》。《序》言长庆户口，凡三百三十五万，而兵额又约九十九万，通计三户资奉一兵。亦见《彦威传》。则长庆末年户数，较之初年，增及百万矣。四年，户部计见管户四百九十九万六千七百五十二，较长庆末，又增百六十余万。《新书·食货志》载元和、长庆户数及养兵之数，与《旧纪》元和二年、开成元年同。又云：《乾元末，天下上计百六十九州，户百九十三万三千一百二十四，不课者百一十七万四千五百九十二，口千六百九十九万三百八十六，不课者千四百六十一万九千五百八十七。减天宝户五百九十八万二千五百八十四，口三千五百九十二万八千七百二十三。”武宗即位，户二百一十一万四千九百六十。会昌末，户增至四百九十五万五千一百五十一。为《旧书》所无。《十七史商榷》云：以《新书》所载乾元末户数，校天宝元年（742）户数，应减七百四十三万二千六百三十九，口数应减三千二百八十一万四百十四。以校十三载户数，则应减七百六十八万九千一百三十。口数应减三千五百八十九万一千二十。然则《新志》所核算天宝户口之数，既非元年，又非十三载，不知其所据者为何年之籍矣。就《新志》所言，天宝户口数，当有七百九十一万二千七百八户，五千二百九十一万九千一百九口。户减于开元二十八年（740），而口则反增。《旧纪》广德二年（764）户部计账数，与《新志》乾元末相近。长庆元年（821）户口，户较《新志》所载乾元之数，所增颇多，而口则反减云。案，历代版籍，所存既仅，其登降之故，自非后世所能详，唐中叶后，州郡申报与否，又时有变易，其故自更不易推求也。《旧五代史·李琪传》：琪同光三年（925）上疏，言唐自贞观至于开元，将及一千九百万户，五千三百万口，与唐代史家所记，户数大相悬殊，纵有差池，不应至是。然上云尧时户一千三百余万，而下云比之尧舜，又极增加，则一千二字非衍文。盖琪之误记也。五代户口之数，史无所传。惟《旧史·食货志》载周显德五年（958）十月，命在散骑常侍艾颖等三十四人下诸州检定民租，六年春，诸道使臣回，总计检到户二百三十万九千八百一十二。

第四节　人民移徙

调剂土满人满，移易风俗，充实边防，莫不有赖于移民。此等移民，秦、汉时尚有之，魏、晋后则几绝迹矣。盖人莫不有安土重迁之情，而历来官家之移民，又多不能善其事，利未见而害先形，则尚不如无动之为善矣。《隋书·食货志》：天保八年（557），议徙冀、定、瀛无田之人于幽州范阳宽乡，百姓惊扰。开皇十二年（592），时天下户口岁增，京辅及三河，地少而人众，衣食不给，议者咸欲徙就宽乡。帝命诸州考使议之，又令尚书省以其事策问四方贡士，竟无长算。帝乃发使四出，均天下之田。狭乡每丁才至二十亩，老小又少焉。明知土田人口之不相得，而竟不能调剂，即由豫度其事之不易行也。《房陵王传》：高祖受禅，立为皇太子。上以山东民多流冗，遣使按检，又欲徙民北实边塞。勇上书谏曰："窃以导俗当渐，非可顿革。恋土怀旧，民之本情，波迸流离，盖不获已。有齐之末，主暗时昏，周平东夏，继以威虐，民不堪命，致有逃亡，非厌家乡，愿为羁旅。加以去年三方逆乱，赖陛下仁圣，区宇肃清，锋刃虽屏，疮痍未复。若假以数岁，沐浴皇风，逃窜之民，自然归本。虽北夷猖獗，尝犯边烽，今城镇峻峙，所在严固，何待迁配，以致劳扰？"上览而嘉之，遂寝其事。《北史》云：时晋王广亦表言不可，帝遂止。夫惟民之未安，故可乘势迁徙，既安则更难动矣。高祖是谋，未始非因祸为福，转败为功之道，然因勇言而遂止者，亦度其事之不易行也。陈亡后，江南之变，固由苏威等措置不善，亦由讹言将徙其民入关，可见其不可轻举矣。

炀帝营建东京，徙豫州郭下居人以实之。又徙天下富商大贾数万家于东京。事在大业元年（605），见《隋书·本纪》。周革唐命，徙关内雍、同等七州户数十万，以实洛阳。事在天授二年（691），见《旧唐书·本纪》。此皆徙谋京邑之富厚，非如汉主父偃说武帝，陈汤说成帝，兼为治理计也。见《秦汉史》第十三章第四节。《隋书·梁彦光传》：高祖受禅，为岐州刺史，后转相州。在岐州，俗颇质，以静镇之，合境大化，奏课连最，为天下第一。及居相部，如岐州法；邺都杂俗，人多变诈。为之作歌，称其不能理化。上闻而谴之，竟坐免。岁余，拜赵州刺史。彦光言于上，请复为相州。上从之。豪猾者闻其自请而来，莫不嗤笑。彦光下车，发摘奸隐，有若神明。狡猾之徒，莫不潜窜，合境大骇。初齐亡后，衣冠士人，多迁关内，惟技巧、商贩及乐户之家，移实州郭。由是人情险诐，妄起风谣，诉讼官人，万端千变。彦光欲革其弊，乃用秩章之物，招致山东大儒，每乡立学，非圣哲之书，不得教授。常以季月召集之，亲临策试。有勤学异等，聪令有闻者，升堂设馔。其余并坐廊下。有好诤讼，惰业无成者，坐之庭中，设以草具。及大比，当举行宾贡之礼，又于郊外祖道，并以财物资之。于是人皆克厉，风俗大改。案，文帝既再任彦光为相州，自非风谣诉讼所能动，豪猾者亦畏威敛迹耳，岂真革面洗心哉？观此，知移民与风俗，相关甚大。如炀帝、武后之所为，实足以败坏风俗，而贻治理者以隐忧也。

为治理计而移民者绝迹，为征戍计而移民者，则犹时有之。《旧书·太宗纪》：贞观十六年（642）正月，诏在京及诸州死罪囚徒配西州为户。流人未达前所者，徙防西州。《新书·刑法志》云：十四年，诏流罪无远近，皆徙边要州。后犯者浸少，十六年，又徙死罪以实西州，流者戍之，以罪轻重为更限。诏所云流人未达者，盖指十四年以后未至徙所之流人言之。《褚遂良传》载遂良谏疏曰：王师初发之岁，河西供役之年，飞刍挽粟，十室九空，数郡萧然，五年不复。陛下岁遣千余人，远事屯戍。终年离别，万里思归。去者资装，自须营办。既卖菽粟，倾其机杼，经途死亡，复在其外。兼遣罪人，增其防遏。彼罪人者，生于贩肆，终朝惰业，犯禁违公。止能扰于边城，实无益于行陈。所遣之内，复有逃亡，官司捕捉，为国生事。其弊可谓深矣。戍卒资装，自须营办，岂况流人？不能自致，盖由于此？然则虽有更限，亦岂能还返邪？陆贽论谪戍之弊曰：抵犯刑禁，谪徙军城，意欲增户实边，兼令展效自赎。既是无良之类，且加怀土之情，思乱幸灭，又甚戍卒。适足烦于防卫，谅无望于功庸。虽前代时或行之，固非良算之可遵者也。云时或行之，则似非彝典。然《宣宗纪》载会昌六年（847）五月五日赦书，有徒流人在天德、振武者，管中量借粮种俾令耕田一款，则行之之时，恐不少矣。

谪戍之非良算，人人知之，知之而犹行之者，所以省征发，免劳民也。既不能善其事，自不如以召募代之。唐世亦有行之者。《旧书·高宗纪》：显庆六年（661），于河南、河北、淮南六十七州募得四万四千六百四十六人往平壤、带方道行营是也。陆贽欲以代诸道番替防秋。请因旧数而三分之：其一分，委本道节度使募少壮愿住边城者徙焉。其一分，则本道但供衣粮，委关内、河东诸军州，募蕃汉子弟愿傅边军者给焉。又一分，亦令本道但出衣粮，加给应募之人，以资新徙之业。又令度支散于诸道，和市耕牛。兼雇召工人，就诸军城，缮造器具。募人至者，每家给耕牛一头，又给田农水火之器，皆令充备。初到之岁，与家口二人粮，并赐种子，劝之播殖。待经一稔，俾自给家。若有余粮，官为收籴，各酬倍价，务奖营田。既息践更征发之烦，且无幸灾苟免之弊。寇至则人自为战，时至则家自力农。时乃兵不得不强，食不得不足。与夫倏来忽往，岂可同等而语哉？此说规划周详，颇近晁错徙民塞下之论，然岂骄悍之边将所能行哉？

人民自行移徙者，以避乱及逃荒为多。《旧书·地理志》云：自至德后，中原多故。襄、邓百姓，两京衣冠，尽投江、湘。故荆南井邑，十倍其初。荆州。此犹后汉之末，中原人士，多投刘景升也。更南即至岭表矣。观南汉刘氏所用多中原人士可知也。《隋书·高祖纪》言：帝之东拜泰山，"关中户口，就食洛阳者，道路相属"。见第二章第一节。《新书·魏徵传》：徵上疏陈不克终十渐，云"贞观初，频年霜旱，畿内户口，并就关外，扶老携幼，来往数年，卒无一户亡去"。隋高祖、唐太宗之时，号称治世，而民就食者如是之多，丧乱之时可知。"无一户亡去"，特徵之巽辞耳。民流亡则失赋役，故所在或欲禁之。所至之处，难于安集，则又或拒之。《新书·李义琰传》：从祖弟义琛，为雍州长史，时关辅大饥，诏贫人就食襄、邓，义琛恐流徙不还，上疏固争。诏许之。就食者犹恐其不还，而流亡者无论矣。《旧书·张延赏传》：为扬州刺史。属岁旱歉，人有亡去者，吏或拘之。延赏曰："人恃食而生。居此坐毙，适彼可生。得存吾人，何限于彼？"乃具舟楫而遣之，俾吏修其庐室，已其逋责，而归者增于其旧。《新书·王播传》：弟子式，为晋州刺史。会河曲大歉，民流徙，他州不纳，独式劳恤之，活数千人。观二人之见称道，而知能如是者之不多也。

戎马倥偬之际，不独人民自行移徙也，拥兵者又迫而徙之。《旧书·地理志》：尉迟迥举兵，杨坚令韦孝宽讨平之，乃焚烧邺城，徙其居人，南迁四十五里，而以安阳城为相州理所。此欲隳名城，而迫徙其民者也。元谊率洺州兵五千，民五万家东奔田绪。《旧书·德宗纪》：贞元十二年（796）。秦宗权攻汴而败，过郑，焚郫舍，驱其民入淮南。《新书》本传。孙儒攻杨行密，又大驱淮南之民渡江。见第十一章第五节。朱全忠与朱瑾争，遣丁会徙兖州界数千户于许。事在唐景福元年（892），见《旧五代史·梁太祖纪》。时溥之败，请和于朱全忠，全忠约徙地而罢兵。昭宗以宰相刘崇望代溥，溥虑去徐且见杀，惶惑不受命，谕军中固留。诏可。泗州刺史张谏，闻溥已代，即上书请隶全忠，纳质子焉。溥既复留，谏大惧。全忠为表徙郑州。谏虑两怨集己，乃奔杨行密。行密以谏为楚州刺史，并其民徙之，而以兵屯泗。《新书·时溥传》。此等皆利其民，又不欲以之资敌，而迫徙之者也。至朱全忠之劫迁唐室，而祸斯极矣。

边城有不能守者，或亦移其民而弃之。《旧书·地理志》：永淳元年（682），云州为贼所破，因废，移百姓于朔州，其一事也。弃其地并徙其民，则其地更不易复。何者？无延颈而望，箪食以迎者也。即复之亦不易守。何者？不易更移民以实之也。参看《两晋南北朝史》第十七章第四节崔浩论凉州事。历代边境，因是而蹙者盖不少。刘琨不徙陉北之民，拓跋氏未必能坐大也。唐末东北、西北二边之蹙亦由此，契丹、西夏之所由兴也。

移夷落入中国者，唐时亦有之。《旧书·高宗纪》：总章二年（669）五月，移高丽户二万八千二百，车一千八十乘，牛三千三百头，马二千九百匹，驼六十头，将入内地；莱、营二州，般次发遣，量配江、淮以南及山南、并、凉以西诸州空闲处安置。《玄宗纪》：开元十年（722）九月，诏移河曲六州残胡五万余口于许、汝、唐、邓、仙、豫等州；皆规模之较大者也。此等苟能善为绥抚，未始不可化殊俗为齐人，徙戎之论，实为一时之宜，而非经久之计，说见第四章第二节。汉人之流落外国，及为外族所略者亦甚多。《代宗纪》：永泰元年（765），吐蕃大掠京畿，男女数万计，焚庐舍而去。京畿如此，边地不必论矣。《太宗纪》：贞观三年（629），户部奏言：中国人自塞外来归，及突厥前后内附，开四夷为州县者，男女一百二十余万。此汉人之自拔来归者也。五年四月，以金帛购中国人因隋末没突厥者男女八万人，尽还其家属。二十一年六月，诏以隋末时，边民多为戎狄所掠，今铁勒归化，宜遣使访燕然等州，与都督相知，访求没落之人，赎以货财，给粮递还本贯。《通鉴》又云：《其室韦、乌罗护、靺鞨三部人，为薛延陀所掠者，亦令赎还。"于外夷亦无岐视，可谓仁矣。此国家拔出之者也。然此等势不能遍。《通鉴》于十五年云：上遣职方郎中陈大德使高丽。八月，自高丽还。大德初入其境，欲知山川风俗，所至城邑，以绫绮遗其守者，曰："吾雅好山水，此有胜处，吾欲观之。"守者喜，导之游历，无所不至。往往见中国人。自云家在某郡，隋末从军，没于高丽。高丽妻以游女，与高丽错居，殆将半矣。因问亲戚存殁。大德给之曰："皆无恙。"咸涕泣相告。数日后，隋人望之而哭者，遍于郊野。可见不能自拔，而国家亦不能拔出之者，实不少矣。张公谨策突厥之可取也，曰："华人在北者甚众，比闻屯聚，保据山险，王师之出，当有应者。"此拓土之所资也。刘守光暴虐，幽、涿之人，多亡入契丹。阿保机又间入塞，攻陷城邑，俘其人民。依唐州县，置城以居之。其后诸部以其久不代，共责诮之。阿保机不得已，传其旗鼓，而谓诸部曰："吾立九年，所得汉人多矣，吾欲自为一部，以治汉城，可乎？"诸部许之。汉城在炭山东南滦河上，有盐铁之利，乃后魏滑盐县也。其地可植五谷。阿保机率汉人耕种，为治城郭邑屋廛市，如幽州制度。汉人安之，不复思归。《五代史·四夷》附录。此则转以吾民，为他人奉已。胡峤之随萧翰而北也，登天岭。岭东西连亘，有路北下。四顾冥然，黄云白草，不可穷极。契丹谓峤曰："此辞乡岭也，可一南望，而为永诀。"同行者皆恸哭，往往绝而复苏。乌乎！哀哉！

第五节　风　　俗

《汉》《隋》两书《地理志》，皆详述当时各地风俗，而唐以后之史阙焉。杜氏《通典》，本《禹贡》九州，益以南越之地，各言其风俗，其辞甚略，然与《汉》《隋》两书校其同异，亦足见风俗变迁之迹也。今录其说如下：

雍州曰："雍州之地，厥田上上。鄠、杜之饶，号称陆海。四塞为固，被山带河。秦氏资之，遂平海内。汉初，高帝纳娄敬说而都焉。又徙齐诸田，楚昭、屈、景、燕、赵、韩、魏之后，及豪族、名家于关中。强本弱末，以制天下。自是每因诸帝山陵，则迁户立县，率以为常。故五方错杂，风俗不一，汉朝京辅，称为难理。其安定、彭原之北，汧阳、天水之西，接近胡戎，多尚武节。自东汉、魏、晋，羌、氐屡扰。旋则苻、姚迭据，五凉更乱。三百余祀，战争方息。帝都所在，是曰浩穰。其余郡县，习俗如旧。"此可见关中之地，俗杂五方，民尚武节，皆未遽变于前世，而累经丧乱，元气未复，惟辇毂之下为殷盛也。

古梁州曰："巴蜀之人，少愁苦而轻易淫佚。周初，从武王胜殷。东迁之后，楚子强大，而役属之。暨于战国，又为秦有。资其财力，国以丰赡。汉景帝时，文翁为蜀郡守，建立学校，自是蜀士学者，比齐、鲁焉。土肥沃，无凶岁。山重复，四塞险固。王政微缺，跋扈先起。故一方之寄，非亲贤勿居。"此言蜀地以土沃而多财，其人以多财而尚文也。

古荆、河州豫州，以避讳改称。曰："荆、河之间，四方辐辏，故周人善贾，趋利而纤啬。韩国分野，亦有险阻。自东汉、魏、晋，宅于洛阳，永嘉以后，战争不息。元魏徙居，才过三纪。逮乎二魏，爰及齐、周、河、洛、汝、颍，迭为攻守。夫土中风雨所交，宜乎建都立社，均天下之漕输，便万国之享献。不恃隘害，务修德刑，则卜代之期，可延久也。"此言其地以居土中而争战剧，迄唐仍以是控制东方也。

古冀州曰："冀州，尧都所在，疆域尤广。山东之人，性缓尚儒，仗气任侠，而邺郡，高齐国都，浮巧成俗。山西土瘠，其人勤俭，而河东，魏晋以降，文学盛兴。闾井之间，习于程法。并州近狄，俗尚武艺。左右山河，古称重镇。寄任之者，必文武兼资焉。"此言其地山东西风俗不同，而山东之邺，山西之河东，在其中又为特异。合并州凡有三俗焉。

古兖州曰："徐方邹、鲁旧国，汉兴犹有儒风。自五胡乱华，天下分裂。分居二境，尤被伤残。彭城要害，藩捍南国，必争之地，常置重兵。数百年中，无复讲诵。况今去圣久远，人情迁荡。大抵徐、兖，其俗略同。"此言兖州兼及徐州。其地自五胡乱华以来，变迁为最剧也。

古扬州曰："扬州人性轻扬，而尚鬼好祀，每王纲解纽，宇内分崩，江、淮滨海，地非形势，得之与失，未必轻重，故不暇先争。然长淮、大江，皆可拒守。闽、越遐阻，僻在一隅，凭山负海，难以德抚。永嘉之后，帝室东迁，衣冠避难，多所萃止。艺文儒术，斯之为盛。今虽闾阎贱品，处力役之际，吟咏不辍。盖因颜、谢、徐、庾之风扇焉。"此言自三国以降，南方获偏安之由，及永嘉之后，南方文物之所以日盛也。

古荆州曰："荆楚风俗，略同扬州。杂以蛮僚，率多劲悍。南朝鼎立。皆为重镇。然兵强财富，地逼势危。称兵跋扈，无代不有。是以上游之寄，必详择其人焉。"此所言者，乃东晋南北朝之形势也。

古南越唐岭南道。曰："五岭之南，人杂夷僚。不知教义，以富为雄。珠崖环海，尤难宾服。是以汉室，常罢弃之。大抵南方遐阻，人强吏懦。豪富兼并，役属贫弱。俘掠不忌，古今是同。其性轻悍，易兴迷节。爰自前代，及于国朝，多委旧德重臣，抚宁其地也。"此可见其地至唐世，政治之力尚弱，部落之力甚强也。

大抵交通便易之地，人事之变易多，风俗之迁流亦剧，闭塞之地则不然。然迁流之剧，亦必阅一时焉而后知，生当其时者不觉也。隋、唐之世之变迁，最大者为江域之财力及其文物，超出于河域之上。观天宝乱后，唐室恃江淮之财赋为命脉；五代之世，金陵之文物，远非汴、洛所及可知。淮域劲悍，杨行密尚用之以抗北兵，孙儒、朱全忠。而南唐迄以不振，亦以其退居江左，溺于宴安故也。岭南演进颇速，盖以海表估舶，谋近岭北，稍自交州，移于广州。闽介楚、越，始终以小国自居，而南汉侈然帝制自为，盖以此故。云南演进亦速，蒙氏遂克与上国抗衡。此其牖启，盖亦资印、缅。惟今黔、桂之地，变迁甚少，则以其最闭塞故也。此等自易世之后观之，了然无疑，而当时之人，曾不能道，盖以其为变甚徐也。惟北方变迁最剧。此为自宋至明，外患率来自东北，而西北遂尔荒废之由。其关系之大，可谓莫与比伦。以其来也骤，故当时之人，已颇能知之。然其迁流所届，及其所以然之故，则言之亦殊不易也。

近人陈寅恪作《唐代政治史述论稿》，其上篇谓唐中叶后，河北实为异族所荐居，三镇之不复，非徒政理军事之失，引杜牧《范阳卢秀才墓志》、韩愈《送董邵南序》为证。牧之文云："秀才卢生，名霈，字子中。自天宝后三代，或仕燕，或仕赵。两地皆多良田畜马。生年二十，未知古有人曰周公、孔夫子者。击毬饮酒，马射走兔，语言习尚，无非攻守战斗之事。"愈之文曰："燕、赵古称多感慨悲歌之士，董生举进士，连不得志于有司，怀抱利器，郁郁适兹土，吾知其必有合也。董生勉乎哉！夫以子之不遇时，苟慕义强仁者，皆爱惜焉，矧燕、赵之士出乎其性者哉？然吾常闻风俗与化移易，吾恶知其今不异于古所云邪？聊以吾子之行卜之也。"陈氏曰："据前引杜牧之《范阳卢秀才墓志》语言习尚无非攻守战斗之句及此序风俗与化移易之语，可知当日河北社会全是胡化……若究其所以然之故，恐不于民族迁移一事求之不得也。"因详考安禄山之为羯胡，陈氏引《旧唐书·肃宗纪》天宝十五载（756）七月甲子制曰："乃者羯胡乱常，两京失守。"建中二年（781）德宗褒恤诏曰："羯胡作祸。"《新唐书·封常清传》曰："先锋至葵园，常清使骁骑与柘羯逆战。"临终时表曰："昨日与羯胡接战。"《张巡传》曰："柘羯千骑。"《颜鲁公集·陆康金吾碑》，目安禄山为羯胡。姚汝能《安禄山事迹》，亦多羯胡之语。杜甫《喜官军已临贼境二十韵》曰："柘羯渡临淮。"则其《咏怀古迹》"羯胡事主终无赖"句，实以时事入诗，不仅用梁侯景事，如《梁书·武陵王纪传》所谓"羯胡叛涣"者也。玄奘《西域记》曰："飒秣建国，兵马强盛，多是赭羯之人。其性勇烈，视死如归。"飒秣建即康。《新书·康传》云："枝庶分王，曰安，曰曹，曰石，曰米，曰何，曰火寻，曰戊地，曰史，世谓昭武九姓。"《安传》曰："募勇健者为柘羯，柘羯，犹中国言战士。"据《西域记》，赭羯是种族名，云战士，非后来引申，即景文误会。《石传》曰："石或曰柘支，曰柘折，曰赭时。"赭羯即柘羯异译耳。案，陈氏此论甚精。中亚与中国，往来甚早，予因疑五胡中之羯，亦因中有西胡相杂，故蒙是称。其俗火葬，与《墨子·节葬》言仪渠，《吕览·义赏》言氏羌之俗合者，乃因其东来时与之相杂；抑火葬非东方之俗，仪渠、氏羌，或正受之西胡也。参看《先秦史》第十三章第三节。并列诸节镇之为异族，及虽难质言，而可疑为异族者，以明其说。案，李尽忠叛后，异族入处幽州者甚多。已见第四章第四节，安、史乱后自尤甚。然谓其人之众，足以超越汉人，而化其俗为戎狄，则见卵而求时夜矣。韩公之文，乃讽董邵南使归朝，非述时事。杜牧之云，则谓卢生未尝读书耳，非谓其地之人，举无知周公、孔子者，生因是而无闻焉也，岂可以辞害意？陈氏又引《新书·史孝章传》孝章谏其父宪诚之语曰："天下指河朔若夷狄然"；《藩镇传序》曰："遂使其人由羌狄然，迄唐亡百余年，率不为王土"；谓"不待五代之乱，东北一隅，已如田弘正所云山东奥壤，悉化戎墟者"。弘正受节钺后上表，见《旧书·本传》。夫曰若夷狄然，曰由羌狄，正见其人实为中国，若本为外族，又何诛焉？弘正之语，亦斥其地藩帅之裂冠毁冕，故其下文云："官封代袭，刑赏自专"，非谓其地之人，遂为伊川之被发也。史朝清之乱幽州，《通鉴考异》引《蓟门纪乱》，言高鞠仁与阿史那承庆、康孝忠战，鞠仁兵皆城旁少年，骁勇劲捷，驰射如飞，承庆兵虽多，不敌，大败。杀伤甚众，积尸成丘。承庆、孝忠出城收散卒，东保潞县。又南掠属县。野营月余，径诣洛阳，自陈其事。城中蕃军家口，尽逾城相继而去。鞠仁令城中杀胡者皆重赏。于是羯胡俱殪。小儿皆掷于空中，以戈承之。高鼻类胡而滥死者甚众。此事与冉闵之诛胡羯绝相类。观其所纪，汉兵实较胡兵为强，正不必戎虏而后有勇也。《纪乱》又言：是乱也，自暮春至夏中。两月间，城中相攻杀凡四五，死者数千。战斗皆在坊市间巷间，但两敌相向，不入人家剽劫一物，盖家家自有军人之故？又百姓至于妇人、小童，皆闲习弓矢，以此无虞。可见汉人习兵者之众矣。或谓安知其中无东方种族，如奚、契丹之伦者，俗异而貌不异，故诛戮不之及乎？此诚可颇有之，然必不能甚众。民之相仇，以习俗之异，非以容貌之殊，俗苟不同，杀胡羯时必不能无波及，其人亦必不能不自昵于胡羯也。《考异》又引《河洛春秋》，谓高如震与阿史那相持，阿史那从经略军，领诸蕃部落及汉兵三万人，至宴设楼前，与如震会战。如震不利。乃使轻兵二千人，于子城东出，直至经略军南街，腹背击之。并招汉兵万余人。阿史那兵败，走武清县界野营。后朝义使招之，尽归东都。应是胡面，不择少长尽诛之。明当时胡汉各自为军，汉实多于胡也。当时幽州而外，属县亦殆无胡人，故胡兵一败，只可野营，不然，未必无他城邑可据也。健武之俗，习于战斗则自成，割据久而忘顺逆，亦为事所恒有，初不关民族异同。《旧五代史·张宪传》云：太原地雄边服，人多尚武，耻于学业，夫岂晋阳，亦沦戎索？希烈、少诚，篡申、蔡四十载，史亦言其地虽中原，人心过于夷貉，岂亦有异族入据乎？陈氏之论，于是乎失之固矣。然谓东北风俗之变，由于其民多左衽固非，而是时东北风俗，有一剧变，则固不容诬也。

《唐代政治史述论稿》中篇，又明唐代山东旧族，与永淳后借文辞以取科第之士，各自分朋。谓宇文氏之据关中，曾思抟结所属胡、汉为一。参看第十七章第一节。隋、唐王室，及其辅弼，犹是此徒党中人，而新兴崇尚文辞之士，则武后拔擢之，以抑厌唐初旧人者。其后关辅巨室遂衰，而山东旧族，则仍与新兴崇尚文辞之士不相中。引《新唐书·张行成传》：行成侍太宗宴，太宗语及山东及关中人，意有同异，以证唐初之东西猜间。又引郑覃、李德裕等欲废进士之科，以证山东旧族与崇尚文辞之士之睽隔。案，《新书·韦云起传》，言云起于大业初建言：今朝廷多山东人，自作门户，附下罔上为朋党，不抑其端，必乱政，因条陈奸状。炀帝属大理推究，于是左丞郎蔚之、司隶别驾郎楚之等皆坐免，则东西猜间，隋世即然，谓其起于宇文氏之世，说自不诬。然是时之山东人，则不过欲仕新朝，而为所歧视，因相结合，以图进取，免挤排耳，不必有何深意。陈氏谓山东旧族，尚经学，守礼法，自有其家法及门风，因此乃与崇尚文辞之士不相中，一若别有其深根固柢之道，而其后推波助澜，遂衍为中叶后朋党之局者，实未免求之深而反失之也。治化之兴替，各有其时；大势所趋，偏端自难固执。尚经学，守礼法者，山东之旧风，爱文辞，流浮薄者，江东之新俗。以旧日眼光论，经学自贵于文辞，礼法亦愈于浮薄。然北方杂戎虏之俗，南方则究为中国之旧，统一之后，北之必折入于南者，势也。故隋、唐之世，文辞日盛，经学日微，浮薄成风，礼法凋敝，实为大势之所趋，高宗、武后，亦受其驱率而不自知耳。以为武后有意为之，以抑厌唐室之世族，又求之深而反失之矣。然此为唐代风气一大转变，则亦不可诬也。

隋、唐风俗，实上承南北朝而渐变。旧俗之不可存者，逐渐摧残剥落，而新机即萌蘖于其间，此乃理势之自然，言风俗者不可不深察也。六朝风气，史家举其特异之处，曰尊严家讳，曰崇尚门第，曰慎重婚姻，曰区别流品，曰主持清议，已见《两晋南北朝史》第十八章第二节。尊严家讳之风，隋、唐之世犹盛。然或讳嫌名，或偏讳二名，皆流于小廉曲谨，于义无取。《旧唐书·太宗纪》：武德九年（626）六月己巳，令官号、人名、公私文籍，有世民两字不连续者，并不须讳。此时太宗尚仅为太子，然即位之后，亦未之有改。贞观二十三年（649）五月，太宗崩。六月，《通鉴》云：先是太宗二名，令天下不连言者勿避，至是始改官名犯先帝讳者。二名不偏讳，不闻限于生前，此已失礼意矣。《旧书·本纪》：是岁七月，有司请改治书侍御史、治中、治礼郎等官。以贞观时不讳先帝二字诏之。有司奏曰：先帝二名，礼不偏讳，上既单名，臣子不合指斥。乃从之。后来穆宗名恒，乃改恒州、恒阳县、恒王房等，事与此同。虽阙于事，在君主专制之世，庸或不得不然。宪宗名纯，而改淳州、淳县、淳风县；韦思谦本名仁约，以音类则天父讳称字；张仁愿本名仁亶，以音类睿宗讳改；则并为嫌名矣。犹可曰君主或其父母也。永徽三年（652）九月，改太子中允、中书舍人、诸率府中郎将，以避太子名。刘子玄本名知幾，玄宗在东宫，以音类改，则并及于太子矣。睿宗第四子隆范，第五子隆业，皆避玄宗去隆字，则并及于连名矣。古之讳者，讳其音不讳其字。崔玄暐本名晔，以字下体有则天祖讳改，更为谄而非礼。《旧五代史·唐明宗纪》：天成元年（926）六月，诏曰：太宗时臣有世南，官有民部，应文书内所有二字，但不连称，不得回避。然又云：如是臣下之名，不欲与君亲同者，任自改更，则又孰敢不改者乎？《新史·杨光远传》云：光远初名檀，清泰二年（935），有司言明宗庙讳，犯偏旁者皆易之，乃赐名光远。则转出于偏讳之外。《晋高祖纪》：天福三年（938）二月辛丑，中书上言：唐太宗二名并讳，明宗二名亦同；人姓与国讳音声相近是嫌名者，亦改姓氏；与古礼有异。庙讳平声字即不讳余三声，讳侧声字即不讳平声字。所讳字正文及偏旁阙点画，望依令式施行。诏依唐礼施行。案语云：太原县有史匡翰碑，立于天福八年。匡翰，建瑭之子也。碑于瑭字空文以避讳，而建瑭父敬思，仍书敬字，盖当时避讳之体如此，此亦于不偏讳之义不合。《少帝纪》：即位之岁，七月戊子，诏应宫殿、州县及官名、府号、人姓名，与先帝讳同音者改之。于是改明堂殿、政事堂等。案语云：《东都事略·陶谷传》：谷本姓唐，避晋祖讳改姓陶，则既偏讳，又及其嫌，更变本加厉矣。要之，皆韩愈所云宦官宫妾之所为而已。而不恤以之废公。《新五代史·石昂传》：节度使符习高其行，召以为临淄令。习入朝京师，监军杨彦朗知留后事。昂以公事至府上谒。赞者以彦朗讳石，更其姓曰右。昂仰责彦朗曰："内侍奈何以私害公？"昂姓石，非右也。此私讳不可害及公事之证也。《旧唐书·懿宗纪》：咸通二年（861）八月，以卫洙为渭州刺史。洙奏官号内一字与臣家讳音同，请改授闲官。敕曰：嫌名不讳，著在礼文，成命已行，固难依允，是已。而《源乾曜传》：乾曜迁太子太师，以祖名师固辞，乃拜太子太傅，是其许否并无定法也。尤可骇者：《旧五代史·唐明宗纪》：天成三年二月，工部尚书卢文纪贬石州司马，员外安置。文纪私讳业。时新除于邺为工部郎中，旧例，察属名与长官讳同，或改其任。文纪素与宰相崔协有隙，故中书未议改官。于邺授官之后，文纪自请连假。邺寻就位。及差延州官告使副，未行，文纪参告，且言候邺回日，终请换曹。邺其夕遂自经而死。故文纪贬官。《新史·文纪传》云：协除于邺，文纪大怒。邺赴省参谒，文纪不见之。因请连假。已而邺奉使，未行，文纪即出视事。邺因醉忿自经死。盖邺初附协以挫文纪，后又不知如何，忿怒而至于自戕也。此事之情不可知，然虚文则竟成杀人之具矣。甚至相挤排之时，则以之责人，及其趋利附势，则又弃如敝屣。唐德宗时，李涵自御史大夫改太子少傅。其为浙西时，判官吕渭上言：涵父名少康，今为少傅，恐乖礼典。宰相崔祐甫奏曰：若朝廷事有乖舛，群臣悉能如此，实太平之道。乃特授渭司门员外郎。寻御史台劾奏：涵再任少卿，此时都不言，今为少傅，妄有奏议。乃贬渭歙州司马，而涵卒改检校工部尚书兼光禄卿。事见《旧书》《涵》及《渭传》。渭即不挟诈，如此毛举细故，而云可以致太平，岂不令人发笑？则不独渭，崔祐甫之言，亦朋党之论也。《新书·李廓传》：孙碣，大中末擢进士，累迁户部侍郎，分司东都。劾奏内圉使郝景全不法事。景全反摘碣奏犯顺宗嫌名，坐夺俸。碣上言：因事告事，旁讼他人者，咸通诏语也。礼不讳嫌名，律庙讳嫌名不坐，岂臣所引诏书，而有司辄论奏？臣恐自今用格令者，委曲回避，旁缘为奸也。乃诏不夺俸。细人之坏礼破律，以相贼害，有如此者。《旧书·李贺传》云：父名晋肃，以是不应进士。韩愈为之作《讳辩》，贺竟不就试。殿本《考证》云：《剧谈录》云：元和中，李贺善为歌篇，韩公深所知重。于缙绅间每加延誉，由是声华藉甚。时元稹年少，以明经擢第，常愿交结贺。一日，执贽造门，贺览刺，令仆者谓曰："明经及第，何事来看李贺？"稹惭忿而退。其后稹制策登科，日当要路。及为礼部郎中，因议贺父讳晋肃，不合应进士举。文公惜其才，为著《讳辩》以明之。《摭言》亦云：贺举进士，或谤贺不避家讳，文公特著《讳辩》一篇。据此，则贺尝举进士，而元稹谤之，史云竟不就试非也。贺无严其家讳之心，而疾之者借以造谤，礼之末流，则如是而已。此其可耻，盖又甚于韩愈所云宦官宫妾之为。此等风俗，而合久持乎？矜尚门第，慎重婚姻，区别流品，其为得失，观论婚姻、宗族、门阀、选举各节自明。至于清议，则除刘蕡等一二鲠直之士外，实未之有闻。唐人所谓清议者，大率毛举细故，曲加附会，甚至讦人阴私，造作蜚语，以图进取而谋倾陷，快私忿而要时誉。读前此诸章所辩正，自可见之。此等风气，相沿至于宋、明，未之有改。遂至败坏国事，举大局以徇一人意气之私，淆乱是非，肆曲笔而诒惇史千秋之累。其为博祸，诚可痛心。论者多以是为理学之咎，实则理学真谛，在于惩忿窒欲，存理去私，安得如是？是特朋党之士，伪托理学之名，致使不察其实者，连类而并讥之耳。理学家好作诛心之论，又其视私德过重，诚有足长朋党攻击之弊者，然别有用心者，借资其学，以遂其私，究不能即以为是学之咎也。不特此也，魏、晋后风俗之敝，莫大于民族之义未昌，君臣之义先敝，《两晋南北朝史》第十八章第二节，亦已言之。隋、唐之世，此风亦未有改。董邵南盖即其中之一人。《旧唐书·李益传》，言益登进士第，久之不调，而流辈皆居显位，益不得意，北游河朔。幽州刘济，辟为从事。尝与济诗，有不上望京楼之句。此又一董邵南也。贾至议贡举事云：近代趋仕，靡然乡风，致使禄山一呼，而四海震荡，思明再乱，而十年不复。《旧书·杨绾传》。禄山以羯胡而驱率戎虏，实为五胡乱华之祸之再见，而其时之人，腼然安之若此，安怪冯道，历受沙陀、契丹官爵，尚佻然以长乐老自夸乎？士气至此，国家、民族，尚谁与立哉？陈氏述论，亦引李益事，而论之曰：观此，则董邵南之游河北，盖是当日常情。因谓唐之后半，一国之中，实有两独立敌视之团体，统治之者，种族、文化，宜有不同。此亦求之深而反失之。唐代士人如此，实缘其时科第之士仕进之途狭而杂流多，而其时士风，又极躁进耳。《新书·钟传》云：广明后，州县不乡贡，惟传岁荐士，行乡饮酒礼，率官属临观，资以装赍，士不远千里走传府。董邵南、李益，亦此等人物而已。其来也，既惟为身谋，其得之，自惟有委蛇以避祸。冯道不幸而为世所指摘，其实当时如道者岂止一人？且如郑韬光，唐宣宗之外孙，历仕至晋初乃致仕。史称其事十一君，越七十载，所仕无官谤，无私过，士无贤不肖，皆恭己接纳，交友之中无怨隙，亲戚之间无爱憎，其善自全，又宁让冯道邪？世惟耽于逸乐者，虽迫危亡，而不能自振。《旧书·郑覃传》：文宗谓宰臣曰："百司弛慢，要重条举。"覃对曰："丕变风俗，当考实效。自三十年已来，多不务实，取于颜情。如嵇、阮之流，不摄职事。"李石云："此本因治平，人人无事，安逸所致。今之人俗，亦慕王夷甫，耻不能及之。"此可见唐代玄学衰矣，不事事之风顾在。《通鉴》：宪宗元和十五年（820），上谓给事中丁公著曰："闻外间人多宴乐，此乃时和人安，足用为慰。"公著曰："此非佳事，恐渐劳圣虑。"上曰："何故？"对曰："自天宝以来，公卿大夫，竞为游宴，沉酣昼夜，犹杂子女，不愧左右。如此不已，则百职皆废，陛下能无独忧劳乎？"此又可知其不事事之风之所由来也。得非南北朝余习乎？

风俗之敝至此，其何以救之？曰：复古之经，务民之义，所以挽佛、老末流，遗弃世事之失也。明君臣之义，严夷夏之防，慎重行止，爱惜名节，所以矫魏、晋以来，惟重私门，敢于冒进，败名丧检，无所不为之弊也。是则有宋诸贤之所务，而其风气，实亦隋、唐之世逐渐开之。此则贞元剥复之机也。俟讲学术时明之。

第十七章　隋唐五代社会等级

第一节　门　　阀

物有欲摧折之而适以扶持之者，唐代官修谱系之书是已。《旧唐书·高士廉传》云：朝议以山东人士，好自矜夸，虽复累叶陵迟，犹恃其旧地，女适他族，必多求聘财，太宗恶之，乃诏士廉与御史大夫韦挺、中书侍郎岑文本、礼部侍郎令狐德棻等刊正姓氏。于是普责天下谱牒，仍凭据史传，考其真伪，忠贤者褒进，悖逆者贬黜，撰为《士族志》。士廉乃类其等第以进。太宗曰："我与山东崔、卢、李、郑，旧既无嫌，为其世代衰微，全无冠盖，犹自云士大夫。婚姻之间，则多邀钱币。才识凡下，而偃仰自高。贩鬻松槚，依托富贵。我不解人间何为重之？只缘齐家惟据河北，梁、陈僻在江南，当时虽有人物，偏僻小国，不足可贵，至今犹以崔、卢、王、谢为重。我平定四海，天下一家，凡是朝士，皆功效显著，或忠孝可称，或学艺通博，所以擢用，见居三品以上。欲共衰代旧门为亲，纵多输钱帛，犹被偃仰。我今特定族姓者，欲崇重今朝冠冕，何因崔幹犹为第一等？昔汉高祖，止是山东一匹夫，以其平定天下，主尊臣贵。卿等读书，见其行事，至今以为美谈，心怀敬重。卿等不贵我官爵邪？不须论数世以前，止取今日官爵高下作等级。"遂以崔幹为第三等。及书成，凡一百卷，诏颁于天下。《经籍志》：《大唐民族志》一百卷，《新书·艺文志》同。《旧纪》：贞观十二年（638）正月，吏部尚书高士廉等上《氏族志》一百三十卷。疑其书奏上后又有更定。《李义府传》云：太宗命士廉、挺、文本、德棻等，及四方士大夫谙练门阀者修《氏族志》。勒成百卷，升降去取，时称允当。颁下诸州，藏为永式。义府耻其家代无名，乃奏改此书。专委礼部郎中孔志约、著作郎杨仁卿、太子洗马史玄道、太常丞吕才重修。《新书·义府传》云：时许敬宗以不载武后本望，义府亦耻先世不见叙，更奏删正。《通鉴》则云：许敬宗等以其书不叙武后本望，奏请改之，乃命礼部郎中孔志约等比类升降，以后族为第一等，而未及义府。盖义府虽以先世不见叙为耻，而其事之获行，则实以不载武后本望故也。《旧书》专咎义府，恐非实录。志约等遂立格，云皇朝得五品官者，皆升士流。于是兵卒以军功致五品者，尽入书限。更名为《姓氏录》。由是缙绅士大夫，多耻被甄叙，皆号此书为"勋格"。谓其如勋之易得，非谓据勋为定也。义府仍奏收天下《氏族志》本焚之。《柳冲传》云：景龙中，累迁为左散骑常侍，修国史。初贞观中，太宗令学士撰《氏族志》百卷，以甄别士庶，至是向百年，而诸姓至有兴替。冲乃上表，请改修氏族。中宗命冲与左仆射魏元忠及史官张锡、徐坚、刘宪等八人，又四人为萧至忠、岑羲、崔湜、吴兢，见《新书·冲传》。依据《氏族志》，重加修撰。元忠等施功未半，相继而卒，乃迁为外职。至先天初，冲始与侍中魏知古、中书侍郎陆象先及徐坚、刘子玄、吴兢等撰成《姓录》二百卷奏上。《纪》在开元二年（714）七月。据《萧至忠传》，与撰是书者，尚有窦怀贞、崔湜。《岑文本传》：其兄孙羲，亦与于是役。开元二年，又敕冲及著作郎薛南金刊定。此唐代官修谱系之始末也。《韦述传》：秘书监马怀素，受诏编次图书，奏用左散骑常侍元行冲、左庶子齐澣、秘书少监王珣、卫尉少卿吴兢，并述等二十六人，同于秘阁详录四部书。怀素寻卒，行冲代掌其事。五年而成。其总目二百卷。述好谱学。秘阁中见《姓族系录》二百卷，于分课之外，手自抄录，暮则怀归。如是周岁，写录皆毕。百氏源流，转益详悉。乃于《柳录》之中，别撰成《开元谱》二十卷。此虽本姓录，实为私家抄撰之书，非官纂也。孔志约之书，与高士廉之书，实不过百步与五十步，一见称为允当，一被目为勋格者，臣子称颂之辞，异党诋訾之语，非可据为定论。柳冲之书，体例一仍《氏族志》，更不待言。《新传》云：夷蕃首长袭冠带者，析著别品。惟此一端，当属相异。然则唐代官修之书，宗旨实后先一揆。一言蔽之，则以当朝之所贵，易民间之所重而已。其效果何如乎？《旧书·李义府传》云：关东魏、齐旧姓，虽皆沦替，犹相矜尚，自为婚姻。义府为子求婚不得，乃奏陇西李等七家，不得相与为婚。《新书·高士廉传》著七家之目云：后魏陇西李宝，太原王琼，荥阳郑温，范阳卢子迁、卢浑、卢辅，清河崔宗伯、崔元孙，前燕博陵崔懿，晋赵郡李楷，凡七姓十家。又云：先是后魏大和中，定四海望族，以宝等为冠。其后矜尚门地，故《氏族志》一切降之。王妃、主婿，皆取当世勋贵名臣家，未尝尚山东旧族。后房玄龄、魏徵、李勣复与婚，故望不减。然每姓第其房望，虽一姓中，高下县隔。李义府为子求婚不得，始奏禁焉。其后天下衰宗落谱，昭穆所不齿者，皆称禁婚家。益自贵，凡男女皆潜相聘娶，天子不能禁，世以为敝云。自房玄龄、魏徵、李勣等，已与为婚，则太宗之志，实未尝一日而行，遑论义府？《旧

书·李昭德传》云：来俊臣弃故妻而娶太原王庆诜女。侯思止亦奏娶赵郡李自
挹女。敕政事堂共商量。昭德抚掌谓诸宰相曰："大可笑。往年俊臣贼劫王庆诜
女，已大辱国。今日此奴又请索李自挹女，无乃复辱国邪？"寻奏罢之。《侯思
止传》略同。《温造传》：造为御史中丞，朝廷有丧不以礼，配不以类者悉劾
之。《元稹传》载稹自叙，言分莅东都台，数十事或移或奏皆主之，而田季安
盗取洛阳衣冠女为其一。《李敬玄传》：敬玄久居选部，人多附之，前后三娶，
皆山东士族。《李怀远传》：孙彭年，天宝初为吏部侍郎，慕山东著姓为婚姻，
引就清列，以大其门。《新书·李日知传》，言其居官颇廉，既罢又不治田园，
而诸子方总角，皆通婚名族。而王锷善居财，亦附太原王翃为从子，以婚阀自
高。李白既死，宣歙观察使范传正访其后裔，惟二女孙，嫁为民妻。告将改妻
士族。辞以孤穷失身，命也，不愿更嫁。乃止。其限界之严如此。唐室不惟不
能禁也，终亦折而从之。《旧书·独孤郁传》云：权德舆作相，郁以妇公辞内
职。宪宗曰："德舆乃有此佳婿？"因诏宰相：于士族之家，选尚公主者。《新
书·李吉甫传》云：十宅诸王，既不出阁，诸女嫁不时，而选尚皆由中人，厚
为财谢，乃得遣。吉甫奏自古尚主，必慎择其人，江左悉取名士，独近世不然。
帝乃下诏，皆封县主，令有司取门阀者配焉。是为唐室愿婚士族之始。其效又
何如乎？《杜佑传》云：权德舆为相，其婿翰林学士独孤郁以嫌自白。宪宗见
郁文雅，叹曰："德舆有婿乃尔？"时岐阳公主，帝爱女，旧制，选多戚里将
家，帝始诏宰相李吉甫择大臣子。皆辞疾。惟佑孙悰，以选召见麟德殿。陈寅
恪云：佑父希望，实以边将进用，虽亦号为旧家，并非胜流名族。《唐代政治史
述论稿》中篇。是其所得者，仍与戚里将家，相去无几也。又《杜兼传》：开
成初，文宗欲以真源、临真二公主降士族。二主皆宪宗女。谓宰相曰："民间修
婚姻，不计官品，而尚阀阅。我家二百年天子，顾不及崔、卢邪？"诏宗正卿取
世家子以闻。兼从弟羔之子中立及校书郎卫洙得召见禁中。拜著作郎。月中，
迁光禄少卿、驸马都尉。尚真源长公主。临真下嫁卫洙。洙次公子，两《书》
皆附其父传。《旧书·于休烈传》：曾孙琮，落拓有大志。虽以门资为吏，久不
见用。大中朝，驸马都尉郑颢以琮世故，独以器度奇之。会有诏于士族中选人
才尚公主，衣冠多避之。颢谓琮曰："子人才甚佳，但不护细行，为世誉所抑，
久而不调，能应此命乎？"琮然之。会李藩知贡举，颢托之，登第。其年，遂升
谏列。尚广德公主。案，琮初本选尚永福公主，以主食帝前折匕箸，乃诏改尚
广德。已见第十五章第一节。郑颢者，万寿公主婿。主帝所爱，前此下诏：先
王制礼，贵贱共之，万寿公主奉舅姑宜从士人法。旧制，车舆以镣金扣饰。帝
曰："我以俭率天下，宜自近始。"易以铜。见《新书·诸公主传》。《传》又
云：主每进见，帝必谆勉笃诲，亦已见第十五章第一节。《通鉴》：大中二年十

二月，郑颢弟颛尝得危疾，上遣使视之。还，问：《公主何在？"曰："在慈恩寺观戏场。"上怒。叹曰："我怪士大夫家不欲与我家为婚，良有以也。"亟命召公主入宫。立之阶下，不之视。公主惧，涕泣谢罪。上责之曰："岂有小郎病，不往省视，乃观戏乎？"遣归郑氏。由是终唐之世，贵戚皆兢兢守礼法，如山东衣冠之族，盖宣宗之自修饬而求媚于士族者至矣。然《旧书·王徽传》言：懿宗诏宰相于进士中选子弟尚主，或以徽籍上闻。徽性冲淡，远势利，闻之，忧形于色。徽登第时年逾四十。见宰相刘瑑哀祈，具陈年已高矣，居常多病，不足以尘污禁脔。瑑于上前言之，方免。则士人之视尚主为畏途，终唐世未之有改也。士族之深闭固拒如此，而唐室之力求自媚如彼，然则唐初之王妃、主婿，皆取勋贵名臣，不尚山东旧族者，果所愿不存乎？抑求之而不得也？案柳芳论氏族，言过江为侨姓，王、谢、袁、萧为大。东南为吴姓，朱、张、顾、陆为大。山东为郡姓，王、崔、卢、李、郑为大。关中亦号郡姓，韦、裴、柳、薛、杨、杜首之。代北为虏姓，元、长孙、宇文、于、陆、源、窦首之。又言山东之人为婚娅，江左之人尚人物，关中之人尚冠冕，代北之人尚贵戚。详见《两晋南北朝史》第十八章第一节。虏姓不足论。吴中开发晚，自亦不得与中原并。《旧书·李林甫传》：玄宗欲加牛仙客实封，兼为尚书。九龄执奏。玄宗曰："卿以仙客无门籍邪？卿有何门阀？"九龄顿首曰："臣荒徼寒贱，仙客中华之士。然陛下擢臣，践台阁，掌纶诰。仙客本河湟一使典，目不识文字，若大任之，臣恐非宜。"当时视中原人士，与荒徼之产，睽隔不同如此。若侨姓则本与山东郡姓是一，特因丧乱，过江寄寓，海宇既清，自可复我邦族，观太宗谓高士廉，以崔、卢、王、谢并举可知。关中亦清华之地，而芳又言流俗独以崔、卢、李、郑为四姓，加太原王氏号五姓，而不及韦、裴、柳、薛、杨、杜者，本秦杂戎狄之俗，非邹、鲁文教之伦，故至汉世，犹言关东出相，关西出将；见《秦汉史》第十三章第五节。加以三选七迁，充奉陵邑，斗鸡走狗之风，随之而盛；国人视之，自不得与山东比也。陈寅恪言：魏、晋之际，虽有巨族小族之分，然小族之男子，苟以才器著闻，得称为名士者，其地位即与巨族子弟无殊；女子能以礼法见尊，亦可与高门通婚；非若后来，专以祖宗官职高下为准。引《魏书·卢玄传论》，谓玄文武功业，殆无足纪，而见重于时，声高冠带，盖德业闻望，有足称者为证。又引《旧唐书·袁朗传》云：朗，雍州长安人。其先自陈郡仕江左。朗自以中外人物，为海内冠族。虽琅邪王氏，继有台鼎，历朝首为佐命，鄙之不以为伍。孙谊，又虞世南外孙，神功中为苏州刺史。尝因视事，司马清河张沛通谒。沛即侍中文瓘之子。谊曰："司马何事？"沛曰："此州得一长史，是陇西李亶，天下甲门。"谊曰："司马何言之失？门户须历代人贤，名节风教，为衣冠顾瞻，始可称举，老夫是也。夫山东人，尚于婚媾，求于利禄，作时柱石，见危致命，则旷代无人，何可说之，以为门户？"沛怀惭而退。时人以为口实。案，此正柳芳所谓尚人物者。《新书·冯元常传》：元常闺门雍睦，有礼法，虽小功丧，不御私室。神龙中，旌其家，大署曰忠臣之门。天下高其节，凡名族皆愿通婚。则尚人物之风，唐世犹有存者，特不多耳。合卢玄之事观之，知尚婚娅特山东之流失，其初本与江左同。至于关中，则太宗谓高士廉之言，正所谓尚冠冕者。《旧书·裴寂传》：高祖尝从容谓寂曰："我李氏昔在陇西，富有龟玉。降及祖祢，姻娅帝室。及举义兵，四海云集，才涉数日，升为天子。至如前代皇王，多起微贱，劬劳行陈，下不聊生。公复世胄名家，历职清显。岂若萧何、曹参，起自刀笔吏也？惟我与公，千载之后，无愧前修矣。"又《窦威传》：威高祖后从父兄。高祖尝谓曰："昔周朝有八柱国之贵，吾与公家，咸登此职。今我已为天子，公为内史令，本同末异，乃不平矣。"威谢曰："臣家昔在汉朝，再为外戚，至于后魏，三处外家。陛下龙兴，复出皇后，臣又阶缘戚里，位忝凤池。自惟叨滥，晓夕兢惧。"高祖笑曰："比见关东人与崔、卢、李、郑为婚，犹自矜伐，公代为帝戚，不亦贵乎？"此则并杂代北尚贵戚之俗矣。自后魏南迁，塞北诸族，纷纷入居伊洛。逮其东西分裂，则又有徙居关中者。宇文氏秉政，并使为京兆人。有绝灭者，则以诸将之有功者继之。孝文尝改虏姓为汉姓，至是复之，且以虏姓赐汉将。中国人随魏室西迁者，亦使伪造谱录，以关内诸州，为其本望。《隋书·经籍志·谱系篇》云：后魏迁洛，有八氏、十姓，咸出帝族；又有三十六族，则诸国之从魏者；九十二姓，世为部落大人者；并为河南洛阳人。其中国士人，则第其门阀，有四海大姓、郡姓、州姓、县姓。及周太祖入关，诸姓子孙有功者，并令为其宗长，仍撰谱录，纪其所承，又以关内诸州，为其本望。案，九十二姓，当作九十九姓，字之误也。《周书·文帝纪》：魏恭帝元年（554）云：魏氏之初，统国三十六，大姓九十九，后多绝灭。至是，以诸将功高者为三十六国后，次功者为九十九姓后。所统军人，亦改从其姓。《明帝纪》：二年（558）三月，诏曰：三十六国，九十九姓，自魏氏南徙，咸称河南之民，今周室既都关中，宜改称京兆人。至周宣帝大象二年（580），隋文帝得政，乃使诸改姓者悉复其旧。然西胡、北虏之冒汉姓者，未必能复，如《唐书·宰相世系表》所载：窦氏本出没落回，而自托于汉窦武。侯氏实侯伏氏，而自托于郑侯宣多。独孤氏自托于汉沛献王辅。乌氏本乌洛侯氏，而自托于乌之余。亦或托于汉人之入虏者，则丙氏自托于汉李陵，云陵降匈奴，裔孙归魏，见于丙殿，赐姓曰丙。亦有自托于夷狄者，如浑氏自称为匈奴浑邪王之后是。盖夷狄久入中国，则亦为贵种矣。此等积习，至五代之世未改。如石晋自托于卫大夫碏，汉丞相奋，见《旧史·本纪》。刘知远以汉光武为始祖百世不迁庙，见《礼志》。而汉人伪造之谱牒，亦无由是正矣。陈氏《唐代政治史述论稿》上篇云：李唐称陇西郡望，及冒托西凉嫡系由此。北朝、隋、唐诸人，籍贯往往纷岐亦由此。如李弼，《周书》本传、《旧书》（《李密》《李泌传》）、《新书·宰相世系表》为辽东襄平人，而《北史》（《弼》《密传》），《文苑英华》九百四十八魏徵《密墓志铭》以为陇西成纪人是也。案，陈氏此论甚精。故在隋、唐之世，关中实为华夷混杂之区。以视山东，虽亦有异族荐居，而衣冠之绪，与腥膻之俗，犹判然不相杂者，固不可同日而语。此又当时之人，所以重山东而轻关辅也。唐室腥膻之习，盖极于开元、天宝之世，至德宗以后，则日即于中国矣，观其多恭俭奋发之主可知。高祖粗才，徒知以贵戚自满。太宗天资较高，于举世所重之山东名族，盖未尝不心焉慕之，慕之而士族摈，弗之齿，则积忿而欲摧折之矣，此《氏族志》之所由作也。然一夫之忿戾，终不敌举世之风尚，故自宪宗以后，又阉然思自媚焉。至此，则沿腥膻余俗之唐朝，已降伏于中国之士族。中国人更不必借族姓为藩篱，以自卫其文化矣。而国人亦遂视同刍狗。《新书·高士廉传》赞曰：古者受姓受氏，以旌有功。是时人皆土著，故名宗望姓，举郡国自表，而谱系兴焉。遭晋播迁，胡丑荡析。士去坟墓，子孙犹挟系录，以示所承。而阀阅显者，至卖昏求财，汩丧廉耻。唐初流弊仍盛，天子屡抑而不为衰。至中叶，风教又薄，谱录都废。公靡常产之拘，士亡旧德之传。言李悉出陇西，言刘悉出彭城，悠悠世祚，讫无考按，冠冕皂隶，混为一区，可太息哉！彼徒知风气之变！而不知其由，则欲为之太息，而恶知深求其故，别有其隐曲难明者在乎？然则门阀之制，至于南北朝之末，本可摧陷廓清，而又获绵历数百年者，正唐室之歧视士族为之。故曰：欲摧折之，转以扶持之也。

　　抑谚曰：蕞尔国而三世执其政柄，其用物也弘矣，其取精也多矣，能为厉，不亦宜乎！五代时之门阀是已。是时豆卢革、卢程、韦说、赵光允等，皆以名家子登相位。实录录无所长。当时之用之，徒以为谙练故事，实则故事亦非所谙也。薛《史·卢程传》：程投于太原，庄宗署为推官，寻改支使。褊浅无他才，惟务恃门第。口多是非，笃厚君子尤薄之。初判官王缄，从军掌文翰。胡柳之役，缄没于军。庄宗归宁太原，置酒公宴。举酒谓张承业曰："予今于此会，取一书记，先以卮酒辟之。"即举酒属巡官冯道。道以所举非次，抗酒辞避。庄宗曰："勿谦挹，无逾于卿也。"时以职列序迁，则程当为书记。程既失职，私怀愤惋。谓人曰："主上不重人物，使田里儿居予上。"又《李专美传》云：专美远祖，本出姑臧大房，与清河小房崔氏、北祖第二房卢氏，昭国郑氏为四望族。皆不以才行相尚，不以轩冕为贵，虽布衣徒步，视公卿蔑如也。男女婚嫁，不杂他姓。欲聘其族，厚赠金帛始许焉。唐太宗曾降诏以戒其弊风，终莫能改。其间有未达者，必曰："姓崔、卢、李、郑了，余复何求邪？"其达者则邈在天表，夐若千里，人罕造其门。其浮薄自大，皆此类也。惟专美未尝以氏族形于口吻，见寒素士大夫，恒恂恂如也，人以此多之。欧《史·崔居俭传》云：崔氏自后魏、隋、唐，与卢、郑皆为甲族。吉凶之事，各著家礼。至其后世，子孙专以门望自高，为世所嫉。本实先拔，而枝叶未有害，可谓百足之虫，死而不僵矣。然岂可久哉？薛《史·郭崇韬传》云：崇韬权倾四海，车骑盈门，士人谄奉，渐别流品。同列豆卢革谓崇韬曰："汾阳王代北人，徙家华阴，侍中世在雁门，得非祖德欤？"崇韬应曰："经乱失谱牒。先人尝云：去汾阳王四世。"革曰："故祖德也。"因是旌别流品，援引薄徒。委之心腹。佐命勋旧，一切鄙弃。旧僚有干进者，崇韬谓之曰："公虽代邸之旧，然家无门阀。深知公才技，不敢骤进者，虑名流嗤余故也。"沐猴而冠，真可发一噱。世惟田里儿暴贵，乃仰慕贵胄而欲则效之，而贵胄亦遂以此，傲然自尊，然其局岂可久哉？

谱系因门阀而兴，而门阀之制，亦借谱系以维持于不敝，谱系荒则门阀替矣。《新书·柳冲传》云：唐兴，言谱者以路敬淳为宗，柳冲、韦述次之。李守素亦明姓氏。后有李公淹、萧颖士、殷寅、孔至，为世所称。殷寅父名践猷，《旧传》云：通于族姓。此唐代治谱系之学者也。颇为寂寥矣。中叶后，其学遂几绝迹。此其所以世祚悠悠，讫无考按也。

唐制：工商之家，不得与于士。《旧书·职官志·户部》。又《食货志》云：工商杂类，不得与于士伍。庶人服黄，工商亦不听。《通鉴》：高宗上元元年八月戊戌，敕文武官三品以上服紫，金玉带。四品服深绯，金带。五品服浅绯，金带。六品服深绿，七品服浅绿，并银带。八品服深青，九品服浅青，并鍮石带。庶人服黄，铜铁带。自非庶人，不听服黄。胡《注》云：非庶人，谓工、商、杂户。且禁乘马。《旧书·高宗纪》：乾封二年（667）二月，禁工商乘马。《旧书·曹确传》：懿宗以伶官李可及为威卫将军。确执奏曰："臣览贞观故事，太宗初定官品，今文武官共六百四十三员。顾谓房玄龄曰：'朕设此官员，以待贤士。工、商、杂色之流，假令术逾侪类，止可厚赐财物，必不可超授官秩，与朝贤君子，比肩而立，同坐而食。'"其歧视之如此。有由杂流进者，虽至高官，仍为人所歧视：《张玄素传》云：太宗尝对朝问玄素历官所由。玄素既出自刑部令史，甚以惭耻，褚遂良上疏曰：居上能礼其臣，臣始能尽力以奉其上。近代宋孝武，轻言肆口，侮弄朝臣，攻其门户，乃至狼狈，良史书之，以为非是。陛下昨见问张玄素云："隋任何官？"奏云"县尉"。又问：《未为县尉已前？"奏云"流外"。又问：《在何曹司？"玄素将出阁门，殆不能移步。精爽顿尽，色类死灰。朝臣见之，多所惊怪。大唐创历，任官以才。卜祝庸保，量能使用。陛下礼重玄素，频年任使，擢授三品，翼赞皇储，自不可更对群臣，穷其门户，弃昔日之殊恩，成一朝之愧耻。人君之御臣下也，礼义以导之，惠泽以驱之，使其负载玄天，馨输臣节，犹恐德礼不加，人不自厉。若无故忽略，使其羞惭。郁结于怀，衷心靡乐。责其伏节死义，其可得乎？此其机亦危矣。韦挺不礼马周，李揆意轻元载，卒为所报，可不鉴乎？皆见《旧书》本传。郑注，奇才也，其入翰林，高元裕当书命，言其以医术侍，注甚愧憾。舒元舆，亦忠荩之士也，而史言其地寒不与士齿。"郁郁涧底松，离离山上苗。以彼径寸阴，荫此百尺条。"谓之何哉？

第二节　豪强游侠

　　豪强、游侠，二者皆为民害，而丧乱之际尤甚。试就隋、唐间事观之。薛举家产巨万，交结豪猾，雄于边朔。李轨家富于财，振穷济乏，人亦称之。梁师都代为本郡豪族。皆豪强也。窦建德少以然诺为事。父卒，送葬者千余人。刘武周交通豪侠。其兄山伯，每诫之曰："汝不择交游，终当灭吾族也。"高开道少以煮盐自给。刘黑闼嗜酒好博弈，不治产业，父兄患之，而与窦建德少相友善。家贫无以自给，建德每资之。皆游侠也。李勣家多僮仆，积粟数千钟，与其父盖，皆好惠施，振济贫乏，不问亲疏。翟让为盗，勣往从之，时年十七，则二者兼之矣。盖丧乱之际，豪强不与游侠相交结，则无以自全，而游侠亦利得豪强以自助，故二者又互有关系也。萧铣之起也，其众本欲推董景珍为主。景珍曰："吾素寒贱，虽假名号，众必不从。今若推主，当从众望。罗川令萧铣，梁氏之后。宽仁大度，有武皇之风。吾又闻帝王膺箓，必有符命，而隋氏冠带，尽号起梁，斯乃萧家中兴之兆。今请以为主，不亦应天顺人乎？"此徒以家世推之，欲借其名望以资号召，然铣既无党徒，亦无部曲，遂不能驾驭诸将，终至覆灭。而李密，奔亡时，尝依妹婿雍丘令丘君明，转匿大侠王季才家，及起，则任城大侠徐师仁从之，遂克称雄一时，略地甚广。刘文静之囚也，太宗入禁所视之。文静曰："今太原百姓，避盗贼者皆入城，文静为令数年，知其豪杰，一朝啸集，可得十万人。"所谓豪杰，亦必武断乡曲，或以武犯禁之徒也。故知风尘涊洞之时，非斯二者，殆莫能挺刃而起矣。然二者之情亦有异。飞扬跋扈，万里云会者，游侠之士也。割据一方，负嵎不下者，豪强之家也。翟让、窦建德之徒，盖皆以游侠起。若卢祖尚者，史亦称其饶财好施，以侠闻。大业末，募壮士捕盗。属宇文化及之乱，遂据光州称刺史。然越王侗立，祖尚即以地归之。王世充僭位，祖尚复归唐，此则豪右欲保据自固者耳。唐末如黄巢、孙儒等，乃翟让、窦建德之伦，若留从效，则卢祖尚之类也。

　　豪强游侠，所由虽各殊途，而其为蠹民以生则一，故在承平之时，亦必不能无为民害。《旧书·尹思贞传》：补隆州参军。时晋安县有豪族蒲氏，纵横不法，前后官吏莫能制。州司令思贞推按，发其奸赃万计，竟论杀之。此豪右之作奸犯科者也。《孟简传》：简以元和九年（814），出为浙东观察使。承李逊抑遏士族，恣纵编户之后，一皆反之，而农估多受其敝。可见豪右与氓庶，利害之不相容矣。此犹舞法以为利也。《良吏·王方翼传》：永徽中，累授安定令。诛大姓皇甫氏，而盗贼止息，则竟作逋逃之薮矣。《郭元振传》：元振为通泉尉，任侠使气，前后掠卖所部千余人，以遗宾客，则竟躬为盗贼矣。此又豪强游侠，合而为一也。《张弘靖传》：东都留守杜亚辟为从事。留守将令狐运逐贼出郊，其日，有劫转运绢于道者，亚以运豪家子，意其为之，乃令判官穆员及弘靖同鞫其事。员与弘靖，皆以运职在衙门，必不为盗，坚请不按。亚不听，遂以狱闻。仍斥员及弘靖出幕府。有诏令三司使杂治之。后果于河南界得贼。此事令狐运虽云见枉，然是时豪家子之为盗者必多，故杜亚疑之深也。辛谠者，云京之孙，而史称其能击剑，重然诺，走人所急，豪家子之为侠者，盖不少矣。

　　游侠，虽云能走人所急，并有能奋起而立功名如辛谠者，然其什九，终不免为居民间之盗跖，则以恒人之情，惟为身谋，其为侠，本不过谋生之一术，勤生薄死，非其素志，此墨子之教所以不能久存也。《隋书·沈光传》：父君道，仕陈为吏部侍郎。陈灭，家于长安。太子勇引署学士。后为汉王谅府掾，谅败，除名。光少骁捷，善戏马，为天下之最。略综书记，微有辞藻。家甚贫窭，父兄并以佣书为事：光独跅弛，交通轻侠，为京师恶少年所朋附。人多赡遗，得以养亲。每致甘食美服，未尝困匮。力田不如逢年，刺绣文不如倚市门，轻侠驰骋，而可致甘食美服，人亦孰肯勤苦力作哉？古士大夫家累多重，虽贵而贫，观于沈光之事，而可知当时名家子之所以好为侠矣。其下于此者，则为今世所谓痞棍之流？《新书·高仁厚传》云：事西川陈敬瑄为营使。黄巢陷京师，天子出居成都，敬瑄遣黄头军部将李铤、巩咸以兵万五千戍兴平，数败巢军。敬瑄喜其兵可用，益选卒二千，使仁厚将而东。先是京师有不肖子，皆着叠带冒持挺剽闾里，号闲子。京兆尹始视事，辄杀尤者以怖其余。窦滂治京兆，至杀数十百人，稍稍惮戢。巢入京师，人多避居宝鸡，闲子掠之，吏不能制。仁厚素知状，下约入邑闾纵击。军入，闲子聚观嗤侮。于是杀数千人。坊门反闭，欲亡不得，故皆死。自是闾里乃安。所杀至于数千，自不免于枉滥，然其徒数必不少，则亦可推见矣。窦滂杀数十百人而即戢畏，则此辈原非难治，然根株终难尽绝。平居虽无能为，乱时亦足为患。甘露变后，田全操等回京师，民相惊，无赖之徒，皆戎服兵仗，望阙以俟变，见第九章第一节。亦闲子之类也。在都邑，遇严明之吏，尚可镇慑，在道途则更难治。故王瑜欲入蜀，必与盗相结而行。见第十六章第二节。《通鉴》：唐高宗永淳元年（682），以关中饥，幸东都。出幸仓卒，扈从之土，有饿死中道者。上虑道路多草窃，命监察御史魏元忠检校车驾前后。元忠受诏，即阅视赤县狱。胡《注》：西京以长安、万年为赤县。得盗一人，神采语言异于众。命释桎梏，袭冠带，乘驿以从。与共食宿，托以诘盗。其人笑，许诺。比及东都，士马万数，不亡一钱。此即用盗贼为捕役之理。若此要约出于私家，则即为后世之保镖矣。此等事读史者多美其方略，实则不能治盗，而与相要结耳，与俗所谓出买路钱者，实无以异也。

第三节 奴 婢

奴婢来源，一由没入，一由俘掠，一由鬻卖，历代皆然。《梁律》：谋反、降、叛、大逆以上皆斩。父子，同产男无少长皆弃市。母、妻、姊妹及应从坐弃市者，妻、子、女、妾同补奚官为奴婢。《周六律》：盗贼及谋反、大逆、降、叛恶逆罪当流者，皆甄一房配为杂户。皆见《隋书·刑法志》。所牵涉者既广，而是时海宇分裂，上下相猜，谋反、降、叛之事，又屡见不鲜，故至隋世，奴婢之数尚甚多。《隋书》所载，赐群臣奴婢，有至千口者。隋时赐奴婢，见于史其数最多者，梁睿平王谦，赐奴婢千口。时于义亦为行军总管，寻拜潼州总管，赐奴婢五百口。其一时所赐不及此，而前后屡受赐者，如周法尚，文帝幸洛阳召见之，赐奴婢三百口，伐陈之役赐五十口，平桂州李光仕赐百五十口，破巂州乌蛮，从讨吐谷浑，与王薄、孟让等频战，各赐百口。此特史所纪者，其不纪者，则不可知矣。唐初尚沿此习，如河间王孝恭平江南，赐奴婢七百人是。后似稍减，除成器让太子时赐奴婢十房外，未见甚多者。盖因时际承平，谋反、降、叛等事少也。虽贵人亦不能免。如贺若弼子怀亮，尝拜仪同，弼诛，亦没为奴，寻且见杀。宇文化及与弟智及，以违禁与突厥交市，并赐其父为奴。杨玄感之反，炀帝使裴蕴推其党与，蕴峻法治之，所戮者数万人，皆籍没其家，亦云酷矣。《新唐书·百官志》：刑部都官郎中、员外郎，掌俘隶簿录，给衣粮、医药，而理其诉免。凡反逆相坐，没其家配官曹。长役为官奴婢。一免者一岁三番役。再免为杂户，亦曰官户，二岁五番役。每番皆一月。三免为良人。六十以上及废疾者为官户。七十为良人。每岁孟春上其籍，自黄口以上印臂，仲冬送于都官，条其生息而按比之。乐工、兽医、骟马、调马、群头、栽接之人皆取焉。附贯州县者，按比如平民，不番上，岁督丁资，为钱一千五百。丁婢、中男，五输其一。侍丁、残疾半输。凡居作者，差以三等：四岁以上为小，十一以上为中，二十以上为丁。丁奴三当二役。中奴、丁婢二当一役。

中婢三当一役。《旧书·职官志》云：凡反逆相坐，没其家为官奴婢。一免为蕃户，再免为杂户，三免为良民，皆因赦宥所及则免之。年六十及废疾，虽赦令不该，亦并免为蕃户。七十则免为良人。任所乐处而编附之。凡初被没，有技艺者，各从其能而配诸司，妇人工巧者，入于掖庭。其余无能，咸隶司农。《裴守真传》：子子馀，景龙中，为左台监察御史。时泾、岐二州，有隋代蕃户子孙数十家，司农卿赵履温奏悉没为官户，奴婢仍充赐口，以给贵幸。子馀以为官户承恩，始为蕃户，又是子孙，不可抑之为贱，奏劾其事。时履温依附宗楚客等，与子馀廷对曲直。子馀辞色不挠。履温等辞屈，从子馀奏为定。则《新书》再免为杂户，亦曰官户，六十以上及废疾者为官户句似误。因免之须有节级。然观子馀与履温，须经廷对，其事乃决，则《志》之所云，似亦非一定不移之法也。《新书·百官志》又云：掖庭局，属内侍省。妇人以罪配没工缝巧者隶之。无技能者隶司农。诸司营作须女功者，取于户婢。司农寺云：官户奴婢有技能者配诸司，妇人入掖庭。以类相偶。行宫、监牧及赐王、公、公主皆取之。《旧书·酷吏·来俊臣传》：万岁通天元年（696），召为合宫尉，擢拜洛阳令、司农少卿。则天赐其奴婢十人，当受于司农。时西蕃酋长阿史那斛瑟罗家有细婢，善歌舞。俊臣因令其党罗告斛瑟罗反，将图其婢。诸蕃长诣阙割耳剺面讼冤者数十人，乃得不族。则凡受赐者皆取之司农也。凡孳生鸡、彘，以户奴婢课养，俘口则配轻使。始至给廪食。东宫官，典仓署，掌九谷、醢醯、庶羞、器皿、灯烛。凡园圃树艺，皆受令焉。给户奴婢、番户、杂户资粮、衣服。《刑法志》：谋反者，男女奴婢没为官奴婢，隶司农，七十者免之。凡役，男子入于蔬圃，女子入于厨膳。此唐代官奴婢没入及其使役之大略也。

　　俘虏没为奴婢，历代亦视为当然。《旧书·东夷传》：太宗伐高丽，攻陷辽东城；其中抗拒王师，应没为奴婢者，一万四千人，并遣先集幽州，将分赏将士。太宗悯其父母妻子，一朝分散，令有司准其直，以布帛赎之，赦为百姓。其众欢呼之声，三日不息。案，《新书·元结传》，言其曾祖仁基，从太宗征辽东，以功赐辽口，则辽东之俘，获以赎免者，乃一时之特典耳。《旧书·李暠传》：族子复，为容州刺史。先时西京叛乱，前后经略使征讨反者，获其人，皆没为官奴婢，配作坊重役。复令访其亲族，悉归还之。《良吏·崔知温传》：迁兰州刺史。党项三万余众，来寇州城。将军权善才来救，大破之。欲分降口五百人以与知温，知温固辞不受。此战时所俘也。《裴灌传》：从祖弟宽，除范阳节度使。檀州刺史何僧献生口数十人，宽悉命归之，夷夏感悦。此平时守捉所获也。《薛仁贵传》：苏定方讨贺鲁，仁贵上疏曰：臣闻兵出无名，事故不成，明其为贼，敌乃可伏。今泥熟杖素干，不伏贺鲁，为贼所破，虏其妻子，汉兵有于贺鲁诸部落得泥熟等家口将充贱者，宜括取送还，仍加赐赍。即是矜其枉破，使百姓知贺鲁是贼，陛下德泽广及也。此又争战之时，俘敌人之奴婢以为奴婢者也。隋平陈，宫奴数千，可归者归之，其余分赐将士及王公贵臣；《北史·本纪》。柏乡之战，梁军辎重、帐幄、资财、奴仆，皆为晋军所有；《旧五代史·唐庄宗纪》。亦是物矣。是役也，深、冀两州之人，悉为奴虏，老弱者皆坑之，亦见《旧史·唐庄宗纪》。亦云酷矣。《旧书·韦处厚传》云：李载义累破沧、镇两军，兵士每有俘执，多遣刲剔。处厚以书喻之。载义深然其旨。自此所获生口，配隶远地。前后全活，数百千人。《新书·程务挺传》：父名振，高祖使经略河北，即夜袭邺县，俘男女千余人以归。去数舍，阅妇人方乳者九十余人还之。邺人感其仁。以获配远地为幸，以简还乳妇为仁，争战时岂复有人理哉？

不惟战时也，即平时，豪强、游侠，亦有略人为奴婢者。郭元振为通泉尉，略卖所部千余人，已见上节。《新书·诸公主传》：中宗时，安乐、长宁、定安皆中宗女。三家厮台，掠民子女为奴婢。左台侍御史袁从一缚送狱。安乐主入诉，帝为手诏谕免。从一曰："陛下纳主诉，纵奴骄掠平民，何以治天下？臣知放奴则免祸，劾奴则得罪于主，然不忍屈陛下法，自偷生也。"不纳。尚复成何世界乎？《唐律》：不和为略。略人及略卖人为部曲者流三千里，为奴婢者绞。妄认良人为部曲、奴婢者减一等。

因贫穷而鬻卖之事，尤无时或绝，《律》虽有以良为贱之禁，不能行也。《隋书·炀帝纪》：大业七年（611）秋，大水。山东、河南漂没三十余郡，民相卖为奴婢。《食货志》：是岁山东、河南大水，重以辽东覆败，因属疾疫，山东尤甚。强者聚而为盗，弱者自卖为奴婢。《旧唐书·太宗纪》：贞观元年（627），关中饥，至有鬻男女者。皆因饥荒，其数众多。故史特书之，若平时之鬻卖，则不能纪矣。《新书·食货志》载陆贽疏，言饥岁室家相弃，乞为奴仆，犹莫之仇，则并有求自卖而不可得者，亦可悲矣。《旧书·高固传》云：高祖侃，永徽中，为北庭安抚使，有生擒车鼻可汗之功，官至安东都护。固生微贱，为叔父所卖，展转为浑瑊家奴。《新书·固传》云：不知何许人，或言四世祖侃，则《旧书》之说不足信。然既有此假托之辞，必有与此相类之事，盛衰转烛，恐贵人之家，亦无以自保也。贩鬻奴婢，南方尤盛。《旧书·宪宗纪》：元和八年（813）九月，诏比闻岭南五管，并福建、黔中等道，多以南口饷遗，及于诸处博易。骨肉离析，良贱难分。此后严加禁止。如违，长吏必当科罚。《新书·房琯传》：孙启，自容管经略使改桂管观察。州邸以略请有司飞驿送诏。既而宪宗自遣宦人持诏赐启。启畏使者邀重饷，即曰："先五日已得诏。"使者给请视，因驰归以闻。贬太仆少卿。启自陈献使者南口十五。帝怒，杀宦人，贬启虔州长史，死，始诏五管、福建、黔中道不得以口馈遗、博易。

罢腊口等使。当时宦人盖未获相邀，然已挟十五口而北矣。《李绛传》：绛言：岭南之俗，鬻子为业，可听非券剂取直者，如略卖法，敕有司一切苛止，则所卖之出于略者多矣。《张又新传》：转祠部员外郎。尝买婢迁约，为牙侩搜索陵突。御史劾举。李逢吉庇之，事不穷治。所谓牙侩，盖亦以鬻子为业者？敢于搜索陵突贵官之家，其气焰可以想见。辇毂之下如此，遑论岭外？《旧书·孔巢父传》：从子戣，为岭南节度。先是帅南海者，京师权要，多托买南人为奴婢，戣不受托，至郡，禁绝卖女口。能如是者有几人哉？况所禁亦止于女口乎？

宪宗禁岭南等道以口馈遗、博易，并罢腊口使。所谓腊口使者，盖谓于腊月遣使献口？德宗即位，罢邕府岁贡奴婢，见新、旧《书·本纪》。懿宗咸通八年（867），以不豫，禁延庆、端午节献女口，延庆，帝生日节名。见《新书》本纪。亦是物也。然《新书·李绛传》言：教坊使称密诏，阅良家及别宅妇人内禁中，京师嚣然。绛上疏谏。宪宗曰：“朕以丹王等无侍者，丹王逾，代宗子。比命访闾里，以赀致之，彼不谕朕意，故致哗扰。”乃悉归所取。则出钱买婢，公家亦不以为非矣。《张廷珪传》：武后诏市河南、河北牛、羊，荆、益奴婢，置监登、莱，以广军资。廷珪上书曰：今河南牛疫，十不一存。诏虽相市，甚于抑夺。并市则价难准，简择则吏求贿。是牛再疫，农重伤也。高原耕地，夺为牧所，两州无复丁田，牛羊践暴，举境何赖？荆、益奴婢，多国家户口，奸豪掠卖，一入于官，永无免期。南北异宜，必至生疾。此有损无益也。抑闻之：君所恃在民，民所恃在食，食所资在耕，耕所资在牛。牛废则耕废，耕废则食去，食去则民亡，民亡，何恃为君？羊非军国切要，假令蕃滋，不可射利。后乃止。则国家之买奴婢，不徒使服劳渧之役，并欲借其力以牟利如私家矣。《宦者·吐突承璀传》云：诸道岁进阉儿，号“私白”，闽、岭最多，后皆任事，当时谓闽为中官区薮。《循吏传》：罗珦子让，迁福建观察使。有仁惠名。或以婢遗让者。问所从，答曰：“女兄九人，皆为官所卖，留者独老母耳。”让惨然，为爇券，《唐律》：买奴婢、牛、马、驼、骡、驴，不立市券，过三日笞三十。市司不时过券，一日笞三十，此即李绛所谓券剂也。有奴婢者，必有券乃为合法，故以奴婢遗人者，必并其券遗之。召母归之。则进献最多之地，亦即鬻买最盛之区也。唐室不亡于藩镇而亡于宦官，则贼民者即其所以自贼矣。

南方卖买人口之风，所以特盛，盖由掠卖异族而起。南北朝时，梁、益二州，岁岁伐僚以自利，已见《两晋南北朝史》。《隋书·苏孝慈传》：兄子沙罗，检校益州总管长史。越巂人王奉作乱，从段文振讨平之。蜀王秀废，吏案奏沙罗云：王奉为奴所杀，秀乃诈称左右斩之，又调熟僚，令出奴婢，沙罗隐而不奏。由是除名。《新书·刑法志》：广州都督党仁弘，尝率乡兵二千助高祖起，封长沙郡公，弘交通豪酋，纳金宝，没降僚为奴婢，又擅赋夷人，既还，有舟七十。则奴役僚人之风，隋、唐之世，仍未之有改矣。秀虽以是干吏议，及既废，幽内侍省，不得与妻子相见，仍令给僚婢二人驱使，是朝亦不以用僚婢为非也。《旧书·窦德明传》：韦庶人微时乳母王氏，本蛮婢也。特封莒国夫人，嫁为德明弟子怀贞妻，此蛮婢盖亦由鬻卖而来？《隐逸·阳城传》：出为道州刺史。道州土地，产民多矮。每年尝配乡户，竟以其男号为矮奴。城下车，禁以良为贱。又悯其编甿岁有离异之苦，乃抗疏论而免之。此等矮民，盖黔、歙短人之种？见《秦汉史》第十二章第十节。岁贡之典，亦自奴役异族来也。喻士珍掠卖两林东蛮，致嶲州陷于南诏；韦丹为容州刺史，民贫自鬻者赎归之，禁吏不得掠为隶；《新书·循吏传》。则官吏亦有自为之者。王毛仲知监牧，募严道夷僚千口为牧圉，虽云召募，亦可见其时南口之众也。陈稜之击流求，献俘万七千口，炀帝以之颁赐百官。《隋书·本纪》大业七年（611）。张保皋言遍中国以新罗人为奴婢，已见第四章第五节。《旧书·穆宗纪》：长庆元年（821）三月，平卢薛平奏：海贼掠卖新罗人口于缘海郡县，请严加禁绝。从之。三年正月，敕不得买新罗人为奴婢。已在中国者，即放归其国。虽有此令，夫岂能行？又唐人小说，多言昆仑奴。昆仑者，南海诸族之通称也。然则海路往来，以贩鬻奴婢为事者亦多矣。

《新书·忠义·吴保安传》：睿宗时，姚嶲蛮叛，拜李蒙为姚州都督。宰相郭元振，以弟之子仲翔托蒙。蒙表为判官。时保安罢义安尉，未得调。以仲翔里人也，不介而见，曰："愿因子得事李将军，可乎？"仲翔虽无雅故，哀其穷，力荐之。蒙表掌书记。保安后往，蒙已深入，与蛮战没，仲翔被执。蛮人俘华人，必厚责财乃肯赎。闻仲翔贵胄也，求千缣。会元振物故，保安留嶲州，营赎仲翔。苦无赀，乃力居货。十年，得缣七百。妻子客遂州，间关求保安所在，困姚州不能进。都督杨安居知状，异其故，赀以行，求保安得之。引与语曰："子弃家急朋友之患至此乎？吾请贷官资，助子之乏。"保安大喜。即委缣于蛮，得仲翔以归。始仲翔为蛮所奴，三逃三获，乃转鬻远酋。酋严遇之，昼役夜囚。役凡十五年乃还。汉人挟财力以略蛮人，固酷矣；蛮人恃兵力以篡汉人，庸愈乎？不特此也，《旧书·冯盎传》言：盎奴婢万余人，所居地方二千里。《新书·李谨行传》，言其家僮数千，以赀自雄，夷人畏之。谨行，靺鞨人。父突地稽部酋长。隋末，率其属千余内附。居营州，授辽西太守。武德初，奉朝贡。以其部为燕州，授总管。徙部居昌平。谨行累迁营州都督。此所云奴婢家僮者，必不能皆为汉人，则彼辈亦自奴役其种人也。吐谷浑遭吐蕃之祸，始居陇右，后徙河东，可谓奔走不得保其社稷矣。而白承福乃以富溢启刘知远之盗心，然则以蛮夷之质直，而王师往征，乃有箪食壶浆以迎者，其故可思矣。而以中国之大，时或不敌蛮夷之小，其故弥可思矣。果能非富天下，而重匹夫匹妇之仇，人亦孰得而略之？和无寡，安无倾，其族虽匹夫匹妇，不可犯也。

奴婢有在豪家者，亦有在寻常民家者，其名同，其情则各不同。《隋书·杨素传》言：素家僮数千。《旧书·李义府传》：义府既败，或作《河间道行军元帅刘祥道破铜山大贼李义府露布》，榜之通衢。义府封河间郡公。祥道，时推按义府者。义府先多取人奴婢，一时奔散，各归其家，《露布》称混奴婢而乱放，各识家而竞入者，谓此也。此贵家之奴婢也。《王处存传》，言其世隶神策军，为京师富族。父宗，善兴利，乘时贸易，僮奴万指，此富家之奴婢也。《新书·隐逸传》：王绩弃官还乡里，绩，绛州龙门人。有田十六顷，在河渚间，有奴婢数人，种黍，春秋酿酒，养凫雁，莳药草自供。武攸绪市田颍阳，使家奴杂作，自混于民，此则虽贵家而自同于凡民矣。民间奴婢，多用以耕作。《新书·严砺传》：砺节度东川，擅没吏民田宅百余所，后元积奉使，劾发其赃，请加恶谥，朝廷以其死故，但追田宅、奴婢还其主，《窦参传》：参贬后，没入赀产、奴婢。当时视奴婢，同之赀产，故亦与之俱没也。可见田多有奴。《食货志》：武宗废浮图法，天下毁寺四千六百，招提、兰若四万，籍僧、尼为民二十六万五千人，奴婢十五万人，僧众盖亦役奴婢以耕田如平民也？刘弘基病，给诸子奴婢各十五人，田五顷。谓所亲曰："使贤，固不借多财；即不贤，守此可以脱饥冻。"余悉散之亲党。盖以富民处其子？若中下之家，则远不逮此。肃宗赐张志和奴婢各一，盖以凡民待之？阳城尝绝粮，遣奴求米。岁饥，屏迹不过邻里，屑榆为粥。有奴都儿，化其德，亦方介自约。或哀其馁，与之食，不纳。后致糠核数杯，乃受。当时之有奴婢，盖略如今日之有雇农，有之者本不必富，而奴婢非如雇庸，可以遣去，则主家中落，亦只得与共困约矣。有奴婢者既多小农，故虽有奴婢，亦不易致富，而其待奴婢，亦必不如挟巨资者之虐。《旧书·隐逸传》：崔觐，老而无子，乃以田宅、家财，分给奴婢，令各为生业。觐夫妻遂隐于城固南山。不问家事。约奴婢：递过其舍，则供给酒食而已。此固稀有之事，然亦可见主奴之间，或有如家人父子者也。其在豪民之家者，则大异于是。豪族多借武力自卫，故其奴多娴于武事。《新书·忠义传》：李育德，世富于财，家僮百人。天下乱，乃私完械甲，婴武陟城自保。人多从之。遂为长。剧贼来掠，不能克。此虽借众力，其家僮必有娴于武技者不疑。《旧书·丘和传》：子行恭，大业末，与兄师利聚众保故郿城。初原州奴贼数万人围扶风。太守窦琎坚守。经数月，贼中食尽，野无所掠，众多离散，投行恭者千余骑。行恭遣其酋渠，说诸奴贼，共迎义军。行恭又率五百人，皆负米麦，持牛酒，自诣贼营。奴帅长揖。行恭手斩之，谓其众曰："汝等并是好人，何因事奴为主，使天下号为奴贼？"众皆俯伏，曰："愿改事公。"行恭乃率其众，与师利共谒太宗于渭北。此奴帅能啸聚数万人，其必有武略，更不待论矣。董璋、高继兴，并李让家僮，后为将帅，让盖亦畜以自卫者也。此为地方豪族：若有奴者为将帅，其所畜武士，自必更多。钱九陇，父文强，本吴明彻将，与明彻俱败彭城，入隋，以罪没为奴，事唐高祖，是其一事。马三宝事柴绍为家僮，史但言其性敏狡，然高祖兵起，绍间道走太原，三宝乃能奉平阳公主遁司竹园，说贼何潘仁与连和，抚接群盗，兵至数万。秦王至竹林宫，三宝以兵诣军门谒，遂从平京师。其人亦必有武略，非徒敏狡，充嬖幸者矣。天下既定，此风亦未遽替。《新书·房玄龄传》言：高阳公主与浮屠辩机乱。太宗怒，斩浮屠，杀奴数十人。唐公主淫乱者甚多，未闻杀所乱者，且于奴何涉焉？太宗用刑，虽时任喜怒，亦未闻淫滥至是。盖遗爱是时，已畜异谋矣？奴盖其力臣也？越王贞家僮千人，马数千匹，外托畋猎，内实习武备。及举事，官军进逼州城，家僮悉力卫，贞曰："事既如此，岂得受戮辱？当须自为计。"贞乃饮药而死。家僮始散，舍仗就擒。此亦殊有武烈之风。王之用此曹，与玄宗之用王毛仲、李守德，成败异耳，其事固一撰也。天宝丧乱以后，将帅之家兵尤多。吴仲孺请以子弟率奴客从军，白志贞因请令节度、观察、团练等使，并尝为是官者，家出子弟甲马，则其一证。刘约自天平徙宣武，未至，暴死，家僮五百，无所仰衣食，思乱，授卢钧宣武节度使，人情始安。其机亦危矣。奴之习于武事者，如是之多，无怪李尽忠叛，武后欲募天下人奴有勇者，官界主直，悉发以击虏也。《新书·契丹传》。豪家又有使奴为商贾者。《旧五代史·史弘肇传》：燕人何福殷，以商贩为业。尝以十四万市得玉枕。遣家僮及商人李进卖于淮南，易茗而回。家僮无行，隐福殷货财数十万。福殷责其偿，不伏，遂杖之。未几，家僮诣弘肇上变。言契丹主之入汴，赵延寿遣福殷赍玉枕阴遗淮南。弘肇即日遣捕福殷等，系之。军司孔目吏解晖希旨，榜掠备至。福殷自诬。连罪者数辈，并弃市。妻女为弘肇帐下分取之。其家财籍没。《新史·李崧传》云：汉高祖入京师，以崧第赐苏逢吉。崧家遭乱，多埋金宝，逢吉悉有之。崧弟屿、屿，与逢吉子同舍，酒酣出怨言，以为夺我第。崧又以宅券献逢吉，逢吉尤不喜。屿仆葛延遇，《旧史》传云部曲。为屿商贾，多乾没其资。《旧传》云：遣屿船佣，盖乘船以行贾也。屿笞责之。延遇夜宿逢吉部曲李澄家，以情告澄。是时高祖将葬睿陵，河中李守贞反。澄乃教延遇告变，言崧与其甥王凝谋因山陵放火焚京师，又以蜡丸书遗守贞。逢吉遣人召崧至第，从容告之。崧知不免，乃以幼女托逢吉。逢吉送崧侍卫狱，自诬服，族诛。崧素与翰林学士徐台符相善。后周太祖立，台符告宰相冯道，请诛葛延遇。道以延遇数经赦宥，难之。枢密使王峻闻之，多台符有义，乃奏诛延遇。《旧传》云：李澄亦以戮死。

　　奴告主之事，隋、唐五代时盖甚多。《旧书·裴寂传》：贞观三年（629），有沙门法雅，初以恩幸出入两宫，至是禁绝之。法雅怨望，出妖言，伏法。兵部尚书杜如晦鞫其狱，法雅乃称寂知其言。寂对曰："法雅惟云时候方行疾疫，初不闻妖言。"法雅证之。坐是免官，削爵邑之半，放归本邑。寂请住京师，太宗数之曰："计公勋庸，不至于此，徒以恩泽，特居第一。武德之时，政刑纰缪，官方弛紊，职公之由。但以旧情，不能极法。归扫坟墓，何得复辞？"寂遂归蒲州。未几，有狂人自称信行，寓居汾阴，言多妖妄。尝谓寂家僮曰："裴公有天分。"于时信行已死，寂监奴恭命，以其言白寂。寂皇惧。不敢闻奏，阴呼恭命杀所言者。恭命纵令亡匿。寂不知之。寂遣恭命收纳封邑，得钱百余万，因用而尽。寂怒，将遣人捕之。恭命惧而上变。太宗大怒，谓侍臣曰："寂有死罪者四：位为三公，而与妖人法雅亲密，一也。事发之后，乃负气愤怒，称国家有天下，是我所谋，二也。妖人言其有天分，匿而不奏，三也。阴行杀戮以灭口，四也。我杀之非无辞，议者多言流配，朕其从众乎？"于是徙交州，竟流静州。又《张镒传》：建中三年正月，太仆卿赵纵，为奴当千发其阴事。纵下御史台，贬循州司马。留当千于内侍省。镒上疏曰：贞观二年，太宗谓侍臣曰："比有奴告其主谋逆。此极弊法，特须禁断。假令有谋反者，必不独成，自有他人论之，岂待其奴告也？自今以后，奴告主者皆不受，尽令斩决。"《唐律》：部曲、奴婢告主，非谋反、逆、叛皆绞，则此三者皆得告，疑贞观时告者甚多，功臣宿将，人人自危，故为是一切之法也。由是贱不得干贵，下不得陵上。教化之本既正，悖乱之渐不生。为国之经，百代难改。欲全事体，实在防微。顷者长安令李济得罪因奴，万年令霍晏得罪因婢。愚贱之辈，悖慢成风。主反畏之，动遭诬告。充溢府、县，莫能判决。建中元年（780）五月二十八日诏曰：准《斗竞律》：奴婢告主，非谋叛以上者，同自首法，《唐律注》：被告者同自首法。《疏议》曰：谓其主杂犯死罪以下，部曲、奴婢告之，具同为首之法，奴婢获罪，主得免科。并准律处分。自此奴婢复顺，狱诉稍息。今赵纵非叛逆，奴实奸凶，奴在禁中，纵独下狱，考之于法，或恐未正。将帅之功，莫大于子仪，人臣之位，莫大于尚父，殁身未几，坟土仅干，两婿先已当辜，赵纵今又下狱。设令纵实抵法，所告非奴，才经数月，连罪三婿，录勋念旧，犹或可容，况在章程，本宜看免。陛下方诛群贼，大用武臣，虽见宠于当时，恐息望于他日。上深纳之。纵于是左贬而已。当千杖杀之。镒乃令召子仪家僮数百人，以死奴示之。又《王锷传》：子稷，父卒，为奴所告：稷换锷遗表，隐殁所进钱物。宪宗令鞫其奴于内仗，又发中使，就东都验责其家财。宰臣裴度苦谏。于是罢其使而杀奴。《度传》：告稷者凡二奴，皆付京兆府决杀。《于頔传》：頔既归朝，元和中，内官梁守谦掌枢密，颇招权利。有梁正言者，自言与守谦宗盟情厚。頔子敏，与之游处。正言取頔财贿，言赂守谦，以求出镇。久之无效。敏责其货于正言。乃诱正言之僮，肢解，弃于溷中。八年（813）春，敏奴王再荣诣银台门告其事。即日捕颀孔目官沈璧,家僮十余人,于内侍狱鞫问。寻出付台狱。颀贬为恩王傅。敏长流雷州,锢身发遣。行至商山,赐死。颀第四子季友,尚宪宗长女永昌公主,追夺两任官阶。正、方并停见任。沈璧决四十,配流封州。奴犀牛,与刘幹同手杀人,与梁正言、僧鉴虚并付京兆府决杀。参看第八章第二节。《新书·魏徵传》:五世孙暮。宣宗时迁中书侍郎。大理卿马曙,有犀铠数十首,惧而瘗之。奴王庆,以怨告曙藏甲,有异谋。按之无他状。投曙岭外,庆免。议者谓奴诉主法不听。暮引律固争,卒论庆死。《新五代史·唐景思传》:景思为缘淮巡检。有奴,尝有所求不如意,即驰见史弘肇,言景思与李璟交通,而私蓄兵甲。弘肇遣吏将三十骑往收景思。奴谓吏曰:"景思勇者也,得则杀之。不然,将失之也。"吏至,景思迎前,以两手抱吏呼冤,请诣狱自理。吏引奴与景思验。景思曰:"我家在此,请索之。有钱十千,为受外赂;有甲一属,为私蓄兵。"吏索之,惟一衣笥、军籍、粮簿而已。吏悯而宽之。景思请械送京师以自明。景思有仆王知权,在京师,闻景思被告,乃见弘肇,愿先下狱,明景思不反。弘肇怜之,送知权狱中,日劳以酒食,景思既械就道,颍、亳之人,随至京师共明之。弘肇乃鞫其奴,具伏。即奏斩奴而释景思。以上合何福殷、李崧之狱,凡得八事,主无罪而奴反见杀者四。李崧虽为奴所陷,其奴终亦伏法,不闻后患者,惟何福殷、裴寂、于敏三狱,则以敏罪实大,寂素为太宗所不悦,而福殷则适直史弘肇之乱政故也。然则以奴告主,其事实难,而犹有冒险而为之者,何哉?据张镒之奏,则是时斯狱实繁。主得罪而奴获逞志者,盖亦不少;主无罪而奴获重咎,盖转为罕见之事,故史特志之耳。且禁奴告主之法,定于贞观二年,而三年太宗即躬自违之;德宗申以建中元年之诏,而其狱仍充溢于府县;至宣宗时,又烦魏暮之引律固争;法律之不成为具文者几何哉?

唐景思藏钱不及十千,而裴寂、何福殷之奴,用财至数十百万。梁正言苞苴无验,而于敏怨及其家僮,盖梁守谦之招权利,正言辈为之,而正言辈之所为,则其家僮又为之羽翼也。然则当时之奴婢,岂复奔走供使令者哉?此等奴婢,所依附之主人,权势愈大,则其召祸亦愈大。吴少诚病亟,家奴单于熊儿矫召吴少阳,遂杀其子而自立。元济之败,宪宗使比部员外郎张宿使李师道,讽令割地。质子,师道已许纳三州,遣子入侍。已而悔之。帝复遣左散骑常侍李逊谕旨。而师道私奴婢媪,争言先司徒土地,奈何一旦割之?今不献三州,不过战耳,即不胜,割地未晚。归顺之机遂绝。而刘悟子从谏,与师道诸奴日戏博交通,具知其阴密事,悉疏于悟,遂卒阱师道于败亡焉。

奴婢之能败其主,以其有才智也。其有才智,则以其本为士人也。杨素家僮有鲍亨者,善属文,殷胄者,工草隶,并江南士人,因高智慧没为家奴。何稠、阎毗，皆巧思过人，能成一代之文物。而毗以为东宫官，太子服玩之物，多其所为，及太子废，坐杖一百，与妻子俱配为官奴婢，后二岁乃免。卢太翼、耿询、万宝常，亦《艺术传》中人也。太翼，太子闻而召之，及废，坐法当死，高祖惜其才，配为官奴，久之乃释。询，陈后主世，以客从王勇于岭南。勇卒，询不归，遂与诸越相结。群俚反叛，推为主。为王世积所擒。自言有巧思。世积释之，以为家奴。久之，见其故人高智宝以玄象直太史，从受天文、算术，创意造浑天仪。世积奏之。高祖配为官奴，给太史局。后以赐蜀王秀。秀废，复当诛。何稠言于高祖，特原其罪。炀帝即位，进欹器。帝善之，乃得放为良民。宝常，父大通，从梁将王琳归齐，后复谋归江南，事泄，伏诛，宝常配为乐户。汉王谅之叛，以介州长史薛粹为绛州刺史。谅败，伏诛。其子大鼎，以年幼，贳为官奴，流辰州。后用战功乃得还。大鼎见《旧书·良吏》《新书·循吏传》。此事又见两《书·方伎·乙弗弘礼传》。隋世于士大夫之酷如此。《旧书·忠义·张道源传》：道源拜大理卿，时何稠得罪，家口籍没，仍以赐之。道源叹曰："人有否泰，盖亦是常？安可因己之泰，利人之否，取其子女，以为仆妾？"皆舍之。《李大亮传》：破辅公祐，以功赐奴婢百人。大亮谓曰："汝辈多衣冠子女，破亡至此，吾亦何忍以汝为贱隶乎？"一皆放还。能如是者有几人哉？《李玄道传》：王君廓为幽州都督，朝廷以其武将，不习时事，拜玄道为幽州长史。尝遗玄道一婢，问所由，本良家子，为君廓所掠。玄道因放还之。君廓甚不悦。则有为不道掠人，反恶人之释之者，而士大夫设讲交际，务纳交于人者，亦或有所顾忌而不敢遽放之矣。卢江王瑗之死，朝即以其家口赐君廓。太宗诸子，武后时壮者诛死，幼者没为官奴。其时士大夫，如韩瑗、柳奭等，子孙亦皆谪南方为奴婢，其酷亦不减隋世也。《廿二史札记》没入掖庭一条，可以参看。安、史乱作，自更无人理可说。《新书·逆臣传》：史朝义死，部送将士妻口百余于官。有司请隶司农。帝曰："是皆良家子，胁掠至此。"命禀食还其亲，无所归者，官为资遣。据《旧书·邵说传》：说历事思明、朝义，朝义败，降于军。说一人，掠名家子女以为婢仆者，即数十人，则所送者岂及百一哉？郭李收常山后，颜真卿令杲卿子泉明至河北求宗族，已见第十六章第二节。泉明一女及姑女，并流离贼中，及是并得之。悉钱三万赎姑女，还取赍复往，则己女复失之矣。东京留守李憕，为安禄山所杀。子源，八岁，俘为奴，转侧民间，及史朝义败，故吏仍赎出之，归其宗属。可见是时衣冠之子沦落者之众。李光颜之败吴元济也，宪宗悦，赐告捷者以奴婢，官所为亦何异于贼乎？《新书·文艺·萧颖士传》：有奴事颖士十年，笞楚严惨。或劝其去。答曰："非不能，爱其才耳。"忍于造作此等语言，可谓天良丧尽。然不转瞬而己族亦罹其酷矣。

《旧五代史·孟承诲传》：承诲事晋少帝，以植性纤巧，善于希旨，复与权臣、宦官，密相表里，凡朝廷恩泽美使，必承诲为之，一岁之中，数四不已。由是居第华敞，财帛积累。及契丹入汴，张彦泽引兵逼宫城，少帝召承诲计之，承诲匿身不赴。少帝既出宫，寓于开封府舍。具以承诲背恩之事告彦泽，令捕而杀之，其妻女并配部族。此为异族入据，以中国人配隶其本族人之始。

良人自卖，本为律所不许，然遇凶荒兵乱之时，势不可止，则或别立条例以济之。《旧书·高宗纪》：咸亨元年（670）十月，大雪。令雍、同、华等州贫窭之家，有年十五已下，不能存活者，听一切任人收养为男女，充驱使，皆不得将为奴婢。四年正月，诏咸亨初收养为男女及驱使者，听量酬衣食之直，放还本处，是其事也。《通鉴》：晋齐王天福八年（943），唐主殂，齐王立。自烈祖相吴，禁压良为贱，令买奴婢者通官作券。冯延巳及弟延鲁，俱在元帅府，草遗诏，听民卖男女，意欲自买姬妾。萧俨驳曰："此必延己等所为，非大行之命也。昔延鲁为东都判官，已有此请。先帝访臣，臣对曰：'陛下昔为吴相，民有鬻男女者，为出府金赎而归之，故远近归心。今即位而反之，使贫人之子，为富人厮役，可乎？'先帝以为然，将治延鲁罪。臣以为延鲁愚，无足责。先帝斜封延鲁章，抹三笔，持入宫。请求诸宫中，必尚在。"齐王命取先帝时留中章奏千余道，皆斜封一抹，果得延鲁疏。然以遗诏已行，竟不之改。坏成法以自利，可谓悖矣。然自卖法本有禁，使其法具存，何待李昪更建？云昪相吴而禁压良为贱，疑在淮南，此法久废，昪作相乃复之，而延鲁则又请复昪相吴前之旧也。出金代赎之法，亦为历代所常行。《旧书·太宗纪》：贞观二年（628）三月，遣御史大夫杜淹巡关内诸州，出御府重宝，赎男女自卖者，还其父母。《朱忠亮传》：为泾原节度使。泾土旧俗多卖子，忠亮以俸钱赎而还其亲者，约二百人。是其事。此其势必不可遍，则又为别设方略。《新书·韩愈传》：愈为袁州，袁人以男女为隶，过期不赎，则没入之。愈至，悉计庸得，赎所没，归之父母，七百余人。因与约，禁其为隶。《旧书》云：仍削其俗法，不许隶人。所谓俗法者，盖其地之惯习，为众所共遵者也。《柳宗元传》：宗元刺柳州。柳人以男女质钱，过期不赎，子本均则为奴婢。宗元设方计，悉赎归之。尤贫者令书庸，视直足相当，还其质。已没者出己钱助赎。《李德裕传》：德裕为西川。蜀人多鬻女为人妾，德裕为著科约：凡十三而上，执三年劳，下者五岁，及期则归之父母是也。军人之俘掠者，朝廷威令不振，亦以赎法行之。《昭宗纪》：大顺二年（891）四月，赐两军金帛，赎所略男女还其家。《李光弼传》：子汇，迁泾原节度使，出俸钱赎将士质卖子还其家是也。《旧五代史·明宗纪》：天成元年（926）九月，致仕都官员外郎于邺奏请指挥不得书契券辄卖良人，则军人不徒略人，并有略卖人者矣。其不法可谓甚矣。《庄宗纪》：同光二年（924）祀圜丘赦文云：应有百姓妇女，曾经俘虏他处为婢妾者，一任骨肉认识。男子曾被刺面者，给与凭据，放逐营生。天成二年四月，右谏议大夫梁文矩上言：平蜀已来，军人剽掠到西川人口甚多，请许收认。因诏河南、河北，旧因兵火虏隔者，并从识认。四年八月，诏乱离以来，天下诸军所掠生口，有主识认，即勒还之。皆取一切之法。盖事势不容不尔？《晋高祖纪》：天福二年（937）八月，诏曰：应自梁朝后唐以来，前后奉使，及北京缘边管界虏掠向北人口，宜令官给钱物，差使赍持，往彼收赎，放归本家。《周世宗纪》：显德四年（957），曲赦寿州管内。自用兵以来，被虏却骨肉者，不计远近，并许本家识认，官中给物收赎。皆仍取赎法，则以法不能行于境外，而淮南当新定之时，亦不欲夺将士之利也。

部曲、客女，隋、唐、五代之世仍有之。尔时并无将帅可招人为部曲，盖前世之遗也。唐时，工、乐、杂户，并不贯州县。工属少府，乐属太常，杂户散属诸司。《唐律疏议》云：杂户者，谓前代以来，配隶诸司，职掌课役，不同百姓，依令老免，进丁受田，依百姓例，各于本司上下。官户者，亦谓前代以来，配隶相生，或有今朝配没，州县无贯，惟属本司。《名例》府号官称。此中除今朝配没之官户外，余皆事属前朝，且必屡经赦宥，早合免为良民，然法律仍加歧视。工、乐、杂户、官户，只许当色为婚，良人亦不得养杂户、官户为子孙，犯者治罪外仍还正，而部曲、奴婢，更无论矣。惟太常音声人，虽元与工、乐不殊，而自义宁已来，得于州县附贯，虽依旧太常上下，而依令婚同百姓，户婚杂户不得娶良人疏议。则已侪于平民耳。工、乐、杂户、官户等，皆惟隶属于官，部曲、奴婢，则为家仆。部曲之地位，视奴婢略高。部曲殴良人，加凡人一等，奴婢又加一等。良人殴部曲，减凡人一等，奴婢又减一等。《斗讼律》。部曲、奴婢谋杀主者斩，同籍合有财分者皆为主。过失杀者绞，伤及詈者流，《贼盗》。而主杀有罪奴婢不请官司者，不过杖一百。无罪者徒二年，殴部曲至死者徒一年，故杀者加一等而已。《斗讼》。放部曲、客女、奴婢为良者，依户令，皆由家长给手书，时谓放书。长子以下连署，仍经本属申牒除附。既放而复压为贱则有罪。《户婚》。

第十八章　隋唐五代人民生计

第一节　物价工资资产

自汉末币制坏乱，官私出入，皆罕用钱，已见《两晋南北朝史》矣。隋、唐之世，币制稍见整饬，然贸迁亦随之加广，民间交易，仍罕用钱。为韩愈论变盐法，谓城郭之外，少有见钱，籴盐多用杂物、米谷博易是也。此等情形，终五代之世，未之有改。惟以见钱交易是一事，以钱币计价又是一事。计价究以钱为便，故虽用他物博易，计价仍多以钱。如《国史补》谓渑池道中，有车载瓦瓮，塞于隘路，有客刘颇，扬鞭而至，问曰："车中瓮直几何？"答曰："七八千。"颇遂开囊取缣偿之，是其事矣。近人傅安华说。职是故，史籍所载物价，以钱计者仍多。欲知当时生计情形，仍以搜集此等记载为最要也。

食为民天，故欲考物价，必当先知谷价。今试就斯时谷价见于史者征之。《新唐书·宗室传》：长平肃王叔良，武德初，镇泾州，捍薛仁杲。大饥，米斗千钱。又《食货志》：贞观初，户不及三百万，绢一匹易米一斗。至四年（630），米斗四五钱。外户不闭者数月，马牛被野，人行数千里不赍粮，民物蕃息；四夷降附者百二十万人。是岁，天下断狱，死罪者二十九人。号称太平。《魏徵传》云：帝即位四年，岁断死二十九，几至刑措。米斗三钱。此两条，其辞互相出入，可知其所本略同，而米价又有差异，盖上下于三四五钱之间也。《旧五代史·李琪传》：琪于同光三年（925）上疏，言太宗时天下粟价，斗直两钱。观下引《通鉴》所载开元十三年（725）米粟二价之异，则知粟价更较米价为廉。琪此疏虽多误，见第十六章第三节。此语或有据也。《旧书·马周传》：周于贞观十一年（637）上疏曰："往者贞观之初，率土霜俭，一匹绢才得一斗米。自五六年来，频岁丰稔，一匹绢得粟十余石。"《新书》同。此时米价，与四年似无大差。设以其所谓十余石者为十五石，米价仍为斗四钱，粟价当米价五之三，据开元十三年青、齐米粟比价。则粟十五石，得钱三百六十文矣。《通鉴》：永徽五年（654），是岁大稔。洛州粟米斗两钱半，粳米斗十一钱。粟米盖指秫米？杜陵《后出塞诗》盛称粳稻来东吴，粳盖米之最贵者也。《旧书·高宗纪》：麟德二年（665），是岁大稔，《通鉴》作比岁丰稔。米斗五钱，䴷麦不列市，䴷麦，《通鉴》作麦豆。又《五行志》：永淳元年（682）六月十二日，连日大雨，至二十三日，洛水大涨，漂损河南立德、弘敬，洛阳景行等坊二百余家，坏天津桥及中桥，断人行累日。先是顿降大雨，沃若悬流，至是而泛溢冲突焉。西京平地水深四尺已上。麦一束止得一二升，米一斗二百二十文，布一端止得一百文。国中疑当作关中。大饥。蒲、同等州没徙人家口并逐粮，饥馑相仍，加以疾疫，自陕至洛，死者不可胜数。西京米斗三百以下。《通鉴》：是年四月，上以关中饥馑，米斗三百。幸东都，五月，东都霖雨。乙卯，洛水溢，溺民居千余家。关中先水后旱蝗，继以疾疫，米斗四百。两京间死者相枕于路。人相食。此二文可以互相参证。《旧志》所谓先是顷降大雨者，盖即《通鉴》所记五月东都霖雨。西京水深四尺，盖亦在是时？此即《通鉴》所谓关中先水。旱蝗当在其后，《通鉴》因水患而终言之也。然则关中米价，四月中每斗已至三百；五月盖因车驾东行，落至二百二十；旋因水患，又升近三百；其后旱蝗，则升至四百也。《旧书·郭元振传》：大足元年（701），迁凉州都督、陇右诸军州大使。令甘州刺史李汉通开置屯田。旧凉州粟斛售至数千，及汉通收率之后，数年丰稔，乃至一匹绢籴粟数十斛，绢，《新书》作缣。积军粮至数十年。其贵贱之相去，亦不啻贞观初与四年后矣。《通鉴》：景龙三年（709），是岁关中饥，米斗百钱，《旧书·玄宗纪》：开元十三年（725），时累岁丰稔，东都米斗十钱，青、齐米斗五钱。《通鉴》云：东都斗米十五钱，青、齐五钱，粟三钱。《旧纪》：开元二十八年，是时频岁丰稔，京师米斛不满二百，天下乂安，虽行万里，不持兵刃。《通鉴》云：是岁，西京、东都米斛值钱不满二百，绢匹亦如之。海内富安，行者万里不持寸兵。《新书·食货志》：天宝五载（746），是时海内富实，米斗之价钱十三，青、齐间斗才三钱，绢一匹钱二百。道路列肆，具酒食以待行人，店有驿驴，行千里不持尺兵。三文亦相出入。知开元末天宝初，谷价无甚涨落。至安、史乱后而大异矣。《旧书·食货志》：肃宗乾元元年（758）七月，铸一当十钱。又曰乾元重宝。二年，又铸重轮乾元钱，一当五十。寻而谷价腾贵，米斗至七千。饿死者相枕于道。《新志》叙钱币处略同，卷五十四。而其上文曰：百姓残于兵盗，米斗至钱七千，鬻粜为粮，民行乞食者属路，卷五十一。不谓由于币制之更。案，唐世虽遭饥荒，苟非围城之中，米价未有至七千者，见下。乾元二年之暴贵，必非由于兵盗可知。当时因物价腾踊，大钱之价，屡有裁损，卒皆归于当一，则不论其为重宝或重轮，人视之皆与小平钱无异。《旧志》云：人间抬加价钱为虚钱。据重轮乾元计之，所抬当得五十倍。则七千之价，实为百四十文也。《旧纪》：乾元三年四月，是岁饥，米斗至一千五百文。《新书·五行志》云：乾元三年春，饥，米斗钱千五百。是岁闰四月，改元上元。《旧纪》云：时大雾，自四月雨至闰月末不止。米价翔贵，人相食，饿死者委骸于路。《天文志》云：自四月初大雾大雨，至闰四月末方止。是月，史思明再陷东都。米价踊贵，斗至八百文，人相食，殍尸蔽地。《五行志》云：乾元三年闰四月，大雾大雨月余。是月，史思明再陷东都，京师米斗八百文，人相食，殍骸蔽地。案，四月已至千五百，加以淫雨，不应反减至八百。史家是岁之文，例皆书于岁末，疑因闰四月改元，误系四月或春末，米斗长至千五百，实在闰月之后。《李皋传》云：多智数，善因事以自便。奉太妃《郑氏》以孝闻。上元初，京师旱，米斗值数千，死者甚多。皋变俸不足养，亟请外官，不允。乃故抵微法，贬温州长史。言上元不言乾元，当在改元之后，足见旱灾在淫雨后，米价因此，乃又自八百长至千五百，云数千则过甚之辞也。《旧书·五行志》：广德元年（763），秋，好蚄食苗，关西尤甚，米斗千钱。《新志》同。《旧纪》：广德二年九月，自七月大雨未止，京城米斗值一千文。蝗食田。又云：是秋，蝗食田殆尽，关辅尤甚，米斗千钱。《新书·五行志》：广德二年，秋，关辅饥，米斗千钱。又云：秋，蝗，关辅尤甚，米斗千钱。《通鉴》则总书于是岁九月，曰：关中虫蝗霖雨，米斗千余钱。《旧纪》：永泰元年（765）三月，岁饥，米斗千钱。诸谷皆贵。又云：是春大旱，京师米贵，斛至万钱。《新书·五行志》云：永泰元年，饥，京师米斗千钱。《通鉴》云：是春不雨，米斗千钱。《旧纪》又云：七月，庚子，雨。时久旱，京师米斗一千四百，他谷食称是。观此及永泰元年之文，而知凡言米贵者，诸谷必皆贵矣。《旧纪》又云：大历四年（769）八月，自夏四月连雨至此月，京城米斗八百文，官出米二万石，减估而粜，以惠贫民。《天文志》《五行志》略同。《纪》又云：五年七月，京师斗米千文。《天文志》亦同；《纪》六年云：是岁春旱，米斛至万钱。《食货志》：建中初，自兵兴已来，凶荒相属，京师米斛万钱，官厨无兼时之食。百姓在畿甸者，拔谷按穗，以供禁军。《本纪》：贞元元年（785）二月，河南、河北饥，米斗千钱。《新书·五行志》：是年春，大饥，东都、河南、河北米斗千钱，死者相枕。《旧纪》言是月丙寅朔，遣工部尚书贾耽、侍郎刘太真分往东都、两河宣慰，盖即为是？《旧纪》以河南包东都，《新志》则析言之也。《新书·李晟传》：晟言李怀光不可赦云："今河中米斗五百，刍槁且尽，人饥死墙壁间。"《通鉴》系其事于是年四月，则河中屯兵虽多，战事迫在眉睫，米价犹仅半于河南北矣。《旧

纪》：贞元二年五月丙申，自癸巳大雨，至于兹日。饥民俟夏麦将登，又此霖
潦，人心甚恐，米斗复千钱。《新书·五行志》亦云：是年五月，麦将登而
雨霖，米斗千钱。观《旧书》之文，则自此以前，西都米价，已尝升至千钱
矣。《旧书·张孝忠传》云：贞元二年，河北蝗旱，米斗一千五百文；复大
兵之后，民无蓄积；饥殍相枕。孝忠所食，豆麴而已。则是岁河北米价，又
较元年春间为贵也。《通鉴》：贞元三年七月，上复问李泌以府兵之策。对
曰："今岁征关东卒戍京西者十七万人，计岁食粟二百四万斛。今粟斗直百五
十，为钱三百六万缗。国家比遭饥乱，经费不充，就使有钱，亦无粟可籴，
未暇议复府兵也。"泌事多出其子繁造作，不足信，说已见前，然造作之说，
亦必以当时情势为据，故仍可考米价也。《通鉴》又云：自兴元以来，是岁
最为丰稔，米斗值钱百五十，粟八十。诏所在和籴。案，景龙元年（707）
米斗百钱，史家已以为贵，此时币价，当倍蓰于景龙，而百五十钱，已须和
籴者。谷贵既久，虑其骤贱伤农也。《通鉴》：贞元八年又载陆贽论边储之
语，谓江淮斗米钱百五十，而京兆诸县七十，请减来岁之运，今京兆加价以
籴，而以停运之米，于江淮减价以粜，详见第二十章第二节。足见斗百五十
之价，于京兆为贱者，于江淮仍为贵。盖因有无不能相通，故各处米价，差
异殊甚也。《通鉴》元和元年（806）云：《是岁天下大稔，米斗有直二钱
者。"唐代米价见于史者，当以是为最廉。《新书·吴武陵传》：长庆初，窦
易直以户部侍郎判度支，表武陵主盐北边，会表置和籴贮备使，择郎中为之。
武陵谏曰："今缘边膏壤，鞠为榛杞，父母妻子不相活。前在朔方，度支米价
四十，而无逾月积，皆先取商人，而后求牒还都受钱。脱有寇薄城，不三旬
便当饿死。何所取财，而云和籴哉？"则长庆初之米价，又落于贞元时矣。
《旧纪》：长庆四年（824）七月丁卯，敕以谷贵，凡给百官俸内一半合给匹
段，今宜给粟，每斗折钱五十文。折价或较实价为低，相去当不甚远，武陵
以四十为昂，其无足怪。《旧纪》：光启二年（886）五月，是月，荆南、襄
阳仍岁蝗旱，米斗三十千，人多相食。《新书·五行志》云：光启二年二月，
荆、襄大饥，米斗三千钱，人相食。卷三十五。又云：光启二年，荆、襄蝗，
米斗钱三千，人相食。卷三十六。《旧纪》盖衍十字？天祐元年（904），朱
全忠杀朱友恭、氏叔琮，《新书·奸臣传》曰：是时洛城旱，米斗直钱六百，
军有掠籴者，都人怨，故因以悦众，执友恭、叔琮斩之。《通鉴》：天成二年
（927），是岁，蔚、代缘边粟斗不过十钱。以上为唐、五代时谷价见于正史
及《通鉴》者。唐代钱价颇贵，中叶后尤甚，见第十九章第四节。则前后谷
价，虽为数相同，又不能视同一律矣。计然云："粜二十病农，九十病末，上
不过八十，下不过三十，则农末俱利。"今观唐史之文，开元米斛仅二百，则

以为贱，景龙时斗值百钱，则以为贵，其相去之远，亦颇近之。盖谷价虽贵，利多入于贵庾之家，农民所得，恒不过最下之价，故虽上腾未必丰乐，虽反贱亦勉可自活也。

《旧书·鲁炅传》：保南阳郡，为贼所围。城中食尽，煮牛皮筋角而食之，米斗至四五十千，有价无米。鼠一头至四百文。饿死者相枕藉。《安禄山传》：庆绪自十月被围至二月，城中人相食。米斗钱七万余，鼠一头直数千。《黄巢传》：中和元年（881），时京畿百姓，皆寨于山谷，累年废耕耘。贼坐空城，赋输无人。谷食腾踊，米斗三十千。官军皆执山寨百姓鬻于贼为食，人获数十万。《高骈传》：光启三年（887），毕师铎囚骈。杨行密攻城，城中米斗五十千，饿死大半。《旧五代史·僭伪列传》：九月，秦、毕害高骈于幽所。行密攻围弥急。城中食尽，米斗四十千。居人相啖略尽。十月，城陷。秦、毕走东塘。行密入广陵。辇外寨之粟，以食饥民。即日米价减至三千。《新书·五行志》：光启三年，扬州大饥，米斗万钱，盖亦在此时，实非因饥荒也。《新书·陈儒传》：秦宗言来寇，张璘固垒二岁，樵苏皆尽，米斗四十千。计抔而食，号为"通肠"。疫死者争啖其尸，悬首于户以备馔。军中甲鼓无遗，夜击阛为警。《新五代史·李茂贞传》：天复元年（901），韩全诲等与李继筠劫昭宗幸凤翔，梁军围之逾年，茂贞每战辄败，闭壁不敢出。城中薪食俱尽。自冬涉春，雨雪不止，民冻饿死者，日以千数。米斗值钱七千。至烧人矢煮尸而食。父自食其子。人肉斤直钱百，狗肉斤直钱五百。《旧五代史·僭伪列传》：刘守光进攻沧州，沧州宾佐孙鹤、吕兖已推守文子延祚为帅。守光攻围累月。城中乏食，米斗值三万。人首一级，亦值十千。军士食人，百姓食壏土。驴马相遇，食其鬃尾。士人出入，多为强者屠杀。《新书》云：兖等率城中饥民，食以麹，号宰杀务，日杀以饷军。以上皆围城中米价可考者：最昂者为七万，盖米价至是，能买者已极少，过此则更无能买者，价亦不必列矣。《鲁炅传》云有价无米，说恐未确，果无米，安得有价？盖能买者极少，故人不见其有米耳。

布帛之价，开、天时绢匹与米斛齐等，似近乎平。何者？人生所须，莫急口实，故李悝尽地力之教，论农夫用度，一以粟米为主。《新书·食货志》载肃、代时议钱币者之语：谓自天宝至今，户九百余万。《王制》上农夫食九人，中农夫七人，以中农夫计之，为六千三百万人。少壮相均，人食米二升，日费米百二十六万斛，岁费四万五千三百六十万斛，而衣倍之，吉凶之礼再倍，当米十三万六千八十万斛。此说颇得李悝遗意。其计凡民用度，总数约三倍于口实，盖据当时事实立言。《新书·严郢传》：杨炎请屯田丰州，郢奏：请以内苑莳稻验之：秦地膏腴，田上上；耕者皆畿人，月一代，功甚易；又人给钱月八千，粮不在；然有司常募不能足，合府县共之。计一农岁钱九万六千，米七斛二斗。大抵岁傫丁三百，钱二千八百八十万，米二千一百六十斛。臣恐终岁获不酬费。岁食七斛二斗，正日得二升。别给钱九万六千，盖以备衣及他用。京西戍卒十七万，岁食粟二百四万斛人月得一石，日得三升余，盖民以少壮相均，而兵则皆壮者。远戍者之所食，固应略优于家居之民，而衣赐别在其外，亦犹之雇农别有庸钱也。《旧书·地理志》言开元时，于边境置节度、经略使，大凡镇兵四十九万人，每岁经费，衣赐则千二十万匹段，军食则百九十万石，大几千二百一十万。下列各镇经费详数，亦以粮食、衣赐分言，但不能具耳。然则唐世工赀，大约三倍于口实，盖亦据实际而定。租庸调之法，不役者日为绢三尺。《唐律·名例》亦云：平功庸者，一人一日为绢三尺。绢以四丈为匹，设使价与米斛齐等，则以三尺易米，可得七升半，故曰其价似近于平也。布价固当廉于绢，然如永淳元年（682）之价，匹仅得钱六十六文，布以六丈为端，四丈为匹。则亦太廉。盖因人急口实，故其价远落经价之下矣。绢有上、中、下，见《两晋南北朝史》第十九章第一节，《唐律·名例》：诸平赃者，皆据犯处当时物价及上绢估，则唐绢亦分上、中、下。不役者日为绢三尺，当据上绢言之？然则工资亦当准上绢论直也。工资三倍于口实而有余，似足自给。然七口之家，不必皆能力作，设使一夫所入，侔于律之所定，而其妇半之，共得一斗一升余，少壮相均，日食且不足矣。况不能日日有作乎？短工即如此。故受雇于人者，终不能免于贫困也。

《新书·食货志》：天宝、至德间，盐每斗十钱。略廉于其时之斗米。《志》又云：第五琦为诸州榷盐铁使，尽榷天下盐，斗加时价百钱而出之，为钱一百一十。《旧书·德宗纪》：建中三年（782）五月丙戌，增两税盐榷钱，两税每贯增二百，盐每斗增一百。贞元四年（788），淮西节度使陈少游奏加民赋，自此江淮盐每斗亦增二百，为钱三百一十。其后复增六十。河中、两池盐，每斗为钱三百七十。江淮豪贾射利，或时倍之。则斗为钱七百四十，几于史思明陷东都时之米价矣。又云：其后军费日增，盐价浸贵。有以谷数斗，易盐一升。顺宗时，始减江淮盐价，每斗为钱二百五十。河中、两池盐斗钱三百。其后盐铁使李锜奏江淮盐斗减钱十以便民。未几复旧。自有禁榷以来，恐未有卖价高于成本如此其甚者也。《旧五代史·食货志》：晋天福中，将食盐钱分配人户，任人逐便兴贩，盐货顿贱。去出盐远处州县，每斤不过二十文，近处一十文而已。

唐之榷酒，始于建中三年（782）。《新书·食货志》云：《斛收直三千。"寻以京师四方所凑罢榷。贞元二年（786），复禁京城、畿县酒。天下置肆以酤者，斗钱百五十。免其徭役。独淮南、忠武、宣武、河东榷麹而已。《旧书·德宗纪》：贞元二年十二月壬申，京城畿内榷酒。每斗榷钱一百五十文。蠲酒户差役。从度支奏也。酒之成本几何不可知，恐所加亦必甚巨矣。麹价惟五代时可考。《旧五代史·唐末帝纪》：清泰二年（935）正月，三司奏添征蚕盐钱，及增麹价。先是麹斤八十文，增至一百五十文。《晋高祖纪》：天福元年（936）十一月，改元赦诏，麹每斤与减价钱三十文。

《新书·兵志》：凡发府兵当给马者，官与其值市之。每匹予钱二万五千。此盖马之平价？又云：初用太仆少卿张万岁领群牧。自贞观至麟德四十年间，天下以一缣易一马。此盖马价最贱之时？《旧书·回纥传》：自乾元之后，屡遣使以马和市缯帛。仍岁来市。以马一匹，易绢四十匹。此时马价未知如何，然中国所失，必甚巨也。《新书·食货志》云：代宗时，回纥岁送马十万匹，酬以缣帛百余万匹。而中国财力量竭，岁负马价，匹亦不过十万余耳。

《旧五代史·唐明宗纪》：天成二年（927）三月，诏所在府县纠察杀牛卖肉。犯者准条科断。其自死牛即许货卖，肉斤不得过五钱。此肉食之价可考者。

《旧书·皇甫镈传》：宪宗时，内出积年库物付度支估价。例皆陈朽，镈尽以善价买之，以给边军。罗縠缯采，触风断裂，随手散坏。军士怨怒，皆聚而焚之。裴度奏事，因言边军焚赐之意。镈因引其足奏曰："此靴乃内库出者，臣以俸钱二千买之，坚韧可以久服。所言不可用，皆诈也。"帝以为然。由是镈益无忌惮。唐史言镈事多诬，前已论之。所言靴价，却可考当时衣着之值也。

《旧书·李实传》：贞元十九年（803），为京兆尹。二十年春夏，关中大歉。实方聚敛进奉，以固恩宠。百姓所诉，一不介意。因入对，德宗问人疾苦。实奏曰："今年虽旱，谷田甚好。"由是租税皆不免。人穷无告。乃撤屋瓦、木，卖麦苗，以供赋敛。优人成辅端，因戏作语为秦民艰苦之状云："秦地城池二百年，何期如此贱田园。一顷麦苗五石米，三间堂屋二千钱。"此盖瓦、木最贱之价？然《韦思谦传》：子思立谏中宗云："比营造寺观，其数极多。皆务取宏博，竞崇瑰丽。大则费耗百十万，小则尚用三五万余。"《良吏·吕諲传》：殁后岁余，江陵将吏合钱十万，于府西爽垲地大立祠宇，四时祠祷。则祠庙之不甚宏丽者，所费亦不过自三万至十万耳。

时人用度之数，杂见史传者：《旧书·孟郊传》；郑馀庆镇兴元，奏为从事，辟书下而卒，馀庆给钱数万葬送。《新书·隐逸传》：卢鸿卒，玄宗赐以万钱。此丧葬之费也。《旧书·玄宗纪》：开元六年（718）十一月，诏内官、外官三品以上有庙者，各赐物三十匹，以备修祭服及俎豆。此祭祀之费也。又《敬宗纪》：长庆四年（824）十月，宗正寺选尚县主婿二十五人，各赐钱三十万，令备吉礼。《新书·韦皋传》：善拊士，至虽婚嫁皆厚资之。婿给锦，女给银涂衣，赐各万钱。又云：死丧者称是。此婚嫁之费也。士夫、将吏如此。其赐平民者：《隋书·炀帝纪》：大业四年（608）正月，帝在东都，赐城内居民米各十石。《旧书·高宗纪》：贞观二十三年（649）八月，河东地震，诏遣使存问，给复二年，压死者赐绢三匹。《新书》同。又永隆元年（680）九月，河南、河北诸州大水，遣使振恤，溺死者官给棺椁，其家赐物七段。《新书·高宗纪》：开耀元年（681）八月，以河南、河北大水，溺死者赠物，人三段。《旧书·顺宗纪》：即位后，"百姓九十已上赐米二石，绢二匹。百岁已上赐米五石，绢二匹，绵一屯。"《新书·太宗纪》：贞观三年三月，赐孝义之家粟五斛，八十以上二斛，九十以上三斛。百岁加绢二匹。妇人正月以来产子者粟一斗。十五年四月，赐民八十以上物。惸独鳏寡疾病不能自存者米二斛。《宪宗纪》：元和元年（806）六月，赐百姓有父母、祖父母八十以上者粟二斛，物二段，九十以上粟三斛，物三段。《玄宗纪》：天宝七载（748）五月，群臣上尊号，赐京城父老物十段。此等皆因赏赐赠遗之数。而略可推想其时用度之数者也。唐世钱少，民间交易，用钱者盖寡，故赐平民亦绝不用钱。《旧书·李峤传》：则天将建大像于白司马坂，峤上疏谏曰："造像钱见有一十七万余贯，若将散施，广济贫穷，人与一千，济得一十七万余户。"当时钱少而贵，凡受赐以钱者，自后世观之，数若甚菲，而其实则颇厚也。《新书·张玄素传》：玄素上书太子承乾曰："今上以殿下父子亲，故所资用不为限节。然诏未六旬，用逾七万，骄奢无艺，孰过于此？"六旬用逾七万，日亦不过千余耳。《旧书·彭偃传》：大历末，东川观察使李叔明请澄汰佛、道，偃献议：言"一僧衣食，岁计约三万有余"。此似甚觳，然设谓口实岁得万八千，则月得千五百，日食二升，升二十五钱，在当时粜价不为下矣。千钱济得一穷户，非虚言也。

唐景思为边将，为奴所诬，自白云：有钱十千为受外赂，已见第十六章第三节。可见是时虽将吏家，存钱亦不多也。《新书·员半千传》：咸亨中上书自陈，言臣家资不满千钱，有田三十亩，粟五十石，闻陛下封神岳，举豪英，故鬻钱走京师。此与汉贡禹自言"家赀不满万钱"，又云"有田百三十亩"者同。见《秦汉史》第十五章第一节。可见唐时计赀，田宅及力耕所得，仍在其外。故虽无资，亦足自立。《旧书·文苑传》：唐次子扶，为福建团练观察使，卒于镇，仆妾争财，诣阙论诉，法司按劾其家财十万贯，归于二妾，时论非之，宜矣。扶事《新书》见《唐俭传》云：奴婢争财，有司按其赀至十余万，时议嗤薄之。十余万，当作十余万贯。《新五代史·唐家人传》：明宗倳从温，为忠武军节度使，诬亲吏薛仁嗣等为盗，悉籍没其家资数千万。此虽非一人，然其资亦不薄矣。

置产业者，费钱亦不甚多。《旧书·德宗纪》：贞元五年（789）三月，诏以李怀光外孙燕八八为左卫率府胄曹参军，赐姓名曰李承绪。仍赐钱千贯，俾自营居业。《怀光传》载诏文云："任于怀光墓侧置立庄园，侍养怀光妻王氏，并备四时享奠之礼。"盖已逾于中人之产矣。《新书·魏徵传》：太宗赐以兰陵公主园，其值百万。一园即值千贯，其实可谓厚矣。《旧书·德宗诸子传》：十一县主同月出降，各给钱三百万，使中官主之，以买田业。则又倍于燕八八之赐。

富人资产之数，略可考见者：《旧书·李义府传》云：阴阳占候人杜元纪为义府望气，云所居宅有狱气发，积钱二千万，乃可压胜，义府信之，聚敛更急切，此徒以钱币言。《韩弘传》云：弘镇大梁二十余载，四州征赋，皆为己有，未尝上供，有私钱百万贯，粟三百万斛，马七千匹，亦尚未及田宅等也。义府权相，弘骄将，固不足论，然寻常士大夫，家赀亦不可云菲。李元素与妻离绝，诏令与之钱物五千贯，见第十六章第一节。其家产必倍蓰于此可知。《旧书·高宗纪》：咸亨元年（670），是岁，天下四十余州旱及霜虫，百姓饥乏。关中尤甚。二年二月，雍州人梁金柱请出钱三千贯，振济贫人。能出见钱三千贯，其赀财田宅，必十倍于此，又可知也。此盖富民。《玄宗纪》：开元二十二年（734）三月，没京兆商人任令方资财六十余万贯。《元稹传》：稹自叙曰："分莅东都台，汴州没入死商钱且千万，类是数十事，或移或奏，皆止之。"《王处存传》："京兆万年县胜业里人。世隶神策军，为京师富族。财产数百万。父宗，善兴利，乘时贸易，由是富拟王者。"此等则皆商人也。当时豪富人，颇有输财以佐公家之急者，盖名器犹存，以获褒赏为荣也。《旧书·郝处俊传》：侍中平恩公许圉师，处俊之舅。早同州里，俱宦达于时。又其乡人田氏、彭氏以殖货见称。有彭志筠，显庆中，上表请以家绢布二万段助军。诏受其绢万匹，特授奉议郎。仍布告天下。故江淮间语曰："贵如许、郝，富若田、彭。"此商人也。《严震传》：世为田家，以财雄于乡里。至德、乾元以后，震屡出家财以助边军。此则地主富农之流也。《德宗纪》：建中三年（782），太常博士韦都宾、陈京以军兴庸调不给，请借京城富商钱。大率每商留万贯，余并入官。不一二十大商，国用济矣。判度支杜佑曰："今诸道用兵，月费度支钱一百余万贯。若获五百万贯，才可支给数月。"今若以借二十大商可得五百万贯，则每商当出二十五万贯；若借十大商，则每商当出五十万贯矣。《通鉴》云：请括富商钱。出万缗者，借其余以供军。计天下不过借一二千商，则数年之用足矣。若以所云数年者为三年；则月费百万缗，当得三千六百万缗；借诸千商，商当出三十六万缗；借诸二千商，商当出十八万缗也。后仅行诸京畿，得钱八十万贯，而人有自缢者。论史者咸病其诛求之酷。然其后元和十二年（817）颁藏钱之禁，大和四年（830）复申之，钱十万贯以下，限一周年内处置毕，二十万贯以下，限二周年内处置毕，详见第十九章第四节。此令遍及一切人等，而其限数如此，岂有京畿无一二十大商，海内无一二千大商，能出数十万缗者？

然则韦都宾、陈京之策，谓其不易行或竟不能行则可，谓其亿度商人訾产之数有误，固不可也。安重诲之死也，疏其家财不及数千缗，而史以为廉，宜矣。世岂有终闷其钱，不出之以市田宅、事兴举者？挟厚资以事兼并，民又安能与之哉？

论稍入，平民之与贵人，亦相去甚远。自居易与元稹书云："今虽谪佐远郡，而官品至第五，月俸四五万，寒有衣，饥有食，给身之外，施及家人，亦可谓不负白氏子矣。"一月之入，过于一僧终岁衣食之费，其能施及家人固宜。《旧书·常衮传》：与杨绾同掌枢务。先是百官俸料寡薄，绾与衮奏请加之。时韩滉判度支。衮与滉各骋私怀，所加俸料，厚薄由己。时少列各定月俸为三十五千，滉怒司业张参，止给三十千。衮恶少詹事赵慸，遂给二十五千。太子洗马，实司经局长官，文学为之贰。衮有亲戚任文学者，给十二千，而给洗马十千。有轻重任情，不通时政，多如此类。当时定俸，轻重是否失当，今难质言，然月得三十五千，亦侔于一僧终岁衣食所费矣。故衮等犹以为厚而欲裁减之也。《传》又云：《绾弘通多可，衮颇务苛细，求清俭之称，与绾之道不同。"其实绾徒能清俭，衮则更能综核，以政事论，或更胜于绾也。又云：《无几杨绾卒，衮独当政。故事，每日出内厨食以赐宰相，馔可食十数人，衮特请罢之。迄今便为故事。又将故让堂封，同列以为不可而止。议者以为厚禄重赐，所以优贤崇国政也，不能，当辞位，不宜辞禄食。"然则贤者当叨忝禄食邪？田弘正兄弟子侄在两都者，日费约二十万。见第八章第四节。而董秀告陈少游，月费乃过千贯。见第六章第四节。裴冕兼掌兵权留守之任，俸钱每月二千余贯。《旧书》本传。陈少游初结元载，年馈金帛约十万贯。而郭子仪岁入宫俸二十四万贯，私利犹不在焉。亦见《旧书》本传。以钱计者如此。锡以物者，卢鸿还山，岁给米百斛，绢五十，府县为致其家，亦十余人食也。《旧书·德宗纪》：贞元二年（786）正月，诏以民饥，御膳之费减半。宫人月供粮米，都一千五百石。飞龙马减半料。若人月食六斗，则宫人当得二千五百矣。又帝即位后，郭子仪加号尚父，月给一千五百人粮，马二百匹草料，人月食六斗，亦当得九百也。《宪宗纪》：元和八年（813）十月，敕张茂昭立功河朔，举族归朝。如闻身殁之后，家无余财，宜岁赐绢二千匹。准开、天时匹绢与石米齐价，亦岁得二千石矣。

豪富人用度之侈，亦殊骇听闻。《隋书·文献独孤皇后传》：突厥尝与中国交市，有明珠一箧，价值八百万。《旧唐书·五行志》：安乐公主有尚方织成毛裙，凡造两要，一献韦氏，计价百万。德宗时，十一县主同月出降，各给费三百万买田业，不得侈用。其衣服之饰，使内司计造，不在此数。是时所司度人用一笼花，计钱七十万。帝损之，及三万而止。《新书·柳公绰传》：孙玭，尝述家训以戒子孙曰:"王相国涯居位,窦氏女归请曰:玉工货钗,直七十万钱。王曰:七十万钱,岂于女惜?但钗直若此,乃妖物也,祸必随之。"《旧书·李光进传》:光颜攻吴元济,韩弘为汴帅,恶其力战,阴图挠屈,遂举大梁城求得一美妇人,饰之以珠翠金玉、衣服之具,计费数百万,令使者送遗光颜。妇人之饰如此,其侈已可骇矣,犹可说也。王毛仲为人苍头,玄宗以钱五万买得;颜杲卿妹及子泉明女流落贼中,泉明求之,索购钱俱不过三万;皆见《旧书》本传。而裴冕名马在枥,值数百金者常十数,则畜价百倍于人矣。一僧岁衣食不过三万,而赵岩一饮食必费万钱。《旧书·代宗纪》:大历二年(767)二月,"郭子仪自河中来朝。宰臣元载、王缙,左仆射裴冕,户部侍郎第五琦,京兆尹黎干各出钱三十万。置宴于子仪之第。三月,鱼朝恩宴子仪、宰相、节度、度支使、京兆尹于私第。乙亥,子仪亦置宴于其第。戊寅,田神功宴于其第。公卿大臣列席于坐者百人。子仪、朝恩、神功一宴费至十万贯"。《新书·吴凑传》:兄子士矩,开成初为江西观察使,飨宴侈纵,一日费凡十数万。《旧五代史·苏逢吉传》:尝于私第大张酒乐,以召权贵,所费千余缗。岂特谚所谓"富人一席酒,穷汉半年粮"哉?

史万岁从杨素平江南,前后七百余战,转斗千余里,寂无声闻者十旬,素上其事,隋高祖不过赐其家钱十万。而梁睿平王谦,赐物五千段,奴婢一千口,金二千两,银三千两。王长述时为信州总管,谦使致书,长述执其使,上其书,又陈取谦之策,亦前后赐金五百两。韦师为山东、河南十八州安抚大使,奏事称旨,赐钱二百万。唐太宗赏玄武门之功,尉迟敬德、长孙无忌为第一,各赐绢万匹。齐王府财币器物,封其全邸,尽赐敬德,此皆兴亡之际,固难以常理论。然隋文帝一幸高颎第,而赐钱百万,绢万匹,与史万岁十万之赐,相去何其悬殊?犹曰:"颎久参密勿,宣力有年也。"唐太宗言及山东、关中人,意有同异,张行成谏,太宗善之,赐名马一匹,钱十万,衣一袭,此徒以一言,已侔于万岁转战千里之赐。长乐公主将下降,帝以皇后所生,敕有司资送倍于永嘉长公主,魏徵谏,上然其言,入告长孙皇后,后使赍钱四十万、绢四百匹诣徵宅以赐之,则更远过于行成矣。岂真贵口舌于汗马之劳哉?赐达官者以贵人之所入为准,赐下吏者以平民之所入为准也。亦可推见二者之差矣。韦绶授山南东道,辞日诉家贫,请赐钱二百万,则竟公然以为乞请矣。

赏赐如此,赠遗亦然。《旧书·陆贽传》:为郑县尉。罢秩东归省母,路由寿州,刺史张镒有时名,贽往谒之。镒初不甚知。留三日,再见与语,遂大称赏,请结忘年之交。及辞,遗贽钱百万。贽不纳,惟受新茶一串。《新书·白居易传》:田布拜魏博节度使,居易持节宣谕,布遗之五百缣。诏使受之,辞曰:布父仇国耻未雪,人当以物助之,乃取其财,义不忍,方谕问旁午,若悉有所赠，则贼未殄，布资竭矣。诏听辞饷。《旧五代史·孔崇弼传》：天福中，迁左散骑常侍。五年（940），诏令泛海使于杭越。先是浙中赠贿，每岁恒及万缗。时议者曰："孔常侍命奇薄，何消盈数。有命即无财，有财即无命。"明年，使还，果海中船坏，空手而归。《新书·郝处俊传》：十岁而孤。故吏归千缣赗之，已能让不受。处俊父为滁州刺史。《韩思复传》：岁饥，京兆杜瑾以百绫饷。思复方并日食，而绫完封不发。《冯宿传》：弟定，与宿齐名，于頔素善之。頔在襄阳，定徒步上谒。吏不肯白，乃亟去。頔闻，斥吏，归钱五十万。定不受。此诸饷遗，并不为菲。惟高尚、李齐物为新平太守，荐诸朝，仅赆钱三万。《新书·逆臣传》。盖寒士道途之费，原不过如此也。然苟能广游诸侯间，哀其所得，仍不为菲。《旧五代史·郑云叟传》：唐昭宗朝，尝应进士举，不第，因欲携妻子隐于林壑，其妻非之，不肯行，云叟乃薄游诸郡，获数百缗，以赡其妻，辞诀而去，则其事矣。

当时为人作文字者，获报颇丰，亦赠遗之类也。《旧书·张嘉贞传》：为定州刺史。至州，于恒岳庙中立颂。嘉贞自为其文。岳祠为远近社赛，有钱数百万。嘉贞自以为颂文之功，纳其数万。史书此事，意盖讥其不廉？《新书·韩思彦传》：客汴州。张僧彻者，庐墓三十年，诏表其闾，请思彦为颂，饷缣二百，不受。时岁凶，家窭甚，僧彻固请，为受一匹。获旌表者多非悃愊之士，已见第十六章第二节。思彦之不受，盖亦以此？《李绛传》：兴安国佛祠，吐突承璀请立石纪圣德焉，欲使绛为之颂，将诒钱千万。绛上言，请罢之。帝悟，命百牛倒石。承璀盖亦以货取也？《韦贯之传》：裴均子持万缣请撰先铭，答曰："吾宁饿死，岂能为是哉？"《司空图传》：王重荣父子雅重之，数馈遗，弗受。尝为作碑，赠绢数千，图置虞乡市，人得取之，一日尽。亦皆视为不义之财。《皇甫湜传》：为工部郎中。辨急使酒，数忤同省。求分司东都。留守裴度，辟为判官，度修福先寺，将立碑，求文于白居易。湜怒曰："近舍湜而远取居易，请从此辞。"度谢之。湜即请斗酒。饮酣，援笔立就。度赠以车马、缯彩甚厚。湜大怒曰："自吾为《顾况集序》，未尝许人。今碑字三千，字三缣。何遇我薄邪？"度笑曰："不羁之才也。"从而酬之。此以狂文其贪耳。《五代史补》云：钟传虽起商贩，尤好学重士。江西士流有名第者，多因传荐。四远腾然，谓之英明。诸葛浩素有词学。尝为泗州馆驿巡官。仰传之风，因择其所行事赫赫可称者十条，列于启事以投之。十启凡五千字，皆文理典赡。传览之惊叹。谓宾佐曰："此启事每一字可以千钱酬之。"遂以五千贯赠，仍辟在幕下。此尤谄谀不足道矣。

赃贿之可考者，数亦颇巨。《隋书·刘行本传》：雍州别驾元肇言于高祖曰："有一州吏，受人馈钱三百文，依律合杖一百。然臣下车之始，与其有约。

此吏故违。请加徒一年。"则赃不及千，罪已颇重，然史之所载，其数乃有十百千万于此者。杜黄裳纳高崇文赂四万五千贯，乃荐之讨刘辟。弓箭库使刘希先，取羽林大将军孙璹钱二十万，以求方镇，事发赐死，辞相告讦。事连吐突承璀。李齐运荐李锜为浙西观察使，受赂数十万计。王锷在河东，用钱数千万赂遗权幸，求兼宰相。《旧书·李藩传》。伊慎为金吾卫大将军，以钱三千万赂宦人，求帅河中。皆以赂求官者也。婺州刺史邓珽，坐赃八千贯，湖南判官马彝，举属令赃罪至千贯。《旧书·窦参传》。窦易直为京兆尹，万年尉韩晤奸赃事发，易直令曹官韦正晤讯之，得赃三十万。宪宗意其未尽，诏重鞫，坐赃三百万。易直以贬金州。陈子昂，县令段简闻其富，欲害之，家人纳钱二十万，令薄其赂。捕送狱，竟死狱中。浑瑊子镈，累擢至丰州刺史，坐赃七百万。此地方官之赃贿也。崔元略任京兆尹，为桥道使，造东渭桥，被本典郑位、判官郑复虚长物价，抬估给用，不还人工价直，率敛工匠，破用计赃二万一千七百九贯。杨虞卿为吏部员外郎。大和二年（828），南曹令史李赛等六人伪出告身签符，卖凿空伪官令赴任者六十五人，取受钱一万六千七百三十贯。虞卿按得伪状，捕赛等移御史台鞫劾。赛称六人共率钱二千贯与虞卿厅典温亮，求不发举伪滥事迹。此下吏之臧贿也。金部员外郎韩益判度支案，子弟受人赂三千余贯，半是拟臧。《旧书·归崇敬传》。则又家人借势而受赃贿者也。唐玄宗时，中人出使受贿之多，已见第五章第一节。《旧书·郑馀庆传》云：自至德以来，方镇除授，必遣中使领旌节就第宣赐，皆厚以金帛遗之，求媚者惟恐其数不广，故王人一来，有获钱数百万者。《孟简传》：简在襄阳，以腹心吏陆翰知上都进奏，委以关通中贵。翰持简阴事，渐不可制。简怒，追至州，以土囊杀之。且欲灭口。翰子弟诣阙进状诉冤，且告简赃状。御史台按验，获简赂吐突承璀钱帛等共计七千余贯匹。是中叶以后，又变本加厉也。太平公主之败，籍惠范家产亦数十万。《旧书·外戚传》。则方外亦不免矣。《新五代史·袁象先传》：子正辞。初以父任为飞龙副使。唐废帝时，献钱五万缗，领衢州刺史。晋高祖入立，复献五万缗，求为真刺史。拜雄州刺史。州在灵武之西吐蕃中，正辞不欲行，复献钱数万，乃得免。正辞不胜其愤，以衣带自经。其家人救之而止。《闽世家》：泉州刺史余延英，尝矫曦命，掠取良家子。曦怒，公下御史劾之。廷英进买宴钱十万。曦曰："皇后土贡何在？"廷英又献皇后钱十万，乃得不劾。则虽人主亦躬为之矣。

敬宗、穆宗之立，赐神策军甚厚。盖因得之不以其正，非可以常理论。李万荣谋代刘士宁，乘士宁畋城南，召所留亲兵告曰："天子有诏召大夫，俾我代节度，人赐钱三万。"刘悟之反李师道，令曰："入郓，人赏钱十万。"皆见《新书·藩镇传》。《旧五代史·周太祖纪》：广顺二年（952），平慕容彦超，诸处差到人夫内有遭矢石者，各给绢三匹。皆与历代平民之赐，数略相近。《旧书·刘玄佐传》：谓李万荣谋篡士宁，许其兵人赐钱三千贯，盖三十贯之误也？武元衡之死，诏京城、诸道能捕贼者赏钱万贯，仍与五品官。乃积钱二万贯于京都市。《旧书·宪宗本纪》元和十年（815）。此亦特异之事，不可以常理论。

第二节　地　权

自北魏立均田之制，周、齐皆仍之，隋亦承之。《通典》云：隋文帝自诸王以下至都督，皆给永业田，各有差。多至百顷。少至三十顷。其丁男、中男永业、露田，皆遵后齐之制。并课植以桑及枣。其田宅，率三口给一亩。《新唐书·食货志》云：授田之制，丁及男年十八以上者人一顷。其八十亩为口分，二十亩为永业。老及笃疾、废疾者人四十亩。寡妻妾三十亩。当户者增二十亩。皆以二十亩为永业，其余为口分。永业之田，树以榆、枣、桑及所宜之木，皆有数。田多可以足其人者为宽乡，少者为狭乡。狭乡授田，减宽乡之半。其地有薄厚，岁一易者倍授之，宽乡三易者不倍授。工商者宽乡减半，狭乡不给。凡庶人徙乡及贫无以葬者，得卖世业田。自狭乡徙宽乡者，得并卖口分田。已卖者不复授。死者收之，以授无田者。凡收、授，皆以岁十月。授田先贫及有课役者。《旧书·职官志》：户部，凡授田，先课后不课，先贫后富，先多后少。凡田，乡有余以给比乡，县有余以给比县，州有余以给近州。《旧书·职官志》：户部，凡给口分田，皆从便近。居城之人，本县无田者，则隔县给授。又云：自王公以下，皆有永业田。又云，凡新附之户：春以三月，免役；夏以六月，免课；秋以九月，课役皆免。徙宽乡者，县覆于州，出境则覆于户部，官以闲月达之。自畿内徙畿外，自京县徙余县皆有禁。四夷降户，附以宽乡，给复十年。奴婢纵为良人，给复三年。没外蕃人，一年还者给复三年，二年者给复四年，三年者给复五年。浮民、部曲、客女纵为良者附宽乡。案，乡有宽狭，授田又须先贫后富，先有课役而后无课役者；即可见其田不给授。《困学纪闻》引刘氏曰："魏、齐、周、隋，兵革不息，农民少而旷土多，故均田之制存。至唐，承平日久，丁口滋众，官无闲田，不复给授，故田制为空文。"又引范氏曰："唐初定均田，有给田之制，盖由有在官之田也。其后给田之制不复见，盖官田益少矣。"案，隋开皇十二年（592），因京辅、三河地少人众，议者咸欲徙就宽乡，文帝尝发使四出均天下之田，狭乡每丁才至二十亩，老小又少焉，事见第十六章第四节，则如法授田，隋初已不能行矣。《隋书·炀帝纪》：大业五年（609）正月，诏天下均田。《通鉴》同。《地理志》：是年户八百九十万七千五百四十六，口四千六百一万九千九百五十六，垦田五千五百八十五万四千四十一顷，亦人得一顷余，然计账之不实久矣，文帝所不能行者，而谓炀帝能行之邪？此所谓均田者，当亦是均税，与周世宗事同，见下。

田不给授，非由生齿之日繁，实由豪强之兼并。盖人不能无缓急，官无救贫之政；货力为己之世，任恤亦非可常恃；则土田之卖买，必不可免，卖买盛而井授之意荒矣。《新书·食货志》述开元时事云：初，永徽中禁买卖世业、口分田，其后豪强并兼，贫者失业，于是诏买者还地而罚之，此其势岂可行邪？《通典》谓其时并兼逾汉成、哀。至于代宗，卒以亩定税而敛以夏秋，德宗相杨炎，遂立两税之法，丁税与田税分离，而均田之法，告朔饩羊之意尽矣。自晋武帝定户调式至此，适得五百年。

租庸调之法既废，则卖买愈得恣行无忌。《旧书·宪宗纪》：元和八年十二月，敕应赐王公、公主、百官等庄宅、碾硙、店铺、车坊、园林等，一任帖典货卖。其所缘税、役，便令府县收管。盖赐田本不许卖，至此亦不能禁也。《卢群传》：贞元十六年（800），拜天成军节度、郑滑观察等使。先寓居郑州，典质良田数顷。及为节度使，至镇，各与本地契书。分付所管令长，令召还本主。《新书》云：群尝客于郑，质良田以耕。至是则出券贷直，以田归其人。云质田以耕恐误。观《旧书》之文，其田必分在数县，不徒躬耕，即雇人耕而已督之，力亦岂可及邪？合上条观之，而知卖买之外，典质亦甚通行矣。《哀帝纪》：天祐二年（905）十月，敕洛城坊曲内，旧有朝臣、诸司宅舍，经乱荒榛，张全义葺理已来，皆已耕垦。既供军赋，即系公田。或恐每有披论，论为世业，须烦案验，遂启幸门。其都内坊曲及畿内已耕殖田土，诸色人并不得论认。如要业田，一任买置。凡论认者，不在给还之限。如有本主元自差人句当，不在此限。如荒田无主，即许识认。此诏虽指旧私田为公田，然于自行差人句当者，仍不夺之；已耕垦者，虽禁追认，亦仍许买置；则所谓既供军赋，即系公田者，乃谓当其耕垦时，国家视同公田而许之，非谓既经耕垦之后，仍以为公田也。

有官自为豪强，以事兼并者，职分田、公廨田等是也。唐制，文武官皆有职分田，亲王以下有永业田，其数并不为少。职分田自十二顷至八十顷，永业田自百顷至六十顷，皆见《新书·食货志》。京师及州县，又有公廨田，以供公私之费。内官职分田，皆给百里内之地。永业田，五品以上受于宽乡，六品以上受于本乡。此并不易给，而内官之职田尤甚，故屡罢之以授民，然终不能绝。贞观十一年（637），以职田侵渔百姓，诏给逃还贫户，视职田多少，每亩给粟二升。十八年，以京兆府、岐、同、华、邠、坊州隙地、陂泽可垦者，复给京官职田。开元十年（722），籍内外职田，赋逃还户及贫民。十八年，复给京官职田。二十九年，以京畿地狭，计丁给田犹不足，诸司官在都者，给职田于都畿，以京师地给贫民。《新书·庾敬休传》：敬休以文宗时为户部侍郎，言蜀道米价腾踊，百姓流亡，请以本道阙官职田振贫民，诏可。则并有官已阙而犹不还之于民者矣。其后具籍之以给军粮焉。事在上元后。大历二年（767），复给京兆府及畿县官职田，而以其三分之一供军饷。职田及廨田等，皆由民佃而收其租。《新书·食货志》云：凡给田而无地者，亩给粟二斗，此盖法令所定租额？然《志》又云：开元十九年（731），置职田顷亩簿，租价无过六斗，地不毛者亩给二斗，则三倍元额矣。又云：天宝十二载（753），杨国忠以两京百官职田送租劳民，请五十里外输于县仓，斗纳值二钱，百里外纳值三钱，使百官就请于县。上元元年（760），复令京官职田以时输送。受加耗者以枉法赃论。是佃职田者，又有加耗及输送之劳也。又云：开元末，诏公廨职田有桑者毋督丝课。元和十三年（818），以职田多少不均，每司草粟，以多少为差。则又取诸粟米之外矣。元稹《同州均田状》云：当州百姓田地，每亩只税粟九升五合，草四分，地头、榷酒钱共出二十一文以下，而诸色职田，每亩税粟三斗，草三束，脚钱百二十文。若是京官上司职田，又须变米雇车般送。比量正税，近于四倍。州县抑配百姓租佃，有隔越乡村，被配一二亩者。并有身居市井，亦令虚额出租者。其公廨田、官田、驿田等，皆与职田相似。要之，官税轻而私租重，官乃自为地主，效私家之收租而已。故曰：官自为豪强事兼并也。

永业田等定制外，权贵之特蒙赐与者亦多。杨素平江南，赐公田百顷，已失之厚，后为独孤皇后陵，又赐田三十顷，则更为无名矣。犹曰：素久居权要也。来和，徒以善相术，开皇末上书自陈，言龙潜时已知高祖之贵，亦赐田十顷，此岂恭俭者之所为邪？炀帝幸榆林，还过张衡宅，赐宅旁田三十顷，自更不足责。唐世则李勣来降，给田五十顷。李子通降杜伏威，伏威送之京师，赐宅一区，田五十顷。元结曾祖仁基，从太宗征辽，以功赐宜君田二十顷。刘幽求，睿宗立，赐良田千亩。让皇帝既让储位，赐奴婢十房，上田三十顷。田悦将符令奇，悦叛，命子璘降唐，见杀，赐璘晋阳第一区，祁田五十顷。皆其较厚者也。《旧书·于志宁传》：尝与张行成、高季辅俱蒙赐地。奏曰："臣居关右，代袭箕裘，周、魏以来，基址不坠。行成等新营庄宅，尚少田园。于臣有余，乞申私让。"高宗嘉其意，乃分赐行成及季辅。《新书·李袭志传》：弟袭誉，尝谓子孙曰："吾性不喜财，遂至窭乏。然负京有赐田十顷，能耕之，足以食；河内千树桑，事之足以衣。"《柳宗元传》：宗元诒京兆尹许孟容书曰："城西有数顷田，树果数百株，多先人手自封殖，今已荒秽，恐便斩伐，无复爱惜。"《牛僧孺传》：隋仆射奇章公弘之裔，幼孤，下杜樊乡有赐田数顷，依以为生。可见士夫于先业，守之颇笃。夫其守之弥久，则平民之得之愈难矣。而在势者又乘时豪夺。杨素，《隋书》传言其贪冒财货，营求产业。东西二京，居宅侈丽，朝毁夕复，营缮无已。爰及诸方都会处，邸店、水硙并利田宅以千百数。唐李憕虽称忠义，然《旧书》传言其"丰子产业。伊川膏腴，水陆上田，修竹茂树，自城及阙口，别业相望，与吏部侍郎李彭年皆有地癖"。郑岩，天宝中仕至绛郡太守，入为少府监，产业亚于憕。《新书·卢从愿传》：数充考校使，宇文融将以括田户功为上下考，从愿不许，融恨之，乃密白从愿盛殖产，占良田数百顷。玄宗自此薄之，目为多田翁。后欲用为相屡矣，卒以是止。融或不免要功近利，从愿亦终为鄙夫也。太平公主，田园遍于近甸膏腴。李林甫，京城邸第、田园、水硙，利尽上腴。元载，城南膏腴、别墅，连疆接畛，凡数十所。宋彦筠，良田、甲第，相望于郡国。将终，以伊、洛间田庄十数区上进。彦筠入城都，据一甲第，因微忿杀其主母，事见第三节。自后常有所睹，心不自安，乃修浮屠以禳之，故临终有此举。刘弘基病，给诸子奴婢各十五人，田五顷。曰："使贤，固不借多财；即不贤，守此可以脱饥冻。"余悉散之亲党，则为贤者矣。王绩、陆龟蒙，号称隐逸。然绩有田十六顷，在河渚间。又有奴婢数人。龟蒙居松江甫里，亦有田数百亩，屋三十楹。虽曰田苦下，雨潦则与江通，常苦饥，身畚锸耨刺无休时，然又能置园顾渚山下，岁取租茶。其所占地，亦不为少矣。甚者如《新书·宦者传》言：玄宗时，中人占京师甲第、池园，良田、美产什六，民复何以自业哉？长孙无忌族叔顺德，太宗时刺泽州，前刺史张长贵、赵士达占部中腴田数十顷，夺之以给贫单。贾敦颐，永徽五年（654），迁洛州刺史。时豪富之室，皆籍外占田，敦颐都括获三千余顷，以给贫乏。《旧书·良吏传》。《新书》云：举没三千余顷。案，此租庸调法存时，多占犹为非法也。两税行而此意尽矣。此等人盖不多遘矣？隋文帝时，苏威立议，以为户口滋多，民田不赡，欲减功臣地以给民。王谊奏曰："百官者，历世勋贤，方蒙爵士，一旦削之，未见其可。如臣所虑，正恐朝臣功德不建，何患人田有不足？"上然之，竟寝威议。人田不足不患，岂知治之言乎？

《新书·罗立言传》：迁河阴令。始筑城郭。地所当者，皆富豪大贾所占。下令使自筑其处。吏籍其阔狭，号于众曰："有不如约，为我更完。"民惮其严，数旬毕。民无田者不知有役。合天祐二年（905）之诏观之，知城市中地，亦均为豪富所占矣。

寺观亦为占地者之一。《旧书·王缙传》言：代宗时，京畿之丰田美利，多归于寺观，吏不能制是也。此乃京畿之地，又值君相崇信深挚之时，寻常自不能然。《新书·食货志》：武宗废浮屠，天下毁寺四千六百，招提兰若四万。

籍僧尼为民二十六万五千人。奴婢十五万人。田数千万顷。以口除田，人得一顷余，似亦与平民相去无几。但人民受田，徒有空文，即得之亦须赡一家，而僧徒则徒以奉一身，则即以占田论，所享亦倍蓰于民不啻矣，况又得坐享布施乎？此度牒之所以贵欤？

多田者或不善经营。如《旧五代史·世袭·李从曮传》，言其汧、陇之间，有田千顷，竹千亩，恐夺民利，不令理之，致岐阳父老，再陈借寇之言是也。此言即实，亦系罕遘之事，寻常则取之甚酷。陆贽《均节赋税》之奏曰："今制度弛紊，疆理隳坏；人擅相吞，又无畔限；富者兼地数万亩，贫者无容足之居。依托强豪，以为私属。货其种子，贷其田庐。终岁服劳，日无休息。馨输所假，常患不足。有田之家，坐食租税。贫富悬绝，乃至于此？厚敛促征，皆甚公赋。今京畿之内，每田一亩，官税五升，而私家收租，殆有至于一石者，是二十倍于官税也。降及中等，租犹半之，是十倍于官税也。"其剥削之情形，可以想见矣。

《通鉴》：宣宗大中十年（856），上以京兆久不理，以翰林学士、工部侍郎韦澳为京兆尹。郑光庄吏恣横，胡《注》曰：庄吏，掌主家田租者也。积年租税不入。澳执而械之。上于延英问澳。澳具奏其状。上曰："卿何以处之？"澳曰："寘于法。"上曰："郑光甚爱之，何如？"对曰："陛下自内廷用臣为京兆。欲以清畿甸之积弊，若郑光庄吏，积年为蠹，得宽重辟，是陛下之法，独行于贫户，臣未敢奉诏。"上曰："诚如此，但郑光殢我不置，卿与杖贷其死，可乎？"对曰："臣不敢不奉诏。愿听臣且系之，俟征足乃释之。"上曰："灼然可。朕为郑光故挠卿法，殊以为愧。"澳归府，即杖之。督租数百斛。足，乃以吏归光。《新书·澳传》云：帝问其故。澳具道奸状。且言必置以法。帝曰："可贷否？"答曰："陛下自内署擢臣尹京邑，安可使画一法独行于贫下乎？"帝入白太后，曰："是不可犯。"后为输租，乃免。又后周太祖广顺元年（951），衡山指挥使廖偃，与其季父节度巡官匡凝谋，率庄户及乡人悉为兵，胡《注》曰：佃豪家之田而纳租，谓之庄户。与彭师暠共立希萼为衡山王。观此二事，知当时所谓庄者，亦颇足为政治之梗也。

农民恒乐自有其田，故以其所佃者畀之，则其效立见。《旧五代史·周太祖纪》：广顺三年（953）正月乙丑，诏诸道州府系属户部营田及租税课利等，除京兆府庄宅务、赡国军榷盐务、两京行从庄外，其余并割属州县。所征租税、课利，官中只管旧额。其职员节级，一切停废。应有客户元佃系省庄田桑土舍宇，便赐逐户，充为永业。仍仰县司给与凭由。应诸处元属营田户部院及系县人户所纳租中课利，起今年后并与除放。所有牛犊，并赐本户，官中永不收系云。帝在民间，素知营田之弊。至是以天下系官庄田仅万计，悉以分赐见佃户充永业。是岁出户三万余。百姓既得为己业,比户欣然。于是葺屋、植树,敢致功力。又东南郡邑,各有租牛课户。往因梁太祖渡淮,军士掠民牛以千万计,太祖尽给与诸州民输租课,自是六十余载,时移代改,牛租犹在,百姓苦之,至是特与除放。未几,京兆府庄宅务及榷盐务亦归州县,依例处分。或有上言:以天下系官庄田,甚有可惜者。若遣货之,当得三十万缗,亦可资国用。帝曰:"苟利于民,与资国何异?"《通鉴》曰:前世屯田,皆在边地,使戍兵佃之。唐末,中原宿兵,所在皆置营田,以耕旷土,其后又募高赀户使输课佃之,户部别置官司总领,不隶州县。或丁多无役,或容庇奸盗,州县不能诘。营田之由来如此,原其故,亦不过官以收税为不足,欲自同于私家之收租;而挟官力以为之,则其暴又有甚于私家者。周祖能毅然除之,其度量诚超越于当时之武人矣。是岁十一月,又废共城稻田务,任人佃莳。亦见《旧史·本纪》。又《通鉴》:世宗显德三年(956),唐主诏淮南营田,害民尤甚者罢之。其弊亦必有不可忍者也。

《旧书·宣宗纪》:大中三年(849),既复三州七关,制曰:"其秦、威、原三州及七关侧近,访闻田土肥沃,水草丰美,如百姓能耕垦种莳,五年内不加税赋,五年以后,重定户籍,便任为永业。"《旧史·周世宗纪》:显德二年(955)正月乙未,诏应逃户庄田,并许人请射承佃,供纳税租,如三周年内本户来归者,其庄田不计荒熟,并交还一半。五周年内归业者,三分交还一分。如五周年外归业者,其庄田除本户坟茔外,不在交付之限。其近北地诸州,应有陷蕃人户,自蕃界来归业者,五周年内来者,三分交还二分。十周年内来者,交还一半。十五周年来者,三分交还一分。十五周年外来者,不在交还之限。此等无主之地,并可收为官有,而皆许为私业者,非此固无以劝耕也。

碾硙私有,亦为厉民之一大端。杨素、李林甫,事已见前。《新书·王方翼传》:迁肃州刺史。仪凤间,河西蝗,独不至方翼境,而他郡民或馁死,皆重茧走方翼治下。乃出私钱,作水硙,簿其赢以济饥瘵。构舍数十百楹居之,全活甚众。即此一事,可见其利之厚。而倚以剥削者遂相踵。《李元纮传》:仕为雍州司户参军。时太平公主势震天下,百司顺望风指。尝与民竞碾硙,元纮还之民。长史窦怀贞,大惊,趣改之。元纮大书判后曰:"南山可移,判不可摇也。"开元初为万年令,赋役称平。擢京兆少尹。诏决三辅渠。时王、主、权家,皆旁渠立硙,潴塌争利。元纮敕吏尽毁之。分溉渠下田。民赖其恩。此两事可谓差强人意。然高力士于京城西北截沣水作碾,并转五轮,日破麦三百斛,莫能正也。玄宗晚年,纲纪可谓颓弛尽矣。《李栖筠传》:进工部侍郎。关中旧仰郑、白二渠溉田,而豪戚壅上游取硙利且百所,夺农用十七。栖筠请皆彻毁,岁得租二百万。《诸公主传》:代宗女齐国昭懿公主,下嫁郭暧。大历末,寰内民诉泾水为硙壅，不得溉田。京兆尹黎幹以请，诏彻硙，以水与民。时主及暖家皆有硙，丐留。帝曰："吾为苍生。若可为诸戚倡。"即日毁。由是废者八十所。二者所述，盖即一时之事。亦可谓差强人意。然《旧书·李吉甫传》言其再入相时，京城诸僧有以庄硙免税者。吉甫奏曰："钱米所征，素有定额。宽缁徒有余之力，配贫下无告之民，必不可许。"宪宗乃止。权戚虽遭裁抑，缁徒仍敢觊觎，可见其所去不过泰甚不可忍者，其未至此者，则习焉而不以为怪矣。僖宗幸蜀，赐陈敬瑄上都田宅邸硙各十区，更不成话。

五代之世，有志于均税者为周世宗。《旧史·本纪》云：显德五年（958）七月丁亥，赐诸道节度使《均田图》各一面。唐同州刺史元稹在郡日，奏均户民租赋。帝因览其文集而善之。乃写其辞为图，以赐藩郡。时将均定赋税，故先以此图遍赐之。《新史·本纪》论曰：尝夜读书，见唐元稹《均田图》，慨然叹曰："此致治之本也，王者之政自此始。"乃诏颁其图法，使吏民先习知之。期以一岁，大均天下之田。《困学纪闻》曰：考之《会要》，世宗见元稹在同州时所上《均田表》，因制素为图赐诸道。《崔颂传》云：世宗读唐元稹《均田疏》，命颂写为图赐近臣，遣使均诸道租赋。史谓元稹图，误也。《续通历》云：唐同州刺史元稹奏均租赋，帝览文集而善之，写其辞为图以赐。案，《会要》载诏辞云："近览元稹《长庆集》，见在同州时所上《均田表》。较当时之利病，曲尽其性，俾一境之生灵，咸受其赐。传于方策，可得披寻。因令制素成图，直书其事。庶王公观览，触目惊心。利国便民，无乱条制。背经合道，尽系变通。但要适宜，所冀济务。緊乃勋旧，共庇黎元。今赐元稹所奏《均田图》一面，至可领也。"不云今所制元稹《均田图》，而曰元稹所奏《均田图》。《通鉴》记此事亦曰：帝欲均田租，以元稹《均田图》遍赐诸道。窃疑稹奏本自有图，而后来之传本佚之，即深宁亦未得见。若欧阳公及司马公之语，则自本旧文，不可谓之误也。不然，今稹集所存奏文，辞甚简略，安见所谓曲尽其情者哉？惟欧《史》言王者之政自此始，使人亿想世宗似有意于哀多益寡，大均天下之土田，则易致误会。稹在同州，推行之节目，虽已无存，其指意则寻绎奏文，自有可见。除论职田等弊已见前文外，大要言："当州两税地，并是贞四年检责。至今已是三十六年。其间人户逃移，田地荒废。又近河诸县，每年河路吞侵，沙苑侧近，日有沙砾填掩。百姓税额已定，皆是虚额征率。其间亦有豪富兼并，广占阡陌，十分田地，才税二三，致使穷独逋亡，赋税不办。州县转破，实在于斯。"其措施，则令百姓自通手实状，又令里正书手等傍为稳审。据其所通，除去逃户荒地及河侵、沙掩等地，余为见定顷亩。乃取两税之额均配。职田、州使田、官田等，则皆以与百姓。其意只是除无田之税，出无税之田，非谓夺诸连阡接陌之家，以畀无地置锥之子。乃均税，非均田也。《通鉴》又载是岁诏散骑常侍艾颖等三十四人分行诸州，均定田租。盖即《崔颂传》所谓遣使均诸道租赋者也。此虽未足语于本原，而在当时，则自为善政矣。

山泽之利，亦有为豪强所擅者。《隋唐·地理志》云：梁州，其边野富人，多规山泽，以财物雄使夷僚，故轻为奸藏，权倾州县。此亦其旧俗乎？《新书·王播传》：弟子式，为明、越观察使，以平仇甫。余姚民徐泽，擅鱼盐之利，慈溪民陈珹，冒名仕至县令，皆豪纵，州不能制。式曰："甫窃发，不足畏；若泽、珹，乃巨猾也。"穷治其奸，皆榜死。此等事多在山海之滨。以政令之力，至此遂成弩末耳。

第三节　侈靡之俗

隋、唐、五代，为风俗侈靡之世，盖承南北朝之后，南方既习于纵恣，北方又渐染胡俗也。隋、唐王室，皆承魏、齐、周之旧风，未能革正，而安、史之乱作，安、史乱后，则武夫攘臂，又复于魏、晋以来割据分裂之局矣。从来论风俗者，皆狃于旧说，以为上好礼则举国从风，此乃氏族之世，上下生活，本无大差殊，而一群之人，咸有其必遵之轨范，故制礼节则年虽大杀，众不悖惧。至国家兴而上下等级，截然画分。其生活本不相侔，抑且彼此隔绝。上奢纵，下未必能效之，上节俭，化亦不及于下，风行草偃，徒虚言耳。历代所谓奢侈，只是政府中人，次则驵侩者流，承平既久，获利愈丰，其所以自奉养者，遂纵恣而无极。至于闾陌之民，则虽时和年丰，兵革不作，其为人所役属，含辛茹苦如故也，夫安得而奢纵？以风俗之侈靡，归咎于举国之人，一若其无不违礼者，缪矣。然居高明者而能节俭，惠未必及于下，及其奢纵，则由物力之屈而诛求愈甚，终至民不聊生，干戈起而举国之人咸受其弊矣。此则可为浩叹者也。

史家极称隋文帝之恭俭，谓其令行禁止，上下化之，举开皇、仁寿之间，丈夫不衣绫绮，而无金玉之饰为证。《隋书·本纪赞》。此亦庶僚为然耳，居高明者，奢纵曷尝少减？如杨素即其一也。贺若弼，史称其家珍玩不可胜计，婢姜曳罗绮者数百，功名之士如此，下焉者可知。《旧唐书·宗室传》：河间王孝恭，性奢豪，重游燕，歌姬舞女，百有余人。陇西王博义，高祖兄子。有妓姜数百人，皆衣罗绮。食必梁肉，朝夕弦歌自娱，骄奢无比。皆前世之余风也。太宗虽享美名，实亦奢侈，高宗以后愈甚，说已见前。《旧书·五行志》：神龙元年（705），洛水涨，坏百姓庐舍二千余家。诏九品以上直言极谏。右卫骑曹宋务先疏曰："数年以来，公私俱竭。户口减耗，家无接新之储，国无候荒之蓄。陛下不出都邑，近观朝市，则以为率土之人，既康且富，及至践间陌，视乡亭，百姓衣牛马之衣，食犬彘之食，十室而九空。丁壮尽于边塞，孤孀转于沟壑。猛吏淫威奋其毒，暴征急政破其资。马困斯跌，人穷乃诈，或起为奸盗，或竞为流亡，从而刑之，良可悲也！臣观今之氓俗，率多轻佻。人贫而奢不息，法设而伪不止。长吏贪冒，选举私谒。乐多繁淫，器尚浮巧。稼穑之人少，商旅之人多。诚愿坦然更化，以身先之，端本澄源，涤瑕荡秽。"读此疏，当道者恣行剥削之情形，可以概见。《穆宗纪》：长庆元年（821）二月丙子，上观杂伎乐于麟德殿，欢甚。顾谓给事中丁公著曰："比闻外间公卿士庶，时为欢宴，盖时和民安，甚慰予心。"对曰："诚有此事。然臣之愚见，风俗如此，亦不足嘉。百司庶务，渐恐劳烦圣虑。"上曰："何至于是？"对曰："国家自天宝以后，风俗侈靡，宴席以喧哗沉湎为乐，而居重位、秉大权者，优杂倡肆于公吏之间，曾无愧耻，公私相效，渐以成俗。由是物务多废。独圣心求理。安得不劳宸虑乎？"时上荒于酒乐，公著因对讽之。穆宗诚为荒淫，然公著所言士大夫之弊风，必不能无中生有也。《郑覃传》：文宗谓宰臣曰："朕闻前时内库惟二锦袍，饰以金鸟。一袍玄宗幸温汤御之，一即与贵妃。当时贵重如此。如今奢靡，岂复贵之？料今富家，往往皆有。"《新书·诸公主·顺宗女汉阳公主传》：文宗尤恶世流侈。因主人问曰："姑所服何年法也？今之弊何代而然？"对曰："妾自贞元时辞宫，所服皆当时赐，未尝敢变。元和后数用兵，悉出禁藏纤丽物赏战士，由是散于人间，狃以成风。"观此，知世愈乱，奢侈愈甚。盖乱世虽四海困穷，自有乘机幸获者，奢侈之甚，由贫富之不均，非由物力之丰足也。因此乃愈以召乱。《新五代史·前蜀世家》云：唐庄宗遣李严聘蜀。衍与俱朝上清。蜀都庶士，帘帷珠翠，夹道不绝。严见其人物富盛而衍骄淫，归乃献策伐蜀。以区区之蜀，而其慢藏诲盗如此，况其大焉者乎？

　　唐初虽失之侈，尚非不可挽救，流荡忘返，实始高宗，至武后而大纵，玄宗初，颇有志惩革，后乃变本加厉，事具见前。其时权戚，为太平公主、李林甫、杨国忠等无论矣。即下于此者，亦复豪无轨范。如王琚，史言其著勋中朝，又食实封，典十五州。常受馈遗。下檐帐设，皆数千贯。玄宗念旧，常优容之。侍儿二十人，皆居宝帐。家累三百余口。作造不遵法式。每移一州，车马填路，数里不绝。携妓从禽，恣为欢赏，垂四十年焉。此等人而亦漫无裁制，能无速天下之乱乎？天宝丧败，余风未殄。裴冕徒以劝进，实无大功，乃兼掌兵权留守之任，俸钱每月二千余贯。性本侈靡，好尚车服，及营珍馔。名马在枥，值数百金者常十数。每会宾友，滋味品数，坐客有昧于名者。纲纪如此，而克复两京，平相州，宁非天幸？不特此也。邵说历事思明、朝义，常掌兵事。朝义之败，降于军前。郭子仪爱其才，留于幕下。累授长安令、秘书少监，迁吏部侍郎、太子詹事，以才干称。谈者或以宰相许之。金吾将军裴儆谓谏议大夫柳载曰："以鄙夫所度，说得祸不久矣。且说与史思明父子定君臣之分，居剧官，掌兵柄，亡躯犯顺，前后百战；于贼廷掠名家子女以为婢仆者数十人；剽盗宝货，不知纪极；力屈然后降，朝廷宥以不死，获齿班序，无厚颜，而又皇皇求财，崇饰第宅，附托贵幸，以求大用。不知愧惧，而有得色，其能久乎？"然后亦不过贬谪而已。此无他，风气既成，故举朝皆顺逆不明，莫知其非也。元载等之怙权黩货，复何怪乎？

至于武人，则尤不可说。郭子仪，元勋也，史称其侈穷人欲而君子不之罪。《旧书》本传。案，此语出于裴垍，见《新书·传赞》。《传》述其事曰："岁入官俸二十万贯，私利不在焉。其宅在亲仁里，居其里四分之一。中通永巷。家人三千，相出入者不知其居。前后赐良田、美器、名园、甲馆。声色珍玩，堆积羡溢，不可胜纪。"当民授穗供军，裂纸为裳之日而如此，于汝安乎？《传》又云：子仪薨后，杨炎、卢杞相次秉政。奸谄用事。尤忌勋族。子仪之婿太仆卿赵纵，少府少监李洞清，光禄卿王宰，皆以家人告讦细过，相次贬黜。曜子仪长子。家大恐。赖宰相张镒，力为庇护。奸人幸其危惧，多论夺田宅、奴婢。曜不敢诉。德宗微知之。诏其家前时与人为市，以子仪身殁，或被诬构，欲论夺之，有司无得为理，方已。史又称子仪权倾天下而朝不忌，功盖一代而主不疑，盖其为人本无足疑忌？子仪战略，本无足称，特乘安史之自败而成功耳。故《旧书》本传，亦谓其威略不逮李光弼。《旧书》所著评语，多系时人议论，恶直丑正处甚多，然亦时有真知灼见也。其于御下，则失之宽纵，故下皆乐就之，然亦无为之死党者。杨炎、卢杞等构之何为？然则群起而攻之者，特眄其财而思夺之耳。彼其与人为市，岂得无所侵陵？然则目击其侈，穷人欲而不之罪者，其人果君子乎？马璘、马燧、李晟皆号称名将。璘、燧皆身为纵侈。晟与子愬，世济其美，而愿、听皆骄以亡身。高崇文之入成都，珍宝山积，市井不移，而及其去也，帑藏之富，百工之巧，举以自随，蜀都一罄。然则一时以节制称者，其人又可终恃乎？而严武、郭英乂、崔宁、陈少游辈之公然攘夺者，更无论矣。逮于末叶，裂冠毁冕愈甚，遂有如高骈在淮南之所为，而五代偏方之国踵之。其残民以逞，可胜道哉？

又不必武夫也。白居易，士大夫之贤者也。而其自叙所居曰："东都风土水木之胜在东南偏，东南之胜在履道里，里之胜在西北隅。西闬北垣第一第，即白氏叟乐天退老之地。地方十七亩，屋室三之一，水五之一，竹九之一，而岛树桥道间之。初乐天既为主，喜且曰：虽有池台，无粟，不能守也，乃作池东粟廪。又曰：虽有子弟，无书，不能训也，乃作池北书库。又曰：虽有宾朋，无琴酒，不能娱也，乃作池西琴亭，加石樽焉。乐天罢杭州刺史。得天竺石一，华亭鹤二以归，始作西平桥，开环池路。罢苏州刺史时，得太湖石五，白莲、折要菱、青板舫以归，又作中高桥通三岛迳。罢刑部侍郎时，有粟千斛，书一车，泊臧获之习管磬弦歌者指百以归。"此竭几农夫、几绩女之力，而后能供之乎？《旧书·杜亚传》曰：出为淮南节度，承陈少游之后，淮南之人，望其划革旧弊，而亚自以才当公辅，连出外职，志颇不适，政事多委参佐。招引宾客，谈论而已。又盛为奢侈。江南风俗，春中有竞渡之戏，万舟并进，以急趋疾进者为胜。亚乃令以漆涂船底，贵其速进。又为绮罗之服，涂之以油，令舟子衣之，入水而不濡。亚本书生，奢纵如此。《段文昌传》曰：文昌布素之时，所向不偶。及其达也，扬历显重，出入将相，泊二十年。其服饰玩好，歌童妓女，苟悦于心，无所爱惜。乃至奢侈过度，物议贬之。然则所谓书生者，又岂大愈于武夫哉？

　　五代风气，更如横流溃决，不可收拾。贵戚如袁象先，世臣如赵岩，手握重兵，关系存亡者如杨师厚、杜重威，皆不知有君，不知有国，惟贿之求；而文臣如苏逢吉等，亦肆无忌惮。景延广身构滔天之衅，石晋而亡，岂有全理？乃犹大治第宅，园置妓乐，惟意所为。终以顾虑其家，不能引决，为虏所絷。桑维翰智计逾于延广矣，而欧《史·贾纬传》言：汉隐帝时，诏与王伸、窦俨等同修晋高祖、出帝、汉高祖实录。初维翰为相，恶纬为人，待之甚薄。纬为维翰传，言维翰死有银八千铤。翰林学士徐台符以为不可，数以非纬。纬不得已，更为数千铤。纬讦维翰之贿，或出私意，然谓维翰不好贿，不可得也。《五代史补》云：高郁与马殷俱起行陈，贪且僭。常以所居之井，不甚清澈，思所以澄汰之，乃用银叶护其四方，自内至外皆然，谓之拓里。其自奉过差皆此类不亦匪夷所思乎？

　　此等贪冒，不待充类至义之尽，业已行同盗贼矣，乃又有甚于此者。《旧书·王锷传》：子稷。锷在藩镇，常留京师，以家财奉权要。广治第宅。作复垣洞穴，实金钱于其中。长庆二年（822），为德州刺史，广赍金宝仆妾以行。节度使李全略利其货而图之，致本州军乱，杀稷。其室女为全略所掳，以妓媵处之。《胡证传》：素与贾𫗧善。及李训败，禁军利其财，称证子𫗧匿𫗧。乃破其家。一日之内，家财并尽。军人执𫗧入左军，仇士良命斩之以徇。是内外军人，皆躬为杀人越货之行也。《旧五代史·张筠传》云：雍州康怀英以病告，诏筠往代之。比至，怀英已卒，因除筠为永平军节度使大安尹。怀英在长安日，家财甚厚，筠尽夺之。泾阳镇将侯莫陈威，前与温韬同剽唐氏诸陵，大贮瑰异之物，筠乃杀威而籍其家。同光末，随魏王继岌伐蜀。奏弟筹权知西京留守事。蜀平，王衍挈族入朝，至秦川驿，庄宗遣中使向延嗣乘驿骑尽戮衍族。所有奇货，尽归于延嗣。俄闻庄宗遇内难，继岌军次兴平，筠乃断咸阳浮桥，继岌浮渡至渭南死，一行金宝妓乐，筠悉获之。俄而明宗使人诛延嗣，延嗣暗遁，衍之行装，复为镵有。《秘琼传》云：董温琪为镇州节度使，擢琼为衙内指挥，倚以腹心。及温琪陷蕃，琼乃害温琪之家，载其尸，都以一坎瘗之。温琪在任贪暴，积镪巨万，琼悉辇之以藏其家。遂自称留后。高祖即位，遣安重荣代之。授琼齐州防御使。琼不敢拒。橐其奇货，由邺中赴任。先是邺帅范延光谋叛，遣衙将范邺持书构琼，琼不答，延光深忿之。及闻琼过其境，密使精骑杀琼于夏津，以灭其口。一行金宝侍伎，皆为延光所有。而后来杨光远之杀延光，又未始不以其贿也。《李金全传》云：晋高祖即位之明年，安州屯将王晖杀节度使周瓖。诏遣金全以骑兵千人镇抚其地。未及境，晖为部下所杀。金全至，乱军数百人皆不安。金全说遣赴阙，密伏兵于野，尽杀之。又擒其军校武彦和等数十人斩之。初金全之将行也，高祖戒之曰："王晖之乱，罪莫大焉。但虑封守不宁，则民受其弊。"因折矢飞诏，约以不戮一人，仍许以晖为唐州刺史。又谓金全曰："卿之此行，无失吾信。"及金全闻彦和等当为乱之日，劫掠郡城，所获财货，悉在其第，遂杀而夺之。《郑仁诲传》云：王殷受诏赴阙，太祖使仁诲赴邺都巡检。及殷得罪，仁诲不奉诏，即杀其子，盖利其家财妓乐也。《宋彦筠传》云：伐蜀之役，率所部从康延孝为前锋。入成都，据一甲第。第中资货巨万，妓女数十人，尽为其所有。一旦与其主母微忿，遽击杀之。《王守恩传》云：历诸卫将军。开运末，契丹陷中原。守恩时因假告归于潞。潞州节度使张从恩，惧契丹之盛，将朝于契丹，以守恩婚家，甚倚信之，乃移牒守恩，请权为巡检使。从恩既去，守恩以潞城归于汉祖。仍尽取从恩家财。此等皆杀人越货者所不为，而此辈忍为之，又岂独豺狼当道乎？然身亦未尝不受其祸。《白再荣传》云：高祖以为镇州留后。为政贪虐难状，镇人呼为"白麻答"。未几，移授滑州节度使。箕敛诛求，民不聊生。乃征还京师。周太祖入京城，军士攻再荣之第，迫胁再荣，尽取财货。既前启曰："某等尝趋事麾下，一旦无礼至此，今后何颜谒见？"即奋刃击之。挈其首而去。后家人以帛赎葬之。《安叔千传》云：契丹以为镇国军节度使。汉高祖入，立罢归京师。自以尝私附契丹，颇怀愧惧，以太子太师致仕。周太祖兵入京师，军士大掠。叔千家资已尽，而军士意其有所藏，棰掠不已。伤重，归于洛阳，卒，年七十二。曾子曰："戒之戒之，出乎尔者，反乎尔者也。"处其境者自不悟耳。

《隋唐·李德林传》云：年十六，遭父艰。自驾灵舆，返葬故里。时正严冬，单衰跣足。州里人物，由是敬慕之。博陵豪族有崔谌者，仆射之兄。因休假还乡，车服甚盛。将从其宅诣德林赴吊。相去十余里，从者数十骑，稍稍减留，比至德林门，才余五骑。云："不得令李生怪人熏灼。"此与杨绾相而郭子仪自减其坐中声乐同。知守礼，则虽富而不敢骄。虽非善俗之本，较之随俗波靡者，自为贤矣。《柳公绰传》言其性谨重，动循礼法。属岁饥，其家虽给，每饭不过一器，岁稔复初。此虽未能振施，亦愈于坐视人之饥而饮食若流者也。段秀实，史言其清约率易。非公会不听乐饮酒，私室无妓媵，无赢财，退公之后，端居静虑而已。陆长源，史言其清白自将。去汝州，送车二乘，曰："吾祖罢魏州，有车一乘，而图书半之，吾愧不及先人。"此并志士，清节挺挺，终死义烈，良非偶然。刘晏、韩滉，皆非纯白，然晏，史言其所居修行里，粗朴卑陋，饮食俭狭，室无媵婢。既死，簿录其家，惟杂书两乘，米麦数斛而已。滉，史言其虽宰相子，而性节俭。衣裘茵裖，十年一易；甚暑不执扇；居处陋薄，取蔽风雨；当门列戟，以父时第门不忍坏，乃不请。堂先无挟庑。弟洄稍增之。滉见即撤去，曰："先君容焉。吾等奉之，常恐失坠。若摧圮，缮之则已。安敢改作，以伤俭德？"居重位，清洁疾恶，不为家人资产。自始仕至将相，乘五马，无不终枥下。此亦功名之士，所好自与流俗殊也。冯道，丁父忧，持服景城，遇岁俭，所得俸余，悉振乡里，所居惟蓬茨而已。牧宰馈遗，斗粟匹帛无所受。一日上谒，既退，明宗顾谓侍臣曰："冯道性纯俭。顷在德胜寨，居一茅庵，与从人同器食，卧则刍藁一束。其心晏如也。及以父忧，退归乡里，自耕樵采，与农夫杂处，略不以素贵介怀。真士大夫也。"道盖以俭德避祸者也。张仁愿兄仁颖，善理家，勤而且约。妇女衣不曳地。什物多历年所如新市。此乃田舍翁善居积者。姚颛，不知钱陌铢两之数。御家无法。卒之日，家无余资，官为赗赠乃能敛。崔居俭，拙于为生。居显官，衣服常乏。死之日，贫不能葬。则适与相反耳。皆不足尚也。

　　游观燕乐，为人情之所不能无，古人乃因之以置节，此原不足为病。然其后踵事增华，浸忘初意，则其弊有不可胜穷者矣。此等事不胜枚举，生日之浪费，其一端也。庆祝生辰，古无此举，盖因其时尚无历日之故。故唐人尚以其事为胡俗。《旧书·韦绶传》：穆宗即位，以师友之恩，召为尚书右丞，兼集贤院学士。绶以七月六日是穆宗载诞节，请以是日百官诣光顺门贺太后，然后上皇帝寿。时政道颇僻，敕出，人不敢议。久之，宰相奏古无生日称贺之仪，其事终寝。《通鉴》后汉隐帝乾祐三年（950）《注》引《容斋随笔》，谓明年复行贺礼，受贺之事，盖自长庆至今用之，则其失卒未能正。然在唐时，夫固人知其非礼。《新书·唐临传》：孙绍，中宗时为太常博士，四时及列帝诞日，遣使诣陵如事生，绍以为非礼，引正谊固争，亦其一证。臧荣绪以宣尼庚子日生，是日陈五经而拜之，为史言生日之始，亦渐染胡俗者也。隋文帝仁寿三年（603），下诏言六月十三是朕生日，宜令海内为武元皇帝、元明皇后断屠，见《隋书·本纪》。为帝王自言生日之始。然此尚出于追念劬劳，为亡者资福之意，非以其日称庆也。唐玄宗始以生日为千秋节，令天下诸州燕集，休假三日。仍编为令。《旧书·玄宗纪》开元十七年（729）。《通鉴》云：寻又移社就千秋节。《注》云：后改千秋节为天长节。自此，历代帝王，皆以生日置节。唐惟德、顺、宪、穆四朝，不立节名。然德宗生日，王虔休仍作继天诞圣乐以进。《旧书·哀帝纪》：帝以八月丙午即位，甲寅，中书奏皇帝九月三日降诞，请以其日为乾和节，从之。丁巳，敕乾和节方在哀疚，其内道场宜停。庚申，敕乾和节文武百僚、诸军、诸使、诸道进奏官准故事于寺观设斋，不得宰杀，只许酒果脯醢。辛酉，敕三月二十三日嘉会节，伏以大行皇帝仙驾上升，灵山将卜，神既游于天际，节宜辍于人间，准故事，嘉会节宜停。是时唐已朝不保夕，而旬日之间，因生日降敕者四焉。岂不哀哉？《新书·礼乐志》论玄宗，谓其君臣共为荒乐，当时流俗，多传其事以为盛，其后巨盗起，陷两京，自此天下用兵不息，而离宫苑囿，遂以荒埋，独其余声遗曲传人间，闻者为之悲凉感动。其事适足为戒，而不足考法。《志》又云：帝幸骊山，杨贵妃生日，命小部张乐长生殿，因奏新曲。未有名。会南方进荔枝，因名曰荔枝香。其荒淫如此。然自此已后，休假燕乐，遂成故事矣。《旧书·文宗纪》：开成二年（837）九月甲申，诏曰："庆成节朕之生辰，天下锡宴，庶同欢泰。不欲屠宰，用表好生，非是信尚空门，将希无妄之福。恐中外臣庶，不谕朕怀，广置斋筵，大集僧众，非独凋耗物力，兼恐致惑生灵。自今宴会蔬食，任陈脯醢，永为常例。"观此，知广置斋筵，费转甚于陈脯醢者也。又敕：庆成节宜合准上巳、重阳例，于曲江会文武百僚。延英奉觞宜权停。盖自甘露变后，帝居常忽忽不怿之故？然于燕集则无损也。休假例为三日，节日及节前后，各一日，至五代未改，见《旧史·梁太祖纪》开平元年（907），《末帝纪》乾化元年（911），《唐明宗纪》天成元年（926）。武宗即位，以二月十五日为玄元皇帝降生日，立为降圣节，休假一日，见《旧书·本纪》。《旧史·唐明宗纪》：天成三年正月，中书上言："旧制降圣节应休假三日，准会昌元年二月敕，休假一日，请准近敕。"从之。则亦尝有三日之制矣。《末帝纪》：清泰二年（935）正月，中书、门下奏："遇千春节，凡刑狱公事奏覆，候次月施行。今后请重系者即候次月，轻系者即节前奏覆决遣。"从之。《晋高祖纪》：天福六年（941）二月，诏天下郡县，不得以天和节禁屠宰辄滞刑狱，则其废事，又有出于休假之外者矣。唐文宗开成二年甲申之诏，《旧纪》上无九月字，然是年八月壬辰朔，其月不得有甲申，故知纪夺九月字也。玄宗千秋节，王公以下献镜及承露囊；亦见《旧书·本纪》。吏部尚书崔日用采《毛诗·大小雅》二十篇，及司马相如《封禅书》表上之。其后改称天长节，则张九龄献《金镜录》。德宗诞日，皇太子献佛像。此尚未为多费，且颇有箴规之意。然藩镇遂借进献以邀恩，并有借此以牟利者。如王智兴以敬宗诞月，于泗州置僧坛度人，人纳二缗，李德裕谓江淮以南，当失六十万丁壮，则智兴可得百二十万缗矣。藩镇进奉，流弊孔多。《新书·常衮传》言代宗诞日，诸道争以侈丽奉献，不则为老子、浮屠解祷事。衮以为节度、刺史，非能男耕而女织也，类出于民，是敛怨以媚上也。请皆还之。然《食货志》言代宗于四方贡献至数千万者，加以恩泽，则岂徒不能还之而已。齐映为银瓶高八尺，于德宗诞日以献，见第七章第六节。《旧书·卢徵传》：贞元八年（792）春，同州刺史阙，特诏用徵。数岁，转华州刺史。故事，同、华以地近人贫，正、至、端午、降诞，所献甚薄。徵遂竭其财赋，有所进献，辄加常赋，人不堪命。《新书·郑珣瑜传》：为河南尹，未入境，会德宗生日，尹当献马。吏欲前取印。白珣瑜视事。且纳赀。珣瑜徐曰："未到官而遽事献，礼欤？"不听。盖群下之务求自媚如此。《旧五代史·梁太祖纪》：开平元年，大明节，内外臣寮，各以奇货良马上寿。二年，诸道节度、刺史各进献鞍马、银器、绫帛。三年，诸道节度、刺史及内外诸司、使，咸有进献。《明宗纪》：即位后，诏天下节度、防御使，除正、至、端午、降诞四节，量事进奉，达情而已。自于州府圆融，不得科敛百姓。其刺史虽遇四节，不在贡奉。《晋高祖纪》：天福六年正月，诏应诸州无属州钱处，今后冬至、寒食、端午、天和节及诸色谢贺，皆不得进贡。是其余风至五代而未殄也。《汉隐帝纪》：乾祐三年（950）三月，"邺都留守高行周、兖州符彦卿、郓州慕容彦超、西京留守白文珂、镇州武行德、安州杨信、潞州常思、府州折从阮皆自镇来朝，嘉庆节故也。"则诸州镇于进奉之外，又有身自来朝者。《唐明宗纪》：天成二年九月，伪吴杨溥遣使以应圣节贡献，则邻国亦有来者矣。此又徒增馆驿宴犒之费而已。《旧书·睿宗诸子传》，谓玄宗至宪生日，必幸其宅，移时燕乐。《旧史·晋少帝纪》：天福七年七月，遣中使就中书赐宰臣冯道生辰器币。道以幼属乱离，早丧父母，不记生日，坚让不受。道丧父在其仕后唐时，见上，此不可谓早，盖以其赐为非礼，故托辞以谢耳。则不徒君上，即臣下亦以其日事燕乐，相馈遗。而生辰称庆，遂成习俗矣。苦乐皆有生后事，论生则本无可欣，亦无可戚，遇生日而称庆者，与谓有生为忧患之始，同为不达。必谓其日足为记念，则如契丹有再生之仪，《辽史·礼志》：再生仪：凡十有二岁，皇帝本命前一年，禁门北除地置再生室、母后室，先帝神主舆，在再生室东南，倒植三岐木。其日，以童子及产医妪置室中。一妇人执酒，一叟持矢箙，立于室外。有司请神主降舆，致奠。奠讫，皇帝出寝殿，诣再生室。群臣奉迎，再拜。皇帝入室，释服，跣，以童子从，三过岐木之下。每过，产医妪致词，拂拭帝躬。童子过岐木七，皇帝卧木侧。叟击箙曰："生男矣。"太巫幪皇帝首，兴。群臣称贺再拜。产医妪受酒于执酒妇以进。太巫奉福禖、彩结等物赞祝之。豫选七叟，各立御名，系于彩，皆跪进。皇帝选嘉名受之。赐物。再拜，退。群臣皆进福禖、彩结等物。皇帝拜先帝诸御容，遂宴群臣。此仪于行柴册仪前亦行之。《辽史》

云：二仪皆阻午可汗所制。犹使人穆然于生我之劬劳，行遗体之不可不慎，且懔然于赤子之心之不可失，思更始自新也。而嬉游废业，以事宴乐，则其志荒矣。此亦俗之流失，不可不思变革者也。《旧书·太宗纪》：贞观二年（628）六月庚寅，皇子治生。宴五品已上，赐帛有差。仍赐天下是日生者粟。《高宗纪》：龙朔二年（662）六月己未朔，皇子旭轮生。七月丁亥朔，以东宫诞育满月，大赦天下，赐酺三日。案，旭轮此时非东宫，《新纪》云以子旭轮生满月大赦，赐酺三日是也。又永淳元年（682）二月，癸未，以太子诞皇孙满月，大赦，改开耀元年（682）为永淳二年。观此数条，知生子满月相庆，唐时亦已有之。五品赐宴，已为浪费，赐粟、赐酺，亦滥恩，大赦则更成乱政矣。

禁奢之令，仍历代有之，但皆无验耳。《旧书·高宗纪》：永隆二年（681）正月，诏雍州长史李义玄禁紫服赤衣及商贾富人厚葬。玄宗开元二年（714）禁令，已见第四章第一节。《新书·肃宗纪》：至德二载（757）十二月，禁珠玉宝钿平脱。金泥刺绣。《旧书·代宗纪》：广德二年（764）五月，禁钿作珠翠等。大历六年（771）四月，诏绫锦花文所织盘龙、对凤、麒麟、师子、天马、辟邪、孔雀、仙鹤、芝草、万字、双胜、透背，及大裥绵竭凿六破以上，并宜禁断。其长行高丽白锦，大花绫锦，任依旧例织造。《新书》云：禁大裥竭凿六破锦，及文纱、吴绫为龙凤、麒麟、天马、辟邪者。《新书·德宗纪》：即位后赦文："士庶田宅，车服逾制者，有司为立法度。"《旧书·文宗纪》：大和三年（829）九月，敕两军诸司、内官不得着纱縠绫罗等衣服。十一月，南郊礼毕，大赦节文：禁止奇贡，云四方不得以新样织成非常之物为献。机杼纤丽，若花丝布、缭绫之类，并宜禁断。敕到一月，机杼一切焚弃。四年四月，诏内外班列职位之士，各务素朴。有僭差尤甚者，御史纠上。六年六月，右仆射王涯奉敕准令式条疏士庶衣服、车马、第舍之制。敕下后浮议沸腾。杜悰于敕内条件易施行者宽其限，事竟不行。公议惜之。《新书·车服志》：文宗即位，以四方车服僭奢，下诏准仪制令品秩、勋劳为等级。诏下，人多怨者。京兆尹杜悰条易行者为宽限，而事遂不行。惟淮南观察使李德裕令管内妇人衣袖四尺者阔一尺五寸，裙曳地四五寸者减三寸。《王涯传》：文宗恶俗侈靡，诏涯惩革。涯条上其制。凡衣服、室宇，使略如古，贵戚皆不便，谤讪嚣然，议遂格。八年八月甲申朔，御宣政殿。册皇太子永。是日降诏云："比年所颁制度，皆约国家令式，去其甚者，稍谓得中。而士大夫苟自便身，安于习俗，因循未革，以至于今。百官士族，起今年十月，其衣服、舆马，并宜准大和六年十月七日敕。如有固违，重加黜责。"六年十月七日敕，盖即杜悰之所条也？

毁非礼之物者：文宗敕纤丽机杼，敕到一月焚弃，已见前。隋文焚绫文布，见第二章第一节。秦王俊薨后，所为侈丽之物，亦悉命焚之。《旧书·张玄素传》：贞观四年（630），诏发卒修洛阳宫乾阳殿，以备巡幸。玄素上书谏曰："陛下初平东都，层楼广殿，皆令撤毁，天下翕然，同心欣仰。岂有初则恶其侈靡，今乃袭其雕丽？"又曰："今时功力，何为隋日？役疮痍之人，袭亡隋之弊。以此言之，恐甚于炀帝。"太宗曰："卿谓我不如炀帝，何如桀、纣？"对曰："若此殿卒兴，所谓同归于乱。且陛下初平东都，太上皇敕大殿高门，并宜焚毁。陛下以瓦木可用，不宜焚灼，请赐与贫人。事虽不行，然天下翕然，讴歌至德。今若遵旧制，即是隋后复兴。五六年间，趋舍顿异，何以昭示子孙，光敷四海？"《窦琎传》：为将作大匠，修葺洛阳宫。琎于宫中凿池起山，崇饰雕丽。太宗怒，遽令毁之。《通鉴》：玄宗开元二年（714）三月，毁天枢。《旧书·本纪》云："去年九月，有诏毁天枢，至今春始。"语不可解，盖下有夺文。先是韦后亦于天街作石台，高数丈，以颂功德，至是并毁之。《旧书·本纪》：是岁六月，内出珠玉、锦绣等服玩，于正殿前焚之。《新书》事在七月乙未。其详已见第五章第一节。《通鉴》：开元二十五年，是岁，命将作大匠康誉素之东都毁明堂。誉素上言"毁之劳人，请去上层，卑于旧九十五尺，仍旧为乾元殿"。从之。《旧书·德宗纪》：大历十四年（779）七月，"毁元载、马璘、刘忠翼之第，以其雄侈逾制也"。参看第二十章第四节。《文宗纪》：大和元年（827）四月，"壬寅，毁升阳殿东放鸭亭。戊申，毁望仙门侧看楼十间。并敬宗所造也"。《旧五代史·周太祖纪》：广顺元年（951）二月，内出宝玉器及金银结缕、宝装、饮食之具数十，碎之于殿廷。仍诏所司：凡珍华悦目之物，不得入宫。《旧书·田弘正传》：魏州自承嗣以来，馆宇服玩，有逾常制者，悉命彻毁之。此等于物力皆无所惜，意在维持制度而已。然制度之克立，自有其源，不澄其源，而欲洁其流，则旋毁而旋复，亦徒耗物力而已。

第四节　官私振贷

公家振恤，时愈晚则愈微，而出举兴生之事，顾日盛焉。《隋书·食货志》：开皇八年（588）五月，高颎奏：诸州无课调处，及课州管户数少者，官人禄食，乘前以来，恒出随近之州。但判官本为牧人，役力理出所部。请于所管户内，计户征税。帝从之。先是京官及诸州，并给公廨钱，回易取利，以给公用。至十四年六月，工部尚书安平郡公苏孝慈等以为所在官司，因循往者，以公廨钱物，出举、兴生，惟利是求，烦扰百姓。败损风俗，莫斯之甚。于是奏皆给地以营农。回易取利，一皆禁止。《高祖纪》：开皇十四年六月，诏省、府、州、县，皆给公廨田。不得治生，与人争利。《苏孝慈传》：先是以百僚供费不足，台、省、府、寺，咸置廨钱，收息取给。孝慈以为与民争利，非兴化之道，上表请罢之。公卿以下，给职田各有差。《通鉴》亦云：诏公卿以下皆给职田。则所给似兼有廨田、职田二者。十七年十一月，诏在京及外诸司公廨，在市回易，及诸处兴生并听之，惟禁出举收利。魏孝文帝颁官禄，罢诸商人，见《两晋南北朝史》第二十章第三节。隋初公廨钱，必沿自周、齐。疑在魏世，官家之出举、兴生，亦未能全绝也。至唐世则更甚。

《新书·食货志》云：诸司置公廨本钱，以番官贸易取息，计员多少为月料。贞观十二年（638），罢之。以天下上户七千人为胥士，视防阁制而收其课，计官多少而给之。十五年，复置。以诸司、令史主之，号捉钱令史。每司九人，补于吏部。所主才五万钱以下。市肆贩易，月纳息钱四千。岁满受官。谏议大夫褚遂良上疏，言京七十余司，更一二岁，捉钱令史百余人。太学高第，诸州进士，拔十取五，犹有犯禁罹法者，况廛肆之人，苟得无耻？不可使其居职。太宗乃罢捉钱令史，复诏给百官俸。二十二年，置京诸司公廨本钱，捉以令史、府史、胥士。永徽元年（650），废之。以天下租脚值为京官俸料。其后又薄敛一岁税，以高户主之，月收息给俸。寻颛以税钱给之。天下置公廨本钱，以典史主之。收赢十二七，以供佐史以下不赋粟者常食，余为百官俸料。公廨出举典史，有彻垣墉、鬻田宅以免责者。州县典史捉公廨本钱者，收利十之七。富户幸免徭役。贫者破产甚众。秘书少监崔沔请计户均出。每丁加升尺，所增盖少。流亡渐复，仓库充实，然后取于正赋，罢新加者。《通鉴》系开元六年（718），云：唐初州县官俸，皆令富户掌钱，出息以给之。息至倍称。多破产者。秘书少监崔沔上言：请计州县官所得俸，于百姓常赋之外，微有所加以给之。从之。开元十年，中书舍人张嘉贞又陈其不便。遂罢天下公廨本钱。复税户以给百官。籍内外职田，赋逃还户及贫民。十八年，复给京官职田。州县籍一岁税钱为本，以高户捉之，月收赢以给外官。复置天下公廨本钱，收赢十之六。德宗时，祠祭，蕃夷赐宴别设，皆长安、万年人吏主办。二县置本钱配纳质积户收息以供费。诸使捉钱者，给牒免徭役。有罪，府县不敢劾治。民间有不取本钱立虚契，子孙相承为之。尝有殴人破首，诣闲厩使纳利钱，受牒贷罪。御史中丞柳公绰奏诸主捉钱户府县得捕役，给牒者毁之。自是不得钱者不纳利矣。元和九年（814），户部除陌钱每缗增垫五钱，四时给诸司、诸使之餐，置驱使官督之。御史一人，核其浸渔。起明年正月，收息五之一。号元和十年新收置公廨本钱。初捉钱者私增公廨本，以防耗失，而富人乘以为奸，可督者私之，外以逋官钱迫蹙闾里。民不堪其扰。御史中丞崔从奏增钱者不得逾官本。其后两省捉钱官给牒逐利，江淮之民，鬻茶盐以挠法。宰相李珏、杨嗣复奏堂厨食利钱扰民烦碎。于是罢堂厨捉钱官，置库量入计费。《志》所言唐代公家出举、兴生之事如此。其散见他处者：《旧书·玄宗纪》：开元二十六年正月。长安、万年两县，各与本钱一千贯，收利供驿。三月，河南、洛阳亦借本钱一千贯，收利充人吏课役。《代宗纪》：永泰元年（765）三月，诏左仆射裴冕等十三人并集贤院待诏。上以勋臣罢节制者，京师无职事，乃合于禁门书院间，以文儒公卿宠之也。仍特给飧本钱三千贯。《穆宗纪》：元和十五年八月，赐教坊钱五千贯，充息利本钱。长庆三年（823）十月，赐内园使公廨本钱一万贯，军器使三千贯。《懿宗纪》：咸通五年（864）五月，以南蛮侵犯，湖南、桂州，是岭路系口，诸道兵马纲运，无不经过，顿递供承，动多差配，潭、桂两道，各赐钱三万贯，以助军钱，亦以充馆驿息利本钱。江陵、江西、鄂州三道，比于潭、桂，徭配稍简，令本道观察使详其闲剧，准此例兴置。《礼乐志》：永泰二年，国子学成，贷钱一万贯，五分收钱，以供监官学生之费。《新书·宦者·鱼朝恩传》云：赐钱千万，取子钱供秩饭。其借以供经费者，可谓广矣，而弊窦亦层见叠出。《旧书·沈传师传》：父既济，建中二年（781）夏，敕中书、门下两省分置待诏官三十员，以见官、前任及同正、试、摄九品以上，择文学、理道、韬钤、法度之深者为之。各准品秩给俸钱。廪饩、干力、什器、馆宇之设，以公钱为之本，收息以赡用。既济上疏论之曰："置钱息利，是有司权宜，非陛下经理之法。今官三十员，皆给俸钱，干力及厨廪、厅宇，约计一月不减百万。以他司息利准之，当以钱二千万为之本。若均本配人，当复除二百户，或许其入流。反覆计之，所损滋甚。当今关辅大病，皆为百司息钱。伤人破产，积于府县。实思改革，以正本源。"《新书·李德裕传》：始二省符江淮大贾使主堂厨食利，因是挟资行天下，所至州镇为右客，富人倚以自高。德裕一切罢之。是内外交受其弊也。《忠义传》：王同皎孙潜，元和中，擢累将作监。监无公食，而息钱旧皆私有。至潜，取以具食。遂为故事。《杜兼传》：子中立，文宗时，拜司农卿。"初，度支度六宫飧钱移司农，司农季一出付吏。大吏尽举所给于人，权其子钱以给之。既不以时，黄门来督责、慢骂。中立取钱纳帑舍，率五日一出。吏不得为奸。后遂以为法。"是官吏皆有因以自润者也。其弊可谓博矣。然民间事业，亦有籍置本以谋经费者。《苗晋卿传》：为魏郡太守。会入计，因上表请归乡里，出俸钱三万为乡学本，以教授子弟，是其事也。可见民间资本之乏矣。

惟其然，故私家亦竞事出举以求利。《隋书·秦王俊传》，言其镇并州时出钱求息，民吏苦之。《旧书·高季辅传》：季辅于太宗时上封事，言公主、勋贵，放息出举，追求什一。《杜亚传》：充东都留守，既病风，尚建利以固宠。奏请开苑内地为营田，以资军粮，减度支每年所给，从之。亚不躬亲部署，但委判官张荐、杨晦。苑内地堪耕食者，先为留司中官及军人等开垦已尽。亚计急，乃取军中杂钱，举息与畿内百姓。每至田收之际，多令军人车牛，散入村乡，收敛百姓所得菽粟将还。军民家略尽，无可输税。人多艰食。由是大致流散。《新书·徐有功传》：博州刺史琅邪王冲责息钱于贵乡，家奴督敛，与尉颜馀庆相闻知。《通鉴》：后汉高祖乾祐元年（948），蜀司空兼中书侍郎同平章事张业，于私第置狱，系负债者或历年，至有瘐死者。此等皆恃势放债者也。亦有恃势借债者。《旧书·高宗诸子传》：章怀太子子守礼，常带数千贯钱债。或谏之。守礼曰："岂有天子兄没人葬？"《李晟传》：子慇，累官至右龙武大将军。沉湎酒色，恣为豪侈。积债至数千万。其子贷回鹘钱一万余贯不偿，为回鹘所诉。文宗怒，贬慇为定州司法参军。是其事矣。然恃势负债之人，亦自有能与之交涉者。《旧书·武宗纪》：会昌二年（842）二月，中书奏"赴选官人多京债，到任填还。致其贪求，罔不由此。今年三铨，于前件州府得官者，许连状相保，户部各备两月加给料钱，至支时折下。所冀初官到任，不带息债，衣食稍足，可责清廉"。从之。则清代所谓京债者，唐时已有之矣。《高瑀传》：大和初，忠武节度使王沛卒，物议以陈、许军四征有功，必自择帅。或以禁军之将得之。宰相裴度、韦处厚议：瑀深沉方雅，曾刺陈、蔡，人怀良政；又熟忠武军情；欲请用瑀。事未闻，陈、许表至，果请瑀为帅。乃授忠武节度使。自大历以来，节制除拜，多出禁军中尉。凡命一帅，必广输重赂。禁军将校当为帅者，自无家财，必取资于人，得镇之后，则膏血疲民以偿之。及瑀之拜，以内外公议，缙绅相庆曰："韦公作相，债帅鲜矣。"此又武官之京债也。《后妃传》：穆宗贞献皇后萧氏，福建人。生文宗。后因乱去乡里。自入王邸，不通家问。别时父母已丧，有母弟一人。文宗诏闽、越连率于故里求访。有户部茶纲役人萧洪，自言有姊流落。估人赵缜，引洪见后姊徐国夫人女婿吕璋。夫人亦不能省认；俱见太后，呜咽不自胜。上以为复得元舅，遂拜河阳怀节度使。迁鄜坊。先是有自神策两军出为方镇者，军中多资行装，至镇三倍偿之。时有自左军出为鄜坊者，资钱未偿而卒于镇，乃征钱于洪。宰相李训，雅知洪诈称国舅，洪惧，请训兄仲京为鄜坊从事以弥缝之。洪恃与训交，不与所偿。又征于卒者之子。洪俾其子接诉于宰相，李训判绝之。左军中尉仇士良深衔之。时有闽人萧本者，复称太后弟。士良以本上闻，发洪诈假。自鄜坊追洪下狱，御史台按鞫，具服其伪，诏长流驩州，赐死于路。赵缜、吕璋亦从坐。军人放京债者之声势，可以想见。神策吏李昱假贷长安富人钱八千贯不偿，大贾贾陟负五坊息钱，钩考又得卢群逋券，事见第六章第六节。贞元时颁藏钱之禁，高资大贾，亦多倚左右军官钱之名以拒，事见第十八章第四节。又可见军中出举，所及颇广，并不以本军为限也。

商人所畜，本多流通蓄息之财，兼事出举，势自甚便。刘从谏署贾人子为衙将，使行贾州县，而其人遂所在暴横，责子贷钱，以此也。回纥来者，亦多商人，故亦多事出举。《通鉴》：德宗贞元三年（787），河、陇既没于吐蕃，自天宝以来，安西、北廷奏事及西域使人在长安者，归路既绝，人马皆仰给于鸿胪。礼宾委府县供之，于度支受直。度支不时付直。长安市肆，不胜其弊。李泌知胡客留长安久者或四十余年，皆有妻子，买田宅，举质取利，安居不欲归。命检括胡客有田宅者停其给。凡得四千人。胡《注》曰："举者，举贷以取倍称之利也。质者，以物质钱，计月而取其利也。"开成元年（836），京兆府奏禁举取蕃客钱，以产业奴婢为质，见第十五章第一节。正指此辈。西域奉使，本多贾胡，即不尽然，而其同族既多此曹，自亦易与之合流。《新书·回鹘传》言其至中国常参以九姓胡，往往留京师至千人，居资殖产甚厚，亦西胡，非北狄也。

《新书·薛仁贵传》：子讷，迁蓝田令。富人倪氏，讼息钱于肃政台。中丞来俊臣受赇，发义仓粟数千斛偿之。讷曰："义仓本备水旱，安可绝众人之仰私一家？"报上不与。会俊臣得罪，亦止。讼息钱而判以义仓粟为偿，其事殊不可解。度其贷款必与地方公务有关涉也。《宋璟传》：京兆人权梁山谋逆，敕河南尹王怡驰传往按。牢械充满，久未决。乃命璟为京留守，复其狱。初，梁山诡称婚集，多假贷，吏欲并坐贷人。璟曰："婚礼借索大同，而狂谋率然，非所防亿。使知而不假，是与为反。贷者弗知，何罪之云？"平纵数百人。假贷何必分向数百人，数百人何以能皆信之？其事亦殊不可解。梁山殆豪杰者流，贷与之人，实为所胁耳。《旧书·崔衍传》：继母李氏，不慈于衍，而衍事李氏益谨。李氏所生子郃，每多取子母钱，使其主以契书征负于衍，衍岁为偿之。故衍官至江州刺史，而妻子衣食无所余。郃之举取，习以为常，与之者盖专以此为业，所谓子钱家也？

借贷者不必皆相知，子钱家欲广其业，则必有物以为质。德宗征山东，括僦柜质钱，《通鉴》胡《注》曰："民间以物质钱，异时赎出，于母钱之外，复还子钱，谓之僦柜。"建中三年（782）。此即今之典肆。《五代史补》：慕容彦超被围，勉其麾下曰："吾库中金银如山积。若全此城，尽以为赐。汝等勿患富贵。"有卒私言曰："侍中银皆铁胎，得之何用？"诸军闻之，稍稍解体。高祖入，有司阅其库藏银，铁胎者果什七八。初，彦超令人开质库，有以铁胎银质钱者，经年后，库吏始觉，言之。彦超初甚怒。顷之，谓吏曰："此易致耳。汝宜伪窦库墙，凡金银器用暨缣帛等，速皆藏匿，仍乱撒其余，以为贼踪。然后申明：吾当擒此辈矣。"库吏如其教。彦超下令："恐百姓疑彦超隐其物，宜令三月内各投状，明言质物色，自当陪偿之。"百姓以为然，投状相继。翼日，铁胎银主果出。于是擒之。置之深屋中，使教部曲辈昼夜造用广府库。此银是也。则官亦自设质库以牟利矣。

《全唐文》三载玄宗禁放重利诏曰:"比来公私举放,取利颇深,有损贫下,事须厘革。自今以后,天下私举质宜四分收利,官本五分收利。"沈既济谓百万之息,当以钱二千万为之本,正系月息五分,此盖唐代官中出举取息常率?不轻减以抑民间重利,反抑民间利率,使下于官,宁可得乎?月息五分,二十阅月即利侔于本,使再计息,盘剥未免过深,故子本相侔,即不许再计利息。《旧五代史·梁末帝纪》:贞明六年(920)四月丁亥,制私放远年债负,生利过倍,自违格条。所在州县,不在更与征理之限。龙德元年(921)五月丙戌,制公私债负纳利及倍已上者,不得利上生利。《唐明宗纪》:长兴元年(930)圜丘赦制:应私债出利已经倍者,只许征本。已经两倍者,本利并放。《晋高祖纪》:天福六年(941)赦诏:私下债负征利一倍者并放。数诏意旨相同,所谓格条,当出唐代也。

借债有约以他物为偿者。《新五代史·常思传》:广顺三年(953),徙镇归德。居三年,来朝,又徙平卢。思因启曰:"臣居宋,宋民负臣丝息十万两,愿以券上进。"太祖额之。即焚其券,诏宋州悉蠲除之。盖知其剥削之酷也。然计臣亦有以此为筹款之策者。《通鉴》:后唐庄宗同光二年(924),孔谦贷民钱,使以贱价偿丝,屡檄州县督之。翰林学士承旨、权知汴州卢质上言:"梁赵岩为租庸使,举贷诛敛,结怨于人。陛下革故鼎新,为人除害,而有司未改其所为,是赵岩复生也。今春霜害稼,茧丝甚薄,但输正税,犹惧流移,况益以称贷,人何以堪?"此等出举之法,疑民间旧有之,聚敛之臣,乃从而效之,而贪残者亦行之一州也。

争名者于朝,争利者于市,而穷乡僻壤之民,殊有告贷无门之苦,则不得不如鱼之相濡以沫。《新书·循吏传》:韦宙,出为永州刺史。"民贫,无牛以力耕,宙为置社,二十家月会钱若干,探名得者先市牛。以是为准。久之,牛不乏。"此深得教民相助之道。人孰能无缓急,穷僻之处,既为出举者所不顾,非其人能自相救恤,尚安得维持延续?其间睦姻任恤之行必甚多,特无闻于世,遂无传于后耳。语曰:"善者因之,其次利道之,其次教诲之,其次整齐之,最下者与之争。"如韦宙之所为,盖所谓利导之、整齐之者。《隋书·郎茂传》:迁民部侍郎。尚书右仆射苏威立条章,每岁责民间五品不逊。又为余粮簿,拟有无相赡。茂以为繁纡不急,皆奏罢之。夫民非不能为也,然不能承文教而为之。而为之强立条章,而责之以行,是与之争也。宜郎茂之弗听也。

公家救恤之政,后世已几绝迹,而惟借佛家稍存之。《旧书·武宗纪》:会昌五年(845)十一月甲辰,敕悲田养病坊,僧尼还俗,无人主持,恐残疾无以取给。两京量给寺田振济,诸州府七顷至十顷,各于本管选耆寿一人勾当,以充粥料。《新书·食货志》云:两京悲田养病坊给寺田十顷,诸州七顷,主以耆寿。是佛教未废时，悲田养病坊，固遍于两京及诸府州也。然其细已甚矣。《玄宗纪》：开元二十二年（734），是岁断京城乞儿。既断之，亦必有以活之，其亦如悲田坊之类邪？

第十九章　隋唐五代时实业

第一节　农　业

自晋室东渡而后，荆、扬二州，农业日见兴盛，已见《两晋南北朝史》第二十章第一节。隋、唐而后，此等情势，仍有加无已。《旧书·刘晏传》：晏遗书元载，言潭、桂、衡阳，必多积谷。关辅汲汲，只缘兵粮，漕引潇、湘洞庭，万里几日？沧波挂席，西指长安。三秦之人，待此而饱；六军之众，待此而强。《严震传》言：梁、汉之间，刀耕火耨，民以采梠为事。虽节察十五郡，而赋额不敌中原三数县。《新书·权德舆传》：贞元八年（792），关东、淮南、浙西州县大水。德舆建言："江淮田一善熟，则旁资数道。故天下大计，仰于东南。今霖雨二时，农田不开，逋亡日众。宜择群臣明识通方者，持节劳徕。"合此三事观之，荆、扬农业，甲于全国，断可识矣。

隋文帝遣使均田，狭乡每丁才至二十亩，见第十八章第二节。此在近世农家，得之亦足自活，而当时意以为少。《新书·玄宗纪》：开元二十二年（734）十一月，免关内、河南八等以下户田不百亩者今岁租。此盖唐时授田，本以百亩为率，今不及此，户等又下，而两畿赋役烦重，故特优之，非谓田不百亩，遂为贫下也。然《旧书·袁高传》言：贞元二年（786），上以关辅禄山之后，百姓贫乏，田畴荒秽，诏诸道进耕牛，委京兆府劝课民户，勘责有地无牛百姓，量其地著，以牛均给之。其田五十亩以下人，不在给限。高上疏论之曰："圣慈所忧，切在贫下。有田不满五十亩者，尤是贫人。请量三两家共给牛一头，以济农事。"从之。则地不及五十亩，遂为下贫矣。肃、代时，议钱币者，谓人日食二升，终岁当米七斛二斗，而衣倍之，吉凶之礼再倍，则人终岁当得米二十一斛六斗，已见第十七章第一节。议者又谓田以高下肥瘠丰耗为率，一顷出米五十余斛，则亩才五斗余耳。此固从少计之，然当时农田收获之数，远逊今日，则无疑矣。此等皆生业自然之演进也。开元时，镇戍地可耕者，人给十亩以供粮，见下。以岁食七斛二斗计之，一亩之获，亦不及一斛。

陆龟蒙有田数百亩，而常苦饥，此乃其田所处之污下，而非顷亩之不足也。见第十八章第二节。故农田之命脉，实系于水利。隋、唐水利，掌于工部之水部及都郡水监。晋世，傅玄早言谒者一人之力，行天下诸水，无时得遍，见《两晋南北朝史》第二十章第一节。则亦徒有其名而已。故水利之命脉，又系于地方官。隋、唐、五代之世，能尽心于此者，莫如姜师度。《旧书》本传云：师度好沟洫，所在必发众穿凿，虽时有不利，而成功亦多。先是太史令傅孝忠善占星纬。时人为之语曰："傅孝忠两眼看天，姜师度一心穿地。"《新书·戴叔伦传》云：试守抚州刺史。民岁争溉灌，为作均水法，俗便利之。此则乏水之地之要图也。论者恒谓北方少水，不便艺稻，其实不然。《旧书·食货志》言：宇文融尝画策开河北王莽河，溉田数千顷，以营稻田，事未果而融败。又《孟元阳传》言：曲环使董作西华屯。元阳盛夏芒屩立稻田中，须役者退而后就舍。故其田岁无不稔。则北方非不可营稻田，特其水利有待人为，非如南方自然饶足，故种稻者较少耳。戴胄说太宗兴义仓，请自王公已下，爰及众庶，计所垦田稼穑顷亩，至秋熟，准其见在苗，以理劝课，尽令出粟。稻麦之乡，亦同此税。详见第二十章第二节。此说当据中原情势言之，其所艺者，似以粟为主，而稻麦为辅也。

《新书·食货志》曰：唐开军府，以捍要冲。因隙地置营田，天下屯总九百九十二。司农寺每屯三顷，《通典》：开元令：诸屯隶司农寺者，每三十顷以下，二十顷以上为一屯，此夺十字。州镇诸军，每屯五十顷。水陆腴瘠，播殖地宜，与其功庸烦省，收率之多少，皆决于尚书省。《旧书·职官志》：屯田郎中、员外郎，掌天下屯田之政令。凡边防镇守，转运不给，则设屯田以益军储。其水陆腴瘠，播种地宜，功庸烦省，收率等级，咸取决焉。诸屯田役力，各有程数。凡天下诸军州管屯总九百九十有二。大者五十顷，小者二十顷。凡当屯之中，地有良薄，岁有丰俭，各定为三等。凡屯，皆有屯官、屯副。苑内屯以善农者为屯官、屯副，御史巡行莅输。上地五十亩，瘠地二十亩，稻田八十亩，则给牛一。诸屯以地良薄与岁之丰凶为三等。其民田岁获多少，取中熟为率。有警，则以兵若夫千人助收。隶司农者，岁三月，卿、少卿循行，治不法者。凡屯田收多者褒进之。岁以仲春，籍来岁顷亩，州府、军镇之远近上兵部，度便宜遣之。开元二十五年（737），诏屯官叙功，以岁丰凶为上下。镇戍地可耕者，人给十亩以供粮。方春，屯官巡行，谪作不时者。天下屯田收谷百九十万斛。此唐盛时之制也。建中初，杨炎请凿陵阳渠，置屯田于丰州，严郢沮之，不见听，而炎议亦未行。元和中，李绛请开屯田于振武。其后王起、毕诚奏开屯田于灵武、邠宁，已略见第六章第一节，郢之言曰："五城旧屯，其数至广。以开渠之粮贷诸城，约以冬输。又以开渠功直布帛，先给田者，据估转谷。如此，则关辅免调发，五城田辟，比之浚渠，利十倍也。"此为一时计或然，为经久计，渠成固万世之利。宪宗用李绛议，以韩重华为振武、京西营田、和籴、水运使。起代北，垦田三百顷。出赃罪吏九百余人，给以耒耜、耕牛、假种、粮，使偿所负粟。二岁大熟。因募人为十五屯。每屯百三十人。人耕百亩。就为堡，东起振武，西逾云州，极于中受降城，凡六百余里。列栅二十，垦田三千八百余顷。岁收粟二十万石。省度支钱二千余万缗。重华入朝，奏请益开田五千顷。法用人七千。可以尽给五城。会绛已罢，后宰相持其议而止。使如其议行之，其效必更有可睹也。张俭，贞观初迁朔州刺史。广营屯田，岁至数十万斛。边粮益饶。娄师德，上元初，累补监察御史。属吐蕃犯塞，募猛士以讨之。师德抗表请为猛士。高宗大悦，特授朝散大夫，从军西讨，频有战功。迁殿中侍御史，兼河源军司马，并知营田事。天授初，累授左金吾将军，检校丰州都督。仍依旧知营田事。则天降书劳曰："自卿受委北陲，总司军任。往还灵夏，检校屯田。收率既多，京坻遽积。不烦和籴之费，无复转输之艰。两军及北镇兵，数年咸得支给。勤劳之诚，久而弥著。览以嘉尚，欣悦良深。"长寿元年（692），召拜夏官侍郎，判尚书事。明年，同凤阁鸾台平章事。则天谓师德曰："王师外镇，必借边境营田。卿须不惮勤劳，更充使检校。"又以马河源、积石、怀远等军及河、兰、鄯、廓等州检校营田大使。其后更历内外。至神功元年（697），复充陇右诸军大使，仍检校河西营田事。师德专综边任，前后三十余年。其战绩无足称，营田之功，则不可没也。宋庆礼之复营州也，开屯田八十余所。数年间，营州仓廪颇实，居人渐殷。殁后，太常博士张星，谓其有事东北，所亡万计，欲与恶谥。张九龄驳之，称其"罢海运，收岁储，边亭宴然，河朔无扰"，则功固余于过矣。凡此皆屯田之利。但以边垂为限，行诸内地，则非所宜。开元时废京师职田，议者欲置屯田。李元纮曰："军国不同，中外异制。若人闲无役，地弃不垦，以闲手耕弃地，省馈运，实军粮，于是有屯田。其为益尚矣。今百官所废职田不一县，弗可聚也。百姓私田，皆力自耕，不可取也。若置屯，即当公私相易，调发丁夫。调役则业废于家，免庸则赋阙于国。内地为屯，古未有也，恐得不补失，徒为烦费。"遂止。其后户部所领营田，正坐此弊。《新书·食货志》曰：宪宗末，天下营田皆雇民或借庸以耕，又以瘠地易上地，民间苦之。穆宗即位，诏还所易地，而耕以官兵。不耕以兵而雇民或借庸，盖以其耕作优于兵耳。则官自为地主以收私租，何屯之云？李元纮谓置屯即当公私相易，乃谓往往分布之田，不便置屯，非谓肥瘠，然以瘠地易上地，遂借其名以行矣。《旧书·良吏·薛珏传》：迁楚州刺史，本州营田使。先是州营田，宰相遥领使，刺史得专达，俸钱及他给百余万，田官数百员，奉厮役者三千户，岁以优授官者，复十余人。珏皆条去之，十留一二，而租有赢。然则中叶后多置营田，尚非徒利其租入，而更有窟穴其中以自润者矣。

内地置屯，举非所宜乎？是亦不然。大乱之后，赤地无余，非由公家资助，则民无以奉耕，而攻剽随地皆是，非屯聚又无以自卫也，则屯田尚焉。汉末之行事是已。然农民习于私有，非至耕作皆用机器，积习必不易变；而屯官多系武人，使久假之以权，必且虐用其下，故屯田既有成效，又宜举所垦分之于民，而罢屯官，以其民属州县。此魏世之所以废典农也。参看《秦汉史》第十六章第一节。每当风尘澒洞之时，武人中亦必有一二，能招流移，事稼穑者。若汉末之段煨，唐末之北韩南郭其人。成汭，初尝更姓名为郭禹。《新书》本传云：汭始治州，民版无几，未再期，自者万余。时镇国节度使韩建，亦以治显，号北韩南郭。《旧五代史·建传》云：河潼经大寇之后，户口流散。建披荆棘，辟污莱。劝课农事，树殖疏果。出入闾里，亲问疾苦。不数年，流亡毕复，军民充实。《汭传》云：荆州经巨盗之后，居民才一十七家。汭抚辑凋残，厉精为理。通商训农，勤于惠养。比末年，仅及万户。《新书·建传》云：建少贱，习农事。周知裕，史言其老于军旅，勤于稼穑，凡为劝课，皆有政声，亦韩、郭之俦也。而尤莫盛于张全义。《洛阳搢绅旧闻记》云：全义始至洛，于麾下百人中，选可使者一十八人，命之曰屯将。每人给旗一口，榜一道，于旧十八县中，令招农户，令自耕种。流民渐归。于百人中又选可使者十八人，命之曰屯副。民之来者抚绥之。除杀人者死，余但加杖而已。无重刑，无租税。流民之归渐众。又于麾下选书计一十八人，命之曰屯判官。不一二年，十八屯中每屯户至数千。农隙选丁夫，授以弓矢枪剑，为坐作进退之法。行之一二年，每屯增户大者六七千，次者四千，下之二三千。共得丁夫闲弓矢枪剑者二万余人。有贼盗，即时捕之，刑宽事简，远近归之如市，五年之内，号为富庶。于是奏每县除令、簿治之。全义为治之妙，全在疏节阔目，而又教之以自卫。此固非屯官莫能为，然不过五年而还之于县，则又深知蘧庐一宿之义者矣。

教稼之事，后世罕闻。以士不习农，官又与民相隔也。《旧书·文宗纪》：大和二年（828）二月，敕李绛所进则天太后删定《兆人本业》三卷，宜令所在州县写本散配乡村。此亦徒费纸墨耳。况未必真能写配也。是岁，闰三月，内出水车样，令京兆府造水车散给缘郑白渠百姓，以溉水田。王方翼迁夏州都督，属牛疫，造人耕之法，施关键，使人推之，百姓赖焉。韦宙之知永州也，俗不知法，多触罪。宙为书制律，并种殖为生之宜，户给之。此等或转切实际耳。

《旧书·五行志》：开元四年（716）五月，山东螟蝗害稼，分遣御史捕而埋之。汴州刺史倪若水拒御史，执奏曰："蝗是天灾，自宜修德。刘聪时除既不得，为害滋深。"宰相姚崇牒报之曰："刘聪伪主，德不胜妖；今日圣朝，妖不胜德。古之良守，蝗虫避境，若言修德可免，彼岂无德致然？今坐为食苗，忍而不救，因此饥馑，将何以安？"卒行埋瘗之法。获蝗一十四万，乃投之汴河流者不可胜数。朝议喧然。上复以问崇，崇曰："凡事有违经而合道，反道而适权者，彼庸儒不足以知之。纵除之不尽，犹胜养之以成灾。"帝曰："杀虫太多，有伤和气。公其思之。"崇曰："若救人杀虫致祸，臣所甘心。"八月四日，敕河南、河北检校捕蝗使狄光嗣、康瓘、敬昭道、高昌、贾彦璿等，宜令待虫尽而刈禾将毕，即入京奏事。谏议大夫韩思复上言曰："伏闻河北蝗虫，顷日益炽。经历之处，苗稼都尽。臣望陛下省咎责躬，发使宣慰。损不急之务，去至冗之人。上下同心，君臣一德，持此至诚，以答休咎。前后捕蝗使，望并停之。"上出符疏付中书。姚崇乃令思复往山东检视虫灾之所及，还具以闻。崇此事，屡为后世言救荒者所称引，其益非徒在一时也。《新五代史·汉隐帝纪》：乾祐元年（948）七月，鸜鹆食蝗，禁捕鸜鹆，亦合今世保护益虫之义。

《旧书·宪宗纪》：元和七年（812）四月，敕天下州府民户，每田一亩，种桑二树。长吏逐年检计以闻。《武宗纪》：会昌二年（842）四月，敕劝课种桑，比有敕命。如能增数，每岁申闻。比知并无遵行，恣加翦伐，列于廛市，卖作薪蒸。自今州县所由，切宜禁断。观兹告谕之殷拳，具见蚕桑之切要。《新书·尹思贞传》：为青州，治州有绩，蚕至岁四熟。《旧书·文艺传》：刘宪，父思立，高宗时为侍御史。河南北旱，诏遣使振给。思立以蚕功未毕上疏谏。详见第二十章第六节。观此，又知唐时河域，蚕业尚盛，非如后世之偏在江、浙也。

《旧书·刘世龙传》：附《裴寂刘文静传》。从平京城，改名义节。时草创之始，倾竭府藏，以赐勋人，而国用不足。义节进计曰："今义师数万，并在京师，樵薪贵而布帛贱。若采街衢及苑中树为樵，以易布帛，岁收数十万，立可致也。"高祖从之，大收其利。《旧五代史·汉隐帝纪》：乾祐元年（948）三月，殿中少监胡崧上言："请禁伐桑枣为薪，城门所由，专加捉搦。"从之。合会昌二年（842）敕文观之，知当日民间，薪樵颇乏，因不免滥施翦伐。此亦林木减少之一因欤？

马牧之盛，当推有唐。《新书·兵志》曰："监牧所以蕃马也。其制起于近世。唐之初起，得突厥马二千匹，又得隋马三千于赤岸泽，在今陕西大荔县西南。徙之陇右。监牧之制始此。其官领以太仆。其属有牧监。初用太仆少卿张万岁领群牧。自贞观至麟德四十年间，马七十万六千。置八坊岐、豳、泾、宁间，地广千里。八坊之田，千二百三十顷。募民耕之，以给刍秣。八坊之马，为四十八监。而马多地狭不能容，又析八监，布列河西丰旷之野。凡马，五千为上监，三千为中监，余为下监。监皆有左右，因地为之名。方其时，天下以一缣易一马。万岁掌马久，恩信行于陇右。后以太仆少卿鲜于匡俗检校陇右牧监。仪凤中，以太仆少卿李思文检校诸牧监使。监牧有使自是始。后又有群牧都使，有闲厩使。又立四使：南使十五，西使十六，北使七，东使九。分统诸坊。其后益置八监于盐州，三监于岚州。盐州使八，岚州使三。凡征伐而发牧马，先尽强壮，不足则取其次，录色、岁、肤第、印记、主名送军，以帐驮之数上于省。自万岁失职，马政颇废。永隆中，夏州牧马之死失者十八万四千九百九十。景云二年，诏群牧岁出高品，御史按察之。开元初，国马益耗。太常少卿姜晦，乃请以空名告身市马于六胡州。率三十匹售一游击将军。命王毛仲领内外闲厩。九年，又诏天下之有马者，州县皆先以邮递军旅之役，定户复缘以升之，百姓畏苦，乃多不畜马，故骑射之士减曩时。自今诸州民勿限有无荫，能家畜十马以下，免帖驿、邮递、征行，定户无以马为赀。毛仲既领闲厩，马稍稍复。始二十四万，至十三年，乃四十三万。其后突厥款塞，玄宗厚抚之。岁许朔方军西受降城为互市，以金帛市马，于河东、朔方、陇右牧之。既杂胡种，马乃益壮。天宝后，诸军战马，动以万计。王侯、将相、外戚，牛、驼、羊、马之牧布诸道，百倍于县官。皆以封邑号名为印自别。将校亦备私马，议者谓秦、汉以来，唐马最甚。天子又锐志武事，遂弱西北蕃。十一载，诏二京旁五百里勿置私牧。十三载，陇右群牧都使奏马、牛、驼、羊总六十万五千六百，而马三十二万五千七百。禄山以内外闲厩都使兼知楼烦监，阴选胜甲马归范阳，故其兵力倾天下而卒反。肃宗收兵，至彭原，率官吏马；抵平凉，搜监牧及私群，得马数万；军遂振。至凤翔，又诏公卿百寮以后乘助军。其后边无重兵，吐蕃乘隙陷陇右，苑牧畜马皆没矣。"案，唐畜马之多，与其兵力之强，颇有关系，《志》称其遂弱西北蕃是也。此亦非尽由于政府，王侯、将相、外戚、将校，咸有力焉，即庶民亦能家畜十马，此岂后世所敢望也？《志》又云："永泰元年，代宗欲亲击虏。鱼朝恩乃请大搜城中百官士庶马输官，曰团练马。下制禁马出城者。已而复罢。德宗建中元年，市关辅马三万实内厩。贞元三年，吐蕃、羌、浑犯塞，诏禁大马出潼关、武关者。"可见是时但关辅马即不少矣。然兵力虽强，民业究不免见夺。《志》又云："其始置四十八监，地据陇西、金城、平凉、天水，员广千里。由京度陇置八坊，为会计都领。其间善水草腴田皆隶之。后监牧使与坊皆废，故地存者，一归闲厩。旋以给贫民及军吏，间又赐佛寺，道馆几千顷。元和十二年，闲厩使张茂宗举故事，尽收岐阳坊地。民失业者甚众。十三年，以蔡州牧地为龙陂监。十四年，置临汉监于襄州，牧马三千二百，费田四百顷。穆宗即位，岐人叩阙讼茂宗所夺田。事下御史按治，悉与民。"张脉偾兴于外，而内无以奉之，遂终至不戢自焚矣。末叶马少，多恃贸诸羌胡，而西北来者最盛，已见第十四章第三节。《通鉴》：后唐明宗天成二年（927）三月，初置监牧，蕃息国马。胡《注》曰："此时监牧，必置于并、代之间，若河、陇诸州，不能复盛唐之旧。"是后，帝问枢密使范延光："马数几何？"对曰："骑军三万五千。"帝曰："吾居兵间四十年。太祖在太原时，马数不过七千，庄宗与梁战河上，马才万匹，今马多矣。不能一天下，奈何？"延光曰："一马之贵，足以养步卒五人。"帝曰："肥战马以瘠吾人，其愧多矣。"嗣源之马，远过存勖，盖贸诸西北之效？然身死未几，契丹长驱直入，瘠人肥马，果何益也？观范延光之言，而知盛唐之竭民力甚矣。又，唐昭宗天复三年（903）四月，王建遣判官韦庄入贡，亦修好于朱全忠。全忠遣押衙王殷报聘。建与之宴。言"蜀甲兵诚多，但乏马耳"。建作色曰："当道江山险阻，骑兵无所施，然马亦不乏。押衙少留，当共阅之。"乃集诸州马，大阅于星宿山。官马八千，私马四千，部队甚整。殷叹服，建本骑将，故得蜀之后，于文、黎、维、茂州市胡马，十年之间，遂及兹数。蜀中之马，亦恃贸诸外夷，盖天时地利使然也。

战马而外，他畜牧之利盖微。《隋书·高祖纪》：开皇元年（581）二月，以官牛分赐贫人。《新书·德宗纪》：大历十四年（779）十月，以沙苑豢豕三千给贫民。此皆官家之畜，然其细已甚矣。即民间亦鲜事此者。《旧书·杜伏威传》：齐州章丘人。少落拓，不事产业。家贫无以自给，每穿窬为盗。与辅公祏为刎颈之交。公祏姑家以牧羊为业，公祏数攘羊以馈之。姑有憾焉。因发其盗事。郡县捕之急。伏威与公祏遂俱亡命，聚众起义。公祏、齐州临济人，其姑家当亦在此。盖滨海之人，有以此为业者，若内地则农田且虞不给，无复旷土可为牧场矣。

射猎亦惟深山穷谷中有之。宪宗征淮西，李师道东都留邸兵与山棚谋窃发。史言"东畿西南通邓、虢，川谷旷深，多麋鹿，人业射猎而不事农，迁徙无常，趫悍善斗，号曰山棚"是也。唐制，凡采捕渔猎，属于虞部，必以其时。其禁令，亦或能行于京畿耳。《新书·高宗纪》：咸亨四年（673）闰五月，禁作簺捕鱼，营圈取兽者。盖所以防尽物？然此等政令，亦未必能行也。

矿业，属少府监之掌冶署。《新书·食货志》云："凡银铜铁锡之冶一百六十八。陕、宣、润、饶、衢、信五州，银冶五十八，铜冶九十六。计共六州。原文作五州，疑有误。铁山五，锡山二，铅山四，汾州矾山七。麟德二年，废陕州铜冶四十八。开元十五年，初税伊阳五重山银锡。德宗时，户部侍郎韩洄，建议山泽之利，宜归王者，皆隶盐铁使。元和初，天下银冶废者四十，岁采银万二千两，铜二十六万六千斤，铁二百七万斤，锡五万斤，铅无常数。开成元年，复以山泽之利归州县，刺史选吏主之。其后诸州牟利以自殖，举天下不过七万余缗，不能当一县之茶税。及宣宗增河湟戍兵，衣绢五十二万余匹，盐铁转运使裴休请复归盐铁使，以供国用。增银冶二，铁山七十一。废铜冶二十七、铅山一。天下岁率银一万五千两，铜六十五万五千斤，铅十一万四千斤，锡万七千斤，铁五十三万二千斤。"此唐矿业之大略也。唐代钱贵，故于诸矿独重铜。元和三年（808）六月，将设畜钱之令，诏天下银坑不得私采。《旧书·本纪》。其诏曰："天下有银之山必有铜。铜者可资于鼓铸，银者无益于生人。权其重轻。使务专一。其天下自五岭以北见采银坑，并宜禁断。恐所在坑户，不免失业，各委本府州长吏劝课，令其采铜，助官中铸作。仍委盐铁使条疏闻奏。"《旧书·食货志》。《新志》云：五岭以北，采银一两者流他州。四年六月，"敕五岭以北所有银坑，依前任百姓开采。禁见钱出岭"。《旧书·食货志》，《纪》同。盖欲使银山坑户，改业铜冶，卒不可得，故复有此敕也。山泽自然之利，本应归诸公家，然公家亦当务利民。苟徒为筹款计，则其弊有不可胜穷者。《新五代史·刘审交传》：迁陈州防御使。出视民田，见民耕器薄陋，乃取河北耕器为范，为民更铸。耕器薄陋，岂由公家欲专冶利故邪？《旧书·德宗纪》：大历十四年（779）七月，诏"邕州所奏金坑，城为润国。语人以利，非朕素怀。其坑任人开采，官不得禁"。贞元二年（786）四月，陕州观察使李泌奏卢氏山冶出瑟瑟，请禁以充贡奉。上曰："瑟瑟不产中土，有则与民共之，任人采取。"事亦见《泌传》。《懿宗纪》：咸通四年（863）七月，制"廉州珠池，与人共利。近闻本道禁断，遂绝通商，宜令本州，任百姓采取，不得止约"。《新书·孔巢父传》：从子戣。宪宗时拜岭南节度使，免属州黄金税岁八百两。盖封禁徒供官吏侵渔，而民之失业者，又无以安插，故尚不如旷然捐弃其利也。然为豪贵所擅，则亦有弊。《隋书·郎茂传》：工部尚书宇文恺、右翊卫大将军于仲文竞河东银窟。茂奏劾之曰："臣闻贵贱殊礼，士农异业。所以人知局分，家识廉耻。宇文恺位望已隆，禄赐优厚。拔葵去织，寂尔无闻，求利下交，曾无愧色。于仲文宿卫近臣，趋侍阶廷，朝夕闻道。虞、芮之风，抑而不慕，分铢之利，知而必争。何以贻范庶僚，示民轨物？"恺与仲文竞坐得罪。则所谓与民共之者，乃与凡民共之，非与豪贵之家共之也。然其人既擅山泽之利，则虽素贱，亦必渐成为豪贵。此则法家之学既微，无复能知此义者矣。《通鉴》后周世宗显德三年（956），周行逢少时尝坐事黥，隶辰州铜坑。或说行逢："公面有文，恐为朝廷使者所嗤，请以药灭之。"行逢曰："吾闻汉有黥布，不害为英雄，吾何耻焉？"胡三省曰："唐文宗之世，天下铜坑五十，辰州不在其数。辰州铜坑，盖马氏所置也。"而以黥面之徒充坑夫，则又唐代未闻之虐政矣。

《新书·突厥传》曰：杜佑谓："秦以区区关中，灭六强国，今竭万方之财，上奉京师，外有犬戎凭陵，陷城数百，内有兵革未宁，三纪矣。岂制置异术，古今殊时乎？周制，步百为亩，亩百给一夫。商鞅佐秦，以为地利不尽，更以二百四十步为亩，亩百给一夫。又以秦地旷而人寡，晋地狭而人夥，诱三晋之人耕而优其田宅，复及子孙，使秦人应敌于外，非农与战，不得入官。大率百人以五十人为农，五十人习战，故兵强国富。其后仕宦途多，末业日滋，今大率百人才十人为农，余皆习他技。又秦、汉郑渠溉田四万顷，白渠溉田四千五百顷，永徽中，两渠灌浸不过万顷，大历初，减至六千亩。亩腹一斛，岁少四五百万斛。地利耗，人力散，欲求强富，不可得也。汉时，长安北七百里即匈奴之地，侵掠未尝暂息。计其举国之众，不过汉一大郡。晁错请备障塞，故北边妥安。今潼关之西，陇山之东，鄜坊之南，终南之北，十余州之地，已数十万家。吐蕃绵力薄材，食鲜艺拙，不及中国远甚。诚能复两渠之饶，诱农夫趣耕，择险要，缮城垒，屯田蓄力，河、陇可复，岂惟自守而已？"谓百人才十人为农，未免过当。然其论关中之贫富，与其强弱息息相关，则诚足资儆惕矣。

第二节　工　　业

智巧之士，历代有之，但为骄侈者所用，则不能有益于民，而转贻之以害而已。若隋世之宇文恺、阎毗、何稠是也。恺造观风行殿，及其营建东都，已见第一章第四节。阎毗者，隋初以技艺侍东宫。数以雕丽之物，取悦于皇太子。皇太子废，毗坐杖一百，与妻子俱配为官奴婢。后二岁，放免为民。炀帝嗣位，盛修军器，以毗性巧，谙练旧事，诏典其职。寻授朝请郎。毗立议，辇服车舆，多所增损。长城之役，毗总其事。及帝有事恒岳，诏毗营立坛场。将营辽东之役，自洛口开渠，达于涿郡，以通运漕，毗督其役。明年，又营建临朔宫。何稠者，妥之兄子。妥，《隋书·儒林传》云："西城人。父细胡，通商入蜀，遂家郫县。事梁武陵王纪，主知金帛。因致巨富，号为西州大贾。妥年十七，以技巧事湘东王。稠父通，善斫玉。"西城疑西域之误，其家世实以西胡而擅技巧者也。江陵陷，稠随妥入长安。仕周，为御饰下士。及高祖为丞相，召补参军，兼掌细作署。开皇初，授都督。累迁御府监。历太府丞，稠博览古图，多识旧物。波斯尝献金丝锦袍，组织殊丽。上命稠为之。稠锦既成，逾所献者。上甚悦，时中国久绝琉璃之作，匠人无敢厝意，稠以绿瓷为之，与真不异。后与宇文恺参典文献皇后山陵制度。高祖疾笃，又以山陵之事属之。炀帝将幸扬州，命造舆服羽仪送江都，亦见第一章第四节，后复令造戎车万乘。《传》又言其制行殿及六合城。盖二者实亦稠为之，宇文恺特尸其名而已。时又有刘龙者，性强明有巧思，齐后主知之。令修三爵台，甚称旨。因而历职通显。及高祖践阼，大见亲委。拜右卫将军，兼将作大匠。迁都之始，与高颎参掌制度，代号为能。大业时，有黄亘者，及其弟衮，俱巧思绝人。炀帝每令其兄弟直少府、将作。于时改创多务，亘、衮每参典其事。凡有所为，何稠先令亘、衮立样。当时工人，皆称其善，莫能有所损益。又有耿询者，造浑天仪及欹器，已见第十七章第三节。《传》又云：询作马上刻漏，世称其妙。

唐代智巧之士，当推李淳风及僧一行。淳风始造浑仪。太宗令置宫中，寻而失其所在。玄宗开元九年（721），太史令频奏日食不效，诏一行改造新历。时官无黄道游仪。率府兵曹梁令瓒待制于丽正书院，因造游仪木样，甚为精密。一行乃上言曰："黄道游仪，古有其术而无其器。以黄道随天运动，难用常仪格之，故昔人潜思，皆不能得。令瓒创造此图，日道月交，莫不自然契合。既于推步尤要，望就书院更以铜铁为之。庶得考验星度，无有差舛。"从之。至十三年造成。玄宗亲为制铭。置之灵台，以考星度。又诏一行与令瓒及诸术士更造浑天仪。铸铜为圆天之象。上具列宿赤道及周天度数。注水激轮，令其自转。一日一夜，天转一周。又别置二轮，络在天外，缀以日月，令得运行。每天西转一匝，日东行一度，月行十三度十九分度之七。凡二十九转有余而日月会，三百六十五转而日行匝。仍置木柜，以为地平，令仪半在地下。晦明、朔望，迟速有准。又立二木人于地平之上，前置钟鼓，以候辰刻。每一刻自然击鼓，每辰则自然撞钟，皆于柜中，各施轮轴。钩键交错，关锁相持。既与天道合同，当时共称其妙。铸成，命之曰水运浑天俯视图。置于武成殿前，以示百僚。无几而铜铁渐涩，不能自转，遂收置于集贤院，不复行用。此器虽行之未久，然其制作，则不可谓不巧也。

指南车、记里鼓车，始修于元和九年（814）十二月，成于十五年十月，见《旧书·本纪》。又《李皋传》云：常运心巧思，为战舰，挟二轮蹈之，翔风鼓疾，若挂帆席。所造省易而久固。又造欹器，进入内中。《新书·姜謩传》：子确。字行本，以字显。高昌之役，为行军副总管。出伊州，距柳谷百里，依山造攻械。增损旧法，械益精。《李若初传》：附《刘晏传》。子濛，会昌初擢给事中，以材为宰相李德裕所知。时回鹘衰，朝廷经略河湟，建遣濛按边，调兵械粮饷，为宣慰灵、夏以北党项使。始议造木牛运。亦皆智巧之士也。

其不知名者，若武后所造之明堂、天枢、九鼎等，既系巨工，亦必有巧匠，特不见记载耳。《隋书·柳䛒传》，言䛒为炀帝所亲狎，退朝之后，便命入阁。言宴讽读，终日而罢。帝每与嫔后对酒。时逢兴会，辄遣命之。至与同榻共席，恩若友朋。犹恨不能夜召，于是命匠刻木偶人，施机关，能坐起拜伏，以像于䛒，每在月下对酒，辄令宫人置之于坐，与相酬酢，而为欢笑。《新书·回鹘传》：延陀亡后，铁勒十一部皆来。明年，复入朝。天子方招宠远夷，作绛黄瑞锦文袍、宝刀、珍器赐之。帝坐秘殿，陈十部乐。殿前设高坫，置朱提瓶其上，潜泉浮酒，自左阁通坫址注之瓶。转受百斛镣盎。回纥数千人饮毕，尚不能半。《叛臣传》：高骈为寓鹄廷中，设机关，触人则飞动。骈衣羽衣乘之，作仙去状。此等，亦皆巧匠所为也。

民间用器，间由官造者惟铁。《旧书·职官志》：少府掌冶署。西北诸州，禁人无置铁冶及采铁。若器用所须，具名移于所由，官供之。盖防铁出境外，为蕃戎所得。《新志》云：边州不置铁冶，器用所须皆官供。所谓边州，亦即指西北诸州言之也。《新志》又云：诸监掌铸兵农之器，给军士、屯田居民，其所供亦至狭耳。民间用器，有特精者，观《地理志》所载诸州土贡，可见其略。又《两书·韦坚传》皆载坚穿广运潭成，豫取洛、汴、宋、山东小斛舟三百贮之潭。舟署某郡，以所产暴陈其上。其所陈，亦必各郡名产，特不皆人工所成耳。《新书·于頔传》：初襄有鼷器，天下以为法。至頔骄蹇，故方帅不法者号"襄样节度"。此则一方名产，无意中留名于后世者也。凡物之持以交易者，必求其价廉易售。如是则成本轻，物必不能皆坚善。《通鉴》则天圣历元年（698），默啜移书数朝廷曰："金银器皆行滥，非真物。"胡《注》曰："市列为行。市列造金银器贩卖，率毇他物以求赢，俗谓之行作。滥，恶也。开元八年，颁租庸调法于天下，好不过精，恶不至滥。滥者，恶之极者也。"案，《唐律·器用绢布行滥条》云："诸造器用之物及绢布之属，有行滥、短狭而卖者，各杖六十。"《疏议》云："行滥，谓器用之物不牢、不真。短狭，谓绢匹不充四十尺，布端不满五十尺，幅阔不充一尺八寸之属。"行滥似专指器物。然《旧书·食货志》载开元八年（720）敕云："顷者以庸调无凭，好恶须准，故遣作样，以颁诸州，令其好不得过精，恶不得至滥。任土作贡，防源斯在。而诸州送物，作巧生端。苟欲副于斤两，遂则加其丈尺，至有五丈为匹者。理甚不然。阔一尺八寸，长四丈，同文共轨，其事久行。立样之时，亦载此数。若求两而加尺，甚暮四而朝三。宜令所司简阅，有逾于比年常例，丈尺过多，奏闻。"则行滥固兼绢布言之也。今语犹称物之美者曰自货，恶者曰行货。盖自用之物，必求精良，出之市列者，则不能然耳。此固市侩之恶习，交易盛而欺诈随之，然观行作之成为专名，亦可见自为而用之者日少，而求之于市者益多，亦生计演进必然之势也。

都会之地，实为工巧所集。《旧书·杜元颖传》，言其出镇蜀州，昭愍即位，童心多僻，元颖求蜀中珍异玩好之具，贡奉相继，以固恩宠。以故箕敛刻削，工作无虚日。大和三年（829），南诏蛮攻陷戎、嶲等州，径犯成都。兵及城下，一无备拟，方率左右固衙城而已。蛮兵大掠蜀城玉帛、子女、工巧之具而去。蛮兵之所掠，盖正元颖之所求？哀敛于民以奉敌，伤矣。然放大眼光观之，偏隅之工艺，必因此而有进，亦文明传播之一道也。

何稠以绿瓷为琉璃，则其先必已有瓷。案，瓷字始见于《字林》，则晋世已有之。然其制至唐而始工，亦且益多。豫章所产，韦坚即以之陈列。邢州亦以磁为贡，见《新书·地理志》。陆羽《茶经》，第各地之瓷，以越州为上，洪州为下。岂其时与韦坚异，各地物产，亦有进退邪？

《通鉴》：代宗大历十三年（778），召李泌入见。语以元载事。因言路嗣恭初平岭南，献琉璃盘径九寸，朕以为至宝，及破载家，得嗣恭所遗载琉璃盘，径尺。胡三省曰："程大昌曰：《汉西域传》：罽宾国有琥珀、流离。师古《注》曰：《魏略》云：大秦国出赤、白、黑、黄、青、绿、缥、绀、红、紫十种流离。此盖自然之物，采泽光润，逾于众玉。今俗所用，皆消冶石汁，加以众药，灌而为之。虚脆不耐，实非真物。案流离，今书附玉旁为琉璃字。师古之记是矣，亦未得其详也。《穆天子传》：天子东征，有采石之山，凡好石之器于是出。升山取采石，铸以成器。《注》云：采石，文采之石也。则铸石为器，古有之矣。颜氏谓为自然之物，恐不详也。《北史·大月氏传》：魏太武时，月氏人商贩京师，自云能铸石为五色琉璃。于是采矿于山中，即京师铸之。既成，光泽乃美于西方来者。自是琉璃遂贱。用此言推之，则虽西域琉璃，亦用石铸，无自然生成者。兼外国奇产，中国未始无之，独不闻有所谓真琉璃也。然中国所铸，有与西域异。铸之中国，色甚光鲜，而质则轻脆。沃以热酒，随手破裂。其来自海舶者，制差钝朴，而色亦微暗。其可异者，虽百沸汤注之，与磁、银无异，了不复动，是名蕃琉璃也。蕃琉璃之异于中国，其别如此，未尝闻以石琢之也。余谓路嗣恭所献者，盖师古所谓大秦琉璃，自然之物。否则代宗何以谓之至宝哉？程大昌考之不详耳。"愚案《穆天子传》伪书不足信，然正可考见魏晋后西域情形。程大昌之说盖是？代宗所以贵之者，实缘铸造之术，虽经月氏商人传入，其后又复失传，即能为之，其质亦不如西域耳。《新书·五行志》云："唐末，京都妇人梳发，以两鬓抱面，状如椎髻，时谓之'抛家髻'。又世俗尚以琉璃为钗钏，近服妖也。抛家、琉璃，皆播迁之兆。"足见唐末，俗尚甚贵之也。

第三节 商 业

古代之市，皆别为一区，而设官加以管理，后世此制渐坏，然其遗意犹存。隋制：司农市统平准署。署有令二人。京市有肆长四十人。州有市令、丞，郡县亦皆有市令。缘边交市监，置监、副各一。畿内者隶司农，自外隶诸州。炀帝改交市监曰互市监，改隶四方馆，而以平准、京市隶太府。京师有东、西两市。东都有东、南、北三市。唐两京诸市署，京师有东、西两市，东都有东、北两市，皆令一、丞二。《旧书·玄宗纪》：开元十三年（725）六月，废都西市，则东都亦尝有三市。平准署，令二人，丞四人。互市监，监、丞各一人。皆属太府。自都督府至县，亦皆有市令。《旧书·职官志》。《新志》云：开元中，京兆、河南府诸县，户三千以上置市令一人，则余县不能皆置。平准署，掌供官市易之事。凡百司不任用之物，则以时出货。其没官物亦如之。"市肆皆建标筑土为候。凡市，日中击鼓三百以会众，日入前七刻，击钲三百而散。有果毅巡逻。平货物为三等之直。"《新书·百官志》文。《旧志》云："以二物平市。"《注》曰："秤以格，斗以概。""以三价均市。"《注》曰："价有上、中、下之差。"《通鉴》：唐昭宗天复三年（903），刘鄩为王师范取兖州，将精兵五百，夜自水窦入，比明，军城悉定，市人皆不知。胡《注》曰："军城，泰宁军牙城也。以此观之，军人与市人异处。营屋之立，自唐然矣。"愚案此亦可见市之别为一区，不与民居相杂也。

《旧书·宣宗纪》：大中六年（852）七月，敕犯赃人平赃，据律以当时物价上旬估。请取所犯之处，其月内上旬时估平之。从之。此条似有夺文。然据此，亦可考见其时物价，旬各有估也。《新书·曹王皋传》：《太宗诸子传》。所至常平物估，豪举不得擅其利。《裴坦传》：先是天下赋法有三：曰上供，曰送使，曰留州。建中初，厘定常赋，而物重钱轻。其后轻重相反，民输率一倍其初。而所在以留州，送使之入，舍公估，更实私直以自润。故赋益苛，齐民重困。坦奏禁之。一以公估准物。观此二事，公估似于民有益。然《通鉴》：高宗永徽元年（650）十月己未，监察御史韦思谦劾奏中书令褚遂良抑买中书译语人地。大理少卿张叡册以为准估无罪。思谦奏曰："估价之设，备国家所须。臣下交易，岂得准估为定？叡册舞文，附下罔上，罪当诛。"是日，左迁遂良为同州刺史，叡册循州刺史。则公估实不免强抑物直，如后世所谓官价者也。

轻重敛散之政，自桑弘羊后，久已无人知之，至唐乃复有赵赞。此实为旷世之高识，且欲行之于艰难之际，其魄力尤不可及。事虽不成，不可不表而出之也。《旧书·食货志》：建中三年（782）九月，户部侍郎赵赞上言曰："伏以旧制，置仓储粟，名曰常平。军兴已来，此事阙废。或因凶荒流散，饿死相食者，不可胜纪。古者平准之法，使万室之邑，必有万钟之藏，千室之邑，必有千钟之藏，春以奉耕，夏以奉耘，虽有大贾富家，不得豪夺吾人者。盖谓能行轻重之法也。自陛下登极以来，许京城两市置常平，官籴盐米，虽经频年少雨，米价腾贵，《新志》作"米不腾贵"，当从之，此价乃误字。此乃即日明验，实要推而广之。当兴军之时，与承平或异。事须兼储布帛，以备时须。臣今商量，请于两都并江陵、成都、扬、汴、苏、洪等州府，各置常平，轻重本钱。上至百万贯，下至数十万贯。随其所宜，量定多少，惟置斛斗、段匹、丝麻等。候物贵则下价出卖，物贱则加价收籴。权其轻重，以利疲人。"从之。赞于是条奏诸道要、都会之所，皆置吏阅商人财货。计钱每贯税二十；天下所出竹、木、茶、漆，皆什一税之；以充常平本。时国用稍广，常赋不足，所税亦随时而尽，终不能为常平本。亦见《德宗本纪》。案，轻重敛散之说，本兼百物言之，后世商人之资本愈丰，则公家之财力，愈相形而见绌，遂至除谷价外一不能问，即谷价之常平，亦有名无实矣。赵赞际艰难之会，顾欲扩充之以及于段匹、丝麻，其魄力可谓甚大。《刘晏传》言晏自诸道巡院距京师，重价募疾足，置递相望。四方物价之上下，虽极远，不四五日知。故食货之重轻，尽权在掌握。朝廷获美利，而天下无甚贵甚贱之忧。其事亦良不易。然晏实计臣，徒能济财政之急，岂若赞之能兼顾人民，有称物平施之意哉？

官与民为卖买者，在谷曰和籴，在物曰和市。《旧书·职官志》：度支郎中、员外郎之职，凡和籴、和市，皆量其贵贱，均天下之货，以利于人，亦俨然有哀多益寡之意。然及其行之，则国用有阙，强市诸民而已。是赋也，非市也。《旧书·裴耀卿传》：《开元初，累迁长安令。长安旧有配户和市之法，百姓苦之。耀卿到官，一切令出储蓄之家，《新书》云：一切责豪门坐贾。则所谓储蓄之家，乃居其物以待价者，即今所谓屯积，非徒厚藏也。豫给其直，遂无奸僦之弊。公私甚以为便。"《新书·元结传》：拜道州刺史。"请免百姓所负税及租庸使和市杂物十三万缗。"许之。以是为宽恤民力，而所谓和籴、和市者可知矣。然二者虽皆有弊，究可稍省辇运之劳。吴武陵言朔方和籴，先取商人，而后求牒还都受钱。见第十八章第一节。此即宋代入中，入边之法所本，尤省费省事，且除弊之良策也。至于宫市，则直是攘夺，不足论，已见第六章第六节。

争名者于朝，争利者于市，故豪商大贾，必集于赵赞所谓道要、都会之地。《新书·李勣传》：说翟让曰："宋、郑商旅之会，御河在中，舟舰相会。往邀取之，可以自资。"让然之。劫公私船取财，由是大振。此道要也。《隋书·令狐熙传》：高祖将祠泰山，还次汴州，恶其殷盛，多有奸侠，以熙为汴州刺史。下车，禁游食，抑工商。民有向街开门者，杜之。船客停于郭外。《旧书·李袭志传》：弟袭誉，转扬州大都督府长史。"江都俗好商贾，不事农桑。袭誉乃引雷陂水，又筑句城塘，溉田八百余顷，百姓获其利。"扬、汴则所谓都会也。天下攘攘，皆为利往，天下熙熙，皆为利来，岂令狐熙、李袭誉辈所能变其俗邪？

然贱商之见，斯时初未化除。《新书·太宗纪》：贞观二年（628）十二月，禁五品以上过市。《旧书·路隋传》：《调授润州参军。为李锜所困，使知市事。随翛然坐市中，一不介意。"观此二事，可知当时贱商之甚。然利之所在，遂不惜屈身以与之交。刘昉，富商大贾，朝夕盈门。宇文述，富商大贾及陇右诸胡子弟，皆接以恩意，呼之为儿。其子化及，常与屠贩者游，以规其利。张易之，内殿赐宴，引蜀商宋霸子等数人于前博戏。见《旧书·韦安石传》。此皆嬖幸之流，不足责也。颜师古，学人也。贞观七年，拜秘书少监，专典刊正，其官不可谓不清，乃引富商大贾为雠校，何哉？观刘义节为少府监，坐贵入贾人珠，废为民，徙岭南，而知惟贿之求，虽士大夫亦在所不免矣。《旧五代史·张筠传》：海州人，父传古，世为郡之大商。唐乾符末，徙家彭门。时溥擢筠为偏将。《李彦传》：太原人，本以商贾为业。周太祖镇邺，置之左右。此亦犹梁太祖之宠李友让也。刘陟广务华靡。末年起玉堂珠殿，饰以金碧翠羽。岭北行商，或至其国，皆召而示之，夸其壮丽，《旧五代史·僭伪列传》。《新史》云：召之使升宫殿，示以珠玉之富，则为别示之以珠玉，而非夸其宫殿之壮丽矣。语恐未审。可谓分庭抗礼矣。《唐明宗纪》：长兴二年（931）九月，诏天下州县官不得与部内富民于公厅同坐。《周世宗纪》：显德三年（956）三月，"延州留后李彦頵奏蕃众与部民为乱，寻与兵司都监阎绾掩杀，获其酋帅高闹儿等十人，磔于市。彦頵本贾人也，贪而好利，蕃、汉之民怨其侵刻，故至于是"。其人且躬缩州符，又岂特公厅一坐哉？

不徒与商贾侪偶也，亦且躬为商贾之行。《旧书·高祖诸子传》：霍王元轨，尝使国令征封。令白请依诸国赋物，贸易取利。元轨曰："汝为国令，当正吾失，反说吾以利耶？"拒而不纳，善矣。然高季辅訾当时王公勋戚，追求什一，见第十八章第四节。德宗亦禁百官置邸贩鬻；见第七章第一节。《旧书·本纪》：大历十四年（779）七月己卯，诏王公卿士不得与民争利。诸节度观察使于扬州置回易邸并罢之。则滔滔者天下皆是矣。中叶后武人擅土，纲纪更形扫地。陈少游三总大藩，皆天下殷厚处，征求、贸易无虚日，敛积财宝，累巨亿万。赵在礼历十余镇，殖货积财巨万。两京及所到藩镇，皆邸店罗列。其巨擘也。又其甚者，如刘从谏署贾人为衙将，使之乘势虐民，而其毒痛愈广矣。见第九章第三节。李崧、桑维翰，在末世尚为贤者。然崧以其弟屿任仆行贾致祸。见第十七章第三节。维翰，杨光远论其营邸肆于两都，与民争利，此其所以能致金数千铤欤？见第十八章第三节。不徒在本国然也，即出使他国亦然。《旧书·赵璟传》云：使回纥者多私赍缯絮，蕃中市马，回以规利。《归崇敬传》云：使新罗者，至海东多有所求，或携帛而往，贸易货物，规以为利。《旧史·张筠传》：筠既尽获继岌、向延嗣所有，事见第十八章第三节。湖南马希范，与筠有旧，奏请命筠为使。允之。筠又密赍蜀之奇货往售，获十余万缗以归。是其事矣。又不徒大者也，即微利亦无所遗。隋张威在青州，遣家奴于民间鬻芦菔根是矣。又非独男子也，即妇人亦能为之。《新书·诸公主传》：肃宗女和政公主，自兵兴，财用耗，主以贸易取奇赢千万赡军。《新史》后唐庄宗刘后，分遣人为商贾，至于市肆之间，薪刍果茹，皆称中宫所卖。王衍尊其母徐氏为皇太后，后妹淑妃为皇太妃。太后、太妃，皆于通都大邑，起邸店以夺民利。而李继韬母杨氏，居积行贩，赀至百万焉。有知尽能索耳，终不余力而让财，岂不信哉？又非独私家也。后唐明宗即位赦诏有云："租庸司先将系省钱物与人回图，宜令尽底收纳，以塞幸门。"《旧史·本纪》：天成元年（926）。则虽公家，且恃为筹款之策矣。在势者之追求什一如此，商人安得不依附之？而率循正轨之商业，又安得而滋长哉？

通工易事，势不可一日辍也，故虽当海宇分崩之际，商贾仍无时而不通。王师范之举兵，一时欲入十余州，而多诈为商贾，史称诈为商贾及贡献，然必以诈为商贾者为多。《旧五代史·张归弁传》：为齐州指挥使。属青帅王师范叛，遣将诈为贾人，挽车数十乘，匿兵器于其中，将谋窃发，归弁察而擒之，州城以宁，是其一事。即可见商贾之靡国不到。王延羲弑王昶，遣商人间道奉表称藩于晋，而昶先使郑元弼至大梁，晋人恶其致执政书辞不逊，又求用敌国礼，下之于狱。后释之。延羲又因商人奉表自理，乃获封授。其后留从效称藩于周，亦遣衙将蔡仲赟衣商人服，以绢表置革带中，间道北行。可见南北虽隔绝，商贾实无时而不通矣。杨行密破孙儒，入扬州，议出盐、茗畀民，输帛幕府。高勖曰："疮破之余，不可以加敛。且帑资何患不足？若悉我所有，易四邻所无，不积日，财有余矣。"行密纳之。此可见丧乱后欲求苏息者，莫通商若也。是时田頵为行密守宣州，亦以能通利商贾，民爱之，行密归马殷弟赟，谓之曰："何以报我？"答曰："愿通二国好，使商贾相资。"行密喜，而殷亦不征商旅，又用高郁策，铸铅铁为钱。商旅出境，无所用之，皆易他货而去。庸能以境内所余，易天下百货，国以富饶，《通鉴》：后唐庄宗同光三年（925）。通商之效可见矣。《旧五代史·梁太祖纪》：开平二年（908）六月，"岳州为淮贼所据。帝以此郡五岭三湘水陆会合之地，委输商贾，靡不由斯，遂令荆湘湖南北举舟师同力致讨"。梁祖岂恤邻封？亦以商贾委输，于己有利也。接境之邦，贸易自更难隔绝。何福殷以玉枕易茗于淮南，已见第十七章第三节。范延策献封章于后唐明宗，请不禁过淮猪羊，而禁丝绵匹帛，以实中国。《旧五代史·高行珪传》。《旧五代史·汉隐帝纪》：乾祐元年十二月，李璟奉书于帝，云："先因河府李守贞求援，又闻大国缘淮屯军，当国亦于境上防备。昨闻大朝收军，当国寻已撤备。其商旅请依旧日通行。"朝廷不报。然及周太祖篡立，广顺元年（951）三月，即敕朝廷与唐，本无仇怨，缘淮军镇，各守疆域，商旅往来，无得禁止。《通鉴》。四月，又诏缘淮州县，许淮南人就淮北籴易糇粮。《旧书·本纪》云：时淮南饥故也。周祖亦岂计恤邻？盖实两有所利矣。其中遭间隔者，亦不惮绕道以求通。《新五代史·刘铢传》：汉高祖即位，拜永兴军节度使。徙镇平卢。是时江淮不通，吴越使者，常泛海以至中国。而滨海诸州，皆置博易务，与民贸易。民负失期者，务吏擅自摄治，置刑狱，不关州县。而前为吏者利其厚赂，纵之不问，民颇为苦。铢一切禁之。然则吴越之必泛海而来者，盖有所利焉？《通鉴》：梁均王贞明二年（916）七月，上嘉吴越王镠贡献之勤，加镠诸道兵马元帅。朝议多言镠之入贡，利于市易，不宜过以名器假之。翰林学士窦梦徵执麻以泣，坐贬蓬莱尉。朝议盖有所见也？《旧史·铢传》云：铢告所部不得与吴越征负，擅行追摄。则狱由吴越自置，追摄仍中原官吏为之，是摄己民而致诸他国在吾国境内所置之狱也。赂使他国官吏为之用如此，其厚可知，而商利之厚，弥可想矣。《通鉴》：后唐明宗长兴元年（930）六月，董璋遣兵掠遂、阆镇戍。七月，两川以朝廷遣兵屯遂、阆，复有论奏。自是东北商旅，少敢入蜀。似干戈确足以阻贸迁者，然此特一时观望耳，事小定则往来如故矣。《新五代史·安从进传》：南方贡输，道出襄阳者，多擅留之。邀遮商旅，皆黥以充军。《南汉世家》云：刘晟遣巨舰指挥使暨彦赟以兵入海，掠商人金帛。《吴越世家》云：钱氏多掠得岭南商贾宝货。初未闻其足寒商人之胆也。

四境之外，商利亦无不饶。突厥当都蓝时，即遣使请缘边置市贸易。其后启民顺服，贸易自无不通。大业初，炀帝幸榆林，宇文化及与弟智及违禁与突厥交市。帝大怒，囚之数月。还至青门外，欲斩之而后入城，解衣辫发，以公主故，久之乃释，并智及赐其父述为奴。足见违禁交币，其利甚厚。《新书·突厥传》：武德七年（624），颉利遣使来，愿款北楼关请互市。帝不能拒，毗伽可汗时，又诏朔方西受降城许互市。回纥交市之盛，事已见前。此北方之贸易也。韦艺迁营州都督，大治产业，与北夷贸易，家资巨万。韦云起，契丹入营州。诏护突厥兵往讨。入其界，使突厥诈云向柳城郡欲共高丽交易，遂致克捷。则是时诸夷亦互有交易，李正己货市渤海名马，未必不道由契丹也。入五代来，契丹与后唐，构兵不息，然明宗天成二年（927）八月，新州奏契丹请置互市，《旧史·本纪》。则兵虽交，贸易初不因之而绝矣。石晋之世，契丹入中国贩易者甚众，故景延广得杀其人而夺其货。《新书·白居易传》：居易于文章精切，然最工诗。鸡林行贾售其国相，率篇易一金，云伪者，相辄能辨之。《新罗传》：龙朔元年（661），春秋死，子法敏袭王，以其国为鸡林州大都督府，授法敏都督。此说盖近于诬？然时中国与新罗有商贾往来，则不虚矣。此东北方之贸易也。《旧书·李安远传》：武德时使于吐谷浑，与敦和好。于是伏元请与中国互市，安远之功也。《新书》云：边场利之。盖以是为其功？其后吐谷浑为吐蕃所灭，而吐蕃开元时言和，亦请交马于赤岭，互市于甘松岭。宰相裴光庭曰：甘松中国阻，不如许赤岭。乃听以赤岭为界。见《新书·本传》。宪宗时款陇州塞丐互市，诏可。河湟之复，诏言三州七关，创置戍卒，自要务静，如蕃人求市，切不得通。盖因边人求利，虑启衅端，然蕃人求互市之切，则于此可见矣。《旧五代史·王思同传》：明宗用为同州节度使。未几，移镇陇右，长兴元年（930）入朝。明宗问秦州边事，对曰："秦州与吐蕃接境，蕃部多违法度。臣设法招怀。缘边置塞四十余所，控其要害。每蕃人互市，饮食之界上，令纳器械。"此自汉人言之则然，其实边人与蕃戎贸易者，多恣剥削以自利，未必无激怒彼处也。此当谋善为管理。因此而拒绝通商，未免因噎废食矣。中叶以后，党项之入居内地者甚多，商贾赍缯货入贸羊马者亦众。藩镇又或强市马而不售其直，遂至时有叛乱焉。《旧书》本传。又《崔慎由传》：父从，长庆二年（822），为鄜坊丹延节度使。党项羌以羊马来市者，必先遗帅守。从皆不受，抚谕遣之。群羌不敢为盗。盖官之廉者，不徒无所诛求，且必能善为管理，羌人自不致为变也。此西北边之贸易也。三边贸易，多系游牧部族。其物之最要者为马。《新书·王忠嗣传》：初在朔方，至互市，辄高偿马值。诸蕃争来市。故蕃马浸少，唐军精。高价能使蕃马浸少，此乃侈辞，然中国自可收其用。山南之距回纥远矣，而李皋在襄州，乃市其马以益骑兵，可见其所裨之大。若乃借进贡为名，以求锡赍，杂驽良以求多售，致使国家空耗财币，此则措置之失，非通商之本意也。参看第十五章第三节。回纥亦以驽马求高价，此则中国直是畏其强，借名赂遗之耳，不可以贸易论。《通鉴》：后周世宗显德二年（955），定难节度使李彝兴以折德扆亦为节度使，与己并列，耻之，塞路不通周使。上谋于宰相。对曰："夏州边镇，朝廷向来每加优借。府州褊小，得失不系重轻。且宜抚谕彝兴，庶全大体。"上曰："德扆数年以来，尽忠戮力，以拒刘氏，奈何一旦弃之？且夏州惟产羊马，贸易百货悉仰中国。我若绝之，彼何能为？"乃遣供奉官齐藏珍赍诏书责之。彝兴惶恐谢罪。此事可见游牧部族求与中国通商之所以切也。

北狄与中国贸易，所持者羊马耳。西胡则文明程度较高。其自陆路来者，多与北狄相杂，突厥之交市，有明珠一箧，价直八百万，见第十八章第一节。

此非突厥所有，乃西胡所有。回纥既亡，时时以玉马与边州相市，马回纥物，玉亦西域物也。宋庆礼之复营州也，招辑商胡，为立店肆。而安禄山与史思明皆能六蕃语，同为互市郎。禄山之得志也，潜遣贾胡行诸道，岁输财百万。至大会，禄山踞重床燎香，陈怪珍，胡人数百侍左右，引见诸贾。其为之用者，亦胡人也。隋齐王暕使库狄仲锜、陈智伟诣陇西，士，树炙诸胡，责其名马，可见胡人之来者本众，初不待裴矩之招。《隋书·高昌传》云："从武威西北有捷路，度沙碛千余里，四面茫然，无有蹊径。欲往者寻人畜骸骨而去。路中或闻歌哭之声，行人寻之，多致亡失，盖魑魅魍魉也。故商客往来，多取伊吾路。"《旧书·侯君集传》云：高昌王麹文泰遏绝西域商贾。太宗征文泰入朝，称疾不至。诏君集讨之。文泰闻王师将起，谓其国人曰："唐国去此七千里，涉碛阔二千里，地无水草。冬风冻寒，夏风如焚，风之所吹，行人多死，常行百人，不能得至。安能致大军乎？"其往来之艰如此。然《魏徵传》云：文泰将入朝，西域诸国咸欲因文泰遣使贡献。太宗令文泰使人往迎之。徵谏曰："中国始平，疮痍未复，微有劳役，则不自安。往年文泰入朝，所经州县，犹不能供，况加此辈。若任其商贾来往，边人则获其利；若为宾客，中国即受其弊矣。"可见此时商人仍有往来。玄奘之游西域，实与商人俱行，《旧书·方技传》。其征也。唐世西胡留居中国者甚多。若回纥所从之九姓胡，见第七章第一节。若僖宗所欲籍之蕃旅皆是。见第十章第一节。并有久居中国，成为中国商人者。《五代史补》云：周世宗在民间，尝与邺中大商颉跌氏，忘其名，往江陵贩卖茶货。至江陵，见有卜者王处士，其术如神。世宗因颉跌氏同往问焉。方布卦，忽有一蓍跃出，卓然而立。卜者大惊曰："吾家筮法，十余世矣。常记曾祖已来遗言：凡卜筮而蓍自跃而出者，其人贵不可言。况又卓立不倒？得非为天下之主乎？"遽起再拜。世宗虽阳为诘责，而私心甚喜，于逆旅中夜置酒，与颉跌氏半酣。戏曰："王处士以我当为天子，若一旦到此，足下要何官？请言之。"颉跌氏曰："某三十年作估来，未有不由京洛者。每见税官，坐而获利，一日所入，可以敌商贾数月，私心羡之。若大官为天子，某愿得京洛税院足矣。"世宗笑曰："何望之卑邪？"及承郭氏之后践阼，颉跌犹在。召见，如初言以与之。此说诞谩不足信，然时有颉跌氏其人则真。颉跌盖跌跌异译，铁勒十五部之一也。居于邺，迁于江陵，三十年与京洛税官为缘，其为中国商人，复何疑乎？北夷以马易中国缯帛，可谓两得其利，西胡徒以宝货来，则以无用易有用而去矣。然时法禁私市，于财政亦小有裨。见第十五章第三节。宋代香药、宝货，为三说所资，南渡后兼以称提关会，自此昉也。

南方海道，来者尤多，以其交通便易也。唐代中国所以管理之者曰市舶使。新、旧《志》及《六典》皆不载。《旧书·玄宗纪》：开元二年十二月，右威卫中郎将周庆立为安南使舶使，与波期僧广造奇巧，将以进内，监选使殿中侍御史柳泽上书谏，上嘉纳之。又《代宗纪》：广德元年十二月甲辰，宦官市舶使吕太一逐广南节度使张体，大掠广州，正史中可考见者，惟此二事而已。庆立事亦见《新书·柳泽传》。太一事见两《书·韦伦传》。《文献通考》所载，亦仅此二事。使舶使，柳泽传作市舶使。吕太一事，《通鉴》系是年十一月，张体作张休。波期，当系波斯之误。两《书·卢奂传》，皆附父《怀慎传》后。皆谓其官南海有清节，中使之市舶者，亦不敢干其法，似市舶皆由中使司之。然《旧书·卢钧传》言：钧以开成元年（836）为广州刺史、岭南节度使，南海有蛮舶之利，珍货毕凑，旧帅作法兴利以致富，凡为南海者，靡不捆载而还。钧遣监军领市舶使，而己一不干预，则其使务本由刺史兼之，委任宦官，或转系偶然之事耳。官南海者，贪墨者多。《旧书·卢奂传》：天宝初，为晋陵太守。时南海郡利兼水陆，瑰宝山积。刘巨麟、彭果相替为太守五府节度，皆坐赃巨万而死。乃特授奂为南海太守。遐方之地，贪吏敛迹，人用安之。以为自开元已来四十年，广府节度清白者有四：谓宋璟、裴伷先、李朝隐及奂。又《李勉传》：大历四年（769），除广州刺史，兼岭南节度观察使。前后西域舶泛海至者，岁才四五，勉性廉洁，舶来都不检阅，故末年至者四十余。在官累年，器用车服无增饰。及代归，至石门，停舟，悉搜家人所贮南货犀象诸物，投之江中。耆老以为可继前朝宋璟、卢奂、李朝隐之徒。《新书·卢奂传》无裴伷先之名，曰："时谓自开元后治广有清节者，宋璟、李朝隐、奂三人而已。"案，伷先，两《书》皆附其从父炎传。《旧书》无事迹，《新书》谓其流北庭时无复名检，专居贿，五年至数千万，娶降胡女为妻，妻有黄金骏马牛羊，以财自雄。养客数百人。自北庭属京师多其客。诇候朝廷事，闻知什常七八。盖以为趹驰非廉隅之士，故于奂传削其名？然伷先是时之志，盖欲有所为？不得绳以小节。且人固有瑕瑜不相掩，亦有后先易辙者。伷先纵早岁趹驰，亦不害其晚节之能廉。更谓为不廉，而时人以与璟、朝隐、奂并称，自系当时舆论。著其事而斥其不足信可也，径删其名，而谓舆论所称者，只有三人，则谬矣。又《李勉传》谓其在广末年蓄舶至者四十余。勉既在官累年，则自非其至广明年之事。《新书》乃谓明年至者四千余柁。殿本《考证》，沈德潜云："夷舶至者四十余，未见不暴征之效，《新书》为允。"何以十倍之数，不足见宽政之效，而必有待于千倍？且当时夷舶至者，岂能至四千余柁乎？此千字恐正是十字之误，不足为子京咎，然以勉居官之末年为明年，则必子京之疏矣。卢奂等四人外，史称其清廉者，尚有王方庆、孔戣、马总、萧仿、李尚隐、冯立、刘崇龟、韦正贯。言其贪墨者，则有遂安公寿、路元叡、路嗣恭、王锷、王茂之、郑权、李象古、徐浩、郎余庆、韩钧、胡证、李琢。然孔戣及刘崇龟，自虽清廉，仍未能禁其家人之不贪取也。遂安公寿，见《旧书·卢祖尚传》。路元叡，两《书》皆见《王方庆传》。李琢见《旧书·懿宗纪》。余各见本传。遂或至于激变。《旧书·波斯传》：乾元元年（758），波斯与大食同寇广州。《新书》云袭。劫仓库，焚庐舍，《新书》作焚仓库庐舍。浮海而去。彼为通商来，何事如此？疑必有激之使然者矣。《新书·韦皋传》：弟子正贯，擢岭南节度使。南海舶贾始至，大帅必取象犀、明珠，上珍而售以下直。正贯既至，无所取，吏咨其清。《卢钧传》：擢岭南节度使。海道商舶始至，异时帅府争先往，贱售其珍，钧一不取，时称洁廉。先官买而后听其与民交易，官买与私买异直，此盖相沿权法？官吏遂借以自润。虽伤廉，究尚与私取有异也。《孔戣传》：旧制海商死者，官籍其赀。满三月无妻子诣府，则没入。戣以海道岁一往复，苟有验者，不为限，悉推与。户绝者赀产入官，中国法亦如是，初非岐视蕃商，然海道岁一往复，则不应三月即没入，盖故立苛例以规利？《传》又云：蕃舶泊步有下碇税，始至有阅货宴，所饷犀琲，下及仆隶。戣禁绝，无所求索。此则后世之规费矣。《徐申传》：进岭南节度使。外蕃岁以珠、玳瑁、香、文犀浮海至。申于常贡外未尝剩索，商贾饶盈。可见其贡有常典，五代时闽广进奉，犹以南琛为多，见《旧五代史·本纪》：梁开平元年（907）、二年、四年，乾化元年（911）。足见其为利之厚。故至宋代而市舶遂为要司矣。

西来商舶，前世本集交州，南朝以来，渐徙西北，而广州遂夺交州之席，盖以其去中原近也？《通鉴》：贞元八年（792）六月，岭南节度使奏："近日海舶珍异，多就安南市易。欲遣判官就安南收市。乞命中使一人与俱。"上欲从之。陆贽上言，以为"远国商贩，惟利是求，缓之斯来，扰之则去。广州素为众舶所凑，今忽改就安南，若非侵刻过深，则必招携失所。曾不内讼，更荡上心。况岭南、安南，莫非王土。中使、外使，悉是王臣，岂必信岭南而绝安南，重中使以轻外使？所奏望寝不行。"观贽之言，而知交州之贸易，远非广州之敌矣。不特此也，《旧书·邓景山传》，言其引田神功以讨刘展，神功至扬州，大掠居人资产。大食、波斯等商旅，死者数千人。《神功传》曰："商胡波斯被杀者数千人。"《新书》皆略同。是商胡之居扬州者亦甚多也。《新五代史·闽世家》：王审知招来海中蛮夷商贾，海上黄崎，波涛为阻。一夕，风雨，雷电震击，开以为港。闽人以为审知德政所致，号为甘棠港。此盖蒙蕃舶之利者归美之辞？然可见五代时闽海亦有贾胡踪迹矣。凡此皆通商港步，日拓而北之证也。《隋书·食货志》云：晋自寓居江左，岭外酋帅，因生口、翡翠、明珠、犀象之饶，雄于乡曲者，朝廷多因而署之，以收其利。历宋、齐、梁、陈，皆因而不改。《权武传》：武检校潭州总管，多造金带，以遗岭南酋领，其人答以宝物，武皆纳之，由是致富。朝廷之收其利，盖亦如是？《新书·赵弘智传》：兄弘安曾孙矜，客死柳州，官为敛葬。后十七年，子来章始壮，自襄阳往求其丧。不得。野哭。再阅旬。卜人秦诩为筮曰："宜遇西人，深目而髯，乃得其实。"明日，有老人过其所。问之，得矜墓。乃归葬弘安墓次。此所谓西人，殆亦贾胡？则深入今粤西境矣。《旧书·懿宗纪》：咸通四年（863）七月朔，制曰："安南溪洞首领，素推诚节。虽蛮寇窃据城壁，而酋豪各守土疆。如闻溪峒之闲，悉藉岭北茶药。宜令诸道，一任商人兴贩，不得禁止往来。"溪洞之于茶药，亦必有以南琛为易者。《王锷传》言：锷日发十余艇，重以犀象、珠贝，称商货而出诸境。《新书》云：与商贾杂出于境。周以岁时，循环不绝。凡八年。京师权门，多富锷之财。则其运输之畅达，更不待论矣。然奇货虽可北行，运输必求便易，此则商港之所以日辟而北也。

第四节　钱币上

自隋灭陈，统一中国，至安史之乱，凡经百五十年，虽中更隋末之乱，然历时不久，商业实大可振兴。商业振兴，必资钱币。魏、晋、南北朝，币制紊乱，且其数不足用，统一后自更甚，故此时之所求者，实为增铸及刬一。隋、唐两代，皆思致力于此，而力弗克胜，遂至依然淆乱，依然阙乏，而种种厉民之政，转因整理圜法而起焉，此则可为浩叹者也。

《隋书·食货志》云："高祖既受周禅，以天下钱货轻重不等，乃更铸新钱。背面肉好，皆有周郭，文曰"五铢"，重如其文。每钱一千，重四斤二两。《本纪》：开皇元年（581）九月，"行五铢钱"。是时钱既新出，百姓或私有镕铸。三年四月，诏四面诸关，各付百钱为样，从关外来，勘样相似，然后得过。样不同者，即坏以为铜入官。诏行新钱以后，前代钱有五行大布、永通万国及齐常平，所在用以贸易不止。四年，诏仍依旧不禁者，县令夺半年禄。然百姓习用既久，尚犹不绝。五年正月，诏又严其制。自是钱货始一。所在流布，百姓便之。是时见用之钱，皆须和以锡镴。锡镴既贱，求利者多，私铸之钱，不可禁约。其年，乃诏禁出锡镴之处，并不得私有采取。十年，诏晋王广听于扬州立五炉铸钱。其后奸狡稍渐磨炉钱郭，取铜私铸；又杂以锡钱，递相放效；钱遂轻薄，乃下恶钱之禁。京师及诸州邸肆之上，皆令立榜置样为准，不中样者，不入于市。十八年，诏汉王谅听于并州立五炉铸钱。是时江南人间钱少，晋王广又听于鄂州白纻山有铜矿处锢铜铸钱，置十炉。又诏蜀王秀听于益州立五炉铸钱。是时钱益滥恶。乃令有司括天下邸肆见钱，非官铸者皆毁之，其铜入官。而京师以恶钱贸易，为吏所执，有死者。数年之间，私铸颇息。大业以后，王纲弛紊，巨奸大猾，遂多私铸，钱转薄恶。初每千犹重二斤，后渐轻至一斤。或剪铁镲、裁皮、糊纸以为钱，相杂用之。货贱物贵，以至于亡。"《新书·食货志》："隋末行五铢白钱。天下盗起，私铸钱行，千钱初重二斤，其后愈轻，不及一斤。铁叶、皮纸，皆以为钱。高祖入长安，民间行线环钱。其制轻小，凡八九万，才满半斛。"案，用金属为钱，私铸私销，均极难禁，隋所以暂收画一流布之效者，盖徒恃严法？严法本难久恃，况听诸王铸钱，必不能皆合法乎？况又益之以大业之弛紊乎？终至大乱不可收拾，宜矣。

唐兴，又图治理，《旧书·食货志》云："高祖即位，仍用隋之五铢钱。武德四年七月，废五铢钱，行开元通宝钱。径八分，重二铢四累，积十文重一两，一千文重六斤四两。仍置钱监于洛、并、幽、益等州。秦王、齐王各赐三炉铸钱。裴寂赐一炉。敢有盗铸者，身死，家口配没。五年五月，又于桂州置监。议者以新钱轻重大小最为折衷，远近甚便之。后盗铸渐起，而所在用钱滥恶。显庆五年九月，敕以恶钱转多，令所在官私为市取。私字疑衍。以五恶钱酬一好钱。百姓以恶钱价贱，私自藏之，以候官禁之弛。高宗又令以好钱一文买恶钱两文，弊仍不息。至乾封元年封岳之后，又改造新钱，文曰乾封泉宝。《本纪》：事在四月。径一寸，重二铢六分。仍与旧钱并行。新钱一文，当旧钱之十。周年之后，旧钱并废。初，开元钱之文，给事中欧阳询制词及书，时称其工。其字含八分及隶体。其词先上后下，次左后右读之，自上及左回环读之，其义亦通。流俗谓之开元通宝钱。及铸新钱，乃同流俗。乾字直上，封字在左。寻悟钱文之误；又缘改铸，商贾不通，米帛增价；乃议却用旧钱。二年正月，下诏曰：泉布之兴，其来自久。实古今之要重，为公私之宝用。年月既深，伪滥斯起。所以采乾封之号，改铸新钱。静而思之，将为未可。高祖拨乱反正，爰创规模。太宗立极承天，无所改作。今废旧造新，恐乖先旨。其开元通宝，宜依旧施行，为万代之法。乾封新铸之钱，令所司贮纳，更不须铸。仍令天下置铸之处，并铸开元通宝钱。"案，自隋初至是，划一钱文之意颇坚，故隋铸五铢而尽禁旧钱，唐初铸开元，亦废隋五铢，高宗铸乾封则欲废开元，复开元又必废乾封也。乾封较之开元，所重甚微，而欲以一当十，似已悟恶币驱逐良币之理，而欲令人民自毁之，不悟因此钱文减少，商贾转至不通也。开元虽复，恐销毁已多，故私铸复起。

《志》又云："既而私铸更多，钱复滥恶。高宗尝临轩，谓侍臣曰：'钱之为用，行之已久。公私要便，莫甚于斯。比为州县不存检校，私铸过多。如闻荆、潭、宣、衡，犯法尤甚。遂有将船筏宿于江中。所部官人，不能觉察。自令严加禁断。所在追纳恶钱，一二年间使尽。'当时虽有约敕，而奸滥不息。仪凤四年四月，令东都出远年糙米及粟，就市给粜，斗别纳恶钱百文。其恶钱，令少府、司农相知，即令铸破。其厚重合斤两者，任将行用。时米粟渐贵，议者以为铸钱渐多，所以钱贱而物贵，于是权停少府监铸钱。寻而复旧。《新书·食货志》云：永淳元年（682），私铸者抵死，邻保里坊村正皆从坐。则天长安中，又令悬样于市，令百姓依样用钱。俄又简择艰难，交易留滞。又降敕：非铁锡、铜荡、穿穴者，并许行用。其有熟铜、排斗、沙涩、厚大者，皆不许简。自是盗铸蜂起，滥恶益众。江淮之南，盗铸者或就陂湖、巨海、深山之中，波涛险峻，人迹罕到，州县莫能禁约。以至神龙、先天之际，两京用钱尤滥。其郴、衡私铸小钱，才有轮廓；及铁锡五铢之属，亦堪行用。乃有买锡镕销，以钱模夹之，斯须则盈千百，便赍用之。开元五年，车驾往东都。宋璟知政事，奏请一切禁断恶钱。六年正月，又切断天下恶钱，行三铢四累钱。《纪》云：《行二铢四分已上好钱。"《新志》云：《行二铢四参钱。"三字当误。不堪行用者，并销破覆铸。二月，又敕申明旧章，悬设诸样。时江淮钱尤滥恶。有官炉、偏炉、棱钱、时钱等数色。璟乃遣监察御史萧隐之充江淮使。隐之乃令率户出钱。务加督责。百姓乃以上青钱充恶钱纳之。其小恶者，或沉之于江湖，以免罪戾，于是市井不通，货价腾起。流闻京师，隐之贬官。《新志》云：宋璟又请出米十万斛收恶钱，少府毁之。璟因之罢相。乃以张嘉贞知政事。嘉贞乃弛其禁，人乃安之。《新书》云：十一年，诏所在加铸。禁卖铜锡造铜器者。二十年，千钱以重六斤四两为率。每钱重二铢四参。禁缺顿、沙涩、荡染、白强黑强之钱。首者官为市之。铜一斤为钱八千。二十二年，中书侍郎张九龄初知政事，奏请不禁铸钱。玄宗令百官详议，皆以为不便。《本纪》事在三月。但敕郡县严断恶钱而已。《新志》云：信安郡王祎复言国用不足，请纵私铸。议者皆畏祎帝弟之贵，莫敢与抗。独仓部郎中韦伯阳以为不可。祎议亦格。至天宝之初，两京用钱稍好，米价丰贱。数载之后，渐又滥恶。府县不许好者加价回博，好恶通用。富商奸人，渐收好钱，潜将往江淮之南，每钱货得私铸恶者五文，假托官钱，将入京私用。京城钱日加碎恶，鹅眼、铁锡、古文、铤环之类，每贯重不过三四斤。十一载二月，敕令所司出钱三数十万贯，分于两市百姓间。应交易所用钱不堪久行用者，官为换取。仍限一月日内使尽。是时京城百姓，久用恶钱，制下之后，颇相惊扰。时又令于龙兴观南街开场，出左藏库内排斗钱，许市人博换。贫弱者又争次不得。俄又宣敕：除铁锡、铜沙、穿穴、古文，余并许依旧行用。久之乃定。"《新志》云：开元二十六年（738），宣、润等州初置钱监。两京用钱稍善，米粟价益下。其后钱又渐恶。诏出铜所在置监，铸开元通宝钱。京师库藏皆满。天下盗铸益起。广陵、丹阳、宣城尤甚。京师权豪，岁岁取之，舟车相属。江淮偏炉钱数十种，杂以铁锡，轻漫无复钱形。公铸者号官炉钱，一以当偏炉钱七八。富商往往藏之，以易江淮私铸者。两京钱有鹅眼、古文、线环之别。每贯重不过三四斤。至翦铁而缗之。宰相李林甫请出绢布三百万匹，平估收钱。物价踊贵。诉者日万人。兵部侍郎杨国忠欲招权以市恩，扬鞭市门曰："行当复之。"明日，诏复行旧钱。天宝十一载（752），又出钱三十万缗易两市恶钱。出左藏库排斗钱，许民易之。国忠又言钱非铁锡、铜沙、穿穴、古文，皆得用之。《旧纪》云：禁恶钱，官出好钱以易之。既而商旅不便，诉于国忠，乃止之。案，改革币制，非有精心毅力不可。当时之所为，实漫无策划。好恶钱敌价相易，办法虽宽，而限期太促。贫弱者争次不得，则独受其殃耳。其势已不复可以坚持，亦非尽由国忠之欲招权市恩也。此唐自天宝以前公家与私铸相争之大略也。安、史乱作，而苟且之政兴，承其流者救过不给，乃无暇更言整顿矣。

《旧书·食货志》又云："乾元元年七月，诏御史中丞第五琦奏请改钱，以一当十，别为新铸，不废旧钱。宜听于诸监别铸一当十钱，文曰乾元重宝。《新志》云：径一寸，每缗重十斤。其开元通宝者，依旧行用。二年三月，琦入为相，又请更铸重轮乾元钱。一当五十，二十斤成贯。《新志》云：径一寸二分。其文亦曰乾元重宝，背之外郭为重轮。每缗重十二斤。诏可之。于是新钱与乾元、开元通宝钱三品并行。《本纪》事在九月，云：以二十二斤成贯。寻而谷价腾贵，米斗至七千，饿死者相枕于道。乃抬旧开元钱，以一当十，减乾元钱，以一当三十。缘人厌钱价不定，人间抬加价钱为虚钱。米斗七千，若抬价五十倍，则实价为百四十。参看第十八章第一节。长安城中，竞为盗铸。寺观钟及铜像，多坏为钱。奸人豪族，犯禁者不绝。京兆尹郑叔清擒捕之，少不容纵。数月间，榜死者八百余人。人益无聊矣。《新志》云：先是诸炉铸钱窳薄，镕破钱及佛像，谓之盘陀，皆铸为私钱。犯者杖死。叔清盖援是例。上元元年，诏重棱五十价钱，宜减作三十文行用。其开元旧时钱，宜一当十文行用。其乾元十当钱，宜依前行用。仍令中京及畿县内依此处分，诸州待进止。七月，敕重棱五十价钱，先令畿内减至三十价行，其天下诸州，并宜准此。宝应元年四月，改行乾元钱，一以当三。盖去开元钱抬价？乾元重棱小钱，亦以一当二。重棱大钱，一以当三。寻又改行乾元大小钱，并以一当一。其私铸重棱大钱，不在行用之限。"观此，知官铸重棱，亦有大小之别。其小者实值且不及乾元钱，并不如私铸重棱大钱之大也。《本纪》：乾元大小钱并一当一在五月丙戌。《新志》云：代宗即位，乾元重宝钱以一当二，重轮钱以一当三，凡三日而大小钱皆以一当一。则前者除本计在癸未，连本计在甲申也。《旧志》载上元元年六月诏曰："如闻官炉之外，私炉颇多。吞并小钱，逾滥成弊。"则是时小钱见毁者颇多。《新志》云："自第五琦更铸，犯法者日数百。州县不能禁止。至是，人甚便之，其后民间乾元、重棱二钱铸为器，不复出矣。"又云："史思明据东都，亦铸'得一元宝'钱。径一寸四分。以一当开元通宝之百。既而恶'得一'非长祚之兆，改其文曰'顺天元宝'。"又云："德宗时，判度支赵赞采连州白铜铸大钱，一当十，以权轻重。"盖一时主计之臣，无论顺逆，无不思借铸造为铸款之策者？其极，则转使小钱毁失而已。德宗立，行两税，须钱益多，钱价遂日贵，终至不得不兼用实物。

《新书·食货志》云："自初定两税，货重钱轻。乃计钱而输绫绢。既而物价愈下，所纳愈多。绢匹为钱三千二百，其后为钱一千六百，输一者过二。度支以税物颁诸司，皆增本价为虚估给之，而谬以滥恶督州县剥价，谓之折纳。帝以问宰相陆贽。贽请厘革其甚害者。税物估价，宜视月平。物价旬各有估，见上节。此所云者，盖谓校三旬之估而取其平？至京与色样符者，不得虚称折估。有滥恶，罪官吏，勿督百姓。国朝著令，税出谷，庸出绢，调出绫纩布麻。今两税估资产为差，以钱谷定税，折供杂物。岁目颇殊。增价以市所无，减价以货所有。耕织之力有限，而物价贵贱无常。初定两税，万钱为绢三匹，价贵而数不多，及给军装，计数不计价，此税少国用不充也。近者万钱为绢六匹，价贱而数加，计口蚕织不殊，而所输倍，此供税多人力不及也。宜令所司覆初定两税之岁绢匹定估为布帛之数。复庸调旧制，随土所宜，各修家技。物甚贱所出不加，物甚贵所入不减。"贽此疏，《通鉴》系贞元十年（796）。十二年，河南尹齐抗复论其弊，以为："百姓本出布帛，而税反配钱，至输时复取布帛，更为三估计折，州县升降成奸。若直定布帛，无估可折。盖以钱为税，则人力竭而有司不之觉。今两税出于农人，农人所有，惟布帛而已。用布帛处多，用钱处少，又有鼓铸以助国计，何必取于农人哉？"《新书·食货志》。《权德舆传》：德舆于贞元十九年上陈阙政，言"大历中一缣直钱四千，今止八百，税入如旧，则出于民者五倍其初"。情势如此，法遂不得不变。二十年，命市井交易，以绫罗绢布杂货与钱并用。《新书·食货志》。宪宗元和六年二月，又制公私交易，十贯钱以上，即须兼用匹段。《旧书·食货志》。其时李翱条兴复太平，又请改税法，不督钱而责布帛。《新书·本传》。然朝廷之所行者，则仅制留州送使之入，一准公估而已。见上节。终未能旷然大变赋税之法也。而因禁钱流通之故，又引起轩然一大波。

禁钱出境之令，始于德宗时。《新书·食货志》云："贞元初，骆谷、散关，禁行人以一钱出者。"又云："民间钱益少，缯帛价轻，州县禁钱不出境，商贾皆绝。浙西观察使李若初请通钱往来。事亦见《若初传》，附《刘晏传》后。而京师商贾，赍钱四方贸易者，不可胜计。诏复禁之。"自此禁钱遂为恒法。至后唐庄宗同光二年（924）圜丘礼毕赦诏，犹有"勿令商人载钱出境"

之文焉。《旧五代史·本纪》。《食货志》云：缘边州镇，设法铃辖，勿令商人般载出境。此已足挠乱澄清之局，而宪宗复推此意而禁及飞钱。轩然大波，遂不可免矣。

《新志》述宪宗时事云："时商贾至京师，委钱诸道进奏院及诸军、诸使、富家，以轻装趋四方，合券乃取之，号'飞钱'。京兆尹裴武请禁与商贾飞钱者。搜索诸坊，十人为保。"又云："自京师禁飞钱，家有滞藏，物价寝轻。判度支卢坦、兵部尚书判户部事王绍、盐铁使王播请许商人于户部、度支、盐铁三司飞钱，每千钱增给百钱。然商人无至者。复许与商人敌贯而易之。然钱重帛轻如故。"《旧志》云："元和七年五月，户部王绍、度支卢坦、盐铁王播等奏：伏以京都时用，多重见钱，官中支计，近日殊少。盖缘比来不许商人便换，因兹家有滞藏。所以物价转高，钱多不出。臣等今商量：伏请许令商人于三司任便换见钱，一切依旧禁约。伏以比来诸司、诸使等，或有便商人钱，多留城中，逐时收贮。积藏私室，无复通流。伏请自今已后，严加禁约。从之。"案，《新志》所谓物价寝轻者，乃对钱而言。《旧史》所谓物价转高者，则对布帛而言。商人之飞钱者，委钱京师，而取诸四方，不啻将四方之钱，转运入京。诸有钱者，积其钱于京师，果何为乎？换为借钱之别名，已见《两晋南北朝史》第二十章第五节。《通鉴》后唐庄宗同光二年（924），豆卢革尝以手书便省库钱数十万。胡《注》曰："今俗谓借钱为便钱，言借贷以便用也。"然则便换即借贷。不许商人便换，遂至家有滞藏，则诸军、诸使及诸富家之钱，由飞钱汇画入京者，仍是借诸商人。京师小商，盖恃此等大商为顾客。大商不至，则市井萧条。唐时易中，钱、帛并用，而人多重钱。商人多钱，平民则只有布帛。市面既失其常，有以布帛往买者，市肆中人将高其价以靳之，故曰物价转高；有以见钱往买者，其人度钱价将长，虽廉售亦可获利，又将贬价以事招徕，故曰物价浸轻也。既以飞钱通中外汇兑，又以便换给商人资本，实为版克（Bank）之权舆，使能利导整齐之，岂独可救钱荒之弊？顾乃从而阻遏之，已又欲攘其什一取息之利，则庸人自扰之矣。

因此措置，纠纷遂多。元和八年（813）四月，出内库钱五十万贯，令两市收市布帛。每端、匹估加十之一。十二年，又出见钱五十万贯，令京兆府拣择要便处开场，以市价交易。《旧书·食货志》。杯水车薪，何济于事？钱一脱手，即为人所贮藏耳。于是蓄钱之禁起矣。

蓄钱之禁，肇自宪宗元和三年（808）。《旧书·食货志》载其年六月诏曰："泉货之法，义在通流。若钱有所壅，货当益贱。故藏钱者得乘人之急，居货者必损己之资。今欲著钱令以出滞藏，加鼓铸以资流布。若革之无渐，恐人或相惊。应天下商贾先蓄见钱者，委所在长吏，令收市货物。官中不得辄有程限，逼迫商人。任其货易，以求便利。计周岁之后，此法遍行。朕当别立新规，设蓄钱之禁。所以先有告示，许有方圆，意在他时，行法不贷。"又禁断五岭以北银坑，令坑户采铜，助官中铸作。见第一节。时盖欲与鼓铸并行？然周岁之后，寂焉无闻。盖鼓铸非易，而钱荒情势，时亦尚未十分急迫也？至十二年正月，乃敕"近日布帛转轻。见钱渐少，皆缘所在壅塞不通。宜令京城内自文武官僚，不问品秩高下，并公、郡、县主、中使等，下至士庶、商旅、寺观、坊市，所有私贮见钱，并不得过五千贯。如有过此，许从敕出后，限一月内任将市别物收贮。如钱数较多，处置未了，任于限内于地界州县陈状，更请限。纵有此色，亦不得过两个月。若一家内别有宅舍店铺等，所贮钱并须计用在此数。其兄弟本来异居，曾经分析者，不在此限。如限满后有违犯者：白身人宜付所司，决痛杖一顿处死。其文武官及公主等，并委有司闻奏，当重科贬。戚属中使，亦具名衔闻奏。其剩贮钱不限多少，并勒纳官，数内五分取一分充赏钱。止于五千贯。此外察获及有人论告，亦重科处分。并量给告者"。《志》言时京师里闾区肆，所积多方镇钱，王锷、韩弘、李惟简，少者不下五十万贯。于是竞买第屋，以变其钱。多者竞里巷，佣僦以归其直。而高赀大贾者，多依倚左右军官钱为名，府县不得穷验。法竟不行。至大和四年（830）十一月，敕应私贮见钱家，除合贮数外，一万贯至十万贯，限一周年内处置毕。十万贯至二十万贯以下者，限二周年处置毕。如有不守期限，安然蓄积，过本限即任人纠告及所由觉察。其所犯家钱，并准元和十二年（817）敕纳官，据数五分取一分，充赏纠告人赏钱。数止于五千贯。应犯钱法人色目决断科贬，并准元和十二年敕处分。其所由觉察，亦量赏一半。《志》又云：事竟不行。其后后唐庄宗圜丘赦诏，仍有应诸州府，不得令富室分外收贮见钱之文，亦见《旧史·本纪》及《食货志》。则其成为具文，更不待论矣。

穆宗虽再失河北，然其于计政，则实能竟前人未竟之绪。赋税改收实物，其一端也。《新书·食货志》云："自建中定两税，而物轻钱重，民以为患。至是四十年，当时为绢二匹半者为八匹，大率加三倍。建中时绢匹三千二百，则此时绢匹千文。豪家大商，积钱以逐轻重。故农人日困，末业日增。诏百官议革其弊。议者多请重挟铜之律。户部尚书杨於陵曰：制钱以权百货。古者权之于上，今索之于下；昔散之四方，今藏之公府；昔广铸以资用，今减炉以废功；昔行之于中原，今泄之于边裔；又有间井送终之含，商贾贷举之积，江湖压覆之耗，则钱焉得不重，货焉得不轻？开元中，天下铸钱七十余炉，岁盈百万，今才十数炉，岁入十五万而已。大历以前，淄青、太原、魏博杂铅铁以通时用，岭南杂以金、银、丹砂、象齿，今一用泉货，故钱不足。今宜使天下两税、榷酒、盐利、上供，及留州、送使钱，悉输以布帛、谷粟，则人宽于所求。然后出内库之积，收市廛之滞，广山铸之数，限边裔之出，禁私家之积，则货日重而钱日轻矣。宰相善其议。由是两税、上供、留州，皆易以布帛、丝纩；租庸课调，不计钱而纳布帛。惟盐、酒本以权率计钱，与两税异，不可去钱。"此处语气未完，疑下有夺文。《旧志》载中书门下奏云："伏以群臣所议，事皆至当，深利公私。请商量付度支，据诸州府应征两税，供上都及留州留使旧额，起元和十六年以后，并改配端匹斤两之物为税额。如大历以前租庸课调，不计钱，令其折纳。使人知定制，供办有常。仍约元和十五年征纳布帛等估价，其旧纳虚估物，与依虚估物回计。如旧纳实估物并见钱，即于端匹斤两上量加估价。回计变法在长其物价。价长则永利公私，初虽微有加饶，法行即当就实。比旧给用，固利而不害。仍作条件处置，编入旨符。其盐利、酒利本以权率计钱。有殊两税之名，不可除去钱额。中有令纳见钱者，亦请令折纳时估匹段。上既不专以钱为税，人得以所产输官。钱货必均其重轻，陇亩自广于蚕织。便时惠下，庶得其宜。其土之丝麻，或地连边塞，风俗更异，赋入不同，亦请商量委所司裁酌，随便处置。"此事敕议在闰正月十七日，亦见奏，至八月朔，杨於陵乃总百寮之议，请中书、门下、御史台、诸司官长重议施行，为时逾半年，实当时一大事也。《志》又载大和四年（830）五月，西川宣抚使崔戎奏："准诏旨制置西川事条，今与郭钊商量，两税钱数内三分，二分纳见钱，一分折纳匹段。每二贯加饶百姓五百文，计一十三万四千二百四十三贯文。"即依此旨措置。然事至大和四年然后行，又可见当时虽有此议，并未能施行于全国也。此实行陆贽、齐抗、李翱之论，盖势之所迫，不得不然也。而鼓铸之议，亦起于此时。

唐代诸铸钱监，本内总于少府，而以所在都督、刺史判焉。德宗时，韩洄为度支，乃言："铜铁之冶，时曰山泽之利，当归于王者。今诸道节度、都督、团练使皆占之，非宜也。请总隶盐铁使。"从之。洄之意，盖欲收利权归中枢？以当时事势论，自不得谓为非是。然欲大行鼓铸，则必非一使之力所能给，故是时，又欲分其权于州郡焉。元和十五年（820）八月，中书门下奏："伏准群官所议铸钱，或请收市人间铜物，令州郡铸钱。当开元以前，未置盐铁使，亦令州郡句当铸造。欲令诸道公私铜器，各纳所在节度、团练、防御、经略使，便据元敕，给与价直，并折两税，仍令本处军人镕铸。其铸本，请以留州、留使年支未用物充。所铸钱便充军、府、州、县公用。当处军人，自有粮赐，亦较省本。所资众力，并收众铜，天下并功，速济时用，待一年后铸器物尽则停。其州府有出铜铅可以开铸处，具申有司，便令同诸监冶例，每年与本充铸。其收市铜器期限，并禁铸造买卖铜物等。待议定，便令有司条疏闻奏。其上都铸钱及收铜器续处分。将欲颁行，尚资周虑。请令中书、门下两省，御史台并诸司长官商量，重议闻奏。"从之。《旧书·食货志》。此次所筹议铸钱之规模，不可谓不大，所定办法，亦颇费苦心，鼓铸所最难者为得铜。此时铜之来源，出于收市，自极不足恃。然所铸钱便充军、府、州、县公用，则有以鼓厉之，使竭其力。加以有铜铅处皆令开铸，当时所能筹划者，亦不过如斯而已。铸本出于留州、留使，无待别筹；鼓铸以责军人，又自有粮赐；则其事可以速举。故能冀天下并功，速济时用。不特此也，事历久则奸生。果使期月克观厥成，天下同时施行，恶钱是处禁绝，则私铸私销者，虽欲作奸，亦有所不及。故此次之议，实有沃焦捧漏之精神也。然其事久未能行，盖时方多故，有所不及邪？然铜不易得，终恐为其大原因也。至武宗会昌五年（845），并省天下佛寺，得铜甚多，而机会乃至。

是岁七月，中书奏："天下废寺铜像、钟磬，委盐铁使铸钱。其铁像委本州铸为农器。金银、鍮石等像，销付度支，衣冠士庶之家，所有金银铜铁之像，敕出后限一月纳官。如违，委盐铁使以禁铜法处分。"《旧纪》。《新志》云："永平监官李郁彦请以铜像、钟磬、炉铎，皆归巡院，州县铜益多矣。盐铁使以工有常力，不足以加铸，许诸道观察使皆得置钱坊。淮南节度使李绅请天下以州名铸钱，京师为京钱，大小径寸如开元通宝。交易禁用旧钱。《旧书·本纪》：会昌六年（846）二月敕："京城、诸道，宜起来年正月已后，公私行用，并取新钱。其旧钱权停三数年。如有违犯，同用铅锡钱例科断。其旧钱并没纳。"又敕："文武百僚俸料，起三月一日，并给见钱。一半先给匹段，对估时价，皆给见钱。""起来年正月已后"，《食货志》作"起今年十月以后"。一半先给匹段，《食货志》作先给虚估匹段。会宣宗即位，尽黜会昌之政，新钱以字可辨，复铸为像。"《旧书·柳公绰传》：子仲郢，为京畿铸钱使。钱工欲于模加新字，仲郢止之。惟淮南加新字。后竟为僧人取之为像设钟磬。案，杨於陵言开元时天下铸钱，岁盈百万。今以他文考之，《新志》述天宝时事云："天下炉九十九，每炉岁铸钱三千三百缗，天下岁铸三十二万七千缗。"并无如於陵所言者之巨。於陵言穆宗时岁铸十五万缗。《新志》又言：宪宗时岁铸十三万五千缗，文宗时不及十万。此固远逊开、天，然唐中叶后，鼓铸实不为不力。大历四年（769），第五琦请于绛州汾阳、铜原两监增置五炉铸钱，见《旧志》。《新志》云："刘晏以江岭诸州任土所出，皆重粗贱弱之货，输京师不足以供道路之值，于是积之江淮，易铜铅薪炭，广铸钱，岁得十余万缗，输京师及荆、扬二州。自是钱日增矣。"《旧书·韩滉传》言其弟洄以户部侍郎、判度支，上言"江淮七监，岁铸钱四万五千贯，输于京师，度工用转送之费，每贯计钱二千，是本倍利也。今商州有红崖冶，出铜益多。又有洛源监，久废不理。请增工凿山以取铜，与洛源故监，置十炉铸之，岁计出钱七万二千贯，度工用转送之费，贯计钱九百，则利浮本矣。其江淮七监，请皆罢。"从之。《旧志》：元和三年（808），"李巽请于郴州旧桂阳监置炉两所，采铜铸钱，每日约二十贯。计一年铸成七千贯"。从之。六年，河东节度使王锷奏"请于当管蔚州界加置炉铸铜钱，废管内锡钱"。许之。仍令加至五炉。《新志》云："锷置炉，疏拒马河水铸钱，工费尤省。以刺史李听为使。以五炉，每炉月铸钱三十万。自是河东锡钱皆废。"《听传》亦云："开五炉，官铸钱日五万。"则月得百五十万矣。《志》又云"大和时，河东锡钱复起。盐铁使王涯置飞狐铸钱院于蔚州。"《旧纪》事在八年二月。此等合计之，其数亦当不少也。即令所铸非多，积之久，数亦不为不巨。何至岌岌不可终日？然则钱之乏，非铸之少，实耗之多也。所耗者果何往哉？《新志》述肃、代时议者之说，谓：《岁毁于棺瓶埋藏焚溺，铜贵钱贱，又有铸以为器者，不出十年几尽。"案，古葬多瘗钱；又其时银不如后世之通用，窖藏者率多以钱；此二者所费诚较后世为巨，他端则今古等耳。曷尝见其多费？坟墓之遭发掘者多矣；窖藏者非失所在，亦终将复出；何至不十年而尽天下之钱？然则钱之耗，当仍以破大为小及销镕以为器物两端为多耳。张九龄欲通私铸，左监门录事参军刘秩议谓"公钱重，与铜之价颇等，故盗铸者破重钱以为轻钱。轻钱禁宽则行，禁严则止，止则弃矣。此钱之所以少也"。贞元九年（793），张滂奏：《国家钱少，损失多门。兴贩之徒，潜将销铸。钱一千为铜六斤，造写器物，则斤直六百余。有利既厚，销铸遂多。江淮之间，钱日减耗。"《旧书·食货志》。开成三年（838），李珏言："禁铜之令，朝廷常典。行之不严，不如无令。今江淮已南，铜器成肆。市井逐利者，销铸一缗，可为数器，售利三四倍。远民不知法令，率以为常。纵国家加炉铸钱，何以供销铸之弊？"《旧书·杨嗣复传》。观此数事，钱之耗，原因可以想见。自天宝以前，政府与私销私铸者之搏斗，非一日矣，而皆不胜。会昌之政纵不废，其效亦岂能胜于开、天以前？然宣宗之不择而尽废之，则其事终可诛也。自此以后，唐遂无力更与私销私铸者争矣。

五代之世，后唐明宗长兴元年（930），鸿胪少卿郭在徽尝请铸当五千、三千、一千大钱。朝廷以其指虚为实，无识妄言，左迁之。《通鉴》。盖鉴于第五琦之败，不敢轻试也？而晋高祖乃放民鼓铸，此则唐开元所不敢行者矣。《新史·本纪》：天福三年（938）十一月，壬戌，除铸钱令。《通鉴》：是月癸亥，敕听公私自铸铜钱。无得杂以铅铁。每十钱重一两。以"天福元宝"为文。仍令盐铁颁下模范。惟禁私作铜器。《注》引《五代会要》云："时令三京、邺都诸道州府，无问公私，应有铜者，并令铸钱。仍以'天福元宝'为文，左环读之。委盐铁铸样，颁下诸道。每一钱重二铢四参，十钱重一两。或虑诸色人接便将铅铁铸造，杂乱铜钱，仍令所属依旧禁断。尚虑逐处铜数不多，宜令诸道应有久废铜冶，许百姓取便开炼。永远为主，官私不取课利。其有生熟铜，仍许所在中卖入官。或任自铸钱行用，不得接便别铸铜器。"案，铜钱搬运为难，不得不分于诸处铸，然型式宜于画一，此由盐铁颁下模范是也。不取课利，以奖开采，亦为善策。但放铸根本既非，此等枝叶，自不足论矣。《通鉴》又云："癸亥，敕先许公私铸钱，虑铜难得，听轻重从便，但勿令缺漏。"《旧史·本纪》云："十二月戊寅，诏宜天下无问公私，应有铜欲铸钱者，一任所便，酌量轻重铸造。"当即此事。其事在癸亥后旬有五日也。至此则藩篱尽撤矣。其势自不可久。故至明年七月丙辰，遂有"私钱多用铅锡，小弱缺薄，宜皆禁之，专令有司自铸"之敕也。《通鉴》。其时有志于改革者为周世宗。《新纪》：显德二年（955）五月甲戌，大毁佛寺。九月，丙寅朔，颁铜禁。《旧纪》云：诏禁天下铜器，始议立监铸钱。《赞》曰："废天下诸寺三千三百三十六。是时中国乏钱，乃诏悉毁天下铜佛像以铸钱。尝曰：吾闻佛说，以身世为妄，而以利人为急。使其真身尚在，苟利于世，犹欲割截，况此铜像，岂有所惜哉？由是群臣皆不敢言。"五年七月，又使市铜于高丽。见第十五章第一节。世宗英锐，使天假之年，铸钱之事，当可有所成就，然其督责之力，恐亦未必能强于隋文帝也。

偏方诸国，《旧五代史·食货志》云："江南因唐旧制，饶州置永平监，池州永宁监，建州永丰监，并岁铸钱。杭州亦置保兴监铸钱。"唐旧制之存者，盖惟此而已。而闽、楚等国，则竞铸铁锡钱及大钱以图利，南唐终亦效尤焉。楚事已见上节。王曦铸大铁钱，事在晋天福七年（942）。文曰永隆通宝。永隆，曦年号。欧《史》云："以一当十。"此指铜钱言之，而《通鉴》云："一当铅钱百。"则闽铜钱一当铅钱十也。开运三年（946），唐攻福州，吴越钱弘佐救之。募兵，久无应者。弘佐命纠之，曰："纠而为兵者，粮赐减半。"明日，应募者乃云集。弘佐议铸铁钱以益将士禄赐。其弟弘亿谏曰："铸铁钱有八害：新钱既行，旧钱皆流入邻国，一也。可用于吾国，而不可用于他国，则商贾不行，百货不通，二也。铜禁至严，民盗铸，况家有铛釜，野有铧犁？犯法必多，三也。闽人铸铁钱而乱亡，不足为法，四也。国用幸丰，而自示空乏，五也。禄赐有常，而无故益之，以启无厌之心，六也。法变而弊，不可遽复，七也。钱者国姓，易之不祥，八也。"弘佐乃止。《通鉴》。弘亿所言，颇为中理。马殷铸铅铁钱，史云商旅出境无所用，皆易他货而去，庸能以境内所余易天下百货，而弘亿谓铁钱不可用于他国，则商贾不行者？情势因时地而不同，贸易通塞，致之者非一端，不害其言之皆是也。南唐李璟行大钱与铁钱，事在周显德六年（959）七月。《通鉴》云："唐自淮上用兵及割江北，臣事于周，岁时贡献，府藏空竭，钱益少，物价腾贵。礼部侍郎钟谟请铸大钱，一当五十。中书舍人韩熙载请铸铁钱。唐主始皆不从。谟陈请不已，乃从之。是月，始铸当十大钱。文曰'永通泉货'。又铸当二钱，文曰'唐国通宝'。与开元钱并行。"十月，谟流饶州。未几，杀之，永通钱遂废，则其行之才三月耳。而铁钱遂行。欧《史·世家》云："民间多藏匿旧钱。旧钱益少。商贾多以十铁钱易一铜钱出境，官不可禁。李煜因下令以一当十。"顺其势之自然，较诸以法令之力，强维其名价者，犹为贤也。

钱荒既甚，除陌之弊斯起。《旧书·食货志》载天宝九载（750）二月敕云："除陌钱每贯二十文。"此盖当时民间习俗？中叶后钱荒日甚，其数遂随之而增。《志》又云："元和四年闰三月，京城时用钱，每贯头除二十文陌内欠钱及有铅锡钱等。准贞元九年三月二十六日敕：陌内欠钱，法当禁断。虑因捉搦，或亦生奸，使人易从，切于不扰。自今已后，有因交关用欠陌钱者，宜但令本行头及居停主人、牙人等检察送官。如有容隐，兼许卖物领钱人纠告。其行头、主人、牙人，重加科罪。府县所由只承人等，并不须干扰。若非因买卖，自将钱于街衢行者，一切勿问。"所谓陌内欠钱，即短陌之异名耳。《志》又载十四年六月敕："应属诸军、诸使，更有犯时用钱每贯除二十文，足陌内欠钱及有铅锡钱者，宜令京兆府枷项收禁，牒报本军、本使，府司差人就军及看决二十。如情状难容，复有违拒者，仍令府司闻奏。"《新志》云："民间垫陌，有至七十者。铅锡钱益多。吏捕犯者，多属诸军、诸使。呼集市人强夺，殴伤吏卒。京兆尹崔元略请犯者本军、本使莅决。帝不能用。诏送本军、本使，而京兆府遣人莅决。"捉搦既虑生奸，而诸军、诸使，又恃势横行，则其法不得不废。《旧志》又载长庆元年（821）九月敕："如闻比来用钱，所在除陌不一。与其禁人之必犯，未若从俗之所宜。交易往来，务令可守。其内外公私给用钱，宜每贯一例除垫八十，以九百二十文成贯，不得更有加除及陌内欠少。"遂卒折而从之矣。《新志》云："昭宗末年，京师用钱，八百五十为贯。河南府以八十为陌。"案，短陌本不中理，然《新志》言李泌为相时，中外给用，每贯垫二十，号户部除陌钱，以给京官岁费，则官且自为之，后遂迁流愈甚。《新五代史·梁太祖纪》：开平三年十二月，国子监奏"创造文宣王庙，仍请率在朝及天下现任官寮俸钱，每贯每月克一十五文，充土木之值"。允之。此袭唐昭宗时京师用钱之例。《食货志》：唐同光二年（924），度支奏"请榜示府、州、县、镇军民商旅，凡有买卖，并须使八十陌钱"，则沿其时河南府之俗也。《王章传》：授三司使。旧制官库出纳缗钱，皆以八十为陌，至是民输者如旧，官给者以七十七为陌。遂为常式，则更明肆攘夺矣。然其弊遂沿至宋代云。《容斋随笔》云："唐之盛际，纯用足钱。天祐中，以兵乱窘乏，始令以八十五为陌。后唐天成，又减其五。汉乾祐中，王章为三司使，复减三。皇朝因汉制。其输官者亦用八十至八十五。然诸州私用，犹有随俗，至于四十八钱。太平兴国二年，始诏民间缗钱，定以七十七为陌。自是以来，天下承用，公私出纳皆然，故名省钱。"

欲鼓铸而乏铜，则不得不严铜禁，此亦厉民之一端也。其事始于高宗时。"仪凤中，濒江民多私铸为业。诏巡江官督捕。载铜锡镴过百斤者没官。"《新书·食货志》。开元十一年（723），禁卖铜锡及造铜器者，已见前。天宝十三载（754），敕铅铜锡不许私家买卖货易。《旧书·赵涓传》。大历七年（772）十二月，禁铸铜器。《旧书·本纪》。贞元初，盐铁使张滂奏禁江淮铸铜为器，惟铸鉴而已。《新书·食货志》。九年正月，禁卖剑、铜器，天下有铜山，任人采取。其铜官买。除镜外不得铸造。《旧书·本纪》。十年，诏天下铸铜器，每器一斤，其直不得过百六十。销钱以盗铸论。《新书·食货志》。元和元年（806），以钱少禁用铜器。《旧书·本纪》。宝历元年（825）十月，河南尹王起奏盗销钱为佛像者，请以盗铸钱论。《旧书·本纪》。亦见《新书·食货志》。大和三年（829），诏佛像以铅锡土木为之，饰以金银、鍮石、乌油、蓝铁。惟鉴、磬、钉、镶、钮得用铜，余皆禁之。盗铸者死。文宗时虽禁铜为器，而江淮、岭南，列肆鬻之。铸千钱为器，售利数倍。宰相李珏请加炉铸钱。于是禁铜器，官一切为市之。《新书·食货志》。后唐庄宗同光二年（924），圜丘礼毕赦文，禁工人镕钱为铜器。明宗天成元年（926）八月，中书门下奏："访闻近日诸道州府所卖铜器价贵，多是销镕见钱，以邀厚利。"乃下诏曰："宜令遍行晓告。如旧系铜器及碎铜，即许铸造。仍令生铜器物，每斤价定二百文，熟铜器物，每斤四百文。如违省价，买卖之人，依盗铸钱律文科断。"皆见《旧五代史·本纪》及《食货志》。晋高祖天福三年（938）三月，亦禁造铜器云。《新五代史·本纪》。

乱铜钱者，铁锡钱也，故其禁尤亟。天宝前事已见前。元和二年（807）四月，禁铅锡钱。《旧书·本纪》。《旧书·食货志》云：大和三年（829）六月，中书门下奏："准元和四年闰三月敕：应有铅锡钱，并合给官。如有人纠得一钱，赏百钱者。当时敕条，贵在峻切，今详事实，必不可行。只如告一钱赏百钱，则有人告一百贯锡钱，须赏一万贯铜钱。执此而行，事无畔际。今请以铅锡交易者，一贯以下，以州府常行决脊杖二十。十贯以下决六十，徒三年。过十贯以上，所在集众决杀。其受铅锡钱交易者，亦准此处分。其用铅锡钱仍纳官。其能纠告者，每一贯赏五千文。不满贯者，准此计赏，累至三百千，仍且取当处官钱给付。其所犯人罪不死者，征纳家资，填充赏钱。"可之。此条例亦未尝不峻切也。五代时，仍时申其禁。薛《史·唐庄宗纪》：同光二年（924）三月，禁用铅锡钱。《明宗纪》：天成元年十二月，诏严禁镴钱。四年四月，禁铁镴钱。《末帝纪》：清泰二年（935）十二月，禁用铅钱。天成四年

（929）之禁，《通鉴》作铁锡钱。云："时湖南专用锡钱，铜钱一直锡钱百，流入中国，法不能禁。"《注》引《五代会要》云："同光二年三月敕：泉布之弊，杂以铅锡。江湖之外，盗铸尤多。市肆之间，公行无畏。因是纲商挟带，舟载往来。换易好钱，藏贮富室。实为蠹弊，须有条流。宜令京城及诸道，于市行使钱内点检，杂恶铅锡，并宜禁断。绿江州县，每有舟船到岸，严加觉察。若私载往来，并宜收纳。"天成元年十二月，敕"行使铜钱之内，如闻挟带铁钱，若不严加科流，转恐私加铸造。应中外所使铜钱内铁镴钱，即宜毁弃，不得辄更有行使。如违，其所使钱不计多少，并纳入官，仍科深罪。"均可考见当时铁锡钱流衍之情形也。

第五节　钱币下

隋、唐、五代之世，铜钱阙乏，所恃以济其穷者，实为布帛。《唐律疏议》以绢匹不充四十尺，布端不满五十尺，幅阔不充一尺八寸为短狭，已见第二节。《新书·百官志》织染署云："掌供冠冕、组绶及织纴、色染、锦、罗、纱、縠、绫、䌷、绝、绢、布，皆广尺有八寸，四丈为匹。布五丈为端。绵六两为屯。丝五两为绚。麻三斤为缕。"《通鉴》：开元十五年（727），上命妃嫔以下宫中育蚕。夏至，赐贵近丝人一缕。胡《注》曰："杜佑曰：《唐令》麻三斤为缕，未知丝缕轻重何如？"《旧书·职官志》金部曰："凡赐十段，其率绢三匹，布三端，绵四屯。若杂彩十段，则丝布二匹，䌷二匹，绫二匹，缦四匹，若赐番客锦采，率十段则锦一张，绫二匹，缦三匹，绵四屯。"《旧五代史·唐明宗纪》：长兴元年（930）十月，诏凡赙赠布帛，言段不言端匹。段者，二丈也，宜令三司依此给付，此其权度及用之之法也。布帛虽重滞，较之谷物，究易搬运，且便藏贮，故其用较谷物为广。然较之铜钱，则此诸德，尚相去甚远。民间造之，利于行滥短狭，官取之又务求其长大，已见第二节。《旧书·李皋传》言皋"于官匹帛皆印之，绝吏之私"，是吏之掌管者有弊也。《旧五代史·周世宗纪》：显德三年（956）五月，诏天下公私织造布帛及诸色匹段，幅尺斤两，并须依向来制度，不得轻弱假伪。犯者擒捉送官。此诏用意虽重在私，然兼言公私，则官中制造，亦未尝无弊矣。故铸钱究不容已也。惟偏僻之区，有竟无钱者，不得不专借布帛以为用耳。如《新五代史·四裔附录》载胡峤《陷虏记》，谓西楼有邑屋市肆，然交易无钱而用布是也。

金银之为用亦日广，首于赏赐见之。梁睿平王谦，赐金二千两，银三千两。杨素平江南，赐黄金四十斤。讨突厥，赐黄金百斤。周法尚平李光仕，赐黄金百五十两，银百五十斤。慕容三藏破王仲宣，赐奴婢百口，加以金银杂物。郑善果为鲁郡太守，与武威太守樊子盖考为天下第一，各赐黄金百两。唐太宗平王世充，赐黄金六千斤。元吉亦赐二千斤。屈突通从平薛举，时珍物山积，诸将皆争取之，通独无所犯，高祖闻之，特赐金银六百两。窦威子琮，从隐太子平刘黑闼，赏黄金十斤。樊兴，从太宗积战功，赐黄金三十铤。萧瑀，迁内史令，奏便宜数十条，赐金一函。杜淹，杨文幹作乱，辞连东宫，归罪于淹及王珪、韦挺等，并流越嶲，太宗知其非罪，赠以黄金三百两。《旧书·杜如晦传》。尉迟敬德，寻相叛，诸将疑其必叛，因于军中，太宗释之，引入卧内，赐以金宝。是日从猎，遇王世充领步骑数万来战。世充骁将单雄信领骑直趋太宗。敬德跃马大呼，横刺雄信坠马，翼太宗以出。特赐金银一箧。秦叔宝，从破宋金刚于介休，录前后勋，赐黄金百斤。从讨王世充，平，赐黄金百斤。李君羡，每战必单骑先锋陷阵，前后赐宫女、马、牛、黄金、杂采，不可胜数。薛收，上书谏猎，赐黄金四十铤。魏徵陈不克终十渐，赐黄金十斤。孔颖达为太子右庶子，以数有匡谏，与左庶子于志宁各赐黄金十斤。《旧书·太宗诸子传》。《志宁传》同。新、旧《书·颖达传》皆作一斤，恐误。程务挺，父名振，以功赐黄金三百两。江夏王道宗，将讨高丽，以百骑度辽窥形势，还赐金五十斤。黑齿常之，与吐蕃战，拔出李敬玄，赐金五百两。姚崇，言酷吏之弊，则天大悦，遣中使赐银千两。魏元忠，中宗复位为相，请归乡里拜扫，特赐银千两。朱泚，至京师及出镇奉天，皆赐金银。穆宗幸五方，赐从官金银铤有差。《旧纪》长庆三年（932）八月。殷侑，开成元年（836），召为刑部尚书，中谢，令中使就第赐金十斤。王檀，柏乡败后全邢州，赐银千两。孟昶好打球走马，又为方士房中之术，多采良家，以充后宫。枢密副使韩保贞切谏。昶大悟，即日出之。赐保贞金数斤。周世宗，显德六年（959）六月，赐江南进奉使银一万两。此皆径以金银为赐者也。隋炀帝以金蛇、金陀进宣华夫人，已见第二章第三节。杨素平江南，黄金之外，又赐银瓶，实以金钱。献皇后崩，山陵制度多出于素，赐金钵一，实以金，银钵一，实以珠。赐王公以下射，素箭为第一，高祖手以外国所献金精盘赐之。周法尚，平陈后，安集岭南，赐银瓮。樊子盖与苏威、宇文述陪宴积翠亭，炀帝以金杯属子盖酒，因以赐之。唐制：内侍省内府局，掌中藏宝货给纳名数。凡朝会，五品以上赐绢帛金银器于殿庭者并供之。诸将有功，并蕃酋辞还，亦如之。秦叔宝，战美良川，破尉迟敬德，功多，高祖赐以黄金瓶。隐太子、巢刺王谋害太宗，密致书招尉迟敬德，仍赠以金银器物一车。高季辅，贞观十八年（644），兼吏部侍郎，凡所铨叙，时称允当，太宗赐金背镜一面，以表其清鉴。高宗将立武昭仪，密遣使赐长孙无忌金银宝器各一车，以悦其意。裴行俭，平阿史那匐延、都支、李遮匐，赐金银器皿三千余事。胡楚宾，属文敏甚，必酒中然后下笔，高宗常以金银杯斟酒饮之，文成辄赐焉。《新书·文艺传》，附《元万顷》后。阎朝隐，则天不豫，令往少室山祈祷，朝隐以身为牺牲，赐金银器十事。《旧书·文苑传》。刘幽求，睿宗即位，赐金银杂器。先天二年（713）七月三日诛逆，玄宗宴于内殿，赐功臣金银器皿各一床。《旧书·王琚传》。九月己卯，宴王公百僚于承天门，令左右于楼下撒金钱，许中书、门下、五品以上官，及诸司三品以上官争拾。《旧书·本纪》。郭知运平康待宾，赐金银器百事。张守珪斩可突干，诣东都献捷，赐金银器物。安禄山，玄宗为置第宇，穷极壮丽，以金银为筹、筐、笊篱等。李嗣业，天宝十二载（753），自疏勒镇使入朝。赐酒帝前，醉起舞。帝宠之，赐彩百，金皿五十物，钱十万，曰："为解酲具。"郭子仪，肃宗不豫，请见，引至卧内，赐御马、银器、杂采。贾耽，献《陇右山南图》，赐银瓶盘各一。献《海内华夷图》及《古今郡国县道四夷述》，赐银瓶盘各一；银榼二。韦处厚与路随进所撰《六经法言》，赐银器二百事。《旧书·穆宗纪》长庆二年。谏昭愍欤，赐银器四事。崔邠，昭愍即位，选为侍讲学士。进《诸经纂要》，赐银器等。牛僧孺节度山南，辞日赐觚散樽杓等金银古器。庞勋之平，其宿州守将张玄稔以城降，遂复徐州，赐金榼一杖，盖碗一具，金要带一条。《旧书·懿宗纪》咸通九年（868）。天复三年（903），岐人启壁，唐昭宗赐梁太祖紫金酒器。《旧五代史·梁太祖纪》。梁太祖乾化元年十二月，延州节度使高万兴奏"杀戮宁、庆两州贼军"，以银器赐其入奏军将。唐明宗天成元年（926），谏议大夫萧希甫奏宰相豆卢革、韦说罪，革、说皆贬谪，赐希甫银器五十两。皆见《旧史·本纪》。周世宗显德二年，赐张湜等九人各银器二十两，以尝删定《刑统》之劳也。《新史·刑法志》。三年，李景使钟谟等来，许称臣纳贡，赐谟等银器一百两。五年四月，赐李景金器千两，银器万两。六年，赐两浙进奉使银器三千两。凡此皆以金银器物为赐者也。

此时宫廷器物，以金银为之者极多，故臣下之图贡媚者，亦争以是为献。《隋书·苏威传》：威见宫中以银为幔钩，因盛陈节俭之美。高祖为之改容。雕饰旧物，悉命除毁。《何稠传》：炀帝将幸扬州，命造舆服羽仪送至江都，所役工二十余万人，用金银钱物巨万计。唐太宗以朱提瓶镣盎燕回纥，已见第二节。武后作九鼎，欲以黄金千两涂之，纳言姚璹谏，乃止。事见《旧书·璹传》，亦见《礼仪志》。德宗即位，诏银器勿以金饰，《旧书·本纪》大历十四年（779）五月。敬宗尝诏度支进铜三千斛，金薄十万翻，修清思院新殿及升阳殿图障。又令浙西造盍子二十具，计用银一万三千两，金一百三十两。皆见第八章第五节。《旧书·薛存诚传》云："敬宗造清思院新殿，用铜镜三千片、黄白金薄十万番。"《新书》作"铜鉴三千，薄金十万饼"。宣宗女万寿公主，下嫁郑颢，旧制，车舆以镣金钿饰，帝易以铜。懿宗女卫国文懿公主薨，许百官祭以金贝寓车、庶服，火之，民争取煨以汰宝。及葬，冶金为俑《新书·诸公主传》。参看第十章第一节。凡此，皆可见当时宫廷用金银制器物之广。其臣下之以是为献者：齐映，献高八尺银瓶，已见第七章第六节。李敬玄弟元素，为武德令。怀州刺史李文暕将调率金银，造常满樽以献，百姓甚弊之。官吏无敢异议者。元素抗辞固执。文暕乃损其制度，以家财营之。田神功，朝京师，献金银器五十件。韩弘，自汴入觐，进银器二百七十件。王播，自淮南还，献玉带十有三，银碗数千，绫四十万，遂得再相。皆可见宠赂之彰。襄阳裴均，违诏书献银壶瓮数百具。李绛请归之度支，示天下以信。宪宗可之，仍赦均罪。《新书·绛传》。文宗大和二年（828）五月，敕应诸道进奉内库，四节及降诞进奉金花银器。并篡组文缬杂物，并折充铤银及绫绢。其中有赐与所须，待五年后续有进止。《旧书·本纪》。化私为公，化无用为有用，已为难得。若德宗即位之初，贡器以金银饰者还之，《新书·本纪》。则直是绝无仅有矣。《新五代史·梁太祖纪》：天复三年（903），唐昭宗发凤翔，权驻跸帝营，帝以金银器进。造次颠沛之际，何须乎是？盖已习为事例矣。开平二年（908）十月，大明节，诸道节度刺史各进献鞍马、银器、绫帛以祝寿。四年，寒食假，诸道节度使、郡守、勋臣竞以春服贺。又连清明宴，以鞍辔马及金银器、罗锦进者逮千万。乾化元年（911），广州贡犀象、奇珍及金银等，其估数千万。二年五月，至东都。博王友文以新创食殿上言，并进准备内宴钱三千贯，银器一千五百两。此等皆是竭泽而渔，梁祚之不长，实由于此，观第十二章第二节所引《旧史·袁象先传》可见也。《唐明宗纪》：天成二年（927）三月，任圜奏诸道藩府，请依天复三年已前许贡绫绢、金银，随其土产，折进马之直。《五代会要》详纪其事云："圜奏三京留守、诸道节度、观察、诸州防御使、刺史，每年应圣节及正、至等节贡奉，或讨伐胜捷，各进献马。伏见本朝旧事，虽以献马为名，多将绫绢、金银，折充马价。盖跋涉之际，护养稍难，因此群方，俱为定制。自今后，伏乞除蕃部进驼马外，诸州所进马，许依天复三年已前事例，随其土产，折进价值。"唐畜马本最盛，中叶后兵力虽衰，与西北蕃戎交易之殷繁如故，马本不难多致，而遽一蹶不振；沙陀久处朔方，明宗又留意戎备，而骑兵亦不过三万五千；见第一节。盖皆化作绫绢、金银，以供耗费矣？四年六月，高从海进银三千两赎罪。长兴三年（932）十月，复与马希范并进银、茶，乞赐战马。帝还其直，各赐马有差。此等皆同市道交。《周世宗纪》：显德三年（956），李景遣钟谟等奉表来，叙愿称臣纳贡之意，仍进金器千两。孙晟来，仍进金一千两，银十万两。又进赏给将士金银。五年三月，景遣冯延巳献犒军银十万两。

四月，宴从臣及江南进奉使于行宫。徐辽代景奉寿觞以献，进金酒器及金银。穷兵黩武之所求，亦不过如是而已。

臣下之藏金银若以金银为器物者亦多，故亦以之相馈遗。吕用之绐杨行密：有白金五十铤，瘗于所居之庑下，寇平之日，愿备将士一醉之资。《旧五代史·行密传》：五十铤，《通鉴》作五万铤，事系光启三年（887）。其言虽诬，然其时必有此等事，乃足以为诳。梁太祖之征赵匡凝也，入襄城，周视府署，帑藏悉空。惟西庑下有一亭，窗户俨然，扃锁甚密。命破锁启扉，中有一大匮，缄镐甚至。又令破柜，内有金银数百铤。《旧五代史·梁太祖纪》天祐二年（905）。而张篯亦积白金万镒，藏于窟室。观此二事，便知用之诳语，所以能见信于人。抑扬、越，邻道也，董昌之帅越也，于常赋之外，加敛数倍，以充贡赋及中外馈遗。旬发一纲，金万两，银五千铤，越绫万五千匹，他物称是。《通鉴》乾宁元年（894）。越之厚藏如是，用之有银数十铤，岂足异哉？然则房知温死，而其子献其钱三万缗，金百两，银千两，诚九牛之一毛矣。或曰：此等皆武人，乘时攘夺，与盗贼无异，何足论？然王瑜，不忍其父陷于契丹，而以兵谏，亦志节之士也，而畜聚金币万计，则初不必全无心肝之人而后然矣。王伾，史谓其室中为无门大柜，惟开一窍，足以受物，以藏金宝，其妻或寝卧于其上，此必厚诬之辞。然桑维翰有白金数千铤，则事非子虚。见第十八章第三节。则并不必武人矣。犹曰仕历通显也。陈保极为维翰所贼，蹭蹬宦途，衔愤以卒，性又鄙吝，而帷囊中亦贮白金十铤。卢简辞为侍御史，福建盐铁院官坐赃，简辞穷按之，得金床、瑟瑟枕大如斗，敬宗曰："禁中无此物。昂为吏可知矣。"则又不必达官贵人矣。金银之为众所好尚如是。元孝矩季弟褒，诸兄议欲别居。泣谏不得，家素富，多金宝，褒无所受，脱身而出。卢怀慎，器用服饰，无金玉绮文之丽。诚如凤毛麟角矣。竞以金银若其所成之器物相赠遗，又曷足怪哉？裴敦复欲害裴宽，令子婿以五百金赂贵妃姊杨三娘。《旧书·裴漼传》。《新书》作金五百两。尉迟敬德子姓陷大逆，韩思彦按释其冤，赠黄金、良马，思彦不受。刘乂持韩愈金数斤去，曰："此谀墓中人得耳，不若与刘君为寿。"柳公权为勋戚家碑版，问遗岁时巨万，多为主藏竖海鸥、龙安所窃。别贮酒器杯盂一笥，缄縢如故，其器皆亡。讯海鸥，乃曰："不测其亡。"公权哂曰："银杯羽化耳。"不复更言。杨复光引段彦谟为荆南节度，彦谟给行边，诣复光，以黄金数百两为谢。高汉筠在襄阳，有孽吏，常课外献白金二十镒。汉筠曰："非多纳麦粢，则刻削闾阎。吾有正俸，此何用焉？"戒其主者不复然。其白金皆以状上进。潘环历六部两镇，所至以聚敛为务。在宿州时，有衙将因微过见怒，环绐言答之。衙校因托一尼尝熟于环者献白金两铤。尼诣环，白衙校饷鳌脚两枚，求免其责。环曰："鳌本几脚？"尼曰："三脚。"环复曰："今两脚能成鳌乎？"尼则以三数致之。当时号为潘鳌脚。李继韬之降也，其母杨氏，赍银数十万至京师，厚赂宦官、伶人。然则问遗、报谢、请托、构陷、诛求、乞丐，无不以之矣。第五琦之贬也，在道有告其受人黄金二百两者。遣御史刘期光追之。琦对曰："二百两金，十三斤重。忝为宰相，不可自持。若其付受有凭，即请准法科罪。"期光以为伏罪，遽奏之。仆固怀恩上书自讼，言李抱玉"与臣马兼银器四事，臣于回纥处得绢，便与抱玉二千匹，以充答赠。今被抱玉共相组织，将此往来之赆，便为结托之私"。琦之见诬不待论，即怀恩亦未必意存结托，然当时贿赂公行，诬构者遂得因而中之矣。

不徒王公贵人也，即平民亦多有金银。《旧书·崔光远传》：率花惊定等讨平段子璋。将士肆剽劫。妇女有金银臂钏者，兵士皆断其腕以取之，乱杀数千人。此有金银臂钏者，必不能皆为贵妇人也。薛《史·赵光逢传》：尝有女冠，寄黄金一镒于其家。时属乱离，女冠委化于他土。后二十年，金无所归，纳于河南尹张全义，请付诸宫观。其旧封尚在。此女冠盖亦以黄金为贮蓄，犹近世妇人得钱则以买金银饰物耳。人民之多藏金银，盖以其行用之广。《新书·李勉传》：勉少贫狭，客梁、宋，与诸生共逆旅。诸生疾且死，出白金曰："左右无知者，幸君以此为我葬，余则君自取之。"勉许诺。既葬，密置余金棺下。后其家谒勉，共启墓，出金付之。薛《史·晋少帝纪》：开运二年（945），是岁，帝每遇四方进献器皿，多以银于外府易金而入。谓左右曰："金者，贵而且轻，便于人力。"识者以为北迁之兆。行旅皆以金银为资，即见其是处可用。魏元忠之请归拜扫而蒙赐银也，中宗手敕曰："散金敷惠，谅属斯辰。"而元忠至乡里，自藏其银，无所振施，为史所讥。尤可见乡里间人，无不知宝金银者矣。梁太祖尝以银万两请籴于魏，《通鉴》唐僖宗文德元年（888）。盖非徒以为赂，亦以是俾其求诸贵庾之家邪？秦、汉用金，多以斤计，南北朝时，稍以两计，可见其行用之广，说见《两晋南北朝史》第二十一章第五节。至唐、五代时，则金银器物，亦有以两言者矣。盖亦非徒珍藏，乃将权其轻重而用之也。

不惟民间为然也，军中亦多有金银。《新书·阿史那社尔传》：与郭孝恪讨龟兹。孝恪之在军，床帷器用，多饰金玉，以遗社尔，社尔不受。此或掠诸西域，然师行内地者亦然。故王子颜父难得，从肃宗幸灵武，行在阙军赏，难得乃进绢三千匹及银器。代宗讨田承嗣，使中人出黄白金万计劳赉。《新书·藩镇魏博传》。宪宗元和十二年（817）二月，亦出内库银五千两付度支供军也。《旧纪》。鲁炅为南阳节度使，以岭南、黔中、山南东道子弟五万人屯叶北，贼将武令珣等击之，尽没。岭南、黔中、荆襄子弟半在军，多怀金银为资粮；军资器械，尽弃于路如山积；贼徒不胜其富。《旧书·炅传》。黄头军之怨怒也，田令孜置酒会诸将，以黄金樽行酒，即以赐之。时溥之败，徙金玉与妻子登燕子楼自焚。朱全忠入关，韩建遣使纳降，又以银三万助军。《旧五代史·梁太祖纪》。毕师铎攻广陵，兵傅城。吕用之分兵守，且自督战。令曰："斩一级，赏金一饼。"及师铎徙高骈东第，擒诸葛殷，要下得金数斤。骈出金遗守者，师铎知之，加兵苛督。秦彦为杨行密所迫，大出金求救于张雄。雄引兵至东塘，得金，不战去。彦使师铎出战，行密伪北，诸军奔其壁，争取金玉资粮，伏噪而出，俘杀旁午，横尸十里。《新书·高骈传》。刘守光见围，献银千两于周德威。后唐庄宗许以魏王所运金银赐将士。凤翔兵溃，闵帝亦出银、绢、钱厚赐诸军。皆足见军中金银为用之广。赏此果何为哉？王世充之篡也，皇甫无逸弃母妻斩关自归。追骑将及，无逸解金带投之地，骑争下取，由是获免。陆贽疏论裴延龄，追溯在奉天之时，言宫壶之中，服用有阙，剥亲王饰带之金，卖以给直。《旧书·延龄传》。然则军中之有金银，亦取其贵且轻，便于人力，而缓急可以为资粮耳。柏乡之役，王景仁所将神威、龙骧、拱宸等军，皆梁精兵，人马铠甲，饰以金银，其光耀目。周德威勉其众曰："其一甲直数十千，得之足为吾资，无徒望而爱之，当勉以往取也。"安重荣乘镇州旱蝗，聚饥民驱以向邺。晋高祖遣杜重威逆之。兵已交，其将赵彦之与重荣有隙，临陈卷旗以奔晋军。其铠甲鞍辔，皆装以银。晋军不知其来降，争杀而分之。战而胜可也，战而不胜，遂为泽中之麋，蒙虎之皮矣。士卒如斯，将校尤甚。梁太祖开平二年（908）六月，诏诸道进献，不得以金宝装饰戈甲剑戟，雕勒不用涂金及雕刻龙凤。七月，诏内外将相，许以银饰鞍勒。其刺史、都将、内诸司使以降，只许用铜。晋少帝开运元年（944）十月，诏今后作坊制器械，指兵器。不得更用金银装饰。装饰者后起，其初意，固亦以为资粮也。

造像为耗金之一大端。王昶以黄金数千斤铸宝皇及元始天尊、太上老君像，盖隋、唐、五代之世造像之费金最多者？然合天下寺观而计之，恐此数千斤者，又区区不足计矣。《旧书·五行志》：景龙中，东都凌空观灾，金铜诸像，销铄并尽。可见寺观铜像而外，多有金像。然观此时金银流布之广，则即合天下寺观造像所费计之，恐亦不足齿数也。

金银行用之广，盖缘货币之不足。然迻用为易中者，亦惟岭南。《日知录》引韩愈奏状，谓五岭卖买一以银。元稹奏状，谓自岭以南，以金银为货币。又引张籍诗曰"蛮州市用银"是也。金价太贵，银之用盖尤多，后世银铜并用之基，实奠于此。案，唐世币制之坏，可谓是处皆然，中原贸易殷繁，自必更以为苦，然以金银为币，仍限于五岭以南者。钱币者度物价之尺，尺可一不可二，既用铜钱，又用金银，是二之也。金银通用，广狭不侔，设并用之，比价岂能不变？若有变，是三之也。职是故，圜法虽坏，人民仍愿用钱。杨於陵谓大历以前，岭南杂用金银、丹砂、象齿，而后亦用钱，其明征矣。然此特铜钱初有流入南方者耳，其数固不能多，而金银且有流衍而北者。宪宗欲谋鼓铸，但断岭北银坑，而岭南则置诸不问者，知其势不可以遽变也。已又许其重开而禁钱逾岭者，知岭北银坑，所出无几，不足以乱圜法，而岭南则虑其运银而来，易钱而去也。然则是时岭南之银盖多矣？银果何自来邪？近人王毓瑚，尝考《新书·地理志》所载产银之州县三十四，而属于岭南者惟三。释之曰：有银之地，不必皆事开采，岭南则记载较略也。又考诸《通典》，贡银之郡三十二，而其三十属于岭南。因谓岭南产银必多。王氏文见文通书局《文史杂志》第六卷第三期。予谓唐时岭南生计，尚远落北方之后，谓其能大开银矿，亦有可疑。土贡固当重土产，亦不必皆土地所生，交易所得，亦土产也。宋世徐豀尝论中宿俚民，每丁课银半两，而其地实不出银，皆买银而输之，则其明证。见《两晋南北朝史》第二十章第一节。《新书·孔戣传》：附其从父《巢父传》。拜岭南节度使。既至，免属州逋负十八万缗，米八万斛，黄金税岁八百两。岂有矿业大兴，而以八百两之税为苦者？更观徐豀论始兴之民采银之苦，数十郡同时开采，殆势所不能也。果其有之，则孔戣所恤，亦当兼及矿丁，而不徒在于金税矣。然则银果何自来邪？殆来自海表也？西胡凤用金银。《旧书·魏徵传》言：太宗遣使诣西域立叶护可汗，未还，又使多赍金银帛历诸国市马。徵谏，太宗纳其言而止。《新书·波斯传》云："劫盗囚终老，偷者输银钱。"高仙芝破石国，获黄金五六橐驼。可见西域金银之富。乌质勒将阙啜忠节，密使赍金七百两赂宗楚客，请停娑葛统兵，此非突厥所自为，乃渐染西胡之俗也。肃宗之还西京，回纥叶护自东京至，赐以金银器皿。突董之死也，使源休归其尸。可汗使谓休曰："所欠马直绢一百八十万匹，当速归也。"遣散支将军康赤心等随休来。寻遣之归，与帛十万匹、金银十万两偿其马值。朱邪执宜之来朝，唐赐以锦彩银器。《旧书·穆宗纪》长庆二年（822）九月。回纥、沙陀，其先皆处西域，故知贵金银，唐亦顺其俗而与之也。贾胡既咸用金银，自必流入所与交易之国。然西北陆路，来者究少，至南方海道，则不然矣。《旧书·太宗纪》：贞观十四年（640）闰月，十月。吐蕃遣使献黄金器千斤以求婚。《本传》云：复请婚，太宗许之。弄赞遣其相禄东赞致礼，献金五千两。自余宝玩数百事。太宗伐辽东还，遣禄东赞来贺，作金鹅奉献。其鹅黄金铸成，其高七尺，中可实酒三斛。器弩悉弄求婚，献金二千两。开元十七年（729）求和，献金胡瓶一，金盘一，金碗一。金城公主又别进金鹅、盘盏、杂器物等。二十四年正月，使贡方物、金银器玩数百事，皆形制奇异，上令列于提象门外，以示百僚。《新书》传云："其官之章饰，最上瑟瑟，金次之，金涂银又次之，银次之，最下至铜止。"《郝玼传》云：赞普常等玼身铸金象，令于国曰："得生玼者以金玼偿之。"此言自诬，然吐蕃之多金，则可见矣。此非来自南海而何自哉？《投和传》云："银作钱。"《名蔑传》云："交易皆用金准直。"《骠传》云："以金银为钱，形如半月。"岂有南海之金银，能入吐蕃、投和、名蔑、骠而不能入中国者？《隋书·食货志》谓自梁初，交、广之城，即全以金银为货，则其积之也久矣，其多又曷足怪乎？《隋书·地理志》云："诸僚并铸铜为大鼓。初成，悬于庭中，置酒以招同类。来者有豪富子女，则以金银为大钗，执以叩鼓。竟，乃留遗主人。名为铜鼓钗。"《史万岁传》：文帝既杀之，下诏曰："敕令将爨玩入朝，多受金银，违敕令住。"《梁毗传》云：出为西宁州刺史。在州十一年。先是蛮夷酋长，皆服金冠，以金多者为豪俊。由是递相陵夺，每寻干戈。边境略无宁岁。毗患之。后诸酋长相率以金遗毗。于是置金坐侧，对之恸哭，而谓之曰："此物饥不可食，寒不可衣。汝等以此相灭，不可胜数。今将此来，欲杀我邪？"一无所纳，悉以还之。于是蛮夷感悟，遂不相攻击。《新书·诸夷蕃将传》：冯盎族人子猷，贞观中入朝，载金一舸自随。高宗时，遣御史许瓘视其赀。瓘至洞，子猷不出迎。后率子弟数十人击铜鼓，蒙排执瓘，而奏其罪。帝驰遣御史杨璟验讯。璟至，卑辞以结之，委罪于瓘。子猷喜，遗金二百两、银五百两。璟不受。子猷曰："君不取此，且留不得归。"璟受之。还奏其状。帝命纳焉。《松外蛮传》云："富室娶妻，纳金银、牛羊、酒。女所赍亦如之。奸淫则强族输金银请和，而弃其妻。处女、孀妇不坐。"《嘉良夷传》云："王、酋帅以金饰首，胸垂金花，径三寸。"盖南蛮之多金又如此。薛《史·唐明宗纪》：天成二年（927）八月，昆明九部落各差使随牂牁、清州八郡刺史来朝，各赐官告、缯彩、银器放还，亦顺其俗而与之也。其金又何自来哉？《隋书·食货志》言岭外酋帅，因生口、翡翠、明珠、犀象之饶，雄于乡曲，而其所由来者可知矣。岂有能入此等部族，而不能入中国者乎？抑又不仅此。过折之杀可突干也，唐授以松漠都督，赐银器十事。《旧书·本传》。唐明宗天成二年十一月，契丹遣使来乞通和。十二月，遣飞胜指挥使于契丹，赐契丹主锦绮、银器等。四年十一月，云州奏契丹主在黑榆林南，造攻城之具。遣使赐以银器、采币。周太祖广顺元年（951），遣朱宪伴送契丹来使归蕃，兼致书叙革命之由，仍以金酒器一副遗兀欲。皆见薛《史·本纪》。泉男生与李勣攻平壤，擒高藏，诏遣其子赍手制金皿即辽水劳赐。《新书·诸夷蕃将传》。玄宗赐新罗兴光金银精器，兴光亦上黄金。《新书·本传》。则虽东北诸国，距西胡较远者，亦咸知贵金银矣，而谓其不能入中国乎？

《旧书·方技传》：孟诜，垂拱初，累迁凤阁舍人。诜少好方术。尝于凤阁侍郎刘祎之家见其敕赐金，谓曰："此药金也。若烧火其上，当有五色气。"试之果然。则天闻而不悦。因事出为台州司马。赐金而用伪物，事殊可骇。如此，唐时伪金不将遍天下乎？此殊不然。《良吏传》：睿宗时，突厥默啜请尚公主，许之。和逢尧以御史中丞摄鸿胪卿充使报命。既至虏廷，默啜遣其大臣谓曰："敕书送金镂鞍，检乃银胎金涂。岂是天子意？为是使人换却？如此虚假，公主必应非实。请还信物，罢和亲之事。"遂策马而去。逢尧大呼，命左右引马回。谓曰："汉法重女婿。今送鞍者，只取平安长久之义，何必以金银为升降？若尔，乃是可汗贪金而轻银，岂是重人而贵信？"默啜闻之，曰："承前汉使，不敢如此，不可轻也。"遂设宴备礼。银胎金涂，无可误为金之理，此直是有司贪冒，使敕书不信耳。武后赐金之为伪物，亦犹是也。孟诜发明其伪，闻于后者，必谓金实非伪，而诜妄言，故后不悦而出之耳。不然，岂有不责主藏者，反咎诜之理乎？其时纲纪之废弛可见矣。若人民则原不可欺。慕容彦超之铁胎银，且不可以欺士卒也，而况商贾富人欤？见第十八章第四节。